KIELER GEOGRAPHISCHE SCHRIFTEN

Begründet von Oskar Schmieder

Herausgegeben vom Geographischen Institut der Universität Kiel
durch C. Corves, R. Duttmann, W. Hoppe,
H. Sterr, G. v. Rohr und R. Wehrhahn

Schriftleitung: P. Sinuraya

Band 116

VERENA SANDNER LE GALL

Indigenes Management
mariner Ressourcen in Zentralamerika:

Der Wandel von Nutzungsmustern und
Institutionen in den autonomen Regionen
der Kuna (Panama) und Miskito (Nicaragua)

KIEL 2007

IM SELBSTVERLAG DES GEOGRAPHISCHEN INSTITUTS
DER UNIVERSITÄT KIEL
ISSN 0723 – 9874
ISBN 978-3-923887-58-3

Bibliographische Information Der DeutschenBibliothek
Die Deutsche Bibliothek verzeichnet diese Publikation in der Deutschen Nationalbibliografie; detaillierte bibliografische Daten sind im Internet über http://dnb.ddb.de abrufbar.

ISBN 978-3-923887-58-3

Die vorliegende Arbeit entspricht im Wesentlichen der von der Mathematisch-Naturwissenschaftlichen Fakultät der Christian-Albrechts-Universität zu Kiel im Jahre 2007 angenommenen gleichlautenden Dissertation.

Das Titelfoto zeigt einen Kuna beim Fischfang mittels Holzharpune
(Kuna Yala, Panama)

Foto: V. Sandner Le Gall

Alle Rechte vorbehalten

Vorwort

Die vorliegende Arbeit entstand auf der Grundlage einer längeren Beschäftigung mit der Problematik des Ressourcenmanagements in indigenen Gemeinschaften. Mein Interesse an diesem Thema entstand 1994 während eines Praktikums in Panama, im Rahmen dessen ich an einem von Jorge Ventocilla und dem Smithsonian Institute of Tropical Research initiierten Umweltbildungsprojekt teilnehmen durfte. Durch die Einblicke, die ich in die Alltagswelt der Kuna und die ökologischen Probleme bekam, ergaben sich bereits einige zentrale Fragen, die in meine Diplomarbeit einflossen und mich bis heute beschäftigen: die Widersprüche zwischen indigenem Naturverständnis und Ressourcenzerstörung sowie die grundlegende Frage nach dem Entwicklungsweg zwischen Bewahrung des Traditionellen und Integration von Neuem, die von den Kuna so intensiv diskutiert wird. Zugleich entstand die tiefe Faszination für diesen Raum und die Gesellschaft, die mich bis heute begleitet.

Um den Blick von der Betrachtung der spezifischen Situation der Kuna aus zu erweitern, erschien es sinnvoll, Vergleichsgebiete in die Untersuchung einzubeziehen. Diese Möglichkeit ergab sich im Rahmen eines unter der Leitung von Prof. Dr. Jürgen Bähr durchgeführten Forschungsprojektes mit Forschungsarbeiten in Panama sowie an der nicaraguanischen Moskitia-Küste und auf der kolumbianischen Insel Providencia. Das Projekt („Traditionelle Nutzungsstrategien mariner Ressourcen in Zentralamerika: Kultureller Wandel, Nutzungskonflikte und lokale Lösungsansätze im Vergleich") wurde von der Deutschen Forschungsgemeinschaft im Rahmen des Schwerpunktprogramms „Mensch und globale Umweltveränderungen" gefördert, daher gebührt mein Dank der DFG für die finanzielle Unterstützung.

Meinen großen Dank möchte ich allen Personen aussprechen, die mich im Verlauf der Jahre begleitet haben und dazu beitrugen, dass diese Arbeit Realität wurde. Prof. Bähr möchte ich herzlich dafür danken, dass er mir die Arbeit im DFG-Projekt ermöglichte und meine Promotion förderte. Nachdem er die Betreuung nicht bis zum Ende fortführen konnte, übernahm Prof. Dr. Rainer Wehrhahn die weitere Begleitung. Ihm gilt mein tiefer Dank dafür, in der letzten Schreibphase manch entscheidenden Impuls im richtigen Moment gesetzt und so den Abschluss ermöglicht zu haben.

PD Dr. Florian Dünckmann möchte ich für die langjährige Begleitung und die konstruktiven inhaltlichen Flur-Diskussionen danken, Prof. Dr. Horst Sterr für die freundliche Übernahme des Zweitgutachtens und Prof. Dr. Anke Matuschewski für die nette Zusammenarbeit und so manches mehr. Ina von Schlichting, Katrin Sandfuchs, Samuel Mössner, Marco Schmidt, Anna Lena Bercht und Monika Höller gilt mein Dank als nette neue Arbeitsgruppe, die als Korrekturkollektiv und bei aller Art von Problemen helfend eingriff. Petra Sinuraya möchte ich für die exzellente Erstellung der Karten sowie die

Schriftleitung herzlich danken. Einen entscheidenden Beitrag zu dieser Arbeit leistete auch Angelo Müller, der Graphiken anfertigte und in allen möglichen Fällen seine Dienste zuverlässig zur Verfügung stellte.

Ohne die Mitarbeit vieler Menschen in den Untersuchungsgebieten wäre diese Arbeit nicht möglich gewesen. Ich danke allen, die mir ihre Türen öffneten und mir in den Interviews ihr Vertrauen entgegen brachten; sie bilden das Fundament dieser Arbeit. Besonders möchte ich Blas López und Ilka Aris (Panama) für ihre seit 1994 währende Freundschaft und Unterstützung, für Diskussionen und Einbaumfahrten danken. Mein Dank gilt auch der Familie López in Kuna Yala, die immer eine Hängematte für mich bereit hatte und mich mit Dule Masi versorgte, sowie dem Congreso General Kuna, dem ehemaligen Caciquen Leonidas Valdes, und den Mitarbeitern von AEK-Pemasky und Duiren für die Hilfe. Jorge Ventocilla vom STRI gebührt mein Dank für die inhaltlichen Anregungen und die Urwaldfrühstücke. Auch Beth King, Arcadio Castillo und Hector Guzmán vom STRI möchte ich danken. Ohne Iliana Armién und Andreas Eke von Futuro Forestal wäre die Arbeit schwieriger gewesen, sie waren seit 1994 Fixpunkt und Quelle der Unterstützung in allen Lebenslagen. In Nicaragua geht mein Dank an die vielen Menschen, die mir geholfen haben, allen voran Annette Zacharias, Dieter Dubbert, Linda Espinoza und Tomas Spellmann (Von Küste zu Küste e. V., Bismuna/Kiel), die mir nicht nur die Hütte am Fluss zur Verfügung stellten. Dem Consejo de Ancianos sowie dem Personal von Cidca, Cium-Bicu, URACCAN und Proyecto Waspám danke ich für die Zusammenarbeit, Gabriel und Stephanie von Grünigen für die Gastfreundschaft. Prof. Dr. Svein Jentoft (Universität Tromsö) sei für das Interesse an meiner Arbeit gedankt. Auf San Andrés y Providencia gilt mein Dank Luz Marina Livingston, Javier Archbold und Adriana Santos für die Freundschaft, die fruchtbaren Diskussionen und manch amüsanten Abend.

Diese Arbeit wäre ohne die Hilfe von Freunden und Familie nicht zustande gekommen. Ich möchte allen herzlich danken, besonders meiner Schwester Carina Gesche, Oliver und Leonie, sowie Gesche Krause (ZMT Bremen). Meinen Eltern danke ich für alles, ohne sie wäre nichts möglich gewesen. Nicht zuletzt gilt meine tiefe Dankbarkeit meinem Mann Stéphane für seinen Optimismus und alles andere. Meine Söhne Elouan und Jonas haben mich geduldig durch die Arbeitsphasen begleitet und für Spaß und Freude gesorgt. Elouan nahm durch das Anhören abendlicher Inselgeschichten am Ideenfindungsprozess teil, Jonas hat mich zum Teil bei der Feldforschung begleitet. Mit seiner unerschütterlichen Freude und seinem Zutrauen war er mir eine Stütze und öffnete Türen. Danke für die geteilten Abenteuer und das Interesse an meiner Arbeit. Meinen Kindern möchte ich diese Arbeit widmen.

Kiel, im Juli 2007   Verena Sandner Le Gall

Inhaltsverzeichnis

Vorwort	I
Inhaltsverzeichnis	III
Abbildungsverzeichnis	VI
Tabellenverzeichnis	VIII

1	**Einführung in die Themenstellung**	1
2	**Theoretische Ansätze**	6
2.1	Der Ansatz der Politischen Ökologie: Die gesellschaftliche Dimension des Mensch-Umwelt-Verhältnisses	6
2.2	Indigene Rechte und Identitäten in Lateinamerika im globalen Kontext	9
2.2.1	Ein Definitionsproblem: Der Begriff „indigene Völker"	10
2.2.2	Die Entwicklung indigener Rechte auf internationaler Ebene	16
2.2.3	Indigene Akteure und globale Diskurse	18
2.2.4	Zwischen Bedrohung und Renaissance: Zur Situation der Indigenen in Lateinamerika	21
2.2.5	Konzepte indigener Kultur und der strategische Essentialismus	29
2.3	Das Management mariner Ressourcen: Ökologische Zusammenhänge und die Problematik konventioneller Ansätze	37
2.3.1	Situation der Fischerei- und Küstenressourcen im karibischen Zusammenhang	37
2.3.2	Probleme des konventionellen Managements mariner Ressourcen	40
2.3.3	Das Konzept der Nachhaltigkeit im Ressourcenmanagement: Normative und analytische Dimensionen	43
2.4	Die *tragedy of the commons* oder die Allmende-Klemme	46
2.5	Die Ansätze der Institutionentheorie	50
2.6	Indigene *common-property*-Systeme: Nachhaltiges Ressourcen-Management *par excellence?*	59
3	**Fragestellung und Forschungsmethodik**	77
3.1	Konkretisierung der Fragestellung	77
3.2	Generelle Prinzipien qualitativen sozialgeographischen Arbeitens	78
3.3	Feldzugang und die Problematik der Forschungsgenehmigungen	79
3.4	Zur Auswahl der lokalen Fallbeispiele	81
3.5	Zur Auswahl der Forschungsmethoden und ihrer Anwendung	82
3.6	Auswahl der Befragten und Anzahl der Interviews	84
3.7	Durchführung und inhaltliche Gestaltung der Interviews	86
3.8	Zur Dokumentation und Auswertung der Interviews	87

4	**Das indigene Autonomiegebiet Kuna Yala, Panama**	89
4.1	Der Untersuchungsraum	89
4.1.1	Lage und naturräumliche Ausstattung	89
4.1.2	Historische Entwicklung der Region und die Herkunft der Kuna	92
4.1.3	Bevölkerung und Siedlungsstruktur	101
4.1.4	Infrastrukturelle Ausstattung und Lebensbedingungen	109
4.1.5	Das Wirtschaftssystem Kuna Yalas	111
4.2	Institutionelle und kulturelle Rahmenbedingungen der Nutzung von Territorium und Ressourcen	119
4.2.1	Das spirituelle und mythologische Weltbild als Grundlage der traditionellen Institutionen	119
4.2.2	Kultureller Wandel – Traditionsverlust oder flexible Dynamik?	124
4.2.3	Die Autonomie der Comarca Kuna Yala im nationalstaatlichen Kontext sowie innere politische und administrative Strukturen	131
4.2.4	Konfliktfelder: Die Kontrolle über Territorium und Ressourcen	137
4.3	Die Nutzung von Meeresressourcen in Kuna Yala	143
4.3.1	Charakterisierung der Inseldörfer Tikantikki, Ustupu/Ogobsucum und Corazón de Jesús	146
4.3.2	Die Subsistenzfischerei in Kuna Yala, die Überfischungsproblematik und die Perzeption der Bevölkerung	149
4.3.3	Schildkröten und Langusten für den Export: Nutzung, Vermarktung und aktuelle Probleme der Übernutzung	162
4.3.4	Die Zerstörung der Korallenriffe: Nutzung von Korallen als Baumaterial im Kontext der Übervölkerung	171
4.4	Tabus, Gesetze und neue Paradigmen: Marine Ressourcennutzung im institutionellen Wandel	183
4.4.1	Traditionelle Institutionen: Nutzungstabus und andere soziale Regeln der Meeresnutzung	185
4.4.2	Staatliche und neo-traditionelle interne Institutionen der Steuerung mariner Ressourcennutzung	200
4.4.3	Rezente Entwicklung neuer Organisationsstrukturen innerhalb der Comarca und Projektansätze	208
5	**Die nördliche Moskitia-Küste Nicaraguas**	220
5.1	Der Untersuchungsraum	220
5.1.1	Naturräumliche Grundlagen	220
5.1.2	Abriss der historischen Entwicklung: Das Volk der Miskito im Spannungsfeld wechselnder Interessen und Einflüsse	224
5.1.3	Bevölkerungsstruktur	229
5.1.4	Die Región Autónoma Atlántico Norte (RAAN) als Wirtschaftsraum	232
5.1.5	Infrastrukturelle Ausstattung und Lebensbedingungen der Bevölkerung	235

5.2 Institutionelle und kulturelle Rahmenbedingungen der Nutzung von 239
Territorium und Ressourcen in der Nord-Atlantikregion
5.2.1 Die kommunale Ebene: Institutionelle Strukturen und das mythologisch- 239
spirituelle Weltbild der Miskito
5.2.2 Die Autonomie der Regiones Autónomas del Atlántico und ihre 242
gesetzlichen Grundlagen: Territorium, ethnisch-kulturelle Identitäten und
politische Kontrolle
5.2.3 Neuere gesetzliche Regelungen und Beispiele aktueller Konflikte um Land 255
und Ressourcen
5.3 Marine Ressourcennutzung an der Moskitia-Küste Nicaraguas: 260
Nutzungsmuster, institutionelle Steuerung und Konflikte
5.3.1 Der Stellenwert der Meeresressourcen im *litoral norte* der Región 260
Autónoma Atlántico Norte und lokale Spezialisierungen
5.3.2 Die Lagunenfischerei von Bismuna: Die Transformation und das Versagen 270
der Allmende-Institutionen
5.3.3 Die Problematik des Langustenfangs und generelle Schwächen der 308
Institutionen im Ressourcenmanagement

6 Vergleichende Schlussbetrachtung 327
6.1 Marine Nutzungsmuster und das Ressourcenmanagement der Kuna und 327
Miskito im Wandel: Ein Vergleich
6.2 Fazit 346

7 Resumen/Abstract 348

8 Literaturverzeichnis 350

Anhang
Abkürzungsverzeichnis 389
Glossar 390

Abbildungsverzeichnis

Abb. 1:	Die vier Ebenen traditioneller Ressourcenmanagementsysteme	62
Abb. 2:	Übersichtskarte von Panama mit der Comarca Kuna Yala	90
Abb. 3:	Die Insel Ukupseni (Playon Chico)	97
Abb. 4:	Wandbild zur Erinnerung an den Aufstand der Kuna von 1925 (Ailigandi)	101
Abb. 5:	Schematische Darstellung der naturräumlichen Zonen und ihrer Nutzung in Kuna Yala	112
Abb. 6:	*Nuchus* (Holzfiguren zum Schutz vor Krankheiten), Medizinalpflanzen und anderes Zubehör eines Schamanen für die Heilungszeremonie eines kranken Kindes (Cartí Sugdup)	125
Abb. 7:	Junge Kuna-Frau in traditioneller Alltagskleidung (*mola*-Bluse) und Goldschmuck, Cartí Sugdup	130
Abb. 8:	Gesetzliche Grundlagen der Autonomie: Gesetz Nr. 16 von 1953 und das Grundgesetz der Kuna (Ley Fundamental) in Auszügen	133
Abb. 9:	Illegale Aktivitäten externer Nutzer und strittiges Grenzgebiet	138
Abb. 10:	Erhöhter Lebensstandard durch Kokainfunde in Kuna Yala: Insel mit Stromgenerator, Kühlschrank und Fernseher	143
Abb. 11:	*Centollo (King Crab)* und verschiedene Fischarten, Wichub Uala	144
Abb. 12:	Fang von Köderfischen (Sardinen) auf Corazón de Jesús	150
Abb. 13:	Künstliche Insel aus aufgeschütteten Korallenblöcken	172
Abb. 14:	Veränderungen der Flächenausdehnung der Insel Ustupu/Ogobsucum seit 1960	175
Abb. 15:	Teilweise besiedelte Aufschüttungsfläche zwischen Ustupu und Ustupir	177
Abb. 16:	Die Inseln Coibita und Digir	178
Abb. 17:	Die Insel Coibita mit 82 Einwohnern im Jahr 2000	179
Abb. 18:	Müll in der Uferzone der Insel Ustupu/Ogobsucum	181
Abb. 19:	*Mola*-Stoffarbeit mit Fischdarstellung	197
Abb. 20:	In den formellen Kuna-Normen enthaltene Prinzipien und Instrumente des Ressourcen- und Umweltschutzes	205
Abb. 21:	Ankündigungsposter: „Erster Kuna-Kongresses über marine Ressourcen"	209
Abb. 22:	Übersichtskarte von Nicaragua mit den autonomen Atlantikregionen RAAN und RAAS	221
Abb. 23:	Widersprüche in den gesetzlich festgelegten Zuständigkeiten der Kontrolle von Ressourcen und Umwelt in der Verfassung vs. Autonomiestatut	253
Abb. 24:	Im Gesetz 445 zum Kommunalbesitz verankerte territoriale und gesellschaftliche Konzepte	257
Abb. 25:	Fischer in Bismuna	262

Abb. 26: Räumliche Differenzierung nach Nutzungszonen der Küstendörfer der Miskito und lokale Spezialisierungen — 265

Abb. 27: Grüne Seeschildkröten *(Chelonia mydas)* aus Awastara vor dem Weiterverkauf in Sandy Bay — 267

Abb. 28: Händler in Cabo Viejo (Kip) beim Ankauf von Garnelen für die Direktausfuhr nach Honduras — 268

Abb. 29: Handelswege mariner Ressourcen in vier ausgewählten *comunidades* sowie von Bilwi aus — 269

Abb. 30: Bismuna in seiner naturräumlichen Umgebung — 271

Abb. 31: Die Lagune von Bismuna: Nutzung aquatischer Ressourcen in räumlichen Konzentrationen — 272

Abb. 32: Lageskizze von Bismuna — 275

Abb. 33: Ortsrand der *comunidad* Bismuna und Straße nach Waspám — 276

Abb. 34: Transportrouten des Drogen- und Langustenschmuggels: Die *conexión droga-langosta* — 278

Abb. 35: Traditionelles Haus in Bismuna — 279

Abb. 36: Differenzierung des Lebensstandards: Neuer Baustil in Bismuna — 280

Abb. 37: Róbalo *(Centropomus spec., Snook)*, Bismuna — 282

Abb. 38: Soziale und ökonomische Folgen der mit der Fischerei assoziierten Veränderungsprozesse in Bismuna — 291

Abb. 39: Entwicklungslinien nach der Transformation der Subsistenzfischerei zur marktorientierten Lagunennutzung in Bismuna — 295

Abb. 40: Faktoren zur Erklärung des fehlenden Ressourcenmanagements innerhalb der *comunidad* Bismuna — 303

Abb. 41: Handelsposten auf den Cayos Miskitos — 310

Abb. 42: Im Rahmen der *pesca artesanal* arbeitende Taucher mit unterklassigen Langustenschwänzen, Cayos Miskitos — 313

Abb. 43: Langustenschwanz im Ankauf für die industrielle Weiterverarbeitung und den Export, Cayos Miskitos — 314

Abb. 44: Das semi-industrielle Langustenfangboot Ana Cristina (mit Pressluftkompressor und *cayucos* der Taucher) — 316

Tabellenverzeichnis

Tab. 1:	Merkmale naturwissenschaftlichen Umweltwissens gegenüber traditionellen ökologischen Wissenssystemen (TEK)	63
Tab. 2:	Einteilung der traditionellen Regelungen zur Ressourcennutzung in marinen Systemen nach dem Bezug zur Ressource	66
Tab. 3:	Historische Bevölkerungsentwicklung im Gebiet der Comarca Kuna Yala	102
Tab. 4:	Ausgewählte Daten zur Kuna-Bevölkerung nach dem aktuellsten Zensus (von 2000)	103
Tab. 5:	Faktoren mit verstärkender bzw. verringernder Wirkung für den Nutzungsdruck auf Fischbestände in Kuna Yala	159
Tab. 6:	Einwohnerzahlen, Flächengröße und Bevölkerungsdichte auf ausgewählten Inseln Kuna Yalas	174
Tab. 7:	Traditionelle Institutionen zur Ressourcennutzung in Kuna Yala, differenziert nach Art des Bezuges zur Ressource	186
Tab. 8:	Ethnische Zugehörigkeit in Nicaragua und in den Atlantikregionen nach dem Zensus von 2005	230
Tab. 9:	Bevölkerungszahlen für Bismuna	271
Tab. 10:	Ankaufspreise für verschiedene Fischarten in Bismuna	285
Tab. 11:	Verkaufspreise für Grundnahrungsmittel in Bismuna	286
Tab. 12:	Gegenwert von Fisch im Verhältnis zu Lebensmitteln in Bismuna und im *litoral sur*	286
Tab. 13:	Ausgewählte Aussagen von Fischern zu durchschnittlichen Fangmengen pro Person und Tag, Bismuna	290
Tab. 14:	Traditionelle Institutionen und Nutzungsprinzipien mit begrenzender Funktion für marine Ressourcen: heutige Wirksamkeit	330

1 Einführung in die Themenstellung

„Noch vor weniger als 10 Jahren war die Lagune voller Fische. Es gab große Sägefische, Haie, Rochen und viele andere. Mit einem kleinen Netz konnte man schnell so viele Fische fangen, dass das ganze Boot voll war! Heute ist die Lagune leer. Die großen Fische sind alle verschwunden, und die, die wir fangen, sind winzig klein. Wir brauchen Stunden, um genug für unsere Familien zum Essen und ein wenig zum Verkaufen zu fangen, und manchmal fangen wir gar nichts. An manchen Tagen müssen wir hungern", (Miskito-Fischer, Bismuna, Nicaragua).

„A veces sólo comen una vez."
(„Manchmal essen sie [manche im Dorf, die Verf.] nur einmal am Tag", Miskito, Bismuna, Nicaragua).

„Ua sate, dulup sate."
(„Fisch gibt es nicht, Langusten gibt es nicht", Kuna-Fischer, Tikantikki, Panama).

„Antes pescábamos ahí, cerca, y agarrábamos bastante pescado, rapidito. Hoy ya no. Ya no es como antes, hoy todo es plata. La plata platica."
(„Früher fischten wir hier, in der Nähe, und fingen viel Fisch in kurzer Zeit. Heute nicht mehr. Es ist nicht mehr wie früher, heute zählt nur noch das Geld. Das Geld bestimmt [wörtlich: redet]", Kuna-Fischer, Cartí Sugdup, Panama).

(Zitate aus eigenen Interviews, Übersetzung der Verf.)

Das Mensch-Umwelt-Verhältnis indigener Völker und ihre traditionellen Ressourcennutzungssysteme erfahren sowohl auf wissenschaftlicher Ebene als auch im Rahmen globaler Diskurse über Naturschutz eine wachsende Aufmerksamkeit. Indigenen Völkern wird dabei nicht nur eine zunehmend aktive Rolle in der Gestaltung von modernen Ansätzen des Managements oder des Naturschutzes in ihren Territorien eingeräumt. Vielmehr sind auch die traditionellen Nutzungssysteme von generellem wissenschaftlichem Interesse, denn diese enthalten von den lokalen Nutzergruppen über lange Zeiträume entwickelte Praktiken und Regelungen der Ressourcennutzung, die wiederum in vielen Fällen als nachhaltig angesehen werden. Angesichts der Probleme konventioneller Konzepte des Ressourcenmanagements, die insbesondere in Bezug auf marine Ressourcen noch immer zu wenig angepasste Steuerungsinstrumente für eine nachhaltige Nutzung beinhalten und nicht ausreichend zur Vermeidung ökologischer Degradation beitragen, sind erfolgreiche Beispiele gemeinschaftlicher Ressourcensysteme besonders relevant. Im Rahmen der wissenschaftlichen Debatte um die Allmende-Problematik und die *tragedy of the commons* – also die bei ungeregeltem Zugang zu Ressourcen drohende Übernutzung –, werden traditionelle und indigene Nutzungssysteme häufig als Erfolgsbeispiele angeführt. Die wissenschaftliche Untersuchung solcher Systeme wird daher als gewinnbringend für generelle Einsichten in die Regelungsmechanismen, die sich Nutzer auf lokaler Ebene geben, angesehen. Allerdings können indigene und traditionelle Nutzungssysteme nicht per se mit nachhaltigen Wirtschaftsweisen gleichgesetzt werden, wie die in der Literatur dokumentierten Fälle zeigen, in denen durchaus die Degradation von Ökosystemen von den Nutzern verursacht werden kann.

Insbesondere im Rahmen rezenter Entwicklungen stehen indigene Nutzungssysteme heute in vielen Regionen der Welt durch externe und interne Prozesse des ökonomischen und kulturellen Wandels sowie durch wachsende Nutzungskonflikte mit anderen Akteuren unter zunehmendem Druck. Diese Faktoren führen im Zusammenspiel mit demographischen oder politischen Rahmenbedingungen häufig zum Funktionsverlust der traditionellen Institutionensysteme, oft mit dem Resultat einer Situation der nicht geregelten Nutzung und der Ressourcendegradation. In der Literatur wird dabei vor allem die Transformation von Subsistenzwirtschaftsweisen zu einer marktorientierten Nutzung als Hauptantriebskraft für die Schwächung dieser Systeme angesehen. Aber auch die in Lateinamerika im Rahmen der so genannten zweiten *Conquista* stattfindende Zunahme des externen Drucks auf indigene Territorien mit ihren Ressourcenreserven trägt zur Schwächung dieser Systeme bei.

Zugleich spielen natürliche Ressourcen aus der Perspektive der indigenen Völker eine zentrale Rolle im Rahmen von Fragen der Selbstbestimmung und der Kontrolle des Territoriums. Dabei sind die Aspekte des Landes bzw. Territoriums, der Ressourcen und der Kultur als untrennbare Einheit miteinander verflochten und stellen für das Überleben der indigenen Völker in kultureller wie auch in ökonomischer Hinsicht die Grundlagen ihrer Existenz dar. Diese untrennbare Einheit von Mensch und Natur mit der spezifischen Form des Umgangs mit der Umwelt beinhaltet eine spirituelle ebenso wie eine moralische Dimension und ist zugleich häufig ein zentraler Bestandteil der kulturellen Identität.

Die eingangs angeführten Zitate stammen von indigenen Fischern in zwei 1.000 km voneinander entfernt liegenden peripheren Regionen der karibischen Küste Zentralamerikas, der nördlichen Moskitia-Küste Nicaraguas und der Comarca Kuna Yala Panamas, den beiden für die vorliegende Studie ausgewählten Untersuchungsgebieten. Die Aussagen illustrieren die Ähnlichkeit der Beobachtungen, die lokale Fischer in beiden Räumen machen: Sie berichten von erheblich zurückgehenden absoluten Fangmengen und abnehmenden Größen der gefangenen Exemplare, aber auch von Artenverschiebungen in der Zusammensetzung der Fänge. Die Folgen dieser Entwicklung sind für die indigene Bevölkerung gravierend, denn aufgrund der erschwerten Bedingungen in der Fischerei ist es erforderlich, die zurückgehenden Fänge durch erhöhten Zeit- und Arbeitseinsatz sowie höhere zurückzulegende Distanzen zu den Fanggründen auszugleichen. Vor allem aber wird die Sicherung der Nahrungsmittelversorgung der Küstenbevölkerung durch geringe oder ausbleibende Fänge in Frage gestellt, denn aus dem Mangel an marinen Ressourcen erwachsen aufgrund des Fehlens alternativer Proteinquellen gravierende Konsequenzen für die Ernährungslage.

Beide Untersuchungsgebiete sind geprägt von einer naturräumlichen Umgebung, die in früheren Zeiten als besonders reich an natürlichen Ressourcen galt, insbesondere in Bezug auf die marinen Ressourcen, wie historische Quellen illustrieren (vgl. Kapitel 4 und 5). Noch heute zählen beide Gebiete als periphere Räume zu den am wenigsten erschlossenen und ökologisch intaktesten Küstenräumen Zentralamerikas, was vor allem im Vergleich zu den durch Abholzung, Landwirtschaft und Viehhaltung geprägten westlichen und zentralen Gebieten der zentralamerikanischen Staaten deutlich wird. Im Autonomiegebiet der Kuna Panamas ebenso wie im Territorium der Miskito an der nicaraguanischen Moskitia-Küste finden sich noch immer ausgedehnte, relativ wenig gestörte Komplexe von Korallenriffen, Seegraswiesen und Mangrovenwäldern. Diese sind nicht nur als Lebensraum einzelner bedrohter Tierarten für den Natur- und Artenschutz von hoher Bedeutung, sondern werden auch aufgrund ihrer Größe und ihrer gesamten ökologischen Bedeutung als schützenswert angesehen.

Zugleich ist das Leben und Wirtschaften der Kuna und Miskito eng mit diesem marin geprägten Naturraum verknüpft, der die lebenswichtigen Ressourcen liefert. Jedoch sind in beiden Gebieten Prozesse der Übernutzung und Degradation natürlicher Systeme zu beobachten, die sich zu einem gewissen Teil auf externe Ursachen wie zum Beispiel die legale und illegale industrielle Fischerei zurückführen lassen. Zum Teil partizipiert aber auch die indigene Bevölkerung aktiv an der Degradation der marinen Umwelt, vor allem durch Überfischung oder Korallenriffabbau. Es stellt sich daher die Frage, wie es zu diesen negativen Entwicklungen der Nutzung kommt, die für die lokalen Gemeinschaften durch ihre Auswirkungen auf die ökologischen und sozioökonomischen Systeme unmittelbar spürbar werden. Zunächst lässt sich fragen, ob traditionelle Managementsysteme in den beiden Gebieten existieren und falls dies der Fall ist, inwiefern sie noch Wirksamkeit zeigen. Welchen Veränderungen sind diese traditionellen Systeme in jüngerer Zeit unterworfen? Welche Rolle spielt dabei das spezifische, in der indigenen Kultur und Kosmologie verankerte Konzept der Mensch-Umwelt-Beziehungen? Weshalb erfolgt trotz der Nähe der indigenen Nutzer zu den Ressourcen keine Anpassung an nachhaltigere Nutzungsformen? Werden die Degradationserscheinungen von den lokalen Fischern wahrgenommen und welche Handlungsmöglichkeiten bestehen aus ihrer Sicht? Existieren Ansätze zur Verhinderung der Übernutzung und zu einem angepassten Management bei sich wandelnden Nutzungsformen?

Vor dem Hintergrund dieses thematischen Rahmens widmet sich die vorliegende Untersuchung der Analyse von Nutzungssystemen mariner Ressourcen der beiden ausgewählten indigenen Völker. Dabei stehen die gesellschaftlichen Zusammenhänge, die dem Mensch-Umwelt-Verhältnis zugrunde liegen, im Vordergrund, während ökologische Prozesse und Wechselwirkungen zwischen Nutzung und Ökosystemen lediglich als Rahmen der Betrachtung mit einbezogen werden. Der Schwerpunkt liegt auf der Betrachtung der institutionellen Regelungen, der Konstellationen von Akteuren und sozialen Gruppen, sowie auf dem Wandel der traditionellen Nutzungssysteme und dessen Perzeption.

Im theoretischen Teil (Kapitel 2) orientiert sich die Arbeit zunächst an den Ansätzen der Politischen Ökologie, die für die Analyse der zu untersuchenden Zusammenhänge einen geeigneten Rahmen bilden. Im Mittelpunkt politisch-ökologischer Konzepte steht die Perspektive der Akteure mit ihren handlungsleitenden Motiven sowie ihre Einbindung in Zusammenhänge der politischen Kontrolle und Machtkonstellationen. Zugleich richten diese Ansätze den Blick auf Konflikte und Diskurse um Ressourcenzugang und Landrechte, die insbesondere für indigene Bevölkerungsgruppen von zentraler Bedeutung sind. Daher werden im Folgenden Aspekte indigener Rechte und der damit verbundenen Diskurse, in die die Akteure auf verschiedenen politischen Arenen eingebunden sind, sowie Fragen der indigenen Identität und Kultur behandelt. Anschließend wird die Perspektive der Politischen Ökologie zunächst verlassen, um sich der Nutzung von Meeresressourcen und Fragen des Managements im karibischen Kontext zu widmen. Dabei werden auch generelle Probleme konventioneller Management-Instrumente und das Konzept der Nachhaltigkeit diskutiert.

Unter den breit gefassten Ansätzen der wirtschafts- und sozialwissenschaftlichen Nachhaltigkeitsforschung lassen sich auch Fragen der Handlungs- und Verfügungsrechte über natürliche Ressourcen *(property rights)* einordnen. Den Ausgangspunkt der Betrachtung liefert die ressourcenökonomische These der Allmende-Problematik *(tragedy of the commons)*, die im Rahmen von Konzepten der Institutionentheorie betrachtet wird, wobei Institutionen nicht nur als Spielregeln einer Gesellschaft verstanden werden, sondern auch soziale Normen und Werte beinhalten. Dieser analytische Zugang legt den Schwerpunkt auf die internen Funktionsmechanismen dieser Regelungen, ihren Wandel und ihre Gestaltung. Der vorliegenden Arbeit liefert er ein analytisches Gerüst zur Institutionenanalyse. Die zuvor vorgestellten theoretischen Ansätze vereinen sich in der Betrachtung einer spezifischen Art von *common-property-systems*, den indigenen oder traditionellen Ressourcenmanagement-Systemen mit ihren spezifischen Konzepten und Instrumenten.

Auf den theoretischen Überlegungen aufbauend widmen sich die folgenden Kapitel der empirisch-analytischen Ebene. In Kapitel 3 werden die eigenen Forschungsfragen konkretisiert und das methodische Vorgehen erläutert; anschließend erfolgt eine getrennte Betrachtung der beiden Untersuchungsräume Kuna Yala (Kapitel 4) und Moskitia-Küste (Kapitel 5), in denen die empirischen Erhebungen durchgeführt wurden. Im Zentrum steht nach der Behandlung der gesellschaftlichen Rahmenbedingungen zunächst die

Beschreibung von Nutzungsmustern, Vermarktungsstrategien und Transformationsprozessen in den lokalen Fischereisystemen. Vor diesem Hintergrund folgt die Analyse der institutionellen Regelungen hinsichtlich ihres direkten oder indirekten Einflusses auf die Ressourcennutzung, sowie die Untersuchung der Wirksamkeit dieser Regelungen und des institutionellen Wandels. Im Vergleich der Ergebnisse aus den beiden untersuchten Räumen sollen zentrale Faktoren und Prozesse herausgearbeitet werden, die zur Degradation der Ressourcensysteme und zum Verfall der traditionellen Institutionen führen. Die vergleichende Betrachtung dieser Prozesse im Zusammenhang mit den gesellschaftlichen Rahmenbedingungen erlaubt es dabei, Schlussfolgerungen über Faktoren zu ziehen, die für die kreative Gestaltung institutioneller Strukturen auf der Ebene der *comunidades* oder der regionalen Maßstabsebene fördernd oder hemmend wirken (Kapitel 6).

2 Theoretische Ansätze

2.1 Der Ansatz der Politischen Ökologie: Die gesellschaftliche Dimension des Mensch-Umwelt-Verhältnisses

Den theoretischen Ausgangspunkt der vorliegenden Arbeit bildet der Ansatz der Politischen Ökologie. Dieses weit gefasste Forschungsfeld hat vor allem seit den 1980er Jahren an Bedeutung in der geographischen sowie ethnologischen Forschung zu Mensch-Umwelt-Beziehungen gewonnen und vereint als loser Oberbegriff Studien mit einem breiten Spektrum an theoretischen und methodischen Zugängen und Ansätzen. Einen Überblick über die Entwicklung der Forschungsrichtung bieten BLAIKIE (1999), WALKER (2005) sowie aus ethnologischer Perspektive KOTTAK (1999) und LITTLE (1999). Der politisch-ökologische Ansatz der Untersuchung von Umweltveränderungen entstand in den 1970er und 1980er Jahren als Gegenentwurf zu den vorherrschenden neo-malthusianischen Thesen, wie z.B. HARDINS *tragedy of the commons* (1968; vgl. Kap. 2.4), sowie verschiedenen naturwissenschaftlich geprägten Ansätzen, die sich auf mechanistische Kausalitätsbeziehungen zwischen Mensch und Umwelt konzentrierten (GRAY & MOSELEY 2005). Auch die Ansätze der Humanökologie, die auf der Ökosystemtheorie aufbauend den Menschen als humanes Subsystem oder als Störfaktor in natürlichen Systemen einbeziehen, gerieten aufgrund des Vorwurfs einer reduktionistischen Betrachtungsweise in die Kritik (GEIST 1992; DURHAM 1995). Dabei wurde vor allem die ungenügende Berücksichtigung politischer, ökonomischer und sozialer Dimensionen bei der Erklärung von Umweltveränderungen bemängelt.

Die politisch-ökologische Sichtweise hingegen sieht Umweltdegradation zuvorderst als gesellschaftliches Problem und schließt daher politische und ökonomische Bedingungen in die Betrachtung mit ein, wie es in einer weit gefassten und viel zitierten Definition von BLAIKIE & BROOKFIELD heißt: „The phrase ‚political ecology' combines the concerns of ecology and a broadly defined political economy. Together this encompasses the constantly shifting dialectic between society and land-based resources, and also within classes and groups within society itself" (BLAIKIE & BROOKFIELD 1987, S. 17). Dabei ist den unterschiedlichen Ansätzen der Politischen Ökologie gemein, dass sie sich auf die Schnittstellen zwischen Gesellschaft, politischer Ökonomie und natürlicher Umwelt konzentrieren (GEIST 1992; 1999) und anstreben, den politischen Charakter von Mensch-Umwelt-Beziehungen aufzuzeigen („to politicise the natural", BRYANT 1999, S. 151).

Nach den zuvor vorherrschenden naturwissenschaftlich orientierten Betrachtungsperspektiven lenkte die Politische Ökologie den Blick auf Machtkonstellationen, in die Akteure jeweils eingebunden sind sowie auf deren Handlungsspielräume im Kontext internationaler ökonomischer und institutioneller Zusammenhänge. Die unterschiedlichen Phasen der Entwicklung der Forschungsrichtung mit den verschiedenen Strömungen stellt z.B. PASCA übersichtlich dar (2004).

Zusammenfassend lässt sich festhalten, dass zunächst neo-marxistische Ansätze mit ihrer Konzentration auf strukturelle Aspekte überwogen, wobei die Ungleichverteilung von Macht, Ressourcenzugang und Handlungsspielräumen im Vordergrund der Betrachtung standen. Ab Ende der 1980er Jahre traten in einer zweiten Phase der Politischen Ökologie akteursorientierte Betrachtungsansätze hinzu, die mit Beiträgen aus verschiedenen Disziplinen unterschiedliche Schwerpunkte setzten, so dass ein theoretischer und methodischer Pluralismus innerhalb der Forschungsrichtung entstand, die heute als „multi- und transdzplinärer, aber dezidiert sozialwissenschaftlicher Ansatz" bezeichnet werden kann (KRINGS 1999, S. 130).

Zentrale Fragen der Politischen Ökologie richten sich auf den Zugang zu natürlichen Ressourcen sowie auf die zugrunde liegenden Machtbeziehungen und Interaktionen zwischen den Akteuren. Dabei ermöglicht die akteurszentrierte Perspektive den Einbezug der Motive und Strategien von umweltrelevantem Handeln und Ressourcennutzung in das theoretische Konzept. BLAIKIE & BROOKFIELD (1987) schlagen eine Betrachtungsweise vor, die Akteure und ihre Handlungen nach verschiedenen Maßstabsebenen differenziert (lokal, regional, national, global) und die Wechselwirkungen zwischen den verschiedenen Handlungsebenen berücksichtigt. Methodischer Ansatzpunkt der Betrachtung ist eine sich über mehrere Betrachtungsebenen erstreckende Verursachungskette, in der das Handeln und die Interessen der Akteure in Zusammenhang mit Umweltveränderungen, wie z. B. Landdegradation, gebracht werden (vgl. SCHOLZ 2004). Dabei wird unterschieden zwischen *place-based* (endogenen) und *non-placed-based* (exogenen) Akteuren mit ihren jeweiligen Interessen (BLAIKIE 1995).

Es existieren eine Vielzahl von politisch-ökologischen Arbeiten zu den im Zusammenhang mit der Aneignung von Ressourcen aufkommenden Konflikten zwischen Akteuren mit unterschiedlicher Machtausstattung, wobei vor allem die Perspektive der lokalen, machtlosen Akteure gegenüber wirtschaftlich mächtigeren Eliten im Mittelpunkt des Interesses steht (z. B. PELUSO 1992; BRYANT 1997). Viele Arbeiten stellen dabei die Betrachtungen in den Kontext von Konzepten wie Marginalität, Vulnerabilität (Verwundbarkeit), Lebensbedingungen *(livelihoods)* und Armut (vgl. BOHLE 2001). Weitere Forschungsrichtungen beziehen die Untersuchung der Perzeption von Umwelt und Handeln sowie die um Natur und ihre Nutzung kreisenden Diskurse auf den verschiedenen Handlungsebenen mit ein. Ein jüngerer dekonstruktivistischer Forschungsstrang schließlich beschäftigt sich mit den Fragen der sozialen Konstruktion von Natur (ESCOBAR 1999).

Insgesamt zeigt sich, dass es nicht nur um die zunächst im Mittelpunkt stehenden Fragen von Machtverteilung und Ressourcenzugang geht. Vielmehr wird das Handeln der Akteure im Kontext ihrer sozialen Beziehungen gesehen, die das Mensch-Umwelt-Verhältnis in entscheidender Weise bestimmen (PELUSO 1992). Eine wichtige Rolle spielt dabei die Untersuchung von gemeinschaftlich genutzten Ressourcen in *common-property* -

Systemen mit ihrer spezifischen Ausgestaltung von kollektiven Nutzungs- und Verfügungsrechten (siehe unten; vgl. BLAIKIE & BROOKFIELD 1987). In diesem Zusammenhang wiederum lassen sich die einzelnen institutionellen Regelungen innerhalb dieser Systeme sowie die von externer Seite gestalteten Institutionen, z.B. des Nationalstaates, untersuchen, mit denen Ressourcennutzung und -zugang gesteuert und kontrolliert werden. Die Wechselwirkungen zwischen sich verändernden Institutionen, den Triebkräften dieses Wandels sowie seinen ökologischen Auswirkungen stehen im Zentrum des Interesses. Dabei werden die lokalen Akteure *(grassroots actors)* nicht mehr nur als Opfer ungleicher Machtkonstellationen gesehen, die aus dem Verteilungskampf um Ressourcen zwangsläufig als Verlierer gegenüber mächtigeren Akteuren hervorgehen, sondern als zunehmend auch nach außen hin wahrgenommene und organisierte soziale Akteure, die ihre Interessen und Anliegen in unterschiedlichen politischen Arenen artikulieren (vgl. DÜNCKMANN 1999; PASCA 2004; vgl. auch die Ansätze zum Thema *empowerment*, z.B. LEACH et al. 1999).

Zusammenfassend lässt sich also feststellen, dass sich das Feld der Politischen Ökologie nicht klar definieren lässt, sondern seine „kreative Spannung" (Übers. der Verf., BRYANT 1999, S.148) gerade durch die Vielzahl an Perspektiven erhält. Auch wenn Kritiker aus den eigenen Reihen eine stärkere Beachtung der ökologischen Zusammenhänge (VAYDA & WALTERS 1999) einerseits und auf der anderen Seite auch der politischen Arenen, in denen Ressourcenzugang und -rechte ausgehandelt werden (PEET & WATTS 1993), einfordern, entwickelte sich die Politische Ökologie innerhalb der Geographie zu einem wichtigen Ansatz mit wachsendem Einfluss. So ist sie WALKER zufolge „today's most prominent inheritor of traditions in geography with deep historical roots in the study of *both* biophysical ecology and social science" (Hervorhebung im Orig., WALKER 2005, S.80). Für die Entwicklungsforschung und die Untersuchung von Beziehungen zwischen Armut und Umwelt stellt der Ansatz der Politischen Ökologie somit „one of the key lenses" der Betrachtung dar (GRAY & MOSELEY 2005, S.14).

Insbesondere zur Untersuchung von Ressourcennutzung und Umweltdegradation in indigenen Gesellschaften bietet der politisch-ökologische Ansatz einen geeigneten Rahmen. Dabei sind indigene Völker als Ressourcennutzer und -manager insofern von besonderem Interesse für politisch-ökologische Studien, als sie zum einen häufig in *common-property*-Ressourcensystemen wirtschaften, in denen traditionelle Institutionen bei der Steuerung von Nutzung und Zugang zu Ressourcen eine zentrale Rolle spielen. Zum anderen treten indigene Völker in den letzten Jahrzehnten zunehmend als soziale Akteure in unterschiedlichen politischen Arenen auf, wobei sie aktiv ihre Rechte auf Land, Territorium, Ressourcen und Selbstbestimmung einfordern. Diese Rechte stellen eine wichtige Rahmenbedingung nicht nur des Ressourcenzugangs, sondern auch des lokalen Umweltmanagements dar und stehen daher von besonders im Fokus der politisch-ökologischen Betrachtung indigener Nutzungssysteme. Daher sollen im Folgenden zunächst die Entwicklung der indigenen Bewegung und die Fragen der indigenen Rechte sowie die eng damit verbundenen Diskussionen um indigene Kultur behandelt werden.

2. 2 Indigene Rechte und Identitäten in Lateinamerika im globalen Kontext

Über die globale Bevölkerungszahl indigener Menschen liegen nur grobe Schätzungen vor, die zwischen 250 und 370 Millionen Menschen (OHCHR o. J./a; IWGIA 2006) bzw. 400 Mio. schwanken (COATES 2004). Obwohl der Anteil Indigener an der Weltbevölkerung somit ca. 5 % beträgt, besiedeln indigene Völker zwischen 12 und 20 % der globalen Landoberfläche (TOLEDO 2001; KEMF 1993). Dabei stimmen Darstellungen der globalen Lebenssituation weitgehend darin überein, dass diese nach wie vor als prekär gelten kann – teilweise in sich verschärfender Form: Weltweit gehören indigene Menschen fast immer zu den ärmsten und am stärksten benachteiligten Bevölkerungsgruppen (DREHER 1995; COATES 2004). Sie leben also besonders häufig unter Bedingungen, die von Armut, Marginalisierung und mangelndem Zugang zu grundlegender Infrastruktur geprägt sind und in manchen Fällen die unmittelbare physische Bedrohung durch Vertreibung, gewaltsame Konflikte oder Genozid einschließen. Gleichzeitig sehen sich viele indigene Völker mit Konflikten um natürliche Ressourcen und den Zugang zu Land konfrontiert, zum Teil ebenfalls mit gewaltsamen Auseinandersetzungen (KRAAS 2002). Diese Problematik ist für die Indigenen keineswegs neu, da viele Völker seit Beginn der Kolonisierung Phasen der Versklavung, Ausrottung oder der erzwungenen Assimilation erlebten (RAMOS 2002).

Bei der Betrachtung der Situation indigener Völker lassen sich für die letzten Jahrzehnte jedoch einige Entwicklungsrichtungen und Prozesse aufzeigen, die neuartig und zugleich global wirksam sind. Neben Armut und Marginalisierung gehören Konflikte um Land und Ressourcen sowie ein beschleunigter kultureller Wandel noch immer zu den Faktoren, von denen sich indigene Völker bedroht sehen. Parallel dazu ist ein Trend zur Rückbesinnung indigener kultureller Identitäten zu beobachten, der verwoben ist mit Forderungen nach Land- und Autonomierechten. Dabei sind Indigene auf verschiedenen räumlichen Ebenen zu sozialen Akteuren geworden, deren Agieren wiederum Einfluss auf die Entwicklung internationaler Standards und Institutionen sowie auf die gesellschaftliche Entwicklung innerhalb der jeweiligen Nationalstaaten hat.

Besonders in Lateinamerika hat in den letzten Jahrzehnten ein deutliches Erstarken sozialer Bewegungen zur lokalen Selbstbestimmung stattgefunden (DÜNCKMANN & SANDNER 2003). Die indigene Bewegung kann als ein Teil dieser Emanzipationsbewegung lokaler Gemeinschaften aufgefasst werden, wobei die international wahrgenommenen nationalen Erhebungen wie in Mexiko und Ecuador nur die heraus stechendsten Fälle eines bereits seit mehreren Jahrzehnten zunehmend dynamischen Prozesses repräsentieren (YASHAR 1998).

2.2.1 Ein Definitionsproblem: Der Begriff „indigene Völker"

Der Begriff „indigene Völker" hat in der wissenschaftlichen Literatur erst seit den 1980er Jahren Verbreitung gefunden (KRAAS 2002) und ersetzt verschiedene vormals übliche Begriffe wie „Ureinwohner", „Naturvölker" oder „Eingeborene". Er ist jedoch nicht allgemein gültig definiert: Zum einen sind eine Vielzahl unterschiedlicher Definitionen in der Literatur und auf Ebene der internationalen Organisationen zu finden, zum anderen widerspricht die innere Dynamik des sozialen und kulturellen Wandels in den betrachteten Gesellschaften jeder abschließenden Klassifizierung (vgl. KOHL 2000). Nicht zuletzt kann der Begriff der Indigenen nicht losgelöst von der Geschichte des europäischen Kolonialismus in seinen unterschiedlichen Ausprägungen und Kontexten gesehen werden, ist er doch vielmehr ein Produkt auch der europäischen Geschichte und zugleich des kolonialen Blicks (WARREN & JACKSON 2002). Inzwischen stellt die Frage der Definition indigener und traditioneller Bevölkerungsgruppen außerdem ein „hart umkämpftes politisches Terrain" dar, denn mit der Diskussion um die Definition sind immer auch Fragen der Rechte bestimmter Gruppen verbunden, so dass eine „objektive" Klassifikation nicht möglich ist (DÜNCKMANN & SANDNER 2003, S. 77). Wie umstritten der Begriff der indigenen Völker aufgrund der damit verbundenen Rechte auf Territorium und Selbstbestimmung auch in der Wissenschaft ist, zeigt beispielsweise die in anthropologischen Zeitschriften in den Jahren 2003 und 2004 kontrovers geführte Debatte um den Begriff der Indigenität. Ausgangspunkt der Debatte war ein Artikel von KUPER (2003), in dem dieser der indigenen Bewegung rassistische und undemokratische Züge zuschreibt und zugleich Begrifflichkeiten um Indigenität und die Legitimität indigener Ansprüche in Frage stellt. Die Zuschreibungen von Indigenität und kultureller Identität bringt der Autor mit dem „Nürnberger Prinzip" in Verbindung, so dass der Begriff Kultur nunmehr den Begriff der „Rasse" ersetze. Dabei beständen die Ziele der indigenen Bewegung darin, sich Privilegien gegenüber anderen, später eingewanderten Gruppen zu sichern (KUPER 2003, S. 392). Die Traditionalität indigener Kulturen und die Harmonie zwischen Mensch und Natur, die KUPER zufolge zentrale Aspekte der Legitimierung der Bewegung darstellen, zweifelt der Autor an, indem er auf die Vermischung der Kulturen mit modernen Gesellschaften verweist. Entgegnungen verschiedener Autoren folgten, z. B. von KENRICK & LEWIS (2004) oder ROBINS (2003), die dem Autor unter anderem insofern widersprechen, als aus ihrer Sicht eine „Rassenzugehörigkeit" im Allgemeinen eben nicht als zentrales Definitionskriterium indigener Völker herangezogen würde und die extreme Diskriminierung der Indigenen in der Argumentation außer Acht gelassen werde (KENRICK & LEWIS 2004). Im Folgenden sollen die wichtigsten Definitionsansätze und einige damit verbundene Diskussionspunkte aufgezeigt werden (zur Frage der Definition vgl. COATES 2004; HEINZ 1991; DREHER 1994; PASCA 2004).

Einen viel zitierten frühen Versuch der Definition indigenen Bevölkerung, die auf allen fünf Kontinenten verstreut lebt und in sehr heterogene humanökologische, soziokultu-

Theoretische Ansätze 11

relle und historische Kontexte eingebunden ist, unternahm der Spezialberichterstatter der Menschenrechtskommission der Vereinten Nationen, MARTÍNEZ COBO, in den 1970er Jahren (in DREHER 1994). Die von den UN-Organen zunächst weitgehend übernommene Formulierung lautet wie folgt:

> „Indigenous communities, peoples and nations are those which, having a historical continuity with pre-invasion and pre-colonial societies that developed on their territories, consider themselves distinct from other sectors of the societies now prevailing in those territories, or parts of them. They form at present non-dominant sectors of society and are determined to preserve, develop and transmit to future generations their ancestral territories, and their ethnic identity, as the basis of their continued existence as peoples, in accordance with their own cultural patterns, social institutions and legal systems."
> (MARTÍNEZ COBO 1981 in DREHER 1994, S. 8).

Diese Definition, die nicht unumstritten blieb, vereint einige in vielen späteren Definitionen wiederkehrende zentrale Aspekte. Dabei spiegeln die hier enthaltenen Konzepte von „Nation" und „Territorium" bereits wichtige und viel diskutierte Forderungen indigener Völker wider: Die Anerkennung als Nationen jenseits eines nur auf den Begriff des Nationalstaates reduzierten Konzeptes der Nation stellt ein häufig artikuliertes Anliegen indigener Völker dar (vgl. BRYSK 2000). Der Begriff des Territoriums schließt die Kontrolle über einen geographischen Raum ein und wird daher von vielen Indigenen dem eher neutralen Begriff des „Landes" vorgezogen (BRONSTEIN 1998).

Der Definition von MARTÍNEZ COBO liegen drei unterschiedliche Argumentationslinien zugrunde, die sich nach MIRES (1991) wie folgt differenzieren lassen (dort bezogen auf die Definition der „Indios" Lateinamerikas): Zum ersten stützt sich die evolutionistische bzw. historische Argumentation auf die historische Kontinuität einer Bevölkerungsgruppe in einem bestimmten Raum. Die zweite, von MIRES (1991) als kulturalistische Tendenz bezeichnete Argumentationslinie bezieht sich auf den Gegensatz zu einer vollkommen anders gearteten und dominanten „externen" Gesellschaft. Eine dritte, strukturalistische Argumentation schließlich bezieht sich auf die Position der Indigenen innerhalb einer bestimmten sozioökonomischen Struktur.

Der erste Aspekt der historischen Präsenz in einem spezifischen geographisch definierten Raum ist in vielen aktuellen Definitionen indigener Völker enthalten (z. B. in der Konvention 169 der International Labour Organisation, ILO 2003). Er wirft jedoch einige Fragen auf: Zum einen kann die Länge der Zeitspanne dieser Präsenz nicht klar definiert werden (HEINZ nennt dafür „throughout their known history, or at least for most of this time" als Kriterium; 1991, S. 5). Zum anderen bleibt unklar, wie Völker klassifiziert werden, die – aus welchen Gründen auch immer – ihre traditionellen Lebensräume verlassen haben. Viele indigene Gruppen, die zu Zeiten der Kolonialisierung bestimmte Räume besiedelten, wurden in periphere Räume abgedrängt und durchliefen zum Teil mehrfache Migrationsphasen. Das Beispiel der Geschichte der Kuna in Panama zeigt diese Schwierigkeit des Kriteriums der historischen Präsenz auf, da die genaue geographische Herkunft des Volkes bis heute nicht geklärt ist (vgl. Kap. 4). Es stellt sich also die Frage, wie eng der geographische Lebensraum gefasst sein soll, auf den diese Definition sich bezieht. Zwar lässt sich generell festhalten, dass das Volk zu Zeiten der Kolonisierung auf dem Kontinent präsent war, doch reicht z. B. im Kontext der Diskussion um Landrechte eine derartige allgemeine Feststellung oft nicht aus, da Forderungen, Gesetze etc. sich auf die historische Präsenz in kleineren räumlichen Einheiten beziehen. Trotzdem lässt sich kaum anzweifeln, dass solche „verpflanzten" Völker als indigen gelten können.

Aufgrund dieser Problematik einer Definition entlang geographisch definierter räumlicher Einheiten klammern viele neuere Begriffsbestimmungen diesen Aspekt aus oder schließen explizit jene Völker mit ein, die aus unterschiedlichen Gründen ihren ursprünglichen Lebensraum verlassen haben bzw. mussten. So ist beispielsweise die Weltbank-Direktive 4.10 über indigene Völker ausdrücklich auch auf Gruppen anzuwenden, die ihr kollektives Land aufgrund gewaltsamer Konflikte verloren haben (World Bank 2005). Generell scheint die Definition der Indigenen für Nord- und Südamerika jedoch weniger schwierig zu sein als für Afrika oder Asien, da eine Abgrenzung der *indígenas* Mittel- und Südamerikas wie auch der *first nations* Nordamerikas über den Bezug zu den präkolumbianischen Wurzeln der vor 1594 in Amerika lebenden Bevölkerungsgruppen erfolgen kann (zum Begriff der Indigenität im südlichen Afrika vgl. SYLVAIN 2002). Auf die Schwierigkeiten, die sich allerdings aufgrund der Vermischung dieser Ursprungsbevölkerung mit Zugewanderten *(mestizaje)* ergeben, soll an dieser Stelle nicht weiter eingegangen werden.

Die zweite Argumentationslinie, die sich auf den Aspekt der Kultur bezieht, stützt sich gewissermaßen auf die „Essenz" der indigenen Gesellschaften, d. h. eine von der dominierenden Gesellschaft abgrenzbare indigene Kultur. Auch hier ist aufgrund der Heterogenität der über die ganze Welt verstreut lebenden Bevölkerungsgruppen eine Festlegung typisch indigener Kulturelemente schwierig, wenn nicht sogar unmöglich. Meist werden als Kriterien für Indigenität eine lebendige indigene Sprache, ein spezifisches Verhältnis zu Land und natürlichen Ressourcen, sowie auch Religion, Lebensweise, traditionelle Wirtschaftsweise oder spezifische kulturelle Praktiken genannt. Jedoch verleugnet jede statische Definition indigener Kultur, die bestimmte kulturelle Elemente als authentisch oder traditionell einstuft, die kulturelle Dynamik indigener Gesellschaften, worauf unten noch einzugehen sein wird. Beispielhaft verdeutlichen lassen sich die Schwierigkeiten einer auf kulturellen Aspekten fußenden Definition anhand der indigenen Bevölkerung, die in urbanen Räumen lebt und die weder über indigene Sprache noch über eine „traditionelle", naturnahe Lebensweise verfügt, obwohl sie sich selbst als indigen begreift. Daher beschränken sich die meisten Definitionen auf die Feststellung einer nicht näher definierten Andersartigkeit auf sprachlicher, kultureller, sozialer und wirtschaftlicher Ebene gegenüber der Nationalstaatsbevölkerung (vgl. KRAAS 2002).

Der dritte, strukturalistische Argumentationsstrang, der sich auf die sozioökonomische Position der Indigenen in einer Gesellschaft bezieht, basiert auf der Annahme der marginalisierten Stellung dieser Gruppen in den jeweiligen Nationalstaaten. Zwar ergeben sich auch hier Widersprüche (vgl. die These von COATES 2004, wonach auch indigene Völker andere Gruppen verdrängt oder marginalisiert haben), jedoch stimmen die meisten Definitionen darin überein, dass Indigene generell über wenig politische Macht verfügen und eine randliche gesellschaftliche Stellung einnehmen, also politisch, wirtschaftlich und sozial marginalisiert sind.

Ein weiteres Kriterium der Definition, das heute als einer der wichtigsten Aspekte indigenen Selbstverständnisses angesehen wird, ist die Selbstidentifikation als indigen, wie sie zum Beispiel in der Konvention 169 als zentrales Element festgelegt ist (ILO 2003). Jedoch ist auch die Selbstidentifikation nicht unproblematisch, zum Beispiel in Gebieten mit unterschiedlichen, um Land und Ressourcen konkurrierenden Bevölkerungsgruppen. Wenn die Anerkennung einer Gruppe als indigen (oder auch als traditionell oder autochthon) Voraussetzung für Rechte auf Territorium und Ressourcen ist, hat eine solche Einstufung zugleich Implikationen für andere, nicht indigene Bevölkerungsgruppen. Diese müssen möglicherweise aufgrund ihrer Nichterfüllung der Kategorien der Indigenität auf Rechte, z.B. auf Land oder Selbstbestimmung, verzichten und finden sich somit innerhalb eines Nationalstaates in einer benachteiligten Situation gegenüber den aus ihrer Sicht mit Privilegien ausgestatteten indigenen oder traditionellen Gruppen. So zeigt sich am Beispiel der *caiçaras* in Brasilien, dass die Anerkennung der Zugehörigkeit zur Bevölkerungsgruppe „Traditionelle" mitunter mit Rechten und Privilegien gegenüber anderen Bevölkerungsgruppen verbunden ist (DÜNCKMANN & SANDNER 2003). Dabei ergeben sich für den einzelnen Akteur aus der Frage, ob er sich als „traditionell" bezeichnen kann oder nicht, weit reichende Konsequenzen für das persönliche Wirtschaften und die Zugangsrechte zu Ressourcen. Die Folge ist, dass sich in solchen Fällen Kleinbauern im Wissen um die Zugangsrechte als „traditionell" darstellen, unter anderem, um solche Rechte zu erlangen. Die Selbstidentifikation als „indigen" bzw. wie im Falle der *caiçaras* als „traditionell" kann also von Akteuren auch strategisch eingesetzt werden, wenn es zu ihrem Vorteil ist. Trotz dieser Problematik bleibt festzuhalten, dass heute die Selbstidentifikation als eines der wichtigsten Kriterien zur Definition indigener Völker angesehen wird und daher indigene Vertreter und Autoren die Abkehr von Definitionsversuchen einfordern, die dieses Kriterium unberücksichtigt lassen.

Insgesamt ist heute eine Abkehr von „harten" Ansätzen der Definition festzustellen, die Indigenität anhand vermeintlich objektiver, global einheitlicher Merkmale festlegen. So verzichten internationale Organisationen wie die Weltbank, die UN oder die ILO angesichts der skizzierten definitorischen Schwierigkeiten inzwischen auf präzise Definitionen und verwenden stattdessen offener gehaltene Umschreibungen des Begriffes der Indigenität. Die Weltbank beispielsweise legt den Terminus „indigene Völker" nicht explizit fest, sondern umgeht eine Definition durch folgende Formulierung:

> „Because of the varied and changing contexts in which Indigenous Peoples live and because there is no universally accepted definition of ‚Indigenous Peoples', this policy does not define the term. [...] For purposes of this policy, the term ‚Indigenous Peoples' is used in a generic sense to refer to a distinct, vulnerable, social and cultural group possessing the following characteristics in varying degrees." (World Bank 2005, o. S.).

Die vier in der Folge genannten Kriterien sind dabei die Selbst-Identifikation als spezifische indigene kulturelle Gruppe und Anerkennung dieser Identität durch andere, kollektive Verwurzelung in einem geographisch definierten Raum, überlieferte kulturelle, ökonomische, soziale oder politische Institutionen, die von denen des Nationalstaates abweichen, sowie eine indigene Sprache. VENNE (1998, S. 41) unterstreicht die Bedeutung dieser Weltbank-Direktive, der durch ihre bindende Wirkung für die Kreditnehmer indirekt „law-making functions" zugeschrieben werden können.

Wie aus dieser Umschreibung deutlich wird, ist Indigenität heute eher als relativer Begriff (DREHER 1994; KENRICK & LEWIS 2004) zu verstehen, den es im jeweiligen regionalen und historisch-kulturellen Kontext festzulegen gilt und der entscheidend durch die betrachteten Menschen und ihr Selbstverständnis geprägt wird. Daher kann es nicht verwundern, dass noch immer keine einheitliche, international anerkannte Definition existiert. Zugleich werden andere Begriffe, wie beispielsweise *tribal, first nations* oder *native* synonym verwendet, wobei sich die Auslegungen innerhalb der einzelnen Nationalstaaten unterscheiden (ECOSOC 2002). Außerdem ist festzustellen, dass in vielen wissenschaftlichen Veröffentlichungen ebenso wie in Dokumenten und Statements von Nichtregierungsorganisationen (NRO) oder internationalen Organisationen inzwischen weiter gefasste Begriffe wie z. B. *local communities* verwendet werden. Mit *local communities* wird meist eine nicht-städtische, von kleinbäuerlicher Landwirtschaft oder Kleinfischerei geprägte Lebensweise verbunden. Doch auch bei diesem Begriff, ebenso wie bei denen der „traditionellen" oder „autochthonen" Gemeinschaften, ergeben sich neue Definitionsprobleme, wenn festgelegt werden muss, was unter einer spezifisch lokalen oder traditionellen Lebensweise in ihrer Unterschiedlichkeit zu einer als „modern" aufgefassten Lebens- und Wirtschaftsweise zu verstehen sein soll. Andererseits ermöglichen die weiter gefassten Begriffe auch solche Gemeinschaften mit einzuschließen, die nicht als „indigen" einzustufen sind, jedoch trotzdem eine kulturelle und ethnische Verschiedenheit zur Restbevölkerung geltend machen, indem sie über eine spezifische kulturelle Identität oder eine eigene Sprache verfügen, sowie eigene kulturelle Praktiken, soziale

Theoretische Ansätze

Institutionen, Traditionen aber auch spezifische Landnutzungsformen und besonderes Umweltwissen aufweisen.

Ein Beispiel einer solchen Gruppe ist die afrokaribische Bevölkerung Lateinamerikas, deren Zahl auf 80 bis 150 Millionen Menschen geschätzt wird und die nach langer Zeit der Ausgrenzung und Nichtbeachtung in den letzten Jahren immer vehementer die Anerkennung ihrer eigenständigen Kultur fordert (World Bank 2003). In Kolumbien betonen beispielsweise die *raizales* der karibischen Inseln San Andrés y Providencia und die als *afro-descendientes* oder *comunidades negras* bezeichneten Nachfahren ehemaliger Sklaven der Pazifikküste ihre kulturelle Eigenständigkeit in Abgrenzung zur spanischsprachigen kolumbianischen Mehrheit. Diese Individualität, die sich seit Ankunft der europäischen Siedler und der schwarzen Sklaven auf der Basis der europäischen und afrikanischen Wurzeln entwickelt hat, impliziert aus Sicht der afrokaribischen Bevölkerung das Recht auf kulturelle, politische und ökonomische Selbstbestimmung innerhalb des kolumbianischen Mutterlandes. So schließt die in Bezug auf ethnische Gruppen fortschrittliche Gesetzgebung Kolumbiens inzwischen die afrokaribische bzw. schwarze Bevölkerung als nahezu gleichberechtigt neben den lange Zeit – zumindest im Hinblick auf ihre Rechte – bevorzugten Indigenen in ihre Gesetze ein (VALENCIA CHAVES 2002; WADE 1997). Dass die Abgrenzung dieser Gruppen von der kolumbianischen Mehrheitsbevölkerung nicht immer konfliktfrei abläuft, zeigen die wiederholten gewalttätigen Auseinandersetzungen auf dem Archipel San Andrés y Providencia zwischen den so genannten „Spaniern" und *raizales* (CANO SCHÜTZ 2005).

Abschließend sei noch darauf verwiesen, dass indigene Völker nicht mit der Kategorie „ethnische Minderheit" gleichsetzbar sind, obwohl sie durchaus als eine durch gemeinsame ethnische Merkmale definierte Einheit mit einer kollektiven Identität und damit als „ethnische Gruppe" aufgefasst werden können (HEINZ 1991). Als „ethnische Minderheit" können sie zum Teil allein aufgrund ihrer Bevölkerungsanteile an der Staatsbevölkerung eines Landes nicht gelten, da in manchen Ländern wie z. B. Bolivien die Bevölkerungsmehrheit aus Indigenen besteht. Bei der Abgrenzung zum Terminus der „Minderheiten" geht es allerdings weniger um die quantitativen Anteile innerhalb eines Nationalstaates, sondern vielmehr um die mit diesem Status verbundenen mangelnden Rechte auf Selbstbestimmung. Der Unterschied zwischen den Kategorien „Indigene" und „ethnische Minderheiten" wird mit der spezifischen Rolle der Indigenen im Nationalstaat begründet, wobei Indigene Assimilation ablehnen, auf Bewahrung ihrer Eigenständigkeit abzielen und zugleich die Anerkennung ihrer Kulturen als integralen Bestandteil der nationalen Gesellschaften einfordern (MIRES 1991). Auf die Instrumente internationalen Rechts bezogen, bietet die Kategorie der ethnischen Minderheiten einen unzureichenden Schutz der Indigenen, da diese Rechtsmechanismen zwar die Menschenrechte von Individuen ethnischer Minderheiten schützen, nicht jedoch von kollektiven Entitäten (BRONSTEIN 1998).

2.2.2 Die Entwicklung indigener Rechte auf internationaler Ebene

Indigene Völker und ihre Lebenssituation erlangten vor dem zweiten Weltkrieg kaum internationale Aufmerksamkeit. Zwar hatten viele indigene Gemeinschaften schon über Jahrhunderte regelmäßigen Kontakt zu anderen Bevölkerungsgruppen, manche auch über Handelsbeziehungen, jedoch waren ihre peripheren, unattraktiven Lebensräume im Allgemeinen bis in die 1930er Jahre hinein für die Außenwelt kaum von Interesse (COATES 2004). Diese Situation änderte sich in Lateinamerika ab den 1950er Jahren und verstärkte sich mit der erhöhten Nachfrage nach Ressourcen und der Notwendigkeit der Erschließung neuer Rohstoffvorkommen. Im Zuge dieser Entwicklung begannen die Nationalstaaten in aggressiver Weise periphere Räume zu erschließen und dabei auch indigene Siedlungsgebiete zu besiedeln, was teils auch mit einer erzwungenen Umsiedlung der Indigenen verbunden war. Daher ist insbesondere ab den 1950er Jahren ein erhöhter Druck auf indianische Völker durch das Interesse an Land und Ressourcen zu verzeichnen, verbunden mit einer Epoche des rasanten Wandels und einer auf Assimilation ausgerichteten nationalstaatlichen Politik. Zugleich kann diese Zeit als Beginn einer verstärkten Aufmerksamkeit für die Rechte und Belange indigener Völker verstanden werden, deren Schutz – zunächst mit paternalistischem Unterton – zu einem internationalen Thema wurde. Dabei nahm die internationale Diskussion ebenso wie die indigene Bewegung ihren Ausgangspunkt in Lateinamerika.

Auf der Ebene der Vereinten Nationen setzte erst eine Thematisierung der Belange indigener Völker ein, als 1971 ein Spezialberichterstatter von der Menschenrechtskommission mit der Erstellung einer Studie über ihre Diskriminierung beauftragt wurde (DREHER 1995). Die erste International Non-Governmental Organization Conference on Discrimination Against Indigenous Populations in the Americas, die 1977 in Genf stattfand, war die erste Zusammenkunft indigener Vertreter vor der UNO und markierte damit einen wichtigen Ausgangspunkt der internationalen indigenen Bewegung. Die dort beschlossene Deklaration galt über fast ein Jahrzehnt hinweg als wichtigstes programmatisches Dokument indigener Rechte.

Einen weiteren Meilenstein der Entwicklung internationaler indigener Rechte stellt die Internationale Arbeitskonferenz 1989 in Genf dar, auf der die Konvention 107 überarbeitet und als Konvention 169 („Übereinkommen für Indigene und Stammesvölker") beschlossen wurde (DANDLER 1994). Das ältere Übereinkommen 107 der Internationalen Arbeitsorganisation (ILO) war 1957 als erstes internationales Rechtsabkommen über indigene Völker verabschiedet worden und diente den Entwicklungsprogrammen vieler Länder als Grundlage. Sie enthält einige bis heute als wichtig angesehene Grundprinzipien indigener Selbstbestimmung, wie die Anerkennung des Kollektiveigentums und des Gewohnheitsrechts. Jedoch reflektiert sie das zu Zeiten der Formulierung vorherrschende, auf einer nationalstaatlichen Fortschrittsideologie fußende Paradigma der Integration der als rück-

Theoretische Ansätze 17

ständig aufgefassten indigenen Völker, von deren lediglich „vorübergehender" Existenz ausgegangen wurde (HERNÁNDEZ PULIDO 1994). Trotz ihrer Defizite hat die Konvention 107 eine wichtige Rolle bei der Sensibilisierung der Regierungen gegenüber der Situation indigener Völker gespielt (POHLENZ et al. 2000). Das paternalistisch gefärbte Konzept wurde in der 1989 neu gefassten Konvention (dem Übereinkommen 169) korrigiert, indem nun von der dauerhaften Existenz der Völker ausgegangen und ihr Recht auf eine eigene Identität anerkannt wird. Grundlegende Bestimmungen dieser Konvention betreffen die Landrechte und das Recht auf Selbstbestimmung; weitere darin enthaltene Punkte sind: Anerkennung der traditionellen Kultur und Gewohnheitsrechte, Schutz vor Invasion durch Nicht-Indigene, Rechte auf Management und Nutzung der natürlichen Ressourcen, Konsultation und Partizipation bei der Ausbeutung mineralischer Rohstoffe auf indigenem Land und Anerkennung der Bedeutung traditioneller ökonomischer Aktivitäten.

Die Konvention 169 erkennt außerdem erstmalig die Indigenen als Völker an, da in der Neufassung der Terminus *indigenous populations* durch *indigenous peoples* ausgetauscht wurde. Die Verwendung des Begriffs *peoples* stellt dabei aus der Sicht indigener Vertreter einen entscheidenden Fortschritt dar, denn die Begriffe *populations* oder *indigenous people* (ohne „s", im Sinne von „Bevölkerung") implizieren keinerlei Rechte nach internationalen Rechtsstandards, wohingegen der Begriff *peoples* (Völker) eine völkerrechtliche Kategorie darstellt, mit der bestimmte Rechte verbunden sind (VENNE 1998).

Die Konvention 169 ist bis heute das einzige internationale Rechtsabkommen mit bindendem Charakter für die Unterzeichnerstaaten auf diesem Rechtsgebiet, so dass ihre Unterzeichnung und Umsetzung von einer breiten Allianz von indigenen Repräsentanten und Organisationen gefordert wird (so in der Declaración de la Conferencia del Milenio de los Pueblos Indígenas 2001). Sie bildet aber auch eine wichtige Grundlage für die Diskussion indigener Rechte sowie eine Vorlage für normative Regelungen indigener Fragen auf der nationalen Ebene der jeweiligen Unterzeichner-Staaten. Die Konvention wurde inzwischen von 17 Ländern ratifiziert, davon 13 in Lateinamerika, wie zum Beispiel Kolumbien und Costa Rica – nicht jedoch von Panama und Nicaragua. Panama hat zumindest die ältere Konvention 107 von 1957 unterzeichnet, die damit noch Gültigkeit für das Land besitzt (ILO 2004).

Insgesamt ist festzustellen, dass es Bemühungen auf verschiedenen Ebenen der UNO gibt, die indigenen Rechte zu stärken, da ihr Schutz inzwischen als integraler Bestandteil der Durchsetzung von Menschenrechten und als Aufgabe der internationalen Gemeinschaft angesehen wird. Dabei existieren zum einen die oben genannten Gremien mit dem direkten Ziel der Förderung indigener Rechte; zum anderen steht dieses Ziel zunehmend auch auf der Tagesordnung anderer, nicht primär mit indigenen Fragen befasster Organisationen wie z. B. der UNESCO, der Weltbank, oder der World Health Organization. Diese verfassen wiederum eigene Leitlinien zum Schutz indigener Rechte und zur Förderung indigener Völker (z.B. Operational Directive 4.10 der Weltbank von 2005, die die ältere Direktive 4.20 von 1991 ersetzt, World Bank 2005). Auch auf internationalen Konferenzen wie der Bevölkerungskonferenz, der HABITAT-Konferenz und der UN-Konferenz zu Umwelt und Entwicklung (UNCED), wie z.B. 1992 in Rio, werden spezifische Empfehlungen zum Thema indigene Völker ausgesprochen und Statements herausgegeben (OHCHR 2001). Eine international gültige normative Festschreibung spezifisch indigener Rechte existiert bis heute allerdings nicht.

Daher ist es als ein wichtiger Erfolg der Working Group on Indigenous Populations zu bewerten, dass diese nach einem sich über zwei Jahrzehnte erstreckenden Diskussionsprozess den Entwurf einer Erklärung über die Rechte indigener Völker (Draft United Nations declaration on the rights of indigenous peoples, OHCHR o.J./b) beschlossen hat. Mit dieser Deklaration sollen erstmalig international gültige *minimum standards* zum Schutz indigener Rechte festgeschrieben werden (DREHER 1995; BURGER 1994), wobei vor allem die beiden zentralen Forderungen indigener Völker nach Recht auf Land und Ressourcen sowie auf Selbstbestimmung zu nennen sind. Die Annahme durch die Generalversammlung der UNO steht zwar noch aus, allerdings ist die Deklaration im Juni 2006 bereits vom neu gegründeten Menschenrechtsrat beschlossen worden (Poonal vom 11.7.2006). Zwar hätte die Deklaration nach ihrem Beschluss zunächst keinen rechtlich bindenden Status, jedoch käme ihr eine moralische Bedeutung für die internationale Gemeinschaft zu und ihr Inhalt könnte nach einer gewissen Zeit zur verbindlichen internationalen Rechtsnorm werden (VENNE 1998; OHCHR o.J./b). In der Deklaration soll auch das Recht der Indigenen auf das Prinzip des *free, prior and informed consent* garantiert werden, das als Standardverfahren die Information, Partizipation und Zustimmung der lokalen Bevölkerung bei jeglicher Art von Projekten oder Aktivitäten, die auf indigenem Land geplant werden, vorschreibt. Dieses Prinzip wird von der Working Group on Indigenous Populations als Voraussetzung zur Umsetzung des Rechtes indigener Völker auf Selbstbestimmung angesehen (OHCHR o.J./c). Eine bedeutende Schwierigkeit bei der verbindlichen internationalen Festschreibung indigener Rechte stellt jedoch die oben bereits diskutierte noch offene Frage einer Definition von Indigenität dar, ohne die jede verbindliche Zuerkennung von Rechten problematisch bleibt.

2.2.3 Indigene Akteure und globale Diskurse

Indigene (wie auch andere autochthone) Bevölkerungsgruppen sind zum einen innerhalb der Nationalstaaten sowie zum anderen auch auf internationaler Ebene in den letzten Jahrzehnten zunehmend zu sozialen Akteuren geworden, die aktiv ihre Anliegen vertreten und Forderungen stellen, deren Umsetzung sie zum Teil bereits erreicht haben. Dabei agieren indigene Völker auf verschiedenen räumlichen und hierarchischen Ebenen, auf denen sie sich organisiert haben und Fragen der Rechte in verschiedenen Akteurskonstellationen aushandeln. Neben der kommunalen und interkommunalen Ebene treten sie

Theoretische Ansätze 19

innerhalb nationaler Grenzen mit anderen indigenen Völkern sowie auch mit dem Nationalstaat, z.B. auf behördlicher Ebene, in Interaktion. Daneben bilden sie auch transnationale Vereinigungen, die von BRYSK (2000) unterschieden werden in solche der grenzüberschreitenden ethnischen Gruppen, solche der Diaspora und andere, multiethnische Vereinigungen in Großregionen. Auf einer höheren Maßstabsstufe sind sie wiederum in Netzwerke kontinentalen Ausmaßes oder ganzer Hemisphären sowie in die globale, pan-indigene Bewegung eingebunden.

Bei der Betrachtung der Organisationsstrukturen auf internationaler Ebene, die speziell mit Fragen indigener Rechte beschäftigt sind, ist als eine der wichtigsten Einrichtungen die Working Group on Indigenous Populations zu nennen, die seit ihrer Gründung 1982 der Menschenrechtskommission der Vereinten Nationen untergeordnet ist. Ihre Aufgaben liegen neben der Förderung des Dialogs zwischen Regierungen und indigenen Völkern in der Beurteilung nationaler Bemühungen zur Stärkung indigener Rechte sowie in der Entwicklung internationaler Standards (OHCHR 2005). Die jährlichen Sitzungen der Working Group haben sich zu einem wichtigen Forum für indigene Völker innerhalb der UN entwickelt, unter anderem deshalb, weil dort auch indigene Organisationen und Gruppen angehört werden, die nicht über einen konsultativen Status im ECOSOC (Economic and Social Council) verfügen, was üblicherweise Bedingung zur aktiven Teilnahme in UN-Gremien ist (VENNE 1998).

Eine weitere Einrichtung ist das „Ständige Forum für Indigene Angelegenheiten" (United Nations Permanent Forum on Indigenous Issues, UNPFII 2006), das auf Empfehlung der zweiten Menschenrechtskonferenz von 1993 in Wien eingerichtet wurde und seit 2000 formal dem ECOSOC als beratendes Gremium direkt untergeordnet ist. Diesem soll das Forum als Quelle für Expertenmeinungen und Informationen zu indigenen Themen dienen und zugleich die Integration indigener Fragen in das System der Vereinten Nationen fördern. Es ist das einzige hochrangige Gremium auf UN-Ebene, in dem indigene Vertreter unmittelbar verantwortlich beteiligt sind, da es paritätisch mit Regierungsvertretern und indigenen Repräsentanten besetzt ist. KRAAS zufolge kommt diesem Gremium eine wichtige Rolle als *think tank* zu (KRAAS 2002, S. 14).

Daneben stehen dem ECOSOC 15 indigene Organisationen beratend zur Seite, die mit offiziellem Beraterstatus berechtigt sind, an einer Vielzahl internationaler Konferenzen aktiv teilzunehmen. Eine dieser Organisationen mit konsultativem Status ist die Kuna-NRO NAPGUANA, auf die später noch einzugehen sein wird (vgl. Kap. 4). Ebenfalls aus der Menschenrechtskonferenz von 1993 hervorgegangen ist die Internationale Dekade der Indigenen Völker von 1995 bis 2004. Sie sollte zur Stärkung der internationalen Kooperation und damit zur Lösung der spezifischen Probleme indigener Völker beitragen und weltweite Aufmerksamkeit auf diese lenken. Eine zweite Dekade wurde von der Generalversammlung der UNO im Jahr 2005 ausgerufen (UNESCO 2005).

Vertreter indigener Völker begegnen sich auf internationaler Ebene aber nicht nur in den Gremien der UN, sondern auch in unabhängigen Konferenzen zu spezifisch indigenen Themen, wo gemeinsame Probleme und Forderungen ebenso wie die regional spezifischen Beispiele diskutiert und Kontakte zwischen den verschiedenen Völkern geknüpft werden. Insgesamt ist festzustellen, dass transnational agierende indigene Akteure zunehmend in direkten Beziehungen mit internationalen Organisationen, beispielsweise mit der Gesellschaft für bedrohte Völker oder der US-amerikanischen Organisation Native Lands, sowie auch mit Vertretern anderer indigener Völkern stehen, wobei die Nationalstaaten vollständig ausgeklammert werden (BRYSK 2000).

Indigene Völker nutzen auch Kontakte zu anderen internationalen Organisationen und bringen sich in andere Diskurse – z.B. über Menschenrechte oder Umweltfragen und Naturschutz – ein, um auf diesem Wege an Einfluss zu gewinnen. Dabei wirkt die Internationalisierung bzw. Globalisierung BRYSK zufolge (2000) gleichzeitig als Kontext der indigenen Bewegung ebenso wie als Strategie derselben. Inzwischen sind indigene Völker auf internationaler Ebene zu einer wichtigen politischen Kraft geworden, der es gelingt, für die eigenen Anliegen internationale Unterstützung zu gewinnen: „a potent political force, able to mobilize international opposition to hitherto localized issues" (COATES 2004, S. 261). Ihre Kraft schöpft die indigene Bewegung dabei auch aus der Tatsache, dass sie nicht nur ihre speziellen Anliegen, sondern auch allgemein gesellschaftlich relevante Themen diskutiert: „The indigenous discourse occurs at the crossroads of issues regarding human rights, democracy, development, and the environment" (STAVENHAGEN 2000, S. 97).

BARKER & SOYEZ (1994) zeigen am Beispiel von Ressourcenkonflikten im nördlichen Kanada, wie indigene Völker durch den Prozess der „Transnationalisierung" diese Konflikte auf eine internationale Ebene heben, um ihre Position gegenüber dem Staat und den konkurrierenden Nutzungsansprüchen zu verbessern. Sie bedienen sich dabei der in modernen Zeiten beschleunigten Ausbreitung von Informationen. Zugleich tritt ein Effekt auf, den BARKER & SOYEZ als „spatial amplification" von Informationen umschreiben, deren Gehalt sich durch die Verbreitung vergrößert (1994, S. 33). Somit lässt sich die Formel des *think globally, act locally* in umgekehrter Form auf die indigene Bewegung anwenden (BRYSK 2000). *Think locally, act globally* heißt also, dass lokale Anliegen von marginalisierten und mit unzureichenden Rechten ausgestatteten indigenen Völkern auf eine internationale oder transnationale Ebene gehoben werden, um so Druck auf nationale Regierungen ausüben zu können. Nach KECK & SIKKINK (1998) kann dieser *boomerang effect* ursprünglich eher schwachen sozialen Bewegungen einen erheblichen Gewinn an Durchsetzungskraft einbringen.

Eine Frage, die von Kritikern ebenso wie von Nationalregierungen an die indigenen Organisationen gestellt wird, ist die ihrer Legitimität, da viele dieser Organisationen zu-

Theoretische Ansätze 21

nächst von intellektuellen Eliten gegründet und dominiert wurden, ohne über eine breite Basis in der indigenen Bevölkerung, die sie repräsentieren, zu verfügen. Es ergeben sich dabei innerhalb der indigenen Gemeinschaften intergenerationelle Konflikte, da die lokale Autorität in den Gemeinden traditionell bei älteren Führungspersönlichkeiten liegt, die Arbeit in den indigenen Organisationen mit ihren überregionalen und oft internationalen Kontakten jedoch von jüngeren Aktivisten ausgeführt wird, wobei viele über eine „westliche" Ausbildung verfügen (vgl. DIETZ 2000). STAVENHAGEN (2000) sieht diese beiden Akteursgruppen trotz der auftretenden Spannungen als komplementär zueinander, da sich eine deutliche Differenzierung der Arbeitsbereiche ergibt: Die jüngere Generation der ausgebildeten Mitarbeiter in Organisationen übernehmen die Aufgaben der Kontakte mit der Außenwelt, die ältere Generation der lokalen Führer beschäftigt sich eher mit lokalen Angelegenheiten. Dass diese komplementären Arbeitsbereiche nicht immer konfliktfrei voneinander zu trennen sind und sich durch die Überschneidungen insbesondere bei der Formulierung allgemeiner Ziele der Entwicklung einer indigenen Gruppe Differenzen ergeben können, wird in den beiden Untersuchungsgebieten zu berücksichtigen sein. Der „intellektuellen Elite" der Indigenen kommt darüber hinaus auch als maßgebliche Antriebskraft eines *new indigenous discourse* sowie in der Rückbesinnung und Neuerfindung von Traditionen (siehe unten) eine wichtige Rolle zu, ebenso wie bei der Mobilisierung finanzieller Ressourcen und dem Austausch von Informationen innerhalb der Nationalstaaten sowie innerhalb internationaler Politikarenen.

2.2.4 Zwischen Bedrohung und Renaissance: Zur Situation der Indigenen in Lateinamerika

Lateinamerika kann als Ausgangspunkt und Kernraum der oben beschriebenen indigenen Renaissance angesehen werden. Bevor im Folgenden näher auf Fragen der politischen Strategien und der gesellschaftlichen Konstruktionen von Indigenität eingegangen werden soll, ist es also sinnvoll, genauer auf die Situation der Indigenen in Lateinamerika und auf die lateinamerikanische Indigenen-Bewegung einzugehen.

Für Lateinamerika wird die gesamte Bevölkerungszahl indigener Menschen auf ca. 36 bis 40 Millionen bzw. 10 % der Gesamtbevölkerung geschätzt, wobei der Anteil an der jeweiligen Bevölkerung der Nationalstaaten zwischen 1 % (Brasilien) und knapp 57 % liegt (Bolivien) (BRYSK 2000; WARREN 1998). Schätzungen gehen von über 400 identifizierbaren indigenen Gruppen aus (STAVENHAGEN 2000); für Zentralamerika gibt das UNDP eine Zahl von sechs bis sieben Millionen Indigenen an (PNUD 2003). Diese Angaben können jedoch nur als grobe Annäherung gelten, wie z. B. Schätzungen der indigenen Bevölkerungszahl Mexikos zeigen, die von einer um 50 % höheren Zahl ausgehen als die im nationalen Zensus angegebenen 6,5 Millionen (PNUD 2003). Dabei stellt die Zugehörigkeit zu einer indigenen Bevölkerungsgruppe keine zweifelsfrei feststellbare, absolute Kategorie dar, sondern hängt von der Selbsteinschätzung und kulturellen Identität der

Individuen ab. So verfügt in Lateinamerika eine große Anzahl von Menschen über indianische Wurzeln, ohne sich jedoch als indigen zu identifizieren und ohne in indigenen Gemeinschaften zu leben. BRYSK (2000) zufolge ist allerdings eine zunehmende Abkehr von der bisher verbreiteten Neigung zur Negierung der indianischen Wurzeln festzustellen, so dass in manchen Regionen Lateinamerikas die Identifikation als indigen im Zuge der wachsenden Bewegung indianischer Selbstbestimmung wieder wächst, was wiederum die Zählungen der indigenen Bevölkerung beeinflusst.

MCSWEENEY & ARPS (2005) zufolge ist es aufgrund dieser in den letzten Jahren zunehmenden Selbstidentifikation der Bevölkerung als Indigene sowie aufgrund der früheren Unterschätzungen der Bevölkerungszahlen in peripheren Regionen kaum möglich, verlässliche Zahlen speziell für die indianische Tieflandbevölkerung anzugeben. Die Autoren können jedoch aufgrund eigener empirischer Forschungen und der Analyse vorhandener Daten die Annahme des „demographic turnaround" nach GOMES (2000 in MCSWEENEY & ARPS 2005) bestätigen. Dieser These zufolge erfährt die indigene Bevölkerung nach einer langen Geschichte der Dezimierung in jüngster Zeit nicht nur ein erhöhtes Bevölkerungswachstum, sondern auch dauerhaft hohe oder sogar steigende Fertilitätsraten, die vor allem bei der Tieflandbevölkerung extrem hoch liegen (acht Lebendgeburten pro Frau). Zugleich ist die Bevölkerungsstruktur sehr jung, und im Ergebnis kann ein beschleunigtes Wachstum festgestellt werden. Dieser Entwicklungstrend läuft dem allgemein in Lateinamerika vorherrschenden Trend der im Rahmen der Fertilitätstransition abnehmenden Fertilität entgegen. Zwar wird das Wachstum der Bevölkerung Lateinamerikas noch lange anhalten, doch liegen die nationalen Gesamtfertilitätsraten mit 2,8 bis maximal 4,7 (Haiti) in den meisten Ländern sehr viel niedriger als bei der indigenen Bevölkerung (KRÖHNERT 2003). Neben den klassischen Annahmen der Kausalitäten für diese Entwicklung (mangelnde Bildung, wenig Zugang zu Verhütungsmitteln, Armut, frühe Heirat usw.) weisen MCSWEENEY & ARPS (2005) darauf hin, dass auch eine gezielte ethno-politisch motivierte, pronatalistische Strategie indigener Gemeinschaften eine erhebliche Rolle spielen kann, indem eine hohe Fertilität bewusst als Mittel zur „*reconquista* of contested landscapes" (Hervorhebung im Orig.; PENNA 1984 in MCSWEENEY & ARPS 2005, S. 24) eingesetzt wird, beispielsweise durch Sanktionen gegen Verhütung. Über den Verlauf und die Ursachen der demographischen Entwicklung indigener Völker in Lateinamerika liegen allerdings bisher wenig Forschungsergebnisse vor.

Dieselben Autoren stellen auch die These auf, dass ihre Ergebnisse den gängigen Argumentationslinien in der Debatte um das „Sterben" bzw. „Überleben" indigener Völker zuwiderlaufen. So scheinen die nach ihren Studien festzustellenden Trends der hohen Fertilität und des Bevölkerungswachstums der weit verbreiteten Rhetorik der Diskurse um die Bedrohung, Dezimierung oder gar das Aussterben indigener Völker zu widersprechen, wobei diese Trends zugleich kaum öffentlich diskutiert werden.

Inwiefern ein solcher Widerspruch zwischen demographischer Entwicklung und den Diskursen um das Überleben indigener Völker wirklich existiert, ist fraglich: Fälle von Mord oder Vertreibung einzelner indigener Vertreter oder sogar ganzer Dorfgemeinschaften gehören noch immer, und in manchen Regionen mehr denn je, zur Realität (z. B. in Brasilien; vgl. Poonal vom 08.08. 2005). Die Folge ist, dass gewaltsame Konflikte bis hin zum Mord an Indigenen in manchen Regionen Lateinamerikas nach wie vor zu Bedrohungen führen, die für die Menschen sehr konkret auf das alltägliche Überleben wirken. In Fällen wie diesen spielt es für die betroffenen Völker kaum eine Rolle, ob aktuelle Fälle der Dezimierung ihrer Bevölkerung durch Mord und Vertreibung im Widerspruch zur allgemeinen Zugrichtung der demographischen Entwicklung stehen. Ein Aufrechnen positiver natürlicher Wachstumsraten gegen die akute (Lebens-)Bedrohung konkreter Individuen oder Gemeinschaften ist nicht geeignet, die allgemeine Bedrohungslage indigener Völker zu bewerten. Zugleich erscheinen die aktuellen Tendenzen der demographischen Entwicklung aber durchaus von Bedeutung zu sein, z. B. im Hinblick auf ihre Auswirkungen auf konkrete, regional differenzierte Lebensbedingungen.

Generell sind die Lebensbedingungen der indigenen Bevölkerung auch in Lateinamerika von tiefer Armut geprägt (BRONSTEIN 1998; BRYSK 2000). So stellt der 1994 von der Weltbank herausgegebene Bericht über indigene Völker und Armut in Lateinamerika fest, dass die indigenen Völker Lateinamerikas generell unter Bedingungen leben, die als „abysmal" bezeichnet werden (World Bank 1994 in ECOSOC 2004, S. 1). Den Angaben der Weltbank zufolge existiert ein deutlicher Zusammenhang zwischen der Zugehörigkeit zu indigenen (sowie auch afrokaribischen) Bevölkerungsgruppen und der Betroffenheit von Armut, sozialer Exklusion, mangelndem Zugang zu Infrastruktur, Bildungs- und Gesundheitseinrichtungen (World Bank 2003). Insgesamt ist die Verbesserung der menschlichen Lebensbedingungen speziell in Zentralamerika in den letzten Jahren nach einem Bericht des Programa de las Naciones Unidas para el Desarrollo (PNUD 2003) nur schleppend vorangegangen. Nachdem sich in den 1990er Jahren im Zuge der sozialen und politischen Stabilisierung der Region eine positive Entwicklung der menschlichen Lebensbedingungen abzeichnete, setzte sich dieser Trend zu Beginn des neuen Jahrtausends nicht fort. Auch wenn sich Verbesserungen auf dem Gebiet wichtiger Indikatoren der menschlichen Entwicklung wie der Lebenserwartung, Kindersterblichkeit sowie der Bildungsversorgung andeuten, ist die Region doch insgesamt von einem verlangsamten ökonomischen Wachstum, einer Verschärfung der ökologischen und sozialen Verwundbarkeit sowie zunehmender sozialer Ungleichheit gekennzeichnet (PNUD 2003).

Die Beziehungen der lateinamerikanischen Nationalstaaten zu „ihren" indigenen Gruppen war schon immer äußerst problematisch. Nach einer langen Zeit der Ablehnung, Ausgrenzung oder erzwungenen Assimilation erfahren indigene Völker in Lateinamerika erst in jüngster Zeit die Anerkennung ihrer Rechte auf Territorium und Selbstbestimmung seitens der Nationalstaaten. Die bereits 1940 auf dem Interamerikanischen Indianisten-

Kongress in Mexiko formulierte Politik des *indigenismo* hatte zwar die Verbesserung der Lebensbedingungen indigener Völker zum Ziel, stützte sich jedoch auf das zu der Zeit vorherrschende Paradigma der Assimilation der Indigenen in die mestizischen Mehrheitskulturen der Nationalstaaten. Diese Staaten fußten seit ihrer Gründung auf einem monoethnischen Konzept, das die Multikulturalität der vorhandenen Bevölkerung negierte, indem den unterschiedlichen ethnischen Bevölkerungsgruppen in den meisten Fällen weder Rechte auf kulturelle noch auf politische Selbstbestimmung eingeräumt wurden (vgl. WARREN 1998).

Auch speziell im zentralamerikanischen Kontext zeigt sich, dass die Konzeption der Nationalstaaten dort dem mestizischen, spanischsprachigen und monoethnischen Modell folgte. Zugleich konnten sich insbesondere in den peripheren Räumen des zunächst kaum erschlossenen karibischen Tieflandes indigene Bevölkerungsgruppen erhalten, ohne von den jeweiligen dominanten *mestizo*-Kulturen akkulturiert zu werden und ohne ihren Lebensraum im Zuge der Agrarkolonisation und Erschließung aufgeben zu müssen. Zu den zahlenmäßig stärksten und international bekanntesten Vertretern dieser nicht assimilierten indigenen Bevölkerung der karibischen Rückzugsgebiete zählen die in der vorliegenden Studie behandelten Völker der Kuna und Miskito. Bei beiden Völkern ist bemerkenswert, dass ihnen früher als anderen Völkern in Lateinamerika eine gewisse Autonomie in ihrem Territorium zugestanden wurde. Doch auch für Nicaragua und Panama gilt, dass diese Staaten sich in ihrem kulturellen Selbstverständnis stark auf die hispanischen Wurzeln stützten. Dabei wurden, wie in vielen anderen lateinamerikanischen Ländern auch, die indigenen und afrokaribischen Wurzeln negiert und diese Bevölkerungsgruppen von dem Prozess des *nation-building* ausgeschlossen, obwohl die Region zu Zeiten der *Conquista* multikulturell – im Sinne einer Vielfalt unterschiedlicher Kulturen – war (STAVENHAGEN 2000). Ihren institutionellen Ausdruck fand diese Ablehnung auch in den lateinamerikanischen Verfassungen, die bis in die 1980er Jahre hinein, mit wenigen Ausnahmen, die Existenz indigener Völker ignorierten. MONTANER (2001) führt dies auf das Erbe der *ilegitimidad original* der Nationalstaaten zurück, deren Entstehen auf der gewaltsamen Übernahme des Landes durch die Kolonisatoren basiert, wobei neue Machtstrukturen ohne Berücksichtigung der vorhandenen gesellschaftlichen Strukturen und Institutionen geschaffen wurden.

Erst ab den 1980er Jahren begannen die lateinamerikanischen Staaten, abgesehen von früheren Ausnahmen, die Rechte indigener Völker im Rahmen konstitutioneller Reformen zum Teil anzuerkennen und die ethnische Vielfalt in die Verfassungen aufzunehmen. In verschiedenen Ländern gibt es heute unterschiedliche Modelle der Autonomie und der gesetzlich verankerten indigenen Rechte, wobei neben Brasilien und Kolumbien auch Panama und Nicaragua als fortschrittlich gelten können (vgl. Kap. 4 und 5). Die kolumbianische Verfassung gilt als besonders vorbildlich, denn sie sieht unter anderem die Integration des traditionellen indigenen Rechts in das nationale Justizsystem vor, indem den indigenen Gemeinschaften das Recht auf eigene judikative Funktionen innerhalb der Gemeinden zugestanden wird (GOW & RAPPAPORT 2002; SARANGO MACAS 2001).

Diese Veränderungen können zum einen als Teil der Demokratisierungswelle seit den 1970er Jahren und zum anderen auch als direktes Ergebnis der aktiven Rolle indigener Organisationen gesehen werden. Indigene Akteure sind in den letzten Jahrzehnten zunehmend an Demokratisierungsprozessen beteiligt und spielen eine wichtige Rolle als aktive Gestalter einer demokratischen und partizipativen Zivilgesellschaft (vgl. RATHGEBER 2000). Dabei kann die Demokratisierung zugleich als Ergebnis wie auch als Bedingung für die wachsende Beteiligung der Indigenen in der Zivilgesellschaft gelten: „The emergence in recent years of indigenous peoples as new social and political actors in Latin America can be seen as an instance of the transformation of the state and the transition to new and more democratic forms of existence." (STAVENHAGEN 2000, S. 72). So stellen die Forderungen der Indigenen an die Nationalstaaten z. B. hinsichtlich Demokratisierung, Partizipation und Menschenrechten nicht mehr nur spezifisch indigene, sondern gesamtgesellschaftliche Ansprüche dar. Diese neue Entwicklung zeigt im Kontrast zur langen Geschichte der Unterdrückung, Versklavung und Assimilation, die Indigene im Allgemeinen in Lateinamerika miteinander teilen, einen neuen Weg des Umgangs der Nationalstaaten mit den Indigenen auf (RAMOS 2002).

Ein Faktor, der als Antriebskraft für die indigene Bewegung gewirkt hat, ist neben dem historischen Aspekt der Unterdrückung auch die Unzufriedenheit mit den Entwicklungsprogrammen der Zeit nach 1950, die kaum spürbare Verbesserungen der Lebenssituation zeitigten. Zwar wurden indigene Völker zunehmend in die „moderne" Ökonomie integriert, indem sie in Marktmechanismen, die Systeme der Arbeitsmigration und in das Wachstum der Kommunikations- und Transportinfrastruktur eingebunden wurden, jedoch partizipierten sie kaum an den ökonomischen Vorteilen dieser Entwicklung. STAVENHAGEN (2000) sieht sogar im Gegenteil die Indigenen als Opfer einer ungleichen Entwicklung, in deren Folge die Situation indigener Völker sich generell verschlechterte, indem Autonomierechte und traditionelle Wirtschaftsformen schwächer wurden, während die Abhängigkeit vom Markt und die Armut wuchsen. Zugleich rief die bis in die 1970er Jahre vorherrschende dominante Idee der Assimilation und Integration in die nationale mestizische Kultur eine Kultur des Widerstandes hervor, deren Ausdruck sich bis heute in den Diskursen, Programmen und Statements indigener Organisationen wieder findet.

Zwischen den indigenen Völkern Lateinamerikas herrschen rege Austausch- und Kommunikationsbeziehungen, so dass sich beispielsweise Delegationen von Miskito und Kuna gegenseitig zu Konsultationen über Fragen der Autonomie und Selbstbestimmung aufsuchen. Zugleich finden regelmäßige lateinamerikaweite Zusammenkünfte und Konferenzen indigener Völker statt, die verschiedene thematische Schwerpunkte – z. B. zu Fragen des Umweltmanagements („Segunda Jornada Indígena Centroamericana sobre

Tierra, Medio Ambiente y Cultura", CCNIS 1999) – setzen. Diese Treffen dienen nicht nur dem Austausch von Erfahrungen aus dem jeweiligen nationalen Kontext und dem Knüpfen sozialer Netzwerke, sondern haben auch die Formulierung allgemeiner gemeinsamer Standpunkte und Leitlinien zu spezifischen Themen zum Ziel. So erfüllen die grenzüberschreitenden Kontakte zwischen indigenen Völkern eine wichtige Funktion nicht nur als Quelle der gegenseitigen Unterstützung bei konkreten juristischen oder politischen Fragen, sondern auch als eine auf der Solidarität zu anderen Völkern beruhende Stärkung des eigenen Selbstbewusstseins. Es entstehen also „pan-amerikanische" Solidaritätsnetzwerke zwischen den Völkern sowie zwischen Indigenen und NRO.

Gleichzeitig mit der wachsenden Bedeutung der indigenen Bewegung ist in Lateinamerika nach einer langen Zeit der Negierung der eigenen Wurzeln und den Versuchen der Anpassung an die mestizische Gesellschaft eine Renaissance der indigenen Identität eingetreten. Diese „heimliche Revolution" hat nach RATHGEBER (2003, S. 16) zur Folge, dass es heute fast schon zum „guten Ton" gehöre, sich als indigen zu identifizieren. Die indigene Identität bezieht sich dabei nicht nur auf die Identifikation mit einem spezifischen Volk, sondern erstreckt sich auch auf eine transnationale Identität, die von den Indigenen Lateinamerikas gemeinsam konstruiert wird. Illustriert wird diese durch die sich allmählich von Südamerika bis Mexiko durchsetzende Bezeichnung *Abya Yala* für den Kontinent Amerika, ein Begriff, der aus der Sprache der Kuna stammt und „Kontinent des Lebens" bedeutet. Dieser Begriff soll nicht nur den Widerstand gegen die Kolonisatoren ausdrücken, auf die die Bezeichnung „Amerika" zurückgeht, sondern zugleich auch die indianischen Utopien plurinationaler Demokratien mit einschließen (STEFFENS 2000). Er erfreut sich inzwischen in transnationalen Deklarationen der Indigenen und in anderen Zusammenhängen wachsender Verwendung (wie Abya Yala Net oder Organización Política del Abya Yala mit Sitz in Quito, vgl. SARANGO MACAS 2001).

Die organisatorischen Strukturen der Indigenen haben sich erst in den letzten drei Jahrzehnten merklich entwickelt und verdichtet. Nachdem es noch in den 1960er Jahren nur einzelne indigene Organisationen gab, sind inzwischen viele Hunderte von NRO entstanden. Seit den 1980er Jahren treffen diese auf internationalen und regionalen Konferenzen zusammen, z. B. im Zusammenhang mit den 500-Jahr-Feiern der Entdeckung Amerikas – bzw. aus Sicht der Indigenen der 500 Jahre indigenen Widerstandes. STAVENHAGEN (2000) zufolge lässt sich in diesem Zusammenhang eine Evolution der Perspektiven und Themen feststellen: Nachdem es zunächst um die Themen der Gerechtigkeit, der spezifischen Armut indigener Völker und ihres Leidens als Folge der *Conquista* ging, wobei zugleich ein idealisiertes Bild der als ursprünglich empfundenen indigenen Gesellschaft impliziert wurde, ging es später um konkrete Anliegen der Indigenen wie Landrechte und Bildung. In jüngster Zeit liegt der Fokus vor allem auf Autonomierechten und Selbstbestimmung.

Die wichtigsten Forderungen indigener Völker in Lateinamerika, die sich weitgehend mit denen anderer indigener Völker decken, lassen sich in fünf Themenbereiche gliedern (siehe STAVENHAGEN 2000):

- **Fragen der Definition** und des rechtlichen Status: Dabei ist eine der zentralen Forderungen das Recht auf Selbstidentifikation, das an die Stelle der einseitig seitens der Nationalstaaten getroffenen Definitionen treten soll,
- **Rechte auf Land und Territorium**: Die Landrechte sind für die Indigenen ein für ihr Überleben zentraler Punkt, da ihre Erfahrung in Lateinamerika zeigt, dass ihr Überleben ohne Land und Ressourcen gefährdet ist. Ein wichtiger Aspekt der Landrechte betrifft die Besitzstrukturen, da indigene Gesellschaften auf kollektivem Landbesitz und kommunaler Ressourcennutzung im Gegensatz zu individuellen Besitzrechten aufbauen. Konflikte aufgrund der Fragen der Landrechte bestehen bis heute, wie die jüngste Entwicklung in Chiapas, Mexiko, zeigt. Zugleich ist mit der Landfrage das Thema der territorialen Rechte verbunden, das heißt der rechtlichen Anerkennung und Delimitation indigener Territorien, die STAVENHAGEN als „geographical space necessary for the cultural and social reproduction of the group" umschreibt (2000, S. 92),
- **kulturelle Identität**: Während zu Zeiten der vorherrschenden Assimilierungspolitik indianische Sprachen häufig abwertend als „Dialekte" bezeichnet und diese weder in offiziellen Dokumenten noch in Schulen akzeptiert wurden, fordern heute indigene Völker die Anerkennung ihrer eigenen Sprachen. So gibt es in vielen Ländern bilinguale Erziehungsprogramme in Schulen sowie die Zweisprachigkeit in offiziellen Dokumenten,
- **soziale Organisation und traditionelle Gesetze**: Diese Forderungen nach dem Recht auf eigene soziale Organisationsstrukturen und Gesetzgebung werden in jüngster Zeit vor dem Hintergrund artikuliert, dass aus Sicht der indigenen Organisationen ihre spezifischen Formen der sozialen Organisation und Institutionen für das Überleben der indigenen Kultur unerlässlich sind. In der Praxis tolerieren die lateinamerikanischen Länder zum Teil zumindest lokal-spezifische Institutionen in Abweichung von nationalen Regularien, obwohl sie offiziell keinen legalen Pluralismus anerkennen (siehe Kap. 4 und 5 zu Beispielen dazu),
- **politische Partizipation**: Zum einen fordern indigene Organisationen verstärkte Partizipation in Regierungsorganen, zum anderen steht hier die Forderung nach indigener Selbstbestimmung, zum Beispiel durch lokale und regionale Autonomiebehörden, an erster Stelle. Dabei streben indigene Völker im Allgemeinen keine Abtrennung vom Nationalstaat an, sondern fordern lediglich die innere Autonomie im Sinne einer Selbstbestimmung ihrer internen Angelegenheiten, worauf viele Staaten bisher jedoch zögerlich reagieren, da sie eine territoriale Fragmentierung befürchten.

Versuche der Institutionalisierung indigener Rechte in Form einer kontinental gültigen, formellen Regelung erfolgen parallel an verschiedenen Stellen, ohne dass bisher eine verbindliche amerikaweite Festschreibung dieser Rechte existiert. So wird analog zum Entwurf einer internationalen Deklaration indigener Rechte an einer spezifisch für Nord- und Südamerika gültigen Deklaration gearbeitet. Ein von der OAS (Organization of American States) durch die Inter-Amerikanische Menschenrechtskommission formulierter Entwurf einer Deklaration folgt inhaltlich weitgehend dem ILO-Übereinkommen 169, beschränkt sich jedoch auf individuelle Rechte der Indigenen. Kritiker bemängeln außerdem, dass dieser Entwurf ohne Konsultation mit indigenen Vertretern ausgearbeitet wurde (VENNE 1998).

Zugleich arbeiten indigene Vertreter Amerikas an einem Declaration and Action Plan of the Indigenous Peoples of the Americas. Dieser Plan entstand während zweier Indigenous Peoples Summits of the Americas in 2001 und 2005 und wurde auf dem vierten Summit of the Americas im November 2005 den in Argentinien versammelten Regierungsmitgliedern amerikanischer Länder präsentiert (MULHOLLAND 2005). Allerdings stößt die Arbeit der Indigenous Summit-Gruppe auch auf den Widerstand seitens anderer indigener Organisationen (unter anderem der bekannten kolumbianischen ONIC und der ecuadorianischen CONAIE), so dass diese im November 2005 einen Gegengipfel, ebenfalls in Argentinien und ebenfalls mit einer eigenen Deklaration, organisierten. ALONSO (2005) beschrieb im Vorfeld des Summits bereits die aktuellen Polarisierungen, Krisen und Brüche in der Indigenen-Bewegung, und auch DEFRANCESCHI (o. J.) weist auf die mangelnde Homogenität, die Manipulierbarkeit der indigenen Organisationen und die Korruption der indigenen Führer hin. Diese Vorkommnisse des Jahres 2005 deuten an, dass die indigene Bewegung Lateinamerikas keineswegs so homogen und durch ihre gemeinsame Sache verbunden ist, wie sie von außen betrachtet häufig erscheint bzw. wie sie von indigenen gelegentlichVertretern dargestellt wird.

Auch wenn die Anerkennung indigener Rechte in Lateinamerika auf Gesetzesebene bereits große Fortschritte aufweist und indigene Völker zunehmend an der Gestaltung der Zivilgesellschaft mitwirken können, bleiben doch in vielen Ländern neben der bereits erwähnten Situation der Armut und Marginalisierung auch die Rechte auf Land und Selbstbestimmung in der Realität hinter den Erwartungen zurück und stellen kritische Bedingungen für die Lebenssituation dieser Gruppen dar. So finden sie sich in vielen Fällen noch immer, teils verstärkt, einem erhöhten Druck auf ihr Land ausgesetzt, das für die Erschließung zur Rohstoffgewinnung, für Landwirtschaft, Verkehrswege oder auch Tourismus vorgesehen ist. Diese Entwicklung, die im Zuge der ökonomischen Globalisierung erfolgt und auch als zweite *Conquista* bezeichnet wird (STONICH 2001), stellt die Indigenen in jüngster Zeit vor neue Herausforderungen.

Eine Befürchtung von Indigenen in Zentralamerika betrifft beispielsweise den 2001 zwischen den zentralamerikanischen Ländern beschlossenen „Plan Puebla-Panamá" (PPP), der für die Zone zwischen Südmexiko und Panama die Bildung einer gemeinsamen „Entwicklungsregion" vorsieht (Argenpress vom 28.08.2003; IADB 2003). Zentrales Ziel dieses Planes ist die Verbesserung des Lebensstandards der Bevölkerung sowie die Integration der Märkte Südmexikos und Zentralamerikas, wobei zahlreiche Maßnahmen zur Entwicklung von Produktion und Technologie, zur Ankurbelung des Wirtschaftswachstums sowie zur Verbesserung der Infrastruktur enthalten sind. Jedoch wird MAIHOLD (2001, S. 239) zufolge den ca. 7 Millionen Indigenen in der Region – entsprechend also 20% der Gesamtbevölkerung – trotz ihrer Rolle als „wichtiger Identifikator" kaum eine angemessene Berücksichtigung zuteil. Die Beteiligung der indigenen Bevölkerung innerhalb des Planes Puebla-Panamá wurde inzwischen insofern verbessert, als es nach mehrfachen Seminaren und Konferenzen zum Thema seit Juni 2003 eine Beratungskommission zu indigenen Fragen gibt („Grupo Asesor para la Participación Indígena y Étnica", GAPIE), die eine verstärkte Partizipation und Berücksichtigung indigener Belange bei den Projekten des PPP zum Ziel hat (IADB 2003). Allerdings bezeichnen indigene Vertreter die Arbeit der GAPIE-Kommission als nicht ausreichend und fordern die Einrichtung eines indigenen Rates. Insgesamt bleibt im Hinblick auf die zukünftige Entwicklung der indigenen Völker Lateinamerikas festzuhalten: „The struggle to survive, and the definition of what form that survival should take, will clearly continue throughout the indigenous world" (COATES 2004, S. 280).

2.2.5 Konzepte indigener Kultur und der strategische Essentialismus

Aus den bisherigen Ausführungen wird deutlich, dass Kultur und kultureller Wandel keine akademischen Konzepte sind, die allein zur wissenschaftlichen Beschreibung einer an sich „objektiven" Welt und ihrer Entwicklungen dienen könnten. Besonders in Lateinamerika zeigt sich, dass den Konzepten der Kultur und des kulturellen Wandels ein enormer politischer Gehalt zukommt. So bleibt zu fragen, welche Konzepte indigener Kultur existieren und wie diese dem Phänomen soziokulturellen Wandels gegenüber stehen.

Im internationalen Diskurs über indigene Rechte lassen sich zwei Hauptströmungen erkennen: Eine Argumentationsrichtung betont die indigene Selbstbestimmung, die eine der zentralen Forderungen indigener Akteure darstellt (siehe oben) und den Schwerpunkt auf die eigenständige Kontrolle über politische Prozesse, über Ressourcennutzung sowie Selbstidentifikation legt (SYLVAIN 2002). Eine zweite Richtung zielt auf den Erhalt indigener Kulturen *(cultural survival)* ab und basiert auf der These, dass indigene Völker heute neben den unmittelbaren Bedrohungen des physischen Überlebens und den unzureichenden Lebensbedingungen weltweit vom Niedergang oder Verlust ihrer traditionellen Kulturen bedroht sind (SCHRÖTER 2002; WARREN & JACKSON 2002). Durch Akkulturation und Assimilation, z.T. in Verbindung mit Migration, büßen demnach indigene Kulturen ihre „Ursprünglichkeit" ein. In Verbindung mit der Marginalisierung und den skizzierten physischen Bedrohungen, denen viele Indigene unterworfen sind, werden Szenarien der Hoffnungslosigkeit und Entrechtung gezeichnet, wie populärwissenschaftliche Publikationen aus den 1980er und 1990er Jahren zeigen, die in ihren Titeln von „Völkern, die es morgen nicht mehr gibt" (BÖKEMEIER & FRIEDEL 1984, Titel) oder „Sterbenden Völkern" berichten (BURGER 1991, der u. a. auch Kuna und Miskito auflistet).

Dieser statischen Sichtweise autochthoner Kulturen liegt der Gedanke zugrunde, dass es einen unveränderlichen, authentischen Urzustand der Kulturen gäbe. Würde diese authentische „Essenz" durch den Einfluss der westlichen Kultur und des Marktes nun gestört und überformt, sei die Schwächung und Zerstörung traditioneller Strukturen und somit der autochthonen Kulturen die Folge. Da die nachhaltige Nutzung der Umwelt ein integraler Bestandteil der Kulturen in ihrem authentischen Urzustand ist, gerät die Nachhaltigkeit der Ressourcennutzungssysteme gewissermaßen zwangsläufig im Rahmen jedes sozialen Wandels aus dem Gleichgewicht, da ehemals nachhaltige Nutzungsformen aufgegeben werden und die zunehmende Kommerzialisierung unweigerlich zu Übernutzung und Degradation von Ökosystemen führt (z. B. BODLEY 1983). Diese Blickrichtung einer „essentialistischen" Sichtweise interpretiert kulturellen und sozialen Wandel in Form einer Einbahnstraße, bei der an einem Ende die Bewahrung der authentischen Kultur und der traditionellen Strukturen steht und am anderen Ende–als unweigerliches Ergebnis des Wandels–der Verlust und die Zerstörung der authentischen Kultur droht.

Zweifellos lassen sich zahlreiche Beispiele für konkrete Bedrohungen indigener Bevölkerungsgruppen, z. B. durch gewaltsame Konflikte und Vertreibung, sowie auch für das Aussterben von Kulturen oder für den schleichenden Verlust „authentischer" Kulturelemente durch Assimilation oder Akkulturation finden. Die Beschränkung der Perspektive auf eine Sichtweise der Indigenen als Opfer sie überrollender Entwicklungen vernachlässigt jedoch die soziale und kulturelle Dynamik, mit der viele autochthone Völker auf Veränderungen reagieren. Untersuchungen von Ethnologen belegen, dass das Bild der statischen traditionellen Gesellschaften indigener Völker, die in einer Art gesellschaftlichem „Urzustand" verharren, den sie zu erhalten suchen oder dessen Bewahrung zumindest von außen als wünschenswert angesehen wird, ein Trugbild ist, das der Realität in indigenen Gesellschaften nicht gerecht wird (vgl. SCHRÖTER 2002; HÄUSLER 2002).

In jüngster Zeit wird daher die oben skizzierte essentialistische Sichtweise zunehmend in Frage gestellt; so warnt TURNER (2002) vor einem unkritischen kulturellen Essentialismus, der den Fokus allein auf die Kontinuität indigener Kulturen und Traditionen legt und dabei die dynamische soziale und politische Realität indigener Völker ignoriert. COATES (2004) zufolge ist die simplifizierende, mono-kausale und letztendlich eurozentrische Perspektive, nach der die Rolle indigener Völker auf die der machtlosen Opfer von Kolonisierung und Entwicklung reduziert wird, insofern irreführend, als sie indigenen Akteuren nicht die Rolle als aktiv Handelnde zugesteht. Inzwischen werden indigene Kulturen von vielen Autoren nicht als unveränderliche Entitäten, sondern als „das sich stetig wandelnde Ergebnis einer konstanten Auseinandersetzung mit der modernen westlichen Welt" gesehen (DÜNCKMANN & SANDNER 2003, S. 77). Dabei zeigt sich gerade an der kreativen Verschmelzung kulturell fremder Kulturelemente KRAAS & COY (2002) zufolge die Prozesshaftigkeit und Modernisierungsfähigkeit von Kultur. Auf die Schwierigkeiten einer Definition von Kultur soll an dieser Stelle nicht eingegangen werden. Es lässt sich aber festhalten, dass dieser hier skizzierten „anti-essentialistischen" Perspektive (vgl. VAYDA 1994) ein dynamisches Konzept von Kultur zu Grunde liegt, wobei Kultur nach GOW & RAPPAPORT (2002) als ein komplexes und sich ständig veränderndes Konstrukt begriffen werden kann, das je nach Kontext unterschiedliche Funktionen erfüllt. TURNER (2002) weist auf den vielschichtigen sozialen Aushandlungsprozess hin, durch den kulturelle Repräsentation ebenso wie die soziale und politische Realität indigener Gruppen konstruiert wird. Dieser Prozess läuft auf einem gemeinsamen Fundament von Werten, Ideen und Symbolen ab und gestaltet sich dynamisch, dabei aber auch keineswegs konfliktfrei oder einheitlich: „The polyphonic nature of social processes of producing ‚culture' is evident even in the most fully traditional aspects of the life of indigenous communities" (TURNER 2002, S. 231).

Eine anti-essentialistische Perspektive erkennt die Fähigkeit autochthoner Kulturen an, sich in flexibler Weise an veränderte Rahmenbedingungen anzupassen und soziales Lernen zu ermöglichen, wobei mit kulturellem Wandel nicht immer ein Verlust an sozialem Zusammenhalt und Nachhaltigkeit von Ressourcennutzung einhergehen muss. So lässt sich feststellen, dass die Konfrontation mit der „westlichen" Welt nicht notwendigerweise in die Auflösung der Kulturen mündet, sondern gerade auch zur Stärkung oder Wiederentdeckung autochthoner Gruppenidentitäten führen kann.

Das Konzept der Kultur im essentialistischen Sinne wird auch von indigenen Akteuren strategisch eingesetzt, um bestimmte Ziele zu erreichen, beispielsweise zur Durchsetzung territorialer und politischer Rechte innerhalb der Nationalstaaten oder zum Erlangen internationaler Aufmerksamkeit. Da ohne den Nachweis der kulturellen Kontinuität eine offizielle Anerkennung indigener Rechte seitens der Nationalstaaten häufig nicht möglich ist, bedienen sich manche indigenen Gruppen gezielt eines statischen Konzeptes von Authentizität und Kultur (WARREN 1998). Diese Vorgehensweise wird als *strategic essentialism* bezeichnet: „‚Essentialism' refers to discourses of enduring commonalties – common ethnic roots and historical pasts, cultural essences, and experiences that are seen as naturally binding together. Essences can be defined in terms of a transcendent spirituality, ties to place, common descent, physical differences, cultural practices, shared language, and common histories of suffering" (WARREN & JACKSON 2002, S. 8). Dabei ist die symbolische Verwendung von Insignien indianischer Kultur (z. B. Federschmuck) nur eine Facette der Strategie, die darauf abzielt, von Medien und Öffentlichkeit als echte

„Indianer" identifiziert werden zu können und somit die Authentizität unter Beweis stellen zu können. Die visuellen Zeichen dienen der sichtbaren Erfüllung einer westlichen, essentialistischen Erwartung an traditionelle Kulturen (vgl. GRAHAM 2002 zu amazonischen Indianern). Ethnische Symbole werden somit benutzt, um symbolisch aufgeladene Bedeutungen in die Öffentlichkeit zu transportieren, teils auch in einer als „Ethnodrama" bekannten Methode der Inszenierung von Indigenität vor großem Publikum, die von BARKER & SOYEZ (1994) für olympische Spiele beschrieben wird. Neben dieser sichtbaren Inszenierung geht es im Kern des strategischen Essentialismus jedoch um die Definition von Indigenität und indigener Kultur, wobei ein wichtiger Aspekt das spezifisch indigene Verhältnis zu Land und Ressourcen darstellt, an dem der Unterschied zu anderen marginalisierten Bevölkerungsgruppen festgemacht wird (SYLVAIN 2002).

Essentialistische Strategien mit ihrer Operationalisierung der Kultur und der kulturellen Identität stellen für viele indigene Gruppen die einzige Möglichkeit dar, ihre Ansprüche gegenüber anderen Interessen durchzusetzen (vgl. HALE 1997). Der Ethnologe MARSHALL SAHLINS (1994, S. 379) stellt dazu fest: „this cultural consciousness [...] entails the people's attempt to control their relationships with the dominant society, including control of the technical and political means that up to now have been used to victimize them. The empire strikes back".

Möglicherweise führt der strategische Essentialismus die indigenen Völker allerdings in eine Sackgasse, da im Ergebnis die statische Festschreibung eines Status Quo der Kultur erfolgt, der keine dynamische Weiterentwicklung von Kultur mehr zulässt. So zeigen CONKLIN & GRAHAM (1995) am Beispiel der brasilianischen Kayapó, dass durch das Bedienen essentialistischer kultureller Klischees zwar kurzfristige Erfolge – wie beispielsweise ein Prestigegewinn – zu verzeichnen sind, auf längere Sicht jedoch die Ziele der Selbstbestimmung und Weiterentwicklung gefährdet werden. SYLVAIN (2002) zufolge birgt vor allem die Festlegung von Kulturen auf bestimmte Wirtschaftsweisen („traditionelle Ressourcennutzung") sowie das spezifisch indigene, spirituell geprägte Verhältnis zum Land die Gefahr, dass die Rechte der Selbstbestimmung indigener Völker an die Erhaltung dieser traditionellen Lebensweise geknüpft werden und eine dynamische Weiterentwicklung von Wirtschaftsweisen nach diesem Konzept von Kultur ausgeschlossen wird.

Die Sackgasse, in die sich indigene Völker mit dem strategischen Essentialismus manövrieren können, manifestiert sich auch an der Kritik, der sich die indigene Bewegung ausgesetzt sieht: So machen Kritiker dieser Bewegung ihre Einwände an deren kultureller Hybridität, also der Vermischung moderner kultureller Elemente mit dem „Traditionellen", fest, aufgrund derer der Bewegung die Legitimität mangels Authentizität abgesprochen wird: „certain postmodern critics seem to be most concerned to deny the possibility that intercultural communication, conflict, and collaboration might give rise to viable and vital hybrid forms in which indigenous cultural perspectives, categories, and concepts of representation might frame, inform, or otherwise productively combine with Western cultural elements – in some cases on what appear to be political and ethical as much as theoretical and philosophical grounds." (TURNER 2002, S. 230).

GRAHAM (2002) weist am Beispiel der brasilianischen Yanomami darauf hin, dass die Übernahme „westlicher" Konzepte (z. B. aus der Ökologie) in indianische Diskurse aus „westlicher" Perspektive entweder als Kulturverlust oder als aktive Manipulation indigener Akteure durch Außenstehende interpretiert wird. Dabei sehen sich einzelne Akteure, die als *culture brokers* auftreten und sich der dominanten Sprache des politischen Diskurses auf nationaler Ebene bedienen, dem Problem der Legitimität ausgesetzt, da ihre indigene Authentizität von außen angezweifelt wird, sobald sie die aus „westlicher" Sicht als typisch „traditionell" eingestuften mit „modernen" Verhaltensweisen kombinieren. Die neuen, innovativen Hybridformen eines Diskurses, bei denen sich die indigenen Vertreter der Sprache und der Konzepte aus beiden Denkwelten bedienen, wird von Kritikern als nicht authentisch und somit nicht indigen angesehen (vgl. GRAHAM 2002).

Andererseits müssen diese innovativen Diskursformen und die Offenheit indigener Kulturen nicht als Kulturverlust interpretiert werden, da die Anpassungsfähigkeit an sich verändernde Bedingungen heute gerade als ein Charakteristikum vieler dieser Kulturen angesehen wird, seien es amazonische Völker oder der in dieser Arbeit untersuchten Kuna. Insbesondere die kreative Nutzung von Sprache und neuen Technologien (siehe unten) wird von vielen Autoren nicht als Kulturverlust, sondern vielmehr als Zeichen der Vitalität indigener Kulturen angesehen (vgl. GRAHAM 2002). Eine wissenschaftliche Debatte um Authentizität zielt WARREN & JACKSON (2002) zufolge ins Leere, da sich Authentizität eben nicht als absolute, statische Kategorie definieren lässt (vgl. dazu SAHLINS 1994). Vielmehr ist Authentizität ein Konzept, das im globalen Kontext als Reiteration oder Verteidigung von Identitätsgrenzen verstanden werden kann, wobei Identitäten im Spannungsfeld zwischen globaler und lokaler Ebene konstruiert werden. Da indigene Gruppen als aktiv Handelnde die Elemente des strategischen Essentialismus mit anderen Argumentationslinien kombinieren, um ihre Existenz zu legitimieren, und zugleich aktiv ihre Kulturen dynamisch formen, sollte das Augenmerk der Wissenschaft weniger auf der Frage der Definition von Authentizität liegen. Entscheidend ist vielmehr eine Betrachtung der Rolle der *authenticators*, also jener Akteure, die in ihrer Rolle als Autoritäten in indigenen Gemeinschaften oder als externe Experten den jeweiligen Gehalt von Authentizität in einem dynamischen Prozess definieren.

Aus den Statements indigener Vertreter auf internationaler Ebene wird deutlich, dass trotz der ethnischen und kulturellen Diversität der verschiedenen Völker mit ihren unterschiedlichen Lebensweisen doch Gemeinsamkeiten im Hinblick auf ähnliche aktuelle Probleme sowie gemeinsame Interessen und Forderungen bestehen. Die oben bereits skizzierte, von Armut, Marginalisierung und mangelnden Rechten charakterisierte Lebenssituation indigener Völker weltweit eint diese insofern, als sie gemeinsame Forderungen nach verbesserten Rechten und Lebensbedingungen an die internationale Gemeinschaft mit ihren Organisationen sowie die jeweiligen Nationalstaaten richten. Dabei entsteht ein neuer *indigenous discourse* (STAVENHAGEN 2000, S. 81) einer globalen panindigenen Bewegung, der von Vertretern der intellektuellen Elite der Indigenen maßgeblich angetrieben und dominiert wird und die Formulierung politischer Ziele einschließt.

Zum anderen wirkt die gemeinsame Situation der Deprivation und Marginalisierung auch als „Bindemittel" bei der Konstruktion einer kollektiven und globalen indigenen Identität. Diese basiert allerdings nicht nur auf der marginalisierten Lebenssituation, sondern in erster Linie auf einer gemeinsamen Abgrenzung zum nicht-indigenen Rest der Bevölkerung. Zwei Aspekte sind dabei von Bedeutung: Zum einen lässt sich ein Trend zur „Renaissance des Lokalen" im jeweiligen regionalen Kontext beobachten, im Sinne einer Rückbesinnung auf Traditionen und einer bewussten Stärkung von lokal verankerten kulturellen Identitäten, Identifikationen und Ansprüchen. Zum anderen wird eine gemeinsame Basis indigener Identität postuliert und konstruiert, die sich auf diese Verankerung der Identitäten im jeweils individuellen Lokalen und auf ihre Bezüge zu Traditionen stützt.

STAVENHAGEN (2000, S. 81) spricht von diesem Prozess als „inventing traditions" und „building new ‚imaginary communities'". Diese neuen *imaginary communities* können auch als eine gemeinsame *imagined world* nach dem kulturwissenschaftlichen Konzept von APPADURAI (1996) interpretiert werden. Dabei geht APPADURAI zunächst von der Existenz von *global cultural flows* aus, die als fluide, irreguläre kulturelle Landschaften verstanden werden können. Auf der Basis dieser globalen kulturellen Landschaften konstruieren Menschen wiederum unterschiedliche *imagined worlds*. APPADURAIS *global cultural flows* manifestieren sich dabei in fünf Dimensionen von *landscapes*, die er mit *ethnoscapes, mediascapes, technoscapes, financescapes* und *ideoscapes* bezeichnet, wobei jeweils flexible, dynamische Konstrukte gemeint sind (BUDKA 2004). Als *ethnoscapes* begreift APPADURAI multiple kulturelle Welten, die vor dem Hintergrund der historisch verankerten Imagination von global verstreut lebenden Menschen und Gruppen entstehen. Diese *ethnoscapes* können auch als *landscapes of group identity* mit einer wachsenden Dynamik aufgefasst werden. Nun lässt sich APPADURAIS Gedanke der *ethnoscapes* auf die international vernetzte und global agierende Gemeinschaft der Indigenen mit ihrer ebenfalls wachsenden Dynamik und Bedeutung übertragen, wobei diese eine *imagined world* einer kollektiven, globalen Gruppenidentität konstruieren.

Es entstehen somit „transnationale indigene Identitätslandschaften", die nach verschiedenen Maßstabsebenen, auf denen sie betrachtet werden, differenziert werden können. Auf einer globalen Ebene lässt sich eine *imagined world* der Indigenen feststellen, die auf ähnlichen historischen Erfahrungen der Kolonisierung einerseits sowie als typisch

Theoretische Ansätze 35

„indigen" aufgefassten Kulturelementen und Institutionen andererseits fußt. Zu diesen zählen beispielsweise das spezifische Mensch-Umwelt-Verhältnis, Ähnlichkeiten in der Kosmologie sowie in den traditionellen Institutionen (wie kollektivem Landbesitz). Auch die oben erwähnte Situation der Armut, Marginalisierung und Rechtlosigkeit sowie der gemeinsamen Forderungen an Nationalstaaten und internationale Gemeinschaft tragen zur Herausbildung einer Gruppenidentität auf der Basis von Solidarität bei. Dabei existieren durchaus divergierende Standpunkte der unterschiedlichen Völker, jedoch manifestiert sich die Zusammengehörigkeit und Solidarität in gemeinsamem Handeln, z.B. auf internationalen Tagungen zu bestimmten Themen oder durch die vor internationalen Gremien gemeinsam artikulierten Forderungen und Standpunkte. Neben der globalen Betrachtungsebene bilden sich aber auch auf kontinentaler bzw. subkontinentaler oder regionaler Ebene transnationale indigene Identitätslandschaften aus. So leben die indigenen Völker Lateinamerikas – in mehr oder weniger starkem Maße – in einer gemeinsamen *imagined world*, in der sie die kollektive Erfahrung der Kolonisierung, der Abstammung von der präkolonialen Bevölkerung sowie ein gemeinsames Konstrukt der Indigenität teilen. Trotz aller Differenzierungen in Kultur und Lebensweise und trotz ihrer zum Teil unterschiedlichen Standpunkte und Forderungen (siehe unten) existiert doch eine gemeinsame Idee der „Indigenität", die insbesondere nach außen hin, also beispielsweise gegenüber Regierungen oder internationalen Organisationen als einheitlich dargestellt wird. Deutlich wird dies auch in den Statements auf indigene Konferenzen, in denen die Gemeinschaft der Indigenen in Gegenüberstellung zur Welt der „Anderen" betont wird (z.B. in der Präambel zur Tagung „Segunda Jornada Indígena Centroamericana sobre Tierra, Medio Ambiente y Cultura", CCNIS et al. 1999). Dabei kann die Rolle, die einzelne Völker im Prozess der Konstruktion dieser indigenen Identität einnehmen, durchaus unterschiedlich ausfallen, da nicht alle Völker gleichermaßen in aktiver Weise an diesem Prozess teilnehmen oder ihn vorantreiben.

Festzuhalten bleibt an dieser Stelle, dass sich in der Konstruktion der transnationalen indigenen Identitätslandschaften immer auch Reflexe eines von außen, also außerhalb der *imagined world* der Indigenen, konstruierten Bildes der Indigenität wieder finden. So werden bei der Ausbildung der eigenen Identität Aspekte des durch Nicht-Indigene konstruierten Fremd-Bildes der Indigenen aufgenommen. Beispiele hierfür sind die spezifische Rolle, die diesen als nachhaltige Nutzer natürlicher Ressourcen zugeschrieben wird, worauf später noch einzugehen sein wird. Die Konstruktion indigener Identitätslandschaften findet also immer auch unter dem Einfluss der Rollen und Bilder statt, die den Indigenen von unterschiedlichen externen Akteuren wie z.B. aus dem Naturschutz zugeschrieben werden.

Medien, wie beispielsweise Zeitungen oder Film, werden zunehmend von Indigenen genutzt, um die Repräsentation der eigenen Kultur sowie politische Anliegen „nach außen" zu transportieren. Allerdings haben Angehörige indigener Völker bisher nur eingeschränkt die Möglichkeit, in den klassischen Printmedien zu berichten, sei es aufgrund mangelnder indigener Journalisten, sei es aufgrund mangelnden Interesses seitens der Redaktionen. Daher sind die neuen Kommunikationstechnologien, insbesondere das Internet, von einer hohen Bedeutung für Indigene, um aktuelle Informationen, Protestresolutionen oder Hintergrundberichte zu veröffentlichen (BRYSK 2000). Dabei kann das Internet nicht nur eine zügige Verbreitung von Informationen gewährleisten, sondern dient auch der Mobilisierung von Protest und Unterstützung bei akuten Vorfällen, die als Bedrohung empfunden werden; es fungiert als wichtigstes Kommunikationsmedium zwischen verschiedenen indigenen Völkern sowie mit nicht-indigenen Personen und Organisationen, z. B. zwischen Lateinamerika und den USA oder Europa (BUDKA & KREMSER 2004). Ein Beispiel sind die Übergriffe auf indigene Völker in Kolumbien, die über das Internet rasch publik gemacht werden und Solidaritätsbekundungen aus anderen lateinamerikanischen Ländern oder von anderen indigenen Völkern nach sich ziehen. BUDKA (2004) zeigt anhand eigener Studien die wichtige Rolle auf, die das Internet für die indigene Widerstandsbewegung Mexikos spielte. Die entstehenden „transnationalen elektronischen Solidaritätslandschaften" (BUDKA 2004, S. 33) basieren auf der globalen Vernetzung von Akteuren auf einer kulturellen Ebene, eine in der Debatte um Globalisierungseffekte bisher eher vernachlässigte Dimension. BUDKA (2004) bezieht sich mit dem Begriff der Solidaritätslandschaften auf das oben bereits skizzierte, von ARJUN APPADURAI (1996) aufgestellte theoretische Konzept der *global cultural flows* mit seinen fünf Dimensionen der *landscapes*. Die durch die Impulse der indigenen Bewegung entstehenden elektronischen, transnationalen Solidaritätslandschaften können analog zu APPADURAIS Konzept also als ein Ausdruck dieser *mediascapes* bzw. *technoscapes* verstanden werden.

Neben dem konkreten Einsatz der modernen Medien als Werkzeuge der indigenen Bewegung verhelfen diese den Indigenen auch zur Reflexion des Eigenen und somit zur Neuinterpretation des Blicks auf Traditionen und Indigenität. Widersprüche zwischen der in unterschiedlichem Grad gegebenen „traditionellen" Lebensweise und der Benutzung moderner Technologien ergeben sich dabei nur scheinbar bzw. nur für den äußeren Betrachter, denn Indigene verhalten sich LUTZ (2005) zufolge pragmatisch in der Nutzbarmachung von Innovationen, die eine Erleichterung des Lebens mit sich bringen. Daher zielt eine wichtige Forderung heute auf eine Verbesserung des Zugangs zu diesen Technologien ab, denn bisher steht die Mehrheit der indigenen Menschen auf der falschen Seite der *digital divide*, d. h. sie haben keinen Zugang zu den modernen Technologien (vgl. WARREN & JACKSON 2002). So vergrößert sich die Spaltung zwischen denjenigen Gruppen, die diese Technologien bereits nutzen können, und anderen, die keinen Zugang dazu haben und zugleich unter erschwerten Kommunikationsbedingungen durch fehlende Telefon- und Verkehrsverbindungen leiden.

2.3 Das Management mariner Ressourcen: Ökologische Zusammenhänge und die Problematik konventioneller Ansätze

> „there is a worldwide crisis in resource management, [...] certainly a crisis in resource management science" (HOLLING et al. 1998, S. 342).

Dieses Zitat von HOLLING, BERKES & FOLKE aus den 1990er Jahren kann noch immer als gültig angesehen werden und lässt sich auf Küsten- und Meeresressourcen – zum einen in globaler Perspektive, zum anderen speziell im karibischen Kontext – anwenden. Denn die konventionellen Managementstrategien und Erkenntnisse aus der Forschung haben offensichtlich bisher kaum zur Verhinderung der Degradation von Ökosystemen und der fortschreitenden Überfischung mit ihren negativen ökologischen Konsequenzen beitragen können. Bevor daher einige Aspekte des Ressourcenmanagements, der wissenschaftlichen Kritik an gängigen Konzepten sowie der Ansätze des Integrierten Küstenzonenmanagements diskutiert werden, soll zunächst kurz die Problematik mariner Ressourcen in der Karibik umrissen werden.

2.3.1 Situation der Fischerei- und Küstenressourcen im karibischen Zusammenhang

Publikationen über den globalen Zustand von Fischereiressourcen der Küsten und Meere weisen darauf hin, dass Überfischung und Degradation mariner Ökosysteme als global festzustellende Phänomene auftreten (vgl. MCGOODWIN 2001; JACKSON et al. 2001; PAULY et al. 1998). Dabei wirken zusätzlich zur massiven Überfischung eine Vielzahl verschiedener Faktoren auf marine Ökosysteme ein, die ihren Ursprung zum Teil auch auf dem Festland haben, wie beispielsweise veränderte Sedimentationsverhältnisse aufgrund der Abholzung natürlicher Vegetation oder Belastungen durch die Einleitung industrieller Abwässer und Pestizide (vgl. CICIN-SAIN & KNECHT 1998). Zugleich gelten Küstenzonen allgemein als ökologisch besonders gefährdete Räume, da sich in diesen vielfach unterschiedliche Nutzungsansprüche überlagern, so dass sich ökologische Belastungen dort konzentrieren.

Auch die Küstengebiete Zentralamerikas weisen – in unterschiedlicher Intensität – solche Belastungen durch verschiedene Faktoren auf. Zugleich gelten jedoch weite Teile der Küsten und des angrenzenden Schelfmeeres als ökologisch höchst wertvolle Räume, die es zu schützen gilt. So ziehen sich die Ausläufer des weltweit zweitgrößten Barriereriffs von Belize bis an die Küste Nicaraguas, während weitere bedeutende Korallenriffkomplexe vor der Ostküste Panamas liegen. Auch ausgedehnte Seegraswiesen, Mangrovenwälder sowie Ästuare und Lagunen sind an der Küste Zentralamerikas zu finden. Eben jene Ökosysteme sind jedoch in der Karibik besonders gefährdet, während Strategien des integrierten Küstenmanagements bislang nur sehr eingeschränkt umgesetzt werden (GOVAN 2003 und mündl. Mitteilung 2003; vgl. WINDEVOXHEL, LORA et al. 2000). Unter den Faktoren, die negativ auf diese fragilen Ökosysteme einwirken, sind neben der Überfischung und der Kontamination des Meeres durch Schifffahrt, Industrie und häusliche Abwässer auch die Zunahme der Sedimentfracht in Folge des Infrastrukturausbaus in Küstenzonen zu nennen. Mangrovenwälder werden durch den Einschlag für die Nutzung von Brenn- und Bauholz oder durch Rodung für Bauvorhaben dezimiert. Ihre Vernichtung ist jedoch als problematisch zu bewerten aufgrund der Tatsache, dass sie einen wichtigen Lebensraum für Fische und Krustentiere – insbesondere für deren juvenile Stadien – darstellen und darüber hinaus eine wichtige Rolle für die Küstendynamik einnehmen, indem sie erosionsvermindernd sowie als Sedimentfalle wirken. Ähnliches gilt für die ökologisch hoch produktiven Lagunensysteme, die z. B. an der Ostküste Nicaraguas zu finden sind, sowie für die Seegraswiesen, die insbesondere für Schildkröten, Seekühe und viele kommerziell bedeutsame Fischarten einen wichtigen Lebens- und Nahrungsraum darstellen (vgl. JACKSON et al. 2001).

Als höchst fragile und zugleich strukturell sehr komplexe Ökosysteme gelten die Korallenriffe, deren Zustand nach einem Bericht des World Resources Institute karibikweit überwiegend als bedroht bzw. sehr stark bedroht eingestuft wird, während nur ein Drittel der Riffe in der Region als wenig bedroht gelten können (BURKE & MAIDENS 2004). Ähnliche Zahlen werden auch in Bezug auf den globalen Zustand der Riffe z. B. von der Coral Reef Initiative genannt, der zufolge weltweit bereits 10 % der Riffe als zerstört sowie 60 % als gefährdet anzusehen sind (ICRI o. J.). Die karibischen Riffe weisen jedoch aufgrund struktureller Unterschiede eine niedrigere Resilienz auf als Korallenriffe anderer Regionen, mit der Folge einer vergleichsweise höheren Vulnerabilität gegenüber anthropogenen Störungen, insbesondere Überfischung (WALKER & SALT 2006). Zusätzlich zu den genannten allgemeinen Störfaktoren, die marine Ökosysteme schädigen, sind Korallenriffe zudem in besonderem Maße durch den Temperaturanstieg des Meereswassers gefährdet, der verstärkt *coral-bleaching-events* – also ein Abstoßen der symbiontischen Zooaxenthellae mit der Folge verstärkter Korallenmortalität – bewirkt. Auch verschiedene Korallenkrankheiten werden mit steigenden Wassertemperaturen in Zusammenhang gebracht (BIRKELAND 1997). Ein weiterer Faktor, der lokal zur Degradation der Riffe beiträgt und in der vorliegenden Untersuchung eine Rolle spielt, ist die Zerstörung von Riffen zur Nutzung von Korallen als Baumaterial. Die gravierenden negativen Auswirkungen, die dieser Nutzungsform für die lokalen Ökosysteme der Korallenriffe und insbesondere für die Populationen von Fischen allgemein zugeschrieben werden, sind durch Untersuchungsergebnisse aus Asien belegt (BROWN et al. 1995).

Zugleich sind die Ökosysteme des Karibischen Meeres insgesamt durch Überfischung gefährdet. Bei der Betrachtung der Fischerei ist dabei zwischen den semi-industriellen bis industriellen Fangflotten einerseits sowie der diversifizierten Kleinfischerei andererseits zu differenzieren. Unter Kleinfischerei werden nicht industrialisierte, kapitalextensive und arbeitsintensive Formen der Fischerei zusammengefasst, die meist auf eine hohe Zahl von Arten ausgerichtet sind (HAUGHTON & BROWN 2002). Über die wirtschaftliche Bedeutung der Fischerei in der Region liegen zwar nur wenig aussagekräftige Zahlen vor (vgl. GUTIÉRREZ & OVARES 2002), es lässt sich jedoch feststellen, dass die Kleinfischerei – in der Karibik ebenso wie auch auf globaler Ebene (vgl. MCGOODWIN 2001) – eine wichtige Beschäftigung der Bevölkerung darstellt. Außerdem leistet sie als eine der zentralen Quellen tierischen Proteins einen Beitrag zur Ernährung der Küstenbevölkerung, insbesondere in den indigenen Gemeinschaften (WINDEVOXHEL et al. 2000). Insgesamt nimmt die Fischereiwirtschaft in vielen Anrainerstaaten der Karibik einen wichtigen Stellenwert in den Exporten ein, wobei vor allem die Fische der Korallenriffe, Langusten und Meeresschnecken *(conch)* eine zentrale Rolle spielen. Die Bestände vieler Arten sind allerdings erheblich durch Überfischung und die verschiedenen ökosystemaren Belastungen gefährdet, was vor allem auf die für den Export genutzten Arten zutrifft – z. B. die inzwischen auf die CITES-Liste der gefährdeten Arten aufgenommene *conch* (HAUGHTON & BROWN nach div. Quellen 2002). Exakte Aussagen über den Zustand der Bestände genutzter Arten lassen sich aufgrund mangelnder quantitativer Daten nicht treffen (GUTIÉRREZ & OVARES 2002), es wird jedoch angenommen, dass die marinen Ressourcen der Karibik insgesamt einer gravierenden Dezimierung unterliegen. Zum Teil schlägt sich diese Entwicklung bereits in zunehmenden Konflikten zwischen Fischern sowie zwischen benachbarten Staaten nieder; WALKER & SALT (2006) befürchten als unmittelbare Folge der Schädigung von Korallenriffen einen Verlust der ökonomischen Prosperität in der Region.

Die Folgen der Überfischung manifestieren sich in den Korallenriffen durch Verschiebungen in den Nahrungsketten, was wiederum das Überleben der Riffe gefährdet. Beispielsweise kann die fischereibedingte Reduktion herbivorer Fischpopulationen zur Zunahme des für die Korallenpolypen schädlichen Algenüberwuchses führen (BURKE & MAIDENS 2004). Zugleich ist zu beobachten, dass sich die Artstruktur verschiebt, indem die vormals im westlichen Atlantik dominanten *Acropora*-Arten (Geweihkorallen) zurückgehen – ebenso wie große Fischarten, Seekühe und andere Wirbeltiere – während Schwämme, Seegräser und Algen zunehmend an Dominanz gewinnen (JACKSON et al. 2001). Aber auch in den Ökosystemen der Seegraswiesen führt Überfischung zur Degradation der Systeme, unter anderem durch die Dezimierung der Populationen der Grünen Seeschildkröten *(Chelonia mydas)*. Deren Fehlen hat zur Folge, dass das Wachstum der Seegräser nicht mehr durch Abweiden begrenzt wird, was wiederum negative Auswirkungen auf Strömungsdynamik, Nährstoffhaushalt und Lichteinfall in der Seegraswiese hat und letztendlich zu deren Absterben führen kann. Ähnliche Degradationsprozesse wirken in Ästuaren, Lagunen und Mangrovensystemen.

Die Forschergruppe um JACKSON (et al. 2001) weist angesichts dieser Erkenntnisse auf die zentrale Bedeutung der Überfischung bei den Degradationsprozessen hin, wobei der ökologische Druck durch die Fischerei nicht erst in jüngster Zeit, sondern bereits seit Jahrhunderten gewachsen ist. Nach Ansicht der Autoren bereiten außerdem erst die langfristigen Störungen der Systeme durch Überfischung den Boden für die Schädigung durch zusätzliche negative Einflüsse wie beispielsweise Eutrophierung, Habitatzerstörung und klimatische Einflüsse. Gleichzeitig lässt sich weltweit ein Prozess feststellen, der als *fishing down marine food webs* bekannt ist (PAULY et al. 1998) und eine durch Überfischung induzierte Veränderung bezeichnet, bei der die Fischerei auf abnehmenden trophischen Stufen stattfindet. Dies bedeutet bei einer global weitgehend stabilen Fangmenge eine Verschiebung vom Fang größerer Raubfischarten (höherer trophischer Level) hin zu kleineren Fischarten und Wirbellosen (niedriger trophischer Level; LUDWIG 2002). Bei unverändertem Druck auf die Ressourcen ist letztlich das Eintreten eines weitgehenden Kollapses vieler Fischbestände wahrscheinlich.

2.3.2 Probleme des konventionellen Managements mariner Ressourcen

Angesichts der skizzierten Problematik der Überfischung und Degradation von Ökosystemen der Meere und Küsten stellt sich die Frage, in welcher Weise Ressourcennutzung durch den Menschen heute gesteuert wird und wie sich ein aktives Management von Ökosystemen und Ressourcen global sowie speziell im zentralamerikanischen Kontext gestaltet.

Der Begriff des „Ressourcenmanagements" bezieht sich nicht in erster Linie auf die biologischen Ressourcen selbst, sondern ist das Management menschlicher Aktivitäten, also der Nutzung dieser Ressourcen (JENTOFT 1998). Denn Fischerei ist vor allem ein „human phenomenon", ein sozioökonomisches technologisches System, bei dem Nutzer in Interaktion mit einem marinen Ökosystem treten (McGOODWIN 2001, S. 1). Insofern ist Management zu verstehen als Set von Nutzungseinschränkungen und anderen Regularien, die Zugang und Nutzung durch soziale Akteure begrenzen oder erlauben. Ressourcenmanagement beinhaltet daher nicht nur eine institutionelle Komponente, indem über Institutionen die Nutzung geregelt wird, sondern zugleich immer auch soziale und politische Aspekte, da die Gestaltung von Institutionen des Managements auf gesellschaftlichen Aushandlungsprozessen und letztendlich auf der Festlegung gesellschaftlicher Ziele einer gewünschten ökonomischen bzw. ökologischen Entwicklung basiert. Deshalb kann es nicht verwundern, dass Ressourcenmanagement heute stärker sozialwissenschaftliche Aspekte und Erkenntnisse einbezieht, nachdem diese lange Zeit, insbesondere auch im Fischereimanagement, vernachlässigt wurden und der Schwerpunkt auf naturwissenschaftlichen, vorwiegend biologischen Aspekten lag.

Das Management von Fischereiressourcen stützt sich in den Industriegesellschaften im Wesentlichen auf die Instrumente der Zugangsregelung (wer darf fischen), Quotenregelungen (*total allowable catch* oder TAC, also wie viel darf gefischt werden), sowie den Gebrauch von Fangmethoden (wie darf gefischt werden) (EIKELAND 1998; vgl. WILSON 2006). Diese Instrumente sollen dazu dienen, das Allmende-Dilemma, also die Über-

Theoretische Ansätze 41

nutzung von frei zugänglichen Gemeingütern, die an späterer Stelle diskutiert wird, zu verhindern. Zugleich werden diese gängigen Managementstrategien mariner Ressourcen von vielen Autoren als unzureichend und sogar als ursächlich für die Überfischung angesehen. Denn die meisten konventionellen Ansätze des Fischereimanagements basieren auf bioökonomischen Modellen und der Berechnung möglicher Fangmengen einzelner Populationen bzw. Bestände *(stocks)*, die auf einer bestimmten Maßstabsebene festgelegt werden (WILSON 2006). Diesem Konzept liegt die Annahme zugrunde, dass das Management jeweils einzelner Arten bzw. Populationen in der Summe zu einer nachhaltigen Nutzung des Ökosystems führe. Jedoch wird in der Wissenschaft im allgemeinen die im Fischereimanagement vorherrschende Methode der Festlegung von *maximum sustainable yields* (MSY) (bzw. *maximum economic yields*, MEY), also der Menge an Ressourcen, die einem System maximal entnommen werden kann, ohne dass dieses zusammenbricht, als überholt angesehen – obwohl sie in der Praxis noch immer weit verbreitet ist (CARPENTER et al. 2002; BERKES et al. 2001).

An den konventionellen Instrumenten des Ressourcenmanagements wird von wissenschaftlicher Seite insbesondere kritisiert, dass diese auf einer bestimmten Sichtweise des Funktionierens von Ökosystemen basieren, die nach jüngeren Erkenntnissen über die ökosystemare Dynamik als nicht mehr gültig angesehen werden. So scheint die Komplexität von Ökosystemen, in denen Populationen oft erst verzögert auf Veränderungen reagieren, sich verschiedene Populationen gegenseitig beeinflussen und unvorhersehbare Entwicklungen eintreten, eine Vorhersage der möglichen Entwicklung einzelner Populationen erheblich zu erschweren. Die Nicht-Linearität sowie die Komplexität von Struktur und Funktion von Ökosystemen lässt die Beschränkung auf mono-kausale Ursache-Wirkungszusammenhänge von Ressourcenentnahme und Populationsentwicklung als zu kurz gedacht erscheinen (vgl. COSTANZA et al. 2001; EIKELAND 1998).

Was als allgemeine Erkenntnis über Ökosysteme gilt, lässt sich insbesondere auch auf marine Ressourcensysteme übertragen, die als chaotisch und zu komplex für die gängigen großräumigen und hierarchisch strukturierten Managementstrategien angesehen werden (PÁLSSON 1995; vgl. JACKSON et al. 2001). *Shifts*, also die Verschiebung in alternative Zustände ganzer Ökosysteme auf unterschiedlichen Maßstabsstufen, sind kaum vorhersehbar, so dass die Einschätzung möglicher Auswirkungen anthropogener Einflüsse auf marine Ökosysteme sich äußerst schwierig gestaltet. Insbesondere der Faktor Unsicherheit und die unvorhersehbaren und abrupten Zustandswechsel in natürlichen Systemen spielen eine wichtige Rolle in jüngeren, dynamischen Konzepten von Ökosystemen (z. B. GUNDERSON & HOLLING 2002). Diese *shocks* und *shifts* sowie die Resilienz *(resilience)*, also die Widerstandskraft von Systemen gegenüber äußeren Schocks, sind dabei in den letzten Jahren in den Fokus der Ökosystemforschung geraten.

Darüber hinaus wird von Kritikern der gängigen Ressourcenmanagement-Strategien eine ungenügende Berücksichtigung der Verknüpfungen zwischen ökologischen und sozialen Aspekten bemängelt (WILSON 2006). Die Forderung einer solchen Verknüpfung, die zum einen auf der Ebene analytischer wissenschaftlicher Modelle (z. B. COSTANZA et al. 2001) sowie auch auf der konkreten Management-Ebene artikuliert wird, ist zwar nicht neu, scheint aber immer noch in der Realität von Forschung und Praxis nur ungenügend umgesetzt worden zu sein. Bereits das Konzept des *adaptive management*, dessen Grundstein 1978 von HOLLING gelegt wurde, zielt darauf ab, ökonomische und soziale Realitäten in flexible Management-Konzepte einzubeziehen, die auch den Faktor Unsicherheit berücksichtigen und darauf abzielen, die *resilience* zu erhöhen. Die Schwierigkeit des Managements von Ressourcen zeigt sich aber auch in vielen dokumentierten Fällen, in denen zunächst scheinbar effektive Managementstrategien schließlich zu unerwünschten negativen Auswirkungen führen. Auf längere Sicht bieten aber solche pathologischen Entwicklungen und Krisen auch die Chance, dass soziales Lernen sowie die Anpassung von Politik und Managementkonzepten sprunghaft voranschreiten und neue Wege eröffnen. Ökosystemtheoretiker wie HOLLING et al. (1998) halten solche Krisen und Zusammenbrüche sogar für eine möglicherweise notwendige Bedingung für Wandel und die Neuschaffung von Institutionen (vgl. Kap. 2.6). Diese dynamische Sicht von Ökosystemen schlägt sich in der Forderung flexibler, adaptiver Institutionen des Ressourcenmanagements nieder, die dynamisch auf unvorhersehbare Veränderungen reagieren sollen.

Neben den auf Erkenntnissen aus der Ökosystemforschung basierenden Einwänden werden gängige Fischereistrategien außerdem deshalb kritisiert, weil sie als nicht übertragbar auf die tropische Kleinfischerei gelten, da diese mit ihrer hohen Diversifizierung (hohe Anzahl genutzter Arten), der hohen saisonalen Variabilität und der diversifizierten Fangtechnologie unter Rahmenbedingungen stattfindet, die häufig nur unzureichend beachtet werden. KURIEN (2002) weist außerdem auf die hohe Bedeutung sozialer Faktoren in solchen Systemen hin, in denen Reziprozität, Vertrauen und Kommunikation unter Fischern eine zentralere Rolle spielen, als dies in den aus Industriestaaten übertragenen gängigen Managementstrategien angenommen wird. Ein weiterer wichtiger Kritikpunkt an Strategien des konventionellen Fischereimanagements ist ihre Fokussierung auf „disembedded knowledge" (PÁLSSON 1995, S. 86), also auf das szientifische Wissen, das nicht in lokale Kontexte eingebunden ist – während das praktische Wissens der lokalen Experten, der Fischer, häufig ignoriert wird. Die Erkenntnisse aus dem Scheitern der konventionellen Ansätze verweisen jedoch auf die Notwendigkeit der Einbeziehung dieses lokalen Wissens sowie auf eine erforderliche Anpassung der Strategien an kleinskaligere räumliche und zeitliche Maßstäbe.

2.3.3 Das Konzept der Nachhaltigkeit im Ressourcenmanagement: Normative und analytische Dimensionen

Eine Zielvorgabe, die vielen Ansätzen des Ressourcenmanagements zugrunde liegt, ist die Nachhaltigkeit der Nutzung. So streben *maximum-sustainable-yield*-Konzepte der Fischereiwirtschaft ebenso wie Ansätze des Integrierten Küstenzonenmanagements (IKZM) die nachhaltige Nutzung von Ökosystemen an, wobei der Begriff jedoch jeweils unterschiedlich inhaltlich gefüllt wird. Nachhaltigkeit, nachhaltige Entwicklung oder *sustainable development* sind Begriffe, die in der wissenschaftlichen Literatur wie auch in politischen Programmen und Plänen in diversen Kontexten und Interpretationen Verwendung finden. Dabei beziehen sich diese zum einen auf unterschiedliche räumliche und zeitliche Maßstabsebenen und können zum anderen auch danach differenziert werden, ob sie eher normativ bzw. politisch-strategisch ausgerichtet sind oder als analytische Kategorie verwendet werden.

Auf der normativ-politischen Ebene kann nachhaltige Entwicklung als Leitbild verstanden werden, das seit dem Brundtland-Bericht der UN-Kommission für Umwelt und Entwicklung 1987 und der Rio-Konferenz von 1992 globale Verbreitung gefunden hat (HAUFF 1987; vgl. BECKER et al. 1999). Dieses Leitbild zielt auf die Vereinbarkeit von Umwelt und Entwicklung ab, also eine Integration von ökonomischen, sozialen sowie ökologischen Aspekten und Entwicklungen (vgl. GLAESER 2005). Das Konzept hat dabei zum einen normative Implikationen, indem es jeder Entwicklung eine ethische Komponente zugrunde legt, die eine moralische Verantwortung gegenüber kommenden Generationen einschließt. Zum anderen enthält das Leitbild einen strategisch-politischen Aspekt, indem es die Neuausrichtung gesellschaftlicher Entwicklung impliziert (BECKER et al. 1999), es lässt sich also als politische Leitidee verstehen (KOPFMÜLLER 1998). Zentrale Aspekte sind dabei die Ganzheitlichkeit und Interdisziplinarität, also eine Integration verschiedener sektoraler Fachaspekte und Planungen. Im Vergleich zu älteren Konzepten der vorwiegend ökonomisch orientierten Entwicklung war der Ansatz der nachhaltigen Entwicklung insofern neu, als er eine zeitliche Perspektive aufnimmt, die es durch den Bezug auf kommende Generationen erforderlich macht, Umweltmanagement und Entwicklung in längeren Zeitrahmen zu denken als es zuvor üblich war (vgl. MÜLLER et al. 1998). Gleichwohl treten Dissense bei der Umsetzung nachhaltiger Entwicklungsziele auf, da divergierende Interessen und Wertvorstellungen auch unterschiedliche Auslegungen des Begriffs nach sich ziehen. Eine Operationalisierung des Konzepts erfolgt demnach in unterschiedlicher Weise.

Der integrierenden Idee des Leitbildes einer zukunftsfähigen Entwicklung steht eine konkrete ressourcenökonomische bzw. ökologische Sichtweise der *sustainability* von Ökosystemen gegenüber. Dieser Ansatz geht zurück auf das Konzept des nachhaltigen Wirtschaftens, das ursprünglich aus der deutschen Forstwirtschaft des 18. Jahrhunderts stammt und eine Wirtschaftsweise beinhaltet, bei der möglichst hohe Erträge bei gleichzeitigem Erhalt des Standortes erzielt werden (HABER 1998; KOPFMÜLLER 1998). So lässt sich Nachhaltigkeit nach COSTANZA & PATTEN wie folgt definieren: „A sustainable system is a renewable system that survives for some specified (non-infinite) time" (COSTANZA & PATTEN 1995 in COSTANZA et al. 2001, S. 6). Damit ist, bezogen auf die biologischen Ressourcen, gemeint, dass diese keine Erschöpfung erfahren, was wiederum für ein ökonomisches System bedeutet, dass Ressourcennutzer größere Störungen und Zusammenbrüche des Systems vermeiden. Die maximal mögliche Rate der Ressourcenentnahme lässt sich nun berechnen, wie z. B. in den *maximum-sustainable-yield*-Modellen der Fischerei (siehe oben). COSTANZA et al. (2001) zufolge stellt der Begriff der Nachhaltigkeit in diesem Sinne lediglich eine Vorhersage über die Auswirkungen einer spezifischen Ressourcennutzungsintensität auf ein Ökosystem dar, deren Validität erst nach dem Verstreichen einer gewissen Zeitspanne überprüft werden kann. Unklar bleibt allerdings die Frage der Länge dieser Zeitspanne, denn es wird im Allgemeinen mit Nachhaltigkeit eine nicht näher definierte „Langlebigkeit" assoziiert.

Zugleich kann diese Auslegung des Nachhaltigkeitsbegriffes im engeren Sinne auch als analytische Kategorie verwendet werden, wenn z. B. überprüft werden soll, inwiefern bestimmte Nutzungsformen oder -intensitäten bzw. einzelne Institutionen zur Regelung der Nutzung ökologisch verträglich sind. Dabei wird Nachhaltigkeit quasi als Maßstab für den Erfolg eines Nutzungssystems herangezogen, wobei wiederum ihre Operationalisierung problematisch ist. Nachhaltigkeit kann demnach dann angenommen werden, wenn weder die Degradation noch der Zusammenbruch eines Systems festzustellen sind bzw. bevorstehen. Die beiden Konzepte der ökologischen Nachhaltigkeit im engeren Sinne und der nachhaltigen Entwicklung in einem weiteren Sinne – also die „two kinds of sustainability" (HOLLING et al. 1998, S. 348) – stehen in deutlichem Gegensatz zueinander: Die erste Auslegung basiert auf einer Sichtweise von biologischen Ressourcen als nutzbare Güter, deren Nutzen es zu maximieren gilt, wohingegen das Konzept der nachhaltigen Entwicklung sehr viel breiter gefasst ist und eben auch gesellschaftliche Ziele mit einschließt.

Einige der genannten Kritikpunkte an konventionellen Konzepten von Ökosystemen und Ansätzen des Ressourcenmanagements sowie auch die Zielvorgabe der nachhaltigen Entwicklung finden ihren Niederschlag nicht nur in der Forschung, sondern auch in planerischen Strategien und Programmen. So hat sich in der Küstenforschung in den letzten Jahrzehnten ein Wandel vollzogen, der gekennzeichnet ist durch die Erweiterung sektoraler Ansätze der Untersuchung von einzelnen Aspekten in den Einzeldisziplinen hin zu stärker holistisch orientierten Forschungskonzepten (GLAESER 2005). Diese Ansätze zielen darauf ab, einen Beitrag zur Entwicklung eines nachhaltigen Integrierten Küstenzonen-Managements zu leisten, im Folgenden abgekürzt als IKZM (engl. ICZM; gelegentlich auch als *coastal area management* oder *integrated coastal management* bezeichnet). Dieses Konzept hat in den letzten Jahren international Verbreitung gefunden, nachdem es im Zuge der UNCED-Konferenz und der Agenda 21 intensiv diskutiert und empfohlen wurde (VALLEGA 2001). IKZM vereint in einem dynamischen Prozess nicht nur verschiedene Aspekte des Managements, sondern beinhaltet auch das damit verbundene inter- und transdiziplinäre Forschungsfeld, das Erkenntnisse, Methoden und Verfahren zur Anwendung bereitstellen soll (GLAESER 2005; CICIN-SAIN & KNECHT 1998).

Der integrative Aspekt des IKZM lässt sich demnach nicht nur als verschiedene räumliche Dimensionen (Land und Meer), Akteursgruppen und Verwaltungsebenen integrierend verstehen, sondern bezieht auch die wissenschaftliche Perspektive aus unterschiedlichen Disziplinen mit ein. IKZM stellt somit ein breites Dach dar, unter dem konkrete Management-Ansätze für die ökologisch besonders gefährdeten und von Nutzungskonflikten betroffenen Küstenzonen vereint werden und an die Stelle der auf einzelne Ressourcen bzw. Ökosysteme ausgerichteten Management-Strategien treten sollen (HAUGTHON & BROWN 2002; verschiedene Definitionen in VALLEGA 2001). Dabei sind insbesondere auch die Humanwissenschaften an den lange Zeit durch die Naturwissenschaften dominierten Fragen des Ressourcenmanagements zu beteiligen. In der Praxis zeigt sich allerdings auch, dass trotz der internationalen Anerkennung, die der IKZM-Ansatz als geeignetes Mittel zur nachhaltigen Entwicklung von Küstenzonen inzwischen erfährt, bisher entweder nur Einzelprojekte umgesetzt werden, oder wie in Deutschland beispielsweise, für den Bereich der Küsten noch immer die sektoralen Fachplanungen vorherrschen (KANNEN 2005), obwohl z. B. in Schleswig-Holstein gerade in jüngster Zeit neue Anstrengungen für ein integriertes KZM unternommen werden. Insbesondere in Zentralamerika herrschen jedoch noch immer Planungsansätze vor, die bis auf wenige Ausnahmen aus mit Einzelfragen befassten Fachplanungen bestehen (GOVAN mündl. Mitteilg. 2003; vgl. WINDEVOXHEL et al. 2000, 1999; YÁÑEZ-ARANCIBIA 2000).

Als eine dem IKZM vergleichbare, integrative Strategie des Ressourcenmanagements an Küsten, die sich allerdings in Bezug auf die Nutzung restriktiver gestaltet, stellen HAUGHTON & BROWN (2002) dem IKZM das Konzept der *Marine Protected Areas* (MPA) gegenüber, bei dem in räumlich enger begrenzten Schutzzonen ebenfalls ein integriertes Management erfolgen soll. Insgesamt wird die partizipative Komponente der IKZM- wie auch der MPA-Ansätze als eine unabdingbare Voraussetzung für nachhaltiges Ressourcenmanagement angesehen, das heißt also, die Einbindung lokaler Nutzergruppen, Nichtregierungsorganisationen, wissenschaftlicher Experten sowie der verschiedenen Entscheidungsträger in Verwaltung und Wirtschaft (HAUGHTON & BROWN 2002). Einen Versuch, die Partizipation dieser Gruppen zu stärken, stellen die Ansätze des so genannten *community-based-management* bzw. des Co-Managements dar, bei denen Planungsverfahren sowie die Umsetzung von Management-Strategien auf einer lokalen Ebene verankert werden. Bei diesen Ansätzen ist ebenfalls die Integration verschiedener Fachaspekte der Nutzungsansprüche und Belastungen der Küstenzonen von zentraler Bedeutung.

Auch in Zentralamerika existieren einzelne neuere Ansätze des Ressourcenmanagements, die eine Reihe unterschiedlicher Instrumente einbeziehen. Ein Beispiel für ein solches Konzept ist die Mesoamerican Reef Conservation Initiative, ein überregionales Programm, das die karibischen Küsten von Mexiko bis Honduras einschließt (GORREZ 2005). Die Nutzung der Fischereiressourcen soll dabei über einen Mix von Instrumenten wie Schutzzonen, saisonale Fangverbote und Restriktionen der zulässigen Fangmethoden eingeschränkt werden, während über alternative Beschäftigungsangebote angestrebt wird, den Druck von den Fischereiressourcen zu nehmen. Auch Strategien des Co-Managements sind vorgesehen (GORREZ 2005). Bis zu welchem Grad die Umsetzung der anspruchsvollen Ziele in die Praxis angesichts des bislang eher schwach ausgeprägten integrierten Küstenmanagements in Zentralamerika Erfolge zeigen wird, bleibt abzuwarten.

Zusammenfassend lässt sich festhalten, dass von Wissenschaftlern in Erforschung und Gestaltung von Konzepten des Ressourcenmanagements, insbesondere auch in Bezug auf Küsten und Meere, in den letzten Jahren ein Wandel eingefordert wird, der sich erst allmählich zu vollziehen scheint. Zwei Strömungen lassen sich dabei in der Diskussion ausmachen: Zum einen soll Ressourcenmanagement anhand der Erkenntnisse aus Ökosystemtheorie und Biologie neu gedacht werden, indem eine systemorientierte Sicht das Management flexibler und dynamischer gestalten soll. Zum anderen wird in Wissenschaft und Praxis des Managements von Meeres- und Küstenressourcen die Integration von ökonomischen, sozialen und ökologischen Aspekten angestrebt. Einen geeigneten analytischen Rahmen zur Betrachtung mariner Ressourcensysteme bieten theoretische Ansätze, die sich mit *common-property*-Ressourcen (oder der Allmende) und ihrer Nutzung beschäftigen. Dabei sind insbesondere institutionentheoretische Konzepte geeignet, um die Praxis der Steuerung und Regulierung von Ressourcennutzung speziell in traditionellen Nutzungssystemen zu verstehen. Daher werden im Folgenden zunächst diese theoretischen Ansätze vorgestellt, bevor auf die spezifischen Eigenschaften von traditionellen Ressourcenmanagementsystemen in Teil 2.6 eingegangen wird.

2.4 Die *tragedy of the commons* oder die Allmende-Klemme

Aus der Sicht der Ressourcenökonomik kann ein Ressourcensystem als Vorratsvariable begriffen werden, die einen Fluss von Ressourceneinheiten produziert – beispielsweise ein Gewässer, das Fisch als Nutzen stiftendes natürliches Gut erzeugt (vgl. OSTROM 1999). Als eine zentrale Eigenschaft solcher Ressourcensysteme ist die Subtrahierbarkeit der Güter zu nennen, womit gemeint ist, dass das System zwar kollektiv genutzt wird, die Güter selbst (z. B. der gefangene Fisch) jedoch individuell verwendet werden und von der Gesamtmenge der nutzbaren Ressourcen abgezogen werden müssen. Sie stehen also anderen Nutzern nicht mehr zur Verfügung. Diese Subtrahierbarkeit oder *rivalness* ist ein Charakteristikum der meisten marinen Ressourcen (vgl. YOUNG 2005; FEENY et al. 1990).

Nun stellt sich die Frage, wie sich das aus unterschiedlichen Kontexten bekannte Missverhältnis zwischen der Entnahme von Ressourcen aus einem System und ihrer Regeneration, also der Übernutzung und somit Degradation von Ökosystemen, erklären lässt. Ein zentraler Fokus der Ressourcenökonomik und benachbarter Wissenschaften liegt in diesem Zusammenhang auf der Frage, in welcher Weise Zugang und Verfügungsrechte geregelt sind. Einen wichtigen, viel diskutierten Ansatzpunkt der Betrachtung liefert die Metapher der *tragedy of the commons*, die von GARRETT HARDIN mit einem 1968 in der Zeitschrift Science erschienen Artikel geprägt wurde (HARDIN 1968). Der Ökologe stellt darin am Beispiel einer Weideallmende die These auf, dass Ressourcen, deren Nutzung weder durch private noch durch staatliche Besitz- und Verfügungsrechte geregelt wird, längerfristig unweigerlich übernutzt werden und der ökologischen Degradierung unterliegen, es also zur *tragedy of the commons* kommt (auch als „Tragik der Allmende" übersetzt). Zwar ist HARDIN nicht der erste Autor, der diese These aufstellt, die zuvor bereits von GORDON (1954/1972) am Beispiel der Fischerei postuliert worden war, doch fand HARDINS Ausdruck von der *tragedy of the commons* ebenso wie seine Schlussfolgerungen weite Verbreitung in der wissenschaftlichen Literatur.

HARDIN geht von der Annahme aus, dass die einzelnen Nutzer innerhalb eines nicht geregelten Ressourcensystems der Weideallmende ihren individuellen Nutzen zu maximieren versuchen, indem sie mehr Vieh auf die Weide treiben, als die maximale Tragfähigkeit pro Nutzer eigentlich zuließe. Das Handeln des einzelnen Nutzers ist dabei rational, jedoch wird als Resultat die Tragfähigkeit überschritten, wenn alle Nutzer in der beschriebenen Weise handeln (vgl. SIEFERLE 1998). Als Folge tritt die Degradation der Ressourcen auf, deren Kosten nun kollektiv von der Gemeinschaft zu tragen sind („soziale Falle"), wobei diese Kosten allerdings erst mit zeitlicher Verzögerung nach Beginn der Überschreitung der Nutzungskapazitäten entstehen („Zeitfalle", vgl. ERNST et al. 1998). Die Verbindung von sozialer Falle und Zeitfalle ergibt die Struktur des „ökologisch-sozialen Dilemmas" (ERNST 1998). Diese „Allmende-Klemme" kann als die aus der Spieltheorie bekannte Situation des „Gefangenendilemmas" interpretiert werden, also eine Situation, in der zwei kooperative Spieler zwar ein besseres Ergebnis erzielen als zwei nicht kooperierende, sich für den Einzelnen jedoch die günstigste Situation ergibt, wenn er selbst nicht kooperiert, während der andere sich kooperativ verhält (RUTTAN 1998). So führt die Möglichkeit des *free-riding* oder Trittbrettfahrens letztendlich dazu, dass sich Individuen nicht-kooperativ verhalten. Übertragen auf die Ressourcen-Situation bedeutet dies, dass Akteure rational handeln, wenn sie nicht kooperieren, also eine Ressource übernutzen, so dass der individuelle Profit maximiert wird, auch wenn langfristig dabei die Ressourcen zerstört werden, die Gemeinschaft also verliert. Somit ist individuell rationales Verhalten für das Kollektiv gleichbedeutend mit nicht-rationalem Handeln (SIEFERLE 1998; UPHOFF & LANGHOLZ 1998).

Die Folgerung aus der *tragedy of the commons* und anderen gängigen Modellen von Allmende-Systemen ist also, dass Nutzer nicht zur Erzielung kollektiver Vorteile kooperieren werden. Da angenommen wird, dass die Akteure nicht in der Lage seien, eigene Regelsysteme zu gestalten und Kooperation zu organisieren, folgt aus der Anwendung dieser Modelle der Schluss, dass die Gestaltung von Lösungen „von oben" durch staatliche Behörden unvermeidlich sei. HARDIN (1968) legte den Schluss nahe, dass Auswege aus dem Allmendedilemma nur durch staatliche Kontrolle oder Privatisierung gefunden werden können, da Individuen nur bei Ressourcen in privatem oder staatlichem Besitz so handeln, dass Übernutzung vermieden wird (vgl. FEENY et al. 1990). Die Frage der Anwendbarkeit des Modells der *tragedy of the commons* auf die Realität ist nicht allein von akademischer Bedeutung, denn die aus dem Modell abgeleiteten Schlussfolgerungen haben Eingang in das Handeln staatlicher Behörden gefunden. Eine Folge dessen ist wiederum, dass vielfach Lösungen „von oben" ohne Einbindung des lokalen sozialen Kapitals, also ohne Anpassung an lokale soziale Gegebenheiten und bestehende Regelsysteme, konstruiert werden. Wie zahlreiche Studien zeigen, sind jedoch Akteure in kleinen Ressourcensystemen keinesfalls unfähig zur Gestaltung effektiver eigener Regelsysteme (RUNGE 1992).

In Reaktion auf die genannten Modelle und den Artikel von HARDIN erschien eine Fülle wissenschaftlicher Artikel, in denen Probleme der Anwendung dieser Konstrukte in der Realität aufgezeigt und die Annahmen durch empirische Befunde widerlegt werden (z. B. CIRIACY-WANTRUP & BISHOP 1975; BERKES 1989; PINKERTON 1989; BROMLEY 1992; FEENY et al. 1996). Ein Missverständnis in der Anwendung der Metapher der *tragedy of the commons* ist demnach die Gleichsetzung von Ressourcen in offenen Systemen, also Ressourcen des freien Zugangs ohne Besitz- oder Nutzungsrechte, mit solchen Ressourcen, die gemeinschaftlich in *common-property-Systemen* genutzt werden (BROMLEY & CERNEA 1989; RUTTAN 1998). HARDINS (1968) Modell differenziert Eigentums- und Nutzungsverhältnisse von Ressourcensystemen lediglich nach drei Kategorien: Ressourcen unter staatlicher Kontrolle, solche in privatem Besitz sowie Ressourcen des offenen Zugangs. Es gilt jedoch zu differenzieren: Systeme des *open access*, also des völlig ungeregelten Zugangs zu Ressourcen sind BERKES (1989) zufolge eher selten und als historische Anomalie anzusehen. Im Gegensatz zu diesen Systemen können bei gemeinschaftlich genutzten Ressourcen, also in den Systemen der *common property* oder der Allmende-Ressourcen im engeren Sinne, potenzielle Nutzer ausgeschlossen werden:

> „Common property regimes are not the free-for-all that they have been described to be, but are structured ownership arrangements within which management rules are developed, group size is known and enforced, incentives exist for co-owners to follow the accepted institutional arrangements, and sanctions work to insure compliance." (BROMLEY & CERNEA 1989, S. iii).

Im Unterschied zu Systemen des uneingeschränkten Zugangs bestimmt also in *common-property*-Systemen eine klar definierte Gemeinschaft von Nutzern Art, Umfang und Bedingungen der Nutzung durch ein eigenes Regelsystem. Dabei wird in vielen Publikationen kritisiert, dass der Hypothese der *tragedy of the commons* die irrige Implikation zugrunde liege, dass Kommunikation und Interaktion von Akteuren ausgeschlossen sind. Zwar gibt es Ressourcensysteme, in denen diese Voraussetzungen erfüllt sind, wo z.B. unter unabhängig voneinander agierenden Akteuren tatsächlich keine Kooperation erfolgt, so dass letztendlich die Ressourcen zerstört werden (Beispiel Hochseefischerei). Die Prämisse der fehlenden Kommunikation und Interaktion widerspricht jedoch der Realität sozialen Handelns insbesondere in kleinen Ressourcensystemen, wie empirische Studien ergeben haben (OSTROM 2002). In der wissenschaftlichen Literatur wird daher ab Mitte der 1980er Jahre zwischen Systemen des *open access* und solchen der *common property* (Allmende) differenziert (SCHLAGER & OSTROM 1992). Bei der *tragedy of the commons* und der damit verbundenen Ressourcendegradation handelt es sich also genau genommen um eine *tragedy of open access* (BROMLEY & CERNEA 1989, S. iii).

Betrachtet man nun speziell die Struktur von *common-property*-Systemen, so muss zwischen den zugrunde liegenden Rechten und Regeln unterschieden werden. Die *property rights* (übersetzt als Eigentumsrechte oder Handlungs- und Verfügungsrechte, vgl. DIETL 1993) umfassen die Dimensionen Management, Exklusion und Veräußerung. OSTROM & SCHLAGER (1992) zufolge bezieht sich dabei das Management auf das Recht, interne Nutzungsmuster zu regulieren und zu verändern, während Exklusion das Recht beinhaltet, die zugangsberechtigte Nutzergruppe zu definieren. Verfügungsrechte *(alienation)* umfassen wiederum das Recht der Veräußerung der beiden zuvor genannten Rechtsdimensionen. Auf die mit diesen Rechten verbundenen institutionellen Arrangements wie z.B. die operativen Regeln wird an späterer Stelle noch einzugehen sein.

Unterschieden werden kann weiterhin nach dem Grad der Einbindung externer Akteure in die Regulierung von Nutzungssystemen auf lokaler Ebene. OSTROM (2002) zufolge existieren unterschiedliche Formen des Managements von Allmenderessourcen je nachdem, ob die Nutzer selbst über längere Zeiträume an der Aufstellung von Regeln zur Nutzung beteiligt sind (z.B. zur Definition von Nutzergruppen, Sanktionen, Konfliktlösung u.a.), oder ob diese Regeln von externen Autoritäten geschaffen werden. Allerdings gibt es heute kaum Ressourcennutzungssysteme, die vollständig von Nutzern geregelt werden, ohne durch von externen Autoritäten auf verschiedenen Maßstabsstufen festgelegte Normen beeinflusst zu werden (lokal bis international). Daher bezeichnet OSTROM solche Nutzungssysteme als „self-governed common-pool resource", in denen Nutzer – zumindest weitestgehend – selbst über die Ausgestaltung der Nutzungsregeln bestimmen können (OSTROM 2002, S. 1317).

Betrachtet man die innere Struktur von *common-property*-Systemen und die Frage nach der Nachhaltigkeit dieser Systeme,s so wird deutlich, dass die darin enthaltenen Regeln und Rechte sowie allgemeine soziale Normen und Werte eine zentrale Rolle für die Steuerung des Ressourcenmanagements spielen. Daher sollen im Folgenden die Ansätze der neueren Institutionenökonomik und -theorie vorgestellt werden, auf deren Basis an späterer Stelle die konkreten Fragestellungen für diese Arbeit entwickelt werden.

2.5 Die Ansätze der Institutionentheorie

Der Wert, der Institutionen bei der Betrachtung von Ressourcen- und Umweltfragen bis hin zu Entwicklungsprozessen in Ländern der so genannten Dritten Welt beigemessen wird, zeigt sich in den inzwischen zahlreichen Publikationen zu diesem Thema (z.B. MÜLLER-BÖKER 2001; MUMMERT 1999; COY 2001). Da Institutionen die Basis für verlässliche Verhaltensmuster bei sozialen Interaktionen bilden und den Verlauf und Inhalt von Entscheidungsprozessen bestimmen, spielen sie eine zentrale Rolle in Fragen der Nutzung und des Managements von Ressourcen sowie bei der Lösung von Umweltproblemen. Ressourcennutzungsmuster können daher als „Ausdruck und Folge der bestehenden institutionellen Regelungen" angesehen werden (KISSLING-NÄF & VARONE 1999, S. 146). So interpretieren beispielsweise HOLLING et al. (1998) die *tragedy of the commons* als Ergebnis institutionellen Versagens.

Daher sehen die Autoren des *Science Plan* des internationalen Forschungsprogramms „Institutional Dimensions of Global Environmental Change" Institutionen als „driving force which may cause global environmental change and/or facilitate response to global environmental change" (YOUNG et al. 1999, S. 5). Dieses Forschungsprogramm (IDGEC) wurde als Unterprogramm des „International Human Dimensions Programme on Global Environmental Change" (IHDP) konzipiert und vereint Bemühungen zur wissenschaftlichen Untersuchung der Zusammenhänge zwischen institutionellen Strukturen und globalen Umweltveränderungen. Umweltrelevantes menschliches Verhalten kann demnach einerseits als Reaktion auf die institutionell geschaffenen Anreize verstanden werden (Institutionen als explanandum/unabhängige Variable), wobei Institutionen sowohl negative als auch positive Auswirkungen auf die Ressourcennutzung haben können, da sie umweltschädliche Handlungen verfestigen (Institutionen als Problem) oder auch umweltschonende Handlungen ermöglichen können (Institutionen als Lösung). Andererseits können sie sich aber auch verändern und neue Handlungsmöglichkeiten eröffnen (Institution als explanans/abhängige Variable). Dabei stellt sich die Frage, wie ein solcher institutioneller Wandel zustande kommt und nach welchen Regeln er verläuft.

Eine Fülle wissenschaftlicher Literatur beschäftigt sich mit der Untersuchung umweltrelevanter Institutionen in verschiedenen thematischen, kulturellen und räumlichen Kontexten. Als wichtige theoretische Basis vieler Arbeiten sind dabei die Ansätze der Neuen

Institutionenökonomik bzw. -theorie zu nennen, die sich zu einer der Hauptforschungsrichtungen der Wirtschaftswissenschaften entwickelt hat (PRITZL 1997). Diese Ansätze finden ihren Niederschlag auch in geographischen Konzepten und Fragestellungen. So weist DÜRR in einer Textsammlung für die Tagung des Arbeitskreises Entwicklungstheorien zum Thema „Institutionelle Regelungen im Entwicklungsprozess" in Zürich (Mai 2000) darauf hin, dass die NIÖ (Neue Institutionenökonomik) „genau so raumrelevant und damit für die Geographie so beachtenswert [ist], wie viele andere humanwissenschaftliche Theorieansätze und Konzeptualisierungen" (DÜRR 2000, S. 1). Im Gegensatz zu früheren institutionenökonomischen Ansätzen erweitert die Neue Institutionenökonomik die herkömmliche ökonomische Perspektive, indem sie die Rolle der Regeln sowie der Transaktionskosten mit einbezieht, die in Tauschbeziehungen entstehen. Unter Transaktionskosten sind dabei Kosten zu verstehen, die bei der Bestimmung, Übertragung und Durchsetzung von Verfügungs- und Handlungsrechten entsteht (DIETL 1993, S. 108; HUBBARD 1997). Aus den Konzepten der NIÖ gingen in einer konzeptionell weiter gefassten Form institutionentheoretische Ansätze zur Betrachtung von Ressourcennutzungssystemen und Umweltproblemen hervor.

DÜRR zufolge gibt es wahrscheinlich kaum andere Zweige der Humanwissenschaften, in denen sich so „einhellig auf einen Autor als Begründer der Disziplin und so einhellig auf ein und denselben Text berufen [wird], wie das bei der Institutionenforschung für den Nobelpreisträger DOUGLASS C. NORTH bzw. für das erste Kapitel seines Buches" gilt (DÜRR 2000, S. 1; vgl. NORTH 1990 sowie 1988). Nach NORTHS viel zitierter Definition von Institutionen können diese begriffen werden als „Spielregeln einer Gesellschaft" oder „more formally [...] the humanly devised constraints that shape human interaction" (NORTH 1990, S. 3). Institutionen dürfen also nicht, wie im alltäglichen Sprachgebrauch häufig üblich, mit dem Begriff der „Organisationen" verwechselt werden, die vielmehr als Akteure oder Spieler im durch Institutionen geregelten gesellschaftlichen Spiel verstanden werden können. Institutionen sind demnach als allgemein anerkannte und relativ stabile Verhaltensmuster bzw. Regeln für das gesellschaftliche Zusammenleben zu verstehen (BREIT & TROJA 2003; MAYNTZ & SCHARPF 1995). Es handelt sich nach diesem Institutionenbegriff also nicht nur um formelle rechtliche Regelungen und Verteilungssysteme für Macht bzw. Ressourcen, sondern auch um gesellschaftliche Normen und Beziehungsmuster in einem weiteren Sinne. Ein Beispiel für institutionelle Regelungen in Ressourcensystemen stellen Nutzungsrechte dar, die der Steuerung der Umweltnutzung und des Verhaltens der Akteure dienen (YOUNG 2002). Nach DOUGLAS können institutionelle Strukturen auch als eine Art Speicher von Informationen betrachtet werden, indem sie Informationen aus vergangenen Erfahrungen enthalten und Erwartungen kodieren als „Leitfaden, für das, was in der Zukunft zu erwarten ist", wodurch Ungewissheit reduziert wird (DOUGLAS 1991, S. 83). So bleibt festzuhalten, dass Institutionen Erwartungen stabilisieren und Komplexität für die Akteure reduzieren (DIETL 1993).

Eine der wichtigsten Vertreterinnen der umweltorientierten Institutionenökonomik ist ELINOR OSTROM, die in ihrem grundlegenden Werk „Die Verfassung der Allmende" insbesondere institutionelle Regelungen in Allmende-Systemen untersucht und ein allgemeingültiges Untersuchungsraster zur Beurteilung von Institutionen entwickelt hat (OSTROM 1999). Sie definiert Institutionen als Arbeits- oder Verfahrensregeln, die nicht nur festlegen, welche Handlungen erlaubt oder verboten sind, sondern auch, wer berechtigt ist, Entscheidungen auf einer bestimmten Ebene zu treffen. Diese Regeln können begriffen werden als „präskriptive Aussagen, die eine Handlung oder ein Ergebnis verbieten, gebieten oder erlauben" (OSTROM 1986, S. 183 in OSTROM 1999). Mindestens einer dieser drei Operatoren muss enthalten sein, um eine Regel zu definieren, die wiederum spezifische Eigenschaften der Individuen bzw. der Bedingungen, für die sie gültig ist, festlegt.

OSTROM (1999) unterscheidet dabei nach operativen Regeln, die sich konkret auf die Nutzung eines Ressourcensystems beziehen und festlegen, wie, wo bzw. wann Ressourcen entnommen werden dürfen, wie die Überwachung organisiert ist und welche Sanktionen bei Regelverletzungen drohen. Die Regeln für kollektive Entscheidungen bestimmen, wie die operativen Regeln festgelegt werden. Auf der konstitutionellen Ebene schließlich legen Regeln fest, wer teilnahmeberechtigt ist und welche Regeln den kollektiven Entscheidungen zugrunde liegen. Dabei sind die verschiedenen Regelebenen ineinander eingebettet, und es ist eine Abstufung festzustellen, bei der die operativen Regeln am leichtesten geändert werden können.

Als ein wichtiges Problem in Allmendesystemen nennt OSTROM die Selbstverpflichtung zur Einhaltung einer Regel, weil Regelverletzungen möglicherweise für den einzelnen Akteur zu hohen individuellen Vorteilen führen können. Daher enthalten die meisten Systeme Sanktionen für Regelverletzungen, für die die Gleichung gilt:

$E_t > V_t - S_t$

E: Einhaltung der Regeln zum Zeitpunkt t
V: Vorteil zum Zeitpunkt t
S: Sanktion zum Zeitpunkt t

(nach OSTROM 1999, modifiziert)

Ohne gegenseitige Überwachung können Regelverletzungen jedoch kaum vermieden werden. OSTROMS Institutionenkonzept bezieht sich dabei im wesentlichen auf Regeln im Sinne formeller Institutionen. Der Institutionenbegriff wird meist jedoch weiter gefasst und schließt neben klar definierten Regeln wie z. B. Statuten, Verfassungen und Gesetzen auch kulturelle Werte, Traditionen und nicht-kodifizierte Normen als informelle Institutionen ein (BREIT & TROJA 2003). Dabei erweist sich eine Unterscheidung nach den Kri-

Theoretische Ansätze 53

terien der Form, also „verschriftlichte Regelung" versus „soziale Handlungsnorm" ohne schriftliche Fixierung als ungeeignet, da insbesondere in nicht-westlichen Gesellschaften z.B. Rituale oder Tabus eine wichtige Rolle für die Strukturierung sozialen Handelns spielen. Diese sozialen Handlungsnormen, die häufig auf einer spirituellen oder mythologischen Basis fußen und mündlich überliefert werden, unterscheiden sich zwar der Form nach von den kodifizierten Regelungen in westlichen Gesellschaften, besitzen jedoch trotzdem einen formellen Charakter. So enthalten sie häufig klar abgegrenzte Handlungsvorschriften, also Grenzen sozial tolerierten Handelns, bei deren Übertretung eine Sanktionierung erfolgt, so dass sie auch als formelle Institutionen begriffen werden können. Allerdings weisen BREIT & TROJA (2003) darauf hin, dass Sanktionen nicht nur sozialer, ökonomischer oder juristischer Art sein können, sondern auch in internalisierter Form wie z.B. als Schuld- oder Gerechtigkeitsempfinden des Individuums vorkommen.

Die Formulierung von klaren Abgrenzungskriterien im Sinne einer Definition zur Unterscheidung formeller von informellen Institutionen ist kaum möglich, wie die unterschiedliche Auslegung der Begriffe in der institutionentheoretischen Literatur zeigt (z.B. NORTH 1990; DIETL 1993). Die Unterscheidung zwischen „formell" vs. „informell" mag zwar als analytisches Konstrukt sinnvoll sein, in der Praxis sind beide Ebenen jedoch eng miteinander verwoben und ineinander eingebettet. Daher kann die Unterscheidung nicht als „rigid over time and space" angesehen werden (ENGELS & MOSS 2003, S. 268), insbesondere deshalb, weil beide sich gegenseitig beeinflussen oder auch Zustandsänderungen z.B. von einer informellen hin zu einer formalisierten Institution beobachtet werden können (MOSS 2003). In dieser Arbeit wird an späterer Stelle noch auf die problematische Abgrenzung sowie die wichtige Rolle informeller Institutionen für die Ressourcennutzung in indigenen Gesellschaften zurückzukommen sein. Festzustellen ist, dass Institutionen in einer großen Bandbreite unterschiedlicher Ausgestaltung vorkommen, z.B. nach Art und Anzahl der Akteure, funktionalem und räumlichem Bezug, administrativen Strukturen, Grad der Formalisierung, Verbindung zu anderen Institutionen.

Soziale Institutionen sind nicht statisch, sondern als dynamisch zu begreifen (YOUNG 2003). Dabei kann institutioneller Wandel als intendierte ebenso wie als nicht-intendierte Veränderung auftreten: Während informelle Institutionen evolutionär entstehen und sich in nicht gesteuerter Weise verändern, sind formelle Institutionen von Akteuren direkt gestaltbar. In beiden Fällen kann institutioneller Wandel im Sinne von Veränderung und Gestaltung gesellschaftlicher Normen und Beziehungsmuster als Ergebnis sozialen Lernens betrachtet werden, das wiederum die Veränderung von Perspektiven und Bewertungen durch einen Diskurs zwischen Menschen beinhaltet (BREIT & TROJA 2003). Dieses soziale Lernen fußt auf institutionellen Kapazitäten wie Wissen, Akteursnetzwerken, Konfliktlösungskapazitäten sowie der Kapazität zur Mobilisierung und Partizipation von Akteuren. Eine wichtige Voraussetzung für die Akzeptanz neuer formeller Institutionen ist dabei die Einbettung in die informellen gesellschaftlichen Institutionen *(social embeddedness)*.

Zugleich kann institutioneller Wandel auch negative Folgen haben, wenn z. B. in Folge dieses Wandels eine schlechtere Anpassung von Institutionen an ökologische oder gesellschaftliche Bedingungen auftritt oder unerwünschte Nebeneffekte erfolgen. Die Probleme, die mit institutionellem Wandel einhergehen, lassen sich drei Analysefeldern zuordnen, wie sie YOUNG et al. (1999, S. 1-2) im *Science Plan* des Institutional Dimensions of Global Environmental Change-Programmes formulieren: Den *problems of fit, scale and vertical interplay*.

Unter *problems of fit* ist die Kompatibilität von Institutionen und biophysikalischen Systemen zu verstehen, wobei die grundlegende Annahme zugrunde liegt, dass die Effektivität von sozialen Institutionen begriffen werden kann als „function of the match between the characteristics of the institutions themselves and the characteristics of the biogeophysical systems with which they interact" (YOUNG et al. 1999, S. 30). *Fit* kann dabei räumlich verstanden werden im Sinne einer Übereinstimmung der raumbezogenen Gültigkeit von Institutionen *(spatial fit)*, oder im ökologischen Sinne als Fehlanpassung *(mismatches)* institutioneller Systeme an Naturfaktoren. Als Folge dieser unzureichenden Anpassung der Institutionen an natürliche Systeme sind Probleme der Umweltdegradation unterschiedlicher Art möglich (FOLKE et al. 1998b).

Das *problem of scale* bezieht sich auf das Problem der Übertragbarkeit von Erkenntnissen, die auf einer bestimmten räumlichen Ebene gewonnen werden, auf andere räumliche Ebenen. So kann beispielsweise die Verallgemeinerung von kleinräumig beobachteten Informationen und Prozessen in Modelle auf größeren räumlichen Skalen zu fehlerhaften Schlussfolgerungen führen. COSTANZA et al. (2001, S. 7) weisen auf die zentrale Bedeutung dieses Problems von Maßstäben und Hierarchien bei der Analyse von komplexen Systemen, z. B. ökonomischer oder ökologischer Art, hin und bemerken, dass die Verschränkung verschiedener Maßstabsstufen in Ökosystemen sowie auch in gesellschaftlichen Institutionen *(multi-scale phenonema)* bei der Analyse solcher Systeme bisher nicht genügend Berücksichtigung findet.

Die *problems of vertical interplay* schließlich beziehen sich auf das Zusammenspiel zwischen Institutionen auf verschiedenen Hierarchieebenen, so z. B. zwischen nationalen Gesetzen und regionalen Verordnungen (vgl. MOSS 2003). Dabei stoßen neu geschaffene Institutionen auf bereits vorhandene institutionelle Arrangements, so dass Kompatibilitätsprobleme und demzufolge Konflikte auftreten können. YOUNG et al. (1999, S. 2-3) differenziert das Problem des Zusammenspiels nach *functional* und *political interplay*. Funktional können einzelne Ressourcen bzw. Ökosysteme von verschiedenen institutionellen Arrangements berührt werden. Beispielsweise existieren funktionale Verbindungen zwischen Regelungen zum Schutz vor Meeresverschmutzungen und Institutionen des Artenschutzes mit Bezug zu marinen Organismen, da erstere Auswirkungen auf die marinen Ökosysteme und damit auch auf die Fauna haben (YOUNG 2002). Probleme des politischen Zusammenspiels hingegen ergeben sich bei der gezielten Verknüpfung unterschiedlicher Institutionen durch politische Akteure, z.B. wenn regionale institutionelle Arrangements in großräumigere Institutionen integriert werden. Dabei weisen YOUNG et al. (1999, S.5) auf die Problematik der möglichen Asymmetrien hin, die sich ergeben, wenn globale institutionelle Arrangements direkte Auswirkungen auf lokale soziale Systeme haben, so dass nicht mehr funktional benachbarte Systeme miteinander interagieren, sondern Auswirkungen bis in weit entfernte Systeme zu verzeichnen sind *(remote systems)*. Diese Problematik ergibt sich beispielsweise, wenn lokale indigene Gemeinschaften aufgrund des Washingtoner Artenschutzübereinkommens Einschränkungen der traditionellen Nutzung bedrohter Meeresschildkröten umsetzen sollen.

Nach diesen theoretisch-konzeptionellen Überlegungen stellt sich die Frage, wie auf einer analytischen Ebene die Wirksamkeit von Institutionen im Zusammenspiel mit den natürlichen und gesellschaftlichen Systemen untersucht werden kann, eine Frage, die unter Institutionenökonomen kontrovers diskutiert wird. MITCHELL (2003) weist auf einige Schwierigkeiten hin, die sich bei dieser Analyse ergeben, und unterstreicht, dass unterschiedliche Perspektiven bei der Betrachtung derselben Institution zu gegensätzlichen Ergebnissen führen können. Legt man beispielsweise die dem Prozess der Institutionengestaltung zugrunde liegenden Ziele als Maßstab für die Effektivität einer Institution an, kann untersucht werden, in wie weit diese Ziele nach einer bestimmten Zeitspanne erfüllt sind. Allerdings wirft die Anwendung dieser Fragestellung in verschiedenen Zusammenhängen Probleme auf: Eine Zweckgebundenheit von Institutionen für die Steuerung von Ressourcennutzung ist nicht immer gegeben, was insbesondere für informelle Institutionen wie soziale Normen gilt, die jedoch erheblichen Einfluss auf Nutzungssysteme haben können (Beispiel Tabus, die klare Nutzungsbeschränkungen enthalten, deren ursprünglichen Bezüge zur Nutzung sowie deren Entstehungsursachen aber kaum geklärt werden können). Zugleich entstehen unerwünschte und z.T. unvorhergesehene indirekte Effekte von Institutionen (YOUNG et al. 1999). Dieser Ansatz scheint also nur für eingeschränkte Fragestellungen geeignet zu sein.

Einen anderen Ansatz für die Institutionenanalyse bieten die im *Science Plan* des IDGEC aufgeworfenen Probleme des *fit* und *interplay*, die beispielsweise der Studie von Moss (2003) als konkrete Ausgangspunkte der Untersuchung dienen. YOUNG (2002) formuliert zur Analyse der Zusammenhänge zwischen Institutionen als unabhängiger bzw. abhängiger Variable und Störungen in großen Ökosystemen drei spezifische Forschungsthemen (siehe auch YOUNG et al. 1999): Kausalität, *performance* und Design. Zunächst muss nach dem kausalen Zusammenhang gefragt werden: In wie weit kann der Zustand von Ökosystemen auf das Wirken von Institutionen zurückgeführt werden? Welche Rolle spielen Institutionen als Auslöser ökologischer Probleme bzw. als deren Lösung? Daran schließt sich die Frage der *performance* an: Weshalb erweisen sich manche institutionellen Regelungen als besser geeignet zur Lösung ökologischer Probleme als andere? Schließlich muss die Frage des institutionellen Designs betrachtet werden: Wie müssen Institutionen aufgebaut sein, um eine optimale Wirkungsweise zu erzielen? Diese drei grundlegenden Fragen, die im Folgenden näher erläutert werden sollen, dienen als Orientierung für die in der vorliegenden Arbeit vorgenommene Analyse der Institutionen mariner Ressourcensysteme in den Untersuchungsgebieten.

Die Frage nach der Kausalitätsbeziehung zwischen dem Status der lebenden Ressourcen eines betrachteten Ökosystems und einem Set von Nutzungsregeln wirft analytische Probleme auf, da es meist kaum möglich ist, ökosystemare Veränderungen mit Sicherheit auf einen einzelnen bestimmenden Faktor, in diesem Falle die nutzungsbegrenzenden Institutionen, zurück zu führen (YOUNG 2002). So ist es denkbar, dass solchen Institutionen zwar vermeintliche Auswirkungen auf Ökosysteme zugeschrieben werden, diese jedoch tatsächlich auf biogeophysikalischen Faktoren beruhen. YOUNG nennt als Beispiel den Kollaps einer Fischpopulation, der auf veränderte Wassertemperaturen zurück zu führen sein kann (anstelle der vermuteten Überfischung). Umgekehrt können auch als positiv angesehene Entwicklungen, wie beispielsweise die erhöhte Biodiversität in einem Ökosystem, nach Einführung neuer umweltrelevanter Institutionen ohne einen kausalen Zusammenhang zu diesen Neuerungen auftreten.

Um die Interaktion zwischen Ökosystem und Institutionen zu erfassen, kann ein Ausgangspunkt der Untersuchung die Frage sein, wie sich dieses ohne das spezifische Ressourcenregime entwickelt hätte, so dass ein Vergleich zwischen der hypothetischen Situation und dem tatsächlichen aktuellen Zustand gezogen werden kann. Eine andere Analysemöglichkeit wäre ein Längsschnitt, bei dem mit Beginn eines neuen Nutzungsregimes einsetzende Veränderungen in einigen Schlüsselvariablen beobachtet werden, wie z. B. die Entwicklung einzelner Fischpopulationen. Anzumerken ist hier jedoch, dass sich dieses Vorgehen kaum zur Analyse von Institutionen in traditionellen Nutzungssystemen eignet, da deren Entstehung häufig bereits mehrere Generationen zurückliegt. Wie YOUNG (2002) anmerkt, ergeben sich analytische Schwierigkeiten, die mit der Komplexität der Beziehungen zwischen ökosystemaren Eigenschaften und den *institutional driving forces* sowie anderen, als Rahmenbedingungen wirksamen Triebkräften (z. B. ökonomischen Zwängen, die auf die Akteure einwirken) zunehmen. Zugleich wirft dieser analytische Ansatz die Frage auf, wie der insbesondere in traditionellen Gesellschaften erhebliche Einfluss der informellen Institutionen auf die Ressourcennutzung und -steuerung messbar bzw. erfassbar sein soll.

Die Frage der *performance* zielt darauf ab, festzustellen, welche charakteristischen Eigenschaften erfolgreiche bzw. dysfunktionale Institutionen aufweisen (YOUNG et al. 1999). Dabei müssen auch die auftretenden Hemmnisse für die Wirksamkeit von Institutionen sowie unerwünschte Nebenwirkungen berücksichtigt werden. Als eine mögliche Messlatte für die Funktionsweise von Institutionen und für den Erfolg institutionellen Wandels wird in der Literatur das Konzept der Nachhaltigkeit angeführt. Dieses kann entweder im Sinne der allgemeinen Vereinbarkeit ökologischer Tragfähigkeit mit gesellschaftlichen Ansprüchen verstanden werden (YOUNG 2002) oder sich auf die biologische Nachhaltigkeit des Systems beziehen, also auf eine Nutzungsrate, bei der die Ressourcen über einen längeren Zeitraum nicht erschöpft werden (siehe Kap. 2.3.3).

Die Analyse des institutionellen Designs erfolgreicher Institutionen ist wichtig, um daraus Erkenntnisse darüber zu gewinnen, wie institutionelle Regelungen sinnvoll verbessert werden können, um ihre Leistungsfähigkeit oder *performance* zu maximieren und die Widerstandskraft gegenüber Störungen zu erhöhen (YOUNG et al. 1999). Dabei wird in der Literatur unter „institutionellem Design" der Versuch verstanden, konkrete Handlungsvorschläge aus den gewonnenen Einsichten abzuleiten, z. B. dazu, wie Prozesse des sozialen Lernens in die Gestaltung von Ressourcenregimen integriert werden können (vgl. dazu Fallstudien in BREIT et al. 2003).

Exkurs: OSTROMS Thesen der Bauprinzipien erfolgreicher formeller Institutionen

Einen Versuch, verallgemeinerungsfähige Aussagen über den Aufbau erfolgreicher formeller Institutionen zu treffen, findet sich in OSTROMS Studie (1999), in der verschiedene Allmende-Systeme vergleichend analysiert werden. Als Kriterien zur Bewertung des Erfolgs von Institutionen werden darin die Langfristigkeit ihres Überdauerns, die ökologische Nachhaltigkeit sowie die Vermeidung größerer Konflikte herangezogen. Da die betrachteten Systeme über Jahrhunderte in ökologisch hochempfindlichen Systemen Bestand hatten, können sie als „robust" oder in einem „institutionellen Gleichgewicht" befindlich angesehen werden (OSTROM 1999, S. 75). Auf der Basis lokaler Fallstudien als Beispiele langfristig nachhaltiger Allmende-Systeme entwickelt die Autorin einen Katalog wesentlicher Bauprinzipien robuster Institutionen von Allmende-Ressourcen. Die sieben wichtigsten Bauprinzipien sind dabei (leicht verändert nach OSTROM 1999, S. 117-118):

a) klar definierte Grenzen (bezogen auf Nutzergruppe und Ressourcensystem),
b) Kongruenz zwischen operativen Regeln und lokalen Bedingungen,
c) Arrangements für kollektive Entscheidungen: Beteiligung der Betroffenen an Änderungen operativer Regeln,
d) Überwachung durch Nutzer oder Personen, die den Nutzern gegenüber rechenschaftspflichtig sind (Monitoring),
e) realistische, abgestufte Sanktionen,
f) Konfliktlösungsmechanismen: rascher Zugang zu lokalen Arenen der Konfliktlösung,
g) minimale Anerkennung des Organisationsrechts durch externe staatliche Behörden.

zu a): Das erste dieser Bauprinzipien dient als Unterscheidungskriterium zwischen Nutzungssystemen des *open access* (freien Zugangs) und der *common property*-Systeme (Gemeineigentums). Dabei betont OSTROM (1999) aber, dass die Exklusion von Nutzern allein noch kein hinreichendes Kriterium für ein funktionierendes Allmende-System darstellt, wenn sie auch als wichtige Basis angesehen werden kann.

zu b): Die Aneignungs- und Bereitstellungsregeln des Systems müssen gut an die jeweiligen lokalen Bedingungen angepasst sein und sind daher lokal spezifisch unterschiedlich gestaltet.

zu c): In Allmende-Systemen, in denen die Nutzer selbst die operativen Regeln gestalten, ist eine Anpassung an die spezifischen lokalen Bedingungen *(social embeddedness)* eher gegeben.

zu d) und e): In OSTROMS Fallbeispielen zeigt sich, dass es nicht externe Behörden sind, die Regelverstöße überwachen und ahnden, sondern die Nutzer selbst bzw. die von ihnen Bevollmächtigten, die zu relativ geringen Kosten die Überwachung übernehmen. Dabei findet sich in vielen Allmende-Systemen ein hohes Maß an quasi-freiwilliger Regeltreue, die nicht nur durch die – häufig nicht sehr massiven – drohenden Sanktionen, sondern zugleich durch soziale Mechanismen begründet wird, da Regelverstöße auch Reaktionen des sozialen Umfelds nach sich ziehen (vgl. auch BERKES 1987).

zu Punkt f): Ohne funktionierende Mechanismen zur Konfliktlösung sind robuste Allmende-Systeme kaum denkbar, da Regeln immer Spielraum zur Interpretation und Potenzial für Konflikte enthalten. Dabei können die Mechanismen eher informell oder in ausgefeilter Form existieren.

zu Punkt g): Eine wichtige Voraussetzung für die Robustheit von Allmende-Systemen ist, dass staatliche Behörden nicht die durch die Aneigner geschaffenen Regeln in Frage stellen. OSTROM nennt hier das Beispiel lokaler Regeln zur Fischerei, die nur dann Bestand haben können, wenn staatliche Beamte diese als gültig akzeptieren.

Diese in den institutionellen Systemen enthaltenen operativen Regeln sind nicht statisch, sondern als über lange Zeit nach den jeweiligen kollektiven Regeln modifizierte Elemente des Systems zu betrachten, deren Änderung durch langfristiges Experimentieren durch die Nutzer erfolgte. In den von OSTROM (1999) untersuchten Beispielsystemen wirkten als fördernde Kräfte zur Modifizierung die spezifischen, besonders rauen Lebensbedingungen, die den Anreiz zur Optimierung der Institutionen lieferten, sowie die geringen zur Änderung operativer Regeln erforderlichen Transaktionskosten. Zudem weisen die untersuchten Systeme insofern Gemeinsamkeiten auf, als die Populationen und die sozialen Strukturen über lange Zeiträume relativ stabil blieben, so dass die Individuen einen hohen Anreiz zur Erhaltung des Systems für ihre Nachkommen haben.

Zwei wichtige Schlussfolgerungen aus OSTROMS Studie, die sich gleichwohl vorwiegend auf formelle Institutionen beziehen, seien abschließend genannt: Zum einen sind Akteure keinesfalls so unfähig zur eigenen Entwicklung und Optimierung von institutionellen

Systemen der Ressourcennutzung, wie Forschung und politisch Handelnde häufig unterstellen. Vielmehr können sie durchaus erfolgreich Allmendedilemmata selbst lösen, wenn bestimmte Rahmenbedingungen erfüllt und das erforderliche soziale oder institutionelle Kapital vorhanden ist. Zum anderen ist es als eine wichtige Lehre der institutionentheoretischen Ansätze anzusehen, dass die spezifischen institutionellen Details im jeweiligen geographischen und sozialen Kontext über die Wirksamkeit institutioneller Arrangements entscheiden, wohingegen ältere Modelle zu stark vereinfachend von idealisierten Institutionen ausgingen (OSTROM 1999, S. 29).

Dabei sind allerdings die Prozesse der Emergenz und Innovation, z. B. der Neuschaffung von Institutionen und den zugrunde liegenden Prozessen des sozialen Lernens bisher nur unzureichend erforscht. Daher sehen HOLLING et al. (2002) es als wichtige Aufgabe der Forschung an, die Prozesse der Entstehung neuen Wissens und die Innovation fördernde bzw. hemmende Faktoren für die Nachhaltigkeitsforschung zu untersuchen. Insbesondere Prozesse des sozialen Lernens sind dabei von Interesse, denn analog zur oben skizzierten dynamischen Sicht von Ökosystemen erlaubt die Perspektive des sozialen Lernens einen dynamischen Blick auf die humane Dimension der Natur-Mensch-Interaktion. Anstatt einer statischen, eindeutigen Antwort auf Fragen des Managements natürlicher Ressourcen betont diese Perspektive eine adaptive und kreative Sichtweise menschlichen Handelns (PARSONS & CLARK 2002).

2.6 Indigene *common-property*-Systeme: Nachhaltiges Ressoucen-Management *par excellence?*

Aus der Vielzahl an Publikationen über traditionelles Ressourcenmanagement wird deutlich, dass indigenen Völkern bzw. traditionellen Gemeinschaften im Rahmen wissenschaftlicher Analysen von *common-property*-Systemen eine besondere Aufmerksamkeit zuteil wird. So sind seit den wegweisenden Arbeiten von JOHANNES (1981, 1982), KLEE (1980) sowie auch NIETSCHMANN (1973) zahlreiche Studien aus unterschiedlichen regionalen und kulturellen Kontexten dazu erschienen, insbesondere bezogen auf marine Ressourcen (z. B. BERKES 1987; DYER & MCGOODWIN 1994; HVIDING 1993; DURRENBERGER & PÁLSSON 1987). Dabei zeigen vor allem die Fallstudien zu Fischereiressourcen aus dem pazifischen Raum, dass Systeme des Fischereimanagements existieren, bei denen die *tragedy of the commons* nach HARDIN (1968) nicht eintritt. Diese Systeme, die als nachhaltig angesehen werden, wenn über relativ lange Zeitspannen keine Übernutzung der Ressourcen erfolgt, sind allerdings nicht nur als regionale Fallstudien von Interesse, sondern auch aufgrund der aus diesen Erkenntnissen ableitbaren generellen Prinzipien nachhaltigen Wirtschaftens. Speziell die institutionellen Regelungen der Kontrolle und Begrenzung von Ressourcennutzung sind dabei Gegenstand der Betrachtung.

Da in der Literatur eine Fülle von unterschiedlichen Begriffen verwendet wird, soll zunächst auf einige Aspekte der Definition eingegangen werden. Generell können die traditionellen Fischereisysteme der *small-scale-fishery* oder Kleinfischerei zugeordnet werden, die sich aufgrund ökonomischer und technischer Faktoren von der industriellen Fischerei abgrenzen lässt. Dabei bezeichnet der weit gefasste Begriff der *small-scale-fishery* eine Wirtschaftsform, bei der im Vergleich zu industrieller Fischerei Kapitalintensität, Flottengröße, technische Ausstattung und Fangmengen relativ niedrig sind (MCGOODWIN 1990; ähnlich auch der Begriff der *artisanal fishery*). Wenn zusätzlich auch auf der Basis einer ethnisch-kulturellen Zuordnung der Bevölkerung die Zusätze „traditionelle" oder „indigene" Fischereisysteme verwendet werden, so meint der Begriff der traditionellen bzw. indigenen Ressourcenmanagement-Systeme doch meist eine spezifischere Form des Wirtschaftens, die sich nicht auf die ethnisch-kulturelle Zugehörigkeit beschränkt, sondern Aspekte der Nutzungsregulierung und des Managements von Ressourcen einschließt (z. B. *traditional/indigenous resource management* und *folk management*). Eine andere Gruppe von Termini, die sich auf terrestrische wie auch marine Ressourcen beziehen, verweist auf das traditionelle ökologische Wissen als Basis dieser Management-Systeme, wie z. B. die Begriffe *traditional ecological knowledge* (TEK), *indigenous environmental knowledge* (IK), *folk taxonomy* oder *ethno-ecology* zeigen (vgl. ELLEN & HARRIS 2000). Speziell für marine Nutzungssysteme wird ein Begriff verwendet, der die Dimension der Verfügungsrechte und Abgrenzung von Fischereiterritorien betont: *Traditional sea tenure systems* definieren RUDDLE & AKIMICHI (in DYER & MCGOODWIN 1994, S. 2) als „the ways in which fishermen perceive, define, delimit, ‚own', and defend their rights to inshore fishing grounds". Ein ähnlicher, inhaltlich aber weiter gefasster Begriff, der von HVIDING (1993) geprägt wurde, ist *customary marine tenure*, womit ein ständiger Prozess der Interaktion und Aushandlung von Nutzungsrechten in einem traditionellen Kontext gemeint ist.

Eine klare Abgrenzung und Definition der einzelnen Begriffe lässt sich nach der Literatur jedoch kaum vornehmen. Zum Teil sind die Definitionsschwierigkeiten dabei bereits in der Verwendung des Begriffes der „Traditionalität" als Gegenstück zur „modernen" Gesellschaft angelegt. Die mit dieser Dichotomie verbundenen konzeptuellen Probleme wurden im Zusammenhang mit der essentialistischen Sichtweise von indigenen Kulturen bereits angedeutet (vgl. Kap. 2.2). Demnach birgt eine starre Gegenüberstellung von traditionell vs. modern die Gefahr, dass die Dynamik und Prozesshaftigkeit der Entwicklung von Kulturen unberücksichtigt bleibt; so weist HVIDING (1993) darauf hin, dass es keine unveränderliche *traditional baseline* gibt, die als Messlatte für kulturelle Veränderung bzw. für von außen induzierte Modernisierung herangezogen werden könnte. Was für Kulturen allgemein gilt, kann auch auf die Aspekte des ökologischen Wissens und des Ressourcenmanagements übertragen werden und wird daher von vielen Autoren diskutiert (ausführlich dazu siehe z. B. BERKES 1999).

Eine weitere Schwierigkeit liegt in der Definition der Zeitspannen, die dem Kriterium der Traditionalität zu Grunde gelegt werden. So stützt NORONHA (1997, S. 50) seine Definition traditionellen Ressourcenmanagements auf „reputedly ancient institutionalized norms and practices", während BERKES & FOLKE (1994) eine Unterscheidung zwischen traditionellen und neo-traditionellen Ressourcenmanagementsystemen vornehmen. Dabei soll der Begriff „neo-traditionell" solche lokalen Nutzungssysteme bezeichnen, denen die historische Kontinuität fehlt, die also auf lokalem Umweltwissen basieren, aber in kürzeren Zeiträumen entstanden sind. Ungeklärt bleibt jedoch die Frage, nach welchen Kriterien eine Zeitspanne in diesem Zusammenhang als lang definiert wird: Über wie viele Generationen hinweg müssen Wissen und Management-Praktiken übermittelt werden, um traditionell bzw. *ancient* zu sein? Daher umgehen manche Autoren die mit dem Begriff der Traditionalität verbundenen konzeptuellen Probleme durch die Verwendung von allgemeineren Begriffen wie *local management, folk management* (z. B. RUDDLE 1994a; DYER & MCGOODWIN 1994), oder auch *self-management* (FEIT 1988), wobei gleichzeitig die ethnisch-kulturelle Zuordnung zu bestimmten Bevölkerungsgruppen entfällt.

Im Folgenden wird der Begriff der *traditional ecological knowledge systems* (TEK) trotz aller mit dem Begriff des Traditionellen verbundenen konzeptuellen Schwierigkeiten und Unschärfen verwendet, da er in der Literatur weite Verbreitung gefunden hat. Wenn speziell auf TEK-Systeme indigener Gesellschaften Bezug genommen wird, werden diese als indigene Ressourcennutzungssysteme bezeichnet. Ungeachtet der definitorischen Problematik lassen sich einige Eigenschaften von traditionellen Ressourcenmanagementsystemen feststellen, die nach Studien in verschiedenen räumlichen, ökologischen und kulturellen Kontexten als übereinstimmende Charakteristika dieser Systeme diskutiert werden. Besonders gut dokumentiert sind dabei traditionelle Fischereisysteme in Ozeanien sowie auch in Nordamerika und Nordeuropa, während über marine TEK-Systeme in Lateinamerika vergleichsweise wenige Publikationen zu finden sind.

Gemein ist diesen Systemen, dass sie eine traditionelle Form des Ressourcenmanagements und des ökologischen Wissens beinhalten, die sich von „modernen", also marktwirtschaftlich orientierten, technisierten Nutzungsformen, sowie den wissenschaftlich basierten, „westlichen" Formen des Wissens und des Managements unterscheidet. Dabei spielen insbesondere die zeitliche und räumliche Verankerung, also eine Verknüpfung von Vergangenheit, Gegenwart und Zukunft sowie die hohe Bedeutung der sozialen Gemeinschaft eine zentrale Rolle (BACKHAUS 1998). Folgt man einer von BERKES (1999) aufgestellten Systematik, so lassen sich in traditionellen Ressourcensystemen, terrestrischen wie auch marinen, die in Abb. 1 dargestellten vier Ebenen unterscheiden: erstens indigenes Umweltwissen, zweitens Praktiken und Instrumente des Ressourcenmanagements, drittens soziale Institutionen sowie als vierte Ebene die spirituelle Dimension der *worldviews*.

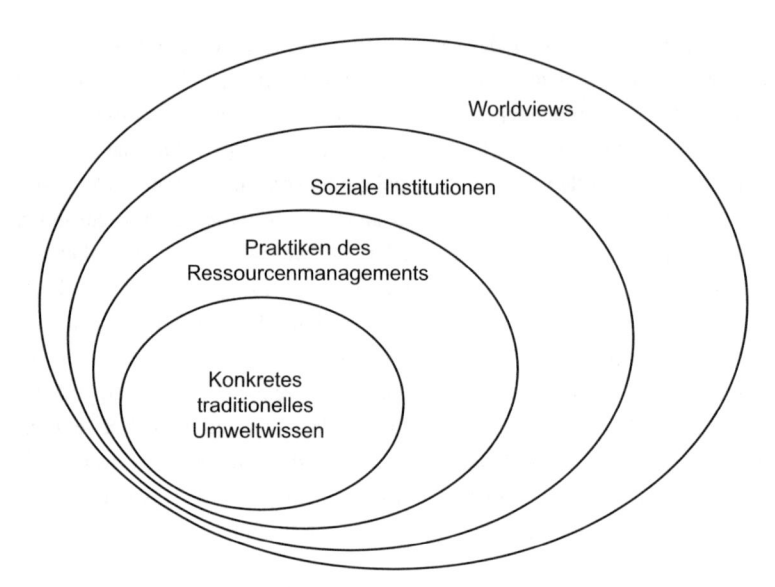

Abb. 1: Die vier Ebenen traditioneller Ressourcenmanagementsysteme
Quelle: BERKES *(1999, S. 13), verändert*

Die erste Ebene traditioneller Nutzungssysteme wird demnach durch das indigene Wissen gebildet als Grundlage jedes Ressourcen schonenden Wirtschaftens. Während der allgemeine Begriff *indigenous knowledge* zunächst ohne ökologischen Bezug definiert wird als „local knowledge held by indigenous peoples or local knowledge unique to a given culture or society" (BERKES et al. 1995, S. 282), stellt das traditionelle ökologische Wissen eine Teilkategorie dar (*traditional ecological knowledge*, abgekürzt als TEK). Dieses spezifische Wissen über Mensch-Umwelt-Beziehungen wird durch Überlieferung über Generationen hinweg weitergegeben, so dass *traditional ecological knowledge* im Ergebnis also als Funktion von Zeit (historische Kontinuität) und Raum (lokale Verankerung) in einem spezifischen kulturellen Kontext gesehen werden kann. Untersuchungen des Umweltwissens in traditionellen Gemeinschaften zeigen, dass dieses nicht nur häufig sehr umfassend ist, sondern sich auch zum Teil mit wissenschaftlichem Wissen deckt. So verfügen beispielsweise die nordamerikanischen Cree-Fischer über Informationen, die mit szientifischem Wissen übereinstimmen, so zur geographischen Verteilung von Fischpopulationen (BERKES 1999).

Trotz der teilweisen Übereinstimmung des Informationsgehaltes von *traditional ecological knowledge* mit wissenschaftlichem Wissen werden einige grundlegende Unterschiede zwischen beiden Systemen in der Literatur diskutiert, von denen einige zentrale Aspekte in Tab. 1 aufgeführt sind. Diese Art der starren Zuordnung wirft zwar einige epistemologische, methodische und kontextuelle Probleme auf, weswegen Autoren wie z. B. AGRAWAL (1995) eine Gegenüberstellung beider Wissenssysteme für grundsätzlich unzu-

Tab. 1: Merkmale naturwissenschaftlichen Umweltwissens gegenüber traditionellen ökologischen Wissenssystemen (TEK)

naturwissenschaftlich – „westlich-modern"	traditionell – indigen (TEK)
sektoral, reduktionistisch, analytisch	holistisch
quantitativ	qualitativ
rational, deduktive Wissensgewinnung	intuitive Wissensgewinnung, *trial and error*
systematisch, experimentell	basierend auf empirischer Beobachtung, individueller Erfahrung und Akkumulation von Wissen
Weitergabe von Wissen eher schriftorientiert	generationenüberspannende orale Weitergabe von Wissen innerhalb sozialer Gruppe
Daten: häufig synchron (kurze Zeitspannen, große räumliche Breite) oder auch diachron	Daten: diachron (Beobachtung eines Ortes über lange Zeit)
Anspruch auf Objektivität	subjektiv, akteurszentriert
losgelöst von sozialem Kontext	eng in sozialen Kontext eingebettet
wertfrei	Verbindung zu moralischen Werten
mechanistisch, separiert von Religion	spirituell, Kosmologie-basiert, Kodierung von Umweltinformationen in Ritualen
wissenschaftliche Umweltbeobachtung durch spezialisierte Forscher	Monitoring durch Nutzer (Nähe zu Ressourcen)
Natur-Kultur Dichotomie	Natur-Kultur als Einheit
Ziele: rationales Management von Ressourcen, Wissensgewinnung	Ziele: dauerhaftes Überleben der Gesellschaft in bzw. mit Natur, intentionaler Natur- bzw. Ressourcenschutz strittig

Quelle: Eigene Darstellung (nach BERKES *1993;* RUDDLE *1994b)*

lässig halten. Außerdem werden bei den verallgemeinerten Eigenschaften naturwissenschaftlicher Konzepte zeitgemäße systemorientierte und holistische Forschungskonzepte vernachlässigt. Trotz dieser Einwände lässt sich jedoch in der Literatur feststellen, dass über einige Charakteristika von *traditional ecological knowledge* weitgehend Einigkeit herrscht. So wird TEK im allgemeinen als holistisch, intuitiv und qualitativ angesehen. Eine weitere Eigenschaft dieses Wissens betrifft seine Entstehung: Es basiert auf empirischer Beobachtung und der Akkumulation von Erfahrungen, die über *trial-and-error* gewonnen werden (RUDDLE 1994b). Dieses akkumulierte Wissen wird mündlich intergenerationell überliefert, wobei es teilweise auch in Ritualen und Bräuchen kodiert wird.

Aus der Existenz traditionellen ökologischen Wissens lässt sich allerdings noch nicht auf umweltschonende Wirtschaftsweisen schließen, vielmehr bildet dieses Wissen lediglich die Grundlage für die zweite Ebene der TEK-Systeme, die konkreten Praktiken und Instrumente des Ressourcenmanagements, auf deren institutionelle Ausgestaltung unten näher einzugehen sein wird. Die in Abbildung 1 aufgeführte dritte Dimension bezieht sich auf allgemeine soziale Normen und Strukturen, die den Rahmen für diese spezifischen Nutzungsregelungen setzen. Solche sozialen Normen können beispielsweise Prinzipien der Reziprozität, also des gegenseitigen Gebens und Nehmens von überschüssigen Erträgen, sowie allgemeinere Normen des gemeinsamen Zusammenlebens und der sozialen Kontrolle sein. Auch die Entscheidungs- und Autoritätsstrukturen in traditionellen Gemeinschaften und der soziale Zusammenhalt spielen eine entscheidende Rolle bei der Steuerung der Ressourcennutzung.

Eine vierte Dimension schließlich umfasst die *worldviews*, also die kosmologisch und spirituell basierten Konzepte der Welt und der Natur. Diese wiederum werden in Mythen und Ritualen übermittelt und haben in vielen traditionellen Gesellschaften einen entscheidenden Einfluss auf das Mensch-Umwelt-Verhältnis, indem sie die Basis für grundlegende Prinzipien wie die holistische Sicht von Mensch und Natur als untrennbare Einheit darstellen. Diese Untrennbarkeit ist zugleich ein zentraler Aspekt in der sozialen Konstruktion des Raumes (vgl. GIDDENS 1995), da sich nach indigener Weltsicht nicht die Natur und der Mensch als Nutzer und Manager von Natur gegenüberstehen, sondern Natur als integraler Bestandteil der Gesellschaft aufgefasst wird. Somit ist diese vierte Dimension der *worldviews* von entscheidender, strukturierender Bedeutung für traditionelle Ressourcennutzung, in der sich die als zweite Ebene aufgeführten Managementinstrumente nicht immer klar von allgemeineren sozialen Normen unterscheiden lassen. Moralische Werte und die Gestaltung sozialer Beziehungen sowie die konkreten Praktiken und Regeln der Ressourcennutzung werden vielmehr entscheidend von der spirituell-kosmologischen Weltsicht geprägt (VARESE 1996). Erst im Zusammenspiel der vier genannten Aspekte lassen sich die komplexen traditionellen Nutzungssysteme (TEKS) begreifen. Dabei ist zu bemerken, dass die einzelnen Aspekte des Wissens, der Weltsicht sowie der sozialen Strukturen und Regeln ineinander greifen und sich aufeinander beziehen. Somit kann ein TEK-System als „integrated system of knowledge, practice and beliefs" (BERKES 1993, S. 5) verstanden werden, das in den sozialen Kontext eingebettet ist.

Zur bereits erwähnten zweiten Ebene der Nutzungspraktiken und -instrumente in ihrer Einbettung in die übrigen drei Dimensionen zeigt die Literatur eine Fülle von Beispielen für unterschiedliche institutionelle Regelungen in traditionellen Fischereisystemen auf. Die Spannbreite der Institutionen reicht dabei von artenspezifischen Nutzungsverboten und Schonzeiten über temporäre oder permanente Schutzzonen (d. h. räumlich begrenzte Areale, in denen die Fischerei verboten ist) bis zu Beschränkungen der zulässigen Fischereimethoden sowie des zugangsberechtigten Nutzerkreises (JOHANNES 1982). Letzteres, also die Kontrolle über Zugang und Nutzungsrechte durch eine Gemeinschaft, nimmt in vielen marinen TEK-Systemen einen wichtigen Stellenwert ein (JOHANNES 1981; ACHESON 1981). Allerdings fehlt angesichts der Fülle der unterschiedlichen regionalen und kulturellen Kontexten verankerten institutionellen Regelungen bisher ein geeigneter, umfassender Ansatz der Systematisierung und Differenzierung solcher Regeln.

Insgesamt ist zunächst festzustellen, dass diese Institutionen meist nicht in verschriftlichter Form existieren, sondern als soziale Regelungen bzw. Verbote mündlich überliefert werden. Daher werden gelegentlich, wie z. B. von COLDING & FOLKE (2001, S. 584), solche nicht schriftlich fixierten Institutionen als informell angesehen und unter dem Begriff der Tabus zusammengefasst *(resource and habitat taboos)*. Jedoch ergeben sich aus dieser Zuordnung zweierlei Schwierigkeiten. Zum einen gestaltet sich gerade in traditionellen Gesellschaften mit ihrer Vielzahl von ungeschriebenen Regeln eine Abgrenzung zwischen formellen und nicht-formellen Regelungen schwierig (siehe oben, vgl. BREIT el al. 2003). Denn es existieren Regeln, die zwar mündlich überliefert werden, jedoch trotz der fehlenden schriftlichen Fixierung einen formellen Charakter haben, indem sie klar definierte Sanktionen beinhalten, die von einer autorisierten Instanz umgesetzt werden. Insofern wären gerade die von COLDING & FOLKE (2001) angeführten Regelungen wie z. B. Schonzeiten, bei deren Übertretung eine Bestrafung droht, als formelle Institutionen einzustufen. Zugleich lässt sich die Wirksamkeit von Institutionen nicht an dem Grad ihrer Formalität festmachen, da auch Institutionen von informellerem Charakter wie beispielsweise allgemeine soziale Normen ebenfalls eine erhebliche begrenzende und steuernde Wirkung auf Ressourcennutzung haben können. Da eine Einteilung nach dem Grad der Formalität also wenig als analytische Kategorie geeignet scheint, wird im Folgenden, insbesondere auch im empirischen Teil der Arbeit, auf eine weitere Diskussion der Abgrenzung zwischen formellen und informellen Institutionen verzichtet.

Das zweite Problem, das sich bei COLDING & FOLKES (2001) Begriff der *resource and habitat taboos* stellt, ist der unscharfe Begriff des Tabus, der in unterschiedlichen Auslegungen verwendet wird. Zwar lassen sich Tabus im weiteren Sinne als Verhaltensregeln begreifen, mit denen erlaubtes bzw. verbotenes Verhalten nicht nur in traditionellen Gesellschaften definiert wird (HOLDEN 2000). Meist wird dieser aus dem Polynesischen stammende Begriff jedoch in einem enger gefassten Sinn verwendet für „alles, was verboten ist" (HIRSCHBERG 1988, S. 465), wobei eine übernatürliche Kraft oder eine Gefahr eine Rolle spielt. Tabus und Rituale haben insbesondere in der Fischerei aufgrund der allgemein als risikoreich angesehenen Tätigkeit in einer als gefährlich angesehenen natürlichen Umwelt, dem Meer, einen wichtigen Stellenwert, nicht nur in traditionellen Gesellschaften, sondern beispielsweise auch in Neuengland (ACHESON 1981). Rituale helfen Menschen bei der Erinnerung von Verhaltensregeln und der Interpretation von Umweltinformationen (YOUNG et al. 1999; vgl. CHAPIN 1991). Hier liefert also, folgt man der Theorie von RAPPAPORT (2001), die Religion Sanktionsmöglichkeiten für Umweltinstitutionen und strukturiert somit Ressourcenmanagement in entscheidender Weise. Einige Arten werden als „heilig" bzw. als Tabu vollständig von der Nutzung ausgenommen, wie z. B. Sägefische, Tintenfische oder Schildkröten (ANDERSON 1994). Solche Speiseverbote *(food taboos, WHITEHEAD 2000, S. 58)*, die einzelne Tierarten periodisch oder für bestimmte Personengruppen als Nahrungsmittel verbieten, sind in den meisten Kulturen vorzufinden und spielen im empirischen Teil der vorliegenden Arbeit eine Rolle. Zur

Evolution von Tabus existieren dabei unterschiedliche Erklärungsansätze, die sich an den gegensätzlichen Thesen von HARRIS (1990) bzw. SAHLINS (1981) oder DOUGLAS (1966) orientieren. So können DOUGLAS (1966) zufolge Lebewesen, die aufgrund spezieller Eigenschaften als anormal gelten und sich einer Kategorisierung entziehen, Ängste oder Ehrfurcht hervorrufen, was sich wiederum in Speiseverboten niederschlägt.

Eine Möglichkeit der Differenzierung verschiedener Nutzungsregeln bietet sich RUDDLE (1991) zufolge anhand der Form der enthaltenen Sanktionierung. Demnach kann eine Bestrafung bei Missachtung einer Verhaltensregel entweder durch die soziale Gruppe erfolgen bzw. durch deren Vertreter wie lokale Führer, oder aber auf einer spirituellen Ebene, ohne unmittelbare Beteiligung sozialer Akteure (vgl. ANDERSON 1994; BEGOSSI & DE SOUZA BRAGA 1992). So existieren Nutzungseinschränkungen, bei deren Übertretung eine Bestrafung durch spirituelle Wesen mit Krankheit oder Missgeschick droht, wie es häufig bei Speiseverboten oder Schutzzonen der Fall ist.

Eine weitere grobe Einteilung der Instrumente des Managements in TEK-Systemen kann aufgrund ihres Bezuges zur jeweils genutzten Ressource vorgenommen werden (vgl. Tabelle 2). Dabei lassen sich drei Gruppen von Instrumenten unterscheiden: unmittelbar auf die Praktiken der Fischerei bezogene Regelungen (A), Institutionen, die sich auf Konsum, Veräußerung und Distribution beziehen (B), sowie solche Regelungen, Praktiken oder andere Aspekte des Wirtschaftens, die nur indirekte, nicht unmittelbar erkennbare Verbindungen zur Ressource aufweisen, trotzdem aber eine begrenzende Wirkung auf die Nutzung ausüben (C).

Diese unter (C) zusammengefassten Aspekte beziehen sich beispielsweise auf den sozioökonomischen Stellenwert der Fischerei in traditionellen Systemen. So fällt auf, dass der Aspekt des Beschäftigungspluralismus eine entscheidende Rolle spielt (McGOODWIN 1990; ACHESON 1981). Eine Spezialisierung auf den Beruf des Fischers ohne weitere Nebentätigkeiten ist demnach eher untypisch für traditionelle Fischergemeinschaften, vielmehr sind Fischer oft zugleich auch als Landwirte, Jäger oder Handwerker tätig. Die Folge

Tab. 2: Einteilung der traditionellen Regelungen zur Ressourcennutzung in marinen Systemen nach dem Bezug zur Ressource

A	unmittelbar auf die Praktiken der Fischerei bezogene, operative Regelungen	Beispiel: Schutzzonen, Schonzeiten, Zugangsrechte
B	Regelungen zu Konsum und Distribution	Beispiel: Speiseverbote
C	soziale Regeln oder Praktiken mit indirekter Wirkung auf Ressourcennutzung	Beispiel: Beschäftigungspluralismus

Quelle: Eigene Zusammenstellung

dieses Pluralismus ist einerseits eine Reduzierung des Risikos und der Abhängigkeit von den Fischressourcen für den einzelnen Akteur und den zu versorgenden Haushalt. Andererseits entstehen durch die multiplen Beschäftigungen neben der Fischerei Effekte auf die Ressourcen bzw. Ökosysteme, z. B. in Form von Schonzeiten in Monaten, während derer ein Fischer Landwirtschaftsflächen bestellt oder sich anderen Aufgaben widmet. Somit kann diese Beschränkung der Ressourcennutzung nach McGoodwin (1990) auch als passive Methode der Nutzungsregulierung verstanden werden. Ein weiteres Mittel der Reduzierung des ökonomischen Risikos der einzelnen Akteure ist die Einbindung in soziale Gruppen, also kleine Gemeinschaften von Fischern, die gemeinsam wirtschaften. Da Erträge in der Gruppe geteilt werden, reduziert sich das Risiko schlechter Fänge für den einzelnen (Stoffle et al. 1994). Auch das Prinzip der Reziprozität und der Verteilung von Überschüssen innerhalb der Gemeinschaft wirkt risikoreduzierend und kann als informelles Sicherungssystem im Sinne einer Versicherung bezeichnet werden (Ernst et al. 2001). Beide Aspekte haben wiederum insofern Auswirkungen auf genutzte Ökosysteme, als sie den Druck auf Ressourcen reduzieren und die Produktion von Überschüssen verhindern.

TEK-Systeme als Beispiel nachhaltigen Wirtschaftens?

Die Beurteilung der Wirksamkeit des traditionellen bzw. indigenen Ressourcenmanagements in marinen wie auch in terrestrischen Systemen sowie der jeweiligen Instrumente im Hinblick auf ein dauerhaft tragfähiges, also nachhaltiges Wirtschaften ist bereits seit Jahrzehnten Gegenstand kontroverser Diskussionen, nicht nur in der Wissenschaft. Dabei wird die zentrale Frage der Nachhaltigkeit im wesentlichen entlang zweier Hauptthesen und ihrer jeweiligen Gegenargumente diskutiert, die sich stark verallgemeinert wie folgt formulieren lassen:

These 1:
Traditionelle Ressourcennutzungssysteme beinhalten Ressourcen schonendes und somit langfristig nachhaltiges Wirtschaften.

Gegenthese 1:
Die entscheidenden Faktoren für die Nachhaltigkeit und den schwachen ökologischen „Fußabdruck" solcher Systeme sind ein geringer Bevölkerungsdruck einerseits und mangelnde technische Ausstattung andererseits.

These 2:
Die in den TEK-Systemen enthaltenen Nutzungsbeschränkungen sind als gezielt entwickelte Instrumente des Ressourcenmanagements anzusehen, die auf einer generellen Ethik des Umweltschutzes und dem harmonischen Mensch-Umwelt-Verhältnis in den traditionellen Gesellschaften beruhen.

Gegenthese 2:
Wenn in TEK-Systemen Instrumente des Ressourcen schonenden Wirtschaftens vorhanden sind, so sind diese zufällig als Nebenprodukt der Nutzung und nicht gezielt als Instrumente des Ressourcenmanagements evolviert.

zu These 1:
Die erste These zur Nachhaltigkeit traditioneller Nutzungssysteme stützt sich auf Beobachtungen in zahlreichen terrestrischen wie auch marinen Systemen, in denen Degradationserscheinungen der Ressourcen langfristig nicht eintreten und eine nachhaltige Nutzungsform angenommen wird. Manche Autoren setzen dieser These entgegen, dass der Ressourcenerhalt nicht auf die Wirksamkeit der regulierenden Institutionen zurückgeführt werden kann, sondern in erster Linie auf die geringe Bevölkerungsgröße im Verhältnis zum Ressourcenangebot (z. B. HAMES 1991). Auch das Fehlen ausreichender technologischer Ausstattung zur Ressourcenausbeutung sowie mangelnde Nachfrage werden als entscheidende weitere Gründe für eine ausbleibende Übernutzung genannt (MCGOODWIN 2002). Andere Autoren wiederum vertreten die Meinung, traditionelle Bevölkerungsgruppen seien generell nicht in der Lage, nachhaltig zu wirtschaften (z. B. DIAMOND in SOULÉ 1995).

Andererseits existieren jedoch Studien, in denen ein direkter Zusammenhang zwischen Institutionen der Nutzung und dem Ressourcenerhalt hergestellt wird (BERKES 1999). Dabei ist speziell in Bezug auf marine Ressourcen zu bemerken, dass sich einige in traditionellen Gesellschaften vorhandene Elemente zur Regulierung der Nutzung von Ökosystemen mit Instrumenten des modernen Fischereimanagements decken. So sind z. B. Schonzeiten und Schutzzonen, die eine Regeneration der Bestände bewirken, nicht nur wichtige Instrumente moderner Fischereiregulierung, sondern bereits seit Jahrhunderten angewandte institutionelle Regelungen der traditionellen Fischerei in Ozeanien (JOHANNES 2002a, 1982). Dabei gilt es als erwiesen, dass Nutzungstabus zum Schutz einzelner bedrohter Tierarten beitragen können, wie z. B. der gefährdeten Grünen Meeresschildkröten (COLDING & FOLKE 1997). Umgekehrt existieren aber auch Nutzungssysteme, in denen die Praktiken des Managements dem modernen Instrumentarium widersprechen. So verletzt beispielsweise die Wirtschaftsweise der indigenen Cree-Fischer Kanadas sämtliche Regeln konventionellen Managements, sie ist also „a conventional resource manager's nightmare" (BERKES 1999, S. 125). Trotz des Fehlens von räumlichen oder temporären Verboten oder der Beschränkung der Maschengröße gilt dieses System als langfristig nachhaltig, da es den Akteuren erlaubt, auch ohne ausreichende Basis von Informationen, mit unsicheren Fakten und in Erwartung unvorhergesehener Ereignisse *(the unexpected)* Ressourcen managen zu können.

Angesichts dieser Erkenntnisse scheint es eine zu grobe Vereinfachung, die Zusammenhänge zwischen Nachhaltigkeit einerseits und Nutzungsmustern sowie Institutionen andererseits allein auf Populationsgröße und technische Ausstattung zu reduzieren, da äußerst komplexe Regelungen und Strategien in traditionellen Systemen existieren, die steuernd auf Ressourcennutzung einwirken. Allerdings müssen die Faktoren Bevölkerungsdruck und technische Ausstattung als wichtige Rahmenbedingungen mit einbezogen werden, wenn die Frage eines „light ecological footprint" (SOULÉ 1995, S. 147) von Nutzungssystemen diskutiert werden soll.

zu These 2:
Die zweite These bezieht sich auf den Entstehungszusammenhang der Nutzungsregeln und die Frage, ob diese gezielt von sozialen Akteuren als Managementinstrumente zur Ressourcennutzung entstanden sind oder ob ihre steuernde Wirkung als zufälliges Nebenprodukt anderer gesellschaftlicher Prozesse anzusehen ist. Viele Autoren gehen davon aus, dass die Nutzungsinstitutionen in einem sich über viele Generationen erstreckenden Prozess des sozialen Lernens nach dem Prinzip des *trial and error* evolviert sind (YOUNG et al. 1999). Ein Aspekt, der in diesem Zusammenhang diskutiert wird, ist die Rolle der Knappheit von Ressourcen als zentrale Bedingung für das Entstehen solcher Regeln. So vertreten einige Autoren die Ansicht, dass ohne die wahrgenommene Knappheit von Ressourcen, also bei einer Überflusssituation, keine einschränkenden Nutzungsinstitutionen entstehen, da der Überfluss kein effektives Umweltmanagement und somit auch keine Regulierung erforderlich macht. Dabei wird die Rolle von wahrgenommenen Krisen als notwendige Bedingung des sozialen Lernens und der institutionellen Entwicklung unterschiedlich bewertet. So halten GUNDERSON et al. (2002) Krisen für eine notwendige Bedingung bei der Entstehung eines effektiven TEK-Management-Systems von Ressourcen. HOLLING et al. (1998) zufolge ist anzunehmen, dass eine langfristige Anpassung und Optimierung von Nutzungssystemen auf einer Abfolge von Krisen, sozialem Lernen und daraus folgender Anpassung von Nutzungsstrategien erfolgt, wodurch sich über Generationen hinweg nachhaltige Ressourcennutzungsmuster entwickeln konnten. Die Rolle von Krisen und pathologischen Entwicklungen in Nutzungssystemen wird auch in der Institutionentheorie diskutiert; so gehen FOLKE et al. (1998b, o. S.) davon aus, dass in manchen Fällen Krisen zu einem „sudden lurch in understanding, a redesign and expansion of policy, and a return of flexibility and innovation" führen.

Im Resultat werden traditionelle Nutzungssysteme häufig als hoch anpassungsfähig an sich verändernde Bedingungen angesehen, und es werden Analogien zu modernen Gedankenansätzen des Ressourcenmanagements gezogen. Manche Autoren führen daher traditionelle Systeme als positive Beispiele für effektives Ressourcenmanagement an, von denen westlich-industrielle Gesellschaften lernen sollten. Andererseits gibt es aber auch Hinweise in der Literatur auf Systeme mit einschränkenden Nutzungsregeln, die sich ohne eine offensichtliche Situation der Knappheit, also bei einem Ressourcenüberangebot, entwickelt haben, so z. B. an Küsten mit einem Überangebot an Meeresressourcen.

Zugleich ist zu beachten, dass in traditionellen Gesellschaften Institutionen existieren, die eine eindeutig direkte, restriktive Auswirkung auf die Nutzung haben, ohne jedoch erkennbar als Instrumente des Managements entwickelt zu sein. Sie sind also nicht unter der Prämisse von „conservation as their objective" entstanden (JOHANNES 2002a, S. 3; vgl. KLEE 1980). Die Entstehung von Institutionen ist allerdings zum Teil schwierig nachzuvollziehen, so weisen DYER & MCGOODWIN (1994) darauf hin, dass regulierende Institutionen zwar als Nebenprodukte und somit „unbewusst" entstanden sein können, sie jedoch auf vorherigen *trial-and-error*-Prozessen aufbauen, ohne dass dies der lokalen Bevölkerung im einzelnen bewusst ist und ohne dass sie explizit als Ressourcenmanagement wahrgenommen werden. Daher werden diese Institutionen auch als passive Regulierungsinstrumente bezeichnet. Wie stark sich der Einfluss indirekter oder passiver Regulierung auf die Ressourcennutzung auswirken kann, zeigt sich am Beispiel von Tonga. Dort wiesen BENDER et al. (1998) nach, dass nachhaltiges Wirtschaften auch ohne direkte Regulierungsinstrumente existieren kann, wenn starke soziale Normen vorhanden sind. Dabei verhindert allein das informelle System der Verteilung von Überschüssen innerhalb der Gemeinschaft, also ein informelles Versicherungssystem, die Überfischung.

Es schließt sich die Frage an, ob die TEK-Systeme auf einer generellen *conservation ethic* basieren, also einem gesellschaftlich definierten, ethisch-moralisch begründeten Leitbild des Natur- bzw. Ressourcenschutzes. VARESE (1996, S. 123) bezeichnet eine solche Ethik einer „moralischen Ökologie" als „moral management of the cosmos", denn wie oben bereits skizziert wurde, sind im Mensch-Umwelt-Verhältnis in traditionellen Systemen verschiedene gesellschaftliche Ebenen miteinander zu einem Ganzen verwoben. Ressourcennutzung lässt sich demnach in diesen Systemen nicht sektoral als Entnahme einzelner nutzenstiftender Elemente aus einem System begreifen, sondern als ein in den gesellschaftlichen Zusammenhang eingebettetes Geflecht des spirituell und moralisch begründeten Handelns des Menschen in der Natur. Von vielen Völkern wird in der Literatur dokumentiert, dass ein schonender Umgang mit „Mutter Erde" spirituell fundiert ist (BERKES 1999). JOHANNES & RUDDLE (in RUDDLE 1994a, S. 186) definieren eine solche Umwelt-Ethik spezifischer als Bewusstsein dafür, dass bei Übernutzung natürlicher Ressourcen deren Erschöpfung oder Degradation zu erwarten ist sowie eine Bereitschaft zur Vermeidung dieses Problems. Diese Definition unterscheidet zunächst nicht danach, ob der Natur ein intrinsischer Wert zugemessen wird, der sich in einer Ethik des Mensch-Umwelt-Verhältnisses äußert, oder ein eher utilitaristisches Konzept von Natur als nutzenbringender Umwelt zu Grunde liegt. JOHANNES (2002a) sieht die Existenz einer solchen *conservation ethic* unabhängig davon jedenfalls als wertvolle Basis für die Konzeption neuer Management-Ansätze an, die darauf aufbauend in soziale Werte und Normen eingebunden werden können.

Die Frage einer in der Kultur verankerten Ethik des Naturschutzes wird kontrovers diskutiert. So gibt es nicht nur in der populärwissenschaftlichen Literatur, sondern auch in

Programmen und Veröffentlichungen von NRO des Naturschutzes oder der indigenen Rechte ebenso wie in wissenschaftlichen Publikationen eine Position, die traditionelle Völker als generell nachhaltig wirtschaftende Naturschützer per se begreift (z. B. KEMF 1993; DONOSO 1993). Die Harmonie mit der Natur, in der diese Völker demnach leben, führt zu ökologisch weisem Handeln, das in grundsätzlichem Gegensatz zu wirtschaftlich orientiertem Handeln westlich-industrialisierter Gesellschaften gesehen wird. So sei z. B. in Nordamerika aufgrund der harmonischen Mensch-Umwelt-Beziehung keine Degradation von Ökosystemen eingetreten (vgl. Beispiele in SOULÉ 1995). Inwiefern dabei indigene Völker als Projektionsfläche für europäisch-nordamerikanische Sehnsüchte und Wünsche nach einem unverfälschten Leben in der Natur eine Rolle spielen, soll hier nicht diskutiert werden. Interessant ist allerdings, dass diese Sichtweise indigenen Umwelthandelns inzwischen auch in das Selbstbild vieler indigener Gruppen Eingang gefunden hat und im Sinne eines strategischen Essentialismus als Teil eines Konzeptes von Indigenität auch instrumentalisiert wird (u. a. von indigenen NRO). Darüber, inwiefern die Reproduktion dieses Selbstverständnisses als ökologisch weise Handelnde die Wahrnehmung von Umweltproblemen und institutionelles Lernen blockieren kann, liegen allerdings kaum Publikationen vor.

Der Idealisierung von Indigenen als Naturschützer steht eine Reihe von Beispielen gegenüber, die zeigen, dass eine solche Verallgemeinerung unzulässig ist. So gehen manche Forscher so weit, das Klischee des „ecologically noble savage" (REDFORD 1991, o. S.) als Romantisierung anzusehen und es zu widerlegen, indem Beispiele für Umweltzerstörung durch indigene Gesellschaften angeführt werden. In einem viel zitierten Artikel verallgemeinert DIAMOND (in SOULÉ 1995) die nordamerikanische Urbevölkerung überspitzt als artenausrottende Bodenzerstörer. Abseits solcher Generalisierungen zeichnet sich in der Literatur über TEK-Systeme aber ab, dass es zwischen unterschiedlichen Gesellschaften im jeweiligen zeitlichen und räumlichen Kontext mit den jeweiligen Rahmenbedingungen zu differenzieren gilt. So existieren Beispiele für ökologische Degradation in solchen Systemen, die sich nicht auf die unten skizzierten Aspekte der Ökonomisierung solcher Systeme zurückführen lassen. Beispielsweise zeigen die Untersuchungen von JACKSON et al. (2001), dass Überfischung in Lateinamerika bereits in vorkolonialer Zeit zu erheblichen Veränderungen in Ökosystemen führte; dies ergeben auch die Forschungen von RICHARD COOKE (mündl. Mitteilung, September 2001) und anderen (MCGOODWIN 1990). Auch einzelne institutionelle Formen wie z. B. Tabus können unter bestimmten Umständen einen ressourcenschonenden Effekt haben, während dieser unter anderen Rahmenbedingungen nicht wirksam wird (HAMES 1991).

Zusammenfassend lässt sich festhalten, dass nach dem Studium der Literatur eine Generalisierung von Systemen des traditionellen Ressourcenmanagements hinsichtlich ihrer Nachhaltigkeit kaum haltbar erscheint (vgl. ASWANI 1998). Vielmehr existiert global ein weites Spektrum von traditionellen Ressourcennutzungssystemen, deren Wirtschaftsformen und institutionelle Regelungen im Einzelfall daraufhin zu überprüfen sind, ob sie eine dauerhaft ressourcenerhaltende Funktion erfüllen oder nicht. Aber auch innerhalb einzelner Ressourcensysteme kann die Effektivität von Nutzungsregelungen unterschiedlich ausfallen: So können in einer Gesellschaft effektive Umweltinstitutionen neben ineffektiven, also solchen, die nicht den Effekt der Vermeidung von Ressourcendegradation haben, existieren (RUDDLE 1994a). Welche Faktoren im einzelnen die Wirksamkeit von Nutzungsregeln generell bestimmen, wurde in Kapitel 2.5 diskutiert. Dabei weisen traditionelle Systeme gegenüber nicht-traditionellen Systemen vor allem den Vorteil auf, dass die Nähe zu Ressourcen und die direkte Abhängigkeit der Akteure von diesen Ressourcen die Identifizierung und Modifizierung von nicht-nachhaltigen Nutzungsmustern erleichtern, also ein Monitoring der Ökosysteme gegeben ist (FOLKE et al. 1998b). Zugleich spielen die Aspekte der Einbettung der Institutionen in soziale Strukturen und die Verknüpfung von Spiritualität und Nutzung eine wichtige Rolle.

Abschließend lassen sich die beiden eingangs vorgestellten Thesen nun modifizieren. Die **erste These** könnte demnach in modifizierter Form lauten: Das Institutionengefüge mit seinen operativen Regeln kann in traditionellen Ressourcennutzungssystemen Ressourcen schonendes und somit langfristig nachhaltiges Wirtschaften bewirken. Trotzdem kann auch in solchen traditionellen Systemen die Degradation von Ökosystemen auftreten, deren Verallgemeinerung als generell nachhaltig ist nicht haltbar. Die **zweite These** kann modifiziert lauten: Institutionen, die einschränkende Funktionen auf die Ressourcennutzung ausüben, müssen nicht notwendigerweise als gezielte Management-Instrumente entstanden sein. Trotzdem wirken viele dieser institutionellen Regelungen ebenso wie bestimmte gesellschaftliche Normen steuernd bzw. begrenzend auf die Nutzung. Diese sind häufig geprägt durch das generelle, spezifisch indigene Mensch-Umwelt-Verhältnis in traditionellen gesellschaftlichen Kontexten, das jedoch Nachhaltigkeit nicht per se impliziert.

Ein weiterer zentraler Aspekt, der in der Literatur über TEK-Systeme diskutiert wird, ist die Störung solcher Systeme durch interne und externe Faktoren des Wandels. So ist in den letzten Jahrzehnten zu beobachten, dass viele traditionelle Ressourcensysteme an Effektivität verlieren, so dass eine frühere nachhaltige Wirtschaftsweise aufgrund sich verändernder Bedingungen *unsustainable* wird (ZWAHLEN 1996). So lässt sich eine These 3 wie folgt formulieren:

These 3:
Gravierende Veränderungen der Wirtschaftsweise, z.B. die Umstellung von Subsistenzwirtschaft auf marktwirtschaftliche Produktion, beschleunigter kultureller und sozialer Wandel, sowie andere, teils extern bedingte Faktoren, können neben erhöhtem Nutzungs- oder Bevölkerungsdruck zur Folge haben, dass ehemals angepasste, nachhaltige Nutzungssysteme gestört werden. Die Fähigkeit der Systeme, flexibel auf *shocks* und *shifts*

durch eine Anpassung des Institutionengefüges zu reagieren, ist unterschiedlich ausgeprägt.

So kann erhöhter Bevölkerungsdruck dazu führen, dass eine zuvor nachhaltige Nutzungsform nicht mehr dauerhaft tragfähig bleibt. Als einer der Hauptgründe für diese Entwicklung wird in der Literatur allerdings der Übergang von einer Subsistenz-Wirtschaftsweise zu marktorientierter Nutzung genannt. Dabei verstärkt sich der Druck auf natürliche Ressourcen, während zugleich auch neue technologische Methoden eingeführt werden und die Nutzung auf bisher ungenutzte Ressourcen ausgedehnt wird (vgl. z. B. HAMILTON 2003). Problematisch ist diese Entwicklung deshalb, weil die existierenden institutionellen Regelungen in traditionellen Gemeinschaften meist nicht an die neuen Nutzungsformen und -intensitäten angepasst sind und sich daher nicht dazu eignen, die Übernutzung zu verhindern. Das Resultat kann ein institutionelles Vakuum für neue Nutzungsformen sein, also eine Nicht-Regulierung durch die Akteure und somit fehlende Begrenzung der Nutzung. MCNEELY nennt diese Entwicklung „the real tragedy of the commons" (MCNEELY 1991, S. 213), da die ehemals gut angepassten und regulierten *common-property*-Systeme nun einen Zustandswechsel erfahren, der letztendlich in einer *open-access*-Situation mündet. Das Ergebnis ist also ein System, in dem weder Quantität noch Nutzungsweise reguliert werden und daher Übernutzung, in Extremfällen sogar die Zerstörung der Ressourcenbasis die Folge sein können. In solchen Fällen mit erheblichen sprunghaft einsetzenden Veränderungen der Wirtschaftsweise und der sozialen Strukturen reicht die Flexibilität der Systeme also nicht aus, um eine Resilienz des Systems und eine Anpassung an sich verändernde Bedingungen zu bewirken.

Dieser Prozess kann wiederum Rückwirkungen auf das soziale System haben und ein ehemals intaktes soziales Gefüge zu einem von Gewalt und Misstrauen bestimmten sozialen Beziehungssystem machen (z. B. im Falle mexikanischer Fischer, wie von MCGOODWIN 1994 beschrieben wird). Umgekehrt muss der Zusammenbruch eines traditionellen Institutionensystems und Degradation der ökologischen Systeme aber nicht als notwendige Folge eines Übergangs zur marktorientierten Produktion eintreten (ASWANI 1998). Vielmehr sind die Folgen je nach angewandter Nutzungsmethode und -intensität unterschiedlich, wie die Studien von RUDEL et al. (2002) zeigen. Auch DYER & MCGOODWIN (1994) stellen die These in Frage, nach der Modernisierung und sich wandelnde, zunehmend kommerziell ausgerichtete Mentalitäten von Fischern als Hauptursache für den Zusammenbruch traditioneller Systeme angenommen werden, und führen als Gegenbeispiel die Existenz robuster *folk management systems* in industrialisierten Staaten an.

Somit erscheint die von ZWAHLEN (1996) vorgenommene Reduzierung des Ursachenkomplexes auf das Einwirken externer Faktoren als zu kurz gefasst. Vielmehr kann die Verschiebung von der Subsistenzwirtschaft hin zur marktorientierten Produktion und die daraus folgende „Tragik der Allmende" bereits als Prozess einer sozialen Disruption gesehen werden, der parallel zu einer Entwicklung sich wandelnder *worldviews* und Werte innerhalb traditioneller Gesellschaften abläuft (HANNA & JENTOFT 1996). Die ursprünglich auf die tägliche Versorgung ausgerichtete Produktion geht über in eine gezielt profitorientierte Produktionsweise, während gleichzeitig traditionelle Prinzipien wie Reziprozität und die Verteilung von Überschüssen innerhalb der Gemeinschaft an Bedeutung verlieren. Diese in vielen traditionellen Gemeinschaften zentralen sozialen Verhaltensweisen werden ersetzt durch das individuelle Interesse, Ressourcen kommerziell zu vermarkten, was nicht nur auf externe Abnehmer abzielt, sondern auch auf den Verkauf innerhalb der Gemeinschaft. Dabei entstehen „parallel social lives", die auf unterschiedlichen kulturellen Prinzipen basieren und zu einer gesellschaftlichen Spannung führen (VARESE 1996, S. 126).

Ein weiterer Prozess, der in vielen Publikationen dargestellt wird, ist der Bedeutungsverlust traditionellen ökologischen Wissens und der zugrunde liegenden kosmologischen und spirituellen Konzepte. Diese Entwicklung, die im Zuge beschleunigten kulturellen Wandels in vielen Gemeinschaften zu beobachten ist, hat zur Folge, dass die Kette der Transmission des traditionellen Wissens unterbrochen und somit die Wissensbasis reduziert wird. Andererseits weisen ROSS & PICKERING (2002) anhand von Studien in Australien auf die Stärke traditionellen Wissens hin, das in manchen Fällen weder durch physische Umsiedlung noch durch kulturellen Wandel zerstört wird und sich erstaunlich widerstandsfähig zeigt.

In verschiedenen wissenschaftlichen Disziplinen werden traditionelle Ressourcennutzungssysteme unter anderem deshalb als interessant erachtet, weil ihre Erforschung die Wiederentdeckung von Prinzipien nachhaltigeren Wirtschaftens verspricht (BERKES, FOLKE & GADGIL 1995). Wie diese Erkenntnisse in Institutionen des Managements in westlichen Gesellschaften integriert werden können, stellt dabei nach wie vor eine aktuelle Forschungsfrage dar. Zugleich ergibt sich die Frage, welche Bedingungen dazu führen, dass traditionelles Ressourcenmanagement zu einem robusten, stabilen System wird und wie diese Bedingungen gezielt gefördert werden können, um funktionierende TEK-Systeme zu erhalten. MCGOODWIN (1994) nennt für Fischereisysteme dabei als wichtigste Rahmenbedingungen eine hohe sozio-ökonomische Stabilität, eine geringe gesellschaftliche Entwicklungsgeschwindigkeit sowie eine stabile Fischergemeinschaft. Auch SHEPERD & TERRY (2004) zufolge ist als größte Bedrohung dieser Systeme die Auflösung internen Zusammenhalts zu sehen. DAVIS & JENTOFT (2001, S. 236) zufolge ist für die Fischerei eine Unterscheidung anhand der Ziele des Wirtschaftens nützlich, wie sie auch im kanadischen Recht vorgenommen wird: So lassen sich *livelihood fisheries* von *wealth accumulation fisheries* unterscheiden. Letztere, also die auf Gewinnmaximierung ausgerichtete Fischerei, kann erwiesenermaßen als *unsustainable* und zugleich Ökosysteme schädigend gelten, woraus folgt, dass die Kontrolle durch den Staat zu erfolgen hat. Hingegen verfolgen die Fischer der *livelihood fisheries* andere Ziele, indem sie ein unmittelbares Interesse an der Erhaltung ihrer Lebensgrundlagen und somit an der Integrität von Ökosystemen haben. Für diese Art der Fischerei ist daher ein Management auf der Ebene der Fischergemeinschaft sinnvoll, das direkte Verantwortlichkeiten und Regelungen für das lokale System etabliert.

Nicht allein aus der Perspektive effektiven Fischereimanagements ist eine Beteiligung lokaler Gemeinschaften von Interesse, sondern auch in Ansätzen des Naturschutzes, die zunehmend auf Konzepten des Co-Managements basieren. Nachdem internationale Konzepte des Naturschutzes lange Zeit den Ausschluss des Menschen als Ziel effektiven Ökosystem- und Artenschutzes beinhalteten, haben sich diese Leitgedanken inzwischen verändert. Begründet wird der Wandel zum einen mit der Feststellung, dass sich Naturschutz nicht gegen lokale Interessen durchsetzen lässt und zum anderen damit, dass die aktive Rolle, die traditionelle Bevölkerungsgruppen für das Management natürlicher Ressourcen spielen, zunehmend anerkannt wird (vgl. COLCHESTER 2003). So zeigen beispielsweise von National Geographic (2003) herausgegebene Karten von Zentralamerika die großräumige Übereinstimmung indianischer Siedelgebiete mit den letzten verbleibenden Zonen intakter Ökosysteme, vor allem an der Karibikküste, auf. Die Erkenntnis, dass Natur- und Ökosystemschutz ohne die in diesen ökologisch wertvollen Gebieten lebende und wirtschaftende Bevölkerung scheitern muss, führte dazu, dass autochthone Völker heute nicht mehr nur dort geduldet werden, sondern ihnen zum Teil auch eine aktive Rolle im Naturschutz zuerkannt wird (z. B. WWF 2000). Diese Funktion als *stewards of nature* wird dabei mit den kulturell verankerten traditionellen Ressourcenmanagementsystemen begründet und ist heute in zahlreichen Plänen und Programmen von internationalen Organisationen des Naturschutzes enthalten.

Für den Naturschutz und das Ressourcenmanagement stehen dabei häufig Ansätze des Co-Management oder *community-based management* im Mittelpunkt des Interesses (vgl. z. B. JENTOFT et al. 1998; STEVENS 1997), die zum Teil bei der Schaffung von *Marine Protected Areas* zur Anwendung kommen. Das diesen Ansätzen zugrunde liegende Konzept soll im Idealfall unter Beteiligung verschiedener Akteure ein gemeinsames Management ermöglichen (BORRINI-FEYERABEND et al. 2000), das auf traditionellem ökologischen Wissen aufbaut und lokale institutionelle Kapazitäten einbezieht. Auf diesem Wege soll ein *top-down-approach* vermieden werden, was wiederum der Verbesserung der lokalen Akzeptanz und Partizipation dient.

Allerdings zeigt sich in der Praxis, dass der Partizipation ein sehr unterschiedliches Gewicht in der Planung zugestanden wird. So findet in manchen Programmen zwar die lokale Bevölkerung – zum Beispiel als so genannte *stakeholder* – Berücksichtigung, indem sie über verschiedene methodische Ansätze (Gruppendiskussionen, Interviews, Kartenerstellung) eigene Interessen und Ansichten äußern kann. Festzustellen ist dabei jedoch häufig das Problem der erst zu einem sehr späten Zeitpunkt im Planungsverfahren einsetzenden Beteiligung lokaler Bevölkerung, was wiederum eine Mitsprache bei der grundlegenden Konzeption von Programmen ausschließt (vgl. für Australien ROSS & PICKERING 2002); eine echte Aufgabenteilung zwischen lokalen Institutionen und Behörden bzw. NRO findet nur selten statt (BRYANT 1997; vgl. GOVAN 2003). Eigene empirische Untersuchungen auf der kolumbianischen Insel Providencia bei der Einrichtung eines von der Global Environmental Facility (GEF) finanzierten Biosphärenreservates zeigten ein ähnliches Ergebnis. So bleibt letztlich die Kontrolle über Nutzung und Management natürlicher Systeme meist in den Händen von Behörden oder NRO. Das Idealkonzept des Co-Managements – „re-embedding of responsibilities for resource management in local communities" – bleibt damit in der Realität häufig unerfüllt (HANNA & JENTOFT 1996, S. 35), obwohl der Ansatz in den letzten Jahren in der Literatur über Ressourcenmanagement und Naturschutz weite Verbreitung gefunden hat. Es existieren allerdings auch Konzepte des *community-based-management*, bei denen externe Organisationen versuchen, Anstöße für bestimmte Prozesse zur Institutionenentwicklung in lokalen Gemeinschaften zu geben und diese zu unterstützen, dabei aber die Kontrolle über die Entwicklung diesen zu überlassen (JOHANNES 2002b; WEIANT & ASWANI 2006). In neueren Ansätzen gibt es auch Versuche, geschwächte traditionelle Institutionen gezielt zu revitalisieren (TIRAA 2006) oder eine Harmonisierung zwischen bestehenden traditionellen und modernen Praktiken des Managements zu erreichen (CAILLAUD et al. 2004).

3 Fragestellung und Forschungsmethodik

3.1 Konkretisierung der Fragestellung

Auf der Basis der vorausgegangenen theoretischen Überlegungen soll im Folgenden die eigene Fragestellung konkretisiert werden. Diese ergibt sich aus dem zentralen Anliegen dieser Arbeit: der Untersuchung von marinen Nutzungssystemen indigener Gemeinschaften Zentralamerikas und deren Transformation. Der Schwerpunkt liegt dabei auf der Analyse der institutionellen Regelungen und Strukturen, die einen steuernden Einfluss auf die Ressourcennutzung ausüben. Insbesondere der Wandel dieser Institutionen soll untersucht werden, wobei auch deren aktive Neugestaltung durch Akteure auf verschiedenen Maßstabsebenen zu betrachten ist.

Das Forschungsdesign lässt sich in Konzeption und verwendeten Methoden den qualitativen Ansätzen der Sozialgeographie zuordnen (siehe Kapitel 3.2). Die folgenden Forschungsfragen leiten die vergleichende Untersuchung der beiden Autonomiegebiete Comarca Kuna Yala (Panama) und Región Autónoma Atlántico Norte (Nicaragua):

- Welche Nutzungsmuster und Vermarktungsstrategien von Meeres- und Küstenressourcen sind in den ausgewählten indigenen Gemeinschaften zu identifizieren? Die aktuelle Situation wird dabei vor dem Hintergrund der Veränderung dieser Muster im gesellschaftlich-kulturellen Kontext herausgearbeitet.
- Lassen sich Anzeichen für ökologische Degradationsprozesse feststellen, die als Resultat der Nutzungsmuster auftreten? Bei der Beantwortung dieser Frage sind insbesondere die Perzeption ökologischer Veränderungen sowie die Wahrnehmung von Zusammenhängen zwischen Degradationsprozessen und dem eigenen Handeln der indigenen Bevölkerung von Interesse.
- Existieren institutionelle Regelungen und Strukturen mit steuerndem Effekt auf die Meeresnutzung in den Untersuchungsgebieten? Um eine systematische Analyse solcher Institutionen vornehmen zu können, sind diese zu differenzieren in traditionelle Institutionen einerseits und rezente (neo-traditionelle) Regelungen andererseits. Ein besonderes Gewicht kommt der Betrachtung der ersten Gruppe zu, wobei die Frage zu beantworten ist, ob sich in den untersuchten indigenen Gemeinschaften traditionelle Systeme des Ressourcenmanagements im Sinne von *traditional-ecological-knowledge-systems* (TEK) identifizieren lassen. Die Verankerung dieser Institutionen in der indigenen Kultur und Spiritualität mit den spezifischen *worldviews* sowie in generellen sozialen Werten und Normen ist dabei zu berücksichtigen.
- Können Rahmenbedingungen, die zum Wirkungsverlust dieser traditionellen Institutionen des Ressourcenmanagements führen, identifiziert werden? Welche Bedeutung kommt dabei Prozessen des kulturellen und sozio-ökonomischen Wandels für das Handeln der einzelnen Akteure und der Gemeinschaft zu?

- In welchem Ausmaß bestehen institutionelle Lücken für Nutzungsformen, die nicht reguliert werden? Welche Zusammenhänge lassen sich zur Einbindung in Vermarktungszusammenhänge und zu technischen Innovationen herstellen?
- Welche Funktion erfüllen staatliche Institutionen des Ressourcenmanagements und andere, nicht von der indigenen Bevölkerung entwickelte Lösungsansätze (z. B. von internationalen Organisationen initiierte Konzepte)?
- Ergeben sich Konflikte um Ressourcen und den Zugang zu den Ressourcensystemen?
- Wie reagieren die indigenen Gemeinschaften auf die Probleme, die sich aus der Transformation von Nutzungssystemen ergeben? Im Fokus der Betrachtung stehen dabei vor allem kommunale und regionale, also auf der Ebene der indigenen Autonomiegebiete entwickelte Lösungsansätze zur Ressourcenproblematik und zur Neugestaltung der Institutionen.
- Welche Rolle spielen Machtbeziehungen zwischen den beteiligten Akteuren sowie die Ausstattung mit Rechten für die Steuerung der Ressourcennutzung und den institutionellen Wandel?

Das Ziel des abschließenden Vergleichs der beiden Untersuchungsgebiete ist es, Gemeinsamkeiten und Unterschiede in der Entwicklung der Meeresnutzungssysteme herauszuarbeiten. Dieser Vergleich soll in Aussagen über zentrale Faktoren münden, die für die Transformation der Systeme maßgeblich sind. Unter diesen Faktoren sind insbesondere jene zu betrachten, die hemmend oder fördernd auf den institutionellen Wandel und die Anpassung der Nutzungssysteme an die sich verändernden Rahmenbedingungen wirken.

3.2 Generelle Prinzipien qualitativen sozialgeographischen Arbeitens

Für die Beantwortung der Forschungsfragen orientierte sich das methodische Vorgehen an Ansätzen der qualitativen Sozialgeographie. Unter diesem Oberbegriff können SEDLACEK (1989, S. 10) zufolge „alle jenen, ‚nicht-szientifischen' Ansätze der Sozialgeographie" zusammengefasst werden, „deren Ursprünge auf Hermeneutik, Phänomenologie, Ethnomethodologie, Symbolischen Interaktionismus u. v. m. zurückgeführt werden können", und die auf dem interpretativen Paradigma basieren. Unter den leitenden Forschungsprinzipien, die im einzelnen bei LAMNEK (2005, 2002) sowie REUBER & PFAFFENBACH (2005) diskutiert werden, ist als einer der wichtigsten Grundsätze die Offenheit zu nennen. Diese soll gegenüber den Untersuchungspersonen, der Untersuchungssituation sowie im Hinblick auf die zur Anwendung kommenden Methoden gelten und schließt einen Verzicht auf Hypothesenbildung ein. Im Gegensatz zu quantitativ ausgerichteten Ansätzen impliziert das Prinzip der Offenheit somit eine eher explorative Funktion der Forschung, wobei der Verzicht auf standardisierte Methoden es erlaubt, auch zuvor unerwartete Informationen zu erhalten.

Ein weiteres Prinzip qualitativer sozialgeographischer Ansätze bezieht sich auf die Form der Kommunikation zwischen Forschendem und zu erforschenden Personen. Dabei soll sich die forschungsspezifische Kommunikationssituation möglichst alltagsnah und natürlich gestalten. Der Grundsatz der Prozessualität von Forschung und Gegenstand beinhaltet die Betrachtung von Deutungs- und Handlungsmustern sozialen Handelns in einem ständigen Konstitutionsprozess. Zugleich bezieht sich dieses Prinzip aber auch auf den Forschungsprozess selbst, dessen Gestaltung nicht starr zu Beginn des Vorhabens festgelegt wird, sondern in dessen Verlauf sich das methodische Vorgehen ebenso wie auch die Forschungsinhalte verändern können. Das Prinzip der Flexibilität soll die Anpassung der Methoden an die jeweilige Situation gewährleisten. Als ein weiteres Prinzip der qualitativen Sozialforschung ist die ständige Reflexion der eigenen Rolle des Forschenden zu nennen (vgl. MEIER KRUKER & RAUH 2005), dessen Zurückhaltung es erlaubt, Relevanzsysteme der Betroffenen besser zu erfassen. Zu diesem Zweck erweisen sich nicht-standardisierte oder wenig standardisierte Verfahren als besonders geeignet, da diese Methoden am ehesten den Grundsatz der Forschung als kommunikativen Interaktionsprozess erfüllen.

An den hier skizzierten Forschungsprinzipien orientierte sich die empirische Arbeit für die vorliegende Untersuchung. Die Basis der Datenerhebung bildeten teilnehmende Beobachtung und nicht-standardisierte Interviews, die während vier Forschungsaufenthalten in Nicaragua und Panama durchgeführt wurden. Diese Aufenthalte in den beiden Ländern betrugen zwischen 1999 und 2001 insgesamt ca. 26 Wochen.

3.3 Feldzugang und die Problematik der Forschungsgenehmigungen

Ein zentraler Aspekt für die praktische Durchführung und das Gelingen einer qualitativen sozialgeographischen Untersuchung ist zunächst der Feldzugang, der insbesondere für Forschungsarbeiten im fremdkulturellen Kontext eine wichtige Voraussetzung darstellt. Unter Feldzugang ist zum einen die Vertrauensbasis zu verstehen, die zu den untersuchten Akteuren aufzubauen ist. Diese schließt die Akzeptanz des Forschenden in seiner Rolle als Besucher, Befrager und Beobachter in einem sozialen Feld ein, wobei Vertrauen als unabdingbar für den Erfolg des Befragenden in qualitativen Untersuchungen angesehen wird (FONTANA & FREY 1994; vgl. LAMNEK 2005). Um Akzeptanz und Vertrauen als positive Rahmenbedingungen für die Befragungssituation herzustellen, ist der Einsatz von Schlüssel-Informanten ein geeignetes Mittel. Solche Schlüssel-Personen vermittelten in der vorliegenden Untersuchung häufig nicht nur den ersten Kontakt zu den Interviewpartnern in den Dörfern *(comunidades)*, sondern nahmen z.T. auch an den Interviews teil. Als Schlüssel-Informanten wurden dabei zum einen Dorfbewohner eingesetzt, die noch von früheren Aufenthalten im Untersuchungsgebiet bekannt waren, sowie zum anderen Mitarbeiter von Nichtregierungsorganisationen und Personen, die wiederum von diesen vermittelt worden waren.

Für die Feldforschung war es erforderlich, eine Genehmigung durch die zuständigen indigenen Gremien für die Aufenthalte und die Durchführung der Interviews in den jeweiligen Dörfern zu erlangen. An der nicaraguanischen Moskitia-Küste konnte eine solche Erlaubnis durch den regionalen Altenrat sowie durch die lokalen Autoritäten ohne größeren Aufwand mit Hilfe der deutsch-nicaraguanischen Nichtregierungsorganisation (NRO) Von Küste zu Küste e.V. eingeholt werden. In Panama gestaltete sich der Erhalt der notwendigen Genehmigungen durch die zuständigen Kuna-Gremien weitaus diffiziler. Nach jahrzehntelanger Erfahrung des Volkes mit ausländischen Forschern herrscht heute insbesondere auf der Ebene der indigenen Autoritäten die Ansicht, dass ausländische Wissenschaftler die Kuna und ihre Autonomieregion zu häufig als Untersuchungsobjekte bzw. -raum nutzen, ohne einen angemessenen Rückfluss ihrer Ergebnisse zu gewährleisten. Aus diesen Gründen unterliegt die Erteilung von Forschungsgenehmigungen inzwischen strengen Auflagen und wird sehr restriktiv gehandhabt. Voraussetzung für eine Erlaubnis vorübergehender Forschungsaufenthalte ist die Präsentation der Untersuchungsinhalte und -methoden vor der Generalversammlung der Kuna (Congreso General). Für die vorliegende Arbeit wurde eine mehrgleisige Strategie gewählt, die zum einen auf der 1994 durch die drei amtierenden Vorsitzenden des Congreso General *(caciques)* erteilten Forschungserlaubnis basierte. Zum anderen diente die in das Spanische übersetzte eigene Diplomarbeit (SANDNER 1999b), die in Kopie u.a. dem Kuna-Kongress ausgehändigt wurde, als „Eintrittskarte". Zugleich setzte sich die einflussreiche Kuna-Organisation AEK/Pemasky vor dem Congreso General für die Genehmigung der Forschungsarbeiten ein, so dass diese aufgrund der günstigen Ausgangssituation dann eingeholt werden konnte.

Die Feldarbeiten im Autonomiegebiet profitierten ebenfalls von der Kooperation mit der Organisation AEK/Pemasky, die in verschiedenen *comunidades* Projekte zum Ressourcenmanagement durchführt. Mehrere der Mitarbeiter standen für die Arbeit vor Ort als Assistenten, Übersetzer und Motorbootfahrer zur Verfügung, und auch für den Erhalt der Einzelgenehmigungen, die trotz der generellen Forschungserlaubnis des Congreso General auf den einzelnen Inseln nochmals vor der Dorfversammlung *(congreso)* einzuholen waren, erwies sich der Einsatz der AEK/Pemasky-Mitarbeiter als hilfreich. Dieses Verfahren war z.T. durch ein Gespräch mit dem lokalen Dorfoberhaupt *(saila)* relativ schnell zu durchlaufen, auf manchen Inseln hingegen mit einer mehrstündigen Präsentation und Befragung über Forschungsziele, Methoden, persönlichen Werdegang und Familienverhältnisse verbunden. Lediglich eine Insel-Gemeinde schied für die Untersuchung aus, nachdem im Plenum des lokalen *congreso* über das Vorhaben diskutiert, schließlich jedoch eine Ablehnung durch den *saila* ausgesprochen worden war – mit der Begründung, dass derartige Projekte zu einer Einschränkung der Ressourcennutzung führen könnten und dies unerwünscht sei.

3.4 Zur Auswahl der lokalen Fallbeispiele

Die Auswahl der lokalen Fallbeispiele in Kuna Yala musste sich unter den gegebenen Umständen flexibel gestalten. Als zentrales Fallbeispiel wurde das Inseldorf Tikantikki ausgewählt, sowie daneben Corazón de Jesús und die beiden auf einer Insel gelegenen *comunidades* Ustupu und Ogobsucum. Zusätzlich erfolgten Besuche der Inseln Cartí Sugdup und Wichub Uala mit zusätzlichen Befragungen. Mit der Auswahl dieser Dörfer ist das Spektrum der innerhalb Kuna Yalas zu beobachtenden Differenzierung ökonomischer und kultureller Verhältnisse relativ umfassend abgedeckt. In diesem Spektrum repräsentiert Tikantikki eine eher kleine, relativ traditionelle Inselgemeinde ohne Tourismus, während Wichub Uala und Cartí Sugdup Beispiele für eine kleinere bzw. eine größere, in beiden Fällen stark am Tourismus ausgerichtete Gemeinde darstellen. Ustupu/ Ogobsucum eignet sich als bevölkerungsreichste Insel der Region als Beispiel für die mit der hohen Bevölkerungsdichte verbundenen Problematiken sowie daneben für die starke Orientierung auf den exportorientierten Fang von Langusten. Die Insel Corazón de Jesús schließlich gilt zusammen mit der Nachbargemeinde Narganá als die am stärksten akkulturierte *comunidad* der Comarca Kuna Yala. Bis auf Corazón de Jesús und Tikantikki waren alle Dörfer bereits 1994 im Rahmen der Diplomarbeit untersucht worden, so dass die damals hergestellten Kontakte, Beobachtungen und Interviews als Basis für die vorliegende Arbeit genutzt werden konnten. Sofern Ergebnisse aus der Feldarbeitsphase von 1994 im Einzelnen in die Untersuchung einfließen, wird darauf im Text hingewiesen.

In Nicaragua wurde die Vorauswahl der Fallbeispiele zunächst anhand der vorhandenen Literatur über die nördliche Moskitia-Küste getroffen, wobei Bismuna, Sandy Bay und Cabo Viejo als geeignete Küstengemeinden in Betracht kamen, unter anderem da sie innerhalb des Schutzgebietes „Area Protegida Cayos Miskitos" liegen, für das Ressourcennutzungskonflikte in der Literatur dokumentiert sind. Vor Ort konzentrierte sich die Feldforschung schließlich auf die Gemeinde Bismuna, wobei diese Konzentration aus mehreren Gründen erfolgte: Zum einen gestaltete sich die praktische Organisation der Feldforschung an der noch heute relativ schlecht zugänglichen Moskitia als verhältnismäßig schwierig. Dörfer wie Sandy Bay und Cabo Viejo sind nur über Tagesreisen mit dem Boot von Bilwi (Puerto Cabezas) bzw. Bismuna aus zu erreichen, wobei sich solche Transportmöglichkeiten nicht ohne Aufwand und nur mit z. T. mehrtägigen Wartezeiten organisieren lassen. Auch die Kommunikation, die nur über vereinzelte Funkgeräte erfolgt, erschwert die Organisation des Reisens. Daher erwies sich die Zusammenarbeit mit der erwähnten deutsch-nicaraguanischen NRO als wertvolle Hilfe bei der Organisation. Zum anderen zeigte sich, dass die Durchführung von Interviews in den Miskito-Dörfern einen höheren zeitlichen Vorlauf zum Aufbau einer Vertrauensbasis erforderte, so dass insgesamt der Zeitaufwand für die Feldforschungen hier im Vergleich zur Autonomieregion der Kuna wesentlich höher war.

Schließlich erschien auch aus inhaltlichen Gründen eine Streuung der empirischen Untersuchung auf mehrere *comunidades*, wie sie in Kuna Yala vorgenommen wurde, nicht auf die Moskitia-Küste übertragbar, denn die Nutzungsformen und Vermarktungswege von Meeresressourcen sind stärker zwischen den einzelnen Gemeinden differenziert. So lassen sich eine Konzentration der jeweiligen *comunidades* auf einzelne Ressourcen bzw. Kombinationen aus mehreren Ressourcen und in diesem Zusammenhang auch unterschiedliche Vermarktungsstrategien, Nutzungskonflikte und Ressourcenprobleme feststellen. In Kuna Yala hingegen erschien die Streuung der Untersuchung auf mehrere Gemeinden als sinnvoller Ansatz, um bei relativ geringen Unterschieden, die eher die sozio-ökonomischen und kulturellen Dimensionen betreffen, generelle Charakterisierungen der einzelnen Ressourcennutzungsmuster vornehmen zu können. An der Moskitia-Küste lag der Fokus also auf der *comunidad* Bismuna; jedoch wurden trotzdem zwei weitere Dörfer zur Durchführung von Befragungen besucht, um das lokale Beispiel in einen breiteren Kontext einordnen und die regionalen Differenzierungen verstehen zu können. Im Gegensatz zu Bismuna – als Beispiel für eine hauptsächlich auf den Fang von Fisch und Garnelen der Lagunen ausgerichtete Gemeinde mit einer starken Abhängigkeit von den aufkaufenden Fischfirmen – konzentriert sich die Fischerei in Sandy Bay auf den Langustenfang bei den vorgelagerten Cayos Miskitos. Auch die Absatzwege und die Problematik der Nutzungskonflikte sowie die Involviertheit in den Drogenhandel unterscheiden sich von Bismuna. Die Feldforschung in Sandy Bay erfolgte während zweier Kurzaufenthalte, die einen Besuch der Cayos Miskitos einschlossen. Daneben wurde die Gemeinde Cabo Viejo besucht, die ein Beispiel für eine Kombination von marktorientiertem Garnelen- und Langustenfang mit Subsistenzfischerei ist. Somit konnte das Spektrum der unterschiedlichen Spezialisierungen in den Küstengemeinden der Nord-Moskitia (bis auf den Schildkrötenfang) erfasst werden.

3.5 Zur Auswahl der Forschungsmethoden und ihrer Anwendung

Die Methode der teilnehmenden Beobachtung spielt nicht nur in der Ethnologie eine zentrale Rolle, sondern auch in der geographischen Mensch-Umwelt-Forschung im fremdkulturellen Kontext, so z.B. bei ethnoökologischen Untersuchungen (MÜLLER-BÖKER 1995). Mit ihrer Hilfe kann die „Aneignung des notwendigen umfassenden kulturellen Hintergrundwissens am besten [...] geschehen" (MISCHUNG 1988, S. 79), und sie soll dem Forschenden eine „größtmögliche Nähe zu seinem Gegenstand" sowie die Erschließung der „Innenperspektive der Alltagssituation" ermöglichen (MAYRING 2002, S. 81). Teilnehmende Beobachtung kann dabei nicht als ein eigenes, von anderen Methoden losgelöstes methodisches Instrument betrachtet werden, sondern wird mit diesen in Kombination angewandt (vgl. JACKSON 1983). Das Ziel der teilnehmenden Beobachtung ist ATTESLANDER (1993) zufolge die Erfassung sozialer Interaktionen, zum einen durch Verstehen (bei der Datenerhebung), zum anderen durch Interpretation (bei der Auswertung).

Fragestellung und Forschungsmethodik 83

Eine zentrale Methode der vorliegenden Untersuchung war die teilnehmende Beobachtung, mit deren Hilfe das Verstehen der lebensweltlichen Zusammenhänge der lokalen Bevölkerung, der kulturellen und sozialen Rahmenbedingungen sowie des Verhältnisses der indigenen Bevölkerung zu ihrer Umwelt erreicht werden sollte. Daher wurde versucht, soweit möglich an alltäglichen Aktivitäten teilzunehmen, die in direktem Bezug zur Fragestellung standen (z. B. Ausfahrten zum Fischen, Fischverkauf), oder einen allgemeinen Einblick in dörfliches Leben ermöglichten und zugleich der Kontaktaufnahme mit der lokalen Bevölkerung dienten (z. B. Dorfversammlungen, Totenfeiern, Impfkampagnen). Auch durch die Teilnahme an selteneren Ereignissen wie Seminaren und Informationsveranstaltungen von Entwicklungsprojekten (in Nicaragua) konnten Einblicke in aktuelle Themen und Zusammenhänge gewonnen werden. Die im Sinne der teilnehmenden Beobachtung gewonnenen Informationen (vgl. MEIER KRUKER & RAUH 2005) wurden ebenso wie die sonstigen allgemeinen Beobachtungen (zur Siedlungsstruktur, zu sichtbaren lokalen Umweltbelastungen, Landnutzung usw.) in einem Feldtagebuch festgehalten.

Ein weiterer Bestandteil der teilnehmenden Beobachtung sind alltägliche informelle Gespräche, die neben den Interviews erfolgen. FONTANA & FREY (1994, S. 371) bezeichnen diese Form von „unstructured conversation, mere chitchat, listening to others without taking notes or trying to direct the conversation" als zentral für das Verständnis einer fremden Kultur. Für die Durchführung sozialgeographischer Forschungsarbeiten in indigenen Gesellschaften bildet der Versuch des Verstehens der kulturellen und sozialen Gegebenheiten die Grundlage jeglicher Feldarbeit.

Für solche Untersuchungen mit indigener Bevölkerung stellen konventionelle standardisierte Methoden, wie beispielsweise Befragungen anhand von Fragebögen, aus verschiedenen Gründen meist kaum geeignete Instrumente zur Gewinnung des empirischen Materials dar. Diese Methoden lassen nicht nur wenig Spielraum zur Erfassung der kulturell spezifischen Bewertung und der Vorstellungen über die Umwelt (vgl. MÜLLER-BÖKER 1995), sondern erlauben daneben auch kaum das Entstehen einer vertrauensvollen Atmosphäre der Kommunikation zwischen dem aus einer fremden Kultur stammenden Forschenden und dem einheimischen Befragten. Außerdem sind die anhand des Vorwissens und der Denkstrukturen des Forschenden vorformulierten Fragen häufig nicht unmittelbar von den Befragten beantwortbar oder für sie unverständlich. Aus diesen Gründen wurde in der vorliegenden Untersuchung die Methode des nicht- bzw. des halb-standardisierten Interviews als zentrales Instrument der Feldforschung im Sinne einer qualitativen Sozialgeographie gewählt.

Nicht-standardisierte Befragungen sind LAMNEK (2005) zufolge dadurch gekennzeichnet, dass offene Fragen zur Anwendung kommen, die weder vorformuliert sind, noch einem vorab fixierten Verlauf folgen. Antwortvorgaben existieren dabei, anders als bei standardisierten Befragungen, nicht; vielmehr wird dem Befragten die Möglichkeit gegeben, frei zu antworten und nach eigenem Ermessen Relevantes zu berichten, während es dem Fragenden möglich ist, einzelne Themen durch Nachfragen zu vertiefen. Unter qualitativen Interviews werden eine Reihe ähnlicher Interviewformen verstanden, wobei keine begriffliche Einheitlichkeit in der Literatur herrscht. In der vorliegenden Untersuchung wurden vorwiegend problemzentrierte Interviews anhand eines groben thematischen Leitfadens geführt, der je nach Befragungssituation unterschiedlich stark vorstrukturiert wurde (so genannte halb-standardisierte oder Leitfadeninterviews; vgl. REUBER & PFAFFENBACH 2005). Teilweise wurden auch nicht-standardisierte Gespräche zu speziellen Themen geführt, die sich ohne Leitfaden an wenigen Leitfragen orientierten (wie z. B. zur mythologischen und spirituellen Bedeutung des Meeres in der jeweiligen Kultur). Auch Gruppeninterviews und Gruppendiskussionen wurden als Untersuchungsmethode eingesetzt. Während bei Gruppeninterviews mehrere Gesprächsteilnehmer gemeinsam befragt werden, ist bei einer Gruppendiskussion auch die Entwicklung einer Diskussion unter den Gesprächsteilnehmern erlaubt, in der diese den Gesprächsverlauf bestimmen und die fragende Person lediglich ausnahmsweise durch Fragen eingreift (vgl. ATTESLANDER 1993). In Nicaragua wurde während wiederholter Gruppendiskussionen mit einer vierköpfigen Gruppe von Fischern in Gemeinschaftsarbeit eine Karte erstellt, auf der die im jahreszeitlichen Zyklus variierende Nutzung natürlicher Ressourcen in der Lagune von Bismuna und der näheren Umgebung verzeichnet ist (siehe Kap. 5.3.2).

3.6 Auswahl der Befragten und Anzahl der Interviews

Die Auswahl der Befragten orientierte sich, wie bei qualitativen Methoden üblich, an inhaltlichen Kriterien und nicht an wahrscheinlichkeitsmathematischen Modellen (vgl. MEIER KRUKER & RAUH 2005; REUBER & PFAFFENBACH 2005). Es wurde versucht, neben solchen Akteuren, die für die Fragestellung der Arbeit besonders relevant erschienen, wie Fischern und Langustentauchern, vor allem auch die am Handel mit Fisch und Meeresfrüchten beteiligten Personen zu befragen (Aufkäufer, Geschäftsführer der weiterverarbeitenden Fischereiindustrie), zusätzlich aber auch Bewohner der jeweiligen Dörfer, deren Tätigkeit nicht in unmittelbarem Zusammenhang mit der Fischerei steht (z. B. Frauen). Wichtige Interviewpartner waren daneben auch Akteure mit speziellen Funktionen, wie Dorfoberhäupter, Priester, Richter, Lehrer, Ärzte und Mitarbeiter lokaler Organisationen. Daneben wurden in den regional bedeutsamen Städten mit zentralen Verwaltungsfunktionen Interviews mit verschiedenen Funktionsträgern geführt (in Panama-Stadt sowie in Nicaragua in der Muniziphauptstadt Waspám, der Regionalhauptstadt Bilwi und der Hauptstadt Managua). Befragte waren dort einerseits indigene Personen, die in Nichtregierungsorganisationen, an Universitäten oder bei sonstigen Stellen tätig sind, sowie zum anderen nicht-indigene Vertreter von staatlichen Behörden, von Forschungsinstitutionen, lokalen oder internationalen NRO.

Eine häufig in der Literatur anzutreffende Differenzierung der Befragungen zwischen so genannten „Experteninterviews" und Interviews mit der lokalen Bevölkerung, also den „Laien", wurde für die vorliegende Arbeit nicht vorgenommen, da die Definition von Experten sich im regionalen Kontext schwierig gestaltet (vgl. BOGNER & MENZ 2002). Zum einen lässt sich kaum eine sinnvoll operationalisierbare Unterscheidung nach den Funktionen einzelner Akteure und dem Grad der Involviertheit in lokale Zusammenhänge treffen. So erfüllen viele indigene Akteure, die in Nichtregierungsorganisationen oder wissenschaftlichen Einrichtungen mit Sitz in der Hauptstadt bzw. Regionalhauptstadt tätig sind, z.T. mehrere Funktionen parallel, die in unterschiedlicher Weise auf lokaler Ebene verankert sind. In Nicaragua wurden beispielsweise mehrere Personen befragt, die zugleich als Universitätsdozenten, Mitglieder der indigenen, politischen Partei Yatama sowie als Projektmitarbeiter einer NRO auf lokaler Ebene bzw. als beratende Planer in einer staatlichen Behörde tätig waren. Diese multiplen Funktionen mit unterschiedlichem Grad der Involviertheit auf lokaler Ebene erschweren die klare Zuordnung der Aussagen solcher Akteure, vor allem dann, wenn diese noch als Mitglieder einer *comunidad* auf lokaler Ebene in soziale Zusammenhänge eingebunden sind. In manchen Fällen wurden Personen befragt, die zwar als Projektmitarbeiter mit Universitätsausbildung in Nichtregierungsorganisationen mit Hauptstadtsitz eingebunden waren, deren Tätigkeit jedoch phasenweise ruhte, so dass sie in der Zwischenzeit als Fischer und Landwirte in ihrer *comunidad* tätig wurden. Eine Unterscheidung zwischen interner und externer Expertise (nach FROSCHAUER & LUEGER 2003) war aufgrund dieser Überlagerungen kaum möglich.

Der zweite, für die vorliegende Arbeit noch gewichtigere Grund für einen Verzicht auf die Unterscheidung zwischen Experten und „Laien" ist der Gedanke, dass Befragte immer auch als Experten für ihre jeweilige Lebenswelt betrachtet werden können (FROSCHAUER & LUEGER 2003). Vor allem im Zusammenhang mit dem hier gewählten theoretischen Ansatz der *traditional-ecological-knowledge-systems* erscheint dies relevant, da demnach lokales, traditionelles Wissen, z.B. von Fischern, als Expertenwissen eines eigenen, traditionellen Wissenssystems anzusehen ist. Dieses unterscheidet sich zwar grundlegend von wissenschaftlichem Wissen, doch greift eine Kategorisierung als „Laienwissen", durch die im Vorhinein eine wertende Einordnung des Wissens als wenig qualifiziert im Unterschied zu wissenschaftlichem Wissen vorgenommen wird, zu kurz. Einer solchen Kategorisierung widersprechen auch die Erkenntnisse aus Forschungen über traditionelle Wissenssysteme der Fischerei im Pazifik, die das umfangreiche spezifische Wissen lokaler Ressourcennutzer über marine Systeme dokumentieren (vgl. SABETIAN 2002). In der vorliegenden Arbeit wird daher auf eine Kategorisierung der Befragten in Experten und Nicht-Experten verzichtet. Viermehr geht es um die Untersuchung und Darstellung von Sachverhalten, Prozessen und Perzeptionen aus unterschiedlichen Perspektiven der jeweiligen Akteure auf verschiedenen Maßstabsebenen.

Die Auswahl der Befragten musste sich nicht nur an inhaltlichen Kriterien orientieren, sondern auch an der Durchführbarkeit unter den lokalen Umständen. So kamen Interviews in den Dörfern meistens am einfachsten nach Vermittlung durch die Schlüsselinformanten zustande, denn es war aufgrund der relativ kurzen Feldarbeitsphasen nicht immer möglich, sich soweit in ein Dorf zu integrieren, dass Von-Haus-zu-Haus-Befragungen ohne vorherige Vermittlung möglich gewesen wären. Die Durchführung der Interviews erforderte z. T. wiederholte Terminabsprachen, wenn Interviewpartner zu vereinbarten Terminen verhindert waren. Insgesamt zeigten sich die Befragten meist kooperativ, so dass Interviews oft zwischen 30 und 60 Minuten dauerten, in vielen Fällen aber auch darüber hinaus bis zu drei Stunden oder mehr. Häufig erstreckten sich die Interviews über mehrere fortgesetzte Termine hinweg oder wurden bei einem erneuten Forschungsaufenthalt fortgeführt. Die Zahl der befragten Personen beträgt für Panama 41 in Kuna Yala sowie 22 in Panama-Stadt; in Nicaragua wurden insgesamt 80 Personen in den Küstensiedlungen befragt (davon 54 in Bismuna), sowie 29 weitere in Waspám, der Regionalhauptstadt Bilwi und Managua. Die Gesamtzahl der in den qualitativen Interviews befragten Personen ergibt demnach 172, wobei wiederholte Befragungen einzelner Personen während der verschiedenen Forschungsaufenthalte sowie kurze informelle Gespräche nicht berücksichtigt sind.

Die Kuna zeigten sich in den Interviews trotz der allgemeinen Skepsis gegenüber ausländischen Forschern nach einer kurzen Kennenlernphase als sehr kommunikativ. Die Interviews mit der Miskito-Bevölkerung hingegen erwiesen sich trotz der allgemeinen Freundlichkeit einer ausländischen Besucherin gegenüber als schwieriger durchführbar. Zudem vermuteten die Befragten häufig trotz der persönlichen Vorstellung zunächst die Zugehörigkeit der Befragerin zu einer Entwicklungsorganisation, die finanzielle Ressourcen in das Dorf bringen könnte. So waren die Aussagen in den Interviews gelegentlich von dem Bestreben geprägt, das Dorf und die eigene Familie als besonders bedürftig darzustellen. Nachdem diese Tendenz erkannt worden war, wurde in den Interviews versucht, noch deutlicher auf die Ziele des eigenen Projektes hinzuweisen und durch wiederholte Gegenfragen (z. B. zur ökonomischen Situation des Haushaltes) sowie offene Diskussionen solche interessensgeleiteten Darstellungen der eigenen Situation zu minimieren oder zumindest wahrzunehmen. In Kuna Yala zeigten einige Befragte ein entgegengesetztes Verhalten, indem sie versuchten, der externen Betrachterin ein möglichst positives Bild der Region zu präsentieren, was sich z. T. ebenfalls in längeren Befragungen relativieren ließ.

3.7 Durchführung und inhaltliche Gestaltung der Interviews

Die meisten Interviews wurden nicht in den indianischen Sprachen, sondern auf Spanisch geführt, da auf diese Weise die Gefahr des Informationsverlustes und der Interpretation durch einen Übersetzer verringert wurde (vgl. FONTANA & FREY 1994). In einigen Fällen, insbesondere bei älteren Einwohnern, die des Spanischen nicht oder nur unzureichend mächtig waren, mussten die Interviews allerdings in Kuna- bzw. Miskito-Sprache geführt und durch einen Helfer übersetzt werden. Da es sich dabei um wichtige Gespräche mit lokalen Oberhäuptern oder Kennern mythologischer Fragen handelte, wurde der mögliche Nachteil des Informationsverlustes in Kauf genommen. Inhaltlich orientierten sich die Interviews mit Fischern und Langustentauchern an dem Ziel, ein aktuelles Bild der Nutzung mariner Ressourcen zu gewinnen, sowie die zeitliche Entwicklung der letzten Jahre zumindest grob zu erfassen. Daher wurden zum Thema Fischerei auch Quantitäten erfragt, wie z. B. tägliche und wöchentliche Fangmengen im Jahresverlauf, Verkaufspreise, Kosten für Treibstoff, Einkünfte etc. Dabei konnten Auskünfte über aktuelle Preise und Mengen relativ leicht eingeholt werden; als schwieriger erwiesen sich hingegen Retrospektivfragen über die Erträge in zurückliegenden Jahren, wobei sich zeigte, dass die Angaben teilweise recht weit auseinander liegen. Daher erwiesen sich ungenaue Mengenangaben wie „viel", „mittel", „wenig" im Vergleich zu quantitativen Angaben als realistischere Kategorien, um Entwicklungen über einen bestimmten Zeitraum zu charakterisieren.

Daneben wurden auch Fragen zu Nutzungskonflikten, Verkaufswegen, ökonomischen Abhängigkeiten, Regelungen der Nutzung, ökologischen Problemen, eigenen Lösungsvorschlägen und anderen mit dem Thema Fischerei verbundenen Fragenkomplexen gestellt. In den Befragungen anderer, nicht direkt in die Fischerei involvierter Bewohner wurde versucht, ein Bild von der ökonomischen Bedeutung der Fischerei, der allgemeinen ökonomischen, politischen und sozialen Situation und kulturellen Gegebenheiten zu gewinnen, um Gesamtzusammenhänge verstehen zu können. In den Gesprächen mit Funktionsträgern außerhalb der als Fallstudien gewählten Orte ging es je nach Tätigkeitsbereich der Befragten teils um die Situation in diesen anderen Dörfern, teils um regionale, nationale und internationale Zusammenhänge sowie Projekte in der Region.

In allen vor Ort durchgeführten Interviews wurden Fragen nach der vorwiegenden Beschäftigung, dem Beruf, dem Einkommen und der Haushaltsgröße gestellt. Es zeigte sich dabei jedoch, dass diese zunächst einfach erscheinenden Fragen nur selten direkt beantwortet werden konnten. So wurden in Bezug auf die Beschäftigung die im kulturellen Kontext selbstverständlich erscheinenden Nebentätigkeiten, wie z. B. landwirtschaftlicher Anbau zur Selbstversorgung oder handwerkliche Tätigkeiten, häufig nicht angegeben. Auch über das monatliche bzw. wöchentliche Einkommen, das meist periodisch stark variiert, konnten oder wollten die Befragten kaum Angaben machen; Informationen zu diesen Fragen ergaben sich meist erst im längeren Gespräch.

3.8 Zur Dokumentation und Auswertung der Interviews

Für die Dokumentation der Interviews kamen unterschiedliche Methoden zur Anwendung. Die in manchen Lehrbüchern vertretene Auffassung, Interviews müssten grundsätzlich mit einem Tonbandgerät aufgezeichnet werden, um eine vollständige Dokumentation zu erreichen (vgl. DIEKMANN 2005), wird nicht von allen Autoren geteilt (so FONTANA & FREY 1994) und erschien unter den gegebenen Umständen nicht geboten. Zu Beginn der Feldarbeiten zeigte sich, dass Aufnahmegeräte die Befangenheit der Befragten erhöhten (insbesondere in Kuna Yala). Deshalb wurden nicht alle Gespräche mittels eines Diktiergerätes aufgezeichnet, sondern lediglich bestimmte Interviews, z. b. diejenigen mit lokalen Oberhäuptern und Funktionsträgern in den Städten. Zum größten Teil erfolgte die Dokumentation der Interviews durch die Anfertigung eines Protokolls, in dem der Gesprächsverlauf in Stichworten festgehalten sowie einzelne Aussagen wörtlich notiert wurden (vgl. ATTESLANDER 1993). In einigen Fällen schien allerdings auch der Verzicht auf die Protokollierung während des Interviews geboten und es wurde anstelle dessen möglichst zeitnah ein Gedächtnisprotokoll erstellt, insbesondere dann, wenn es aus verschiedenen Gründen – beispielsweise aufgrund der Skepsis gegenüber Forschern – besonders wichtig erschien, eine entspannte und alltagsnahe Gesprächssituation zu schaffen. Diese ließ sich durch einfaches Zuhören manchmal eher herstellen als in einer für die Befragten ungewohnten Situation angesichts einer Forscherin mit Block und Stift (vgl. VENTOCILLA 1993 zur Forschungsarbeit in Kuna Yala). Daneben ergaben sich auch Interviewsituationen, in denen sich Notizen aus organisatorischen Gründen nicht während des Interviews anfertigen ließen (z. B. Gespräch bei Mondschein oder im Boot), so dass ein Gedächtnisprotokoll die einzig mögliche Variante blieb.

Die Auswertung der Interviews erfolgte im Prozess der Interpretation durch die Verfasserin in Verbindung mit den durch Beobachtung gewonnenen Informationen. Die Anwendung von Methoden der Kodierung zur Reduktion der Daten und zu ihrer statistischen Auswertung ist bei qualitativen Interviews nicht zwingend erforderlich und kam hier nicht zur Anwendung (vgl. LAMNEK 2005).

In jedem Fall kann ein Feldaufenthalt kaum mehr als einen Einblick in bestimmte Themenfelder ermöglichen und nur ansatzweise das tiefere Verstehen der kulturellen Besonderheiten und Zusammenhänge zum Ergebnis haben. Der Versuch des Verstehens leitet die Forschungsarbeit, auch wenn sich jeder Feldforschende in einer fremden Kultur in die Gefahr des Missverstehens oder der Fehlinterpretation begibt. MISCHUNG (1989) beschreibt die möglichen Fehlerquellen treffend anhand eigener Erfahrungen in Thailand und zeigt dabei, dass auch konkrete quantitative Antworten auf relativ einfache Fragen erhebliche Fehlerquellen bergen können, wenn der Fragende die auf der Basis der kulturellen Gepflogenheiten gegebenen Antworten aufgrund mangelnden Verständnisses falsch interpretiert oder die falsche Frage gestellt hat. Auch die vorliegende Arbeit sieht sich mit diesem Problem konfrontiert, dessen sich die Verfasserin bewusst ist. Dabei kann allerdings die ständige Reflexion der eigenen Perspektive und das bewusste Hinterfragen der eigenen Interpretationen vielleicht einen ersten Schritt zur angestrebten Verringerung von Missverständnissen und Fehlinterpretationen darstellen.

4 Das indigene Autonomiegebiet Comarca Kuna Yala, Panama

4.1 Der Untersuchungsraum

4.1.1 Lage und naturräumliche Ausstattung

Das Autonomiegebiet der Kuna, das heute offiziell als „Comarca Kuna Yala" bezeichnet wird, erstreckt sich an der Karibikküste Panamas von der Punta de San Blas (79° westlicher Breite) bis nach Puerto Obaldía (77° westlicher Breite). Im Nordwesten grenzt es an die Provinz Colón, im Südosten wird es von der Grenze zu Kolumbien abgeschlossen (Abb. 2). Wie auf der Karte deutlich wird, besteht das Autonomiegebiet zum einen aus dem ca. 226 km langen Festlandstreifen, dessen Breite nur im äußersten Westen eine maximale Breite von ca. 28,5 km erreicht und ansonsten zwischen 5 km im Osten und 15 km im Westen variiert. Zum anderen liegen der Küste in einer Entfernung von 100 m bis zu 15 km vorgelagert eine Vielzahl koralliner Inseln. Über die Anzahl dieser Inseln herrscht Unklarheit; während in älteren Quellen ihre Zahl meist mit 365 beziffert wird, sind es neueren Literaturangaben zufolge über 400 (vgl. SALVADOR 1997). Die Fläche Kuna Yalas wird im Zensus mit 2.393 km² angegeben (Contraloría 2000), erweitert sich jedoch um zusätzliche 2.300 km², wenn man das Meeresgebiet mitberücksichtigt, das sich bis zur äußeren 20 m-Tiefenlinie erstreckt. So ergibt sich eine Gesamtfläche von 4.693 km². Die Topographie des Festlandstreifens erlaubt eine Einteilung in eine flache Küstenebene von in der Regel 2 bis 8 km Breite und das sich landeinwärts anschließende Bergland der Cordillera de San Blas mit einer maximalen Erhebung von 850 m ü. M., dem Berg Dianmaiyala (Cerro Brewster). Die vorherrschenden Böden in der Comarca sind saure Latosole mit relativ geringer Fruchtbarkeit, von denen 85% als kaum für die Landwirtschaft geeignet bezeichnet werden (AEK/PEMASKY 1990).

Klimatisch kann Kuna Yala einem Grenzsaum zwischen den immerfeuchten und den wechselfeuchten Tropen zugeordnet werden, der durch den Einfluss des Nordostpassats nach Höhenlage und Jahreszeit erhebliche Differenzierungen aufweist. Auf den Inseln und im Küstentiefland ist die Trockenzeit ausgeprägter als im Bergland, ihre Dauer nimmt allerdings von Westen nach Osten ab (Comisión del Atlas de Panamá 1975). Die Jahresmittel des Niederschlags liegen im Küstengebiet zwischen 2500 und 3000 mm und steigen im Bergland bis auf etwa 4000 mm an (CASTILLO & BEER 1983); die Mittelwerte der Temperatur schwanken zwischen knapp 24 °C auf den Höhenrücken und 26 bis 27,5 °C an der Küste (VENTOCILLA et al. 1995a). Im Nordsommer liegt Panama unter der Innertropischen Konvergenz mit Westwinden, während sich im Winterhalbjahr die Konvergenzzone nach Süden verlagert und Panama unter den Einfluss der Nordostpassate gerät. Insbesondere in den Monaten Januar bis April schränken diese heftigen Passatwinde das Wirtschaften der Bevölkerung in Kuna Yala ein, da sie die Fischerei in den kleinen Booten (Einbäumen) zu gefährlich bis undurchführbar machen. Eine Gefährdung durch Hurrikane ist hingegen nicht gegeben, da die Zugrouten der Hurrikane weiter nördlich verlaufen; ihr Fehlen wird

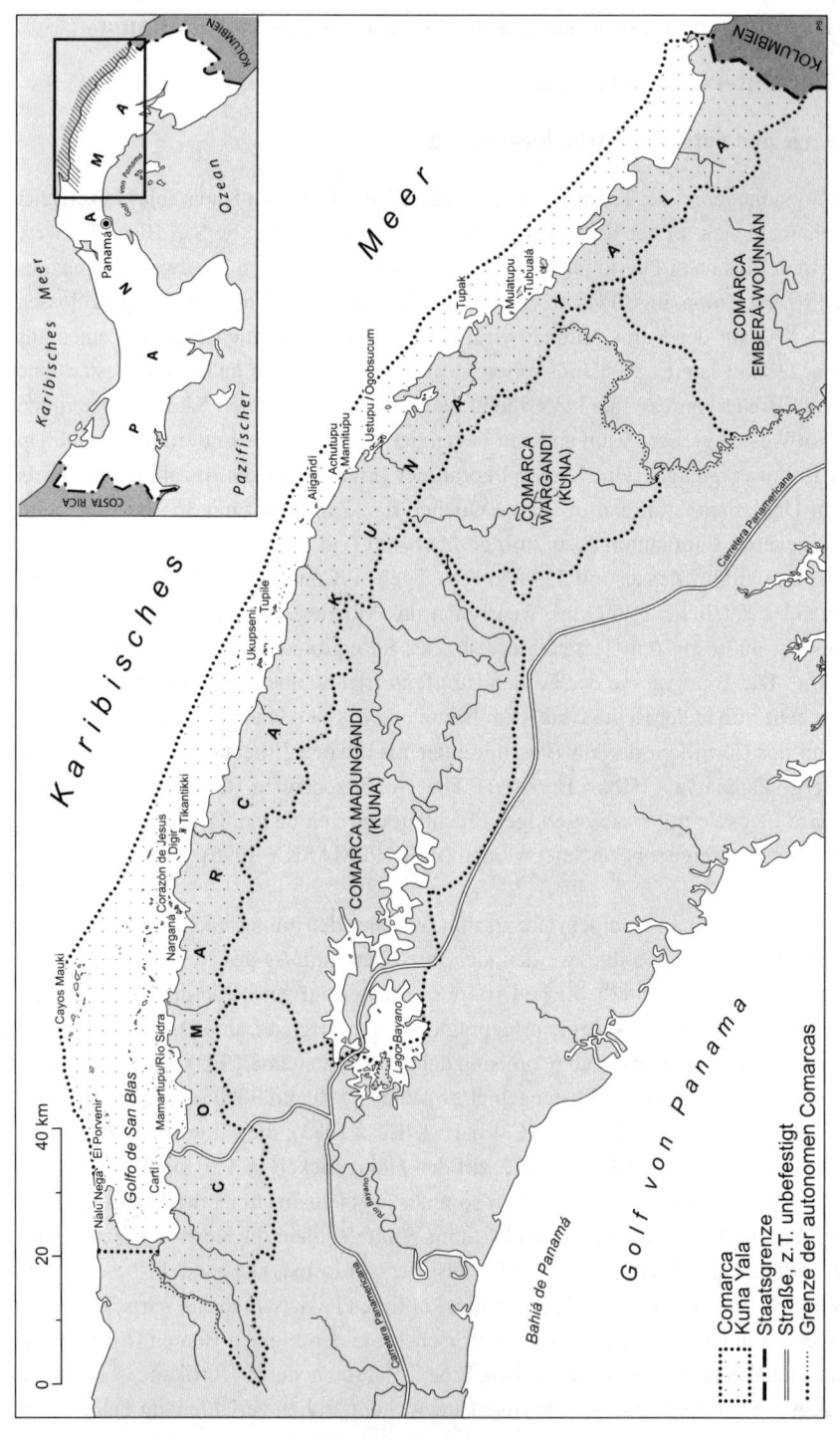

Abb. 2: Übersichtskarte von Panama mit der Comarca Kuna Yala
Quelle: Eigener Entwurf

als eine wichtige Voraussetzung für die Besiedlung der flachen Koralleninseln angesehen, die sich fast ausnahmslos wenige Dezimeter bis max. 2 m über den Meeresspiegel erheben und korallinen Ursprungs sind (vgl. GLYNN 1973).

Die Vegetation wird von immergrünen tropischen Wäldern dominiert, die VENTOCILLA et al. (1995a) zufolge 90 % der Fläche Kuna Yalas einnehmen. Die Brandrodungswirtschaft hat weite Teile der küstennahen Wälder umgeformt, so dass dort heute Sekundärwald überwiegt; in großen Teilen des Berglandes, vor allem im mittleren und östlichen Kuna Yala, sind die Primärwälder jedoch noch weitgehend erhalten. Auf die hohe ökologische Bedeutung dieser Wälder, die – zumindest in jüngerer Zeit – weitgehend unberührt von anthropogenem Einfluss geblieben sind und als Rückzugsgebiet für seltene Tierarten wie z. B. Panther fungieren, wird heute von vielen Autoren und Organisationen hingewiesen (vgl. COATES 1997). Rinderhaltung und die dafür erforderlichen Grasflächen existieren in Kuna Yala aufgrund der ablehnenden Haltung der Kuna gegenüber der Großviehhaltung nicht, so dass VENTOCILLA et al. (1995a) feststellen, dass die asiatischen Gräser *Saccharum spontaneum* und *Hyparrhenia rufa*, die im übrigen Panama weit verbreitet sind und die Regeneration des Sekundärwaldes nach der Abholzung verhindern, hier nicht vorkommen.

Mangrovenbestände nehmen den größten Teil der Küste Kuna Yalas ein, vorwiegend bestehend aus *Rhizophora mangle* sowie *Avicennia spec.* und *Laguncularia racemosa* (STIER 1979); an den übrigen Küstenabschnitten finden sich Sandstrände. Die Meerestemperaturen, die für das Wachstum von Korallenriffen eine entscheidende Größe darstellen, liegen zwischen 24° und 31 °C und betragen im Jahresdurchschnitt 27,9 °C, sie bleiben auch in Tiefen von 50 m immer über 25 °C (LOWMAN et al. 1970 in GLYNN 1972). Nach GUZMÁN & JIMÉNEZ (1992) herrscht an Panamas Karibikküste ganzjährig eine von West nach Ost verlaufende Meeresströmung vor; die Tidenamplitude ist mit max. 50 cm (durchschnittlich 33 cm) relativ gering. In Küstennähe erstreckt sich das flache Schelfmeer mit Tiefen zwischen 50 cm und max. 20 m bis zu einer maximalen Entfernung von ca. 20 km, woran sich der Übergang zum Kontinentalabhang anschließt. Im westlichen Teil der Comarca ist der Küste ein Barriereriff vorgelagert (GUZMÁN et al. 2002), das eine wichtige Funktion als Schutzbarriere für die Inseln und Riffe erfüllt.

Die Saumriffe Kuna Yalas, die im westlichen Teil auf einer breiten Riffplattform von 50 bis 100 m Breite liegen, zeichnen sind durch eine hohe Artenvielfalt der Korallen aus. Daher wird das Gebiet von Meeresbiologen des STRI (Smithsonian Tropical Research Institute) als einer der Räume höchster Riff-Biodiversität in der gesamten Karibik angesehen (VENTOCILLA et al.1995a), so dass ihm eine hohe ökologische Bedeutung zukommt. 49 Arten hermatypischer, also riffbildender Korallen, sowie 20 weitere Korallenarten sind dokumentiert, die in bis zu 11 vertikalen Habitatzonen in den Riffen zu finden sind (PORTER 1972). Zwischen den Riffen erstreckt sich Sandgrund mit vereinzeltem Wachstum von Korallen in Tiefen bis zu 50 m. Seegraswiesen sind vor allem nahe den Cayos Mauki und im Südosten der Comarca in ausgedehnten Beständen zu finden, aber auch in der Nähe vieler Inseln und der Küste (CHARNLEY & DE LEÓN o. J.). Sie liegen hauptsächlich im flachen Wasser (max. 10 m Tiefe) und werden vorwiegend durch die Art *Thalassia testudinum* gebildet, sowie daneben auch *Halodule wrightii, Syringodium filiforme* und *Halophila baillonis* (EARLE 1972). Diese Seegraswiesen und insbesondere die Korallenriffe erfüllen eine wichtige Funktion als Lebensraum für viele Tierarten, die von den Kuna genutzt werden, neben Fisch vor allem Langusten, Schildkröten und Meeresschnecken. Dabei bewirkt die regional differenzierte Verbreitung der Korallenriffe mit ihrem Schwerpunkt im Westen des Gebietes eine Ungleichverteilung der marinen Ressourcen, deren – zumindest in früheren Tagen bekannter – Reichtum nach Osten hin abnimmt. Auch die Schutzfunktion der Riffe für die in ihrem Strömungsschatten liegenden Inseln ist im Osten des Gebietes schwächer ausgeprägt; Transport und Fischerei werden dort häufiger von starkem Wellengang beeinträchtigt oder verhindert.

4.1.2 Historische Entwicklung der Region und die Herkunft der Kuna

Der Isthmus von Panama war aufgrund seiner geographischen Lage schon lange vor der Ankunft der Spanier ein Transitraum für verschiedene Bevölkerungsgruppen, die die schmale Landbrücke auf ihren Wanderungen überquerten (TORRES DE ARAÚZ 1980). Daher erfuhr dieser Raum schon vor dem 16. Jahrhundert wiederholte Veränderungen der ethnischen Bevölkerungsstruktur. Mit der Ankunft der Spanier begann eine neue Phase der umwälzenden Veränderungen, die in der folgenden Kolonialzeit von der Dezimierung der indigenen Bevölkerung durch die gewaltsamen Konflikte mit den Eroberern, durch Zwangsarbeit und durch Krankheiten, sowie von Versklavung, Migrationen, Konflikten zwischen verschiedenen indigenen Gruppen, wechselnden Allianzen und der Verdrängung einzelner Gruppen geprägt war.

Der Darién mit dem Golf von Urabá und der Nordküste San Blas, dem heutigen Kuna Yala, spielte dabei zunächst eine wichtige Rolle als Stützpunkt für die Spanier, von dem aus die Eroberung Zentralamerikas stattfand (G. SANDNER 1985). Nach der vierten Reise von Christoph Kolumbus, der 1503 an der Küste von San Blas entlang segelte (MERCADO SOUSA 1959), gründeten die Spanier um 1510 als erste Siedlung auf dem Festland Santa María la Antigua del Darién am Golf von Urabá. Von hier aus entdeckte der erste Gouverneur der neuen Provinz Castilla del Oro, Vasco Núñez de Balboa, im Jahr 1513 den Pazifischen Ozean. Ein Jahr später wurde er durch Pedrarias Dávila (Pedro Arias de Ávila) ersetzt, der 1515 die Stadt Acla an der Küste von San Blas gründete. Nach ROMOLI (1987) und HOWE (1998) war Pedrarias mit seinen blutigen Übergriffen und dem systematischen Einfangen von Sklaven verantwortlich für die fast vollständige Auslöschung der einheimischen Bevölkerung im Darién-Gebiet, die von Romoli auf etwa 230.000 Menschen geschätzt wird.

Schon 1524 gingen die Verwaltungsfunktionen für die Provinz auf die neue Stadt Panama an der Pazifikküste über. In der Folge entwickelte sich die Route entlang des Rio Chagres, der Camino Real, zum bevorzugten Verkehrsweg über den Isthmus, und so wurden die vormals wichtigen Hafenorte und transisthmischen Wege des Darién ab den 30er Jahren des 16. Jahrhunderts weitgehend aufgegeben (vgl. MEDING 2002). Zwar gewann der Transitweg zwischen Panama-Stadt und Nombre de Dios (bzw. später Portobelo) in der folgenden Zeit eine herausragende Bedeutung für die Silber-Transporte von Peru nach Europa (HECKADON MORENO zufolge wurden 60 % aller Edelmetalle aus Peru über diesen Weg transportiert, HECKADON MORENO 1997), sowie in seiner Brückenfunktion für den Fluss von Informationen, Gütern und Menschen (JAÉN SUÁREZ 1998). Dem östlich dieser Route gelegenen Darién wurde von den Spaniern jedoch kaum weitere Beachtung zuteil, und Besiedlungs- und Erschließungsversuche blieben für die nächsten Jahrhunderte weitgehend aus; mit Ausnahme einzelner Kolonisten und Missionare war weiße Bevölkerung kaum vorhanden.

Die Landschaft des Darién war COOKE zufolge (1997) vor der *Conquista*, also zwischen 2000 v. Chr. bis ins 16. Jahrhundert hinein, geprägt von Brandrodungsfeldbau durch die indigene Bevölkerung (v. a. für die Kultivierung von Mais), so dass diese Region bei Ankunft der Spanier weniger durch dichten Urwald als durch eine anthropogene Savannenlandschaft gekennzeichnet war (SAUER 1966). In Folge der radikalen Dezimierung der gesamten darienitischen Bevölkerung im 16. Jahrhundert veränderte sich die Landschaft jedoch, da dieser periphere Raum bis ins 17. Jahrhundert hinein weitgehend entvölkert wurde (JAÉN SUÁREZ bezeichnet ihn als „desierto humano", 1998, S. 489). Aufgrund dessen setzte die Wiederbewaldung mit tropischem Regenwald ein, so dass WAFER 1681 einen fast vollständig bewaldeten Küstenstreifen östlich von Portobelo vorfand (WAFER 1699/1960). Gleichzeitig wurde die Region von einwandernden Gruppen indigener Bevölkerung schrittweise erneut besiedelt, so dass die Bevölkerungszahlen ab Mitte des 16. Jahrhunderts wieder zunahmen (15.000 Mitte des 17. Jahrhunderts nach JAÉN SUÁREZ 1998), ohne jedoch die Bevölkerungsdichte zur präkolumbianischen Zeit zu erreichen.

Ob sich unter den indigenen Ethnien, die zu Beginn der spanischen Eroberung auf dem Darién lebten, auch Kuna befanden, ist bisher ungeklärt und umstritten. HOWE zufolge gibt es Indizien dafür, dass schon zu Zeiten Balboas Kuna dort siedelten (in VENTOCILLA et al. 1995a). Auch COOKE & SÁNCHEZ (2003) gehen aufgrund neuerer genetischer und linguistischer Untersuchungen davon aus, dass die sieben heutigen, untereinander verwandten indigenen Ethnien Panamas schon vor der Ankunft der Spanier auf dem Isthmus präsent waren. Eine andere Frage ist es allerdings, ob es sich bei den damals auf dem Küstenstreifen des heutigen Kuna Yala lebenden Cueva-Indianern tatsächlich um die Vorfahren der Kuna handelt, wie HELMS (1975) vermutet. So weist HOWE (1998) auf die mangelnde Übereinstimmung der in den spanischen Berichten überlieferten indianischen Wörter mit der Sprache der Kuna hin, sowie auf fehlende Ähnlichkeiten zwischen der als stark stratifiziert beschriebenen indigenen Gesellschaft, wie sie die Spanier vorfanden, und den heutigen Kuna. Auch TORRES DE ARAÚZ zufolge (1980) können die im 20. Jahrhundert auf dem Darién lebenden indigenen Gruppen nicht aufgrund ihrer aktuellen Präsenz im Raum als identisch mit den zu Beginn des 16. Jahrhunderts dort lebenden Bevölkerungsgruppen identifiziert werden, da nach Beginn der *Conquista* nicht nur die Dezimierung der Bevölkerung, sondern auch vielfältige Wanderungsbewegungen der verschiedenen Gruppen stattfanden. Vielmehr wird heute angenommen, dass es sich bei den in frühen Quellen beschriebenen Indigenen des Küstenstreifens des Darién um eine Gruppe der Cueva-Indianer handelt, die in der Folge der *Conquista* als eigenständige Volksgruppe verschwanden, wie die Untersuchungen von ROMOLI zeigen (1987).

TORRES DE ARAÚZ (1980) zufolge begannen die Kuna Ende des 16. Jahrhunderts im Zuge der Migrationen verschiedener Gruppen ihre Einwanderung auf den Darién, wobei sie die dort möglicherweise noch erhaltenen Reste der Cueva verdrängten und gewaltsame Konflikte mit benachbarten indigenen Gruppen, insbesondere den Chocó, sowie mit den Spaniern und schwarzen ehemaligen Sklaven austrugen. Der Ausgangspunkt dieser Wanderung ist bisher nicht zweifelsfrei identifiziert worden, viele Autoren gehen davon aus, dass die Kuna aus dem nördlichen Kolumbien, vermutlich der Sierra Nevada de Santa Marta, stammen. Diese Annahme deckt sich mit der mündlichen Überlieferung des Volkes, der zufolge es durch Konflikte mit benachbarten indigenen Gruppen die Wanderung nach Norden antrat (VENTOCILLA 1997). In der Folge besiedelten die Kuna, der Überlieferung zufolge, das Gebiet um den Berg Takarkuna am Südrand des heutigen panamaischen Darién. Dieser Berg gilt heute noch als heilig und spielt eine herausragende Rolle in der Mythologie (WASSÉN 1949).

HOWE hält es für gesichert, dass Kuna zur späteren Kolonialzeit auf dem gesamten Darién präsent gewesen sein müssen, da es kaum geographische Namen gibt, die nicht aus der Sprache der Kuna stammen (in VENTOCILLA et al. 1995b). Ende des 17. Jahrhunderts migrierte der größte Teil der Kuna-Bevölkerung TORRES DE ARAÚZ (1980) zufolge weiter in Richtung der karibischen Küste. Jedoch blieb ein Teil der Bevölkerung im Darién an den Flüssen Bayano und Chucunaque ansässig, wo bis heute einige Kuna-Gemeinden als eigenständige Gruppe außerhalb der Comarca Kuna Yala leben. Für den Küstenstreifen gibt es ab Ende des 17. Jahrhunderts erste schriftliche Bestätigungen dafür, dass es sich bei dort ansässigen Bevölkerung tatsächlich um Kuna handelte, insbesondere in den Berichten der katholischen Missionsposten, sowie in den Reisebeschreibungen des Piraten LIONEL WAFER (1699/1960), sowie von ESQUEMELING (1684/1992) und DAMPIER (1697/1998). WAFER, der nach einer Verletzung einige Monate bei diesen von ESQUEMELING als „Indios Bravos de Darién" bezeichneten Menschen lebte, liefert die früheste schriftliche Beschreibung einiger Aspekte ihrer Lebensweise und Kultur. Die Küste von San Blas mit den damals als Samballas oder Samballoes Islands bezeichneten Inseln wurde gleichzeitig zum Grenzgebiet zwischen englischen und spanischen Einflusssphären der Karibik, und diente englischen, französischen sowie holländischen Piraten als Unterschlupf, da sich dieser Grenzsaum des karibischen Festlandes der spanischen Kontrolle entzog (HOWE 1986; HELMS 1975). In dieser Zeit entstanden vielfältige Handelsbeziehungen zwischen Piraten und Kuna, wodurch wiederum die kulturelle Entwicklung der Bevölkerung beeinflusst wurde. Dabei tauschten die Kuna vor allem Gemüsebananen, Früchte und Fleisch gegen Werkzeuge (ESQUEMELING 1684/1992). Als Verbündete der Piraten im Kampf gegen die Spanier stellten sie sich aber auch als Führer und Kämpfer für Angriffe auf spanischen Niederlassungen des Festlandes zur Verfügung und segelten zeitweise auf englischen Schiffen mit. Ihr Verhältnis zu Engländern im Allgemeinen wird, im Gegensatz zu den erbitterten Konflikten mit den Spaniern, von DAMPIER (1697/1998) als freundlich und kooperativ beschrieben.

Neben der Präsenz der Piraten existierten keine europäischen Ansiedlungen, mit Ausnahme der kurzlebigen schottischen Kolonie (1698-1700) und einer kleinen Kolonie französischer Siedler, die sich mit der Kuna-Bevölkerung mischten. Diese Vermischung stellt jedoch eine Ausnahme dar, denn generell herrschte unter den Kuna ein ethnisches Ausschließlichkeitsgebot, das die Vermischung mit Fremden untersagte (MEDING 2002). Dieses Prinzip der ethnischen Exklusivität verbot die Übernachtung und Ansiedlung Fremder und spiegelt sich bis heute in leicht abgeschwächter Form in den internen Gesetzen der Comarca wider, die den Aufenthalt Fremder nur unter bestimmten Voraussetzungen gestatten. Das kriegerische Verhalten der Kuna führte bis ins 18. Jahrhundert zu Konflikten mit den Spaniern, bis ein Friedensvertrag mit den spanischen Kolonialbehörden im späten 18. Jahrhundert diese Konflikte beendete (HERRERA 1972). Währenddessen intensivierten sich die Handelsbeziehungen zu englisch- und spanischsprachigen Händlern der Handelsschiffe. Die Bevölkerungszahl der Kuna wird von HOWE (1997) für die Zeit um 1785 auf 5.000 Einwohner geschätzt.

Bis in das 19. Jahrhundert hinein lebten die Kuna in den Wäldern an den Flüssen des Küstenstreifens. Sie suchten die Inseln des San Blas Archipels gelegentlich auf, um dort Handel zu treiben und zu fischen, ohne sich jedoch dort niederzulassen. Deren Besiedlung durch soziale Gruppen oder einzelne Familien von Kuna entwickelte sich erst ab Mitte des 19. Jahrhunderts (HOWE 1974). Für die Verlagerung von Siedlungen lässt sich kein einzelner Faktor als ursächlich identifizieren; vielmehr handelt es sich um das Zusammenspiel verschiedener Aspekte. Einer der Gründe für die Umsiedlung ist wahrscheinlich die Vereinfachung des seeorientierten Handels mit den vorbeiziehenden Schiffen, der für die Kuna zunehmend an Bedeutung gewann und sich STEWARD (1963) zufolge ab Mitte des 19. Jahrhunderts intensivierte. Dabei wurde vor allem mit dem auf dem Weltmarkt stark nachgefragten Schildpatt sowie mit Kautschuk und Kokosnüssen gehandelt. Ein weiterer Vorteil der Besiedlung der Inseln war der vereinfachte Anbau von Kokospalmen, der dort ohne das mühsame Freischlagen des Waldes geschehen konnte (MCKIM 1947). Daneben versprachen die Inseln mit der leichten Seebrise aber auch ein angenehmeres und gesünderes Klima, wobei insbesondere die geringere Gefahr von Malaria und anderen epidemischen Erkrankungen zu nennen ist und zugleich das Fehlen von Schlangen und anderen giftigen Tieren einen Vorteil gegenüber den Festlandsiedlungen darstellt. Diese als Vorzüge interpretierten Aspekte des Lebens auf den Inseln spielen in Form von Präferenzen der Bevölkerung noch heute eine Rolle für das Beibehalten der Siedlungsstruktur, wie sich in den Befragungen zeigte (siehe Kap. 4.3).

Die Umsiedlungsbewegung zog sich bis zu Beginn des 20. Jahrhunderts als gradueller Prozess über einen Zeitraum von mehr als 80 Jahren hin. In der Folge wurden die meisten Festlandsiedlungen aufgegeben, mit Ausnahme einzelner Dörfer, die noch auf dem Festland existieren, wie z.B. Aidirgandi und Ukupa an der Küste. Einzig Cangandi nimmt unter den Festlandsiedlungen insofern eine Sonderstellung ein, als es erst durch die Rückwanderung von den Inseln um 1950 gegründet wurde (vgl. VENTOCILLA 1993).

Die Wanderung in Richtung Küste markiert den Beginn einer stärkeren Beziehung der Kuna zum Meer, das zunächst als Lieferant für wichtige Ressourcen und als Transportweg diente und ab Mitte des 19. Jahrhunderts mit der Umsiedlung auf die Inseln auch zum integralen Bestandteil der alltäglichen Lebensumwelt wurde (vgl. Abb. 3 einer typischen Inselsiedlung). WASSÉN zufolge fand durch die Umsiedlung erst der Wandel der Kuna „into a sea-minded people" statt (WASSÉN 1949, S. 22). Als Beleg für das relativ junge Verhältnis der Kuna zum Meer führt WASSÉN die während einer Forschungsreise 1947 dokumentierte mündliche Überlieferung an, der zufolge die Kuna so große Angst vor dem Meer und seinen Strudeln *(birya)* hatten, dass sie es vorzogen, zu Fuß an der Küste entlang zu wandern und sich möglichst wenig dem Meer zu nähern. Auch von rituellen Gesängen zur Vertreibung gefährlicher Meerestiere wurde ihm berichtet. WASSÉN schließt aus seinen Beobachtungen, dass die Kuna ursprünglich kein meerorientiertes Volk waren. Der Unterschied im Verhältnis der Kuna zu ihrer marinen im Vergleich zur terrestrischen Umwelt wird an späterer Stelle noch zu diskutieren sein. Zunächst kann festgehalten werden, dass sich die Mensch-Umwelt-Beziehung in Bezug auf das Meer vermutlich erst innerhalb eines vergleichsweise kurzen Zeitraums (wenige Generationen) entwickelt hat. So zeigt sich ein deutlicher Unterschied zu anderen insularen Bevölkerungsgruppen – beispielsweise auf pazifischen Inseln –, wo sich die Anpassung von Kultur und Lebensweise an die marine Umwelt über viele Jahrhunderte oder gar Jahrtausende hinweg vollziehen konnte.

Die Veränderung der Lebensumwelt brachte unterschiedliche Konsequenzen für die Lebensweise der Bevölkerung mit sich. Während sie zuvor in unmittelbarer Nähe zum Wald lebte, der als Jagdgebiet, zum Sammeln von Früchten und Arzneimitteln sowie für die Anlage landwirtschaftlicher Nutzflächen zur Verfügung stand, siedelte sie nun auf wenige Hektar großen korallinen Inseln ohne Süßwasserquellen und mit Ausnahme von Kokospalmen und Fruchtbäumen ohne ausreichende pflanzliche Nahrungsmittel. Daher

Abb. 3: Die Insel Ukupseni (Playon Chico) in der Comarca Kuna Yala (1.886 Einwohner im Jahr 2000)
Quelle: Eigene Aufnahme

behielten die Kuna trotz der neuen räumlichen Entfernung vom Festland die Nutzung des festländischen Waldes bei, wo sie – bis heute – die landwirtschaftlichen Parzellen anlegen. Dabei veränderten sich die landwirtschaftlichen Anbauzyklen und Eigentumsverhältnisse, da anstelle des kommunalen Landbesitzes ein System des individuellen, vererbbaren Besitzes von Landwirtschaftsflächen entstand, die seltener der Wiederbewaldung überlassen wurden (HOWE 1998). Außerdem fand mit der gewachsenen Entfernung vom ehemaligen Lebensraum HELMS (1975) zufolge zugleich eine geschlechterspezifische Differenzierung der Arbeitsaufgaben statt, im Zuge derer die Frauen ihre Beteiligung an den landwirtschaftlichen Arbeiten aufgaben und sich auf die in den Inseldörfern auszuübenden Tätigkeiten konzentrierten. Eine Ausnahme bildet die Süßwasserversorgung, die weiterhin Frauen-Aufgabe blieb und nun durch tägliche Bootsfahrten zu den Flüssen des Festlandes gewährleistet werden musste.

Die zentrale Funktion, die der Festlandteil der Comarca bis heute für die Produktion von Nahrungsmitteln, Heilpflanzen und den kommerziell wichtigen Kokosnüssen sowie für die Süßwasserversorgung einnimmt, macht deutlich, dass die Kuna keine typische Inselbevölkerung im engeren Sinne sind, denn die Ressourcenbasis beschränkt sich nicht auf den insularen Lebensraum. Vielmehr wurde der Siedlungs- und Wirtschaftsraum durch die Migration auf die Inseln um eine neue räumliche Dimension erweitert, ohne dass die vorherige Wirtschaftsweise grundlegend verändert oder aufgegeben wurde. So schreibt HOWE den Inseln lediglich eine Funktion als „dormitory communities" zu (HOWE 1986, S. 10). JAÉN SUÁREZ (1972) ist der Ansicht, man könne die Verlagerung der Siedlungen auf die Inseln nicht als echte Migration bezeichnen, da sich diese lediglich auf die Siedlungen selbst, nicht jedoch auf den ökonomischen Produktionsraum bezieht, der weitgehend beibehalten wurde.

Bis zum Ende des 19. Jahrhunderts lebten die Kuna weitgehend unberührt von Versuchen der Kolonisierung und Erschließung ihres Territoriums durch die Kolonialmacht und den späteren Staat Kolumbien, dessen Teil Panama damals war. Während die Region am Rio Chagres mit ihrer Brückenfunktion sowie die westlich der Hauptstadt gelegenen Ebenen eine große Bedeutung für Besiedlung, Transport und Landwirtschaft erlangten, entwickelte sich im östlich der Hauptstadt gelegenen Darién mit dem Küstenstreifen San Blas keine Kolonisationsfront, und die Besiedlung durch nicht-indigene Gruppen blieb spärlich. Das kriegerische Verhalten der Kuna erlaubte es ihnen, einzelne Unternehmungen der Spanier sowie Konflikte mit anderen Gruppen, wie z.B. den kolumbianischen Kautschuksammlern, abzuwehren (MEDING 2002). Durch die periphere Situation am Rande des Darién und die bewusste Abwehr äußerer Einflüsse konnten die Kuna bis ins 20. Jahrhundert hinein ihr Überleben als kulturell eigenständiges Volk sichern, das im Gegensatz zu vielen anderen Völkern Zentralamerikas nie in der hispanischen Majoritätskultur des Landes aufging oder sich durch den Druck der Kolonisierung zerstreute. Kurz vor dem Erreichen der Unabhängigkeit Panamas vom kolumbianischen Mutterland änderten sich jedoch die Verhältnisse. 1871 wurde bereits ein großer Teil des Siedlungsgebietes der Kuna per Dekret als „Comarca Tulenega" ausgewiesen, die dem Ziel der „Zivilisierung der Wilden" dienen sollte (LÉGER 1994, S. 166; vgl. Dekret vom 29. April 1871, in GUIONNEAU-SINCLAIR 1991).

Kurz darauf wurde das Volk durch die Unabhängigkeit Panamas von Kolumbien (1903) geteilt. Zugleich wurde der Darién zum Grenzgebiet zwischen beiden Ländern und zog somit das Augenmerk der Regierung auf dieses unerschlossene Gebiet von hoher strategischer Bedeutung. In einem Gesetz von 1908 wurde die „Reducción a la vida civilizada de las tribus salvajes" nun von der panamaischen Regierung als staatliche Aufgabe festgeschrieben (Ley 59 von 1908, vgl. GUIONNEAU-SINCLAIR 1991, S. 16). Die Regierung begann damit, die Einrichtung von Missionsposten zu unterstützen (zunächst katholische, später auch protestantische), die bis zu diesem Zeitpunkt keinen Erfolg bei den Kuna gehabt hatten, nun aber der Unterwerfung und „Zivilisierung" der Bevölkerung dienen sollte, wie im Gesetz festgeschrieben (vgl. FALLA o. J.). Kurz danach richtete die Regierung einen Polizeiposten ein, sowie 1915 den Posten des Intendanten auf Porvenir mit der Funktion eines Gouverneurs (HOWE 1986). Zugleich nahm der Druck durch von außen eindringende Nutzer zu, wie z. B. Kautschuksammler, Schildkrötenfänger und Siedler, sowie durch die Errichtung zweier Bananenplantagen. Den Kuna wurde der Verkauf von Kokosnüssen und Schildpatt an ausländische Händler, das heißt an die Hauptabnehmer dieser Güter, die kolumbianischen Schiffsbesatzungen, gesetzlich untersagt, während gleichzeitig Steuern auf dieselben Güter eingeführt wurden (GUIONNEAU-SINCLAIR 1991). Auch der innere Druck zur Modernisierung wuchs durch einige radikale Gruppierungen von Modernisten, die die Einrichtung von Schulen und Missionsstationen sowie das Ablegen traditioneller Bräuche vorantrieben; Zentrum dieser Bewegung waren die beiden Gemeinden Narganá und Akuanusatup. Die Regierung trieb in dieser Phase die erzwungene Akkulturierung voran, indem z. B. traditionelle Tänze, Medizin und Kleidung sowie das Tragen der goldenen Nasenringe untersagt wurden und die Übertretung der Verbote gewaltsame Maßnahmen zur Folge hatte (Stockschläge, Gefängnis; HOWE 1997). MEDING (2002) zufolge wurde durch diese Politik der Archipel in Kulturkreise aufgespalten, wodurch die inneren Spannungen zunahmen.

Zugleich verstärkten sich die Machtkämpfe unter den regionalen Führern und ihrer Anhängerschaft. Die Arbeit der Missionare sowie vor allem die zunehmenden gewaltsamen Übergriffe von Polizisten zur Durchsetzung der Gesetze, insbesondere gegen Frauen, provozierten wachsenden Widerstand, der von einigen charismatischen Führern wie Nele Kantule und Simral Colman mit ihren Gefolgsleuten organisiert wurde. Zur Eskalation kam der Konflikt 1925 in der so genannten „Revolución Dule", einem bewaffneten Aufstand, der sich gegen die panamaischen Polizeibeamten richtete und in dessen Zuge die unabhängige „Republik Tule" ausgerufen wurde (TURPANA 1994). Unterstützt wurden die Kuna dabei von einem nordamerikanischen Abenteurer, Richard O. Marsh, auf dessen Initiative hin die Intervention einer Delegation der nordamerikanischen Regierung erfolgte. Ausführliche Betrachtungen zum Verlauf der Revolution sind bei MEDING (2002) und sehr detailliert bei HOWE (1998) zu finden. Schließlich trat die panamaische Regierung in Verhandlungen mit den Kuna, als deren Ergebnis eine Einigung erzielt wurde, aufgrund derer der Staat die Zivilisierungsbemühungen aufgab und den Kuna politische Autonomie garantierte; die Kuna verpflichteten sich im Gegenzug zur Anerkennung des Nationalstaates und zur Gestattung der Einrichtung von Schulen (LÉGER 1994).

Die Politik der Regierung gegenüber den Kuna änderte sich: Anstelle der erzwungenen Akkulturierung trat nun die weitgehende Akzeptanz der Lebensweise. Allerdings sollte die staatliche Präsenz in Form von Polizeiposten und durch die Verwendung der nationalen Flagge gewährleistet werden, der die Kuna jedoch immer noch die Fahnen der Tule-Republik entgegensetzten. 1930 entstand aufgrund von Verhandlungen zwischen dem inzwischen zum wichtigsten Oberhaupt der rebellischen Kuna aufgestiegenen Nele Kantule und dem Präsidenten Arosemena die Vereinbarung über ein Schutzgebiet *(Reserva Indígena)*, das den Kuna weitgehende Autonomie bei gleichzeitiger Akzeptanz der panamaischen Oberhoheit garantieren sollte. Die Hintergründe für diesen Wandel in der Regierungspolitik sieht der Historiker MEDING (2002) weniger in der Furcht der Regierung vor einem Eingreifen der USA oder vor einem bewaffneten Konflikt mit den Indigenen, sondern eher in psychologischen Gründen der Scham der panamaischen Öffentlichkeit gegenüber dem eigenen, bevormundenden Verhalten, das der Bevormundung des Staates durch die USA ähnelte.

Die so genannte Revolution von 1925 war für die Kuna in vielerlei Hinsicht von entscheidender Bedeutung. Zum einen markierte sie das Ende der Zivilisierungsversuche durch die panamaische Regierung, eine Grundbedingung für die weitgehende Erhaltung der traditionellen Kultur und Lebensweise im 20. Jahrhundert. Zum anderen erlaubte die Einigung mit der Regierung die spätere Gestaltung der politischen Autonomie, die als positives Beispiel zum Vorbild für andere Völker Lateinamerikas werden sollte. Darüber hinaus hatte die Revolution aber auch noch weitere Effekte: Die vormals in verschiedene Machtgruppen zersplitterte politische Elite mit den Entscheidungsträgern einigte sich weitgehend, wodurch die Einheit des Kuna-Volkes gegenüber äußeren Einflüssen und Akteuren beträchtlich wuchs. Eine Ausnahme bildeten dabei die Dörfer Narganá und Akuanusatup, die damals eine besondere politische Position vertraten und bis heute als am weitesten akkulturierte Gemeinden eine Sonderstellung in Kuna Yala einnehmen.

Abgesehen von diesen Ausnahmen wurde allerdings das Bewusstsein der Kuna als ein zusammenhängendes Volk mit der eigenen kulturellen indigenen Identität angesichts des massiven externen Drucks zur Akkulturierung erheblich gestärkt. Die Revolution von 1925 spielt bis heute eine wichtige Rolle in der mündlich überlieferten Geschichte der Kuna, aber auch in schriftlichen Veröffentlichungen, wie z.B. über die damaligen Anführer, die als Helden verehrt werden (vgl. KUNGILER 1994). Die lebendige Erinnerung an den Aufstand manifestiert sich nicht nur in Gedenkstätten und Wandmalereien, die sich auf vielen Inseln finden lassen (vgl. Abb. 4), sondern auch in den alljährlichen Feierlichkeiten zum Jahrestag der Revolution sowie zum Gedenken an die jeweiligen lokalen Helden. Doch wirkt die kollektive Erfahrung aus der Revolutionszeit nicht nur in der retrospektiven Betrachtung nach, sondern äußert sich auch in den aktuellen Reaktionen auf Bedrohungen von außen, so z.B. in der Androhung von Waffengewalt gegen den Staat (vgl. 4.2).

Abb. 4: Wandbild zur Erinnerung an den Aufstand der Kuna von 1925 (Ailigandi)
Quelle: Eigene Aufnahme

Die Revolution wird von den Kuna, wie auch von den meisten Autoren, als Ergebnis des Konfliktes zwischen der indigenen und der hispanischen Gesellschaft und als Aufbäumen gegen staatliche Repression verstanden. Der als Sieg interpretierte Ausgang der Rebellion dient als Beweis für den erfolgreichen Widerstand gegen staatliche Bevormundung und wird als Instrument in politischen Auseinandersetzungen mit dem Staat eingesetzt. MEDING (2002) zufolge handelte es sich bei dem Aufstand von 1925 zwar in erster Linie um interne Auseinandersetzungen zwischen Modernisierern und Traditionalisten unter den Kuna mit den daraus folgenden Machtkämpfen unter ihren Führern (vgl. HERRERA 1972). Die Kuna haben die Ursachen und den Ausgang der Revolution jedoch auf ihre eigene Weise interpretiert und diese Perspektive zur Stärkung der kollektiven Identität gegenüber dem „Außen", das heißt in erster Linie dem Staate Panama, genutzt. Das Dilemma, in dem sich die Kuna-Führer vor der Revolution befanden, nämlich untereinander eine Einigung über den einzuschlagenden Weg der Entwicklung, den Grad der Öffnung gegenüber Einflüssen von außen und dem Zulassen staatlichen Einflusses zu finden, bleibt allerdings – wenn auch in abgeschwächter Form – bis heute aktuell.

4.1.3 Bevölkerung und Siedlungsstruktur

Nachdem das Volk sich früher als Dule bzw. Tule (wörtlich: „Menschen") oder auch Olotule („Goldmenschen", vgl. TURPANA 1994) bezeichnete, ist heute der Begriff Kuna der gebräuchlichste, der u. a. von den indigenen Organisationen verwendet wird (in älterer

Schreibweise Cuna). Die Sprache der Kuna gehört zur Familie der Chibcha-Sprachen und ist Muttersprache der meisten indigenen Einwohner der Comarca Kuna Yala, mit Ausnahme der Bevölkerung zweier Inseldörfer (Narganá und Akuanusatup), wo seit der Etablierung von Missionsstationen und Schulen Anfang des 20. Jahrhunderts vorwiegend Spanisch gesprochen wird.

Über die Bevölkerungsentwicklung der Region des heutigen Kuna Yala liegen bis in die 1960er Jahre kaum verlässliche Zahlen vor. STOUT (1947) schätzt die Bevölkerungszahl Ende des 19. Jahrhunderts auf max. 10.000, jedoch sind HOWE (1974) zufolge derartige Schätzungen wie auch die Volkszählungen der 1920er Jahre mit großen Unsicherheiten behaftet und können allenfalls als grobe Anhaltswerte dienen (vgl. Tabelle 3). Der Vergleich der ersten verhältnismäßig verlässlichen Zählung von 1960 mit der Einwohnerzahl von 1990 (von knapp 20.000 auf 34.044 Einwohner) zeigt einen Bevölkerungszuwachs von 76% im Comarca-Gebiet – im Vergleich zu einem Wachstum der Gesamt-Bevölkerung Panamas um 117%. Während die Bevölkerung Gesamt-Panamas im anschließenden Zeitraum zwischen 1990 und 2000 bei einem jährlichen Wachstum von ca. 2% um knapp 21,9% auf nunmehr 2.839.177 weiter zunahm, verringerte sich die Einwohnerzahl Kuna Yalas um 4,7% auf 32.446 im Jahr 2000, was einer jährlichen Schrumpfungsrate von 0,48% gleichkommt.

Die wichtigsten Eckdaten der aktuellsten Volkszählung des Jahres 2000 sind in Tabelle 4 zusammengefasst (Contraloría 2000, 2001a und 2001b). Unter der indigenen Bevölkerung Gesamt-Panamas von 285.231 beläuft sich dem Zensus zufolge der Anteil der Kuna auf 21,6% (61.707), was wiederum einem Anteil von 2,2% an der Gesamt-Bevölkerung Panamas gleichkommt (Contraloría 2001b). Etwa die Hälfte der Kuna lebt allerdings inzwischen außerhalb der Comarca Kuna Yala (d.h. 49,4% oder 30.492). Davon entfällt nur ein kleiner Teil auf die traditionellen Siedlungsgebiete der Kuna im panamaischen Darién, wo 1.690 Menschen in den Regenwäldern leben (2,7% der Kuna). Auf diese

Tab. 3: Historische Bevölkerungsentwicklung im Gebiet der Comarca Kuna Yala

Jahr	Bevölkerungszahl	Quelle
Ende 19. Jahrhundert	10.000 (maximal)	STOUT 1947
1940	20.822	HOWE 1974
1950	17.350	HOWE 1974
1960	19.343	Contraloría 1964
1970	24.681	Contraloría 1991
1990	34.044	Zensus von 1990, Contraloría 1991
1996	33.000	Zählung des SIS 1996
2000	32.446	Zensus von 2000, Contraloría 2001a

Quelle: Eigene Zusammenstellung nach den angegebenen Quellen

Tab. 4: Ausgewählte Daten zur Kuna-Bevölkerung nach dem aktuellsten Zensus (von 2000)

Gesamtbevölkerung Kuna	61.707 (2,2 % der Gesamt-Bevölkerung)
Kuna in der Comarca Kuna Yala	31.215 (50,6 % der Kuna-Gesamtbevölkerung)
Kuna außerhalb der Comarca	30.492 (49,4 % der Kuna-Gesamtbevölkerung)
davon im Bezirk Panama-Stadt	24.133 (79,1 % der außerhalb Kuna Yalas Lebenden)
ethnische Struktur der Comarca Kuna Yala	Kuna: 31.215 (96,2 %), andere Indigene: 78 (0,2 %) Nicht-Indigene: 1.147 (3,5 %)
Geschlechterverhältnis in Kuna Yala (nur Kuna-Bevölkerung)	Männer: 46,3 % Frauen: 53,7 %

Quelle: Eigene Zusammenstellung nach Contraloría 2001a, 2001b

ebenso wie auf die kleine Gruppe einiger Tausend in Nordkolumbien siedelnder Kuna, mit denen die Bevölkerung der Comarca zum Teil in Kontakt und Warenaustausch steht (vgl. CALVO BUEZAS 1990), wird in der vorliegenden Arbeit nicht eingegangen. Der weitaus größte Teil der außerhalb der Comarca lebenden Bevölkerung findet sich in Panama-Stadt (24.133 im Jahr 2000).

Die ethnische Struktur der Bevölkerung Kuna Yalas ist relativ homogen mit einem Anteil von lediglich 3,5 % nicht-indigener Bevölkerung (d.h. 1.147), sowie einem verschwindend geringen Anteil indigener Bevölkerung anderer Ethnien (Emberá, Ngöbe und andere: 0,2 %), wie Tabelle 4 zeigt. Bis 1970 betrug der Anteil Nicht-Indigener unter 3 %, um erst ab 1980 allmählich auf 6,6 % anzuwachsen (1990, vgl. Contraloría 1998) und schließlich bis 2000 wieder abzusinken. Da es den strengen Regelungen des Autonomiegesetzes und den internen gesetzlichen Vorschriften zufolge (vgl. Kap. 4.2) Nicht-Kuna nur in Ausnahmefällen gestattet ist, sich in der Comarca niederzulassen, halten sich die meisten nicht-indigenen Einwohner zur Ausübung bestimmter Tätigkeiten nur temporär, meist für einige Jahre, im Gebiet auf oder sind nur periodisch dort als Lehrer, Ärzte, Krankenpfleger oder Polizisten tätig. Unternehmen dürfen von Zuwanderern grundsätzlich nicht betrieben werden. Daneben gibt es im Grenzgebiet zu Kolumbien im Hafenort Puerto Obaldía eine einzelne bedeutende Gemeinde nicht-indigener Panamaer und Kolumbianer (93 % der Bevölkerung des Ortes). Zugleich sind 50 % der nicht-indigenen Bevölkerung des gesamten Autonomiegebietes in Puerto Obaldía zu finden. Jedoch kann dieses als Sonderfall gelten, denn in der restlichen Comarca sind Nicht-Kuna kaum präsent. So weisen nur zehn Siedlungen mehr als 20 nicht-indigene Einwohner auf, wobei es vor allem die größeren *comunidades* mit über 1.000 Einwohnern sind, in denen Nicht-Indigene leben. Von den ca. 74 *comunidades* haben hingegen 32 keinerlei nicht-indigene Einwohner. Das Einheiraten in Kuna-Familien kommt allerdings vereinzelt vor und ist nicht mehr verboten, wie es noch bis ins 20. Jahrhundert hinein war (vgl. HOWE 1974). Anhand dieser Zahlen wird deutlich, dass die strenge Abschottung des Gebietes gegenüber der Zuwanderung von außen nach wie vor gültig ist, wenn auch in leicht gelockerter Form.

Daten zur Altersstruktur der Kuna-Bevölkerung in der Comarca zeigen, dass diese mit einem Durchschnittsalter von 17 Jahren (Männer) bzw. 22 Jahren (Frauen) relativ jung ist (im Vergleich zu einem landesweiten Durchschnittsalter beider Geschlechter von 25 Jahren). Dabei sind über 75% der Kuna unter 40 Jahre alt (bzw. 41,8% unter 15 Jahre, weitere 22% zwischen 15 und 29 Jahren und 9% über 60 Jahre und mehr; Daten aus Contraloría 2001b). Daten zur Lebenserwartung liegen nicht vor; die Sterberate lag 1995 bei 3,8 ‰ und die Kindersterblichkeit bei 14,9 ‰, jedoch wird in der Quelle auf die Ungenauigkeit dieser Zahlen aufgrund der mangelnden Erfassung aller Todesfälle hingewiesen (Contraloría 1998).

Der Bevölkerungsverlust von fast 5% über einen 10-Jahres-Zeitraum, der im übrigen im krassen Gegensatz zu dem in allen anderen Provinzen und Comarcas Panamas zu beobachtenden Bevölkerungswachstum von mindestens 3,5% steht, erklärt sich größtenteils aus der temporären oder dauerhaften Abwanderung von Kuna in die Hauptstadt oder andere Regionen Panamas. Daten zu jährlichen Wanderungsbewegungen liegen nicht vor, jedoch wächst den mündlichen Angaben des *secretario* des Congreso General zufolge die Zahl der Abwanderer stetig an. Dabei ist das Phänomen der Arbeits- oder Bildungsmigration keineswegs neu. DE GERDES (1997) beschreibt in einem der wenigen Artikel zur Migration der Kuna in urbane Räume den schon seit Beginn des 20. Jahrhunderts einsetzenden Trend, Kuna-Kinder in Panama-Stadt oder sogar den USA ausbilden zu lassen. Schon 1928 hatte es der Autorin zufolge eine Organisation zur Betreuung dieser Schüler in Panama-Stadt gegeben. Ab den 1960er Jahren, nachdem vermehrt Schulen in der Comarca Kuna Yala eingerichtet worden waren, verlagerte sich der Schwerpunkt von der Migration zum Schulbesuch auf die universitäre Ausbildung. Die in der Hauptstadt ausgebildeten Kuna begannen seit den 1950er Jahren, wichtige Funktionen als Vermittler zwischen ihren Heimatgemeinden, denen sie verbunden blieben, und den staatlichen Autoritäten zu übernehmen (vgl. CHAPIN 1991); auf sie wird in der vorliegenden Arbeit noch zurückzukommen sein (z.B. in Bezug auf ihr Engagement in NRO und Kuna-Gremien oder als Transporteure von Spezialwissen in die Comarca).

Neben der Bildungsmigration setzte ab 1930 die zahlenmäßig vermutlich bedeutendere Arbeitsmigration ein, nachdem der *cacique* Nele Kantule einen Vertrag mit der US-Armee über die Beschäftigung von Kuna-Arbeitern in der US-kontrollierten Kanalzone unterzeichnet hatte. Daneben wurden junge Kuna von US-Amerikanern in ihren Privathaushalten beschäftigt. So wuchs die Zahl der in Panama-Stadt und Colón beschäftigten Kuna-Männer bis Mitte der 1940er Jahre bereits auf über 4.000 an (STOUT 1947 in DE GERDES 1997). Ein weiterer Vertrag, diesmal mit der bananenproduzierenden United Fruit Company in der Provinz Bocas del Toro, zog ab 1952 Kuna-Arbeiter mit ihren Familien auch in diese westliche Provinz. Bis heute ist das beliebteste Zielgebiet jedoch Panama-Stadt geblieben, inzwischen mit einem vielfältigeren Arbeitsangebot (z. B. in Hotels und Gaststätten oder Industriebetrieben). Neben den Arbeits- und Ausbildungsmöglichkeiten spielen seit Beginn der 1990er Jahre auch die sich verschlechternden Lebensbedingungen in der Comarca eine wichtige Rolle als *Push*-Faktor für die Abwanderung. DE GERDES (1997) nennt hierzu unter anderem die sich verschlechternden sozio-ökonomischen Bedingungen, Mangel an landwirtschaftlich nutzbarer Fläche, lokale Übervölkerung und Konflikte mit illegalen Siedlern.

HOLLOMAN schätzte schon 1966 den Anteil der männlichen Bevölkerung, der außerhalb der Comarca lebte, auf 15 % (1969 in STIER 1979), STIER (1979) bezifferte deren Anteil für die Insel Tubualá im Jahr 1977 sogar auf 40 %. VENTOCILLA et al. schätzten die Zahl der außerhalb der Comarca lebenden Kuna 1995 auf ca. 10.000 (1995b), laut Zensusdaten waren es 2000 jedoch bereits 30.492, davon allein 24.133 bzw. 79,1 % im Bezirk Panama-Stadt (Contraloría 2001b). Eine direkte Folge der Abwanderung ist z. B. die Veränderung der geschlechterspezifischen Bevölkerungsstruktur: Die Zensusdaten zeigen für die gesamte Kuna-Bevölkerung der Comarca ein Geschlechterverhältnis von 86 Männern zu 100 Frauen – im Vergleich zu den anderen Provinzen Panamas mit Abstand die niedrigste Relation (Gesamt-Panamá: 101,8 Männer zu 100 Frauen). Das abweichende Verhältnis in Kuna Yala erklärt sich daraus, dass bei den Abwanderern das Übergewicht auf den Männern liegt, wenngleich es inzwischen zunehmend auch ganze Kuna-Familien gibt, die geschlossen abwandern (nach Interview-Aussagen). Das Ungleichgewicht im Geschlechterverhältnis hat sich in den letzten zehn Jahren weiter verschärft (1990 kamen noch 91 Männer auf 100 Frauen), und der Bevölkerungsverlust in Kuna Yala betraf schwerpunktmäßig Männer (7 % im Vergleich zu 3 % bei den Frauen). Bei der Kuna-Bevölkerung der Stadt Panama findet sich mit 53,7 % hingegen ein hoher Männer-Anteil.

Über die Altersstruktur der abwandernden Kuna liegen zwar keine Zahlen vor, jedoch wurde in den Interviews deutlich, dass es vorwiegend Männer jüngeren und mittleren Alters in die Großstadt zieht, worauf auch die Altersstruktur der in Panama-Stadt lebenden Kuna-Männer (47,2 % zwischen 15 und 39 Jahren alt) hindeutet. Auf die teils erheblichen Folgen dieser Veränderungen für das Leben und Wirtschaften der Bevölkerung in der Comarca wird an verschiedenen Stellen noch zurück zukommen sein. So versorgen die Abwanderer zum einen ihre zurück gebliebenen Familien mit Geld oder Waren (meist über reisende Angehörige oder als Sendung per Flugzeug). Jedoch nimmt auch die Zahl der Frauen zu, deren Männer abwandern, ohne sie anschließend zu versorgen, so dass es zu einer wachsenden Anzahl von alleinerziehenden Frauen im Gebiet kommt (Zahlen existieren dazu nicht, jedoch wurde die Aussage von zahlreichen Interviewpartnern bestätigt; vgl. DE GERDES 1997). Insbesondere fehlen die Männer als Arbeitskräfte für die landwirtschaftliche Produktion von Nahrungsmitteln und in der Fischerei, aber auch für gemeinschaftliche und familiäre Arbeiten (Hausbau etc.).

Eine weitere Folge, die sich aus der Abwanderung ergibt und von den Kuna-Autoritäten als Problem wahrgenommen wird, ist der Import von kulturellen Werten und Präferenzen durch die Rückwanderer. Kuna, die nach einigen Jahren des Lebens in der Großstadt oder nach der Ausbildung an Schule oder Universität zurückkehren, haben häufig Schwierigkeiten, sich in das Leben in der Comarca zu reintegrieren, zugleich bringen sie nicht-indigene Werte und Elemente der Lebensweise mit. Von *sailas*, älteren Befragten, Angehörigen von NRO und dem *secretario general* wird dies als zunehmend drängendes soziales Problem wahrgenommen, das den in den Augen vieler Kuna stattfindenden „Verfall" der Kultur noch beschleunigt.

Gleichzeitig ist jedoch auch zu bemerken, dass die Zahl derjenigen, die sich dauerhaft außerhalb der Comarca niederlassen, stetig ansteigt, während es früher eine ausgeprägtere Rückwanderung nach einigen Jahren der Arbeitstätigkeit in Panama-Stadt oder anderen Regionen Panamas gab (nach Angaben des *secretario* des Congreso General). Die in der Hauptstadt lebende Kuna-Bevölkerung ist jedoch sozio-kulturell kaum in die panamaische Mehrheitsgesellschaft integriert. Sie lebt zu großen Teilen räumlich getrennt von der Mehrheitsbevölkerung in segregierten Wohnvierteln *(barriadas)*, von denen einige als von Kuna geplante Ansiedlungen auf ehemaligen Waldflächen am Stadtrand entstanden. Ein Beispiel stellt das in den 1980er Jahren entstandene „Kuna Nega" mit 851 Einwohnern dar, von denen 97,4 % Kuna sind (Contraloría 2001a). Diese *barriada* erhielt bisher als einzige rechtliche Anerkennung seitens des panamaischen Staates (DE GERDES 1997). In diesen Vierteln wird versucht, die traditionelle soziale und administrative Struktur der Dörfer Kuna Yalas zu reproduzieren.

Nicht nur verwandtschaftliche Beziehungen und ein soziales Netzwerk, das alle Lebensbereiche umfasst, verbinden die sich als im Exil lebend begreifende Bevölkerung, sondern auch gemeinsame kulturelle und soziale Normen und Verhaltensweisen sowie ein eigenes System der Verwaltung. Dieses Verwaltungssystem ist ähnlich aufgebaut wie das der Comarca (vgl. COSTELLO 1983). Die meisten größeren Inselgemeinden verfügen über Versammlungszentren in der Hauptstadt, die so genannten *capítulos*, die den aus den jeweiligen Gemeinden stammenden abgewanderten Kuna und auch der in der Hauptstadt geborenen nachfolgenden Generation als Treffpunkt dienen. Diese insgesamt 22 Zentren erfüllen botschaftsähnliche Funktionen für die Bevölkerung der jeweiligen Insel (La Prensa vom 18.3.2003). Dazu gehört zum Beispiel, dass sie über Aufenthalt und Reisen Register führen, die erforderlichen Genehmigungen für die Rückreise in die Comarca erteilen, Beiträge für die Verwaltungsarbeit einziehen und die Rückreise von straffällig Gewordenen nach Kuna Yala verhindern. Zugleich fungieren sie als Orte für kulturelle und politische Versammlungen, wo die traditionelle indigene Kultur von besuchenden spirituellen Führern aus der Comarca vermittelt wird. Die jedem *capítulo* als Vorstand gewählten eigenen politischen und spirituellen Führer wiederum haben die Aufgabe, auch der Stadtbevölkerung Orientierung zu geben, um ein den Kuna-Normen gemäßes Leben in der Diaspora zu führen. Dabei ist die kulturelle Eigenständigkeit und die Bewahrung der indigenen Traditionen das Ziel; eine kulturelle und soziale Integration in die panamaische Gesellschaft wird nicht angestrebt, wenngleich das Arbeiten und der Besuch von Bildungseinrichtungen (Schulen, Universität) toleriert wird (nach Interviews mit Kuna-Führern).

In den letzten Jahren ist die Bindung an die als traditionell verstandenen Normen der Kuna im Statut der Comarca (vgl. Kap. 4.2) streng formalisiert und geregelt worden. Die Gültigkeit dieses Gesetzes wird, obwohl als „Estatuto de la Comarca Kuna Yala" tituliert, ausgedehnt auf die Kuna-Bevölkerung des gesamten Staatsgebietes Panamas: Die dort lebenden Kuna „están obligados a observar las normas y valores kunas" (Congreso General 2001, S. 133), und sind beispielsweise auch verpflichtet, die Vorschriften zur Heirat nach Kuna-Brauch mit einer obligatorischen Reise in die Comarca einzuhalten. Nichteinhaltung der Normen kann zur Vorladung vor die *junta ejecutiva* des Congreso General oder in gravierenden Fällen auch zur zwangsweisen Rückführung der betreffenden Person in die Comarca führen.

Auch wenn die vorliegende Arbeit sich nicht im engeren Sinne mit der Exilbevölkerung außerhalb der Comarca beschäftigt, sind die vorherigen Ausführungen über diesen Teil der Kuna-Bevölkerung für die Erklärung von Gesamtzusammenhängen über die Kuna insgesamt von Belang. Zum einen sind die wichtigsten Kuna-Gremien, die politische Entscheidungen treffen, administrative Funktionen erfüllen und die auf den Congreso-Versammlungen gefällten Entscheidungen umsetzen sowie neue institutionelle Regelungen zur Ressourcennutzung und anderen Bereichen des Lebens in der Comarca ausarbeiten, in Panama-Stadt mit Hauptbüros verortet, von denen aus die Arbeit koordiniert wird. Ebenso haben die in Kuna Yala operierenden, von Kuna geführten NRO ihre zentralen Büros in der Stadt, von wo aus sie Fundraising betreiben, die Arbeit in der Comarca organisieren sowie Kontakte zu wissenschaftlichen Organisationen und NRO auf nationaler und internationaler Ebene pflegen. So erfüllt die Landeshauptstadt für die Kuna quasi administrative und politische Hauptstadtfunktionen für ihre Comarca, indem sich dort die betreffenden Akteure (*caciques*, Congreso-General-Mitarbeiter und NRO sowie beratende Universitätsabsolventen) und die infrastrukturelle Ausstattung (Büros, Zugang zum Internet etc.) konzentrieren. In Kuna Yala selbst gibt es keine vergleichbare Konzentration administrativer Funktionen; die Insel El Porvenir erfüllt zwar beschränkte Funktionen durch Verwaltungsangestellte des Nationalstaates, die dort z. B. als Kontrolleure der Migration arbeiten; für den Congreso General, Congreso de la Cultura und die jeweiligen Kommissionen existiert jedoch in der Comarca kein zentraler administrativer Ort. Die Funktionsträger der Kuna-Gremien und NRO bewegen sich zur Ausübung ihrer Aufgaben in häufigen Pendelbewegungen zwischen Comarca und Hauptstadt hin und her. Mit diesen Pendelbewegungen werden durch die Akteure auch Informationen, Wissen, sowie kulturelle Einflusselemente (z. B. Aspekte der nicht-indigenen städtischen Lebensweise) in einem ständigen Fluss von der Stadt in die Comarca transportiert, was für den Prozess der Neuschaffung von Institutionen zur Ressourcennutzung eine wichtige Rolle spielt.

Neben diesen funktionalen Aspekten der Hauptstadt, die diese im administrativen und politischen System der Kuna einnimmt, zeigen die beschriebenen Tendenzen der räumlichen und sozialen Segregation sowie die Ausdehnung der Gültigkeit der Rechts- und Verhaltensnormen auf die städtische Kuna-Bevölkerung den vorherrschenden Anspruch auf, die indigene Kultur unter allen Umständen in einer als „traditionell" perzipierten Form zu bewahren und äußeren Einflüssen nur bedingt Einlass zu gewähren. Zum anderen deutet der bei fast 50 % liegende Anteil der Kuna-Bevölkerung außerhalb der Comarca auf eine Umbruchsituation hin, in der das Leben innerhalb des Autonomiegebietes einer wachsenden Zahl von Menschen keine ausreichenden Lebensmöglichkeiten zu bieten scheint. Ob die bisher nach außen hin zum Ausdruck gebrachte Geschlossenheit und Einigkeit als indigenes Volk sowie die traditionelle Lebensweise, auf die sich berufen wird, unter diesen Umständen auf Dauer aufrecht erhalten werden können, erscheint fraglich oder zumindest zunehmend schwierig. Auf den Aspekt der sich verstärkenden externen Einflüsse durch die Rückwanderer wurde oben bereits hingewiesen, daneben besteht auch ein ständiger Fluss von Gütern und Geldtransfers über die Flugreisenden von Panama-Stadt in die Comarca, der für verschiedene Aspekte der Wirtschaft Kuna Yalas von Bedeutung ist (z. B. für den *mola*-Handel).

Berechnet man die Bevölkerungsdichte für das Comarca-Gebiet, so ergibt sich eine Dichte von 13,6 Einwohnern/km^2 auf der Grundlage der im Zensus 2000 gezählten 32.446 Einwohner (bezogen auf die Festlandfläche von 2.393 km^2, Daten nach Contraloría 2000). Die Siedlungen der Kuna befinden sich jedoch vor allem auf ca. 70 der nur wenige Hektar großen Koralleninseln, daher ist der Dichtewert wenig aussagekräftig (über die lokal hohen Dichtewerte auf diesen Inseln vgl. Kap. 4.3.4 mit Tabelle 6). Daneben existieren ca. 15 kleinere Siedlungen am Festland. Über die Gesamtzahl der Siedlungen liegen keine eindeutigen Zahlen vor, so weist der Zensus von 2000 zwar klar 83 „lugares poblados" für Kuna Yala aus, von denen jedoch neun mit einer Anzahl von 0 Einwohnern aufgelistet werden. Bei diesen Siedlungen handelt es sich vermutlich um nicht dauerhaft besiedelte Inseln zur Kokoszucht, die über einige Häuser für wechselnde Angehörige von Großfamilien verfügen. Als *comunidades* (Dörfer) werden nach Angaben des Congreso General nur 49 Siedlungen gezählt, wobei z. B. La Miel und Puerto Obaldia als weitgehend von nicht-indigener Bevölkerung besiedelte Orte nicht als Kuna-Gemeinden geführt werden. Auf einigen Inseln sind zwei *comunidades* zu finden, die jedoch in der Siedlungsstruktur ohne sichtbare Trennlinie ineinander übergehen. Die Aufspaltung in zwei Gemeinden entstand meist in Folge von internen Streitigkeiten die zur Trennung einer ehemals einzigen Siedlung führte, wie z. B. im Fall Ustupu und Ogobsucum, die jeweils über ihre eigenen *congreso*-Häuser mit Oberhäuptern *(sailas)* und dem jeweiligen

Verwaltungsapparat verfügen. Unter den Siedlungen Kuna Yalas sind 14 mit maximal 20 Einwohnern äußerst klein; über mehr als 2.000 Einwohner verfügt hingegen nur die *comunidad* Ustupu. Diese bildet mit der auf derselben Insel liegenden Gemeinde Ogobsucum die bevölkerungsreichste Insel mit insgesamt 3.583 Einwohnern.

Der überwiegende Teil der Bevölkerung Kuna Yalas lebt in den *corregimientos* Narganá und Ailigandi, d.h. im westlichen und mittleren Teil der Comarca. Der westlichste Teil Kuna Yalas mit der Mandinga-Bucht ist geprägt von den zahlreichen sehr kleinen Inseln mit häufig unter 100 Einwohnern. Nur eine Insel weist über 1.000 Einwohner auf (Narganá), während eine Inselgruppe (der Cartí-Inseln) insgesamt 2.646 Einwohner erreicht, allerdings zum Teil ebenfalls mit sehr kleinen Bevölkerungszahlen, vgl. auch Abb. 18 in Kap. 4.3.4 der Nachbarinsel von Cartí, Coibita mit 82 Einwohnern). Im anschließenden *corregimiento* Ailigandi gibt es eine geringere Anzahl Inseln, die jedoch bevölkerungsreicher sind (sechs Siedlungen mit über 1.000 Einwohnern), während der östlichste Teil der Inselgruppe vergleichsweise dünn besiedelt ist.

4.1.4 Infrastrukturelle Ausstattung und Lebensbedingungen

Für die Infrastruktur in der Comarca Kuna Yala ist zum Teil der panamaische Nationalstaat verantwortlich, andererseits werden wichtige Infrastrukturprojekte mangels Investitionen seitens der Nationalregierung von den Dörfern in Eigenarbeit oder mit finanzieller Unterstützung durch nationale und internationale Organisationen verwirklicht, wie beispielsweise die Landebahnen. Es soll im Folgenden ein kurzer Überblick über die Sektoren Verkehr, Kommunikation, Gesundheit und Bildung gegeben werden.

Die wichtigsten Verkehrsverbindungen von Kuna Yala in andere Regionen Panamas bestehen auf dem Luft- und Seeweg. Eine Erschließung des Autonomiegebietes auf dem Landwege ist bisher nur mit einer Ausnahme erfolgt: der *carretera Llano-Cartí*, die in den 1970er Jahren im westlichen Teil des Gebietes gebaut wurde und von der Panamericana bis an die Küste vor der Insel Cartí reicht. Ihr Ausbau ist in jüngster Zeit begonnen worden (im Jahr 2006, elektron. Mitteilung Blas López, Kuna Yala), nachdem die Route über Jahrzehnte hinweg nur sehr eingeschränkt und in kurzen Perioden des Jahres nutzbar war. Der Ausbau stand wiederholt zur Diskussion, ist jedoch unter den Kuna ein umstrittenes und kontrovers diskutiertes Thema, denn einerseits wird eine bessere Anbindung an das panamaische Straßennetz gewünscht (eigene Interviews; La Prensa 22.4.2002), andererseits werden die möglichen Gefahren der Erschließung gefürchtet (insbesondere durch illegale Siedler). Außer dieser *carretera* existieren bisher keinerlei befahrbare Wege in der Comarca.

Bisher wird die Anbindung an Panama-Stadt durch Kleinflugzeuge gewährleistet, die täglich vom Flughafen Gelabaert in der ehemaligen Kanalzone mehrere Orte in der Comarca anfliegen, wo die meisten größeren Siedlungen über eigene Landepisten auf dem Festland oder der Insel verfügen, die von den Dorfgemeinschaften instand gehalten werden. Insgesamt gibt es mindestens 19 Landebahnen im gesamten Gebiet. Die Flugverbindungen sind für die Kuna von großer Bedeutung, da sie nicht nur für private Reisen der in die Stadt migrierten Kuna genutzt werden, sondern auch um Waren in der Hauptstadt einzukaufen (z.B. Stoffe für den ökonomisch wichtigen *mola*-Handel) und nicht zuletzt für den ständigen Austausch zwischen den Mitarbeitern des Congreso General und der NRO mit den *comunidades* im Autonomiegebiet. Allerdings stellen die Flüge mit ca. 30,- US$ einen Kostenfaktor dar, der häufiges Reisen für viele Familien zu teuer macht, und die Unzuverlässigkeit der Platzverfügbarkeit mit teilweise mehrere Tage dauernden Wartefristen erschwert das Reisen zusätzlich. Daneben werden auch Touristen auf diesem Wege in die Comarca befördert; die Langustenhändler hingegen verfügen über eigenen Kleinflugzeuge. Ein weiterer wichtiger Transportweg ist das Meer, wobei einerseits von Colón aus Handelsboote Waren in die Comarca transportieren, sowie andererseits Händler aus Kolumbien Waren importieren. Für Transport und Reisen innerhalb der Comarca ist das Meer der wichtigste Verkehrsweg, über den alle wichtigen Wege per Einbaum, teils motorisiert, teils als Ruder- oder Segelboot, erledigt werden.

Nachdem die Kommunikation bis 1998 weitgehend auf Funkgeräten basierte, wurden auf zahlreichen Inseln öffentliche Münztelefone durch die nationale Telekommunikationsbehörde installiert, durch die sich die Kommunikation inzwischen erheblich verbessert hat (260 Telefone auf 29 Inseln laut La Prensa vom 18.3.2003). Zum Teil existieren inzwischen sogar individuelle Anschlüsse und es sind sogar Gespräche per Mobiltelefon zwischen Hauptstadt und einigen Inseln möglich (elektronische Mitteilg. Blas López 20.8.2006 und 20.7.2007). Die Versorgung mit Trinkwasser ist bisher nur in einigen *comunidades* gegeben, die zum Teil in Eigenregie mit Geldern von Hilfsorganisationen den Bau organisiert haben, wobei Wasserleitungen von den Oberläufen der Flüsse des Festlandes bis zu den Inseln verlegt wurden. In den Gemeinden ohne Wasserleitungen wird die Versorgung mit Trink- und Brauchwasser nach wie vor von den Frauen gewährleistet, die durch tägliche Fahrten im Einbaum Wasser von den Flüssen des Festlandes holen, da es auf den meisten Inseln kein Süßwasser gibt.

Einige *comunidades* verfügen über eine Stromversorgung für die ganze Gemeinde, andere nur für die Krankenstationen. Diese Stationen *(centro de salud)* gewährleisten die Grundversorgung der Bevölkerung; ein regionales Krankenhaus steht auf der Insel Ailigandi mit 50 Betten zur Verfügung. Neben der westlichen Medizin kommt der traditionellen indigenen Medizin noch immer ein hoher Stellenwert zu, so dass teilweise der Besuch der Krankenstationen verweigert wird; aus Sicht der Ärzte auf Cartí Sugdup ein großes Problem in der Gesundheitsversorgung. Häufig werden allerdings westliche Ärzte und traditionelle Heiler abwechselnd konsultiert und beide Behandlungen kombiniert. Die gravierendsten Gesundheitsprobleme in der Comarca sind Krankheiten, die aufgrund der schlechten hygienischen Verhältnisse entstehen, da das Trinkwasser aus dem Fluss nicht abgekocht oder sterilisiert wird (eigene Interviews mit Ärzten), sowie die Mangelernährung, auf die im Zusammenhang mit dem Fischfang noch einzugehen sein wird.

In der Comarca existieren neben 40 Grundschulen auch fünf höhere Schulen (bis zum 8. Schuljahr) und eine weiterführende Schule. Nachdem früher ausschließlich spanischer Unterricht stattfand und das Sprechen der Kuna-Sprache in der Schule verboten war, wird heute zunehmend dazu übergegangen, zweisprachig zu unterrichten. Nach Auskunft eines Lehrers sind inzwischen 80% der Lehrer Kuna, die zum Teil bereits die bilinguale Erziehung durchführen. Allerdings folgen die Inhalte noch immer nationalen Lehrplänen und spiegeln die Realität der Lebensumwelt, in der die Kinder leben, kaum wider. Die eigene indigene Kultur und Geschichte werden im Normalfall im Unterricht nicht behandelt, vermittelt werden hingegen Inhalte und Werte der Nationalkultur. Deshalb befürchten Kuna-Führer und NRO-Mitarbeiter, dass die Schulen zum Verfall der Kultur beitragen. Die meisten Schüler, die einen höheren Abschluss machen wollen, emigrieren zu diesem Zweck nach Panama-Stadt, wo sie bei Verwandten unterkommen. Nach La Prensa (18.3.2003) studieren ca. 700 Kuna an der Universität von Panama, und es gibt zahlreiche Kuna mit Universitätsausbildungen, z.B. als Architekten, Juristen oder Soziologen, von denen heute viele in NRO aktiv sind. Trotz der relativ guten und flächendeckenden Ausstattung mit Schulen waren allerdings 1990 noch immer 40% der Bevölkerung über 10 Jahre Analphabeten; eine hohe Ziffer im Vergleich zu 11% in Gesamt-Panama (neuere Zahlen liegen nicht vor, Zahlen nach Contraloría 1998). Um einer höheren Anzahl von Kuna den Universitätsbesuch zu ermöglichen und gleichzeitig der Emigration nach Panama-Stadt zu Bildungszwecken entgegenzuwirken, setzen sich die Kuna-Führer für die Einrichtung einer Außenstelle der Universität in Kuna Yala ein (Boletín Kika vom 29.10.2002).

4.1.5 Das Wirtschaftssystem Kuna Yalas

Die wirtschaftlichen Aktivitäten der Kuna haben in den letzten Jahrzehnten und Jahrhunderten wiederholte Modifizierungen aufgrund sich ändernder äußerer Bedingungen erfahren, so dass es schwierig ist, traditionelle Nutzungsformen von neueren Nutzungen klar abzugrenzen. Festzustellen ist, dass die Kuna, ähnlich wie auch die Miskito, bereits seit Jahrhunderten keine autonome Subsistenzwirtschaft mehr betreiben, sondern vielmehr schon seit dem 17. Jahrhundert in vielfältigen ökonomischen Verflechtungen mit externen Akteuren stehen. Die Dualität der nebeneinander bestehenden Subsistenz-Produktion und der marktorientierten Produktion von Nahrungsmitteln und Gütern hat sich Helms zufolge über die Jahrhunderte in diesem „ökonomischen Hinterland" europäischer und nordamerikanischer Staaten entwickelt (Helms 1976, S. 141). Zugleich wurden die im Tausch erhaltenen Lebensmittel, Haushaltwaren und sonstigen Güter zum Bestandteil des täglichen Lebens und zur Notwendigkeit. Tauschhandel und Ankauf von extern pro-

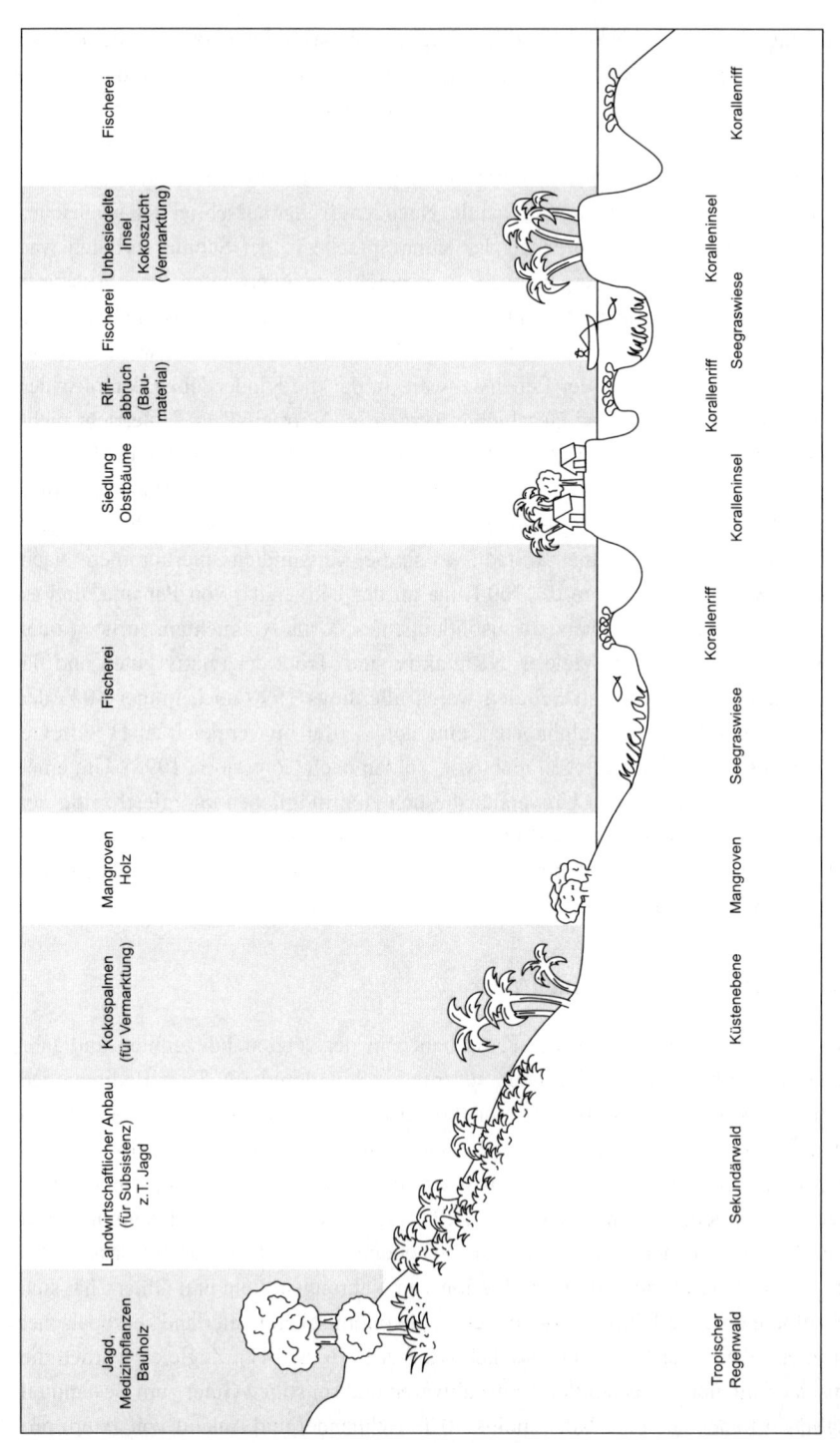

Abb. 5: Schematische Darstellung der naturräumlichen Zonen und ihrer Nutzung in Kuna Yala
Quelle: Eigener Entwurf (Zeichnung S. Le Gall angelehnt an Ologuagdi in Ventocilla et al. 1995a)

duzierten Gütern sind also ebenso wie die marktorientierte Produktion von *cash crops* und die Lohnarbeit außerhalb des Gebietes (früher als Matrosen, später als Arbeiter) für die Kuna keine neue Erscheinung des 20. Jahrhunderts. Allerdings ist eine deutliche Intensivierung der marktorientierten Produktion verschiedener Produkte (zunächst Kokos und *mola*, später Langusten) im 20. Jahrhundert zu bemerken. Zugleich vollzog sich die Verschiebung der geschlechterspezifischen Aufgabenteilung im Zuge der Umsiedlung auf die Inseln, auf die oben bereits hingewiesen wurde: Frauen gaben die Landwirtschaft auf, die von Männern übernommen wurde, und konzentrierten sich fortan auf die Produktion von *mola*-Stoffen für den Handel. Im Folgenden soll ein kurzer Überblick über die einzelnen Komponenten des Wirtschaftssystems der Kuna erfolgen.

Abbildung 5 zeigt die Nutzung des Naturraumes in Kuna Yala schematisch und umfasst die Zonen zwischen den äußeren Riffen und Inseln der Cayos Mauki über die besiedelten Inseln und die schmale Küstenebene bis auf die Höhen des Regenwaldes an den Grenzen der Comarca. Die unbesiedelten Inseln dienen der Kokoszucht, während innerhalb der Siedlungen lediglich Fruchtbäume vorhanden sind. Für die Produktion von Nahrungsmitteln für die Eigenversorgung werden die an die Küstenebene angrenzenden höher gelegenen Zonen genutzt, wo extensiver Brandrodungsfeldbau betrieben wird. Dabei werden kleine Parzellen aus dem Regenwald geschlagen und anschließend abgebrannt (CASTILLO 2001). Der Jahreszyklus besteht aus dem Abbrennen und Roden der Flächen in der Trockenzeit (von Dezember bis April) und dem anschließenden Anpflanzen nach den ersten Regenfällen im April oder Mai; gelegentlich wird ein zweites Mal im Jahr angepflanzt (VENTOCILLA et al. 1995a). Meist werden die Flächen nicht vollständig gerodet, sondern es bleiben einzelne große Bäume oder niedriger Pflanzenwuchs erhalten. Ein Stück Land wird meist zwei bis drei Jahre genutzt und anschließend für vier bis zehn Jahre sich selbst überlassen, so dass ein kleinräumiges Mosaik aus genutzten und in der Regeneration zu Sekundärwald befindlichen Flächen entsteht, zum Teil unterbrochen von Primärwald. Verschiedene Bananenarten, vor allem die Kochbanane, machen einen großen Teil der Pflanzungen aus; weitere wichtige Nutzpflanzen sind Maniok, Mais, Yams, Zuckerrohr sowie zum Teil auch Reis in Trockenkultur (AEK/Pemasky 1990). Daneben werden viele weitere Pflanzen kultiviert, wie Avocado, Ananas, Mango, Brotfrucht, Kakao und Zitrusfrüchte sowie vereinzelt Kaffee. Es gibt verschiedene Formen von Landbesitz, wobei das Land vorwiegend einzelnen Personen gehört, daneben existieren aber auch Gruppen- oder Familienbesitzrechte und Gemeinschaftsland.

Der Handel mit landwirtschaftlichen Produkten ist mit Ausnahme von Kokosnüssen unter den Kuna im Allgemeinen nicht üblich, vielmehr werden Überschüsse traditionell verschenkt oder getauscht. In den Interviews wurde allerdings berichtet, dass sich inzwischen zumindest stellenweise doch ein Handel mit Lebensmitteln entwickelt hat, so z. B. mit Obstbananen auf Ustupu/Ogobsucum, oder VENTOCILLA et al. (1995b) zufolge auch mit Mangos. Einige Befragte kritisierten diese Entwicklung als Zeichen für den Verfall der traditionellen Kultur, deren soziale Normen den Handel mit Nahrungsmitteln unter Kuna verbieten. Außerdem ist zu beobachten, dass der Kauf von Nahrungsmitteln, die aus Kolumbien eingeführt werden oder von den Handelsbooten aus Colón herantransportiert werden, heute weit verbreitet ist, da durch die Einkünfte aus dem Kokosverkauf, dem *mola-* und Langustenhandel sowie den Verdiensten der Familienangehörigen außerhalb der Comarca ausreichende finanzielle Mittel zur Verfügung stehen. Zwar ist der Handel mit diesen Produkten nicht neu, jedoch hat er ein solches Ausmaß angenommen, dass in der Folge Kaffee, Reis und Zucker kaum noch angebaut werden. Sogar Obstbananen minderer Qualität aus Bananenplantagen von Chiriquí werden in der Comarca verkauft, obwohl diese Frucht von den Kuna in besserer Qualität produziert wird (eigene Beobachtungen auf Cartí Sugdup). Die Bedeutung des Lebensmittelhandels ist dabei regional unterschiedlich ausgeprägt und steht in engem Zusammenhang mit der wirtschaftlichen Beschäftigung der Bevölkerung; so ist der Handel auf solchen Inseln, die über höhere Einkünfte aufgrund von Tourismus, *mola-*Handel oder Langustenfang verfügen, stärker ausgeprägt als auf anderen.

Die einzige seit langem gezielt für die Vermarktung angebaute Pflanze ist die Kokospalme *(Cocos nucifera var. San Blas)*, die auf dem Küstenstreifen und auf den Inseln kultiviert wird. Auf vielen unbewohnten Inseln in Familienbesitz bestehen Pflanzungen, die von zeitweilig dort wohnenden Familienmitgliedern gepflegt werden. Schon seit Ende des 19. Jahrhunderts sind Kokosnüsse ein wichtiges Handelsgut, das HOWE (2001) zufolge in Stückzahlen von mehreren Millionen jährlich verkauft wird. Heute wird der Handel zumeist mit kolumbianischen Händlern abgewickelt, die von den Handelsbooten aus Kokosnüsse gegen Lebensmittel und andere Waren tauschen. Allerdings hat die Bedeutung des Kokoshandels seit 1969, als er noch 70% des Einkommens in Kuna Yala ausmachte, erheblich abgenommen, zum Teil aufgrund von Pflanzenkrankheiten sowie der Überalterung der Pflanzungen (AEK/Pemasky 1990). Außerdem müssen die Kuna nach erheblichem Preisverfall in den letzten Jahren aufgrund der schlechten Qualität der Kokosnüsse heute oft die Hälfte des Preises für Importprodukte in bar bezahlen. Ende der 1990er Jahre kam der Kokoshandel zwischenzeitlich sogar vollständig zum Erliegen, was für die Kuna erhebliche wirtschaftliche Einbußen zur Folge hatte, da Kokos immer noch eines der wichtigsten wirtschaftlichen Güter nach den *mola-*Stoffen und Langusten ist.

Die Subsistenzlandwirtschaft hat insgesamt an Bedeutung verloren, wenngleich sie VENTOCILLA et al. (1995b) zufolge immer noch die Hauptbeschäftigung der Bevölkerung darstellt. Es ist jedoch zu beobachten, dass sich die über lange Zeit dominierende duale Struktur der gleichteiligen Beschäftigung in Landwirtschaft und Fischerei zunehmend auflöst. Seit der Besiedlung der Inseln im mittleren 19. Jahrhundert standen sich auch im täglichen Arbeitsablauf die Arbeit auf den landwirtschaftlichen Parzellen am frühen Morgen und die anschließenden Ausfahrten zum Fischen gegenüber, so dass es keine Arbeitsteilung der Gesellschaft in Bauern und Fischer gab. Heute geben jedoch viele

Männer die Landwirtschaft auf, insbesondere diejenigen, die sich auf den einträglichen Langustenfang spezialisieren, aber auch Männer, deren Familien über ausreichende Einkünfte durch Lohnarbeit von Angehörigen oder *mola*-Handel verfügen. In den Interviews wurde dieser Trend von vielen Befragten als negative Entwicklung beklagt, vor allem von Frauen und älteren Männern, wobei die Aufgabe der Landwirtschaft ebenfalls als ein Baustein zum Verfall der Kultur interpretiert wird. Die „Faulheit" der Männer, vor allem der jüngeren Generationen, wird bemängelt und die zunehmende Abhängigkeit von finanziellen Einkünften, die erforderlich sind, um die Ernährung der Familien mit gekauften Nahrungsmitteln zu gewährleisten, wird als Gefahr für die Sicherung der Versorgung gesehen (vgl. TICE 1995). In der Tat zeigte sich, dass mehrere Befragte angaben, bei vorübergehend schlechten Einkünften aus dem Tourismus oder Langustenfang keine ausreichenden Mittel zum Kauf von Lebensmitteln zur Verfügung zu haben. Die Folge dieser Entwicklung ist, dass immer mehr landwirtschaftlich genutzte Parzellen auf dem Festland brach fallen, sich die Ernährung zunehmend auf konservierte Lebensmittel minderer Qualität konzentriert und die jüngere Generation der Kuna kaum noch die landwirtschaftlichen Techniken zum Anbau von Nahrungsmitteln erlernt. Ein weiteres Problem ist der Diebstahl der Ernte, was wiederum dazu führt, dass die Motivation zur Arbeit abnimmt.

Neben dem landwirtschaftlichen Anbau von Nutzpflanzen dienen die höher gelegenen Zonen des Waldes dem Sammeln von Früchten, Samen oder Blättern für medizinische Zwecke oder als Nahrungsmittel, sowie der Gewinnung von Holz, wildem Zuckerrohr und speziellen Palmenarten (Kuna: *weruk*) als Baumaterial. Große Stämme zum Bau von Einbäumen sind so knapp geworden, dass heute überwiegend fertige Einbäume von kolumbianischen Händlern gekauft werden (vgl. HOWE 1975). Die Wälder werden darüber hinaus zum Jagen verschiedener Tiere wie Peccari, Leguanen, Tapiren und Agoutis sowie einiger anderer Säugetierarten und Vögel genutzt: Die Jagd hat allerdings den wichtigen Stellenwert, den sie einst in der Lebensweise der Kuna einnahm, als diese noch ausschließlich auf dem Festland lebten, inzwischen eingebüßt. Einerseits ist dies auf die Verlagerung des Schwerpunktes der Proteinversorgung auf Fisch und Meeresfrüchte zurückzuführen, die mit der Umsiedlung auf die Inseln einher ging, zum anderen sind Waldtiere knapper geworden, insbesondere in den küstennäheren Waldgebieten (eigene Befragungen; vgl. CHAPIN 1995). Die Haltung von Nutztieren ist kaum verbreitet in Kuna Yala; vereinzelt werden Schweine oder Hühner in Käfigen gehalten (im Falle von Schweinen auf Stelzen über dem Meer). Aufgrund der begrenzten Fläche der nur wenige Hektar großen, dicht besiedelten Inseln ist eine nennenswerte Landnutzung dort nicht möglich. Jedoch liefern die von vielen Familien im Gartenbau angepflanzten Obstbäume und Stauden (Obstbananen, Mango, Brotfrucht, vereinzelt Zitrusfrüchte) sowie einige Kokospalmen zusätzliche, wenn auch mengenmäßig begrenzte Beiträge zur Ernährung.

Insgesamt ist festzuhalten, dass die landwirtschaftliche Produktion, die mit Ausnahme des Kokosanbaus vorwiegend der Nahrungsmittelversorgung der Bevölkerung in Subsistenzwirtschaft dient, diese heute nur unzureichend gewährleistet. Obwohl die Kuna über ausreichend nutzbare Flächen auf dem flachen Festlandstreifen und eine Tradition der diversifizierten Nahrungsmittelproduktion verfügen, nehmen Probleme der Mangelernährung der Bevölkerung aufgrund von Protein- und Vitaminmangel erheblich zu (nach Aussage von Ärzten, vgl. La Prensa 1.2.2005); SNOW (2001) zufolge ist der Anteil mangelernährter Kinder mit 71,1% in Kuna Yala im landesweiten Vergleich am höchsten. Die Ursachen dieses Mangels liegen nur zum Teil in der ungenügenden Menge der produzierten Nahrungsmittel, wofür die Gründe in der Abwanderung von Männern, der abnehmenden Bereitschaft zur landwirtschaftlichen Arbeit sowie der Substitution lokaler Produkte durch gekaufte Lebensmittel zu suchen sind. Daneben ist auch eine abnehmende Diversität der Produktion zu beobachten, die zur Mangelversorgung mit Vitaminen führt (zum Beispiel durch verringerten Konsum von Früchten), sowie die schwindende Bedeutung der Jagd als ehemals wichtige Proteinquelle, die bisher nur ansatzweise durch Nutztierhaltung ersetzt wurde. Ansätze der Gemüsehaltung auf den Inseln zur Verbesserung der Versorgung mit Vitaminen und Mineralstoffen scheiterten bisher größtenteils, da der Verzehr von Gemüse von den Kuna generell abgelehnt wird. Ein anderer wichtiger Faktor im Zusammenhang mit der Mangelernährung ist die abnehmende Versorgung mit frischem Fisch, der wichtigsten Quelle für Proteine, worauf im folgenden Kapitel 4.3 einzugehen sein wird.

Ein wichtiger Zweig des wirtschaftlichen Lebens in Kuna Yala ist inzwischen der Tourismus, dessen Entwicklung vor ca. 80 Jahren begann und sich seit Ende der 1960er Jahre intensivierte, nachdem das panamaische nationale Tourismusinstitut international für das Gebiet zu werben begann. Die Besucherzahlen werden insgesamt auf 60.000 Touristen jährlich geschätzt (El Panamá America 2001 in BMU 2003). Dabei spielt der Kreuzfahrttourismus vor allem im Westteil der Comarca eine bedeutende Rolle, da in der Nähe der Inseln der Cartí-Gruppe Kreuzfahrtschiffe in tieferem Wasser ankern können, von wo aus sie bis zu 1.000 Passagiere zu Tagesbesuchen auf die umliegenden Inseln befördern; zum Teil existieren auch Molen. SNOW (2001) schätzt die jährlichen Besucherzahlen auf 30.000. Es existieren keine verlässlichen Zahlen bis auf eine Angabe, der zufolge 32 Kreuzfahrer die Region im Jahr 2002 angelaufen haben (BMU 2003). Der Besuch der Schiffe konzentriert sich dabei auf die Saison im Frühjahr, während in der Regenzeit häufig über Monate hinweg keine Schiffe eintreffen.

Kuna Yala profitiert weniger von den Liegegebühren, die mit 300,- US$ zuzüglich einem US$ pro Gast für die Schiffe der europäischen, nord- und südamerikanischen Gesellschaften relativ gering ausfallen (SNOW 2001). Die Einnahmen des Congreso General aus dem Kreuzfahrttourismus werden von einem Mitarbeiter für einen sechsmonatigen Zeitraum im Jahr 1998 auf 150.000 US$ beziffert (*secretario* des Congreso General, eigene

Interviews), eine exakte Statistik existiert jedoch nicht. Wichtiger ist der lokale Verkauf der *molas*, der von Kuna-Frauen handgefertigten traditionellen Stoffe in Applikationstechnik, die teils als ganze Blusen, teils als Stoffstücke oder in speziell für Touristen hergestellten Formen verkauft werden. Während der Liegezeit eines Kreuzfahrers reisen Frauen der umgebenden Inseln für einen Tag an, um gegen eine geringe Gebühr ihre *molas* auf der Besuchsinsel auszustellen, daneben werden auch Fotos oder Tänze gegen Bezahlung angeboten. Problematisch ist der Preisverfall der Stoffarbeiten, deren Preise normalerweise zwischen 20 und 50 US$ liegen, die zum Teil allerdings aufgrund der starken Konkurrenz zu geringeren Preisen verkauft werden, obwohl die Fertigung einer *mola* mindestens ein bis zwei Wochen intensiver Handarbeit erfordert. Trotzdem soll sich der gesamte Umsatz in Kuna Yala auf 1 Mio. US$ pro Jahr allein für die im Direktverkauf angebotenen *mola* belaufen (BENJAMIN 2001 in BMU 2003). Ein weiteres Problem war in den 1990er Jahren das Betteln, als Kuna nach dem ihnen von Touristen zugeworfenen Geld tauchten, was zu mehreren Unfällen mit Todesopfern führte. Nachdem dieses Verhalten von den Kuna-Führern als erniedrigend und würdelos empfunden wurde, erließ der Congreso General ein Verbot des Bettelns (Interview mit *cacique* Valdez 1994).

Ein weiteres Problem der lokal hohen wirtschaftlichen Bedeutung des Kreuzfahrttourismus ist die ökonomische Abhängigkeit ganzer Familien vom damit verbundenen *mola*-Handel und Getränkeverkauf (eigene Interviews). So berichtete eine Familie beispielsweise, dass das Ausbleiben eines erwarteten Schiffes zu finanziellen Engpässen und Nahrungsmittelknappheit führt; SNOW (2001) bestätigt diese Abhängigkeit. Neben den Kreuzfahrtschiffen gewinnt auch der Yachttourismus an Bedeutung, da die Region als sehr attraktiv für Segler gilt. Problematisch ist jedoch, dass diese Form des Tourismus bisher weitgehend unkontrolliert abläuft. So sind vor manchen Dörfern bis zu sieben anlegende Yachten zugleich zu beobachten (eigene Beobachtungen), ohne dass die *comunidades* wesentlich davon profitieren würden (zwischen 1 und 5 US$ Liegegebühr sowie 1 US$ pro Foto). Zudem werfen die Boote ihre Anker auch über Korallenriffen aus, womit sie deren Zerstörung verstärken, da es bisher keine Ankerbojen gibt. Aus der Sicht des Congreso General wird vor allem der zum Teil monate- oder sogar jahrelange Aufenthalt der Segler im Gebiet als Problem angesehen, weil diese inzwischen auf ihren Yachten gezielt einreisende, zahlende Besucher beherbergen. Gegen die Praxis der *hoteles flotantes* (schwimmende Hotels) werden daher geeignete Maßnahmen diskutiert, da diese Form des Tourismus sich bis jetzt ohne Kontrolle durch die lokalen Autoritäten und ohne wesentliche positive Effekte für die Bevölkerung abspielt, dabei jedoch die Gesetze der Kuna unterläuft (Kuna Yarki vom 9.7.2004).

Neben Yacht- und Kreuzfahrttourismus gibt es in geringem Umfang auch individuellen Hoteltourismus. SNOW (2001) zufolge nennt der Congreso General Besucherzahlen von 100 bis 200 Touristen monatlich, die die zwölf Hotels der Comarca besuchen, der Autor hält diese Zahlen jedoch für weit unterschätzt, da viele Hotelbesitzer zur Umgehung der Touristensteuer zu niedrige Zahlen melden. Für 2001 gibt der Generalkongress einer vom BMU (2003) publizierten Studie zufolge 2.505 Gäste in den 18 Hotels an. Touristen halten sich meist zu Kurzreisen von wenigen Tagen Dauer in den kleinen Hotels im *cabaña*-Stil auf, von wo aus ihnen Touren auf das Festland, auf benachbarte Inseln oder an Strände angeboten werden; Übernachtungspreise liegen teilweise bei 100 US$ pro Nacht. Die kleinen Hotels mit beschränkten Kapazitäten werden ausschließlich von Kuna geführt, nachdem es in den 1970er und 1980er Jahren teils gewaltsame Konflikte um zwei von Nordamerikanern geführte Hotels gegeben hatte (vgl. HOWE 2001). Inzwischen prüft der Congreso General geplante Tourismus-Projekte streng auf die Beteiligung von nicht-indigenen Akteuren, die den internen Gesetzen der Comarca zufolge weder als Ausführende noch als Geldgeber fungieren dürfen.

Der *mola*-Handel basiert nur teilweise auf einer Verknüpfung mit dem Tourismus in der Comarca, da der lokale Direktverkauf an Touristen nur auf den westlichen Inseln mit Kreuzfahrttourismus sowie den Inseln mit Hotels üblich ist. Weitaus verbreiteter ist die direkte Vermarktung durch Familienmitglieder in Panama-Stadt oder über die Kooperative, die auf den meisten größten Inseln Niederlassungen hat und den Frauen Vorteile durch Absatzgarantien, den Transport nach Panama-Stadt sowie Beratung bei der Herstellung bietet. Ein Teil der *mola* wird schließlich in Panama an Touristen verkauft, während ein anderer Teil von panamaischen Händlern exportiert wird. Nachdem in den 1950er Jahren Kuna-Frauen begannen, gebrauchte *mola*-Blusen an Touristen zu verkaufen, entwickelte sich ab Ende der 1960er Jahre die gezielte marktorientierte Produktion, ab den 1980er Jahren auch mit von der traditionellen Gestaltung abweichenden Formen und Mustern in Anpassung an den Geschmack der Konsumenten (TICE 1995). Bis heute sind die mehrlagigen, mit komplizierten, teils mythologisch basierten Motiven gestalteten Stoffarbeiten wichtiger Bestandteil der traditionellen Bekleidung der Kuna-Frauen. *Molas* sind heute daneben aber zu einem der wichtigsten Wirtschaftsgüter (neben Langusten und Kokosnüssen) geworden, und stellen für viele Familien in Kuna Yala die Haupteinnahmequelle dar. Zugleich hat sich die Rolle der Frau verschoben, die nun häufig Hauptemährerin der Familie geworden ist (SALVADOR 1997).

Zusammenfassend kann festgehalten werden, dass *mola*-Handel und Tourismus nicht nur eine Modifizierung der traditionellen Rollenverteilung zur Folge haben, sondern auch eine zunehmende Abhängigkeit von finanziellen Einkünften, eine abnehmende Bereitschaft zur landwirtschaftlichen Arbeit sowie eine zunehmende soziale Stratifizierung aufgrund unterschiedlicher Einkünfte. Außerdem wurde in den Interviews deutlich, dass viele Kuna, insbesondere Mitarbeiter von NRO und Congreso General dem Tourismus negative Folgen zuschreiben. Vor allem die Zunahme nicht-indigener kultureller Einflüsse aufgrund der Präsenz von Touristen, die Kommerzialisierung und Modifizierung ehemals traditioneller Kulturelemente (Tänze), sowie Umweltbelastungen durch Yachten und Kreuzfahrtschiffe werden dabei genannt.

HOWE (2001, S. 143) bezeichnet den Tourismus daher als „a mixed blessing". Andererseits ist trotz der Auswirkungen auf Wirtschaft, Gesellschaft und Umwelt, die größtenteils als negativ von den Kuna-Gremien beklagt werden, festzustellen, dass Tourismus und *mola*-Handel zu integralen Bestandteilen der Ökonomie in Kuna Yala geworden sind. Angesichts der vorherrschenden Armut in der Region mit einem Durchschnittseinkommen von monatlich 75 US$ (laut SNOW 2001) bilden die Einkünfte aus Tourismus und *mola*-Handel eine wichtige Säule des Lebens und Wirtschaftens vieler Haushalte. Der Zeitung La Prensa zufolge leben laut Zahlen des Gesundheitsministeriums 95,5 % der indigenen Bevölkerung Panamas in Armut sowie 86,4 % in extremer Armut (BATZIN 2006). Bei schwindender Bedeutung der Subsistenzwirtschaft ist die Bevölkerung Kuna Yalas zur Erfüllung ihrer täglichen und längerfristigen Bedürfnisse an Lebensmitteln, Haushaltwaren und sonstigen Gütern auf monetäre Einkünfte angewiesen. Diese Waren werden nicht nur von den kolumbianischen Handelsbooten, sondern auch von gemeindeeigenen Handelsschiffen oder den lokalen Geschäften, die es in jeder *comunidad* gibt, bezogen.

4.2 Institutionelle und kulturelle Rahmenbedingungen der Nutzung von Territorium und Ressourcen

4.2.1 Das spirituelle und mythologische Weltbild als Grundlage der traditionellen Institutionen

> „Unsere Religion schreibt uns vor, dass wir Mutter Erde respektieren und mit ihr in Harmonie leben müssen."
> (ein *saila* auf Ustupu, Übers. der Verf.).

Das Verhältnis der Kuna zu ihrer Umwelt und die Nutzung der natürlichen Ressourcen kann nicht losgelöst von der spirituellen und mythologischen Weltsicht betrachtet werden, da diese bestimmend ist für den Stellenwert der Natur in der Kultur: Umwelthandeln und -institutionen werden durch dieses spezifische Mensch-Umwelt-Verhältnis entscheidend geprägt und strukturiert. Zugleich ist in der Literatur über die Kuna festzustellen, dass ihre Kultur häufig als Beispiel einer trotz des Kontaktes mit externen Kräften und Gesellschaften „intakten", indigenen Gesellschaft genannt wird, die über einen reichen Schatz an erhaltenen kulturellen Elementen verfügt, seien es traditionelle Kleidung der Frauen, Handwerkskunst, Mythen und Rituale oder die Ethnomedizin. Andererseits beklagen viele Veröffentlichungen – nicht erst der letzten Jahre – den kulturellen Verfall und prognostizieren den Verlust vieler Aspekte der indigenen Kultur (vgl. CHAPIN 1991). Daher soll nach der Vorstellung der Grundzüge der spirituellen Weltsicht und der daraus abgeleiteten Regeln für soziales Handeln die Frage des kulturellen Wandels erörtert werden (Kapitel 4.2.2).

Neben der anthropologischen Literatur wurden für die folgenden Ausführungen auch die Aussagen aus mehreren Interviews herangezogen, die in Kuna Yala mit älteren *sailas* (traditionellen Führern) bzw. Heilern speziell zu den Themen der spirituellen Weltsicht, dem Mensch-Umwelt-Verhältnis und den daraus abgeleiteten Handlungsvorschriften geführt wurden. In diesen mehrstündigen Interviews wurde deutlich, dass die große Fülle der auf die Schöpfungsgeschichte bezogenen kosmogonischen Mythen und Interpretationen sich ohne deren intensives Studium einem tieferen Verständnis entzieht. Außerdem äußerten mehrere Befragte, dass ein umfangreiches Geheimwissen über Mythen wie auch konkrete Praktiken (z. B. medizinisches Anwendungswissen) existiere, das Fremden verschlossen ist. Die Anthropologin TORRES DE ARAÚZ (1980) weist darauf hin, dass der Zugang zu spirituellen Aspekten einer Kultur sich generell schwierig gestaltet und zudem die Gefahr der Fehlinterpretation birgt, so dass über die Spiritualität der Kuna unterschiedliche Versionen in der Literatur zu finden seien (vgl. HOWE 1974). Daher konnte auf empirischem Wege über die Interviews nur ein kleiner Einblick in die Gesamtzusammenhänge von Religion und Mythologie gewonnen werden, während speziellere Fragen, z. B. nach Nutzungstabus, leichter zu klären waren. Für das vorliegende Kapitel 4.2.1 wird daher neben den in der eigenen empirischen Arbeit gewonnenen Erkenntnissen auf Darstellungen aus der anthropologisch-ethnologischen Fachliteratur sowie auf Dokumente aus Kuna Yala zurückgegriffen. Nachdem bereits ab dem 18. Jahrhundert Versuche der Dokumentation und Interpretation des spirituellen Lebens der Kuna unternommen worden waren (TORRES DE ARAÚZ 1980), liegen vor allem ab den 1920er und 1930er Jahren zahlreiche Veröffentlichungen von Anthropologen vor, beginnend mit NORDENSKIÖLD (1938) und WASSÉN (1949). Diese dokumentieren und diskutieren zahlreiche Aspekte der Religion und Mythologie sowie der Rituale und Bräuche.

Religion und Kosmogonie werden von einem Grundprinzip bestimmt, der Existenz einer schöpferischen Gottheit, die sich als Einheit aus männlichem und weiblichem Prinzip begreifen lässt, als *Paba* (wörtlich „Vater") und *Nana* (wörtlich „Mutter"); in manchen Publikationen auch allein als *Paba* dargestellt (vgl. KUNGILER 1994; HELBIG 1983). Beide gemeinsam erschufen die Welt und *Nana* gebar alle Pflanzen, Tiere und Menschen (CHAPIN 1991; WAGUA 1994). Die Erde, die als Körper dieser weiblichen Gottheit aufgefasst wird, spielt als *Napguana* eine wichtige Rolle in der Kultur der Kuna. Da sie Fauna und Flora hervorbringt und für die Ernährung der Menschen sorgt, bestimmt sie einen der Leitgedanken der Religion, der in den kosmogonischen Mythen verankert ist: den Respekt und Schutz der „Mutter Erde" (vgl. ARCHIBOLD 1992; MERRY LÓPEZ 1999). Auch die vier Naturkatastrophen Flut, Feuer, Wasser und Dunkelheit sind in der Mythologie von Bedeutung, sowie ein weiteres Element, das auch bei den Chocó und anderen indigenen Völkern vorhanden ist: der Mythos eines Lebensbaumes (TORRES DE ARAÚZ 1980). So wird die Entstehung der Meere mit dem Handeln eines mythologischen Helden, *Tad Ibe*, begründet, der den „Baum des Salzes" fällte, aus dessen Teilen wiederum die Meere der Welt entstanden (WASSÉN 1937). Neben dieser Figur des *Tad Ibe* existieren verschiedene weitere mythologische Helden und Propheten, deren Aufgabe vor allem die Übermittlung von Wissen und Moralvorschriften ist. Die mündlich überlieferten Mythen vereinen sich im „Bab Igala" (dem Weg *Pabas* und *Nanas*), das einen Komplex von Erzählungen darstellt, mit denen neben der Entstehung der Welt auch die Ankunft des Menschen auf der Erde mit seiner Rolle erklärt und definiert wird (WAGUA 2000, 1997). Eine zentrale Figur ist dabei *Ibeorgun*, so dass es in der Verfassung der Kuna heißt: „Es wird festgestellt, dass die Religion der Kuna die Religion von Iberogun ist." (Congreso General Kuna 2001, S. 25). Aus seinen Lehren werden die Prinzipien der Solidarität, Brüderlichkeit und Einheit in der Gesellschaft abgeleitet (LIMNIO o. J.; LEIS 1992).

Die Welt beruht nach dem Konzept der Kuna auf einer Dualität aus einer spirituellen und einer substanziellen Welt, wobei sich die spirituelle Welt in acht Schichten differenzieren lässt (CHAPIN 1991). Diese spirituelle Welt manifestiert sich in den Geistern oder Seelen, die allen materiellen Dingen, sowie auch Lebewesen, Flüssen, Felsen usw. innewohnen. Dabei existieren gute Geistwesen ebenso wie böse Geister, die für Krankheiten und Todesfälle verantwortlich sind und deshalb in der traditionellen Medizin eine wichtige Rolle spielen, denn sie müssen von Heilern mit spirituellen Kenntnissen *(nele)* ausgetrieben oder besänftigt werden (STOUT 1963). Aus der Vorstellung der Beseeltheit aller Pflanzen und Tiere folgt eine besondere Verantwortung der Menschen ihnen und der Natur insgesamt gegenüber.

Den Tieren kommt dabei ein besonderer Stellenwert zu, da sie der Mythologie zufolge früher als Menschen auf der Welt lebten (WASSÉN 1934). Aus dieser Rolle, die Gegenstand zahlreicher mythologischer Erzählungen ist, erwachsen wiederum soziale Verhaltensnormen, also konkrete Handlungsvorschriften, die sich auf die Nutzung dieser Arten beziehen. So sind einige Tiere von Tabus belegt und von der Bejagung generell ausgeschlossen (NORDENSKIÖLD 1938). Dabei wird manchen dieser Arten eine spezielle Freundschaft zum Menschen zugeschrieben; andere sind aufgrund ihrer mythologischen Bedeutung als Geschwister des Menschen nicht bejagbar (nach Interviews). Wieder andere Tiere sind mit Speiseverboten belegt, die sich, folgt man der Theorie von MARY DOUGLAS (1966), mit dem von den üblichen Kategorien abweichenden Äußeren oder ihrer Gefährlichkeit begründen lassen. So sind Krokodile, insektivore Vögel, Faultiere und Tintenfische generell vom Verzehr ausgenommen; andere Tabus gelten nur für bestimmte Personengruppen (z. B. schwangere Frauen). Aber auch Früchte sind mit Speiseverboten belegt, die auf der Klassifikation als „Gottes Besitz" beruhen und sich vermutlich mit negativen Eigenschaften begründen lassen (HOWE & SHERZER 1975). Weitere Verhaltensnormen existieren in der Form besonderer Rituale und Gesänge, die mit dem Sammeln medizinischer Nutzpflanzen durch Heiler verbunden sind (PAREDES & HERRERA 1997). Die speziell auf das Meer bezogenen Tabus und Nutzungsregeln werden gesondert in Kapitel 4.3 diskutiert.

Ein weiterer Komplex von Regeln betrifft spezielle Orte, die mit religiöser Bedeutung aufgeladen sind und nicht nur spirituelle Funktionen erfüllen, sondern aus deren Existenz sich auch konkrete soziale Regeln ableiten. Diese als *kalu* bezeichneten Orte dienen der indigenen Mythologie nach als Wohnorte der guten oder bösen Geister. Sie können sich im Wald, auf oder unter der Erde, oder nach manchen Angaben auch im Meer befinden (HERRERA & CARDALE 1974; vgl. dazu 4.4). Für Nicht-Eingeweihte ist das Betreten Tabu, obwohl sie äußerlich nicht von der Umgebung zu unterscheiden sind; ein Übertreten der Regel kann dazu führen, dass die Gemeinschaft von bösen Geistern und Krankheiten heimgesucht wird. Jegliche Nutzung wie die Jagd oder das Fällen von Bäumen ist in den *kalu* verboten, mit Ausnahme der Entnahme von medizinischen Heilpflanzen durch *neles* (Heiler-Schamanen), denen allein der Zugang gestattet ist (eigene Interviews; vgl. ALBA 1987; BRESLIN & CHAPIN 1984). Es lassen sich verschiedene einzelne Typen dieser Schutzzonen unterscheiden, von denen einige mit den kosmogonischen Mythen verknüpft sind. Diese spielen zum Beispiel eine wichtige Rolle als Ursprungsort von Naturereignissen, die den Menschen von dort aus zur Bestrafung bei Fehlverhalten gesendet werden. Insofern dienen diese mythologischen Orte zugleich der Begründung von moralischen Vorschriften.

ALBA zufolge (1987) gibt es bestimmte *kalu*, die den Schutz einzelner Tierarten gewährleisten, wie Jaguar und Harpyie. Auch VENTOCILLA et al. (1995a) dokumentieren solche Schutzzonen bei der Festlandsiedlung Cangandi. Diese beziehen sich nur auf einzelne Bäume der Gattung *Ficus*, die nicht gefällt werden dürfen, was wiederum den Schutz der ansonsten viel bejagten Leguane gewährleistet, die bevorzugt auf dieser Baumart leben. Daher nennt VENTOCILLA (1993) das Konzept der *kalu* als Beispiel für das traditionelle Ressourcenmanagement der Kuna, das in der nachhaltigen Nutzung einer Ressource mündet. Auch von HERRERA & CARDALE (1974) wird den *kalu* die Sicherung der Nahrungsmittelproduktion (z. B. bei bejagten Tierarten) sowie generell eine Funktion des Artenschutzes zugeschrieben. Somit lassen sich diese Schutzzonen als Habitattabus oder *sacred space* auffassen, wie auch aus anderen Kulturen belegt ist (z. B. *sacred groves* in Indien, FOLKE et al. 1998a). Solche Tabus können ökologischen Untersuchungen zufolge in der Tat eine arterhaltende Wirkung haben, indem sie eine Funktion als Rückzugsraum oder zur Reproduktion erfüllen (COLDING & FOLKE 1997).

Es lässt sich also festhalten, dass die natürliche Umwelt für die Kuna nicht nur einen Raum für die Ressourcennutzung darstellt, sondern von einer spirituellen Geographie überlagert ist, die auf einer mythologisch-spirituellen Raumkonzeption basiert. Dieser Raum besteht zum einen aus konkreten Orten, enthält aber auch Strukturen wie beispielsweise Häuser der Geister, die nur für Eingeweihte erkennbar sind. Zugleich sind seine Bedeutungen mit dem Überleben der Kuna und der Weltordnung verknüpft, die von den *kalus* bestimmt werden und ohne diese nicht bestehen können (HERRERA & CARDALE

1974), aber auch mit konkreten sozialen Handlungsnormen und darin enthaltenen Sanktionen (Bestrafung durch Geister).

Ein weiterer wichtiger Komplex von Regeln, der auf dem religiös-mythologischen Fundament basiert, betrifft die Distribution von natürlichen Ressourcen in der Gesellschaft. So ist der Verkauf landwirtschaftlicher Erzeugnisse ebenso wie von Fleisch und Fisch innerhalb der Gemeinschaft im Allgemeinen verboten. Dies wurde auch in den Interviews bestätigt, in denen die Befragten als Begründung angaben, die Gottheit *Paba* verbiete den Handel und bei Übertreten des Verbotes drohe eine Bestrafung von göttlicher Seite. Außerdem gilt das ebenfalls auf den Lehren der Mythologie aufbauende Prinzip der Reziprozität, also des Gebens und Nehmens von Produkten innerhalb der Gemeinschaft, das es zu respektieren gilt (vgl. HOWE & SHERZER 1975). Für die Fauna des Waldes stellt VENTOCILLA (1993) dazu fest, dass die Regel des Ausschlusses der Vermarktung zu einem Schutz der Ressourcen vor Übernutzung führe. Generell wird in der Literatur über indigenes Ressourcenmanagement das Prinzip der Weitergabe von Überschüssen als eine passive Regulierung angesehen, da durch diese Norm die Produktion von Überschüssen verhindert wird und sich somit die Gefahr der Übernutzung von Ressourcen reduziert (vgl. ACHESON 1981). Weitere spezifische Regelungen in Kuna Yala betreffen die Organisation der landwirtschaftlichen Nutzung sowie den gemeinschaftlichen Landbesitz. Darunter gibt es zum Beispiel Regeln, die das Ernten einzelner Früchte auf den von anderen Personen bestellten Flächen unter bestimmten Bedingungen erlauben, deren Interpretation jedoch unterschiedlich gehandhabt wird, was zu Konflikten führen kann (ausführlich dazu HOWE & SHERZER 1975).

Generell lässt sich feststellen, dass der Umgang mit natürlichen Ressourcen durch die Kuna auf dem mythologisch verankerten Prinzip des Respekts gegenüber der Mutter Erde basiert, wie zahlreiche Publikationen belegen (vgl. VENTOCILLA et al. 1995b; ALVARADO 1995; SALVADOR & HOWE 1997). Auch in den eigenen Interviews wurde häufig von den Befragten Bezug auf dieses Grundprinzip der Existenz der Kuna Bezug genommen. In der Literatur wird dieses Prinzip als „Ethik des Naturschutzes" in der Kuna-Gesellschaft interpretiert, die sämtliches Umwelthandeln strukturiert (CHAPIN 1991). Inwiefern diese Ethik tatsächlich nachhaltige Ressourcennutzung garantiert, wird in der Literatur allerdings unterschiedlich gesehen, was an späterer Stelle im Zusammenhang mit der Regulierung der Meeresnutzung zu diskutieren sein wird.

Das Wissen über Mutter Erde im religiös-kosmogonischen Kontext, über Tiere und Pflanzen, über den Erhalt der Natur, sowie über Mythen und die Rolle des Menschen wird von Hütern bewahrt und weitergegeben. Diese sind als *sailas* politische Oberhäupter der Gemeinden, die zugleich Funktionen als spirituelle Führer innehaben, oder *neles*, die eine Funktion des Heiler-Schamanen ausüben. Daneben sind die *inatuledi* als Spezialisten für medizinische Pflanzen und deren Anwendung als Medizinmänner mit weniger umfassenden spirituellem Wissen tätig (vgl. PRESTÁN SIMÓN 1991). Während *neles* und *inatuledi* ihr Wissen an Schüler weitergeben, ist die Weitergabe des Wissens durch die *sailas* institutionalisiert und folgt einem Komplex von sozialen Regeln und Ritualen.

Dabei spielen die allabendlichen Versammlungen der Dorfgemeinschaft im lokalen *congreso*-Haus *(onmakket nega)*, das mit Ausnahme weniger *comunidades* in jedem Dorf existiert, eine zentrale Rolle. Diese Versammlungen können einen eher politisch-administrativen Charakter haben und dabei auch Gesänge enthalten, mit denen der *saila* sein Wissen vermittelt, oder sie können speziell als kulturell-spirituelle Veranstaltung stattfinden und sich auf diese Gesänge konzentrieren. Die Gesänge in einer für den nicht eingeweihten Kuna kaum oder nicht verständlichen Ritualsprache (vgl. SHERZER 1997) handeln von Mythen, vermitteln aber auch moralische Lehren und Vorschriften sowie Umweltwissen mit konkretem räumlichem Bezug zu einzelnen Orten des Waldes oder zu Wachstumszyklen von Pflanzen. Auch die historischen Erfahrungen des Volkes mit seiner Geschichte der Versklavung und Vertreibung sowie konkrete jüngere historische Ereignisse sind Bestandteil der Gesänge. Die von den *sailas* von ihrer Hängematte im Zentrum des *congreso*-Hauses aus in einem Sprechgesang vorgetragenen Informationen werden von eigens ihnen an die Seite gestellten Interpretatoren *(argar)* übersetzt und erklärt, damit jeder Zuhörer die Lehren verstehen kann (HOWE 1974). Manche dieser Veranstaltungen sind verpflichtend für alle Dorfbewohner. So konnte die Verfasserin während der Feldarbeit auf der Insel Mamitupu an einem *congreso* teilnehmen, an dem die gesamte Bevölkerung unter Androhung von Strafen anwesend zu sein hatte, um die sich über Stunden erstreckenden Gesänge zu hören (unterbrochen nur von den lauten Weckrufen der Assistenten des *saila)*.

4.2.2 Kultureller Wandel – Traditionsverlust oder flexible Dynamik?

„The most striking feature of Kuna society is that is has survived."
(CHAPIN 1985, S. 43).

Häufig wird die Kultur der Kuna in der Literatur als eines der seltenen Beispiele für eine indigene Kultur genannt, die trotz des jahrhundertelangen Kontaktes mit der externen Gesellschaft wesentliche Merkmale bis heute erhalten konnte. Dies bezieht sich nicht nur auf offensichtliche Aspekte wie die Tracht der Frauen, die Sprache oder Siedlungsstrukturen, sondern auch auf die Religion und die daraus abgeleiteten Rituale und Bräuche. So sind die von den Kuna durchgeführten Pubertätszeremonien für Mädchen, an denen für die gesamte Dorfgemeinschaft *chicha* (vergorener Mais- oder Zuckerrohrsaft) ausgeschenkt wird, nach wie vor üblich, ebenso wie traditionelle Heiratsfeiern und Beerdigungszeremonien. In den meisten Haushalten finden sich auch heute noch *nuchus*, kleine aus Holz geschnitzte Figuren, die als Beschützer der Bewohner fungieren und bei Krankheiten als Medium für den Kontakt zwischen Heiler und Geistern dienen (Abb. 6;

Abb. 6: Nuchus (Holzfiguren zum Schutz vor Krankheiten), Medizinalpflanzen und anderes Zubehör eines Schamanen für die Heilungszeremonie eines kranken Kindes (Cartí Sugdup)
Quelle: Eigene Aufnahme

vgl. MERRY LÓPEZ1999). Neben diesen Beispielen zeigt die Literatur ebenso wie die eigene Feldarbeit deutlich, dass sehr viele Aspekte des täglichen Lebens von Ritualen und mit mythologischer Bedeutung aufgeladenen Handlungen bestimmt werden.

Als Hauptgrund für das „Überleben" der Kultur wird meist die Isolation in einem peripheren Raum genannt, der für lange Zeit außerhalb des Blickfeldes der Interessen an Territorium und Ressourcen lag. Daher mag es zunächst überraschen, dass in den Interviews, insbesondere von älteren Befragten, der Verfall der Kultur beklagt wird, der unaufhaltsam voranschreite. Auch in der Literatur wird diese These diskutiert, z. B. von CHAPIN unter dem Titel „Losing the Way of the Great Father" (1991).

Zunächst einmal war in der Feldarbeit festzustellen, dass in vielen Interviews nicht nur von älteren Personen und speziellen Funktionsträgern wie *sailas* auf das besondere Verhältnis zu *Napguana* („Mutter Erde") hingewiesen wurde. Auch die Befragungen von ALVARADO (1995) zeigten ein ähnliches Ergebnis, und VENTOCILLA et al. (1995b) bestätigen, dass das Konzept der „Mutter Erde" nach wie vor lebendig und bedeutsam in der Gesellschaft der Kuna sei. Betrachtet man einzelne Regeln der Ressourcennutzung, so ergibt sich jedoch ein differenzierteres Bild. So sind zum Beispiel einerseits die *kalu*-Schutzzonen im Wald nach wie vor gültig und werden respektiert. Die Speise- und Jagdtabus einzelner Tierarten sind hingegen veränderlich, wie in Kap. 4.4 ausführlicher am Beispiel der Tabus von Meeresressourcen dargestellt wird, die zum Teil inzwischen ihre Funktion verloren haben. Allerdings zeigen Hinweise in der Literatur, dass solche Tabus nicht erst in jüngster Zeit ungültig werden, sondern dies bereits ab 1940 aus dem Festlanddorf Cangandi dokumentiert ist (CHARNLEY & LEÓN o. J.), in dem zu dieser Zeit der Konsum von zuvor mit Tabus belegten Tieren wie dem Gürteltier Verbreitung gefunden hat. Insgesamt scheint sich der Wandel der institutionellen Regelungen von Ressourcennutzung aber besonders in der Fischerei dramatischer zu vollziehen (vgl. Kap. 4.4). Angesichts der teilweise gravierenden ökologischen Probleme, die mit den aktuellen Nutzungsmustern verbunden sind, wird dieser Aspekt genauer zu untersuchen sein.

Auch generelle, mythologisch begründete soziale Normen wie das Tabu des Verkaufes von Nahrungsmitteln in der Gemeinschaft sind von schwindender Akzeptanz betroffen, so dass heute in vielen *comunidades* nicht nur der Handel mit den schon lange als Exportgut gehandelten Kokosnüssen, sondern auch von einzelnen Mangos und Bananen üblich geworden ist (eigene Beobachtungen und Interviews; vgl. VENTOCILLA et al. 1995a). Der Bedeutungsverlust allgemeiner sozialer Normen wie der Reziprozität scheint einem ähnlichen Muster zu folgen; so äußerten viele Befragte mit Bedauern, dass man heute Überschüsse nicht mehr in der Gemeinschaft verteile, sondern verkaufe. Der Kreis derjenigen, die sich in Notsituationen mit Lebensmitteln aushelfen, hat sich auf die engsten Familienmitglieder reduziert. Somit ist das ehemals bestehende informelle Versicherungssystem, das Risiko reduzierend wirkte (zum Beispiel bei schlechten Erträgen) und dazu beitrug, dass auch schwächere Mitglieder der Gemeinschaft versorgt wurden, außer Funktion geraten.

Ein weiterer Aspekt, der in Verbindung mit kulturellem Wandel genannt wird, ist die Weitergabe des traditionellen Wissens an nachfolgende Generationen. In den Interviews mit älteren Kuna wurde diese Entwicklung beklagt und befürchtet, dass ein Bruch in der Weitergabe des Wissens bereits jetzt zu beobachten sei. So formulierte es ein *saila* auf Ustupu:
„Wenn ich sterbe, ist es, als ob eine Bibliothek in Flammen aufginge und nur Asche zurückbliebe."
(Übers. der Verf.).

Dieser Heiler und Kenner der Medizinalpflanzen mit einer Spezialisierung auf Hirnkrankheiten und Epilepsie konnte sein Wissen weder an eines seiner fünf Kinder, die zum Teil im Ausland studiert haben, weitergeben, noch andere interessierte Schüler finden. Sein Beispiel scheint nach den Interviews typisch für die Heiler und Mythenkundigen der älteren Generation zu sein, wie auch von *saila* Arias (in WAGUA 2000) dokumentiert. Problematisch ist dabei die Kollision mit den Lebensentwürfen der jüngeren Generationen, die beispielsweise ein sich über viele Jahre erstreckendes Studium der *Pab Igala*-Mythenlehre nicht auf sich nehmen wollen. Ein jüngerer Medizinkundiger auf der Insel Tikantikki berichtete, dass er über fünf Jahre lang an der Seite eines Heilers zu lernen hatte und seine Ausbildung gerade erst am Abschluss stehe, es aber in seiner Generation kaum ähnliche Nachfolger gebe. Auch CHAPIN (1991) beschreibt diese Entwicklung am Beispiel der bewussten Versuche einiger junger Kuna, zu ihren Wurzeln zurück zu kehren, die jedoch oberflächlich blieben und letztlich scheiterten. Ob Generationenkonflikte eine eher rezente Erscheinung in der Kultur der Kuna sind, kann nicht festgestellt werden; es scheint sich jedoch aus der Literatur und den Interviews abzuzeichnen, dass dieser seit einigen Jahrzehnten andauernde Generationenkonflikt eine tiefe „Bresche" in die Gesellschaft der Kuna und speziell in die Aspekte des Wissens und der Religion schlägt (CHAPIN 1993, S. 149). Betroffen von Wandlungsprozessen ist auch die traditionelle Autorität der lokalen Führer, der *sailas*, deren Position und Entscheidungshoheit zunehmend an Akzeptanz und Durchsetzungskraft innerhalb der *comunidades* verlieren, so dass manche ihrer Entscheidungen von der Bevölkerung ignoriert werden. Zugleich wird ihnen aber, wie auch den Generalcaciquen, heute verstärkt vorgeworfen, ihr Amt nicht mehr in traditioneller Weise auszuüben, sich nicht genügend in der Mythologie auszukennen und ihre *comunidades* nicht in angemessener Weise zu führen (eigene Interviews; vgl. PRESTÁN SIMÓN 1991).

Betrachtet man die Ursachen, die diesen Prozessen des kulturellen und sozialen Wandels zugeschrieben werden, so spielen Kirchen und Missionierung vermutlich nur eine geringe Rolle, da die Kuna lange Zeit kaum Missionare duldeten und ihr Einfluss begrenzt blieb (vgl. HOWE 1997). Heute existieren zwar katholische Kirchen, deren Priester sich auch dem Erhalt indigener Kultur widmen, doch blieb die Christianisierung insgesamt von untergeordneter Bedeutung. Auch andere, meist nordamerikanische Gruppen versuchen mit zum Teil fragwürdigen Methoden wie kostenfreien medizinischen Behandlungen durch Medizinstudenten Anhänger zu gewinnen, üben aber nur einen geringen Einfluss aus. Eine wichtigere Rolle wird hingegen der Schulerziehung zugeschrieben, die sich seit Beginn des 20. Jahrhunderts in der Comarca zu etablieren begann, nachdem die Autoritäten die Wichtigkeit der Bildung anerkannt und die Eröffnung von Schulen erlaubt hatten (HOWE 1986). Der Schulbesuch hat zum Beispiel zur Folge, dass die Kinder ihre Eltern seither nicht mehr bei Feldarbeit und Fischerei begleiten, um von ihnen die traditionellen Techniken zu erlernen, aber auch, dass sie mit einem fremden gesellschaftlichen Konzept konfrontiert werden und nur noch wenig über die eigene Kultur lernen. Trotzdem wird heute die Schulbildung von den Autoritäten nicht mehr in Frage gestellt, zumal wachsende Versuche unternommen werden, die bilinguale Erziehung (Kuna/Spanisch) flächendeckend zu etablieren und auch Inhalte aus der indigenen Kultur und Lebensweise in die Lehrpläne aufzunehmen.

Ein weiterer Faktor, der als Ursache für den kulturellen Wandel gesehen wird, ist die Migration in urbane Räume. Diese führt zum Kontakt mit anderen gesellschaftlichen Normen und Lebensentwürfen, die von Rückwanderern mit in die Comarca gebracht werden (vgl. CHAPIN 1997). Als Beispiele wurden in den Interviews Mädchen genannt, die nach der Rückkehr ihre traditionelle Tracht nicht mehr tragen wollen und Kinder, die nur noch spanisch sprechen. Zugleich wird durch die geschlechterspezifische Selektivität der Abwanderung die Anzahl der Männer pro Haushalt reduziert, was zur Folge hat, dass keiner der verbliebenen Männer sich die Zeit für das Erlernen von Ritualen nehmen kann. Ob auch der wachsende Tourismus zu einem beschleunigten kulturellen Wandel beiträgt, ist angesichts der kurzen Aufenthaltsdauer der Touristen fraglich; Studien dazu liegen nicht vor.

Ein wichtiger Aspekt des Wandels, der durch den verstärkten Kontakt mit der „äußeren", also der außerhalb der Comarca liegenden Welt, zustande kommt und in Interviews und Literatur genannt wird, ist hingegen die zunehmende allgemeine Kommerzialisierung des Lebens und die wachsende Wichtigkeit ökonomischer Einkünfte. Eine ähnliche Sichtweise ist auch in den Aussagen von traditionellen Führern in der Literatur dokumentiert, wie die von *cacique* Carlos López:

> „Our tradition of working together no longer exists. [...] Now they follow money. We are acquiring the spirit of the *uaga* [Nicht-Kuna, Anm. der Verf.]. Once everything is evaluated in terms of money, it changes one's way of being, it makes one selfish. So said our forefathers. Thus we are beginning to deceive our forefathers."
> (VENTOCILLA et al. 1995a, S. 69).

Als negative Konsequenzen dieser Entwicklung wurden in den Interviews von vielen Befragten ein zunehmend materialistisch orientierter Lebensstil und die Entstehung von sozialen Schichten beklagt. Es ist anzunehmen, dass der Bedeutungsverlust von Tabus und sozialen Regeln, die sich auf die Ressourcennutzung beziehen, erst durch die allgemeine stärker marktwirtschaftliche Orientierung in Verbindung mit einem zumindest bis in die 1990er Jahre hinein gestiegenen Bevölkerungsdruck sowie weiteren sich verändernden gesellschaftlichen Bedingungen eintreten konnte (vgl. 4.4). Inzwischen spielen auch moderne Medien möglicherweise eine Rolle bei sich wandelnden gesellschaftlichen Konzepten, wenn z. B. wie auf Cartí Sugdup beobachtet, Kuna-Mädchen *soap-operas* im Fernsehen konsumieren. Allerdings ist zu bemerken, dass das Fernsehen bisher aufgrund der nur zum Teil vorhandenen Stromversorgung kaum Verbreitung gefunden hat.

Welchen Einfluss diese einzelnen Faktoren tatsächlich für einen als beschleunigt perzipierten kulturellen Wandel haben und welche Folgen dieser auf Dauer für die Gesellschaft der Kuna hat, ist schwierig zu klären und kann in dieser Untersuchung nicht näher behandelt werden. Zugleich ist tief greifender sozialer und kultureller Wandel kein neues Phänomen in der Gesellschaft. Nicht nur die im 19. Jahrhundert vollzogene Migration in einen neuen Lebensraum – das der Küste vorgelagerte Inselgebiet – markiert einen fundamentalen Wandel in der Lebensweise. So hat HOWE (1986) zufolge mit der Unabhängigkeit von Kolumbien 1903 eine Transformation des politischen Systems der Kuna eingesetzt. Zugleich hat im 20. Jahrhundert insbesondere auch die zunehmende Einbindung in die Marktwirtschaft durch den Kokoshandel mit Kolumbien gesellschaftliche Veränderungen ausgelöst. STOUT (1947) datiert den Beginn dieser marktorientierten Kokosproduktion bereits auf 1870 und beschreibt schon für die 1920er Jahre eine zunehmende Kommerzialisierung der traditionell mit dem Handelsverbot belegten Lebensmittel. Auch der Verlust an traditionellem Wissen und die Entstehung sozialer Schichten werden bereits von STOUT (1947) erwähnt. So relativieren sich Aussagen von Interviewpartnern, nach denen die Vermarktung von Lebensmitteln erst seit ein bis zwei Jahrzehnten üblich sei, und es zeigt sich, dass die heutigen Prozesse des Wandels ihren Ursprung vermutlich zum Teil schon früher haben, als es in manchen Veröffentlichungen oder von den Kuna selbst angenommen wird. Andererseits soll damit die These, nach der solche Prozesse des Wandels heute sehr viel schneller und mit stärkeren gesellschaftlichen Veränderungen ablaufen als in früheren Phasen, nicht widerlegt werden.

Zusammenfassend lässt sich festhalten, dass in den Interviews vor Ort mit der lokalen Bevölkerung wie auch mit Akteuren der Kuna-NRO ebenso wie in den Veröffentlichungen der seit Jahrzehnten in Kuna Yala forschenden Wissenschaftler ein kultureller, sozialer und ökonomischer Wandel festgestellt wird, der generell als negativ eingeordnet wird. Auch das traditionelle Mensch-Umwelt-Verhältnis ist demnach im Wandel begriffen, so dass CHAPIN (1991) die Frage stellt, ob die Kuna weiterhin in der Lage sein werden, die Erde respektvoll zu behandeln, wenn ihr traditionelles Glaubenssystem schwindet.

Dieser These der Erosion der traditionellen Kultur steht andererseits die These der Flexibilität und Anpassungsfähigkeit der Gesellschaft der Kuna gegenüber. So wird die Fähigkeit der flexiblen Reaktion auf neue Herausforderungen und Rahmenbedingungen im Rückblick, also in einem historischen Kontext, überwiegend als Positivum und als Stärke der Kultur bewertet. Was beispielsweise SHERZER (1992, S. 316) als „flexibilidad adaptativa" bezeichnet, darf nicht mit Akkulturation verwechselt werden:

> „Das Neue in das Alte umzuwandeln, es aufzunehmen anstatt es abzulehnen, ist ein konstantes und traditionelles Charakteristikum des sozialen Lebens und der Kultur der Kuna."
> (Übers. der Verf.).

Dieser Argumentation nach vermochten die Kuna schon in der Vergangenheit flexibel auf Veränderungen zu reagieren, so dass Wandel ein Kontinuum in ihrer Kultur darstellt. Ihrer Anpassungsfähigkeit ist demnach ihr Überleben – im Gegensatz zu vielen anderen Kulturen, die in der Akkulturation und Assimilation aufgingen – zu verdanken. Dieser Sichtweise liegt ein dynamisches Konzept von Kultur zugrunde, auf das in Teil 2.2 eingegangen wurde.

Abb. 7: Junge Kuna-Frau in traditioneller Alltagskleidung (mola-Bluse) und Goldschmuck, Cartí Sugdup
Quelle: Eigene Aufnahme

Einige Aspekte dieser Anpassungsfähigkeit beruhen auf dem spirituellen Fundament: So schreibt das Prinzip des *Tad Ibe*, einer mythologischen Figur, den Kuna die Offenheit für neues Gedankengut vor (eigene Interviews, vgl. CHAPIN 1985). Auch in der Literatur finden sich Hinweise darauf, dass die Kuna schon lange neue Einflüsse aufnahmen, in ihre Kultur integrierten und sie somit zu etwas Eigenem umformten (TORRES DE ARAÚZ 1980). Die traditionelle Applikationskunst der *mola* ist nur ein besonders bildliches Beispiel für diese Integration, die es zum Beispiel erlaubt, aktuelle Geschehnisse in dieser Kunstform zu verarbeiten (Abb. 7 und 19; vgl. SALVADOR 1997). Auch die Interpretation der Mythen durch die *sailas* in den lokalen *congresos* erfolgt immer im Kontext der Aktualität und wirkt zugleich ständig identitätsbildend (WAGUA 1999). Andererseits erscheinen viele Aspekte der Kultur dem außenstehenden Betrachter sehr konservativ, wie z.B. die Abschottung gegenüber dem Eindringen Fremder, die Ablehnung mancher technischer Neuerungen durch die Autoritäten und die generell vorherrschende Skepsis insbesondere der älteren Führer gegenüber einem westlichen Lebensstil (eigene Interviews und Beobachtungen). Auch in den panamaischen Medien wird gelegentlich ein solches Bild der Kuna vermittelt, so im November 2005 in der Tageszeitung El Panamá America (vom 31.8.2005), in der das Volk der Kuna als rückständig beschrieben wurde, weil es unter dem eisernen Griff seiner „Könige" leide, die der Bevölkerung den wichtigen Forschritt vorenthielten. Allerdings zeigt sich in der Realität, dass die angeblich so konservativen Kuna-Autoritäten bis heute zahlreiche Neuerungen akzeptiert haben, wie moderne Kommunikationstechnologien, Medizin und Bildung, aber auch einen kontrollierten Tourismus und den Bau von Infrastruktureinrichtungen.

So lässt sich festhalten, dass eine Dualität aus einer Bewahrung des Traditionellen einerseits und einer flexiblen Dynamik andererseits besteht. Diese erlaubt es, neue Konzepte, Ideen oder technische Neuerungen in die Gesellschaft aufzunehmen und zu etwas Eigenem umzugestalten. BRESLIN & CHAPIN (1984, S. 31) bezeichnen die Kuna als „careful department store shoppers", die sorgfältig abwägen, bevor sie Neues in ihre Kultur integrieren. SHERZER sieht daher die Zukunft des Volkes und seiner indigenen Kultur positiver als die meisten anderen Autoren:

> „Wenn sie weiterhin ihr Land kontrollieren und weiterhin die Richtung ihres kulturellen, ökonomischen und sozialen Lebens kontrollieren, dürfte ihre augenscheinlich idyllische Situation bestehen bleiben."
> (SHERZER 1992, S. 320, Übers. der Verf.).

Eine Besonderheit ist in diesem Zusammenhang die wichtige Rolle, die Kommunikation und Reflexion der eigenen Kultur nicht nur im täglichen Leben spielen, sondern auch in institutionalisierter Form beispielsweise in den allabendlichen *congresos* sowie den regionalen Generalkongressen (siehe unten). In der Kommunikation zwischen den Akteuren auf verschiedenen Maßstabsebenen wird dabei der Zustand der Kultur und die eigene indigene Identität im historischen Kontext sowie auch in der Aktualität immer wieder reflektiert und neu definiert. Diese Reflektion über die eigene Gesellschaft und die Analyse von Tradition und Identität sind ein so charakteristisches Merkmal der Kultur der Kuna, dass dies in Interviews wie auch auf Versammlungen als konstantes Element beobachtet werden konnte und BRESLIN & CHAPIN (1984, S. 31) die Kuna mit einer „convention of anthropologists" vergleichen. Es bleibt zu vermuten, dass diese bewusste ständige Neudefinition von Kultur und Identität zum Erhalt der Kultur beitragen konnte und es auch in Zukunft kann.

4.2.3 Die Autonomie der Comarca Kuna Yala im nationalstaatlichen Kontext sowie innere politische und administrative Strukturen

Eine wichtige Rahmenbedingung des Lebens und Wirtschaftens in Kuna Yala ist der semiautonome Status innerhalb des Nationalstaates, der es den Kuna erlaubt, vergleichsweise selbstbestimmt über den einzuschlagenden Weg der Entwicklung zu entscheiden. Durch diese schon früh erreichte besondere Position innerhalb Panamas wurden die Kuna zu einem Positivbeispiel für indigene Autonomie und Selbstbestimmung, das anderen indigenen Völkern in Lateinamerika als Vorbild, zum Beispiel bei der Formulierung eigener Forderungen, diente (vgl. VALIENTE 2002). Auch innerhalb Panamas entstanden analog zu dieser ersten Comarca, die indigenen Völker zugestanden wurde, fünf weitere, ähnlich strukturierte Gebiete. Im Folgenden sollen die gesetzlichen Grundlagen dieser Autonomie sowie die inneren politisch-administrativen Strukturen Kuna Yalas beschrieben werden.

Nach den Ereignissen der „Revolución Dule" in den 1920er Jahren (vgl. Kap. 4.1) wurde im Jahr 1930 zunächst per Gesetz eine „Reserva Indígena" eingerichtet, die 1938 durch die „Comarca de San Blas" abgelöst wurde. Die administrative Ausgestaltung dieser Comarca wurde schließlich in dem bis heute gültigen Gesetz Nr. 16 von 1953 vorgenommen (vgl. Abb. 8; Congreso General Kuna 2001). Der Begriff der Comarca beinhaltet dabei einen von den übrigen Provinzen Panamas abweichenden Status mit einer speziellen Form der Administration unter einem Verwalter (span. *intendente*, heute *gobernador*), der von der panamaischen Regierung als Repräsentant der Exekutive eingesetzt wird (ALEMANCIA 2000). Zwar hat somit formell der *gobernador* die oberste Autorität nach dem Gesetz, in der Praxis üben jedoch die traditionellen Autoritäten der Kuna die Hoheit aus (LÓPEZ MARTÍNEZ 2003). Die Existenz dieser indigenen Institution des Congreso General (Generalversammlung oder -kongress) mit den drei Oberhäuptern der Comarca (*saila dummad* bzw. *caciques*) wird im Gesetz anerkannt, ohne allerdings deren jeweiligen Aufgaben und Zuständigkeiten sowie ihre juristische Stellung in Bezug auf die staatlichen Institutionen, wie z.B. den *gobernador*, klar zu spezifizieren. Dieser wird heute nach Vorschlägen der Kuna ausgewählt und fungiert als Vermittler zwischen Comarca und panamaischer Regierung (LÉGER 1994).

Auch die Existenz der traditionellen Institutionen auf lokaler Ebene, der *congresos (onmakket)* mit ihren Oberhäuptern *(sailas)* wird per Gesetz anerkannt. Weitere Aspekte, die im Gesetz von 1953 geregelt werden, sind die Aufgaben des Staates in Bezug auf Gesundheitswesen, Handel, Landwirtschaft und Infrastrukturmaßnahmen in der Comarca. Eine der wichtigsten Bestimmungen betrifft die Frage des Landbesitzes: Ohne Zustimmung des Congreso General dürfen weder Landverkäufe noch -verpachtungen in Kuna Yala erfolgen (vgl. Abb. 8; LÓPEZ MARTÍNEZ 2003). Dieser Passus stellt bis heute einen der Grundpfeiler der Kontrolle über das Territorium durch die Kuna dar – obwohl anzumerken ist, dass Bodenschätze ausgenommen sind. Aus juristischer Sicht problematisch ist die Tatsache, dass die Verfassung Panamas zwar einige Aspekte über indigene Völker enthält wie z.B. die Anerkennung von Gemeineigentum, nicht jedoch das Prinzip einer indigenen Autonomie (ALEMANCIA 2000), die lediglich durch einzelne Gesetze definiert wird. Zwischen dem panamaischen und dem indigenen institutionellen System vermittelnd sollen neben dem *intendente* auch die drei Abgeordneten, die von den Kuna in die gesetzgebende Versammlung gewählt werden, wirken. Ihre Rolle scheint jedoch stärker parteipolitisch geprägt und dient kaum der Vertretung indigener Interessen auf nationalstaatlicher Ebene.

Zwar besitzt das Gesetz von 1953 bis heute Gültigkeit, doch wurde es inzwischen seitens der Kuna erheblich modifiziert und erweitert. Diese Überarbeitung zog sich über

> **Ley Número 16 (Del 19 de febrero de 1953) „Por la cual se organiza la Comarca de San Blas"**
>
> Art. 13: „El Estado reconoce la existencia del Congreso General Kuna y de los Congresos del Pueblo y tribus con arreglo a su tradición y a su Carta Orgánica, con las salvedades pertinentes para evitar incompatibilidades con la Constitución y Leyes de la República."
> („Der Staat erkennt die Existenz des Congreso General Kuna und der *congresos* der Dörfer und Stämme in Übereinstimmung mit ihrer Tradition und ihrer Carta Orgánica an, mit den erforderlichen Ausnahmen zur Verhinderung von Inkompatibilitäten mit der Verfassung und den Gesetzen der Republik.")
>
> Art. 21: „No se adjudicarán tierras ubicadas dentro de las reservas indígenas a ninguna persona que no forme parte de la comunidad, salvo que sea aprobadas las solicitudes de adjudicación por dos Congresos Kunas diferentes."
> („Es wird in den *reservas* der Indigenen kein Land an irgendwelche Personen, die nicht Teil der *comunidad* sind, vergeben, außer wenn dies von zwei verschiedenen *congresos* der Kuna genehmigt wird.")
>
> **Ley Fundamental de la Comarca Kuna Yala (1995)**
>
> Art. 9: „El Congreso General Kuna es el máximo organismo político-administrativo de deliberación y decisión de la Comarca; sus pronunciamientos y resoluciones serán de cumplimiento obligatorio para todas las autoridades y comunidades de la Comarca […]"
> („Der Congreso General Kuna ist das höchste politisch-administrative Organ für Entscheidungen in der Comarca; seine Erklärungen und Resolutionen sind für alle Autoritäten und *comunidades* der Comarca bindend […]")

Abb. 8: Gesetzliche Grundlagen der Autonomie: Gesetz Nr. 16 von 1953 und das Grundgesetz der Kuna (Ley Fundamental) in Auszügen
Quelle: Eigene Zusammenstellung nach Congreso General Kuna (2001), Übers. der Verf.

zehn Jahre hin und fand ihren Abschluss schließlich in dem 1995 vom Congreso General beschlossenen „Ley Fundamental de la Comarca Kuna Yala" (Congreso General Kuna 2001). Bisher ist dieser Entwurf zwar von der Nationalversammlung Panamas nicht ratifiziert worden, und es wurden lediglich einzelne Regelungen in panamaisches Recht übernommen (so die Namensänderung von Comarca de San Blas in Comarca Kuna Yala sowie die Anerkennung des Jahrestags der *revolución Dule* als regionaler Feiertag). Trotzdem wird dieser Entwurf von den Kuna-Autoritäten als gültiges Grundgesetz betrachtet und als Handlungsgrundlage verwendet. *Cacique* Gilberto Arias (in Congreso General Kuna 2001) zufolge war es für die Kuna entscheidend, die Überarbeitung nicht den staatlichen Organen zu überlassen, sondern den Gesetzestext in Eigenregie zu gestalten, da diesem als Verfassung für Kuna Yala eine hohe Bedeutung zukommt. So sollten zum einen die aus Kuna-Sicht inkorrekten Grenzen im Ley Fundamental neu festgelegt und zum anderen die Aufgaben des Congreso General stärker formuliert werden. Andere wichtige Aspekte sind Regelungen zur Bildung und grundlegenden Prinzipien des Ressourcenmanagements, die später diskutiert werden (vgl. Kapitel 4.4.2).

Die spezifischere Ausgestaltung der inneren Verwaltung und vieler anderer Aspekte über die im Ley Fundamental festgelegten Aspekte hinaus erfolgte zunächst in der Carta Orgánica, die als Dekret von der panamaischen Regierung angenommen wurde. Auch diese ist seitens der Kuna inzwischen durch eine Neufassung ersetzt worden, das Estatuto de la Comarca Kuna Yala, wie es der Congreso General (2001) im Jahre 2000 beschlossen hat (vgl. Abb. 8). Dieses Statut wird auf den halbjährlichen Sitzungen des Kongresses ständig um neue Regelungen erweitert und bildet die gesetzliche Grundlage für das Handeln sämtlicher Kuna-Organe sowie aller Einwohner Kuna Yalas. Darüber hinaus gilt es für die aus Kuna Yala abgewanderte Bevölkerung ebenfalls als verbindlich. Enthalten sind in diesem Statut neben Regelungen der Ressourcennutzung und generellen Prinzipien des Umgangs mit der Natur auch die Bedeutung der Tradition und Religion. Zusätzlich erlässt der Congreso General einzelne Erlasse zu bestimmten Themen, beispielsweise ein Tourismus-Statut. Dieses 1996 erlassene Reglement soll zur Verbesserung der Kontrolle touristischer Aktivitäten sowie zur Minimierung der negativen Effekte in Kuna Yala verhelfen, worunter der Einfluss externer Akteure, Beschäftigungsverschiebungen und intra- bzw. interkommunale Konkurrenz genannt werden (SNOW & WHEELER 2000). Das Statut konnte zwar bisher die hoch gesteckten Ziele nicht erreichen, da es noch an der Umsetzung mangelt, jedoch gibt es eine Leitlinie für die zukünftige Entwicklung vor und wird daher als „a remarkable effort at self-determination by an indigenous people facing a $10 billion industry" bezeichnet (SNOW 2001, S. 1).

Die interne politisch-administrative Struktur Kuna Yalas beruht auf traditionellen Institutionen und lässt sich nach zwei Maßstabsstufen differenzieren. Auf der lokalen Ebene verfügt jede *comunidad* über ein gewähltes Oberhaupt, den *saila*, dem wiederum Sprecher *(arkar)* und Ordnungshüter *(sualipet)* zur Seite stehen (PRESTÁN SIMÓN 1991). Dabei erfüllen die *sailas* nicht nur die oben skizzierten Aufgaben als spirituelle Führer, die in rituellen Gesängen Inhalte der Mythologie und moralische Lehren vermitteln, sondern es stehen während der allabendlich stattfindenden Versammlung auch politische Themen, die das Dorf betreffen, auf der Tagesordnung. Sämtliche Entscheidungen über Fragen aus Politik, Wirtschaft und Verwaltung werden nach der ausgiebigen Debatte im *congreso*-Haus getroffen und Konflikte zwischen Bewohnern geschlichtet (vgl. SHERZER 1992). Das Amt des *sailas* wird dabei meist von älteren, respektierten Männern ausgeübt, die über umfangreiche Kenntnisse der Mythologie verfügen; allerdings gibt es vereinzelt auch Frauen und jüngere Männer, die dieses Amt innehaben. Zu bemerken ist hier, dass ein *saila* bei Fehlverhalten oder häufigeren Fehlentscheidungen durch die Gemeinschaft abgesetzt werden kann, was zum Beispiel geschieht, wenn er der Korruption oder moralisch nicht einwandfreiem Handeln verdächtigt wird.

Neben den drei genannten Hauptpositionen auf lokaler Ebene existieren eine Fülle von weiteren Ämtern für bestimmte Aufgaben, z. B. des Verwalters der kommunalen Finanzen, des *chicha*-Beauftragten, der bei Gemeinschaftsfesten die Zubereitung des vergorenen Maissaftes organisiert, sowie der Organisatoren von kommunalen Arbeiten verschiedener Art (PRESTÁN SIMÓN 1991), wobei die Ämter in den *comunidades* jeweils unterschiedlich gestaltet sind. Generell wird das System der lokalen Administration Kuna Yalas in der Literatur als weitgehend demokratisch mit oligarchischen Tendenzen bezeichnet. Jede *comunidad* gibt sich dabei eigene Handlungsnormen für die kommunale Ebene, die zwar nicht einheitlich in der gesamten Comarca gestaltet sind, sich jedoch weitgehend ähneln. Gemeindemitglieder, die diese Regeln übertreten, werden in gravierenden Fällen an die Polizei überstellt oder in das Gefängnis der Comarca verbracht, bei geringeren Vergehen erfolgt eine Sanktionierung auf lokaler Ebene durch den *congreso local* unter dem *saila*. Dabei haben sich die Strafen im Verlauf der Zeit diversifiziert. Während früher öffentlich vollzogene körperliche Strafen durch Dornen- oder Nesselzweige üblich waren, gibt es seit der 2. Hälfte des 20. Jahrhunderts häufiger Geldstrafen (je nach Schwere des Vergehens). Eine weitere Sanktionsmöglichkeit ist die Verweigerung von Reiseerlaubnissen, die seit einem Erlass des Congreso General von 1952 zum Verlassen der Inseln erforderlich sind (HOWE 1974). Daneben werden auch Arbeitseinsätze, der Entzug privater Güter bis hin zu Haus und Grundstück, das Rasieren des Kopfes bei Jugendlichen, die Verschickung in andere *comunidades* sowie die dauerhafte Verbannung aus der Gemeinschaft als Sanktionsmöglichkeiten genannt.

Auf der Basis dieses System lokaler *congresos* und *sailas* entstanden auf einer regionalen Maßstabsebene analoge Institutionen: der Congreso General Kuna als legislatives Organ und Regierung mit seinen Oberhäuptern, den drei *caciques* oder *saila dummat* (große *sailas*, auf den sprachlich korrekten Plural *sailagan* wird hier zugunsten der im Spanischen üblichen Pluralform *sailas* verzichtet). Das Institut des Congreso General ist dabei vergleichsweise jung. Zwar hatte der *saila* Abisua um das Jahr 1880 eine erste Generalversammlung der wichtigsten Führer der Region einberufen und die Schaffung der Institution dreier Generalcaciquen vorgeschlagen (CASTILLO DÍAZ 1999), doch wurde der Generalkongress in der institutionalisierten Form, die er heute aufweist, erstmalig 1945 abgehalten (GONZÁLEZ 1998). Somit könnte der Congreso General als „neo-traditionelle" Institution bezeichnet werden, also als eine gesellschaftliche Institution, die sich zwar im Aufbau in das bestehende traditionelle System einfügt, sich aber erst in jüngerer Zeit aufgrund der Konfrontation mit dem Nationalstaat entwickelt hat. Zweimal im Jahr tritt dieser Generalkongress an wechselnden Orten zusammen, wobei die Oberhäupter sämtlicher *comunidades*, die *sailas* mit je vier weiteren Delegierten teilnehmen, sowie daneben Vertreter sämtlicher NRO. Es wird – analog zu den lokalen *congresos* – über politische, ökonomische und verwaltungsrelevante Fragen sowie zahlreiche andere Themen diskutiert und entschieden.

In der Zeit zwischen den Generalkongressen führen die drei obersten *sailas* mit weiteren Mitgliedern einer *junta directiva* das Büro des Congreso General in Panama-Stadt, und mehrere Kommissionen arbeiten an spezifischen Aufgaben (z. B. Wirtschaft, internationale Beziehungen, Kultur, Frauenangelegenheiten, Grenzsicherung der Comarca). Die zwischen den halbjährlichen Congreso-General-Sitzungen anstehenden Entscheidungen werden, sofern sie nicht grundlegender Art sind und im Plenum diskutiert werden müssen, in dieser Zeit durch die *junta directiva* gefällt bzw. von den Kommissionen bearbeitet. Diese müssen allerdings vor der Kongressversammlung anschließend Rechenschaft über ihr Tun ablegen und sind absetzbar. Aufgrund dessen sowie aufgrund der Tatsache, dass die Debatten und Entscheidungen auf einem gemeinschaftlichen Wege unter gewählten Vertretern stattfinden, wird die Gesellschaft der Kuna als partizipativ und demokratisch bezeichnet (HOWE 1997; MOORE 1984).

Andererseits fordern insbesondere jüngere Kuna eine stärkere Beteiligung der nachfolgenden Generationen und insbesondere auch der Frauen, die bisher nur am Rande im politischen System eine Rolle spielen, vor allem auf lokaler Ebene (eigene Interviews; vgl. TORRES in VENTOCILLA et al. 1995a). Einschränkend auf die Macht des Congreso General wirkt das sehr kleine finanzielle Budget, das die Handlungsfähigkeit behindert, sowie die großen zeitlichen Abstände zwischen Generalversammlungen, aufgrund derer wichtige Themen bis zu sechs Monate Aufschub erfahren. Dann allerdings muss in wenigen Tagen ein großes Pensum an Diskussionen und Entscheidungen abgeleistet werden, so dass nicht jedes Thema erschöpfend behandelt werden kann, bevor entweder eine Entscheidung oder eine erneute Vertagung ergeht. Der logistische Aufwand für diese Versammlungen ist groß, da die mehreren Hundert Vertreter aus allen *comunidades* anreisen müssen und über einige Tage zu beherbergen sind, so dass häufigere Veranstaltungen organisatorisch kaum denkbar sind.

Insgesamt bleibt zu konstatieren, dass die Kuna über komplexe interne politische Strukturen und Institutionen verfügen, die zum Teil traditionell gewachsen, zum Teil in jüngerer Zeit entstanden sind und sich zwischen der lokalen bzw. regionalen Ebene differenzieren lassen, wobei Administration und Institutionen sich zwischen den *comunidades* nur geringfügig unterscheiden. Traditionell nehmen dabei in der Kultur Kommunikation und politisches Handeln einen sehr hohen Stellenwert ein, der im 20. Jahrhundert durch die wachsende Zahl an Ämtern und politischen Aufgaben in den *comunidades* sowie auch auf interkommunaler Ebene sogar weiter anwuchs, so dass die Kuna als „an unusually political people" gelten (HOWE 1998, S. 37). In den lokalen *congresos* sowie auch auf regionaler Ebene findet zugleich eine ständige Reflektion der eigenen Kultur statt, wobei nicht nur Inhalte wie Mythen weitergegeben werden, sondern eine aktive Wahrnehmung und Auseinandersetzung mit der eigenen Identität, dem Stellenwert der Kultur in der Gesellschaft sowie der Relation zwischen Kuna und der „externen" Welt stattfindet. Dabei wird die eigene Identität auf verschiedenen Maßstabsebenen betrachtet und analysiert

(Nationalstaat, Lateinamerika, indigene Völker). Zugleich verfügt das Volk der Kuna mit der Comarca Kuna Yala über vergleichsweise weitreichende gesetzlich abgesicherte Autonomierechte. Diese erlauben als Rahmenbedingung eine relativ umfangreiche Kontrolle über das Territorium, aber auch über Ressourcennutzung und gesellschaftliche Entwicklung. Auch wenn in Publikationen, insbesondere von Kuna-Führern und Aktivisten, auf Schwachpunkte in der Gestaltung der Selbstbestimmung und auf Reibungspunkte im Verhältnis zwischen indigenem und staatlichem System hingewiesen wird (vgl. ALEMANCIA 2000), so lässt sich nach der allgemeinen Literatur über die Rechte indigener Völker diese Autonomie doch als vergleichsweise umfassend interpretieren. Nicht zuletzt deshalb reisen Kuna-Experten indigener Rechte in verschiedene lateinamerikanische Länder, um andere Völker in Rechtsfragen zu beraten und ihre Erfahrungen weiterzugeben (eigene Interviews). Trotzdem treten immer wieder auch Konflikte und Bedrohungen dieser Autonomie auf, die im Folgenden behandelt werden.

4.2.4 Konfliktfelder: Die Kontrolle über Territorium und Ressourcen

Konflikte um Ressourcen lassen sich auf verschiedenen Maßstabsebenen betrachten. Auf der intrakommunalen Ebene treten in Kuna Yala gelegentlich kleinere Streitfälle zwischen individuellen Nutzern auf, beispielsweise bei Diebstahl der Ernte von den Landwirtschaftsparzellen. Diese werden jedoch in der Regel recht schnell mit den vorhandenen Konfliktlösungsmechanismen bereinigt, meist auf den abendlichen *congreso*-Versammlungen unter dem Vorsitz der *sailas*. Auf interkommunaler Ebene kann es zu Differenzen zwischen benachbarten *comunidades* kommen, die sich aber meist eher in mangelnder Kooperation zwischen Gemeinden als in echten Konflikten um Territorium und Ressourcen äußern. Beispielsweise resultierte die fehlende Zusammenarbeit zwischen den Dörfern Mamitupu und Achutupu in vermeidbaren Kosten: Diese *comunidades* hatten sich trotz der räumlichen Nähe nicht auf eine gemeinsame Flugpiste einigen können und daher jeweils eine eigene Landebahn im Abstand weniger Hundert Meter voneinander gebaut (was wiederum für die Passagiere in Unannehmlichkeiten mündet, denn es wird von jedem Flugzeug nur eine der Pisten angeflogen, so dass der Reisende manchmal tagelang auf eine Reisegelegenheit warten muss). Auf interkommunale Konflikte um Zuschnitt oder Nutzung terrestrischer oder mariner Nutzungsgebiete konnten in den Interviews allerdings kaum Hinweise gefunden werden. Auch auf dieser Ebene scheinen die Konfliktlösungsmechanismen – entweder in Form von Absprachen zwischen den *sailas* verschiedener *comunidades* oder im Form der Diskussion und Entscheidung durch den Generalkongress – demnach zu funktionieren.

Es können aber auch zwischen verschiedenen institutionellen Maßstabsebenen Reibungen auftreten, nämlich zwischen den einzelnen *comunidades* und dem Congreso General. Dies ist zum Beispiel der Fall, wenn Entscheidungen des Kongresses nicht von den *comunidades* respektiert werden, was LÉGER (1994) zufolge gelegentlich geschieht und

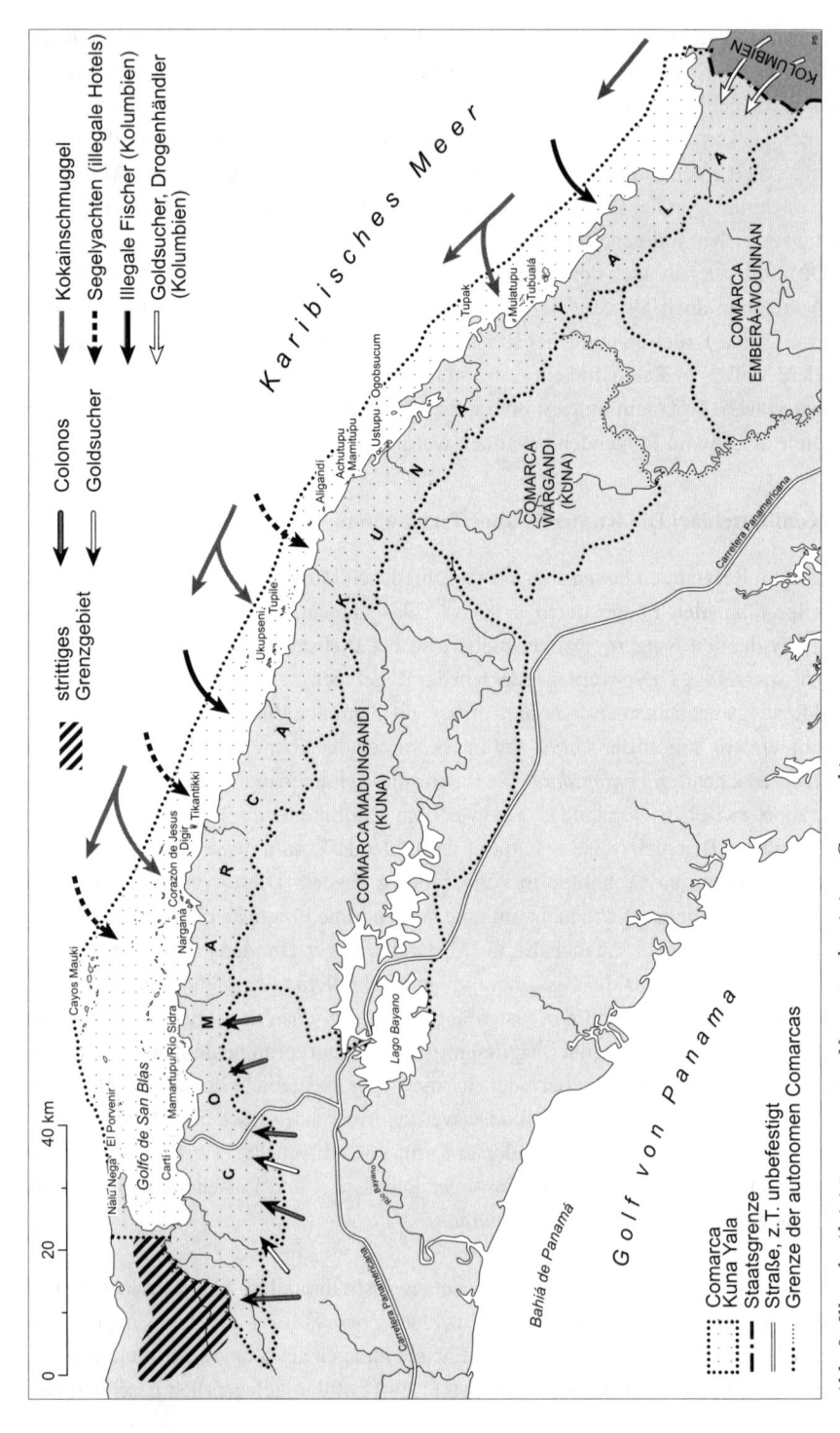

Abb. 9: Illegale Aktivitäten externer Nutzer und strittiges Grenzgebiet
Quelle: Eigener Entwurf

zur Schwächung der inneren Einheit Kuna Yalas beiträgt. Hinsichtlich möglicher Konflikte zwischen indigener Bevölkerung und Nicht-Kuna-Akteuren innerhalb der Comarca ist festzustellen, dass solche heute kaum auftreten, denn Ansiedlung und wirtschaftliche Aktivitäten sind allein den Kuna vorbehalten (mit den genannten Ausnahmen der geduldeten Lehrer, Ärzte usw.). Auch die Händler, die täglich Langusten und andere Meeresfrüchte aus dem Gebiet in die Hauptstadt transportieren, verfügen nicht über dauerhafte Ankaufsstellen vor Ort, sondern müssen das Autonomiegebiet täglich verlassen. Ohnehin müssen sie sich letztlich den Vorschriften des Congreso General zum Ressourcenhandel beugen, so dass über Konflikte in diesem Zusammenhang nicht berichtet wird, mit Ausnahme illegaler Verkäufe in Schonzeiten.

Das aus der Sicht der Kuna bedeutendste Konfliktfeld zeichnet sich hinsichtlich der Kontrolle über das gesamte Territorium gegenüber externen, von außen auf die Comarca eindringenden Ansprüchen und Bedrohungen ab. Die kollektive historische Erinnerung verzeichnet wiederholte Erfahrungen der Invasion unerwünschter Nutzer, zum Beispiel von illegalen Holzfällern und Schildkrötenfischern, und auch die staatlich genehmigte Anlage von Bananenplantagen und einer Manganmine zu Beginn des 20. Jahrhunderts sind dabei zu nennen (LÓPEZ MARTÍNEZ 2003). Diese ohne Zustimmung der Kuna erfolgten Entwicklungen schienen zunächst mit dem Erreichen des Autonomiestatus ein Ende zu finden, doch kommt es auch seit der Etablierung der gesetzlich garantierten Kontrolle über das Territorium immer wieder zu Konflikten um Land und Ressourcen. Bei deren Betrachtung gilt es zwischen verschiedenen Akteursgruppen mit ihren jeweiligen Interessen zu differenzieren. In Abbildung 9 sind die wichtigsten Stoßrichtungen als externe Bedrohungen des Territoriums und der Ressourcen wahrgenommenen Faktoren verzeichnet.

An der seeseitigen Grenze der Comarca ist zunächst das von den Kuna-Autoritäten als Problem angesehene Eindringen illegaler Nutzer zu nennen – insbesondere der bereits erwähnten ausländischen Segelyachten mit ihrer Funktion als schwimmende Hotels sowie der gelegentlich aufgegriffenen kolumbianischen Fischer. Im Gegensatz zu dieser erst seit Ende der 1990er Jahre auftretenden Problematik besteht an der landwärtigen Grenze des Autonomiegebiets bereits seit mehreren Jahrzehnten ein Konfliktfeld, das von den Kuna als eine der stärksten Bedrohungen des Territoriums aufgefasst wird: die Abholzung durch die so genannten *colonos*. Diese panamaischen Kleinbauern dringen an den landseitigen Grenzen ein, um Flächen für die landwirtschaftliche Nutzung zu roden. Die Kuna befürchten und beobachten die Abholzung des bislang weitgehend ungenutzten südlichen Grenzsaumes der Comarca mit den negativen Folgen (Erosion, vermehrte Sedimentfracht in Flüssen, Etablierung der Viehwirtschaft). In den Interviews wurde deutlich, dass die *colonos* – obwohl meist arme, landlose Bauern – von den Kuna als Bedrohung wahrgenommen werden und ihr Eindringen zum Teil mit ökologischer Zerstörung, zunehmendem Schmuggel und negativen fremdkulturellen Einflüssen gleichgesetzt wird. Zugleich wird vermutet, dass sie eine von Großgrundbesitzern vorgeschickte und bezahlte Speerspitze bilden, die der späteren Übernahme des Landes vorausgehen soll. Ein weiteres Problem der landseitigen Grenzen ergibt sich im Zusammenhang mit illegal arbeitenden Goldsuchern, die zum Teil im Westteil Kuna Yalas, zum Teil im Grenzgebiet zu Kolumbien eindringen (Kolumbianer, Indigene anderer Völker bzw. nicht-indigene Panamaer). Den Goldsuchern wird die Verunreinigung von Gewässern durch Chemikalien angelastet, die aufgrund der Funktion, die von den Flüssen zur Trinkwasserversorgung der Dörfer ausgeübt wird, problematisch ist (vgl. Boletín Kika vom 28.3.2004). Ob sich der im Jahr 2006 begonnene Ausbau der Straße im Westteil Kuna Yalas *(carretera Llano-Carti)* tatsächlich negativ auswirken wird – zum Beispiel durch vermehrtes Eindringen von *colonos*, Goldsuchern und Schmugglern – wie von Kuna-Führern in den Interviews befürchtet wurde, bleibt abzuwarten.

Die Problematik der Sicherung des Grenzgebietes besteht bereits seit den 1970er Jahren und war Gegenstand verschiedener Versuche seitens der Kuna, diese Grenzen dauerhaft zu sichern. Das prominenteste Projekt in diesem Zusammenhang ist AEK/Pemasky, das in den 1980er Jahren von gut ausgebildeten Kuna der Organisation Asociación de Empleados Kunas (AEK) in Zusammenarbeit mit panamaischen und internationalen Wissenschaftlern und Organisationen entstand (ARCHIBOLD 1992). AEK/Pemasky sollte durch die Etablierung kleiner Siedlungen an der südwestlichen Grenze eine ständige Präsenz gewährleisten, um das Eindringen von Siedlern zu verhindern. Allerdings scheiterte der landwirtschaftliche Anspruch des Projektes aus verschiedenen Gründen (vgl. CHAPIN 1991), und eine dauerhafte Siedlung konnte nicht etabliert werden (zur aus diesem Projekt hervorgegangenen Institutionalisierung eines Naturschutzgebietes vgl. Kap. 4.4.3). Für die Grenzsicherung gab Pemasky immerhin einen wichtigen Anstoß, so dass die Organisation ebenso wie andere Kuna-NRO oder der Congreso General Kuna in der Folge häufiger Gruppen von jungen Männern als temporäre Patrouillen an die Grenzen entsandten. Diese konzentrieren sich aber vorwiegend auf den westlichen Teil des Gebietes, denn die Unzugänglichkeit der Grenzen in den höheren Lagen des Regenwaldes erschwert die dauerhafte Sicherung durch Patrouillen erheblich. Ende der 1990er Jahre entstand daher das Projekt Demarky des Congreso General, das zum Ziel hat, den gesamten Grenzverlauf durch fest installierte Pfosten mit Hinweisschildern zu markieren (IDICA & GRET 1995). Zum Teil wurden dabei moderne Geographische Informationssysteme eingesetzt, um den Grenzverlauf zu kartieren (CHAPIN & THRELKELD 2001).

Eine neue, von Gewalt bestimmte Konfliktdimension ergab sich im Jahr 2003 – zwar nicht an den Grenzen Kuna Yalas, doch im Grenzgebiet des Darién zu Kolumbien mit Kuna-Siedlungen. Im Januar 2003 waren 50 bis 150 schwer bewaffnete kolumbianische Paramilitärs in Dörfer eingedrungen, hatten vier Kuna-Führer getötet und nordamerikanische Journalisten entführt (La Prensa vom 21.1.2003; Poonal vom 28.1.2003). Dieses Überschwappen des kolumbianischen Konfliktes in das Grenzgebiet rief heftigen Protest seitens der Kuna hervor, deren Führer der verschiedenen Comarcas und Siedlungsgebiete vereint ein Eingreifen der Regierung zur Verhinderung weiterer Gewalt forderten (Declaración del Pueblo Kuna de Panamá vom 14.4.2003). Zwar wurden in der Folge Kunas aus den Grenzdörfern in die Grenzpatrouillen der Nationalpolizei aufgenommen (La Prensa vom 22.2.2003), doch blieb das Handeln der Regierung Moscoso zum Schutz der Grenzbevölkerung aus der Sicht der Indigenen weiterhin ungenügend.

Obwohl die Comarca Kuna Yala nicht unmittelbar von diesem Konflikt betroffen war, ergab sich auch dort in der Folge der Ereignisse eine verstärkte Perzeption der Bedrohung des Territoriums (elektron. Mitteilg. Evelio López, *subsecretario* des Congreso General, Februar 2003). Die Bedrohung wird seitens des Kuna-Generalkongresses nicht nur mit der Zugehörigkeit zum selben Volk der Betroffenen begründet, sondern auch mit der räumlichen Nähe der angegriffenen Dörfer zum spirituellen Zentrum aller Kuna, dem Berg Takarkuna (Congreso General 2003). Seitens des Congreso General werden die Vorkommnisse des Jahres 2003 darüber hinaus in einem Kontext überregionaler und internationaler Interessen interpretiert, deren Ziel es sei, die indigenen Strukturen und Autoritäten zu zerschlagen, um die Kontrolle über Land und Ressourcen zu erlangen, wobei auch die großen Bedenken der Kuna hinsichtlich des *Plan Colombia* und des *Plan Puebla-Panamá* geäußert werden. Der Konflikt wird zum Anlass genommen, die gesetzlich anerkannten Comarcas als „ungeschützt und durch die verstärkte Invasion von *colonos* und Unternehmern bedroht" zu bezeichnen (Übers. der Verf., Declaración del Pueblo Kuna de Panamá 2003, S. 2). Vor allem das fehlende Handeln der panamaischen Autoritäten wird kritisiert.

So fordern die Kuna seit Jahren einen verbesserten Schutz der Comarca Kuna Yala durch panamaische Behörden, z. B. durch Präsenz von Polizisten in der Autonomieregion, um die Kontrolle insbesondere an der meerseitigen Grenze zu verbessern. Allerdings äußert sich nationalstaatliches Handeln in widersprüchlichen Formen: Zwar bestehen einerseits vielfältige Kooperationen mit den Kuna zum Beispiel in den Bereichen Bildung, Medizin und Infrastruktur, wobei der Staat die gesetzlichen Regelungen der Autonomie weitgehend einhält. Andererseits trägt staatliches Handeln auch zu neuen Bedrohungen der Autonomie aus der Sicht der Kuna bei, wenn zum Beispiel bei Planungen von Großprojekten die gesetzlich verankerten Partizipationsrechte ignoriert werden. Erst nachdem die Kuna im Jahr 1994 der Planung einer Eisenbahnlinie entlang der gesamten Küstenebene Kuna Yalas heftig widersprachen, wurden die Pläne fallen gelassen (vgl. Congreso General Kuna 1994). Dabei drohten die Kuna in ihrer Resolution einen Aufstand mit Waffengewalt an, analog zur Revolution von 1925. Sie befürchteten große Verluste von genutztem Land durch den Bau dieser Verbindung von Colón nach Kolumbien, die als Ersatz für die gescheiterte Öffnung des Darién geplant war. Auch das vermehrte Eindringen von *colonos* und Drogenhändlern wurde erwartet. Eine ähnliche Situation ergab sich im Jahr 1995 im Vorfeld von Planungen eines touristischen Großprojektes am Rande der Nordwestgrenze Kuna Yalas mit Beteiligung der Regierung (El Panamá América vom

22.4.1995). Ein weiteres Beispiel ist die Vergabe von Konzessionen an eine ausländische Minengesellschaft für die Ausbeutung von Kupfer und Gold im Jahr 1996, die sich über mehr als 50% des gesamten Territoriums erstreckten und ARIAS (2005) zufolge noch immer von Gültigkeit sind, obwohl die Firma nach Protesten seitens der Kuna bislang von der Nutzung absah (LÓPEZ MARTÍNEZ 1996).

Auch der Grenzverlauf an der Nordwestgrenze am Río Mandinga ist noch immer Gegenstand von Verhandlungen zwischen Kuna-Autoritäten und Regierung (Kuna Yarki vom 25.8.2006; IDICA & GRET 1995), denn aus der Sicht der Kuna liegt ein Teil ihres traditionellen Siedlungsgebietes nördlich der Comarca-Grenze, also im Distrikt Santa Isabel. In jüngster Zeit hat sich dort erneut ein Disput zwischen der lokalen, nicht-indigenen Bevölkerung und den Behörden des Distriktes einerseits, sowie Kuna-Siedlern, die Wald für die Anlage von landwirtschaftlichen Parzellen roden, andererseits ergeben (La Prensa vom 28.7.2007; Boletín Kika vom 25.5.2007). Hier sind es aus der Perspektive der nicht-indigenen Bevölkerung also die Kuna, die eine illegale Invasion und Rodung von Land betreiben. Nach Ansicht des Generalkongresses hingegen geht es vor allem um ökonomische Fremdinteressen, denn erst seit das touristische Potenzial der Region in den Fokus von Akteuren geraten sei, die bereits Land von der Regierung gekauft hätten, habe sich der Konflikt verschärft.

Planungen von Großprojekten des Tourismus, der Infrastruktur oder des Bergbaus innerhalb der Comarca konnten letztlich bislang abgewendet werden, doch die wiederkehrenden Planungsversuche deuten auf die vielfältigen Interessen hin, die auf das an natürlichen Ressourcen reiche und touristisch attraktive Kuna Yala mit seinen weitgehend intakten Regenwäldern projiziert werden. Aus der Sicht der Kuna entstehen auf diese Weise immer neue Bedrohungsszenarien. Zugleich ist zu vermuten, dass die Bedrohung auch einen vereinenden Effekt auf die Kuna-Gemeinschaft hat und dabei die Perzeption des „Innen" vs. „Außen" verstärkt. Wie wichtig das Territorium für das Volk ist und wie tief die Angst vor dessen Verlust sitzt, illustriert ein Zitat des Generalcaciquen Leonidas Valdez:

„If we were to lose these lands, [...] there would be no culture,
and there would be no people."
(in: ARCHIBOLD & DAVEY 1993, S. 57).

Ein Aspekt, der in den Interviews kaum von den Befragten angesprochen wurde und bisher von den Kuna-Autoritäten nur am Rande behandelt wird, scheint allerdings heute bereits stärker als hypothetische Planungen auf die Gesellschaft einzuwirken: der Drogenschmuggel an der Küste. Kuna Yala liegt ebenso wie die Moskitia Nicaraguas auf einem der Hauptwege des Kokaintransportes, der sich von Kolumbien aus entlang der Küste Zentralamerikas bis nach Honduras, Mexiko und die USA vollzieht (vgl. Abb. 9 und Kap. 5.3 mit Abb. 36). Eine Kontrolle der nachts per Schnellboot mit bewaffneten

Abb. 10: Erhöhter Lebensstandard durch Kokainfunde in Kuna Yala: Insel mit Stromgenerator, Kühlschrank und Fernseher
Quelle: Eigene Aufnahme

Mannschaften erfolgenden Transporte existiert bisher nur in sehr geringem Maße. Zwar ergeben sich aus dem Schmuggel kaum direkte Bedrohungen für die Autonomie oder die Ressourcennutzung, doch sind indirekte Effekte durch die zunehmende Präsenz von Drogen in der Gesellschaft festzustellen. So ist hier das gleiche Phänomen wie an der nicaraguanischen Moskitia-Küste zu beobachten: Über Bord geworfene oder bei Unfällen ins Meer gefallene Ladung, meist reines Kokain, wird von der Bevölkerung aufgesammelt, wobei die Häufigkeit der Funde so hoch zu sein scheint, dass sich sogar gezieltes Suchen am Strand lohnt. Da Kokain zu hohen Kilo-Preisen von Mittelsmännern aus Colón oder Kolumbien, aber auch von Kuna-Händlern angekauft wird und die Pakete bis zu 50 kg und mehr wiegen, ist ein derartiger Fund für die Bevölkerung durchaus verlockend (La Prensa vom 23.6.2002 berichtet von Kilo-Preisen um 1.000 US$). Das Ergebnis dieser Entwicklung ist nicht nur der zunehmende Drogenhandel innerhalb der Comarca (vgl. La Prensa vom 7.10. 2005) und der wachsende Konsum, sondern auch eine neue Differenzierung des Lebensstandards (Abb. 10). An dieser Stelle scheitert bisher die Sicherung des Territoriums gegenüber einer mit gravierenden Folgen für die Gesellschaft verbundenen, indirekten Bedrohung von außen.

4.3 Die Nutzung von Meeresressourcen in Kuna Yala

Das Meer wurde erst mit der vor 100 bis 150 Jahren erfolgten Umsiedlung der Kuna auf die Koralleninseln zur unmittelbaren, die Wirtschaft und das soziale Leben prägenden

Abb. 11: Centollo (King Crab) und verschiedene Fischarten, Wichub Uala
Quelle: Eigene Aufnahme

Umwelt. Zwar waren marine Ressourcen bereits vor dieser Wanderungsbewegung zum Teil genutzt worden, wobei vor allem der ökonomisch bedeutende Schildkrötenfang zu nennen ist, der für den Handel mit Piraten eine Rolle spielte. Doch ist der möglicherweise schon vor der Präsenz der Piraten einsetzende Beginn der Meeresnutzung angesichts der unklaren Herkunft der Kuna nicht zu datieren, und es ist bisher offen, auf welche Weise und in welchem zeitlichen Rahmen sich das wirtschaftliche und kulturelle Verhältnis des Volkes zur marinen Umwelt vor der Umsiedlung entwickelt hatte.

Heute erfüllt das Meer im Leben und Wirtschaften der Kuna verschiedene Funktionen. Als wichtigster Aspekt ist zweifelsohne die Versorgung der Bevölkerung mit tierischen Proteinen zu nennen, da die Jagd kaum noch von Bedeutung ist und Tierzucht nur sehr eingeschränkt praktiziert wird (vgl. Abb. 11). So sind Fisch und gelegentlich auch andere Meeresfrüchte Hauptbestandteile des täglichen *tule masi* (Kuna-Essen), einer vorwiegend aus Kokos und Gemüsebananen bestehenden Suppe. VENTOCILLA et al. (1995b, S. 101) beschreiben die Vorliebe der Kuna für Fisch folgendermaßen:

„Si una cultura se puede definir por sus hábitos alimenticios hay que decir que a los kuna les encanta comer pescado."
(„Wenn ein Volk sich durch seine Ernährungsgewohnheiten beschreiben lässt, muss man sagen, dass die Kuna es lieben, Fisch zu essen", Übers. der Verf.).

Daneben stellen Meeresressourcen einen immer wichtiger werdenden Beitrag zur Ökonomie dar, seit Langusten und Krebse für den externen Markt gefangen werden. Außerdem spielt das Meer für die Gewinnung von Baumaterial (Korallenblöcken) eine wichtige Rolle, sowie in begrenztem Maße als Quelle traditioneller Arzneimittel (v. a. sessiler Organismen). Eine weitere Funktion des Meeres ist seine Nutzung als Entsorgungsraum für sämtliche festen und flüssigen Abfallstoffe sowie als Verkehrsraum.

Insgesamt prägt die Nähe zur marinen Umwelt zahlreiche Aspekte des täglichen Lebens in entscheidender Weise. Für viele Verrichtungen des Alltagslebens sind Bootsfahrten erforderlich, sei es zum Fischen, zum Erreichen der Landwirtschaftsparzellen, zum Wasserholen am Fluss oder zum Besuch von Verwandten auf Nachbarinseln. Der Umgang mit Ruder- und Segeleinbäumen gehört für Männer, Frauen und Kinder zum Alltag, und das Meer ist aufgrund der Siedlungslage fast immer in Sichtweite. In Kultur und Mythologie reflektiert sich diese Rolle der marinen Umwelt allerdings in geringerem Ausmaß als der Stellenwert der Wälder und Flüsse des Festlandes.

Die folgende Beschreibung der Nutzungsmuster mariner Ressourcen stützt sich vorwiegend auf die eigenen Erhebungen mittels qualitativer Interviews, denn Untersuchungen zum Thema Meeresnutzung sind generell für Kuna Yala mit wenigen Ausnahmen nicht vorhanden. So existieren außer der Dissertation von HASBROUCK (1985) und einem unveröffentlichten Manuskript von CHARNLEY & DE LEÓN aus den 1980er Jahren (o. J.) die eigenen Arbeiten der Verfasserin über Fischerei und Meeresverschmutzung (SANDNER 1997, 1999b, 2003) sowie Publikationen über speziellere Aspekte wie Langustenfischerei (CASTILLO & LESSIOS 2001; SPADAFORA 1999) und Ökologie der Korallenriffe (GUZMÁN et al. 2003). Allerdings finden sich auch in weniger speziellen Veröffentlichungen, z. B. zu anthropologischen Themen, Informationen zur Meeresnutzung (v. a. HOWE 1975, 2001; CHAPIN 1991, 1997). Quantitative Daten wie Fangmengen, Beschäftigtenzahlen oder Einkommensdaten existieren mit Ausnahme einiger Zahlen zum Langustenfang nicht (in CASTILLO & LESSIOS 2001; SPADAFORA 1999).

Zunächst einmal ist festzustellen, dass sich keine eindeutigen lokalen Spezialisierungen der einzelnen *comunidades* identifizieren lassen, wie es beispielsweise in den Dörfern der Miskito in Nicaragua der Fall ist. Zwar gibt es manche Inseldörfer, die sich stärker dem Fischfang widmen, während andere sich auf den Langustenfang konzentrieren, so dass Kuna-Fischer manche *comunidades* als typische „Langustentaucherdörfer" charakterisieren. Allerdings wurde während der Feldarbeit deutlich, dass in solchen „Taucherdörfern" der Fischfang zusätzlich noch immer eine wichtige Rolle spielt, während es umgekehrt auch in typischen „Fischfanggemeinden" größere Gruppen von Tauchern gibt. Demnach existieren lediglich graduelle Unterschiede in der Konzentration der *comunidad*es auf die jeweiligen Ressourcennutzungsmuster.

Für die folgenden Ausführungen werden daher die Ergebnisse aus den empirischen Untersuchungen nicht nach einzelnen *comunidades* differenziert, sondern nach den Nutzungsmustern der jeweiligen Ressourcen (Speisefische, Langusten, Schildkröten und Korallen). Die Befragungen und Beobachtungen wurden, wie in Kap. 3.4 beschrieben, schwerpunktmäßig auf drei Inseln durchgeführt, die nicht nur die genannten graduellen Unterschiede in der Konzentration auf die Ressourcennutzungsmuster repräsentieren, sondern auch in sozio-ökonomischer, kultureller und demographischer Hinsicht differieren. Durch die Betrachtung dieser drei Inseln unter Einbezug der auf einigen anderen *comunidades* durchgeführten Beobachtungen während der Kurzbesuche kann das Spektrum der Situation in Kuna Yala recht umfassend abgedeckt werden (mit Ausnahme sehr kleiner Gemeinden bzw. festländischer *comunidades*). Zunächst sollen im Folgenden die drei während der Feldforschung am intensivsten untersuchten Inselgemeinden, in denen die größte Anzahl von Interviews durchgeführt wurde, charakterisiert werden, bevor die Beschreibung der Ressourcennutzungsmuster erfolgt.

4.3.1 Charakterisierung der Inseldörfer Tikantikki, Ustupu/Ogobsucum und Corazón de Jesús

Tikantikki (auch Ticantiqui oder **Niadup**, „Insel der bösen Geister") liegt im *corregimiento* Narganá, dem westlichsten der vier Bezirke der Comarca (siehe Abb. 2). Seine historische Entwicklung ist insofern ein Sonderfall in Kuna Yala, als die Bevölkerung nicht im Zuge der Umsiedlung vom Festland zuwanderte, sondern von Narganá aus die Insel zunächst für die Errichtung temporärer Arbeitssiedlungen nutzte (HOWE 1974). Die naturräumlichen Nachteile eines sehr schmalen Küstenstreifens machten die Region zwischen Digir und Tikantikki zu einem wenig attraktiven Siedlungsgebiet, und die stark wellenexponierte Flussmündung des Rio Tikantikki, die das Einfahren mit Einbäumen gefährdet, stellt einen weiteren Ungunstfaktor dar. Zugleich ist die im Vergleich zu den westlicheren Inseln geringe lokale Verbreitung von Korallenriffen eine für die Fischerei ungünstige Rahmenbedingung. So wurde die Insel erst zu Beginn des 20. Jahrhunderts zu einer dauerhaften Siedlung, nachdem sich Narganá und Corazón de Jesús zum Zentrum des kulturellen Wandels entwickelt hatten und sich immer mehr Bewohner, denen diese Entwicklung missfiel, auf Tikantikki niederließen. Obwohl die Siedlung nach einem von der Nationalpolizei entfachten Brand niedergebrannt war, wurde sie wieder aufgebaut und etablierte sich ab 1925 als eigenständige *comunidad* (eigene Interviews; HOWE 1974). Vielleicht ist in ihrer Geschichte der Grund dafür zu suchen, dass die Siedlung bis heute als sehr traditionell gilt. Trotzdem hat der lokale *congreso* einigen Neuerungen zugestimmt (häuslicher Wasserversorgung, der Installation von öffentlichen Telefonen sowie einer Grundschule und einer katholischen Kirche), während es eine touristische Infrastruktur bislang nicht gibt.

Auch das Wirtschaften auf Tikantikki konzentriert sich im Vergleich zu anderen Inseln noch stärker auf traditionellere Aktivitäten wie Landwirtschaft und Subsistenz-Fischerei, während neuere Beschäftigungsmuster wie der Langustenfang eine geringere Rolle spielen. Die Bevölkerungszahl liegt laut Zensus von 2000 bei ca. 840 (Contraloría 2001b). Obwohl seit 1990 ein leichtes Wachstum (um 54 Einwohner) zu verzeichnen ist, das im Gegensatz zur Entwicklung auf vielen anderen Inseln steht, findet doch auch eine Abwanderung in die Hauptstadt statt, worauf die Geschlechterverteilung hindeutet (44 % männliche Bevölkerung).

Ustupu und **Ogobsucum** liegen im weiter östlich gelegenen *corregimiento* Ailigandi als getrennte *comunidades* auf einer Insel. Nachdem die Bewohner zu einem Großteil bis zum Jahr 1903 an den Ufern des naheliegenden Rio Puturgandi auf dem Festland gelebt hatten, besiedelten sie die ehemals von Mangroven bestandene Insel zunächst gemeinsam, bevor sich die Dorfgemeinschaft aufgrund eines Disputes zwischen verschiedenen Gruppen im Jahr 1911 aufteilte. In der Umgebung befinden sich sechs unbesiedelte Inseln, die zum Teil als Landwirtschaftsflächen, zum Teil als Erholungsraum genutzt werden. Heute weist die ca. 8,5 ha große Insel die mit Abstand größte Bevölkerungszahl in der Comarca auf, wobei sich die insgesamt 3.583 Einwohner zu zwei Dritteln auf Ustupu konzentrieren (2.322 Einwohner im Jahr 2000, Contraloría 2000). Allerdings ergab eine Zählung vier Jahre zuvor mit 4.363 Einwohnern eine wesentlich höhere Bevölkerungszahl (SIS 1996), woraus sich schließen lässt, dass die Abwanderung hier eine besonders große Rolle spielt. Trotzdem bleibt die Raumknappheit der beiden Siedlungen aufgrund der hohen Bevölkerungskonzentration als eines der Hauptprobleme bestehen.

Zugleich spielen soziale Probleme (z. B. Drogenkonsum, Mangelernährung, Kriminalität und Prostitution) hier eine größere Rolle als auf anderen Inseln. Die traditionellen Autoritäten sind nicht nur nach Ansicht mancher Befragter kaum noch in der Lage, die Probleme zu lösen, sondern auch ihrer eigenen Einschätzung nach. Demnach sei eine angemessene Administration aufgrund der Vielfalt der Probleme kaum noch zu leisten. Auch scheint die in Kuna Yala traditionell starke soziale Kontrolle und die Durchsetzungskraft der Autoritäten hier eher geschwächt zu sein. Diese Einschätzung spiegelt allerdings eine relative Situation im Vergleich zu anderen *comunidades* in Kuna Yala wider, die von den Befragten (Einwohner dieser und anderer Inseln, Autoritäten, Pädagogen) als Maßstab für ihr Urteil zugrunde gelegt wurde.

Ustupu/Ogobsucum weist eine weiterführende Schule, mehrere Kirchen, ein Gesundheitszentrum und eine einige kleine Geschäfte *(tiendas)* sowie gastronomische Einrichtungen auf, außerdem eine Polizeistation und verschiedene administrative Einrichtungen. Auch verfügen die beiden *comunidades* über eine häusliche Wasserversorgung und öffentliche Telefone, nicht jedoch über eine kommunale Stromversorgung. Ein bedeutsamer Unterschied zu anderen Dörfern besteht hinsichtlich der naturräumlichen Ausstattung: So stellt sich zum einen der Verkehr mit Einbäumen und kleinen Motorbooten insgesamt als gefährlicher dar als im westlichen Teil der Comarca, so dass Bootsunfälle mit zum Teil tödlichen Folgen keine Seltenheit sind. Zum anderen ist die geringe Zahl an Korallenriffen auch hier, ähnlich wie bei Tikantikki, ein Ungunstfaktor für die Fischerei.

Die dritte untersuchte *comunidad*, **Corazón de Jesús** (span. für „Herz Jesu", Kuna: **Akuanusatup**), liegt zusammen mit der Nachbarinsel Narganá weiter westlich und wurde bereits Mitte des 19. Jahrhunderts von den Bewohnern einer Festlandsiedlung gegründet. Sie nimmt mit Narganá eine Sonderstellung innerhalb der Comarca ein: Beide haben sich aufgrund der internen Konflikte zwischen den Kuna-Autoritäten sowie aufgrund der Dispute um den einzuschlagenden Weg der Entwicklung hinsichtlich der Präsenz von Schulen und Kirchen von Beginn des 20. Jahrhunderts an anders entwickelt als die übrigen *comunidades*. Die Akkulturation ist auf diesen Inseln vergleichsweise weit vorangeschritten, so spricht die überwiegende Zahl der Einwohner spanisch und traditionelle Institutionen wie das *congreso*-Haus existieren nicht mehr. Zwar verfügen beide Inseldörfer über *sailas*, jedoch fungieren diese im Gegensatz zu den übrigen *comunidades* nicht als spirituelle Führer, sondern eher als Bürgermeister, so dass eine orale Transmission der spirituellen Gesänge durch die *sailas* nicht mehr erfolgt. Zugleich sind die Gemeinden relativ offen für Neuerungen, was sich deutlich sichtbar z. B. in der Verbreitung von Zinkdächern oder auch von Einrichtungen wie der einzigen Bankfiliale der Comarca und einer Videothek manifestiert. Auch existieren eine weiterführende Schule *(colegio)*, ein Gesundheitszentrum, ein (defektes) Wasserversorgungssystem, sowie eine geringe touristische Infrastruktur in Form einer benachbarten Hotelinsel mit *cabañas*.

Die Bevölkerungszahl von Corazón de Jesús lag laut Zensus im Jahr 2000 bei 385 Einwohnern (davon 43% männlich), obwohl eine Zählung der lokalen *sailatura* 1999 noch 474 Einwohner ergeben hatte und der *saila* selbst eine Zahl von 600 nannte. In den Interviews zeichnete sich ein Bild ab, nach dem die sozialen Probleme – ähnlich wie in Ustupu/Ogosucum – hier im Vergleich zum Rest der Comarca als groß eingeschätzt werden. Die besonders ausgeprägte Vernachlässigung der traditionellen Beschäftigungen Fischerei und Landwirtschaft ebenso wie der Rückgang der *mola*-Herstellung markieren zudem sozio-ökonomische Veränderungen. Zur Substitution dieser Aktivitäten trägt nicht nur der Langustenhandel bei, sondern vor allem die Migration mit der Folge der ökonomischen Versorgung der lokalen Bevölkerung durch die abgewanderten Familienmitglieder. Aus der Sicht von Befragten anderer *comunidades* wurde Corazón de Jesús zusammen mit Narganá oft als Negativbeispiel für einen Entwicklungspfad angeführt, der von kulturellem Verfall geprägt sei.

Es lässt sich im Vergleich zusammenfassen, dass sich die drei schwerpunktmäßig untersuchten *comunidades* hinsichtlich Bevölkerungszahl, naturräumlicher Lage, Wirtschaftsweise, Traditionalität, institutioneller Struktur sowie dem Ausmaß sozialer Probleme voneinander unterscheiden.

4.3.2 Die Subsistenzfischerei in Kuna Yala, die Überfischungsproblematik und die Perzeption der Bevölkerung

Im Folgenden wird zunächst der Fang von Speisefischen gesondert behandelt, bevor in Kapitel 4.3.3 auf andere Meeresressourcen eingegangen wird. Der Fischfang ist heute in Kuna Yala nach wie vor eine vorwiegend auf die Subsistenzwirtschaft ausgerichtete Tätigkeit, die sich seit Beginn der Umsiedlung auf die Inseln kaum verändert hat und daher von den Kuna als „traditionell" angesehen wird. Allerdings zeigt sich bei genauerer Betrachtung, dass trotzdem einige Neuerungen Eingang gefunden haben, die nicht nur die technische Ausstattung, sondern auch Vermarktung und Distribution betreffen. Generell lässt sich der Fischfang als typische tropische Kleinfischerei charakterisieren, die auf einer hohen Zahl genutzter Arten bei einer geringen technischen und kapitalmäßigen Ausstattung basiert (vgl. KURIEN 1998). Als Beispiel für die Fülle der genutzten Arten sei auf eine bereits 1994 auf der Insel Cartí Sugdup durchgeführte eigene Befragung verwiesen, während derer von einer Familie innerhalb weniger Minuten 46 Arten von Speisefischen aufgezählt wurden (vgl. SANDNER 1997). CHARNLEY & DE LEÓN (o. J.) nannten in den 1980er Jahren mit 70 Arten eine noch höhere Zahl, wovon 54 Fischarten aus Korallenriffen stammen und der Rest aus Mangroven, Seegraswiesen, der hohen See sowie unmittelbarer Inselnähe. Als wichtigste Arten wurden in den eigenen Interviews insbesondere verschiedene *Caranx*-Arten (span. *jurel*, Kuna *kelu*) angegeben, sowie die auch von CHARNLEY & DE LEÓN aufgeführten Schnapper-Arten (*Lutjanus*, span. *pargo*, Kuna *nalu*) sowie daneben Barrakudas (*Sphyraena guachancho* bzw. *barracuda*) und *bonitos* (*Euthynnus allettatus*). Die Artenkenntnisse der Fischer umfassen allerdings neben den genutzten Spezies noch eine weit höhere Anzahl nicht befischter Arten; so zählten CHARNLEY & DE LEÓN (o. J.) auf der Insel Miria Ubigandup insgesamt 190 der Bevölkerung bekannte Fischarten.

Neben der Verwendung als Nahrungsmittel dienen einige Arten von Meeresfischen wie Rochen und Haie der Zubereitung von medizinischen Heilmitteln, andere wiederum liefern Zähne für die Fertigung von glückbringenden Halsketten, die zum Teil auch an Touristen verkauft werden (*Balistes vetula*, Rotzahntriggerfisch nach Angaben von CHARNLEY & DE LEÓN (o. J.). Der Fang von Aquarienfauna gewann nur kurzfristig an Bedeutung, als eine US-amerikanische Firma von 1992 bis 1993 Zierfische für den Export nach Miami aufkaufte. Dieser Handel fand jedoch durch ein 1993 erfolgtes Verbot des Congreso General Kuna ein Ende (eigene Interviews; vgl. VENTOCILLA et al. 1995b).

Generell ist die technische Ausstattung der Fischer sehr einfach: Die übliche Ausrüstung besteht aus einer Nylon-Angelschnur mit Haken und Gewichten. Je nach Fischart ist die

Vorgehensweise unterschiedlich: Entweder wird die Schnur von einem Ankerplatz aus über einem Riff ausgeworfen, oder es wird mit dem Boot über einem Fischschwarm gekreuzt und mit einer Schleppleine gearbeitet. Üblicherweise unternehmen die männlichen Mitglieder der Großfamilien tägliche Ausfahrten zum Fischen, nachdem sie die Arbeit auf den Landwirtschaftsparzellen des Festlandes beendet haben, also am Nachmittag. Aber es wird auch immer häufiger nachts oder in den frühen Morgenstunden gefischt, insbesondere seit die Beteiligung an der landwirtschaftlichen Arbeit nachlässt. Die Ausfahrten erfolgen allein oder in Gruppen bis zu drei Personen mit seetauglichen Ruder- oder Segeleinbäumen, die zunehmend mit Außenbordmotoren ausgestattet sind. Die räumliche Ausdehnung der Ausfahrten variiert dabei je nach Wetterlage, naturräumlicher Verteilung der Riffe und Ausstattung der Boote. Meist werden Riffe, aber auch Seegraswiesen und tiefere Zonen in einiger Entfernung von den besiedelten Inseln angefahren, wobei die Fischer teilweise mehrstündige Fahrten mit einem Holzpaddel oder Segel auf sich nehmen, um geeignete Fanggründe zu erreichen. Je nach aktuellen Umweltbedingungen wird auch in Mangrovenwäldern und Flüssen des Festlandes gefischt, wo andere Fischarten wie z. B. *róbalos* (*Centropomus spec.*, Snook) gefangen werden. In der unmittelbaren Umgebung der dicht besiedelten Inseln ist der Fang von Speisefischen aufgrund der Verschmutzung kaum üblich, jedoch werden Köderfische wie Sardinen *(Anchoa ivolepsis; Harengula spec.)* mit kleinen Netzen oder Schnüren vom Ufer aus geangelt (vgl. Abb. 12), häufig von Kindern oder Frauen, die sonst nicht an der Fischerei partizipieren.

Abb. 12: Fang von Köderfischen (Sardinen) auf Corazón de Jesús
Quelle: Eigene Aufnahme

Als weitere Methode ist die Speerfischerei zu nennen, die vor allem von Tauchern während des Langustenfangs ausgeübt wird, sowie die früher übliche, heute jedoch aufgegebene Verwendung von Pfeil und Bogen, wie sie DE SMIDT (1948) erwähnt. Eine ehemals ebenfalls verbreitete, heute kaum noch gebräuchliche Methode ist die *nasa* genannte Fischfalle. Dieser Käfig aus Korbgeflecht oder Drahtgitter mit einem Köder aus Krebsfleisch oder Kokos lässt sich zum Beispiel für den Fang von Schnapper-Arten verwenden. Zwar wurde die Methode 1999 auf Corazón de Jesús vereinzelt noch verwendet, sie schien jedoch kaum verbreitet zu sein. Eine andere, ebenfalls kaum noch übliche Methode besteht darin, Äste oder Stämme von Bäumen mit einem Stein beschwert an einer markierten Stelle zu versenken (*aili* nach dem Wort für Mangrove). Dort kann sieben bis zehn Tage später ein guter Fang gemacht werden, ohne weite Entfernungen von der Heimatinsel zurücklegen zu müssen. So berichteten Fischer von Ustupu, dass sie dort in zwei Stunden 150 bis 200 Fische fangen könnten, was besonders für die großen *inna*-Feste günstig sei, wenn also große Mengen Fisch für das Dorf gebraucht werden. Doch lohnt sich der Aufwand nach Ansicht mancher Fischer kaum noch für den Einzelnen, da andere Nutzer von den angelegten *ailis* profitieren und diese abfischen.

Auch Netze werden in Kuna Yala im Fischfang eingesetzt, allerdings nur in begrenztem Maße. Neben kleineren Wurfnetzen kommen dabei auch Schleppnetze mit Gewichten (spanisch *arrastre*) zum Einsatz. Diese werden von kleinen Gruppen verwendet, zum Beispiel von den wenigen Fischereikooperativen oder anderen Kleingruppen und können Längen bis zu 170 m aufweisen (meist aber weniger). Die Netzfischerei unterscheidet sich in organisativer Struktur, Ablauf der Ausfahrten, räumlicher Konzentration sowie Vermarktung von der traditionelleren Fischerei mit Handleinen. So fahren die Mitglieder von Kooperativen oder Gruppen nachts mit motorisierten Einbäumen zu Fischgründen, die zum Teil auch in größerer Entfernung von der Heimatinsel liegen; zum Beispiel um die Cayos Mauki. Über den Zeitpunkt der Einführung der Netzfischerei gibt es widersprüchliche Angaben, so dokumentieren schon Berichte aus den 1940er Jahren die Verwendung von Netzen auf einzelnen Inseln (vgl. DE SMIDT 1948; STOUT 1947), in anderen *comunidades* scheinen sie erst in den 1980er Jahren eingeführt worden zu sein. Insgesamt ist die Netzfischerei heute immer noch zweitrangig. Unter anderem zeigt sich dies auch daran, dass mindestens drei der 1994 existierenden Kooperativen 1999 aufgrund organisatorischer und finanzieller Schwierigkeiten aufgelöst worden waren. So bleibt die von der Mehrheit der Fischer verwendete Methode weiterhin der Einsatz der einfachen Handleine.

Mit einzelnen Ausnahmen verwenden die Fischer ihre Fänge entweder für die Versorgung des eigenen Haushaltes oder für den Direktverkauf in der *comunidad*. Nachdem der Verkauf früher unüblich und mit einem Tabu belegt war (vgl. 4.4), gewinnt er heute an Bedeutung, so dass Überschüsse nur noch im Familienkreis kostenlos verteilt werden. Vereinzelt werden die Fänge an die lokalen gastronomischen und touristischen Einrichtungen verkauft, ansonsten meist direkt an den Landestegen angeboten. Die Preise berechnen sich dabei meist pro Stück (übereinstimmend 1 US$ für 4 Stück auf vier Inseln 1999 und 2000 ebenso wie bereits 1994). Auf Ustupu hingegen gelten 0,50 bis 0,60 US$ pro Pfund. Generell werden die Gewinne nach Abzug der Kosten unter den Fischern aufgeteilt.

Eine stärker durchorganisierte Distribution erfolgt anlässlich der Veranstaltung von *inna*-Festen, der traditionellen Zeremonien zur Reifefeier der Mädchen. Da für diese Feste große Mengen Fisch erforderlich sind, die zuvor durch Räuchern haltbar gemacht werden, trägt die Gemeinschaft zur Bereitstellung dieser Mengen, zum Beispiel durch gezielte Ausfahrten größerer Fischergruppen mit Netzen bei, wobei die veranstaltenden Familien die Kosten zum Teil zu übernehmen haben. Eine weitere Ausnahme von den üblichen Distributionswegen stellt der gezielt kommerziell ausgerichtete Fischfang dar, der von Langustentauchern entweder zusätzlich auf der Ausfahrten zum Tauchen oder während der seit einigen Jahren bestehenden Schonzeiten für Langusten ausgeübt wird. Dabei werden wenige größere Fischarten gefangen, die gute Marktpreise erzielen, vor allem Schnapper-Arten *(pargo, Lutjanus spec.)* und Barrakuda, sowie zum Teil auch Haifische (verschiedener Arten, z. B. Hammerhai). Diese werden entweder gezielt mit stärkeren Handleinen aus bis zu 150 m Tiefe im offenen Meer gefischt oder mit der traditionellen Holz-Harpune erlegt. Die Vermarktung erfolgt über die Langustenhändler (vgl. Kap. 4.3.3). Diese zahlen zwischen 0,60 und 0,70 US$/lb., sowie 15 US$/lb. für Haifischflossen (gegenüber bis zu 30 US$ 1994) bzw. 1 US$ pro Pfund Haifleisch. Insgesamt hat jedoch der speziell für den externen Markt bestimmte Fischfang erst eine relativ geringe Bedeutung erlangt.

Über die Fangmengen, den Zustand der Populationen und deren zeitliche Entwicklung können keine quantitativ belegten Aussagen getroffen werden, da weder statistische Daten über den Fischfang, noch biologische Untersuchungen der befischten Populationen vorliegen. Allerdings zeigt die Literatur über traditionelle Fischereisysteme, dass Fischer aufgrund ihrer sich über Jahre erstreckenden Beobachtungen der marinen Ökosysteme Bestandsentwicklungen in diesen Systemen durchaus realistisch einschätzen können (BERKES 1999). Daher können die nachfolgend beschriebenen Beobachtungen und Einschätzungen der Kuna-Fischer nicht nur als Ausdruck ihrer spezifischen Wahrnehmung interpretiert werden, sondern durchaus auch als Hinweise auf die Entwicklung der Situation in der Fischerei – zum einen was die Entwicklung der gefangenen Mengen angeht, zum anderen in Bezug auf die Tendenzen in der Bestandsentwicklung der genutzten Arten.

Die Ansicht, dass sich die Fischerei in Kuna Yala kaum verändert habe und ausreichende Bestände zur Verfügung stünden, vertraten nur vereinzelte Befragte. Hingegen ergab sich ein deutlicher genereller Tenor in den Interviews mit Fischern und anderen Dorfbewohnern ebenso wie mit Mitarbeitern von NRO und traditionellen Autoritäten: Demnach gäbe es heute wesentlich weniger Fisch als früher. Die Aussagen bezogen sich dabei auf zwei unterschiedliche Problemdimensionen: Während der größere Teil der Befragten auf die Fischbestände und deren perzipierte Ausdünnung Bezug nahm, wurde andererseits auch der Beschäftigungsaspekt in der Fischerei in Zusammenhang mit der Nahrungsmittelversorgung gestellt. Der erste Aspekt eines beobachteten Rückganges der Fischpopulationen – also einer absoluten Abnahme der Individuenzahl – wurde von den meisten befragten Fischern konstatiert. Zugleich gaben diese übereinstimmend Beobachtungen abnehmender Körpergrößen der gefangenen Individuen an, was zum Teil sehr bildlich und dramatisch geschildert wurde: So zeigte ein Fischer auf Tikantikki mit den Händen eine Größe von ca. 50 cm an, während er beschrieb, dass früher die „Fische groß, groß" gewesen seien *(„ua dummad, dummad")*. Der perzipierte Rückgang betrifft dabei manche Arten in besonderer Weise, z. B. *Red Snapper* und Barrakuda sowie Tarpun (siehe Exkurs unten). Auch von der zunehmenden Verknappung von Sardinen als Köderfische wurde berichtet. Allerdings wird dieses Phänomen bereits Mitte der 1980er Jahre von CHARNLEY & DE LEÓN (o. J.) für die Insel Miria Ubigandup beschrieben, wo zeitweilig aufgrund fehlender Köderfische Ausfahrten zum Fischen ausfielen.

Mit großer Übereinstimmung ließ sich in den Befragungen feststellen, dass der Aufwand zum Fang einer bestimmten Menge Fisch stetig zunimmt. Dieser Aufwand drückt sich in einer zunehmenden erforderlichen Länge der Ausfahrten und erhöhten Entfernungen zum Erreichen geeigneter Fanggründe aus. Somit hat sich nach Ansicht der Fischer die Relation „Aufwand/Fang" generell erheblich verschlechtert. Für Fischer, die nicht über einen Außenbordmotor verfügen, bedeutet dies, dass ein bis zwei Stunden Bootsfahrt bis zu einer geeigneten Stelle zurückgelegt werden müssen, so dass die Ausfahrten insgesamt um die sechs Stunden, manchmal auch länger dauern können. In früheren Zeiten hingegen konnte innerhalb von 10 bis 30 Minuten im Westteil der Comarca ausreichend Fisch für die Eigenvesorgung eines Haushaltes gefangen werden (wobei sich die Haushaltsgrößen deutlich verringert haben). Zu den Fangmengen lassen sich nur Größenordnungen angeben. So berichten die Fischer davon, dass früher Fänge von mehreren Hundert Fischen am Tag mühelos möglich gewesen seien, während es heute in mehreren Stunden manchmal unter 10 Fische pro Person seien. Die Kooperativen mit Netzen erreichen dabei in einer Gruppe von drei bis vier Fischern zum Teil noch immer mehrere Hundert Fische pro Tag.

Zu bemerken ist, dass sich das Risiko erhöht hat, nicht ausreichend Fisch für den eigenen Bedarf zu fangen oder nach mehreren Stunden gänzlich ohne Fang zurückzukehren. Allerdings lassen sich regionale Unterschiede feststellen, denn dieses Risiko – ebenso wie der Aufwand – wird im östlichen Teil der Comarca, das heißt von Tikantikki aus ostwärts, wesentlich höher eingestuft als im westlichen Teil. Dafür sind zwei Aspekte ausschlaggebend: Zum ersten gilt die Region im Westen als generell fischreicher, da aufgrund der zahlreicheren Korallenriffe mehr Habitate für die Fischarten der Riffe vorhanden sind, oder, wie die befragten Kuna es ausdrücken: Die Fische „suchen" die Riffe.

Zugleich spielt ein zweiter Aspekt für das Risiko schlechter Fänge eine wichtige Rolle: Die jahreszeitlich bedingten Wetterbedingungen erschweren den Fischfang zeitweilig in regional unterschiedlichem Ausmaße. Besonders zwischen Dezember und März, das heißt in der trockenen Jahreszeit, wird die Fischerei aufgrund der vorherrschenden starken Seewinde erheblich durch den Seegang erschwert oder unmöglich (vgl. STIER 1979). Dabei sind die westlicheren Inseln durch die naturräumliche Ausstattung erneut begünstigt, denn die größeren geschützten Meeresbereiche können von den Fischern auch bei starken Winden aufgesucht werden. Besonders im mittleren und östlichen Teil der Comarca entstehen jedoch während der trockenen Monate häufiger Mangelzeiten, in denen in der Gemeinschaft wenig Fisch vorhanden ist und die Menschen häufiger Konserven kaufen.

Zusätzlich zur innerhalb der Region abgestuften Bedeutung der natürlichen Gunstfaktoren wird von den Fischern auch insgesamt für Kuna Yala ein Rückgang der Fischbestände konstatiert, was auch den Westteil des Gebietes einschließt.

„Früher konnte ich in ein bis zwei Stunden allein, nur mit der Handleine, 200 bis 300 Fische fangen, ohne Mühe."
(ca. 65-jähriger Befragter auf Wichub Uala, Übers. der Verf.).

Mengenangaben wie diese mögen im Rückblick idealisierend sein, indem frühere Zeiten verklärend als besser empfunden werden. Doch zeigen die Relationen („mehrere Hundert Fische" gegenüber „wenigen" heute) einen Trend an und geben die subjektiven Erfahrungen der Fischer wieder, die im zeitlichen Vergleich „früher – heute" ihre eigenen Beobachtungen bewerten, diese aber auch mit den Erkenntnissen, die sie über die Zeit ihrer Väter und Großväter haben, in Zusammenhang bringen. Als Maßstab setzen sie die eingesetzte Arbeitszeit sowie die zurückzulegende Distanz an, die für den Fang bestimmter Mengen bei weitgehend gleich bleibenden Methoden erforderlich ist. Dabei hat sich der Bezugspunkt für den Fang einer „ausreichenden Menge" für die eigene Familie eher nach unten verschoben, da sich Haushaltsgrößen seit einigen Jahrzehnten tendenziell reduzieren und nicht die gesamte Großfamilie versorgt werden muss.

Exkurs: Die Aufgabe der Tarpun-Fischerei

Ein Beispiel für eine besonders dramatische Entwicklung im Fischfang ist das fast vollständige Verschwinden des atlantischen Tarpuns *Megalops atlanticus*, von den Kuna *mila* genannt. Dieser große Raubfisch, der 2,50 Meter lang und bis zu 160 kg schwer wird (FROESE & PAULY 2006), hatte in früheren Zeiten im Leben der Kuna einen wichtigen

Stellenwert inne. Dabei stellte er nicht nur einen Bestandteil der Ernährung dar, sondern wurde auch in rituellen Zeremonien verwendet (eigene Interviews). Die Fangtechnik unterschied sich von den üblichen Methoden, indem in jedem Dorf spezielle Fallen aus Mangrovenstäben im Wasser errichtet wurden *(galu)*, in die ganze Schwärme getrieben wurden (vgl. Foto bei TORRES DE ARAÚZ 1980). Dann erlegten die Männer die Fische in Gemeinschaftsarbeit mit Speeren von kleinen Holzstegen aus; anschließend wurden die Fänge zum Teil geräuchert. Nicht nur in den Interviews mit älteren Fischern sondern auch in der Literatur wird von der Tarpun-Fischerei als wichtigem Bestandteil der Meeresnutzung in vergangenen Zeiten berichtet, wobei häufig vom Überfluss der Bestände die Rede ist (vgl. STOUT 1947; DE SMIDT 1948). In manchen Regionen Kuna Yalas wurden besonders reiche Fänge gemacht, wie im *sector sábalo* (dem Tarpun-Sektor) um Cartí Sugdup, wo in guten Zeiten bis zu 100 Stück am Tag gefangen werden konnten. Der besondere Stellenwert dieses speziellen Zweiges der Fischerei ergab sich dabei aus der Form der Gemeinschaftsarbeit, die mit rituellen Handlungen verknüpft war und für den individuellen, erfolgreichen Teilnehmer in hoher sozialer Reputation resultierte.

Heute ist die Tarpun-Fischerei vollständig zum Erliegen gekommen, und es gibt in der gesamten Comarca keine *galus* mehr, nachdem früher fast jede Insel über Fallen verfügte. Die Angaben darüber, wann und warum der *mila* verschwand, differieren allerdings. So finden sich bis 1970 Berichte über den Tarpun-Fang und vorhandene *galus* (vgl. TORRES DE ARAÚZ 1970); in den eigenen Interviews datierten die Befragten das Ausbleiben der Schwärme auf die 1970er bis frühen 1980er Jahre. Zu bemerken ist, dass nie eine Vermarktung dieser Fischart stattgefunden hat und keine technischen Innovationen eingeführt wurden. Die Aufgabe der Tarpun-Fischerei wird von vielen älteren Kuna bedauert, die auf die Zeiten zurückblicken, in denen der gemeinschaftliche Fang ein besonderes Ereignis war. Als Ursache für den Wandel machten die Befragten nicht die Überfischung für die reduzierten Bestände verantwortlich, sondern Aspekte wie die Meeresverschmutzung, die Einführung von Außenbordmotoren oder die übernatürliche Bestrafung durch die Gottheit *Paba* (so auch in den von ALVARADO 1995 durchgeführten Befragungen). Manche brachten die zeitweilige Dynamitfischerei mit dem Rückgang in Verbindung, wie z.B. der *saila* von Tikantikki. Externe Experten hingegen gehen eher von der lokalen Überfischung durch die Kuna aus, wie z.B. der Meeresbiologe Castillo (mündl. Mitteilung 2000). Auch die Zerstörung von Mangroven und Korallenriffen sowie die generelle Überfischung, die das Nahrungsmittelangebot für die Art reduziert, kommen als mögliche Ursachen in Frage; es gibt jedoch für Kuna Yala keine wissenschaftlichen Untersuchungen dazu. Inwiefern überregionale Effekte der auch in anderen karibischen Regionen knapper gewordenen Populationen dieser Art eine Rolle spielen, kann nicht festgestellt werden.

Auf der Grundlage der Annahme, dass die Tarpun-Bestände aufgrund der lokalen Überfischung durch die Kuna reduziert wurden, könnte dies als Beispiel dafür dienen, dass auch im Rahmen des traditionellen Nutzungssystems eine Übernutzung und Degradation der Ressourcen eintreten kann – und zwar ohne marktwirtschaftliche Ausrichtung, ohne gravierende Störungen des Systems und bei traditionellen Fangmethoden.

Betrachtet man nun die Entwicklung der gesamten Bestände an Speisefischen in der Comarca, wie sie von den Kuna wahrgenommen wird, aus einer ressourcenökonomischen Perspektive, so ergeben sich zwei unterschiedliche Deutungsmöglichkeiten. Die erste bezieht sich auf die Größe der Nutzergruppe. Unter der Voraussetzung, dass Meeresressourcen subtrahierbar sind, also die einem System entnommene Ressourcenmenge von der Gesamtmenge abgezogen werden muss, spielt die Größe der Nutzergruppe eine wichtige Rolle für die Relation Nutzer/Ressourcen. Wenn sich die Gruppengröße erhöht, steht für den einzelnen Nutzer theoretisch eine kleinere Menge an Ressourcen zur Verfügung. Somit ist es denkbar, dass sich die Zahl der Nutzer durch das Bevölkerungswachstum in Kuna Yala so weit erhöht hat, dass generell weniger Fisch pro Nutzer zur Verfügung steht. In der Wahrnehmung der Fischer würden sich dann die eigenen Erträge trotz erhöhten Aufwandes reduzieren, was jedoch nicht ohne weiteres darauf schließen lassen kann, dass diese tatsächlich reduziert sind. Eine zweite Deutungsmöglichkeit ergibt sich bei Einbezug biologischer Erkenntnisse zur Überfischung. Diese findet statt, wenn die Entnahme von genutzten Arten zu erheblichen Veränderungen in der Artenzusammensetzung der Gemeinschaft und zu Veränderungen der ökosystemaren Prozesse führt (BIRKELAND 1997), wobei ein typisches Anzeichen die Größenabnahme der gefangenen Fische ist (WELLS 1995). Insbesondere Korallenriffe sind aufgrund der ökologischen Zusammenhänge empfindlich gegen Übernutzung, so dass aus zahlreichen tropischen Riffgebieten eine Abnahme der Fangmengen aufgrund von Überfischung dokumentiert ist (RICHARDS & BOHNSACK 1992). Es ist daher anzunehmen, dass die nach den Beschreibungen der Fischer eingetretenen Veränderungen – abnehmende Körpergröße der Individuen, geringere Abundanz großer Exemplare sowie Rückgang großer Raubfische – tatsächlich auf Prozesse der Überfischung verschiedener Fischarten schließen lassen kann.

Allerdings ist die Datierung des Beginns dieser Veränderungen schwierig, weil retrospektive Befragungen häufig Verzerrungen durch die Wahrnehmung der Befragten ergeben und es sich bei der beobachteten Entwicklung um graduelle Prozesse handelt. Ein „früher" lässt sich also nur ungenau zeitlich festlegen und ist vom Bezugszeitpunkt der individuellen Beobachtungen abhängig. Während ältere Menschen über 65 Jahre vom Fischreichtum ihrer Jugendzeit berichten und diese als Vergleichsmaßstab angeben, nennen jüngere Fischer zwischen 30 und 40 Jahren Zeiträume von 10 bis 20 Jahren, in denen sich die Bestände verändert haben sollen. Vermutlich trifft beides zu, da die Fischer als Messleiste für die Veränderung die eigenen Erfahrungen zugrunde legen. In der Literatur sind die Angaben widersprüchlich. Während verschiedene Autoren der 1930er Jahre bis in die 1980er Jahre von dem Überfluss der Fischressourcen berichten (TORRES DE ARAÚZ 1980), dokumentiert HOWE schon 1975 Befragungen von älteren Befragten mit Angaben zurückgehender Fischbestände. Einige Forscher haben durch eigene Beobachtungen den Wandel feststellen können, wie z. B. CHAPIN (1995), der einen dramatischen Rückgang der Fischbestände zwischen 1960 und 1995 konstatiert. Der früheste Hinweis auf eine relative Abnahme der Fischpopulationen ist 1947 bei STOUT zu finden, demzufolge die Bestände zwar noch immer „plentiful" seien, nach Befragungen jedoch bereits geringer als eine Generation zuvor. So hat möglicherweise schon über das gesamte 20. Jahrhundert hinweg eine stetige Abnahme der Populationen stattgefunden.

Ein zweiter Aspekt, der in den Interviews genannt wurde, betrifft nicht die Fischpopulationen selbst, sondern den Einsatz der Arbeitskraft in der Fischerei. So sind einige Befragte der Ansicht, dass der Grund für die geringere Verfügbarkeit von Fisch als Nahrungsmittel sei, dass die Männer entweder aufgrund der Arbeitsmigration nicht als Fischer zur Verfügung stünden oder sich nicht genügend in der Fischerei einsetzten bzw. sich auf den Langustenfang konzentrierten. Die fehlenden Erträge aus dem Fischfang müssen dann durch gekaufte Lebensmittel ersetzt werden. Vor allem Frauen und ältere Männer waren der Ansicht, dass der Einsatz der Arbeitszeit der entscheidende Faktor für die Verfügbarkeit von Fisch sei. Allerdings berichtet STOUT ebenfalls schon 1947 (S. 63) von einer vor allem auf den akkulturierten Inseln Narganá und Corazón de Jesús zu beobachtenden „increasing unwillingness" junger Männer, sich im Fischfang zu betätigen. Vermutlich hat sich auch dieser Prozess über viele Jahrzehnte hinweg entwickelt, um in den letzten 20 Jahren mit der verstärkten Abwanderung und der fortschreitenden Orientierung auf marktorientierte Tätigkeiten erheblich an Dynamik zu gewinnen.

Die Folgen reduzierter Fischpopulationen ebenso wie der abnehmenden Versorgung mit Fisch sind vielfältig. Betrachtet man zunächst die ökologischen Auswirkungen von Überfischungsprozessen, so ist generell festzustellen, dass diese zu einer Schwächung von Ökosystemen führen, die wiederum mit Artenverschiebungen einher geht. So kann die Folge das lokale Aussterben einzelner Arten sein, deren Bestände sich auch nach Beendigung der Fischerei unter Umständen nicht regenerieren können, wobei insbesondere große Raubfische wie Haie betroffen sind (GOÑI 1998).

Hinsichtlich der unmittelbaren Folgen für die Arbeitsabläufe der Fischer in Kuna Yala lassen sich die bereits erwähnte Verlängerung der Arbeitszeiten und die Erhöhung der Anfahrtswege nennen, mit der Folge eines geringeren Zeitbudgets der Männer für den Nahrungsmittelanbau. Für diejenigen, die mit Außenbordmotoren arbeiten, ergeben sich zwar kürzere Anfahrtszeiten, doch müssen sie die Kosten für den Treibstoff zum Erreichen der Fanggründe tragen. Außerdem verlagert sich der Fischfang durch die ausgeprägte Knappheit einzelner Arten auf andere, zuvor kaum befischte Arten. Beispielsweise wird auf der besonders durch Fischknappheit betroffenen Insel Ustupu seit den 1990er Jahren auch der zuvor durch ein Tabu geschützte Hammerhai *(Sphyrna zygaena)* genutzt. Während der jahreszeitlich schwankenden Phasen des Fischmangels hat sich daneben auch ein

Warenaustausch (geräucherter Fisch gegen Kochbananen) zwischen einzelnen *comunidades* herausgebildet. Als besonders alarmierendes Anzeichen für den Ressourcenmangel wurde von lokalen Autoritäten empfunden, dass sich ab Ende der 1990er Jahre der Import von Fisch aus Panama-Stadt nach Ustupu etablierte. Dieser findet in der Zeit der starken Winde (ab November) statt, wenn sich die Ausfahrten zunehmend erschweren. Dabei wird Frischfisch zum Preis von zwei Stück pro US$ aus der Stadt eingeflogen (gegenüber dem lokal üblichen Handelspreis von vier Stück pro US$). Soweit festgestellt werden konnte, ist Ustupu/Ogobsucum allerdings ein Einzelfall in dieser Hinsicht.

Da Fisch also insgesamt knapper ist, kommt es öfter vor, dass Haushalte die tägliche Ernährung vegetarisch gestalten müssen. Der Konsum von Dosenlebensmitteln hat deshalb erheblich zugenommen (Dosenfisch aus Florida oder Fleischkonserven), ist aber nur möglich, wenn finanzielle Mittel vorhanden sind, so dass sich die Abhängigkeit von Einkommensquellen stetig erhöht. Die Tierhaltung ist bisher kaum zur Substitution intensiviert worden und spielt nach wie vor, insbesondere aufgrund von Nahrungsmittelpräferenzen, kaum eine Rolle. Die Folgen des Fischmangels wiederum sind eine Verstärkung der Mangelernährung, die ohnehin ein Problem in der Comarca darstellt. Dabei sind weniger die quantitativen Mengen das Problem, sondern die qualitative Zusammensetzung, insbesondere die Protein- und Vitaminversorgung (Auskunft von lokal tätigen Ärzten). Allerdings hat die Mangelernährung noch andere Ursachen, wie die generell abnehmende Versorgung mit landwirtschaftlichen Erzeugnissen, und ist zugleich nicht ganz neu (vgl. Howe 1975). Versuche zur gezielten Verbesserung der Ernährung scheiterten aber bisher größtenteils.

Über die möglichen Ursachen der Veränderungen in der Fischerei hatten die befragten Kuna unterschiedliche Ansichten. In Tabelle 5 sind die von den Befragten genannten ebenso wie weitere mögliche, nicht von ihnen angeführte Erklärungsansätze aufgelistet. Die meisten Personen nannten die ersten drei Gründe, darunter das Bevölkerungswachstum als Hauptgrund für den Rückgang. Tatsächlich hat bis in die 1990er Jahre hinein eine stetige Bevölkerungszunahme in der Comarca stattgefunden (vgl. Kap. 4.1), die in der Literatur oft als ursächlich für eine Intensivierung der Fischerei aufgrund der erhöhten Zahl der zu ernährenden Menschen angesehen wird (vgl. Ventocilla et al. 1995a; Chapin 1975).

Ein anderer, von den Kuna genannter Aspekt ist der Einsatz neuer Fangtechniken (Netze, Motoren), der überwiegend als negativ und „nicht-traditionell" gewertet wird, zum Teil auch von solchen Fischern, die selbst mit Netzen arbeiten. Ob sich die Fangmengen insgesamt durch die Verwendung von Netzen wesentlich erhöht haben, ist jedoch fraglich, da keine Vermarktung für einen externen Markt stattfindet und zugleich der Konsum von Fischprodukten eher als abnehmend beschrieben wird. Allerdings ist es denkbar, dass aufgrund kleiner Maschengröße zu viele Jungfische gefangen werden, was wiederum

Das indigene Autonomiegebiet Comarca Kuna Yala, Panama

Tab. 5: Faktoren mit verstärkender bzw. verringernder Wirkung für den Nutzungsdruck auf Fischbestände in Kuna Yala

Nutzungsdruck erhöhende Faktoren	Nutzungsdruck verringernde Faktoren
Bedeutungsabnahme der Landwirtschaft und Jagd: verstärkte Konzentration auf Fischerei	mangelnde Bereitschaft reduziert Beschäftigung in Fischerei
natürliches Bevölkerungswachstum (gesteigerter Bedarf an Nahrungsmitteln)	Abwanderung reduziert Ressourcenbedarf
Einführung technischer Innovationen mögl. Folge: Intensivierung (Zunahme der Gesamtfangmengen jedoch fraglich)	Aufgabe des Fischfangs durch Spezialisierung auf Langustenfang
vermehrte Absatzmöglichkeiten an lokale Zwischenhändler	Einkommen erlaubt Substitution durch Dosenfisch und -fleisch
Wirkungsverlust von Tabus/Speiseverboten	abnehmende Übermittlung von fischereispezifischem Wissen (reduziert evtl. Beschäftigung)
durch Zerstörung von Habitaten Verlagerung der Nutzung [1]	
verstärkte Entnahme kleiner Individuen (stört Reproduktionsabläufe)	
Von den befragten Kuna genannte Faktoren, die wahrscheinlich kaum von Relevanz sind	
Nutzungsdruck erhöhend	**Nutzungsdruck verringernd**
verstärkte Vermarktung (Erhöhung der Fangmengen jedoch fraglich)	
Konkurrenz durch externe, illegale Fangflotten (jedoch andere Arten)	
räumliche Verlagerung von Populationen: Präsenz von Langustentauchern führt zur „Flucht" von Fischen	

☐ Faktoren von den Kuna genannt ☐ Faktoren von den Kuna nicht genannt

[1] : seltener genannte Faktoren

Quelle: Eigene Zusammenstellung

negative Effekte auf die Populationen hat. Angesichts der Tatsache, dass Netze bisher relativ wenig Verbreitung gefunden haben, bleibt der Effekt dieser technischen Verbesserung der Methoden auf den Populationsrückgang insgesamt jedoch fraglich. Zugleich ist der Einsatz von Netzen so neu nicht, wie die Quellen aus den 1940er Jahren zeigen (siehe oben). Ein weiterer, von den Kuna als negativ bewerteter Aspekt ist die zunehmende Kommerzialisierung der Fischerei, wobei auch am Handel beteiligte Personen diese Veränderung beklagten:

> „Heute gibt es das Verschenken nicht mehr, der Fisch wird verkauft, obwohl *Paba* das verbietet. Heute denken alle nur noch ans Geld. Deshalb gibt es weniger Fisch als früher, alles wird verkauft."
> (Fischer auf Tikantikki, Übers. der Verf.).

Wenngleich es richtig ist, dass Fisch kaum noch in der Gemeinschaft verschenkt wird, bleibt zu bemerken, dass eine Zunahme des Drucks auf die Fischbestände durch die Vermarktung kaum wahrscheinlich ist, da der Verkauf – mit wenigen Ausnahmen – nur innerhalb der Gemeinschaft erfolgt. Daher scheint der Aspekt der Vermarktung nicht geeignet für eine Begründung des Bestandsrückgangs, obwohl er in der Perzeption der Kuna eine wichtige Rolle spielt. So wurde von den Befragten häufig auf die Tradition Bezug genommen, die dem Prinzip der Vermarktung widerspräche. Einige Befragte gaben für den zunehmenden Fischmangel eine übernatürliche Begründung an: die von der Gottheit *Paba* erfolgende Bestrafung der Menschen für ihr Fehlverhalten und den Verfall der Moral. Die Langustentaucherei wurde von vielen Kuna als „nicht-traditionelle" Aktivität kritisiert, denn die Taucher verjagen nach Ansicht vieler Fischer die Fische. Allerdings ist festzustellen, dass sich die Taucher überwiegend nicht in den gleichen räumlichen Zusammenhängen wie die Fischer bewegen, so dass eigentlich kaum eine Kollision dieser Aktivitäten stattfindet. Ein weiterer, von den Kuna genannter Aspekt sind die Aktivitäten von kolumbianischen Fischerbooten an den Grenzen der Comarca, die in den letzten Jahren zugenommen zu haben scheinen. Über dieses Problem wird in Mitteilungen des Congreso General Kuna berichtet (Boletín Kika vom 18.7.2005), ebenso wie in den Interviews mit den Kongressvertretern. Ob diese industrielle, vorwiegend über tieferen Meeresbereichen operierende Form der Fischerei tatsächlich einen nennenswerten Einfluss auf die Fischbestände der Korallenriffe in Kuna Yala ausübt, kann nicht geklärt werden, wird jedoch von den Kuna angenommen.

Auch die Zerstörung von Mangroven wurde als Grund für den Rückgang der Populationen genannt. Mangroven sind wichtige Lebensräume für Jungtiere, so dass ihre Abholzung gravierende Auswirkungen auf Fischbestände haben kann (vgl. SCHMIDT 1995). Wie groß die in der Comarca zerstörten Flächen sind, kann nicht festgestellt werden, so dass auch die Zusammenhänge zu den Ressourcenbeständen nicht geklärt werden können. Einige Befragte nannten auch die Meeresverschmutzung als Problem, wobei mehrere

Fischer zur Illustration dieser negativen Entwicklung das Beispiel eine Getränkedose verwendeten, die den Fischen heute als Haus diene. Auf die anthropogene Zerstörung von Korallenriffen (vgl. Kapitel 4.3.4) wiesen nur einige wenige Befragte hin, obwohl die Korallennutzung aus der Sicht von Meeresbiologen einen erheblichen negativen Effekt auf die Fischpopulationen hat und möglicherweise als wichtigste Ursache für den Fischrückgang anzusehen ist (mündl. Aussagen von A. Castillo 1994 und 2000).

Neben solchen Faktoren, die den Druck auf die Ressourcenbestände erhöhen, lassen sich auch Hinweise auf Prozesse finden, die eher zur Verringerung dieses Drucks beitragen. Diese werden jedoch bisher – in den Interviews mit der lokalen Bevölkerung ebenso wie in der Literatur über Kuna Yala – entweder nicht genannt oder nicht in Zusammenhang mit einer möglichen Reduzierung des Ressourcendrucks gebracht. Dabei ist zum Beispiel die massive Abwanderung der Bevölkerung zu nennen (vgl. 4.2), die zu einer Abnahme der absoluten Bevölkerungszahl um fast 5 % in den 1990er Jahren führte, sowie die wachsende Bedeutung ökonomischer Einkünfte und die Substitution der Ressource Fisch durch gekaufte Güter. Beide Faktoren wurden in den Interviews nicht genannt, könnten jedoch längerfristig möglicherweise zu einer Entspannung des Ressourcendrucks führen. Andere Aspekte wurden von den Befragten eher als Ursache für den akuten Ressourcenmangel interpretiert und nicht in ihrer Auswirkung auf die Fischbestände, so z. B. die abnehmende Vermittlung spezifischen Wissens, die beobachtete mangelnde Arbeitsbereitschaft sowie die Beschäftigung in der Langustentaucherei: Alle drei genannten Gesichtspunkte führen zur Reduzierung der Beschäftigung im Fischfang und zeigen, dass in der Perspektive der Kuna die Aspekte der Beschäftigung und der Nutzungsintensität im Vordergrund der Betrachtung stehen.

Zusammenfassend lässt sich in Bezug auf die Ressource Fisch festhalten, dass in Kuna Yala bisher keine Transformation der Subsistenzfischerei in eine auf den externen Markt ausgerichtete Nutzungsform stattgefunden hat. Der Fischfang bleibt auf die Selbstversorgung konzentriert, wenngleich die Vermarktung auf der lokalen Ebene allmählich an Bedeutung gewinnt. Zugleich wird von den Fischern aber eine erhebliche Verknappung der Fischbestände beobachtet, die sich über mehrere Jahrzehnte hinweg entwickelt hat und zunehmend in Versorgungsengpässen mündet. Allerdings decken sich die eigenen Annahmen der Verfasserin über die möglichen Ursachen (auf der Basis der empirischen Arbeit, der Interviews mit Meeresbiologen sowie der wissenschaftlichen Literatur) nicht oder nur teilweise mit den Interpretationen dieses Wandels durch die Fischer und die betroffene Bevölkerung. So ist die anthropogene Zerstörung von Korallenriffen in der Perzeption der Bevölkerung nicht als mögliche Ursache für den Fischrückgang präsent – obwohl dieser Zusammenhang aus wissenschaftlicher Sicht für die Degradation der Bestände vermutlich eine zentrale Rolle spielt. Das Bevölkerungswachstum wird zwar als mögliche Ursache wahrgenommen, doch sind andere Aspekte in den geäußerten Begründungen vorherrschend. Diese konzentrieren sich vor allem auf die zunehmende lokale Vermarktung und Beschäftigungsaspekte, die wiederum im Kontext der traditionellen Kultur interpretiert und als negativ bewertet werden. Deutlich wird außerdem in der Bewertung des Wandels durch die Kuna, dass auch Handlungsweisen, an denen die Befragten partizipieren, als generell negativ eingeordnet werden, Äußerungen zur Reflektion eigenen Handelns jedoch nur in wenigen Ausnahmen getroffen werden.

4.3.3 Schildkröten und Langusten für den Export: Nutzung, Vermarktung und aktuelle Probleme der Übernutzung

Das folgende Kapitel widmet sich der Beschreibung der beiden auf den Export ausgerichteten Nutzungsmuster in Kuna Yala: dem Schildkrötenfang und der Langustenfischerei. Im Folgenden soll zunächst die Entwicklung der Schildkrötenjagd nachgezeichnet werden, die der Langustenfischerei als exportorientierte Nutzungsform zeitlich vorausging, bevor sie durch diese abgelöst wurde. Von den vier Schildkrötenarten, die in Kuna Yala vorkommen, sind zwei in der Gesellschaft der Kuna von Bedeutung: zum einen die Grüne Seeschildkröte *(Chelonia mydas)* und zum anderen die Karettschildkröte *(Eretmochyles imbricata)*. Die traditionelle Nutzung der beiden Arten lässt sich nach ihrer Bedeutung für Ernährung und Handel differenzieren: Die Grüne Seeschildkröte wurde vermutlich von Beginn der Meeresnutzung an durch die Kuna für den Verzehr gejagt, so dass der Fang mit Netzen und Harpunen bis in die 1920er und 1930er Jahre üblich war (STIER 1976). Nachdem die Bestände so weit dezimiert worden waren, dass sich der Arbeitsaufwand nicht mehr lohnte, soll die Nutzung aufgegeben worden sein, obwohl vereinzelt noch immer Exemplare verkauft werden (vgl. OLAIDI 1995). Der Karettschildkröte hingegen kam schon ab Mitte des 19. Jahrhunderts eine wichtige Bedeutung als Handelsgut zu, indem das Schildpatt nach Panama-Stadt und Kolumbien veräußert wurde (STOUT 1963; NORDENSKIÖLD 1938). Diese Tiere, die mit Netzen, hölzernen Tieratrappen, Speeren und Harpunen gefangen wurden, dienten allerdings aufgrund eines mythologisch begründeten Tabus lange Zeit nicht als Nahrungsquelle, sondern nur der Gewinnung von Schildpatt. Dieses wurde durch das Abziehen des Panzers gewonnen, während das Fleisch ins Meer geworfen wurde, bis erst mit Beginn der 1940er Jahre der Konsum des Schildkrötenfleisches einsetze.

Bis in die 1980er Jahre hinein waren Schildkrötenpanzer ein wichtiger Wirtschaftsfaktor in der Comarca, nachdem sich ab Ende der 1960er Jahre die Nutzung nochmals aufgrund der gestiegenen Nachfrage von japanischen und italienischen Aufkäufern stark intensiviert hatte (TORRES DE ARAÚZ 1970). Die Preise, die von den Kuna erzielt werden konnten, lagen bei 8 bis 25 US$/lb. (STIER 1979), später 30 bis 50 US$/lb. (eigene Interviews), so dass pro Schildkröte bis zu 250 US$ erzielt werden konnten. Die Fangmengen für diese Zeit werden auf 30 bis 40 (Ailigandi) bzw. 200 bis 300 Stück pro Jahr (Wichub Uala) beziffert (eigene Interviews). In den 1990er Jahren war der Schildkrötenfang jedoch aufgrund der reduzierten Bestände schließlich fast zum Erliegen gekommen. Neben der über Jahrzehnte andauernden intensiven Bejagung der Schildkrötenbestände durch die Kuna wirkt auch der überregionale Nutzungsdruck auf die Populationen, da die Tiere über große Entfernungen wandern (*Chelonia mydas* von Venezuela bis Costa Rica). Die Grüne Seeschildkröte steht bereits seit dem 16. Jahrhundert in der Karibik unter starker Befischung (NIETSCHMANN 1973), während die Karettschildkröte aufgrund der intensiven Nutzung für die Schildpattgewinnung schon in den 1980er Jahren als karibikweit nahezu ausgerottet galt (MEYLAN 1987). Beide Arten stehen heute auf der Roten Liste bedrohter Arten der IUCN (International Union for Conservation of Nature and Natural Resources), wobei die Karettschildkröte sogar als *critically endangered* eingestuft wird (Red List Standards & Petitions Subcommittee 2006; SEMINOFF 2004).

Trotzdem sollen noch immer Schildkröten in Kuna Yala gefangen und verkauft werden; VENTOCILLA et al. (1995b) zufolge auch für die Vermarktung in Panama-Stadt. Da die Kuna sich der Illegalität des Handels mit Schildpatt bewusst sind, war es in der eigenen Feldarbeit schwierig, Informationen über den heutigen Stellenwert dieser Ressource zu erhalten, so dass das Thema nicht weiter vertieft wurde (vgl. SANDNER 1997). Ein Beispiel einer Befragung von Fischern illustriert die mit diesem Thema verbundenen Schwierigkeiten: Die Fischer hatten während einer Bootsfahrt angegeben, dass eine von ihnen gefangene Karettschildkröte aufgrund der dezimierten Bestände der Aufzucht dienen sollte. Am nächsten Tag war das Tier aber bereits verzehrt worden, ohne dass eine Begründung gegeben werden konnte oder ein weiteres Gespräch möglich gewesen wäre.

Der Rückgang der Schildkrötenpopulationen wird insbesondere von älteren Befragten häufig als Anzeichen für allgemeine negative Prozesse in der Fischerei angeführt und bedauert. Zwar besteht unter den Fischern Einigkeit über die deutlich reduzierten Schildkrötenbestände, doch konnte nicht festgestellt werden, dass sich die Entwicklung dieses Nutzungsmusters und die Degradation der Bestände quasi als kollektive Erfahrung in der Wahrnehmung der Fischer verankert hätten – und zum Beispiel die Nutzung der neueren Exportressource Languste maßgeblich beeinflussten. So wurde die Vermarktung der Karettschildkröte seit dem Erlass der Schutzvorschriften (vgl. Kapitel 4.4.2) zwar vermutlich reduziert, doch erfolgt nun die zunehmende Konzentration auf ein neues, ebenfalls exportorientierte Ressourcennutzungsmuster, den Fang von Langusten und assoziierten Meeresfrüchten, die im Folgenden behandelt werden.

Der Langustenfang nimmt inzwischen eine wichtige Stellung in der Ökonomie Kuna Yalas ein und ist nach der Ansicht mancher Autoren sogar zu größerer Bedeutung gelangt als der *mola*-Handel oder die Kokoszucht (SPADAFORA 1999). Doch unterscheidet sich die Langustenfischerei nicht nur durch ihr höheres Gewicht für die Generierung monetärer Einkommen grundsätzlich vom Fischfang, sondern auch hinsichtlich der Beschäftigungs- und Vermarktungsstrukturen, der räumlichen Ausdehnung von Nutzungszonen, der soziokulturellen Bedeutung der Ressource und der institutionellen Steuerung (zu Letzterem vgl. Kap. 4.4). Dabei hat sich die Entwicklung zum wichtigen Wirtschaftsgut erst in den letzten 30 Jahren in einem dynamischen Prozess vollzogen, der mit der Verlagerung von Beschäftigungsmustern, und zugleich mit ökologischen, sozialen und ökonomischen Auswirkungen auf die Gesellschaft der Kuna verbunden ist.

In Kuna Yala kommen fünf verschiedene Arten von Langusten vor, von denen vorwiegend der *Caribbean Spiny Lobster* (*Panulirus argus*, Kuna: *dulup*) für die Fischerei eine Rolle spielt, neben den vereinzelt gefangenen Arten *P. guttatus* und *P. laevicauda* (CASTILLO & LESSIOS 2001). Mit dem Langustenfang assoziiert ist die Nutzung von Krebsen (*Mithrax spec., king crab*), Tintenfischen *(Octupus spec.)* sowie Fechterschnecken *(conch, Strombus gigas)*, die von den Langustentauchern auf den gleichen Vermarktungswegen verkauft werden. Sie erzielen geringere Preise und sind von untergeordneter Bedeutung, so dass im Folgenden nicht weiter auf diese Arten eingegangen wird. Bis in die 1960er Jahre hinein wurden Langusten im flachen Wasser der Riffe ohne weitere technische Hilfsmittel eingesammelt oder mit Speeren erbeutet (CHAPIN 1975). Über den historischen Stellenwert der Languste liegen widersprüchliche Angaben vor; während STOUT (1947) die Art nicht als Bestandteil der Ernährung nennt, tun dies Berichte aus den 1950er Jahren durchaus (TORRES DE IANELLO 1957).

Die Vermarktung begann in den 1960er Jahren – zunächst nur vereinzelt – nach einem ersten Impuls durch Mitglieder des US-amerikanischen Peace Corps (eigene Interviews). Erst ab 1970 muss eine sprunghafte Entwicklung eingesetzt haben, nachdem es HERRERA (1972) zufolge bereits tägliche Transporte per Flugzeug in die Stadt gab. In den 1980er Jahren intensivierte sich der Handel erheblich (VENTOCILLA et al. 1995a). Dabei war die verbesserte Transportinfrastruktur entscheidend, denn erst durch die Verbreitung von Flugpisten wurden die täglichen Flüge der aus Panama-Stadt einfliegenden Langustenhändler zum den Ankauf der Meeresfrüchte möglich. Auf Tikantikki blieb beispielsweise der Absatz an einen Händler, der per Schiff sporadisch Langusten aufkaufte, gering, bis 1988 nach dem Bau einer Flugpiste der fast täglich stattfindende Handel möglich wurde. Bis heute hat sich der Langustenfang stetig innerhalb der Comarca verbreitet und ist in allen größeren Gemeinden zu finden.

Die technische Ausstattung ist – ähnlich wie im Fischfang – einfach: Die Taucher verfügen über Tauchermasken, Schnorchel und Flossen sowie ein Fanggerät aus einem mit einer Drahtschlinge versehenen Holzstab. Weder die in anderen Regionen häufige Verwendung von Fallen *(nasas)* ist für den Fang von Langusten üblich, noch das Tauchen mit Pressluft (Scuba), das vom Congreso General bereits kurz nach Beginn der kommerziellen Langustentaucherei per Erlass verboten worden war. Die Organisations- und Vermarktungsstrukturen sind allerdings komplexer als im Fischfang. So arbeiten kleine Gruppen von zwei bis drei Tauchern gemeinsam für einen Zwischenhändler, der ihnen ein Boot mit Außenbordmotor vermietet oder den Motor gegen Kredit verkauft. Von diesem Händler beziehen die Taucher den Treibstoff, wenn sie keine Paddel oder Segel verwenden (SPADAFORA 1999 zufolge in etwa der Hälfte der Fälle).

Die Ausfahrten erfolgen nachts oder in den frühen Morgenstunden, um bei Sonnenaufgang geeignete Riffe zu erreichen. Dort unternehmen die Taucher wiederholte Tauchgänge über mehrere Stunden hinweg in bis zu 20 m Tiefe, manchen Angaben zufolge zum Teil auch bis in mehr als 30 m Tiefe. Allerdings handelt es sich bei diesen Aussagen um Schätzungen, weil ohne Tiefenmesser getaucht wird. Da von den Händlern mit wenigen Ausnahmen nur lebende Tiere angekauft werden, müssen täglich Zwischenhändler für den Verkauf des Produktes aufgesucht werden. Der räumliche Schwerpunkt des Langustenfangs sind die seewärts der besiedelten Inseln vorgelagerten Riffgebiete mit den unbewohnten Inseln, insbesondere die Cayos Mauki (siehe Abb. 2 in Kap. 4.1.1). Aufgrund der naturräumlichen Ausstattung sind die Taucher aus dem östlichen Teil der Comarca gezwungen, lange Anfahrten auf sich zu nehmen, um diese Riffgebiete zu erreichen. Daher unternehmen die Langustenfischer von Tikantikki oder Ustupu/Ogobsucum meist mehrtägige Aufenthalte, während derer sie auf den unbesiedelten Inseln nächtigen. Um ihre Produkte zu verkaufen, müssen sie dann allerdings weitere Fahrten zu Inseln mit Ankaufsstellen zurücklegen, z. B. nach Wichub Uala im äußersten Westen der Comarca.

Für den eigenen Konsum werden nur vereinzelte, meist unverkäufliche Exemplare zurück behalten. Einen lokalen Markt gibt es quasi nicht, denn der hohe monetäre Wert der Ware erlaubt es der Bevölkerung kaum, Langusten für den Eigenverbrauch zu erwerben. Lediglich an die wenigen lokalen Restaurants und Hotels sowie angeblich auch an Kreuzfahrtschiffe erfolgt eine Direktvermarktung innerhalb der Comarca, während der Großteil der Produktion über die in den *comunidades* ansässigen Zwischenhändler in die Hauptstadt gelangt. Manche Händler verfügen über Kühltruhen, während andere, die ihre lebenden Waren in Drahtfallen im Meer lagern, bei bestimmten Wetterverhältnissen sämtliche Langusten verlieren. Dies geschieht vor allem, wenn bei starken Regenfällen Sediment vom Festland herangetragen wird.

Zwischen Tauchern und Händlern besteht ein Abhängigkeitsverhältnis, das sich in der Verschuldung von Tauchern äußert, zum Beispiel durch Kredite für Motoren oder Vorschüsse. Zugleich werden diese verpflichtet, nur einen bestimmten Zwischenhändler zu beliefern, was unter Umständen zusätzliche Anfahrtswege und somit Treibstoffkosten verursachen kann. Abnahmegarantien existieren allerdings nicht, so dass die Fischer in manchen Situationen ihren Fang nicht absetzen können.

Die Zwischenhändler sind ausnahmslos Kuna, da Fremden der Handel und die Niederlassung zu kommerziellen Zwecken aufgrund der internen Gesetzgebung des Congreso General nicht gestattet ist. Häufig sind diese Zwischenhändler zugleich Inhaber kleiner Geschäfte, die Vereinbarungen mit den Aufkäufern aus Panama-Stadt eingehen und im Gegenzug für die Lieferung von Meeresfrüchten aus der Stadt eingeflogene Waren für den lokalen Verkauf abnehmen. Die Aufkäufer wiederum sind Nicht-Kuna, die mit Kleinflugzeugen *(avionetas)* fast täglich die Comarca anfliegen. Nach Schätzungen von CASTILLO & LESSIOS (2001) geschieht dies an 250 Tagen im Jahr, wobei nacheinander mehrere Landepisten aufgesucht werden. Dort wird jeweils soviel Ware aufgenommen, bis die Transportkapazität des Flugzeugs erschöpft ist. Im Jahr 2000 gab es vier Unternehmen, die Meeresfrüchte ankauften. Die Flugzeuge können dabei jeweils 600, 900 oder 1.000 lbs. Last aufnehmen (eigene Interviews). Zum Teil bezahlen die Händler auf den Flugpisten eine geringe Landegebühr, die den einzigen Beitrag darstellt, der direkt der *comunidad* zukommt. Der Transport erfolgt anschließend zum Inlandsflughafen in Panama-Stadt, wo wiederum Hotels und Restaurants oder Exportfirmen die Ware ankaufen; diese weiteren Vermarktungswege wurden allerdings für die vorliegende Studie nicht untersucht. Neben dem Luftverkehr existieren nur vereinzelt andere Transportwege für Meeresfrüchte, so wurde ein Händler befragt, der in der Region arbeitete und Langusten per Boot nach Colón transportierte.

Die Langustentaucher erzielen Preise zwischen 3,00 und 4,00 US$/lb. für ganze Langusten, bei kleinen Individuen weniger (eigene Interviews). Schwierig gestaltet sich die Feststellung der Fangmengen. SPADAFORA (1999) schätzte nach einer eigenen Studie in den Jahren 1994-95, dass pro Taucher und Ausfahrt ca. 5 lb. Langusten gefangen werden (gegenüber noch ca. 13 lb. bei HASBROUCK 1985). Dabei soll 1996 etwa 70% der Langustenproduktion Kuna Yalas von einer einzigen Firma aufgekauft worden sein, die wiederum zwischen 6.000 und 17.000 lb. monatlich ankauft. So kalkuliert SPADAFORA die gesamte Produktion Kuna Yalas der Jahre 1994-95 auf etwa 100 Tonnen (92 Tonnen bei CASTILLO & LESSIOS 2001). Da sich sämtlichen Interviews und Literaturhinweisen zufolge die Produktion in den späten 1990er Jahren noch intensiviert hat, können die Mengen inzwischen höher liegen. Allerdings muss dazu auch bemerkt werden, dass zum einen in den beiden zitierten Studien die Daten nach Feldstudien auf mehreren Inseln hochgerechnet wurden und zum anderen die Händler bei Interviews möglicherweise geringere Mengen angeben, da inzwischen der Langustenfang zu einem heiklen Thema geworden ist und sie Kritik aus dem Weg gehen wollen. So wurde auch die Verfasserin auf Ogobsucum von Langustenhändlern beschimpft. Ein Händler auf Corazón de Jesús gab eine tägliche Gesamtmenge von 15 bis 20 lb. für den Ankauf an, obwohl einer seiner Taucher dies als individuelle Fangmenge pro Person nannte und der Händler zehn Taucher beschäftigte. Demnach können Zahlen über den Langustenfang generell erheblich geringer kalkuliert sein, als es der Realität entspricht.

Das gesamte Einkommen, dass in Kuna Yala durch den Langustenfang generiert wird, liegt nach Schätzungen von CASTILLO & LESSIOS (2001) sowie SPADAFORA (1999) bei 620.000 US$ bis 700.000 US$ jährlich. Diese Zahlen sind ebenfalls hochgerechnete Schätzungen, zeigen aber den ökonomischen Stellenwert dieses Wirtschaftszweiges in der als arm geltenden Region Kuna Yala mit den eingeschränkten Verdienst- und Beschäftigungsmöglichkeiten. Auf welcher Datenbasis die von GOREAU ARANGO et al. (2005) postulierte Aussage basiert, nach der von den Kuna 70 % des Exportwertes mariner Produkte Gesamt-Panamas erwirtschaftet werden sollen, ist in der Quelle nicht ersichtlich; die Zahl erscheint jedoch abwegig. Legt man den Exportwert von 2005 zugrunde, der sich für Langusten aus den Exportstatistiken der Regierung auf 13,2 US$/kg errechnen lässt (Contraloría 2005), so ergibt sich für die 2001 von CASTILLO & LESSIOS angenommenen 92 Tonnen ein Exportwert von 1,22 Mio. US$. Hingegen liegen die gesamten Exporte Panamas dem Wert nach in den Jahren 2003 und 2004 jeweils bei weit über 400 Mio. US$, so dass den Kuna auch unter der Annahme einer gestiegenen Produktion nur ein kleiner Anteil zugeschrieben werden kann. Betrachtet man nur die Langustenproduktion Panamas für den Export, die für 2003 auf 618 Tonnen beziffert wird, käme den Kuna bei geschätzten 100 Tonnen immerhin ein Beitrag von ca. einem Sechstel der Gesamtmenge oder mehr zu.

Innerhalb der Comarca wiederum gibt es große regionale Unterschiede in der Produktion und der Anzahl der Beschäftigten. So spielt auch für die Langustentaucherei die naturräumliche Ausstattung, also die Nähe zu geeigneten Riffen, eine Rolle, wenngleich sozio-ökonomische Faktoren entscheidender für die Unterschiede zu sein scheinen. So ist der Langustenfang in sehr traditionellen *comunidades* zum Teil weniger ausgeprägt, z.B. in Tikantikki, andererseits ist er im Westteil der Comarca trotz besserer natürlicher Bedingungen weniger verbreitet, da dort andere ökonomische Einkünfte, vor allem aus dem Tourismus (*mola*-Handel vor Ort) vorhanden sind. Jedoch ist die Feststellung der Beschäftigtenzahlen schwierig. Bei SPADAFORA (1999) findet sich eine Schätzung von 164 Booten für die gesamte Comarca, bei zwei bis drei Beschäftigten pro Boot ergeben sich über 300 Taucher zwischen Ustupu und Cartí. Die eigenen Befragungen deuten allerdings darauf hin, dass die Beschäftigtenzahlen noch sehr viel höher liegen müssen.

Analog zum Fischfang hat sich in den letzten Jahrzehnten eine Entwicklung vollzogen, die einerseits die Veränderung von Aspekten der Beschäftigung und Vermarktung umfasst und andererseits eine Reduktion der Ressourcenbasis. Betrachtet man zunächst einmal den Beschäftigungsaspekt, so ergaben die Befragungen, dass sich immer mehr junge Männer der Langustentaucherei widmen, da sie ihnen Verdienste ermöglicht, die sonst in der Comarca schwer zu erzielen sind. Die 200 bis 300 US$ monatlich, die von SPADAFORA (1999) genannt werden, sind vermutlich zu hoch geschätzt, außerdem fällt in der dreimonatigen Schonzeit, die seit 2000 gilt, jeglicher Verdienst aus. Trotzdem ist der Langustenfang eine vergleichsweise lukrative Beschäftigung, da kaum noch Einkünfte aus dem zeitweilig zusammengebrochenen Kokoshandel oder anderen Beschäftigungen zu erzielen sind, mit Ausnahme des *mola*-Handels. Besonders stark ist die Konzentration auf den Langustenfang den Befragungen nach auf Ogobsucum mit über 100 Tauchern. Dabei ergeben sich zweierlei direkte Probleme aus dieser Beschäftigung: Die Taucher stehen nicht mehr für andere Tätigkeiten in Fischerei und Landwirtschaft sowie für gemeinschaftliche Arbeiten zur Verfügung, so dass die Ernährung großenteils über monetäre Einkünfte gewährleistet werden muss. Umgekehrt werden aber die Einkünfte nicht immer vorrangig für Ernährung, sondern zum Teil für Statussymbole wie Goldketten oder Kleidung verwendet, wie TICE (1995) dokumentiert.

Generell genießen die Taucher innerhalb der Gesellschaft kein hohes Ansehen, da der Verkauf von natürlichen Ressourcen von vielen Kuna noch immer als schlecht angesehen wird, trotz seiner Verbreitung (vgl. auch CHARNLEY & DE LEÓN o. J.). So bedauerte der *saila* von Ogobsucum die Ausbreitung der kommerziellen Taucherei als einen Aspekt des kulturellen Verfalls:

„La cultura del Kuna no es comerciante."
(„Die Kultur des Kuna ist keine Händlerkultur", Übers. der Verf.).

Dieser *saila* setzte die zunehmende Vermarktung von Ressourcen und dabei speziell der Langusten, ähnlich wie andere ältere Befragte, mit der Übernahme der „westlichen Kultur" gleich: „Llega la civilización occidental" („es kommt die westliche Zivilisation", Übers. der Verf.), was wiederum zur Verbreitung von Lastern, Drogen und Kriminalität führe. Konkreter äußerten Mitarbeiter von NRO und traditionelle Führer in den Interviews, dass sich eine spezifische soziale Schicht der Taucher herausbilde, die über monetäre Einkünfte verfüge, zugleich aber von Verwahrlosung geprägt sei, bei zugleich geringem Interesse an Tradition, Kultur und Politik. Zum anderen werden die angelernten Taucher immer jünger, so dass inzwischen Kinder ab acht Jahren im flachen Wasser in Inselnähe nach Tintenfischen tauchen. Diese Beschäftigung ist keineswegs spielerischer Art: Eine Zwischenhändlerin auf Ogobsucum gab im Jahr 1994 an, sie beschäftige 50 Kinder für sich, die wiederum aufgrund ihrer Beschäftigung der Schule fernbleiben. Ebenfalls problematisch ist die Verschuldung vieler Taucher, die sich aus der Abhängigkeit von den Zwischenhändlern nicht lösen können. Organisationen in Kooperativen ähnlich derer des Fischfangs oder der *mola*-Produktion gibt es bisher nicht.

Befragt nach der Veränderung der Langustenbestände, waren die meisten befragten Taucher und Autoritäten der Ansicht, dass die Bestände erheblich zurückgegangen sind, wie auch in der Literatur bestätigt wird (VENTOCILLA et al. 1995a; CHAPIN 1995). Zu beobachten ist dieser Rückgang der Bestände erst seit den 1990er Jahren, so berichtet ein ehemaliger Taucher auf Tikantikki:. „In den 1970er Jahren konnte ich in einer Stunde manchmal 50 Langusten fangen". Dabei erinnern sich nicht nur viele ältere Menschen, sondern auch Personen mittleren Alters (zwischen 35 und 55 Jahren) noch an den Langustenreichtum ihrer Jugend:

„Damals brauchte man nur hier in der Nähe der Insel auf ein Riff zu gehen und konnte ein paar Langusten für die Familie einsammeln, so hatten wir oft welche zu essen." (Befragter auf Tikantikki, ca. 50 Jahre alt).

Heute hingegen sind die Tiere in der Umgebung der Inseln nur noch sehr selten zu finden, und die Taucher müssen größere Strecken zurücklegen, um geeignete Riffe aufzusuchen. Zugleich müssen sie zunehmend in größere Tiefen vordringen, und sie finden immer kleinere Exemplare, so dass sich aus der zunehmenden Knappheit der Ressource unmittelbare Folgen für die Arbeitsabläufe ergeben. Außerdem entstehen höhere Treibstoffkosten, und das häufigere Tauchen in größere Tiefen erhöht die Gesundheitsgefahren. Obwohl die Kuna für ihre Fähigkeiten im Apnoe-Tauchen berühmt sind und auch auf anderen Inseln in Panama beschäftigt werden, klagen die befragten Taucher über die körperliche Belastung, die sich zum Beispiel in Ohreninfektionen oder Ohrenschäden äußert. Unfälle mit Hammer- und Tigerhaien geschehen zwar selten, stellen aber eine wahrgenommene Gefährdung dar; auch soll es Fälle geben, in denen kolumbianische Haifischfangboote auf dem offenen Meer große Mengen Blut zum Anlocken der Haie verteilen, was wiederum zu Haiangriffen auf Kuna-Taucher führen soll. Um den Gefahren des Tauchens gegenüberzutreten, nehmen daher nach den Aussagen von nicht am Langustenfang beteiligten Kuna viele Taucher Drogen (v. a. Marihuana) vor oder während der Arbeit.

Während in wissenschaftlichen Publikationen Mitte der 1990er Jahre noch von einem dramatischen Rückgang der Bestände berichtet wird, der unmittelbar auf die kommerzielle Nutzung zurückgeführt wird, sind die neuere Studien über die Situation der Populationen von Biologen des Smithsonian Tropical Research Institute (STRI) CASTILLO & LESSIOS (2001) sowie von SPADAFORA (1999) vorsichtiger in ihrer Einschätzung. So ist letztere der Ansicht, die abnehmenden Größen der gefangenen Individuen lasse zwar eine Wachstumsüberfischung vermuten, bei der eine große Zahl der einzelnen Individuen vor Erreichen der Geschlechtsreife abgefischt werden, so dass die Reproduktion der Bestände gefährdet wird. Eine irreversible Reduktion der Populationen sei jedoch noch unwahrscheinlich. CASTILLO & LESSIOS (2001) halten die Gefährdung der Gesamtbestände nicht für bewiesen, da eine natürliche Schutzzone in Tiefen jenseits der 20 m gegeben ist, wo die Kuna-Taucher aufgrund mangelnder technischer Ausstattung nicht arbeiten können; diese ist jedoch für die Reproduktion der Art von hoher Bedeutung. Zugleich weisen sie darauf hin, dass die Praxis, nur am Tage zu tauchen, ebenfalls die Bestände schützt. Trotz dieser in den beiden Studien eher zurückhaltenden Einschätzungen kann insgesamt davon ausgegangen werden, dass die Bestände zwar noch nicht eindeutig als überfischt eingestuft werden können, sich aber Tendenzen in diese Richtung zeigen. Die FAO (2002) hält hingegen die Überfischung der Populationen in Kuna Yala für höchst wahrscheinlich. Problematisch ist dabei neben der Befischung von Jungtieren der Fang von laichtragenden Tieren, was bei den eigenen Feldforschungen beobachtet werden konnte und von SPADAFORA (1999) und CASTILLO & LESSIOS (2001) bestätigt wird. Obwohl die Zwischenhändler Tiere mit sichtbarem Laich nicht annehmen, verhindert dies deren Nutzung nicht, da die Taucher vor dem Verkauf den Laich entfernen.

Die befragten Kuna äußerten als Ursache für die aus ihrer Sicht abnehmenden Bestände in erster Linie die Überfischung. Häufig erfolgte eine direkte Schuldzuweisung an die Taucher, und die Kommerzialisierung der Ressource wurde als Grund für die Übernutzung genannt. Es gibt aber neben der intensiven Nutzung der Bestände noch weitere Faktoren, die einen negativen Einfluss auf die Populationen haben. Zu nennen sind dabei auch hier – ähnlich wie im Fischfang – vor allem die Zerstörung von Korallenriffen zur Gewinnung von Baumaterial, da Korallenriffe Hauptlebensraum von *Panulirus argus* sind. So vermutet Castillo (mündl. Auskunft 2000), dass das Verschwinden der Langusten aus der näheren Umgebung der besiedelten Inseln und das heute vor allem auf die Cayos Mauki beschränkte Vorkommen darauf zurückzuführen seien, dass dort bisher kein Korallenabbau stattfindet, während die Riffe in Siedlungsnähe größtenteils beschädigt sind. Auch die Abholzung von Mangroven ist schädlich für die Bestände, da dort die Jungtiere ihr Jugendstadium verbringen. Als weitere negative Einflüsse sind die Meeresverschmutzung und überregionale Überfischung zu nennen, da Langusten im Larvenstadium große Entfernungen zurücklegen (RICHARDS & BOHNSACK 1992).

Betrachtet man den Druck auf die Ressource Languste, so lässt sich insgesamt feststellen, dass dieser in den letzten Jahrzehnten stetig zugenommen hat. Die Preissteigerung um 400 % seit den 1960er Jahren, die verbesserten Absatzmöglichkeiten durch die Vermarktungsstrukturen und die Infrastruktur der Flugpisten erlaubten eine stetige Intensivierung. Indirekt trägt der kulturelle Wandel zur zunehmenden Verbreitung dieser Nutzungsform bei und ist mit dieser verknüpft, da die Vermarktung natürlicher Ressourcen entgegen traditioneller gesellschaftlicher Ideale an Bedeutung gewinnt. Zugleich machen veränderte Wirtschaftsmuster bei steigenden Ansprüchen an materielle Güter monetäre Einkünfte immer wichtiger in der Gesellschaft, Beschäftigungsalternativen existieren jedoch kaum. Auch ökologische Faktoren spielen für die räumliche Ausdehnung der Nutzung eine Rolle: So führt die lokale Überfischung und die Zerstörung von Korallenriffen zur Konzentration auf die verbleibenden gesunden Habitate. Andererseits gibt es auch hier Faktoren, die auf den Nutzungsdruck verringernd wirken. Darunter ist, analog zum Fischfang, die Abwanderung in urbane Räume nennen, wobei allerdings die Hypothese denkbar ist, dass Langustentaucher aufgrund ihres Einkommens in der Region seltener abwandern (was jedoch nicht empirisch nachgewiesen werden konnte). Zugleich beobachten Mitarbeiter von NRO und dem Congreso General, dass der Drogenhandel teilweise den Langustenfang substituiert. Der zweifellos wichtigste Faktor, der den Druck auf Langustenbestände reduziert, ist die dreimonatige Schonzeit, während der nach einem Beschluss des Congreso General von 1999 der gesamte Langustenhandel und -fang mit wenigen Ausnahmen verboten ist (siehe Kapitel 4.4).

4.3.4 Die Zerstörung der Korallenriffe: Nutzung von Korallen als Baumaterial im Kontext der Übervölkerung

Neben dem Fang lebender Ressourcen liefert das Meer den Kuna einen weiteren wichtigen Rohstoff in Form von Korallenblöcken als Baumaterial. Der Abbau von Korallen hat eine dynamische Entwicklung erfahren, die parallel zur Bevölkerungsentwicklung vonstatten ging. Wie zu zeigen sein wird, spielen aber auch noch andere Faktoren für die Nutzung eine Rolle. Aufgrund der von Wissenschaftlern als katastrophal angesehenen ökologischen Auswirkungen dieser Praxis hat der Korallenabbau vielfältige Konsequenzen für das Leben und Wirtschaften der Kuna auf den kleinen Korallinseln und stellt insbesondere für das zukünftige Überleben in Kuna Yala eine Gefährdung dar. Daher wird im Folgenden auch zu untersuchen sein, welche Faktoren den Druck auf die Ressource Korallen bewirken oder verstärken und aus welchen Gründen bisher keine Alternativen zu dieser Nutzungsform existieren.

Die Verwendung von Korallen erfolgt in Kuna Yala fast ausschließlich als Material zur Aufschüttung neuer Flächen auf den Inseln oder am Festland. Aufgrund der Flächenknappheit auf den besiedelten Inseln wird auf diese Weise ständig Neuland zur Bebauung gewonnen, und am Festland werden Flächen künstlich erhöht, um dort Flugpisten bauen zu können. Es lassen sich dabei zweierlei Nutzungstypen unterscheiden: Zum einen werden von den *comunidades* größere Gemeinschaftsprojekte wie Sportplätze, Schulen, touristische Einrichtungen oder Landebahnen realisiert, wofür große Mengen Füllmaterial vonnöten sind. Dieses Material, vorwiegend Korallenblöcke, wird in kollektiver Arbeit heran transportiert und zum Verfüllen und Befestigen verwendet, z.B. auf Sandstrand, in Mangroven oder – in den meisten Fällen – zur Aufschüttung auf dem Meeresboden, bis trocken liegende Flächen entstehen. Auch zum Bau von Molen werden Korallenblöcke zum Teil eingesetzt. Die zweite Nutzungsform findet auf Ebene der einzelnen Haushalte oder Großfamilien statt, die auf Ufergrundstücken der Inseln siedeln und ihre Grundstücksfläche durch Aufschüttungen meerwärts stetig ausdehnen. Dabei erfolgt die Aufschüttungstätigkeit durch die Familie in einem konstanten, sich über Jahre oder Jahrzehnte erstreckenden Prozess. Auch künstliche Inseln für den Bau von Wohnhäusern entstehen auf diese Weise (Abb. 13).

Das Vorgehen zur Gewinnung von Korallenblöcken ist dabei technisch einfach: Die Kuna brechen in Handarbeit Blöcke aus den Riffen und transportieren diese im Einbaum zur Insel, wo sie zum Trocknen ausgelegt werden. Anschließend werden im Wasser Gerüste aus Holzstäben oder Mauern aus Korallen errichtet und die Zwischenräume allmählich verfüllt. Neben Korallen kommen dabei auch größere Steine, Kies und Sand vom Festland, Holz oder Abfälle zum Einsatz, bis eine schließlich über dem Meeresspiegel liegende Fläche entstanden ist. Diese *rellenos* (span. für Auffüllung) entstehen je nach Wassertiefe und Intensität des Arbeitseinsatzes in unterschiedlichem Ausmaß in fast allen

Abb. 13: Künstliche Insel aus aufgeschütteten Korallenblöcken
Quelle: Eigene Aufnahme

Inseldörfern (eigene Interviews). Daher weisen diese heute meist eine unregelmäßige, von eckigen Vorsprüngen gekennzeichnete Uferlinie auf, an der sich die unterschiedlich intensiven Landgewinnungsbemühungen ablesen lassen.

Die Ursachen für die – aus der Sicht der Bevölkerung bestehende – Notwendigkeit der Flächenerweiterung durch Aufschüttung lassen sich in eine demographische und eine soziale Komponente unterteilen. Zunächst scheint die Aufschüttungspraxis unmittelbar mit der Bevölkerungsentwicklung auf den nur wenige Hektar großen Inseln zusammen zu hängen. Insgesamt hat sich die Bevölkerungszahl im 20. Jahrhundert verdreifacht, so dass die kleinen Koralleninseln der wachsenden Anzahl von Menschen nicht ausreichend Siedlungsfläche boten. Allerdings widerspricht dieser These, dass schon vor Eintreten der Dichteproblematik die Anlage von Aufschüttungen aus Korallenblöcken einsetzte. Ob die Annahme mancher Autoren zutrifft, dass die Kuna bereits mit Beginn der Umsiedlung auf die Inseln mit dieser Praxis begannen, lässt sich nicht feststellen (vgl. TICE 1995). Mindestens ab den 1930er Jahren jedoch gibt es Hinweise auf diese Nutzung, so bei NORDENSKIÖLD (1938) und STOUT (1947). Obwohl zur dieser Zeit noch ausreichend Siedlungsfläche auf den Inseln zur Verfügung stand, wie Fotos aus den 1930er Jahren zeigen, war die Landgewinnung durch Korallenaufschüttung bereits üblich. Auf der Insel Tikantikki war 1970 noch ein Drittel der Inselfläche von einem Palmenhain bestanden, und trotzdem wurden bereits *rellenos* angelegt (HOWE 1974). Auch bei Ustupu / Ogobsucum mit einer ausgeprägten Bevölkerungsdichte sind mehrere umgebende Inseln bis heute unbesiedelt und werden als Kokospflanzungen genutzt, obwohl sie der Siedlungsausdehnung hätten dienen können. Eine Neugründung von Siedlungen beispielsweise auf dem Festland oder unbesiedelten Inseln erfolgte mit wenigen Ausnahmen, wie Tikantikki und der Festlandsiedlung Cangandi, im 20. Jahrhundert nicht. Vielmehr erfuhren die bestehenden Siedlungen einen stetigen Verdichtungsprozess.

Es stellt sich demnach die Frage, weshalb keine Besiedlung der durchaus vorhandenen Freiflächen auf Inseln oder dem über 200 km langen Küstenstreifen erfolgte, der bis auf vier Siedlungen unbebaut ist. Auch die Existenz von Häuserruinen und kleinen Freiflächen, die durch die Abwanderung frei werden, überrascht zunächst angesichts der zugleich betriebenen Landgewinnungsmaßnahmen. Zur Erklärung dieses Widerspruchs müssen kulturelle und soziale Aspekte Berücksichtigung finden. Die Anlage von *rellenos* spiegelt nach HOWE (1974) den Umgang der Kuna mit dem Raum wider, der von dem Streben nach Ordnung und Harmonie der Dinge geprägt ist, das wiederum in den kosmogonischen Mythen begründet ist. So beschrieb ein Befragter auf Cartí Sugdup die Aufschüttungspraxis als ein kulturelles Merkmal der Gesellschaft:

> „Hacer rellenos es nuestra cultura, es la vida del Kuna."
> („Aufschüttungen anzulegen ist unsere Kultur, es ist das Leben des Kuna",
> Übers. der Verf.).

Obwohl die Anlage von *rellenos* aufgrund der Siedlungsgeschichte kaum älter als 100 bis maximal 150 Jahre sein kann, wird sie als „traditionell" und als Teil der Kultur wahrgenommen. Zugleich spielt der soziale Zusammenhalt in der Dorfgemeinschaft eine so wichtige Rolle, dass keine Bereitschaft zur Umsiedlung auf das Festland besteht. Eine weitere häufig genannte Begründung für die mangelnde Bereitschaft zur Umsiedlung betrifft die gesundheitlichen, klimatischen und allgemeinen Lebensbedingungen auf den Inseln, denn das Leben auf den Koralleninseln wird trotz der vorherrschenden Enge von den Befragten als schön wahrgenommen. Dabei wurden neben dem landschaftlichen Aspekt vor allem die günstigeren klimatischen Faktoren, das Fehlen von Schlangen sowie die geringere Malariagefahr als Vorteile gegenüber dem Leben auf dem Festland genannt.

Für die Erklärung der Nicht-Nutzung von Freiflächen auf den Inseln sind auch die Besitzverhältnisse von Bedeutung. Letztere führen dazu, dass die unbesiedelten Inseln zur Kokoszucht durch die Eigentümer-Familien genutzt werden, nicht jedoch zur Anlage neuer Siedlungen zur Verfügung stehen. Gleiches gilt für Inseln, auf denen neben der Siedlung ein Kokoshain besteht, wie auf Mamitupu. Diese Insel weist auf einem Teil der Fläche eine Pflanzung mit Kokospalmen auf, obwohl der Siedlungsteil von hoher Bebauungsdichte bestimmt ist und Landgewinnungsmaßnahmen betrieben werden. Auch die Abwanderung führt nicht zur einer Entlastung der Siedlungen, da die frei werdenden Flächen zunächst im Besitz der Großfamilie bleiben und nicht anderweitig genutzt werden können. Meist ergreifen die *sailas* erst nach Jahren der Brache die Initiative, um eine Umnutzung der Flächen zu erreichen. Dies setzt jedoch das Einverständnis der Emigrierten voraus, das häufig ausbleibt, da sich die Abgewanderten nicht zur permanenten Migration entscheiden, sondern die Option auf Rückkehr offen halten wollen.

Die Ausmaße, die der Raummangel und die Besiedlungsdichte auf den Inseln erreicht hat, verdeutlicht Tabelle 6. Dabei wurden auf der Basis der Bevölkerungsdaten von 2000 und eigenen Schätzungen der Inselflächen Bevölkerungsdichtezahlen errechnet, um die Problematik der lokal extrem hohen Siedlungsdichte zu verdeutlichen und einen Vergleich auf Comarca-Ebene zu ermöglichen. Allerdings sind diese Angaben der Dichte kaum dazu geeignet, Vergleiche zu anderen Regionen zu ziehen, da der Wirtschaftsraum der Kuna (Festland und unbesiedelte Inseln) unberücksichtigt bleibt.

Tab. 6: Einwohnerzahlen, Flächengröße und Bevölkerungsdichte auf ausgewählten Inseln Kuna Yalas (Reihenfolge der Inseln nach räumlicher Anordnung von Westen nach Osten, durch Schrägstrich sind auf einer Insel liegende *comunidades* getrennt)

Siedlung	Einwohner 1960	Einwohner 1990	Einwohner 1996	Einwohner 2000	Fläche in ha	Ew./km²
Wichub Uala	180	325	287	366	1,0	36.600
Coibita	45	67	88	82	0,16	51.250
Cartí Sugdup	760	916	996	970	2,5	38.800
Cuebdi / Río Azúcar	424	694	620	551	2	27.550
Corazón de Jesús	454	568	413	447	2,1	21.286
Narganá	678	1.108	942	1.007	9,8 [1]	10.276
Digir	671	836	938	755	10 [2]	7.550
Tikantikki	505	788	765	720	2,4	30.000
Ukupseni	1.178	2.047	1.898	1.886	3,7	50.973
Ailigandi	1.353	1.769	1.664	1.526	6	25.433
Achutupu	781	1.500	1.603	1.619	3,8	42.605
Mamitupu	635	1.108	1.141	1.174	3 [3]	39.133
Ustupu / Ogobsucum	2.367	4.049	4.363	3.583	8,5	42.153
Nusatupo	k. A.	50	k. A.	77	0,06	128.333

[1]: Davon ca. 7 ha besiedelt   [2]: Davon ca. 5,7 ha besiedelt   [3]: Davon ca. 2 ha besiedelt.

Quelle: Zensusdaten der Contraloría General de la República (1960, 1990 und 2000a), SIS (1996). Flächengrößen der Inseln geschätzt anhand von Kartenmaterial der Contraloría General de la República

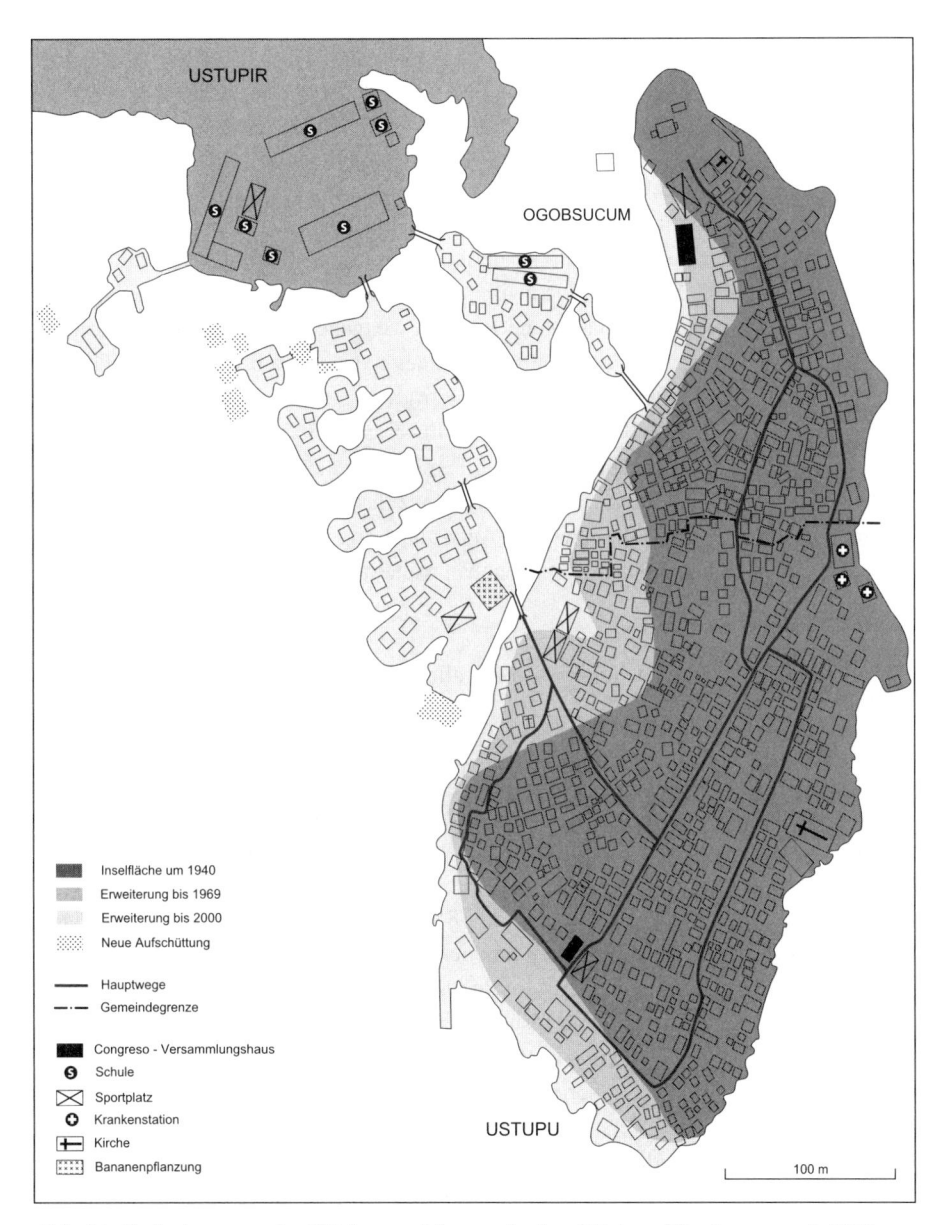

Das indigene Autonomiegebiet Comarca Kuna Yala, Panama 175

Abb. 14: Veränderungen der Flächenausdehnung der Insel Ustupu/Ogobsucum seit 1960
Quelle: Eigener Entwurf nach Kartierung und Schrägluftbildern aus verschiedenen Quellen

Für die Insel Ustupu/Ogobsucum kann anhand von Schrägluftbildern aus den Jahren 1940 und 1969 sowie eigenen Kartierungen (1994 und 2000) die Flächenausdehnung annäherungsweise rekonstruiert werden (siehe Abb. 14). So sind die gesamten, heute besiedelten Flächen zwischen den beiden großen Inseln Ustupu und Ustupir, die zum Teil in Abbildung 15 zu sehen sind, nach 1969 künstlich aufgeschüttet worden, um neue Siedlungsflächen für die auf ca. 3.583 Einwohner angewachsene Bevölkerung zu schaffen (Contraloría 2000). Ustupu/Ogobsucum weist dabei im Vergleich eine relativ hohe Dichte auf (40.000 Einwohner pro Quadratkilometer bei 8,5 ha), und ist zugleich die Insel mit der höchsten Einwohnerzahl in der Comarca. Der *saila* von Ustupu schätzt, dass heute sogar ein Drittel der gesamten Inselbevölkerung auf künstlich geschaffenen Flächen leben. Zugleich ergeben sich hier aus der Praxis der Landgewinnung die stärksten unmittelbaren Folgeprobleme für die Siedlung: Die zwischen den Inseln entstandene Lagune ist durch Abwässer und Mülleinträge belastet und zugleich weitgehend vom Frischwasserzufluss des Meeres abgeschnitten. So stellt sie aufgrund des stagnierenden Wassers eine Gesundheitsgefahr dar (eigene Interviews mit Medizinern), wie auch die zu beobachtenden toten Fische im veralgten, faulig riechenden Wasser illustrieren. Aufgrund dieser Situation sowie aufgrund der Flächenknappheit werden Familien, die am Rand der Lagune siedeln wollen, dazu verpflichtet, neue Aufschüttungen anzulegen, mit dem Ziel, langfristig die Lagune trocken zu legen (Interviews mit Autoritäten von Ustupu). Diese Regelung, die somit die Aufschüttung und den Korallenabbau weiter fördert, stellt aber bisher eine Ausnahme in der Comarca dar.

Über die Volumina der Gewinnung von Korallen und die Ausdehnung der Landgewinnungsmaßnahmen existieren erst seit 2003 quantitative Angaben, nachdem von GUZMÁN et al. (2002) und dem STRI eine erste flächendeckende Erhebung des Riffzustandes in Kuna Yala durchgeführt wurde. Dabei ergab ein Luftbildvergleich zwischen 1966 und 2001, dass mindestens 6,23 ha Inselfläche in diesem Zeitraum in der Region neu aufgeschüttet wurden. Zugleich lässt sich der Abbau von Korallen dieser Untersuchung zufolge in einer konservativen Schätzung auf 46.087 m³ beziffern. Allerdings halten die Autoren die Zahl noch für zu niedrig, da sie nur auf 38% der besiedelten Inseln bezogen wurde. Zugleich gestaltet sich die Berechnung schwierig, da das Volumen von der zu füllenden Wassertiefe abhängt, die bei manchen Inseln inzwischen 1 bis 2 m beträgt. Die Arbeiten von Guzmán und Co-Autoren sind bisher außer einem Artikel aus den 1970er Jahren (PORTER & PORTER 1973 in GUZMÁN et al. 2002) sowie OGDEN & OGDEN (1994) allerdings die einzigen speziellen Publikationen über den Korallenabbau in Kuna Yala. Es wurde daher in der eigenen Arbeit versucht, in Interviews von älteren Bewohnern Angaben über den ehemaligen Küstenverlauf zu erhalten, da die künstlichen Aufschüttungen nicht ohne weiteres im Gelände zu erkennen sind. Insbesondere dort, wo ältere *rellenos* bereits seit Jahrzehnten überbaut wurden und die ursprüngliche Küstenlinie erheblich überformten, ist dies oft nicht möglich. Während ältere Befragte (über 65 Jahre) sich noch an Sandstrände, Mangrovenbestände oder Palmenhaine auf den Inseln erinnern, existieren diese heute nicht mehr, und es bleiben aufgrund der Bebauungsdichte auf vielen Inseln neben einigen Hauptwegen nur noch schmale Korridore von weniger als einem Meter Breite.

Abb. 15: Teilweise besiedelte Aufschüttungsfläche zwischen Ustupu und Ustupir
Quelle: Eigene Aufnahme

Darüber, dass die Auswirkungen von Korallenabbruch auf die fragilen Ökosysteme der Riffe generell katastrophal sind, herrscht in der Fachliteratur weitgehend Einigkeit, obwohl noch diskutiert wird, welche Erholungschancen durch Abbruch degradierte Riffe haben. Auch die Zusammenhänge zwischen Fischpopulationen und Riffabbau sind bekannt (HODGSON 1997; vgl. BRYANT et al. 1998). So kann für Kuna Yala ebenfalls angenommen werden, dass der Riffabbau in erheblichem Maße zu dem von der Bevölkerung wahrgenommenen Fischrückgang beiträgt, wie Meeresbiologen des STRI bestätigen. Diese nennen die anthropogene Zerstörung der Riffe in Kuna Yala als Hauptursache für den Rückgang der Fischbestände, da der Großteil der genutzten Fischarten aus den Korallenriffen stammt. Bereits PORTER & PORTER wiesen 1973 (in STIER 1979) auf diesen Zusammenhang hin und warnten GUZMÁN et al. (2003) zufolge die Kuna-Autoritäten eindringlich vor den Konsequenzen des Riffabbaus, allerdings ohne Erfolg. OGDEN & OGDEN (1994) beschrieben nach vergleichenden Beobachtungen zwischen 1970/1971 und 1991 für den westlichen Teil der Comarca deutlich erkennbare Effekte des Korallenabbaus durch die Kuna in den Riffen: Dort waren die ehemals ausgedehnten Bestände von Geweihkorallen *(Acropora cervicornis)* und *Porites porites* bereits 1991 nur noch als Trümmerhalden vorhanden. Auch die Untersuchungen von GUZMÁN et al. (2002) ergaben, dass im Westteil des Gebietes die Korallenbestände von 60% auf 13% abgenommen haben.

Eine weitere negative Auswirkung der Aufschüttungspraxis ist die Reduzierung der wellenbrechenden Funktion der Riffe. Diese liegen zum Teil als Schutzbarrieren vor den besiedelten Inseln und spielen eine wichtige Rolle für Strömungsdynamik und Wellenhöhe, so dass sich ihre Zerstörung möglicherweise verheerend auf die Navigationsbedingungen für die Kuna auswirkt (vgl. GUZMÁN et al. 2002). Zugleich häufen sich die Überschwemmungsereignisse auf den nur wenige Dezimeter über dem Meeresspiegel liegenden Inseln aufgrund des Meeresspiegelanstiegs, auf manchen Inseln wie Ustupu/Ogobsucum bereits mit jährlicher Regelmäßigkeit. Diese Ereignisse werden durch den Riffabbau begünstigt, da auf diese Weise die Schutzwirkung der Riffe allmählich reduziert wird (elektron. Mitteilg. M. Dieguez 2000; La Prensa vom 28.10.2000). Ein gravierendes Überschwemmungsereignis trat im November 2006 ein, als nicht nur die Insel Cartí Sugdup nach einem schweren Sturm von Überschwemmungen betroffen war, sondern vor allem die Nachbarinsel Coibita vollständig überflutet wurde (vgl. Abb. 16 und 17). Die ca. 80 Einwohner dieser nur 0,16 Hektar großen Insel mussten evakuiert werden, und es stellt sich die Frage, ob die Insel weiterhin dauerhaft als Siedlungsfläche genutzt werden kann (La Prensa vom 24.11.2006). Insgesamt waren in der westlichen Region Kuna Yalas neben fast 100 zerstörten Häusern mehrere Todesfälle sowie Versorgungsprobleme mit Medikamenten und Nahrungsmitteln die Folge. Wissenschafter der Universität von

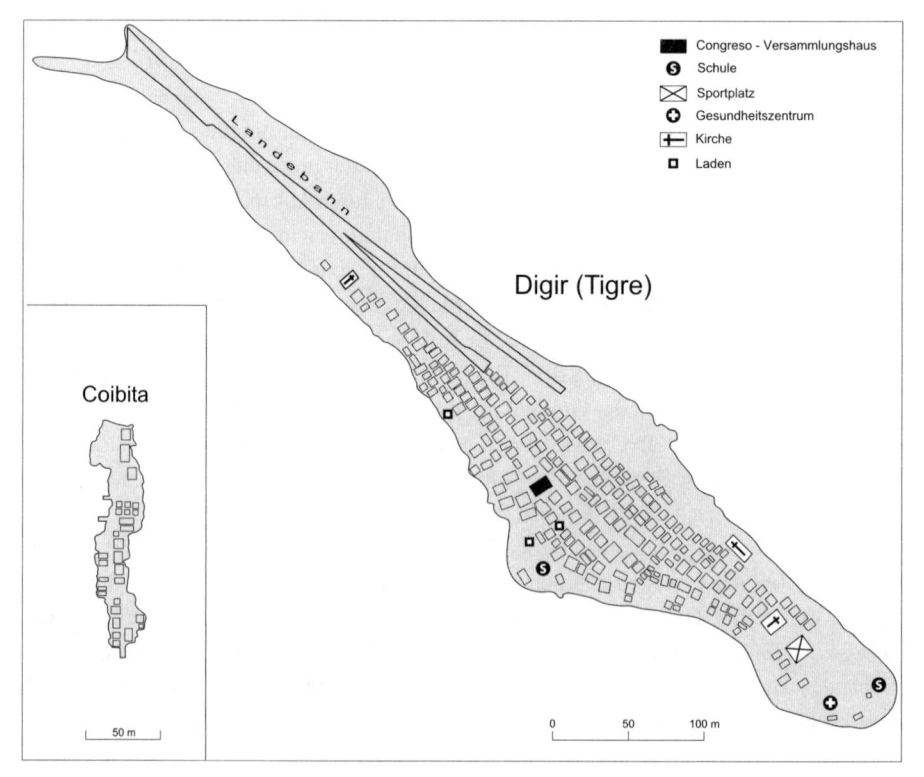

Abb. 16: Die Inseln Coibita und Digir
Quelle: Eigener Entwurf

Abb. 17: Die Insel Coibita mit 82 Einwohnern im Jahr 2000
Quelle: Eigene Aufnahme

Panama und des STRI sehen angesichts eines weiter steigenden Meeresspiegels für die Zukunft ohnehin die Siedlungen auf den Inseln langfristig als unhaltbar an (elektronische Mitteilung M. DIEGUEZ, Feb. 2000; eigene Interviews). Die zweite auf Abb. 16 verzeichnete Insel liegt weiter östlich als Coibita und weist zwar eine im Vergleich zu anderen Inseln geringere Bevölkerungsdichte auf, doch wird ein großer Teil der Insel von einer durch Aufschüttungen vergrößerten Fläche für die Flugpiste eingenommen.

Es bleibt festzuhalten, dass der Riffabbau nicht nur eine ökologische Degradation der hoch sensiblen und bedrohten Korallenriffe darstellt, die zugleich aufgrund ihrer Biodiversität als ökologisch wertvoll gelten. Vielmehr führt er auch zur unmittelbaren Gefährdung der Lebensgrundlagen der Bevölkerung, also den lebenden Ressourcen aus den Riffen, sowie dem physischen Lebensraum. Befragungen ergaben, dass die Zerstörung der Korallenriffe von den Kuna bisher insgesamt kaum als Problem wahrgenommen wird, mit Ausnahme weniger traditioneller Führer *(sailas)* und NRO-Mitarbeiter. Nach den negativen Aspekten der Bevölkerungsdichte und der Anlage von *rellenos* befragt, ergaben sich vielmehr andere Aspekte, die als Probleme perzipiert werden. So äußerten einige Kuna, ähnlich wie auch in den von ALVARADO (1995) durchgeführten Befragungen, ihr Missfallen an der Raumnot auf den Inseln. Auch wurden arbeitstechnische Probleme bei der Anlage neuer *relleno*-Flächen genannt, weil inzwischen kaum noch Korallenblöcke im flacheren Wasser zu finden sind, zugleich jedoch immer größere Materialmengen erforderlich werden, um ufernahe Bereiche von bis zu 2 m Tiefe aufzuschütten. Es sind größere Distanzen zurückzulegen („mit dem Außenbordmotor"), um geeignete Entnahmestellen zu finden, und auf manchen Inseln werden Korallenblöcke bereits gegen Geld gehandelt (vgl. VENTOCILLA et al. 1995a; eigene Befragungen).

Nur vereinzelt wurde vermutet, dass den Fischen ihr „Haus" fehlen könne, wenn Riffe abgebaut werden, und meist bezeichneten die Befragten die Korallen als *piedra* (Stein). Auch der *saila* von Ustupu war der Meinung, der Abbau von Korallen sei nicht schädlich für die Ökosysteme, da den Riffen nur „tote Steine", nicht aber lebende Korallen entnommen würden. Immerhin war zu beobachten, dass sich das Thema seit dem ersten Aufenthalt der Autorin 1994 zumindest innerhalb der NRO stärkerer Aufmerksamkeit erfreut (z. B. bei der Naturschutz-Organisation AEK/Pemasky, siehe Kap. 4.4), doch sind noch immer keine effektiven Lösungsansätze zur Siedlungsproblematik umgesetzt worden. Erforderlich wären dabei insbesondere die Steuerung der Siedlungsentwicklung und ein adäquates Flächenmanagement, denn Flächenreserven zur Besiedlung sind durchaus noch vorhanden, z. B. auf dem Festland.

Neben den hier genannten Aspekten des Korallenabbaus wirken noch einige weitere Faktoren negativ auf die Korallenriffe ein, die zum Teil von den Kuna selbst, zum Teil von anderen Nutzern oder von natürlichen Faktoren verursacht werden. Dabei sind mechanische Zerstörungen zu nennen, die vor allem durch Schiffsanker von Touristenyachten oder Kreuzfahrtschiffen entstehen. Über das Ausmaß der Ankerschäden liegen bisher für Kuna Yala keine Untersuchungen vor, jedoch ist aus anderen Regionen bekannt, dass nicht nur ausgeworfene Anker, sondern auch die mit der Strömung schleifenden Ankerketten gravierende Zerstörungen durch Abbruch von Korallen in Riffen sowie auch in Seegraswiesen anrichten können (VILES & SPENCER 1995). Weiterhin bewirken Touristen auch als Riffwanderer oder Schnorchler Schäden (WELLS 1995), allerdings sind diese aufgrund der lokal begrenzten Wirkung eher zu vernachlässigen. Auch die vermehrte Sedimentation aufgrund von Abholzungsprozessen ist ein Faktor, der zu Schäden an Korallenriffen führen kann, in Kuna Yala jedoch nur eine verhältnismäßig geringe Rolle zu spielen scheint.

Als ein allerdings gravierenderes Problem, das von der Bevölkerung verursacht wird, sind die Einträge von Müll, Fäkalien und sonstigen Stoffen in die marine Umwelt zu nennen, also die Nutzung des Meeres als Entsorgungsraum. Bis auf zwei Diplomarbeiten, in denen dieses Thema angeschnitten wird (SANDNER 1997 und FORICHON 2002), existieren jedoch bisher keine Studien dazu. Nachdem die traditionelle Entsorgungspraxis von Müll an den Ufern der Inseln wenig problematisch war, solange nur zersetzbare, natürliche Stoffe anfielen, hat sich dies durch den Wandel der Konsummuster verändert. Heute sind vermehrt nicht oder nur langsam zersetzbare Reststoffe zu entsorgen, wobei vor allem Dosen und Plastikverpackungen zu nennen sind, aber auch Batterien (bis hin zu Autobatterien für den Betrieb von Kühlschränken).

Abb. 18: Müll in der Uferzone der Insel Ustupu/Ogobsucum
Quelle: Eigene Aufnahme

Die Folge sind nicht nur Ansammlungen von Abfallstoffen in den Uferzonen (vgl. Abb. 18), sondern auch auf dem Meeresboden in Inselnähe. Dort finden sich neben einzelnen Konzentrationen von Abfällen auch Zonen mit einer flächigen Bedeckung durch Getränkedosen, Metall- und Kunststoffteile. Zusätzliche Einträge erfolgen durch Fäkalien (Latrinen und Schweineställe) in der Uferzone, so dass sich eine Konzentration von Entsorgungsfunktionen und Korallenaufschüttung dort feststellen lässt. Obwohl die Müllbelastung bereits mindestens seit Beginn der 1990er Jahre deutlich sichtbar ist, hat sich jedoch bisher kaum ein Bewusstsein für diese Problematik entwickelt, und Lösungsansätze existieren bisher kaum (vgl. Kapitel 4.4).

Neben den lokal verursachten Problemen verstärken überregional wirksame und zum Teil auch natürliche Phänomene die Degradierung der marinen Ökosysteme. So erfuhren die Riffe Kuna Yalas in den 1980er Jahren mehrere tief greifende Störungen, vor allem durch das Massensterben des Seeigels *Diadema antillarum*, das zur Zunahme von Algen führte, sowie durch Korallenkrankheiten und *coral-bleaching-events* von 1982 bis 1983 (vgl. SHULMAN & ROBERTSON 1996). Zusammenfassend lässt sich festhalten, dass die Korallenriffe in der Comarca Kuna Yala durch mehrere Arten von anthropogenen Einwirkungen Schädigungen erfahren. Dabei ist in erster Linie die Praxis des Korallenabbruchs als Baumaterial zu nennen, der im Kontext der Übervölkerung, sowie sozialer und kultureller Faktoren zu sehen ist. Daneben stehen die Korallenriffe aber auch unter dem Einfluss von mechanischen Zerstörungen, Schadstoffeinträgen durch die lokale Entsorgungspraxis sowie Überfischung. Die natürlichen bzw. großräumigen Faktoren wirken als verstärkende Belastungen, so dass insgesamt eine Situation entsteht, in der der Zustand der Korallenriffe Kuna Yalas widersprüchlich beurteilt wird. Einerseits zeigen die hier beschriebenen Prozesse der anthropogenen Zerstörung und die Beobachtungen der Korallenbestände einen deutlichen Rückgang und eine Degradation dieser Ökosysteme an. Andererseits gelten die Riffe Kuna Yalas noch immer als ökologisch höchst wertvoll und im Vergleich zu anderen Regionen insgesamt als verhältnismäßig gut erhalten (eigene Interviews mit STRI-Mitarbeitern).

Abschließend lassen sich zusammenfassend für die in Kapitel 4.3 behandelten Nutzungsformen mariner Ressourcen vier zentrale Punkte festhalten:

- Es sind zum Teil erhebliche Degradationserscheinungen an marinen Ökosystemen festzustellen oder nach den Beobachtungen der Fischer anzunehmen. Dabei gibt es kaum noch aktuell genutzte Ressourcen, die nicht von Übernutzung betroffen sind.
- Nicht allein kommerzielle Ressourcen zeigen Übernutzungserscheinungen, sondern auch die bisher kaum oder nicht vermarkteten Fischarten sowie Korallen (aufgrund der Nutzung als Baumaterial).
- Externe Nutzer spielen dabei praktisch keine Rolle, da fast ausnahmslos Kuna-Fischer in der Region tätig sind. Nur bei der Vermarktung von Langusten und anderen Meeresfrüchten treten externe Akteure als Händler auf.
- Die Folgen der Übernutzung und Degradation äußern sich bereits in für die Bevölkerung erfahrbaren Dimensionen in der Fischerei (erhöhter Aufwand, geringe Individuengrößen, erhöhtes Risiko, lokales Fehlen bestimmter Arten).
- Für die Zukunft sind aufgrund abnehmender Ressourcenbestände und Zerstörung von Riffen die weitere Schwächung der Proteinversorgung, erhöhte Abhängigkeiten von monetären Einkünften zur Kompensation ausbleibender Fänge, Verschiebungen in der Beschäftigungsstruktur sowie eine erhöhte Gefährdung des Lebens auf den Koralleninseln im Zuge der Meeresspiegelerhöhung und Riffzerstörung zu erwarten.

Die hier zusammengefasste Entwicklung bedeutet – wenn sich die Trends fortsetzen oder verstärken – langfristig für die Bevölkerung Kuna Yalas eine konkrete Gefährdung der Ressourcenbasis, da die marinen Organismen einen wichtigen Beitrag zur Lebensmittelversorgung einerseits sowie zur Generierung monetärer Einkünfte andererseits leisten. Angesichts dieser Problematik stellt sich die Frage, in wiefern indigene bzw. moderne Managementinstrumente in Kuna Yala vorhanden sind und aus welchen Gründen sie offensichtlich nicht dazu geeignet sind, die Degradation der Ökosysteme effektiv zu verhindern. Daher sollen im folgenden Abschnitt die in der Region vorhandenen Institutionen, die marine Ressourcen direkt oder indirekt betreffen, in ihrer Entwicklung und Wirksamkeit untersucht werden.

4.4 Tabus, Gesetze und neue Paradigmen: Marine Ressourcennutzung im institutionellen Wandel

„The Kuna Indians: Safeguarding the Resources"; „a form of ‚sustained coastal governance'" (HINRICHSEN 1998, S. xxi u. xxiii).

„Los Kuna, somos muy amantes de los arrecifes."
(Sinngemäß: „Wir, die Kuna, lieben die Riffe." Amtierender *secretario* des Congreso General, eigenes Interview, Übers. der Verf.).

„mismanagement of resources"; „traditional practices,[...] have disrupted marine ecosystems" (GUZMÁN et al. 2003, S. 1396 u. 1397).

„Dios ha dicho que el mundo es viejo, ya no se produce, llegamos al fin del tiempo." („Gott hat gesagt, dass die Welt alt ist, sie produziert nichts mehr, wir nähern uns dem Ende der Zeiten."
Saila de León Kantule, eigenes Interview, Übers. der Verf.).

„It is the Kuna who continue to steal eggs from the dwindling numbers of turtles intent on reproducing; it is the Kuna who loot the coral reefs with their spear guns and turn them into submarine deserts; it is the Kuna who are neglecting their traditional responsibilities of caring for the Mother and all of her creatures."
(CHAPIN 1995, S. 118).

„[...] a perverse alliance between insiders and outsiders that makes cash-hungry Kuna the agents of foreign economic interests." (HOWE 1995, S. x).

Die ausgewählten Zitate werfen ein Schlaglicht auf unterschiedliche Deutungen des Ressourcenmanagements in Kuna Yala. Während einerseits externe Beobachter wie HINRICHSEN (1998) den Kuna als nachahmenswertes Beispiel für nachhaltige Nutzungsformen des Meeres eine Vorbildfunktion zuschreiben, sehen Autoren, die seit Jahrzehnten in der Region forschen, heutige Muster der Ressourcennutzung und deren mangelnde Regulierung sehr kritisch. So weisen HOWE (1995), CHAPIN (1995) und VENTOCILLA (1995) mit Co-Autoren in ihren Arbeiten seit den 1990er Jahren auf die Probleme der Ressourcennutzung hin und regen in Kommunikation mit den lokalen Autoritäten, NRO und Kuna-Wissenschaftlern zur Diskussion über diese Probleme in der Region an. Dabei wird betont, dass es nicht die externe, westliche Gesellschaft ist, die als Hauptverursacher für die Degradation von Ökosystemen sowie den allgemeinen gesellschaftlichen Wandel in Kuna Yala gelten kann, sondern dass es Kuna-Akteure sind, die sich an der Vermarktung und ungebremsten Ausbeutung von Ressourcen beteiligen und die Riffe zerstören. Zum

Teil wird diese Position auch von Vertretern der Kuna-Organisationen, wie AEK/Pemasky oder Duiren, von Mitarbeitern und *caciques* des Congreso General oder von lokalen *sailas* vertreten. Demgegenüber steht eine Selbstsicht der Indigenen als „natürliche Naturschützer", die in Interviews mit vielen Fischern und Tauchern, teils aber auch mit Mitarbeitern von NRO oder verantwortlichen Autoritäten zum Ausdruck kommt. Aus dieser Perspektive wird das harmonische, als traditionell indigen begriffene und spirituell begründete Konzept der Einheit von Mensch und Natur sowie das darauf basierende Paradigma des schonenden Umgangs mit Mutter Erde nicht in seiner Umsetzung in der aktuellen Nutzung der natürlichen Umwelt hinterfragt. Vielmehr verstellt diese Sichtweise den Blick auf die von der Gesellschaft verursachten Ressourcenprobleme, deren Lösung dadurch blockiert wird.

Generell wird die Meeresnutzung in der Literatur über Kuna Yala nicht als traditionelles Ressourcenmanagement-System beschrieben, wie beispielsweise für Gesellschaften pazifischer Inseln mit ihren zusammenhängenden Komplexen von Nutzungsregeln (vgl. Kap. 2.6). Lediglich in Bezug auf terrestrische Ressourcen werden der Gesellschaft der Kuna Elemente eines traditionellen Managements attestiert, die im einzelnen von CASTILLO (2001) oder VENTOCILLA (1993) diskutiert werden. Für Meeresressourcen hingegen konstatiert HASBROUCK (1985) in seiner Arbeit über Fischerei in Kuna Yala ausdrücklich, dass nicht von einem Management der Nutzung oder einer allgemeinen *conservation ethic* ausgegangen werden kann. Er führt als Beleg dafür das Fehlen von nutzungsbegrenzenden Instrumenten an, wie z.B. der Limitierung von Körpergrößen und Schutzzonen, wie sie aus anderen Regionen bekannt sind. Die in der vorliegenden Arbeit unter 4.4.1 beschriebenen Nutzungsregelungen zeigen jedoch, dass sich durchaus eine Reihe verschiedener traditioneller institutioneller Regelungen finden lassen, die einen steuernden Einfluss auf die Nutzung haben oder in früheren Zeiten hatten und insofern als marine Umweltinstitutionen anzusehen sind. Inwiefern diese Institutionen effektiv zur Steuerung der Nutzung beitragen, ist im Einzelfall zu überprüfen.

Zur Systematisierung dieser Institutionen ist dabei eine Unterscheidung der Regelungen nach dem Grad ihrer Formalität kaum sinnvoll operationalisierbar, wie oben bereits dargelegt wurde. Auch der Zweck und die Zielgerichtetheit der Evolution von Nutzungsregelungen sollen hier nicht näher betrachtet werden, da diese Aspekte sich im Rahmen der Studie nicht untersuchen ließen und sie zugleich generell Gegenstand kontroverser anthropologisch-ethnologischer Debatten sind (vgl. Kap. 2.6). Daher wird hier eine Differenzierung vorgenommen, die sich neben der Traditionalität der Institutionen, also einer zeitlichen Dimension, vor allem am Begründungszusammenhang und der institutionellen Form (z.B. der Art von Sanktionen) orientiert. So ergibt sich eine Unterscheidung zwischen den älteren, überlieferten und meist spirituell-mythologisch verankerten oder sozial begründeten Handlungsnormen einerseits gegenüber neueren, verschriftlichten Normen in Form von Gesetzen und neueren Organisationsformen andererseits. Zugleich kann bei den traditionellen ebenso wie bei neo-traditionellen Institutionen nach dem Bezug zu den einzelnen marinen Ressourcen differenziert werden, also nach direkt auf einzelne Tierarten oder Ökosysteme bezogenen Strukturen und solchen, die nicht unmittelbar mit der Entnahme der Ressourcen in Zusammenhang stehen, diese jedoch beeinflussen.

4.4.1 Traditionelle Institutionen: Nutzungstabus und andere soziale Regeln der Meeresnutzung

Zunächst sollen traditionelle Regelungen der Ressourcennutzung behandelt werden, die auf einem mythologisch-spirituellen Fundament fußen und heute noch feststellbar sind. Da solche Institutionen zum Teil von den Fischern nicht als Regeln wahrgenommen werden oder aus anderen Gründen trotz gezielter Nachfragen nicht erwähnt werden, erschließen diese sich erst allmählich im Forschungsprozess. Besonders schwierig gestaltete sich die Untersuchung der heiligen Meeresschutzzonen, zu denen deshalb gezielt fünf spirituelle Experten (zwei *sailas* und die drei amtierenden Generalcaciquen) sowie zehn weitere Personen befragt wurden, die zum Teil über spezielle Kenntnisse der Mythologie verfügen. Da bisher in der Literatur über Kuna Yala keine systematische Auflistung der traditionellen Institutionen der Meeresnutzung existiert und hier ein erster Versuch dazu unternommen wird, kann kein Anspruch auf Vollständigkeit der verzeichneten Regelungen erhoben werden.

Zunächst lässt sich eine Differenzierung nach dem Bezug zur genutzten Ressource in eine Gruppe von vier unterschiedlichen Arten institutioneller Regelungen der Meeresnutzung mit unmittelbarem Bezug zu Ressourcen und Ökosystemen vornehmen (vgl. Tab. 7): Unter den Regelungen mit unmittelbarem Bezug zur Ressource sind artenspezifische Nutzungsverbote und Regeln mit räumlichem Bezug einzuordnen (A). Daneben existieren soziale Normen der Distribution (B), sowie weitere, indirekt auf die Ressourcennutzung einwirkende Aspekte wie Arbeitsanordnungen zur Gemeinschaftsarbeit durch lokale Autoritäten (C) sowie generell Prinzipien des Wirtschaftens (D).

Zur ersten Gruppe der Regelungen, die sich unmittelbar auf die Nutzung einzelner Tierarten beziehen, gehören die artenspezifischen Tabus (A). In Kuna Yala sind verschiedene marine Organismen mit solchen Verboten belegt, wie Tab. 7 zeigt. Dabei muss zwischen Speiseverboten und generellen Nutzungstabus unterschieden werden, denn manche Tiere sind nicht nur als Nahrungsmittel ausgeschlossen, sondern unterliegen zugleich einem Tötungsverbot. Beides wird unter dem Begriff *ise* zusammengefasst. Es zeigt sich, dass vor allem solche Tiere mit Tabus belegt sind, die morphologische oder andere Anomalitäten, z. B. des Verhaltens, aufweisen. Arten mit solchen Qualitäten sind in vielen Kulturen aufgrund ihrer Andersartigkeit von der Nutzung ausgenommen (vgl. DOUGLAS 1966). Dabei decken sich zum Teil die Arten aus anderen Regionen mit den in der Kultur der Kuna verbotenen Spezies, so bei Delphinen, Haien, Tintenfischen (vgl. COLDING &

Tab. 7: Traditionelle Institutionen zur Ressourcennutzung in Kuna Yala, differenziert nach Art des Bezuges zur Ressource

Art der Institution nach Bezug zur Ressource	
A: unmittelbar auf Ressource bezogen (Nutzungstabus) oder mit räumlichem Bezug	• Delphin, Muräne, Sägefische, Rochen, Haie, Tintenfisch • Karettschildkröte: Tötungstabu, Begrenzung der Entnahme von Eiern auf 50 % des Geleges, Schutz der Eiablagestrände • kleinräumige Schutzzonen mit spiritueller Begründung *(birya)* • kommunale Fischereizonen
B: auf Distribution bezogen	• Übernutzungs- und Vermarktungsverbot (spirituelle Vorschrift durch Gottheit *Paba*) • Reziprozitätsprinzip
C: indirekte Auswirkungen auf Ressourcennutzung	• Verordnung von Arbeitseinsätzen in alternativen Beschäftigungen durch lokale Autoritäten
D: generelle Prinzipien des Wirtschaftens	• genereller Respekt vor Mutter Erde und Ressourcen • Vermeidung der Produktion von Überschüssen

Quelle: Eigene Erhebung

FOLKE 1997) oder Meeresschildkröten (vgl. WOODROM-LUNA 2003). Die meisten Regelungen gelten in Kuna Yala generell, also nicht nur für eine bestimmte soziale Gruppe, wenngleich es einzelne Tabus gibt, die z. B. nur schwangere Frauen und deren Familien betreffen (vgl. CHAPIN 1997).

Die Begründungen, die von den befragten Kuna für die Tabus im Einzelnen gegeben wurden und zum Teil in der Literatur dokumentiert sind, spiegeln ebenfalls die Anomalität dieser Arten wider. So dürfen Tintenfische und aalförmige Tiere wie Muränen nicht verzehrt werden, da aufgrund ihrer Körperform unerwünschte Folgen für den Konsumenten zu befürchten sind (eigene Interviews). Genannt wurden unter anderem der Verlust der Fähigkeit, auf Kokospalmen zu klettern sowie Auswirkungen auf die Körperform eines von der Frau des Konsumenten erwarteten Kindes oder Komplikationen bei der Geburt. Bei anderen Tabus spezieller Arten gibt es umfangreiche mythologische Begründungen. So dürfen Haie zum einen deshalb weder getötet noch verzehrt werden, da ihre Gefährlichkeit sonst auf den Konsumenten übergehen würde oder die Fischer bei ihrer Tätigkeit in Gefahr durch wütende Artgenossen des getöteten Tieres gerieten. Zum anderen gilt der Hai den Mythen nach als ehemaliger Mensch, der in ein Tier verwandelt wurde (CHARN-

LEY & DE LEÓN o. J.). Der Delphin, der als Säugetier-Art von den Fischen abweicht, spielt als „Wächter des Meeres" ebenfalls eine besondere Rolle im Glauben der Kuna. So wird von manchen Befragten berichtet, der Delphin bringe die neugeborenen Kinder, wobei sich das Wort für Delphin *(uagi)* mit dem Wort für „Baby" deckt. Zugleich berichten Fischer, dass der Delphin in Seenot geratene Kuna rette und daher als Helfer des Menschen nicht getötet werden dürfe (vgl. NORDENSKIÖLD 1938). Vor allem aber gilt er als Bruder des Menschen, der ebenfalls ursprünglich in einem menschlichen Körper lebte, so dass das Töten des Delphins als gleichwertig mit dem Töten eines Menschen angesehen werden könne (eigene Interviews).

Bei Meeresschildkröten, von denen bekannt ist, dass sie aufgrund ihrer zweifachen Kategorie als Land- und Meerestier auch in anderen Regionen mit Tabus belegt sind (BEGOSSI & DE SOUZA BRAGA 1992), ist hier zu unterscheiden zwischen der Grünen Seeschildkröte und der Karettschildkröte. Während erstere keinerlei Verboten unterliegt und von den Kuna seit jeher bejagt wurde, fällt die Karettschildkröte unter ein Tabu, das sich traditionell nicht nur auf den Konsum der Art im Sinne eines Speiseverbotes bezieht, sondern auch auf das Töten des Tieres und den Konsum der Eier. Die mythologische Begründung für dieses Verbot findet sich in den kosmogonischen Mythen, denen zufolge die Schildkröte von der ersten Frau Olotililisop gleichzeitig mit dem ersten Mann und dem Alligator geboren wurde. Sie ist demnach ein Kind der Gottheit *Paba* und verwandelte sich erst später in ein Tier, so dass auch ihr Verzehr der Mythologie zufolge dem Essen von Menschenfleisch gleichkäme (NORDENSKIÖLD 1938; KEELER 1956). Bei Übertreten des Verbotes droht dem Verursacher zur Strafe der Befall mit Tuberkulose; ältere Befragte konnten sich 1994 noch an diese Sanktion erinnern (eigene Interviews). Interessanterweise haben die Kuna dieses Tabu allerdings bereits seit Mitte des 19. Jahrhunderts umgangen, indem sie dem Tier lebend den Panzer abzogen und es anschließend ins Meer zurückwarfen. Sie hofften dabei, dass dem Tier ein neuer Panzer wachse, der später erneut genutzt werden könnte (eigene Interviews). Jedoch gaben befragte Kuna auch zu Protokoll, dass diese Tiere spätestens im Meer sterben, da sie von Raubfischen gefressen werden, wenn sie nicht zuvor durch die Prozedur des Panzerabziehens über dem Feuer bereits tödlich verletzt wurden. Ursprünglich war auch der Konsum der Eier von einem Tabu belegt und generell verboten, jedoch wandelte sich dieses Tabu zu einer Regelung, die vorschreibt, die Hälfte der jeweiligen Gelege unangetastet zu lassen (AROSEMENA & RUIZ 1986; STIER 1979). Allerdings wurden die geschlüpften Tiere dann zum Teil in Gefangenschaft gehalten.

Daneben gibt es Tierarten, die von der Nutzung ausgenommen sind, weil ihr Lebensraum als schmutzig eingestuft wird, so zum Beispiel Fische, die in unmittelbarer Umgebung der Inseln leben und sich zum Teil von menschlichen Fäkalien ernähren. Weitere Fischarten sind aufgrund unerwünschter Eigenschaften (hohe Zahl an Gräten, zu viel Blut) von der Nutzung ausgenommen (vgl. CHARNLEY & DE LEÓN o. J.). Bei einigen Arten konnte keine Begründung für ihre Nicht-Verwendung gefunden werden, so bei Seegurken. Da in den letzteren beiden Fällen weder Hinweise auf mit dem Verbot verbundene spirituelle oder soziale Sanktionen gefunden werden konnten, noch eine mythologische Begründung vorliegt, sind sie möglicherweise nicht als Tabu im engeren Sinne, also als Handlungsvorschrift mit übernatürlichem Hintergrund zu interpretieren, sondern eher als Nahrungsmittelpräferenzen. Zu bemerken ist dabei, dass sich diese Präferenzen durchaus wandeln; so gibt es Fischarten, die früher aufgrund unerwünschter Eigenschaften von der Nutzung ausgenommen waren, heute aber für den Verzehr gefischt werden, wie z.B. Bonito.

Es lässt sich also feststellen, dass eine ganze Reihe von Meerestieren mit Nutzungs- oder Speiseverboten auf der Basis einer mythologisch-spirituellen Begründung belegt sind. Die Weitergabe dieser Tabus erfolgt über die traditionellen Gesänge der *sailas* im *congreso*-Haus; Sanktionen sind in Form übernatürlicher Bestrafungen sowie vermutlich auch in Form des Entzuges sozialer Anerkennung enthalten. Betrachtet man die heutige Einhaltung dieser Verbote, so lassen sich große Unterschiede zwischen den einzelnen Arten beobachten. Als stärkstes bis heute wirksames Tabu wurde das Verbot des Tötens des Delphins identifiziert, das den meisten Befragten zufolge noch uneingeschränkt gültig sei. Allerdings berichtete ein Fischer auf Ustupu, der größten *comunidad* mit starkem Ressourcenmangel, dass dort als Beifang in Netzen gefangene Delphine sogar inzwischen vereinzelt konsumiert würden. Etwas schwächer ausgeprägt sind die Tabus der früher verbotenen Haie und Barrakudas, die inzwischen zunehmend als Nahrungsmittel genutzt werden, ebenso wie Tintenfische. Das Tabu, mit dem Karettschildkröten früher belegt waren, ist heute wirkungslos geworden, da die Tiere getötet werden (zum Teil sogar vor der Eiablage) und aus den Gelegen häufig sämtliche Eier entfernt werden.

„Ise se acabó."
(„Tabus gibt es nicht mehr", *saila* auf Ustupu, Übers. der Verf.).

Inzwischen haben also die artenspezifischen Tabus insgesamt erheblich an Wirksamkeit verloren, wobei sich weniger ein Zusammenhang mit dem ursprünglichen Stellenwert in der Mythologie erkennen lässt als vor allem dem Entstehen einer Marktnachfrage für einzelne Arten. So ist nur der Delphin mit seiner sehr hohen mythologischen Bedeutung bei zugleich fehlender Marktnachfrage weiterhin fast vollständig von der Nutzung ausgenommen. Schildkröten stellen einen Sonderfall dar, indem das Tötungstabu zunächst umgangen wurde, bevor sich auch der Konsum des Fleisches und der Eier allgemein verbreitete. Der Wirksamkeitsverlust dieser Umweltinstitution der Nutzungstabus hat sich dabei in zeitlicher Abstufung vollzogen (zunächst Schildkröten, erst in jüngster Zeit Haie und Tintenfische) und in Analogie zur Marktnachfrage. Als weitere Faktoren, die vor allem in jüngster Zeit zum Aufbrechen der Tabus beitragen, sind die wachsende Nahrungsmittelknappheit, besonders in Bezug auf Proteine, sowie die zunehmende Bedeutung monetärer

Einkünfte zu nennen, die eine erhöhte Motivation für den einzelnen Akteur darstellen, ehemals verbotene Arten zu nutzen. Zu bemerken ist hier, dass den Befragten die Tabus durchaus bekannt waren, wenn auch mit zum Teil abweichenden Begründungen.

Der ökologische Effekt von artenspezifischen Tabus, durch die einzelne Arten vollständig von der Nutzung ausgenommen sind, wird bei COLDING & FOLKE (1997; 2001) diskutiert. Zwar betreffen diese Verbote keine ganzen Ökosysteme, sondern nur einzelne Arten, doch zeigen Untersuchungen von COOKE (mündl. Mitteilung 2001; vgl. JACKSON et al. 2001), dass die Selektivität der Nutzung mariner Ökosysteme bei prähistorischen Gruppen bereits zu Verschiebungen in der Artenzusammensetzung dieser Systeme führen konnte, so dass auch bei Tabus einzelner Tierarten von einem Effekt auf die Ökosysteme ausgegangen werden kann.

Über räumlich definierte Regelungen, die einen begrenzenden Einfluss auf die Nutzung von Meeresressourcen haben, sind in der Literatur über Kuna Yala nur wenige Angaben vorhanden, und HASBROUCK (1985) ist ausdrücklich der Ansicht, solche Institutionen existierten nicht. Allerdings lassen sich einige vorhandene soziale Regeln durchaus, analog zu den institutionellen Strukturen in *traditional-ecological-knowledge*-Systemen (TEK) z. B. im Pazifik, als Nutzung begrenzende bzw. steuernde Elemente mit räumlichem Bezug begreifen (vgl. Kap. 2.6). Im Wesentlichen konnten in der eigenen Untersuchung drei unterschiedliche Konzepte räumlich definierter Nutzungsregeln festgestellt werden: erstens heilige Schutzzonen *(sacred sea space)* mit spezieller spiritueller Bedeutung und Funktion, zweitens Zugangskontrolle und Abgabensystem in Bezug auf Fischereiterritorien einzelner *comunidades* sowie drittens individuelle Besitz- und Verfügungsrechte einzelner Familien über Strände, die von Schildkröten zur Eiablage aufgesucht werden. Für den ersten Aspekt, die heiligen Schutzzonen im Meer, gilt in besonderem Maße, dass diese Institutionen von Fischern und Tauchern in den Befragungen auch auf Nachfragen hin nicht erwähnt wurden oder ihnen nicht bekannt sind. Diese heiligen Schutzzonen werden *birya* (oder *pirya*) genannt und finden sich in älteren Beschreibungen in der Literatur (z. B. NORDENSKIÖLD 1938; WASSÉN 1949). Hinter dem Begriff *birya* verbirgt sich dabei ein äußerst komplexes Konzept, das in den kosmogonischen Mythen verankert ist und sich räumlich als *remolino* (span. für Strudel) an bestimmten Orten im Wasser manifestiert. Diese räumlich definierten Areale dürfen von Menschen nicht aufgesucht werden und können im Meer, aber auch in Flüssen oder Mangrovenwäldern liegen. Ohne den mythologischen Hintergrund im Einzelnen darzulegen, sei hier vor allem auf die Funktionen und die Bedeutung dieser Orte eingegangen. Zunächst ist dabei ihre Funktion als Zugang in andere spirituelle Dimensionen, also als *puerta dimensional* zu nennen („Tür in andere Dimensionen", eigene Interviews). Dabei dienen sie den *neles* (Schamanen) bei ihren Geistreisen als Zugang zur Unterwelt, die wiederum als Unterwasserwelt konzipiert ist (WASSÉN 1938), wie auch den Seelen der Verstorbenen, die auf diesem Wege in den Himmel gelangen. Auch die *nuchu*-Holzfiguren (vgl. 4.2) werden in Geistreisen zur Stärkung in *birya*-Strudel geschickt. Zugleich üben diese Zonen bestimmte Funktionen für marine Lebewesen aus. So sollen sich Schildkröten bevorzugt dort aufhalten, an manchen Orten wie z. B. in einem *birya* bei Ustupu auch Mantarochen, die dort herrschen (*saila* von Ustupu, eigene Interviews) oder Alligatoren. Diese Zonen stellen generell Ursprungsorte marinen Lebens dar, an denen lebende Wesen wie Schildkröten, Fische und andere Tiere des Meeres in einem ständigen Fluss in die hiesige Dimension übertreten, wobei dieser das Blut der Mutter Erde repräsentiert (CHAPIN 1993).

Neben diesem schöpferischen Aspekt enthält das Konzept der heiligen Zonen aber auch eine destruktive und gefährliche Seite. So gelten die konkreten räumlich definierten *birya* als verbotene Stellen, an denen bei dem Eintritt eines Menschen das Wasser zu brodeln beginnt und gefährliche Tiere, z. B. Haie, die Person fressen würden (eigene Interviews, übereinstimmend NORDENSKIÖLD 1938). Der Besuch dieser Zonen ist generell für Menschen mit tödlichen Folgen verbunden, was von einigen Befragten noch heute als gültig für bestimmte *birya* angesehen wurde (eigene Interviews auf Ustupu). Dem *saila* von Ustupu zufolge können *birya* auch sehr tiefe Stellen sein, an denen das Meer keinen Grund hat. Generell sind es Orte des Ursprungs, nicht nur von gefährlichen Kreaturen wie Haien, sondern auch von bösen Geistern und Seuchen. So können zwar einerseits die *birya*-Zonen in Analogie zu den in Kapitel 4.2 beschriebenen terrestrischen Schutzgebieten *(kalu)* gesehen werden, deren Nutzung und Betreten eingeschränkt bzw. verboten ist. Den *birya* kommt aber in der Bedeutung eher eine komplementäre Funktion zu den *kalu* zu, da in den Interviews und den Literaturquellen neben der schöpferischen Funktion vor allem der Aspekt der Gefahr und Destruktion betont wird. Sie dienen vielleicht sogar als Projektionsfläche für Ängste, was sich zum Beispiel in den Berichten von WASSÉN (1949) zeigt, denen zufolge die Kuna aus Furcht vor den Meereskreaturen in der Vergangenheit nicht an der Küste entlang wanderten, sondern landeinwärts liegende Wege bevorzugten. WASSÉN sieht darin wiederum einen Beleg dafür, dass die Kuna keine „originally sea-minded Indians" waren (1949, S. 25). Aufgrund der Gefährlichkeit dieser Orte waren die *birya* außerdem nach Interviews mit älteren Personen Gegenstand gezielter ritueller Handlungen der *sailas*, die mit Gesängen die bösen Kreaturen bekämpften; auf manchen Inseln wie auf Tikantikki angeblich mit dem Erfolg, diese Zonen dauerhaft „weggesungen" zu haben. Diese aktive rituelle Bekämpfung wird als Grund für das heutige seltenere Vorkommen der Strudel genannt. FORICHON (2004) zufolge soll auch die Vernichtung von Müll, der in den Strudeln gemahlen wird, mit diesen Zonen assoziiert werden, die somit als Abfallsenke und als Gegenstück zum Leben schaffenden *kalu* fungieren. In den eigenen Befragungen tauchte dieser Aspekt allerdings nicht auf.

Die *biryas* stellen also heilige Zonen im Meer dar, deren Nutzung und Befahren traditionell verboten ist. Eine Sanktionierung erfolgt auf übernatürlichem Weg bzw. durch gefährliche Tiere. Auf soziale Sanktionen, die mit dem Übertritt des Verbotes verbunden sind, konnten hingegen keine Hinweise gefunden werden. Die Überprüfung der heutigen

Verbreitung und Wirksamkeit dieser Zonen stellte sich schwierig dar: Es zeigte sich in den Interviews, dass nur wenige Befragte der Meinung waren, diese Zonen existierten noch. So soll es nach Ansicht der *caciques* bei Ustupu noch einen heute wirksamen *birya* geben. Andere waren der Meinung, solche Zonen seien früher bei den meisten Inseln vorhanden gewesen, sie würden aber heute nicht mehr existieren, zum Teil aufgrund der rituellen Bekämpfung durch die *sailas*. Generell war in den Interviews festzustellen, dass nach Ansicht der älteren Befragten die jüngere Generation diese Zonen heute nicht mehr respektiere und ihre Bedeutung nicht mehr kenne, was sich auch daran zeigte, dass befragte jüngere Fischer und Taucher dieses Konzept nicht erklären konnten. Einzelne Befragte äußerten auch, dass sie festgestellt hätten, die Erzählungen der Alten seien Lügen gewesen, denn bei Aufsuchen dieser Zonen sei ihnen nichts geschehen, womit die *biryas* als Fiktion entlarvt worden seien (eigene Interviews). Heutige Fischer und Taucher fühlen sich insgesamt nicht mehr an das Einhalten der traditionellen Tabuzonen gebunden und fürchten die damit verbundenen Sanktionen nicht.

Generell werden marine Schutzzonen als äußerst wirksame und sinnvolle Instrumente des Ressourcenmanagements angesehen, in denen der marinen Fauna Rückzugsraum und die Möglichkeit zur Regeneration gegeben wird. Daher gelten auch heilige Schutzzonen, wie sie in traditionellen Ressourcenmanagementsystemen (TEK) enthalten sind, als wichtige und effektive Bestandteile dieser Systeme, die besonderes Interesse seitens der Forschung erfahren. Ihre Stärkung wird deshalb in Projekten des Co-Managements z. B. auf pazifischen Inseln angestrebt (vgl. HICKEY & JOHANNES 2002). Die *birya*-Zonen Kuna Yalas können als eine solche Institution der Schutzzonen angesehen werden, die in räumlich definierten Arealen jegliche Nutzung ausschließt und somit zur Regeneration von Beständen beitragen kann. Allerdings ist die Wirksamkeit dieser institutionellen Regelung heute aufgehoben worden, wobei in den Interviews nicht festgestellt werden konnte, in welchem Zeitrahmen sich diese Veränderung vollzogen hat. Nach den Literaturhinweisen der 1930er und 1940er Jahre und den eigenen Interviews muss der Funktionsverlust in der 2. Hälfte des 20. Jahrhunderts allmählich eingetreten sein. Heutige Versuche der Reaktivierung dieser Institution gibt es nicht, vielmehr werden eher westlich-wissenschaftliche Konzepte von außen an die Kuna herangetragen, wie z. B. Schutzzonen zur Riffregeneration (GUZMÁN et al. 2002; siehe unten).

Während die älteren Befragten beklagten, dass die jüngere Generation nicht über ausreichend mythologische Kenntnisse verfüge, um das Konzept der *birya* zu verstehen und zu respektieren, zeigte sich in diesem Zusammenhang eine überraschende Tendenz in den Interviews mit jüngeren Fischern und Tauchern. Diese bezogen sich zum Teil auf das Konzept der Strudel als Ursprungsort marinen Lebens, durch die Gott *(Paba)* den Kuna Fisch und andere Meerestiere aus einer anderen Dimension der Welt sende. Diese Erklärung wurde zugleich als Begründung angegeben für die Ansicht, Meeresressourcen seien unerschöpflich, weil *Paba* immer für Nachschub sorge, so dass sich die Kuna keine

Gedanken über die Dezimierung von Beständen machen müssten. Genauere Kenntnisse hatten diese Befragten dabei über das Konzept der *birya* aber nicht. Die Interpretation des Konzepts dient als Legitimierung eigenen Verhaltens und wird quasi mit pseudo-traditionellem Hintergrund vorgenommen, was aus Sicht der Älteren aber ein Trugschluss ist. So erklärte ein *saila* auf Ustupu, die entscheidende Bedingung für das Funktionieren des Nachschubs an marinen Organismen sei das Einhalten der moralischen Verhaltensregeln, die Gott vorgibt, die jedoch heute nicht mehr beachtet würden, so dass der Ressourcenfluss unterbrochen worden sei. Nach Ansicht der älteren Mythenkundigen ist mit den Lebewesen, die von Mutter Erde in die Welt gebracht werden, schonend umzugehen und sie dürfen nicht ausgebeutet werden, so dass sich aus ihrer Perspektive zum Beispiel der kommerzielle Langustenhandel nicht mit dem Konzept des göttlich garantierten Nachschubs begründen lässt. Zu bemerken ist hier, dass am Beispiel der heiligen Schutzzonen in Kuna Yala nicht nur ein Verlust einer traditionellen Institution zu beobachten ist, sondern eine Umdeutung, die ihre Bedeutung quasi ins Gegenteil verkehrt und der Legitimierung zuvor sozial nicht akzeptierten Verhaltens (Ausbeutung von natürlichen Ressourcen) dient.

Ein zweiter Bereich von Regelungen, die räumlich definiert sind, betrifft die Nutzungsrechte für bestimmte Gebiete. Dabei ist zu unterscheiden zwischen der kommunalen Kontrolle von Fischfanggebieten einerseits und individuellen Nutzungsrechten von Stränden andererseits. Erstere beziehen sich auf bestimmte Zonen in der näheren Umgebung der besiedelten Inseln sowie um die Cayos Mauki. Fischer oder Taucher, die in diesen Zonen fischen wollen, müssen in der entsprechenden *comunidad* um Erlaubnis ersuchen, die teilweise gegen eine geringe Abgabe erteilt wird (0,10 US$ nach eigenen Interviews), teilweise aber auch kostenlos ist. Soweit festgestellt werden konnte, wird diese Genehmigung stets erteilt, so dass keine Begrenzung der Nutzerzahl, sondern lediglich eine Kontrolle und Abgabeerhebung erfolgt. Allerdings gilt diese Regel z.B. auf Ogobsucum nur für einen Tag, während das Fischen über mehrere Tage hinweg für Auswärtige, also Kuna von anderen Gemeinden, generell nicht gestattet ist. Für die Cayos Mauki, die einen wichtigen Wirtschaftsraum für Kokoszucht, Fischerei und vor allem Langustenfang darstellen, gibt es eine gesonderte Administration durch einen Beauftragten der sechs *comunidades*, die Nutzungsrechte in diesem Gebiet innehaben (Tikantikki, Corazón de Jesús, Narganá, Tigre, Rio Azucar und Maguebgandi). Bei diesem Beauftragten müssen Fischer von anderen Inseln eine Erlaubnis einholen, bevor sie im Gebiet fischen oder Langusten fangen dürfen. Eine Abgabe ist dabei nicht zu zahlen; die Genehmigung wird z.B. von den Langustentauchern von Playon Chico und Achudup für 15 Tage eingeholt (Auskunft des *sailas* von Corazón de Jesús). Da sich in der Literatur keine Hinweise zu dieser Regelung finden ließen und die Fischer in den Interviews zunächst meist angaben, die Fischgründe seien überall frei zugänglich, konnte nicht festgestellt werden, seit wann diese Regelung existiert. Sie wird hier als traditionell aufgeführt, da sie den vorliegenden Informationen nach nicht erst in den letzten Jahrzehnten entstanden ist, dies konnte jedoch nicht zweifelsfrei geklärt werden. Die Befragten bestätigten meist erst nach gezieltem Nachfragen die Genehmigungspflicht für Fanggründe außerhalb ihrer *comunidad*, die sie jedoch nicht als Einschränkung empfanden. Bei Übertretung der Regelung, also Fischen ohne Erlaubnis in Nutzungszonen anderer *comunidades*, erfolgen Sanktionen über den *saila* der jeweiligen Heimatgemeinde, wenn Beschwerden der zuständigen Gemeinde dort eingehen, bzw. Konflikte müssen zwischen den *comunidades* gelöst werden. Obwohl die Kontrolle dieser Regelung nicht sehr strikt zu sein scheint, berichteten die befragten Kuna, dass diese kommunalen Nutzungsrechte noch immer weitgehend von den Fischern respektiert werden.

Eine zweite räumlich definierte Regelung, die im Unterschied zu ersterer individuelle bzw. auf Familienebene verankerte Nutzungsrechte beinhaltet, bezieht sich auf Strandabschnitte der Inseln, die von Karettschildkröten zur Eiablage aufgesucht werden. Der alleinige Anspruch auf die an diesen Stränden abgelegten Eier wird vererbt (STIER 1976), wobei nur die Eientnahme Gegenstand der individuellen Nutzungsrechte ist, nicht jedoch die Nutzung der Kokospalmen desselben Strandes, da diese einer anderen Besitzstruktur unterliegen. Ob diese Regelung noch wirksam ist, ließ sich nicht ermitteln, da ohnehin die Schildkröten der Art *Eretmochyles imbricata*, auf die sich die Nutzungsrechte beziehen, heute die Inseln Kuna Yalas nur noch selten zur Eiablage aufsucht. Es ist daher zu vermuten, dass die Institution der Nutzungsrechte im Zuge des Ausbleibens der Schildkröten wirkungslos geworden ist, da andere Hinweise nicht zu erhalten waren.

Generell stellen Nutzungsrechte meist einen wichtigen Bestandteil traditioneller Nutzungssysteme dar, mit denen eine Kontrolle und Beschränkung des Nutzerkreises erfolgt. Für Kuna Yala ist jedoch der Nutzung begrenzende Effekt dieser Regelungen eher schwach ausgeprägt, da die Genehmigungspflicht der Fischerei in bestimmten Gebieten offensichtlich kaum eine Einschränkung der Fischerei für den einzelnen Fischer nach sich zieht. Zugleich konnten auch die individuellen Rechte an Eiablagestränden nicht verhindern, dass Gelege vollständig entnommen und Schildkröten bei der Eiablage getötet wurden. Trotzdem ist festzuhalten, dass zumindest rudimentär eine Regelung der Zugangsrechte zu bestimmten Ressourcen zwischen *comunidades* bzw. innerhalb von Gemeinden vorhanden ist.

Neben direkt auf die einzelnen Tierarten bezogenen Tabus existieren soziale Handlungsvorschriften, die sich auf die Distribution natürlicher Ressourcen beziehen (B in Tab. 7). Wie bereits in Kap. 4.3 dargelegt wurde, gilt in der Gesellschaft der Kuna traditionell das Gebot des Teilens und Verschenkens von Überschüssen natürlicher Ressourcen an Mitglieder der Gemeinschaft. Dieses Prinzip der generalisierten Reziprozität, bei dem Güter nicht in direkter Form mit anderen Akteuren ausgetauscht, sondern ohne Erwartung einer Gegenleistung abgegeben werden, ist für die Distribution von natürlichen Ressourcen besonders in traditionellen Gesellschaften von Bedeutung, in denen keine marktorientierte

Produktion vorherrscht (SAHLINS 1981). Der Ethos des Teilens wirkt dabei zugleich als informelles Versicherungssystem gegenüber den Risiken des Wirtschaftens, da schlechte Erträge durch die Solidarität zwischen den Akteuren ausgeglichen werden (vgl. BENDER et al. 1998). Dieses auch in der Gesellschaft der Kuna traditionell vorhandene System der gegenseitigen solidarischen Versorgung mit Lebensmitteln gilt in besonderem Maße für terrestrische Ressourcen (v. a. Fleisch) mit Regeln, die zum Beispiel gebieten, dass von einem erlegten Tier ein Stück Fleisch an jede Familie einer *comunidad* abzugeben ist, was 1994 noch auf Cartí Sugdup beobachtet werden konnte (eigene Beobachtung). Für Meeresressourcen sind die Regelungen zwar weniger speziell, jedoch gilt auch hier generell ein traditionelles Gebot des Verschenkens von Überschüssen und des Teilens, verbunden mit dem Tabu des Marktaustausches von Ressourcen. Beide Aspekte sind spirituell begründet, indem *Paba*, also Gott, das entsprechende Verhalten von den Menschen erwartet, während bei Nichteinhaltung der Regeln eine Bestrafung zu befürchten ist.

Wie aus Kap. 4.3 ersichtlich wird, zeigt diese soziale Handlungsnorm nur noch eingeschränkte Wirksamkeit, da die beschriebene Praxis der Ressourcennutzung und -distribution ihr weitgehend widerspricht. Weder der seit einigen Jahrzehnten rein kommerziell ausgerichtete intensive Langustenfang für externe Märkte noch die seit mindestens 150 Jahren praktizierte Vermarktung von Schildkröten entsprechen dieser Regelung. Auch der heute innerhalb der Gemeinschaft zunehmend stattfindende Marktaustausch von Fisch wäre nach der traditionellen Norm nicht tolerabel. Dabei zeigt die Betrachtung im zeitlichen Zusammenhang, dass auch diese Regelung für die einzelnen Ressourcen ihre Wirksamkeit mit unterschiedlicher Geschwindigkeit bzw. zu verschiedenen Zeitpunkten verloren hat, in Abhängigkeit von der Nachfrage nach bestimmten Gütern und deren Marktpreisen. So setzte nach der Vermarktung von Schildkröten erst später (in den 1960er Jahren) der marktorientierte Fang von Langusten ein. In den Interviews wurde deutlich, dass das traditionelle Vermarktungsverbot von Langustentauchern oder Zwischenhändlern nicht als gültig für ihre Tätigkeit angesehen wird (eigene Befragungen). Anders verhält es sich mit der Ressource Fisch, für die diese Regelung zum Teil noch wirksam ist. Viele Kuna halten sich noch immer an das Tabu der Vermarktung und äußern Kritik an anderen Fischern, die ihren Fang verkaufen, obwohl die Befragten zum Teil selbst ebenfalls als Käufer oder sogar Verkäufer agieren. Zu beobachten ist auch, dass sich der Kreis derer, an die Überschüsse verschenkt werden, auf den engeren Familienkreis und Nachbarn beschränkt, was wiederum in Zusammenhang mit abnehmenden Fangerträgen einerseits und gewachsener Bevölkerung andererseits stehen kann.

Insgesamt lässt sich also feststellen, dass die abnehmende Wirksamkeit dieser Institution der Distribution in Zusammenhang mit hohem Marktwert, entsprechender Nachfrage sowie vorhandenen Vermarktungsstrukturen zu sehen ist, da nur bei den bisher nicht für den externen Markt genutzten Fischarten noch eine teilweise Einhaltung der Norm gegeben ist. Dabei ist die Regelung der Bevölkerung durchaus noch bekannt, und es werden zum Teil konkrete Sanktionen durch *Paba* befürchtet, wobei in Interviews weniger individuelle Bestrafung genannt wurde als eine gemeinschaftliche Sanktionierung der gesamten Gesellschaft. So werden zum Beispiel beobachtete Umweltveränderungen als bereits erfolgte Sanktionen durch Gott gedeutet. Auf sozialer Ebene waren in den Interviews Hinweise darauf zu finden, dass von der Norm abweichendes Verhalten mit geringer Anerkennung bestraft wird, da häufig der niedrige soziale Status der Langustentaucher und Zwischenhändler deutlich gemacht wurde. Jedoch zeigt die Praxis der aktuellen Ressourcennutzung, dass weder die drohende übernatürliche Sanktionierung noch die soziale Sanktionierung mit Entzug der gesellschaftlichen Anerkennung noch ausreichende Gegengewichte zur Attraktivität der Nutzung darstellen.

Andererseits ist es denkbar, dass die soziale Handlungsnorm zur Distribution von Ressourcen zu Zeiten ihrer Wirksamkeit einen gewissen Beitrag dazu leisten konnte, dass Ressourcen nicht übernutzt werden, da sich die Produktion von Überschüssen für den einzelnen Akteur nicht auszahlte. In einer reinen Subsistenzwirtschaft wird bei einer solchen Regelung theoretisch nur so viel Fisch gefangen, wie die Gemeinschaft verbrauchen kann, während sich eine Intensivierung der Nutzung für den individuellen Akteur allenfalls zur Steigerung sozialen Ansehens, nicht aber zur eigenen Verdienststeigerung lohnt. Zu bedenken bleibt dabei aber, dass eine solche Regelung nicht generell zu einer nachhaltigen Nutzung führen muss, wie das Beispiel der Tarpunfischerei in Kuna Yala zeigt (vgl. Kap. 4.3). Diese Fischart wurde von den Kuna ohne externe Nachfrage und ohne technische Innovationen so weit überfischt, dass der Fang schließlich zum Erliegen kam. In diesem Fall konnten also das Verbot der Vermarktung in der Gemeinschaft und das Gebot der Reziprozität die Übernutzung nicht verhindern, da in gemeinschaftlicher Anstrengung die Art mit maximal möglicher Intensität ausgebeutet wurde, obwohl keine externe Nachfrage vorhanden war, die zu ökonomischen Anreizen geführt hätte. Der generelle Ressourcen schonende Effekt dieser Regelung bleibt für Kuna Yala somit als eher schwach zu beurteilen.

Eine Form der Begrenzung mariner Ressourcennutzung, die sich indirekt auswirkt, sind die gemeinschaftlichen Arbeitseinsätze (C in Tab. 7), die durch den *saila* bzw. spezielle Beauftragte der jeweiligen *comunidades* ausgerufen werden. Diese Einsätze fallen zum Beispiel an, wenn Gemeinschaftsprojekte zu bearbeiten sind wie der Bau kommunaler Infrastruktur, aber auch zu Einsätzen zur gemeinschaftlichen Arbeit des Rodens und Bestellens von Landwirtschaftsflächen sind die Inselbewohner periodisch aufgerufen. Koordiniert werden diese Gemeinschaftsarbeiten von den Beauftragten der *comunidad* für die jeweiligen Aufgaben, die auch die Teilnahme kontrollieren (vgl. PRESTÁN SIMÓN 1991). Bei Nichtantritt drohen Sanktionierungen, die heute meist in Form von Geldstrafen erfolgen, jedoch unterschiedlich von *comunidad* zu *comunidad* geregelt sind (früher verstärkt auch körperliche Strafen mit Dornen- oder Nesselsträuchern, Arbeitseinsätze und andere Bestrafungsformen, vgl. HOWE 1986). Zum Teil werden auch individuelle Arbeitstage in der Landwirtschaft verordnet, bei denen alle männlichen Gemeindemitglieder auf ihren jeweiligen Parzellen zu arbeiten haben. Diese kommunalen Einsätze erfolgen vorwiegend in der Trockenzeit, die zugleich die Zeit der starken Seewinde ist und sich deshalb ohnehin weniger für den Fisch- und Langustenfang eignet. Von mehreren älteren *sailas* wurde diese Regelung ausdrücklich als *veda natural* dargestellt, also als eine natürliche Schonzeit. Den Begriff *veda* wählten die Befragten in Analogie zur jüngst entstandenen Langustenschonzeit, da aus der Verordnung kommunaler Arbeitseinsätze ein Ruhen der Fischerei und des Langustenfangs folgt. Nach Ansicht der befragten älteren Personen war diese Schonzeit durchaus effektiv, da die Ressourcennutzung sich in dieser Zeit auf das Festland konzentrierte.

Schonzeiten stellen generell einen der zentralen Bestandteile modernen Fischereimanagements dar und werden als wirksame Instrumente einer nachhaltigen Nutzung angesehen, insbesondere für Langusten (CASTILLO & LESSIOS 2001). Auch wenn die traditionelle indirekt verordnete Schonzeit kürzere Zeiträume umfasste als die im modernen Fischereimanagement vorgesehenen, oft dreimonatigen Schonphasen, so ist doch ein positiver Effekt dieser Regelung auf marine Ressourcen in Kuna Yala anzunehmen. Allerdings berichteten die Befragten übereinstimmend, dass diese indirekte Schonzeit heute kaum oder gar nicht mehr existiere. Der Grund liegt den Interviews zufolge einerseits in der abnehmenden Autorität der *sailas*, deren Verordnungen von der jüngeren Generation nicht mehr respektiert werden. So beschrieb der *saila* von Ogobsucum, dass er nicht mehr in der Lage sei, Arbeitstage auf dem Festland und Ruhetage für Fischerei und Langustenfang zu verordnen, da die Gemeinde seiner Verordnung nicht mehr Folge leiste. Der in dieser *comunidad* besonders stark ausgeprägte Langustenfang sei den Angaben des *sailas* zufolge so attraktiv, dass die Bewohner nicht mehr bereit seien, sich anderen Aktivitäten zu widmen und den Fang ruhen zu lassen. Zugleich spielt generell die bereits erwähnte abnehmende Bereitschaft zur landwirtschaftlichen Arbeit und die verstärkte Konzentration auf die Fischerei sowie vor allem den kommerziellen Langustenfang im gesamten Gebiet eine wichtige Rolle und zeigt, dass die gemeinschaftlichen Arbeitstage kaum noch wirksam sind.

Als letzte hier zu erwähnende Institution, die sich indirekt auf Ressourcennutzung auswirkt, sind generelle Prinzipien des Wirtschaftens zu nennen (D in Tab. 7), insbesondere das Prinzip des Respekts vor Mutter Erde mit all ihren Lebewesen. Dieses Prinzip ist tief im Glauben der Kuna in den kosmogonischen Mythen verankert und spielt noch immer eine Rolle im spirituellen, aber auch im alltäglichen Leben der Menschen. Nach Ansicht der älteren Befragten und insbesondere der mythenkundigen *sailas* und *caciques* gilt dieses Prinzip universell auch für Meeresressourcen (eigene Interviews). Ein Diskurs eines *sailas,* der bei SALVADOR & HOWE dokumentiert ist, zitiert den in den 1920er Jahren berühmt gewordenen Kuna-Führer Cimral Colman mit einem traditionellen Gesang über *Paba* (Gott):

Abb. 19: Mola-Stoffarbeit mit Fischdarstellung
Quelle: Eigene Aufnahme

„He put the fish there for us. He gave us the sea. ‚Care for the fish', Father said."
(in SALVADOR & HOWE 1997, S. 30).

So sollte dem traditionellen Glauben nach das Meer nicht über das erforderliche Maß hinaus ausgebeutet werden. Eine weibliche *saila* formuliert – Bezug nehmend auf die Lehren des verstorbenen Kuna-Führers Nele Kantule, der aus den Mythen ein normatives Handlungsgebot ableitete: „We must fish only as necessary [...] without taking more than is essential." (TORRES in VENTOCILLA et al. 1995a, S. 52). Darüber hinaus wird dem Meer als eigene mythologische Figur eine spezielle Rolle als *muubilli* (Großmutter) zugeschrieben. Auch in der alltäglich von den Kuna-Frauen ausgeübten Kunstform, der *mola*-Herstellung, drücken sich Mythen und Umweltwissen über marine Lebewesen aus, zum Beispiel in Form von Tierdarstellungen (Abb. 19). Allerdings zeigt sich in Dokumentationen der Mythen des *Pab Igala* bei CHAPIN (1989) und WAGUA (2000), dass das Meer im Vergleich zur terrestrischen Umwelt und den Tierarten des Festlandes weniger häufig eine Rolle spielt, was die befragten Kuna-Experten der Mythologie bestätigten.

Zugleich ist die Handlungsnorm des Respekts vor Mutter Erde, an dem sich den Interpretationen der Mythenkundigen zufolge das Mensch-Umwelt-Verhältnis und somit auch die Ressourcennutzung auszurichten hat, in Bezug auf das Meer traditionell schwächer ausgeprägt. So wird aus den Interviews ebenso wie aus der Literatur deutlich, dass Umwelthandeln in Bezug auf terrestrische Ressourcen noch heute stärker von den traditionellen Institutionen bestimmt wird als die Meeresnutzung, wie sich z. B. anhand des

Verbotes der Kommerzialisierung, den Schutzzonen *(kalu)* oder den Tabus bestimmter Tierarten zeigt. Zwar ist auch bei den terrestrischen Nutzungsregeln ein schleichender Wandel festzustellen, doch sind diese noch immer stärker wirksam als die marinen Umweltinstitutionen. In der Literatur wird dies meist mit der vergleichsweise kurzen Geschichte der Besiedlung der Inseln begründet (vgl. HASBROUCK 1985); in ähnlicher Weise auch von den befragten Kuna. Das allgemeine Prinzip des traditionellen Naturschutzes mit seiner spirituellen Begründung reicht offensichtlich nicht weit genug, um unter sich verändernden Bedingungen die Übernutzung von marinen Ressourcen und beispielsweise den Abbruch der Korallenriffe zu verhindern. Hier zeigt sich auch ein Widerspruch in der Anwendung des Prinzips in der Vergangenheit, wie es von den älteren Befragten dargestellt wird: Aus ihrer Sicht soll früher das Prinzip der Harmonie von Mensch und Natur insgesamt stärker von den Kuna eingehalten worden sein. Zugleich haben aber schon früh die Kommerzialisierung der spirituell bedeutsamen Schildkröten (mindestens im 19. Jahrhundert) sowie die Zerstörung der Korallenriffe (spätestens in den 1930er Jahren) eingesetzt, so dass sich der Rückblick auf ein ehemals harmonischeres Mensch-Umwelt-Verhältnis hier relativiert. Andererseits sind selten genaue Zeitangaben über das „Früher" zu erhalten, so dass diese Angaben eher als ein Bezug zu einem noch länger als 150 Jahre zurückliegenden Idealzustand aus der Sicht der Älteren interpretiert werden können, dessen zeitliche Dimension keine konkrete Rolle spielt.

Abschließend lässt sich zusammenfassen, dass es in Kuna Yala durchaus eine Reihe verschiedener traditioneller Institutionen gibt, die Ressourcennutzung begrenzen und steuern, obwohl diese in der Literatur bisher nicht im Zusammenhang als traditionelles Ressourcenmanagementsystem angesehen wurden. Auch wenn die hier dargestellten Regelungen im Vergleich zu anderen, in längeren Zeiträumen entstandenen *traditional-ecological-knowledge*-Systemen verhältnismäßig schwach ausgeprägt sind (vgl. CAILLAUD et al. 2004), ist doch festzustellen, dass ein Komplex unterschiedlicher Institutionen mit zum Teil spirituellen Begründungen, übernatürlichen bzw. sozialen Sanktionen und zum Teil gegenseitiger Überwachung vorhanden ist. Dabei müssen die Regelungen nicht als zielgerichtete Institutionen des Ressourcenmanagements evolviert sein, um Ressourcennutzung zu begrenzen, und es ist ebenfalls fraglich, ob ihre Evolution sich auf eine perzipierte Situation der Knappheit von Ressourcen oder der Krisen im System zurückführen lässt, wie es von manchen Autoren als unabdingbare Voraussetzung für soziales Lernen und die Entstehung von kontrollierenden Institutionen gesehen wird (vgl. Kap. 2.7). Da die Kuna erst vor verhältnismäßig kurzer Zeit (maximal 100 bis 150 Jahren) ihren Lebensraum auf die korallinen Inseln verlagerten, konnte eine langfristige Entwicklung von Institutionen über *trial-and-error* nicht stattfinden. Vielmehr sind zum Teil Regelungen mit ursprünglichem Bezug auf terrestrische Ressourcen im Zuge der Umsiedlung auf marine Ressourcen übertragen worden, wie z. B. das Verbot der Vermarktung von Ressourcen, andere wiederum sind in dieser Zeitspanne neu entstanden.

Ihre ursprüngliche Wirksamkeit ist jedoch im Einzelnen unterschiedlich zu beurteilen und lässt sich kaum belegen, da die meisten der beschriebenen Institutionen heute nicht mehr oder nur noch eingeschränkt wirksam sind. Es ist aber anzunehmen, dass einige dieser Regelungen ursprünglich einen Nutzung begrenzenden Effekt für einzelne Arten oder auch für ganze Ökosysteme hatten. Für andere Ressourcen wiederum waren sie zu schwach, um effektiv Übernutzung zu verhindern, wie das Beispiel des Tarpuns zeigt. Vor allem unter sich wandelnden sozio-ökonomischen Rahmenbedingungen und bei Eintritt einer externen Nachfrage und Abnahme von kommerziell wertvollen Ressourcen haben der Großteil der traditionellen Institutionen Kuna Yalas an Wirksamkeit teilweise oder vollständig verloren.

Aber nicht die Marktnachfrage und Vermarktungsstrukturen allein führten zum Bedeutungsverlust traditioneller Regelungen, sondern ein Wirkungsgeflecht von Prozessen auf verschiedenen gesellschaftlichen Ebenen. Neben einer Umorientierung in Beschäftigung und Wirtschaft sowie einer zunehmenden Bedeutung ökonomischer Einkünfte im Leben der Kuna sind auch der Autoritätsverlust der traditionellen Führer und das abnehmende spirituelle und ökologische Wissen zu nennen, sowie das schwindende Interesse am Erwerb dieses Wissens. Wo im Zuge der Säkularisierung das spirituelle Leben in der Gemeinschaft kaum noch eine Rolle spielt und an gesellschaftlichem Prestige verliert, werden auch mit dem Übertreten von Regeln verbundene übernatürliche Sanktionen nicht mehr gefürchtet. So stellen Fischer in einem Prozess des *trial-and-error* fest, dass das Befahren ursprünglich heiliger Meeresgebiete keine Sanktionen für sie bedeutet, was wiederum Nachahmer findet und sich in der Gesellschaft verbreitet. Hier findet also ein Prozess des umgekehrten sozialen Lernens oder des *institutional unlearning* statt, bei dem eine Institution durch Ausprobieren des bewussten Überschreitens und durch neue Anreize aufgrund veränderter Rahmenbedingungen unwirksam wird. Ähnlich verhält es sich mit manchen artenspezifischen Tabus, bei deren Übertretung die Akteure keine Sanktion erleben, so dass sich der Konsum vormals tabuisierter Arten allmählich in der Region verbreitet; ähnliches gilt für die Distributionstabus. Zugleich verstärken die gewachsene Bevölkerungszahl, die zunehmende Knappheit von Ressourcen insgesamt und insbesondere von Meeresressourcen sowie die mangelnden Beschäftigungsalternativen den Druck auf Ressourcen und somit auf die institutionellen Regelungen zur Nutzungsbegrenzung. Auch ein Generationenkonflikt mit sich wandelnden gesellschaftlichen Leitbildern und ein genereller Prozess abnehmender sozialer Kontrolle führen zur Schwächung der Institutionen. Gleichzeitig fehlen Regelungen, die es in anderen Gesellschaften im Rahmen von TEK-Systemen gibt, wie z. B. Mindestgrößen der befischten Exemplare oder explizitere jahreszeitliche Zyklen.

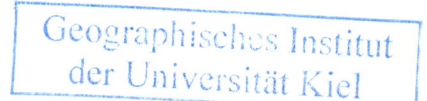

4.4.2 Staatliche und neo-traditionelle interne Institutionen der Steuerung mariner Ressourcennutzung

Im Folgenden werden zum einen institutionelle Regelungen und Strukturen behandelt, die durch den Nationalstaat, also außerhalb der Comarca Kuna Yala, als formelle, gesetzlich verankerte Regelungen oder in Form von Projekten seitens staatlicher Behörden geschaffen wurden. Zum anderen sind hier vor allem die innerhalb der Comarca evolvierten neo-traditionellen Institutionen zu beschreiben, mit denen die Kuna-Autoritäten und Nichtregierungsorganisationen versuchen, aktuelle Probleme des Ressourcenmanagements zu lösen.

Von staatlicher Seite ist zunächst als wichtigste institutionelle Regelung der gesetzlich verankerte Ausschluss jeglicher Nutzer aus der Region zu nennen, die nicht dem Volk der Kuna angehören. Wie im Gesetz Nr. 16 von 1953 festgeschrieben ist, obliegt die Kontrolle der Ressourcennutzung in der Comarca den Kuna-Autoritäten, denen das Recht garantiert wird, über die Gruppe der zugelassenen Nutzer zu entscheiden (Congreso General Kuna 2001, vgl. Kap. 4.2). Diese gesetzliche Rahmenvorschrift findet sich wiederum in den eigenen Gesetzen der Comarca (Ley Fundamental und Estatuto) konkretisiert und ist für die Kuna heute eine Selbstverständlichkeit. Allerdings lässt der Blick auf andere Regionen, in denen sich Konflikte um Ressourcen häufig gerade an dieser Frage des Nutzerausschlusses entzünden, erahnen, wie wichtig diese Regelung ist, denn in Kuna Yala entstehen solche Arten von Ressourcenkonflikten – mit vereinzelten Ausnahmen – aufgrund dieses gesetzlich abgesicherten Ausschlusses generell kaum.

Zweitens gibt es eine Reihe gesetzlicher Regelungen auf der Ebene des Nationalstaates, die prinzipiell für Kuna Yala gültig sind, dort aber nicht zur Anwendung kommen, da sie der Bevölkerung mit wenigen Ausnahmen nicht bekannt sind, keine Überwachung ihrer Einhaltung erfolgt und somit letztlich auch kaum eine Sanktionierung bei Übertreten der Vorschriften eintritt. Zu nennen sind hier zum Beispiel die Regelungen zum Fang von Schildkröten, die nicht nur durch nationales Gesetz, sondern auch durch das internationale CITES-Abkommen über den Handel mit bedrohten Tierarten geschützt sind, das 1978 von Panama unterzeichnet wurde (CITES 2001). Diese Vorschriften werden in Kuna Yala jedoch kaum respektiert, soweit festgestellt werden konnte, auch erfolgten bisher keine Versuche der Information der Bevölkerung bzw. Umsetzung dieser Regelung seitens staatlicher Behörden in der Comarca. Allerdings war im Rahmen einer grenzübergreifenden Initiative von Nicaragua, Costa Rica und Panama ohnehin für die gesamte Region festgestellt worden, dass in diesen drei Ländern, zwischen denen die Schildkrötenpopulationen migrieren, der Schutz unzureichend ist, da weder nationale Gesetze noch internationale Regelungen bisher dort Wirksamkeit zeigen (Lewis & Clark College 2005). Daher wurde 1998 ein gemeinsames Abkommen von Panama und Costa Rica unterzeichnet, das den

Schildkrötenschutz grenzübergreifend verbessern soll, jedoch ebenfalls in der Comarca bisher keine Auswirkungen hat.

Ähnliches gilt für die generellen Verbote der Extraktion von Korallen sowie von Fischen der Korallenriffe, die 1993 bzw. 1994 durch die staatliche Naturschutzbehörde per Erlass erfolgten (INRENARE in GUZMÁN et al. 2002). Der Langustenfang ist ebenfalls durch Mindestgrößen bzw. Mindestgewicht, eine Einschränkung der zugelassenen Fangtechniken (Ausschluss des Presslufttauchens) sowie ein Fangverbot eiertragender weiblicher Tiere und weitere Vorschriften in einem nationalstaatlichen Dekret reglementiert (República de Panamá 1981, in SPADAFORA 1999). Dieses wird in Kuna Yala jedoch, wie auch im übrigen Panama, nicht eingehalten. Weitere Regulierungen zur Fischerei durch staatliche Behörden gibt es mit Wirksamkeit für Kuna Yala nicht, so dass insgesamt festgestellt werden kann, dass die speziellen gesetzlichen Vorschriften zu marinen Ressourcen auf staatlicher Ebene für das Gebiet praktisch wirkungslos sind.

Staatliche Institutionen sind in Kuna Yala generell kaum von Relevanz, mit Ausnahme bestimmter Aspekte (z. B. dem Strafrecht, der Polizeiaufgaben oder der staatlichen Bildungs- und Gesundheitsversorgung). Für die Nutzung natürlicher Ressourcen sind nationale Gesetze jedoch weitgehend wirkungslos, und staatliche Behörden agieren in der Comarca nicht. Anders ist dies beispielsweise im Tourismussektor, in dem das panamaische nationale Tourismusinstitut IPAT versucht, Einfluss auf die touristische Entwicklung zu nehmen. Dies führte jedoch bereits zu erheblichen Konflikten zwischen der Behörde und den Kuna-Autoritäten, die sich an dem Ausmaß der anzustrebenden touristischen Entwicklung und dem Bemühen der Behörde, darauf Einfluss zu nehmen, entzündeten (BMU 2003). Aus der Sicht vieler Kuna wurde es angesichts dieser Konflikte daher in der Vergangenheit positiv bewertet, dass sich staatliche Organe wie die für marine Ressourcen zuständige Autoridad Marítima de Panamá oder die Naturschutzbehörde ANAM im Bereich der Ressourcennutzung nicht bzw. wenig aktiv in der Comarca engagierten (eigene Interviews).

Letztere hat allerdings seit Ende der 1990er Jahren an Einfluss in der Region gewonnen, indem sie einerseits am Management eines 1999 gesetzlich festgeschriebenen Naturschutzgebietes beteiligt ist, das als „Área Silvestre de Narganá" die gesamte Fläche des ersten der drei *corregimientos* mit über 1.000 km² umfasst (ANAM o. J.). Dieses Gebiet wird in Form eines Co-Management-Konzeptes von Naturschutzbehörde und Congreso General Kuna verwaltet und soll sich auch auf die marinen Lebensräume erstrecken, was jedoch bisher, soweit festgestellt werden konnte, keine praktische Relevanz hat. Neben diesem Schutzgebiet ist die Behörde seit wenigen Jahren auch im Rahmen des Programms des Corredor Biológico Mesoamericano del Atlántico Panameño (CBMAP) in der Comarca Kuna Yala tätig. Dieser Ansatz des Biologischen Korridors ist wiederum in ein zentralamerikaweites Konzept eines vernetzten Schutzgebietsystems eingebunden, und findet in Kuna Yala seine Umsetzung in kleinen Projekten zur Ressourcennutzung und Umweltbildung, mit dem Ziel, terrestrische und marine Ökosysteme effektiver zu schützen (im Jahr 2003 z. B. in 23 Projekten mit einem Volumen von über 200.000 US$ in Kuna Yala; La Prensa vom 22.6.2003).

Die Einwilligung der Kuna-Autoritäten zu diesem Programm erfolgte allerdings erst nach erheblichen kontroversen Diskussionen innerhalb des Congreso General und der Kuna-Organisationen (eigene Interviews mit Kuna sowie mit verschiedenen Projektleitern des Corredor-Biológico-Projektes bei ANAM). So war das Projekt 1998 zunächst auf der Generalversammlung abgelehnt worden, was mit unterschiedlichen Aspekten begründet wurde. Vor allem ist dabei die generelle Angst der Kuna vor einer Einflussnahme der staatlichen Behörde in der Region zu nennen. So waren die Mitarbeiter der NRO Napguana der Ansicht, ANAM solle kein Zugang zum Gebiet gewährt werden, da hinter den vordergründigen Projekten die Interessen der Behörde an der Kontrolle der natürlichen Ressourcen stünde. Trotz solcher Vorbehalte wurde das Programm schließlich doch im Jahre 1999 vom Congreso General gebilligt, so dass nun im Westteil der Comarca einzelne kleine Projekte zu nachhaltiger Landwirtschaft und zum Teil auch zu marinen Ressourcen in Kooperation zwischen ANAM und den Kuna-Autoritäten stattfinden. Dabei stellten die Kuna an die Genehmigung geknüpfte Bedingungen zu ihrer Beteiligung an den Aktivitäten der Projekte, worüber eine weit reichende Kontrolle durch die Kuna garantiert werden sollte. Der amtierende *secretario* des Congreso General begründete – ebenso wie befragte NRO-Vertreter – die erfolgte Genehmigung für ANAM mit einem pragmatischen Ansatz (eigene Interviews). Demnach sind die Kuna zwar generell nicht mit dem im Projekt vorgesehenen Zonierungskonzept von Nutzungszonen einverstanden, da dieses den traditionellen Praktiken der Landnutzung widerspreche und sie Einschränkungen fürchteten. Zugleich sei aber die finanzielle Unterstützung für die *comunidades* nützlich, so dass die Kuna das Projekt zu diesem Zweck, also der Generierung finanzieller Mittel, akzeptiert hätten. Zugleich erhoffen sich die Kuna auch die Unterstützung der Behörde bei der Grenzsicherung (Boletín Kika vom 1.10.2005).

Andererseits wird das Corredor Biológico-Programm dieser Behörde teilweise auch sehr kritisch gesehen, was zum einen die mangelnde Umsetzung der anspruchsvollen Projektziele betrifft, vor allem aber auch die Partizipationsmöglichkeiten der Kuna. So zitiert ARIAS (2005) verschiedene Mitarbeiter von NRO, die diesem Programm sowie auch dem generellen Handeln der Behörde in den indigenen Gebieten Panamas fehlende Berücksichtigung der lokalen Akteure und Interessen sowie auch des traditionellen ökologischen Wissens vorwerfen. Zwar wird die Partizipation einerseits in Projektdokumenten der Behörde sowie andererseits auch in elektronischen Kuna-Medien wie Kuna Yarki betont, und es finden häufige gemeinsame Sitzungen zwischen Kuna und ANAM auf lokaler oder regionaler Ebene statt, wobei inzwischen auch über die Einrichtung von Schutzzonen diskutiert wird (Boletín Kika vom 1.10.2005). Andererseits steht hinter der praktischen Kooperation zwischen Behörde und Kuna ein grundsätzlicher Konflikt zwischen Autonomierechten und Naturschutzgesetzgebung. Das Prinzip des Co-Managements ist in Panama bisher nicht auf normativer Ebene geregelt, wird jedoch von der Behörde ANAM praktiziert (Corredor Biológico Mesoamericano 2003), indem Vereinbarungen z. B. mit dem Congreso General Kuna getroffen werden. Problematisch ist aber die nach der Gesetzeslage kollidierende Entscheidungshoheit, die auch im Corredor Biológico-Programm von Beginn an ein Konfliktpunkt zwischen Kuna und ANAM war. Die Behörde ist nach dem 1998 erlassenen Umweltgesetz befugt, Entscheidungen über Umweltfragen und Naturschutzgebiete zu fällen (Ley General Del Ambiente: Ley No. 41, in VALIENTE 2002). Zwar sind die Indigenen im Umweltgesetz aufgrund der Intervention ihrer Organisationen in einigen Regelungen des Umweltgesetzes vertreten, so z. B. indem ihre Rechte und traditionellen Landnutzungspraktiken anerkannt werden, letztere müssen aber in umweltschonender Weise ausgeübt werden, wobei die nationalen Gesetze zu respektieren sind (VALIENTE 2002).

Außerdem enthält das Gesetz die Vorgabe, eine nationale Kommission einzurichten, in der die Regionen und Comarcas vertreten sind, und die Vorschläge an die Umweltbehörde richten kann. Problematisch ist dabei, dass diese Kommission lediglich einen konsultativen Charakter ohne Entscheidungsbefugnisse hat, so dass letztlich Partizipation, wie es auch in vielen anderen Fällen des Co-Managements der Fall ist, nur in Form von Konsultation und Information, nicht aber von gemeinschaftlicher Entscheidung der beteiligten Seiten besteht. Somit kollidieren die staatlich garantierten Rechte der Indigenen auf die Entscheidung über Ressourcennutzung und Entwicklung in ihren Autonomiegebieten mit dem Umweltrecht und letztlich auch mit Leitbildern, Zielen und Paradigmen staatlichen Handelns, da die Umsetzung der Naturschutzziele, wie sie ANAM formuliert, nur solange ohne Konflikte erfolgen kann, wie sie sich mit indigenen Interessen und Entwicklungszielen deckt. Sobald Differenzen zwischen den jeweiligen Interessen auftreten, indem zum Beispiel traditionelle indigene Ressourcennutzung in Naturschutzgebieten verboten wird (ARIAS 2005) oder eine traditionelle Nutzungspraxis als nicht konform mit staatlichem Recht deklariert wird, geht es um die Frage der Kontrolle über Territorium und Ressourcen. Dabei ist das Konzept des Co-Management *(co-manejo)* unter den heutigen gesetzlichen Rahmenbedingungen in Panama nicht kompatibel mit den indigenen Autonomierechten, weil sich die jeweils festgelegten Entscheidungskompetenzen widersprechen.

Die im Folgenden beschriebenen Umweltinstitutionen werden als *neo-traditionell* bezeichnet in Anlehnung an die von BERKES & FOLKE (1994) diskutierten neo-traditionellen Ressourcenmanagementsysteme. Hier wird der Begriff allerdings nicht für das gesamte Nutzungssystem verwendet, sondern nur für die einzelnen institutionellen Regelungen, die innerhalb des traditionellen Systems in jüngerer Zeit evoluiert sind und daher nicht als überliefert gelten können, jedoch auf dem traditionellen Institutionensystem mit seinen organisativen und sozio-politischen Strukturen basieren (vgl. Kap. 4.2). Dabei ist für Kuna Yala zur Unterscheidung zwischen traditionellen und neo-traditionellen Institutionen der Zeitaspekt allein nicht ausreichend zur Differenzierung, denn die ältesten traditionellen Regelungen der Meeresnutzung können kaum älter als 100 bis 150 Jahre sein, während neuere Vorschriften bereits aus den 1930er bis 1960er Jahren stammen. Es wird daher vor allem aufgrund zweier weiterer Aspekte eine Abgrenzung vorgenommen, nämlich einerseits der Form nach, die bei neo-traditionellen Institutionen entweder in schriftlicher Fixierung von Regeln vorliegt oder sich in organisatorischen Strukturen nach westlichem Vorbild äußert (Kommissionen, NRO, Projekte usw.), im Gegensatz zur oralen Überlieferung bei traditionellen Regelungen wie z.B. Tabus. Andererseits unterscheidet sich auch der Begründungszusammenhang der traditionellen Regelungen, die auf spirituell-mythologischer Basis fußen, was bei den neo-traditionellen Institutionen nicht der Fall ist. Überlieferte Regelungen beinhalten dabei zum Teil übernatürliche Sanktionen im Gegensatz zu den in rezenten Institutionen vorgesehenen Geldstrafen. In Kuna Yala ist bei diesen neo-traditionellen Regelungen besonders bemerkenswert, dass die meisten ohne direktes Mitwirken externer Akteure oder Organisationen entstehen bzw. externe Experten lediglich als Berater eingebunden werden, während die Kontrolle über den Schaffungsprozess der Institutionen sowie deren Ausgestaltung in Händen der Kuna-Organisationen und Gremien, wie dem Congreso General, liegt.

Einige generelle Prinzipien zur Ressourcennutzung sind in den Gesetzen, die sich die Kuna für ihre Comarca gegeben haben, niedergelegt (vgl. Kap. 4.2.3). So werden in der Verfassung der Kuna die natürlichen Ressourcen und die Biodiversität als schützenswerte Güter bezeichnet, die es nach den traditionellen Praktiken zu nutzen und zu bewahren gilt (wobei diese wiederum im Statut festgeschrieben werden sollen). Zugleich wird der Schutz der natürlichen Umwelt als eine der zentralen Aufgaben des Congreso General Kuna definiert (Abb. 20).

Weitere wichtige Paragraphen des Grundgesetzes umfassen eine Schonzeit für Langusten, eine Umweltverträglichkeitsprüfung bei umweltrelevanten Projekten und die Möglichkeit zur Ausweisung von Schutzgebieten durch den Congreso General. Detailliertere Regelungen finden sich im Statut, das in den Artikeln 190 bis 209 Aspekte der natürlichen Ressourcennutzung zum Inhalt hat. Zu marinen Ressourcen sind dabei vor allem die „rationelle Nutzung" der Ressourcen sowie die Genehmigung zur Nutzung jeglicher mariner Organismen vorgeschrieben. Letztere bedeutet, dass Fischer bei ihrer lokalen *comunidad* eine Erlaubnis einholen müssen, die wiederum vom Congreso General zu billigen ist. Bei Übertreten erfolgen Sanktionen bis hin zu Gefängnisstrafen; umgesetzt und kontrolliert wird das Verfahren durch das Personal der Kongress-eigenen Organisation Idiky (Instituto de Desarrollo Integral de Kuna Yala). Zugleich ist bei dem Verkauf mariner Organismen eine Abgabe von 0,01 US$/lb. an den Congreso General zu zahlen, und die Schonzeit für Meeresfrüchte wird im Statut auf sechs Monate festgeschrieben. Die Nutzung natürlicher

> **Ley Fundamental de la Comarca Kuna Yala**
>
> Art. 13: „Las atribuciones del Congreso General Kuna son: [...] Proteger y conservar los ecosistemas y establecer el uso racional de los recursos naturales [...]"
> („Die Aufgaben des Congreso General Kuna sind: [...] Die Ökosysteme schützen und erhalten und die rationelle Nutzung der natürliche Ressourcen gewährleisten [...]")
>
> Art. 43: „Los recursos naturales y la biodiversidad existentes en la Comarca Kuna Yala se declaran patrimonio del Pueblo Kuna. Su aprovechamiento, protección y conservación se realizarán como lo disponen las prácticas tradicionales establecidos en el Estatuto de la Comarca."
> („Die natürlichen Ressourcen und die Biodiversität der Comarca Kuna Yala werden als Erbe des Kuna-Volkes deklariert. Ihre Nutzung und ihr Schutz haben nach den traditionellen Praktiken zu erfolgen, wie sie das Statut der Comarca festlegt.")
>
> **Beispiele für in den Kuna-Normen festgelegte Instrumente des Ressourcenmanagements und des Umweltschutzes (Ley Fundamental und Estatuto de la Comarca Kuna Yala):**
>
> - Langustenschonzeit
> - Genehmigung zur Nutzung jeglicher mariner Organismen
> - Abgabepflicht bei kommerziellem Fang von Meeresfrüchten
> - Umweltverträglichkeitsprüfung
> - Ausweisung von Schutzgebieten durch den Congreso General
> - Schutz der Mangrovenwälder
> - Regelung der Abfallentsorgung
> - Verbot der Meeresverschmutzung
>
> (alle Auszüge übersetzt von der Verfasserin)

Abb. 20: In den formellen Kuna-Normen enthaltene Prinzipien und Instrumente des Ressourcen- und Umweltschutzes
Quelle: Eigene Zusammenstellung nach Congreso General Kuna (2001)

Ressourcen auf der Basis einer Finanzierung durch externe Akteure ist den Kuna generell nicht gestattet. Auch der Schutz der Mangrovenwälder ist im Gesetz verankert, sowie eine Regelung der Entsorgung von Abfällen. Danach sind nicht-natürliche Stoffe, wie Batterien, Metalle, Plastik usw. in sicherer Entfernung von der *comunidad* zu deponieren; die Verschmutzung des Meeres ist generell verboten und soll geahndet werden.

Wie sich im Zusammenhang mit den in Kap. 4.3 dargestellten Nutzungsmustern ergibt, weisen die gesetzlichen Regelungen einige Schwächen auf, die sich einerseits in unklaren

Vorgaben zur Geltung äußern sowie andererseits im Hinblick auf ihre Umsetzbarkeit in der Praxis. So ist nicht klar, ob die Abgabenregelung bei Verkauf von Meeresressourcen auch innerhalb der Gemeinden gelten soll; bisher wurde sie nur auf die Vermarktung von Langusten und anderen Meeresfrüchten über die externen Händler angewendet. Auch die Genehmigungspflicht ist nicht näher spezifiziert worden, wobei die Überwachung der Regelungen durch das Idiky-Institut zur Zeit der Feldarbeit noch kaum etabliert war. Vor allem die Vorschriften zur Kontamination und Müllentsorgung erscheinen wenig realistisch, da bisher keine Alternativen zur Müllentsorgung etabliert worden sind, so dass dem Einzelnen keine andere Möglichkeit bleibt, als den Hausmüll über das Meer zu entsorgen. Solange auf kommunaler oder regionaler Ebene für diese Problematik keine geeigneten Lösungsansätze entwickelt und umgesetzt werden, bleibt eine solche gesetzliche Regelung zahnlos und führt möglicherweise eher zur Schwächung des gesamten Gesetzeswerkes und seiner Akzeptanz in der Bevölkerung, da die gesamte Gemeinschaft kaum eine andere Wahl hat als gegen die eigenen Gesetze zu verstoßen. Auch die Maßgabe des traditionellen Wirtschaftens wird nicht näher spezifiziert und die Widersprüche zur aktuellen Praxis, zum Beispiel des Langustenfangs, nicht angesprochen. Der amtierende *secretario* des Congreso General konnte hierzu ebenfalls keine genaueren Angaben machen, außer der Vermutung, es sei wahrscheinlich die Subsistenz-Produktion gemeint (Interview durch Prof. J. Bähr, März 2002). Wie diese institutionellen Regelungen in Zukunft umgesetzt werden sollen und ob sie flächendeckend anwendbar sind, wird sich erst nach einiger Zeit zeigen. Bisher sind die Vorschriften zur Ressourcennutzung – mit den unten genannten Ausnahmen – eher als Absichtserklärungen und Leitlinien der Ressourcennutzung zu begreifen denn als konkrete Gesetze, deren Einhaltung überwacht und deren Übertreten sanktioniert werden kann. Zumindest reflektieren diese Regelungen aber den Versuch der Kuna-Gremien, die Probleme der Ressourcennutzung durch schriftlich fixierte, mit Sanktionen versehene Regelungen zu lösen.

Einige dieser Vorschriften sind dabei bereits als wirksam anzusehen, so die Abgabepflicht (in Bezug auf den Fang von Meeresfrüchten) und die Umweltverträglichkeitsprüfung. Letztere war zum Beispiel im Zusammenhang mit der Verlegung eines submarinen Fiberglaskabels zur Telekommunikation durch die Firma Cable & Wireless zu erstellen, bevor der Congreso General dieses Projekt namens ARCOS-1 im Jahr 2001 genehmigen konnte (La Prensa vom 26.4.2001).

Eine weitere bereits umgesetzte Regelung betrifft die Langustenschonzeit, die aus der Sicht mancher Kuna als eine der wichtigsten institutionellen Innovationen der letzten Jahre gelten kann. Diese Schonzeit (span. *veda*) wurde erstmals 1999 mit dreimonatiger Dauer von März bis Mai ausgerufen (vgl. KOSKUN 1999). Zuvor hatte es bereits mehrere Versuche einer Etablierung der Schonzeit gegeben, die aber fruchtlos blieben (Interview mit dem *secretario* des Congreso General), bis die Kuna-Organisation Osiskun sich für die Durchsetzung engagierte und zugleich bei der Implementierung und Kontrolle mitwirkte. Dabei sind inzwischen nicht nur Langusten, sondern auch sämtliche als *mariscos* bezeichneten Meeresfrüchte, also Krebse, Fechterschnecken und Tintenfische in das periodische, absolute Handelsverbot eingeschlossen. Die Überwachung der Einhaltung der *veda* sowie die Sanktionierung bei Nichteinhaltung (bis zu 100 US$ Geldstrafe nach La Prensa vom 24.3.2001) erfolgt auf kommunaler Ebene. Ausgenommen von dem Verbot ist der Fang für den eigenen Verbrauch. Auch den in der Comarca operierenden Hotels werden Ausnahmen zugestanden, da diese für die Versorgung ihrer Gäste in der Schonzeit Langusten ankaufen dürfen, obwohl dies formell nicht festgelegt ist (laut *secretario* des Congreso General).

Nach anfänglichen Anlaufschwierigkeiten mit häufigen Beschwerden seitens der Taucher und Zwischenhändler waren viele Befragte der Meinung, die Schonzeit sei im Jahr 2000 bereits weitgehend akzeptiert worden; bis heute soll sie sich weiter gefestigt haben (eigene Interviews; Mitteilungen per e-mail von Blas López der NRO Duiren 2006; CASTILLO & LESSIOS 2001). Inwiefern illegaler Handel während der Schonzeit stattfindet, ließ sich nicht feststellen. Zwar konnte auf Corazón de Jesús beobachtet werden, dass die *avioneta* des größten Aufkäufers auch in der *veda*-Periode weiterhin mehrmals pro Woche die *comunidad* anflog, doch soll der Händler lediglich Waren aus Panama-Stadt dort verkauft haben (eigene Beobachtungen und Interviews). Die auf der Insel befragten Taucher gaben an, dass sie gelegentlich Meeresfrüchte direkt an Touristenyachten verkaufen oder auch an den Hauptzwischenhändler der Insel, der in der Schonzeit einen um 1 US$ reduzierten Preis pro Pfund für Langusten zahlte, allerdings angeblich nur zu Versorgung seiner Hotelgäste. In der besonders auf Langustenfang konzentrierten Gemeinde Ogobsucum hingegen wurde berichtet, dass im Jahr 2000 viele Taucher noch immer illegal Langusten verkauften, da es keine ausreichende Kontrolle durch die lokalen Autoritäten gab und diese Taucher auch erheblich geringere Preise in Kauf nahmen, um überhaupt ein Einkommen zu erzielen. Dem *saila* des Dorfes zufolge gab es dort besonders heftige Proteste gegen die Regelung, und er hatte keine Möglichkeit, die Einhaltung zu kontrollieren und umzusetzen, so dass er ihre Wirksamkeit sehr skeptisch beurteilte.

Von Meeresbiologen wird das Instrument der Schonzeit für Langusten als ein wirksames Mittel zur Regenerierung der übernutzten Bestände angesehen (CASTILLO & LESSIOS 2001). Befragte Taucher berichteten zum Teil schon kurz nach der Einführung, dass sie den Eindruck hatten, es gäbe in den Riffen mehr Langusten, so dass sie meinten, einen positiven Effekt feststellen zu können (eigene Interviews). Auch wenn diese Beobachtungen idealisiert sein mögen, so zeigen sie immerhin die Bereitschaft der Befragten, der Schonzeit eine positive Auswirkung zu unterstellen, obwohl diese für sie selbst mit erheblichen Einschränkungen und Einkommenseinbußen verbunden ist. Auch manche Zwischenhändler standen der Regelung positiv gegenüber, während befragte Taucher hingegen zum Teil nicht mit der Maßnahme einverstanden waren und sich positive Effekte nicht vorstellen konnten (eigene Interviews). Ein von vielen befragten Nicht-Tauchern willkommener

Nebeneffekt der *veda* ist die verstärkte Beschäftigung der Langustentaucher in der Landwirtschaft, die in den drei Ruhemonaten nun nach Ansicht traditioneller Führer als Option für die Taucher interessanter wird (eigene Interviews; La Prensa vom 18.6.2003).

Eine weitere Gruppe von Regelungen lässt sich finden, die nicht in den jüngeren Gesetzen fixiert sind, sondern bereits seit längerer Zeit bestehen und jeweils in Reaktion auf technische Innovationen in der Ressourcennutzung entstanden sind. Darunter sind zum einen das Verbot der Dynamitfischerei zu nennen, das bereits kurz nach der Einführung dieser Technik durch die lokalen Autoritäten schon vor 1940 erlassen wurde (STOUT 1947). Zum anderen erfolgte eine ähnliche Reaktion des Congreso General auch in Form eines Erlasses, der den Einsatz von Scuba- oder Snuba-Techniken (also Systemen mit Pressluftversorgung) generell verbot, die versuchsweise zum Einsatz kamen (vgl. Kap. 4.3). Das Verbot soll den eigenen Interviews zufolge bereits zu Beginn der 1970er Jahre, also vor dem nationalstaatlichen Erlass, existiert haben (obwohl TICE 1995 dies auf die 1980er Jahre datiert). Beide Erlasse erfolgten relativ rasch nach Einführung einer neuen Fangtechnik und haben bis heute Bestand, denn nach wie vor existieren beide Techniken im Gebiet nicht. Das Verbot der Pressluftaucherei wird von Meeresbiologen als das effektivste Instrument zum Ressourcenerhalt in Kuna Yala gesehen, da es die Tauchtiefe auf ca. 20 m begrenzt (CASTILLO & LESSIOS 2001). Eine dritte Regelung, die in Folge technischer Neuerungen entstand und auf kommunaler Ebene durch die jeweiligen *sailas* der *comunidades* getroffen wird, ist das Verbot, in Inselnähe mit Netzen zu fischen. Nach Angaben des *sailas* von Tikantikki soll eine derartige Regelung erst in den 1970er Jahren beschlossen worden sein, nachdem zuvor dort keine Netze verwendet worden waren, auf anderen Inseln existierte es hingegen schon früher. Bei Übertreten dieser in den Kommunen getroffenen, nicht schriftlich fixierten Norm drohen Sanktionen durch den *congreso* des Dorfes bzw. den lokalen *saila*, meist in Form von Geldstrafen. Soweit in den Interviews ermittelt werden konnte, werden diese Regelungen weitgehend eingehalten. Ohnehin wäre ein Übertreten des Verbotes weithin durch die Dorfgemeinschaft erkennbar, und zudem bietet sich kaum ein nennenswerter Anreiz. Ausgenommen von dieser Regelung sind kleine Netze für den Sardinenfang, die auch unmittelbar am Inselufer eingesetzt werden dürfen.

4.4.3 Rezente Entwicklung neuer Organisationsstrukturen innerhalb der Comarca und Projektansätze

Betrachtet man die Entwicklung organisatorischer Strukturen des Ressourcenmanagements in Kuna Yala, so zeigt sich, dass die Kuna bereits seit mehreren Jahrzehnten über Erfahrungen in der Neuschaffung von Institutionen verfügen. Ein besonders prominentes Beispiel für diese eigene Entwicklung neuer Ansätze ist das Projekt Pemasky der Organisation AEK, das 1983 gestartet wurde und den Kuna international den Ruf einbrachte, als erstes indigenes Volk ein eigenes Naturschutzgebiet deklariert zu haben (BASTIDAS

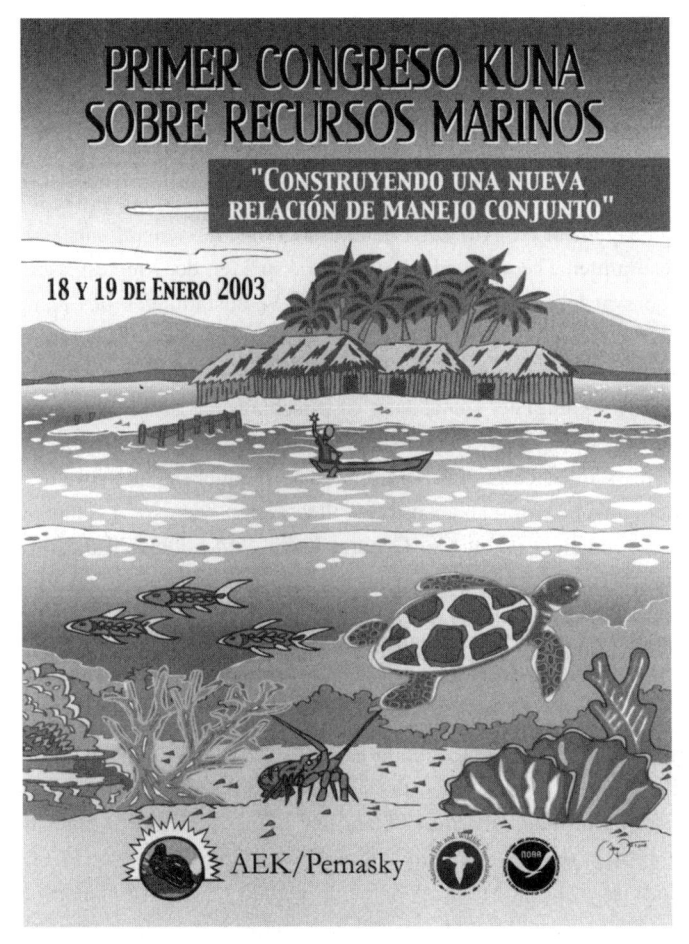

Abb. 21: Ankündigungsposter: „Erster Kuna-Kongress über marine Ressourcen: die Schaffung einer neuen Beziehung gemeinsamen Managements" (Übers. der Verf.), organisiert von der Organisation AEK/Pemasky, Panama
Quelle: BMU (2003), S. 53

LÓPEZ & SANTOS BAKER 1994). Im Südwestteil der Comarca hatte diese Organisation in Kooperation mit externen Wissenschaftlern, Organisationen und Geldgebern ein zunächst auf die Grenzsicherung, später auch den Naturschutz zugeschnittenes Projekt entwickelt, das sich dem Schutz des Regenwaldes an der landseitigen Grenze der Comarca widmete. Eine Fülle internationaler Publikationen, z.T. von Kuna-Autoren, beschreiben das Projekt unter Titeln wie „Conservation Kuna-Style" (BRESLIN & CHAPIN 1984, S. 26; ARCHIBOLD & DAVEY 1993) zunächst als hoffnungsvollen Lösungsansatz, der Naturschutz und indigene Rechte vereine. Spätere Publikationen dokumentieren jedoch das Scheitern dieses Ansatzes aus vielerlei Gründen, wobei weder die Verbindung aus westlich-wissenschaftlichem und traditionellem Wissen, noch die Übertragung externer institutioneller

Konzepte in den indigenen Kontext als gelungen angesehen werden (HOWE 1997; GONZÁLEZ 1997). Die Organisation AEK/Pemasky blieb bestehen und spielte weiterhin in Aspekten des Ressourcenmanagements eine wichtige Rolle in der Comarca, zum Teil auch zu Themen der marinen Ressourcen, hat sich inzwischen jedoch aufgelöst.

Daneben existieren weitere NRO und Kleinprojekte, deren Ziel ein verbessertes marines Ressourcenmanagement ist. Auf der Ebene des Congreso General entstanden Kommissionen zu bestimmten Themen, jedoch nicht zu Aspekten der Meeresressourcen, denen generell lange Zeit weder in Projekten noch auf Veranstaltungen des Kongresses Aufmerksamkeit zuteil wurde. Dies änderte sich auf der Ebene des Generalkongresses im Jahr 1995 mit der Gründung des eigenen Instituto de Desarrollo Sostenible (Institut für Nachhaltige Entwicklung) der Kuna, das sich verschiedenen Entwicklungsproblemen der Comarca widmen sollte. Zwar erhielt dabei die Beschäftigung mit terrestrischen Ressourcen und z. B. der Grenzsicherung noch immer ein erhebliches Übergewicht, doch waren immerhin kleine Projekte mit so anspruchsvollen Zielen wie experimenteller Langusten- und Fischzucht enthalten (Congreso General Kuna 1998). Obwohl diese Projekte von der EU finanziell gefördert worden waren, reichten die finanziellen und administrativen Kapazitäten nicht aus, um größere Erfolge zu verzeichnen und letztlich blieben die Ansätze weitgehend wirkungslos (eigene Interviews mit ehemaligen Projektmitarbeitern und Vertretern des Congreso General).

Erst in jüngster Zeit hat der Generalkongress ein spezielles Projekt zu marinen Ressourcen geschaffen, das „Proyecto de Gestión de Recursos Marinos de Kuna Yala", das von der spanischen Organisation der Entwicklungszusammenarbeit AECI finanziell gefördert wird. Dieses Projekt organisierte zum Beispiel einen Comarca-weiten „Congreso sobre Recursos Marinos en Kuna Yala" im September 2006 (Congreso General Kuna 2006). Auch Seminare der Umweltbildung speziell für Langustentaucher werden in diesem Rahmen veranstaltet (zu Ressourcenmanagement und Lebenszyklus der Art), wobei neben Kuna-Biologen ist auch die Naturschutzbehörde ANAM beteiligt ist (Kuna Yarki vom 20.5.2003). Außerdem finden unter dem Dach dieses Programms speziell auf Kinder zugeschnittene Umweltbildungsansätze Anwendung, die von der Umweltpädagogin Ilka Aris bereits seit über einem Jahrzehnt auf verschiedenen Inseln umgesetzt werden (vgl. Kuna Yarki vom 13.5.2006). Diese Workshops dienen zum Beispiel der Thematisierung des Ressourcenschutzes und der Müllverschmutzung und sollen zu lokalen Lösungsvorschlägen anregen, wobei auch traditionelle Mythen behandelt werden. Der Ansatz geht zurück auf einen von dem Biologen Jorge Ventocilla mit Kuna-Künstlern in den 1990er Jahren am Smithsonian Institute of Tropical Research entwickelten Projektansatz der Kunst- und Theaterworkshops für Kinder mit Umweltbildungsinhalten (eigene Teilnahme 1994; VENTOCILLA 2003).

Neben diesen auf der regionalen Ebene entstehenden Ansätzen existieren auch auf lokaler Ebene in den *comunidades* gegründete Initiativen, wie beispielsweise ein Projekt auf der Insel Digir (Tigre), die 2006 eine eigene „Area Marina Protegida", also ein marines Schutzgebiet, deklarierte (Boletín Kika vom 3.3.2006), wobei aber nicht festgestellt werden konnte, ob über das Verbot der Netzfischerei hinaus Regelungen erlassen wurden. Weitere Kleinprojekte auf lokaler Ebene, zum Teil mit Unterstützung von ausländischen NRO, widmen sich z. B. dem Schildkrötenschutz auf Corazón de Jesús. Die dortige Schülergruppe fand in der Presse Erwähnung, nachdem sie das Eiersammeln und den illegalen Schildpattverkauf durch zwei lokale Fischer vor dem *saila* angezeigt hatte (La Prensa vom 26.6.2006). Auch im Rahmen dieses Projektes werden Seminare zur Umweltbildung mit Fischern (speziell über Schildkröten) durchgeführt, wobei die lokale Initiative von der Carribbean Conservation Corporation (CCC) unterstützt wird.

Größere, zum Teil auf mehrere *comunidades* oder die gesamte Comarca zugeschnittene regionale Projektansätze werden von Kuna-Nichtregierungsorganisationen mit Basis in Panama-Stadt entwickelt und teilweise mit ausländischer Unterstützung bzw. Finanzierung umgesetzt. So entstand 1996 die erste speziell mit Meeresschutz befasste Organisation namens Osiskun in Panama-Stadt (eigene Interviews). Auch die ursprünglich mit terrestrischen Ressourcen befasste Organisation AEK/Pemasky hat ihr Tätigkeitsfeld inzwischen auf marine Ressourcen ausgedehnt und veranstaltete 2003 einen eigenen, ersten „Congreso Kuna sobre recursos marinos: construyendo una neuva relación de manejo conjunto", auf dem an einem integrierten Managementplan für Meeresressourcen gearbeitet werden sollte (vgl. Abb. 21). Dieser „Plan Ambiental Marino-Costero" entstand auf der Grundlage partizipativer Workshops, die im Jahr 2001 in einer Gemeinschaft von sechs Inseln, darunter auch Tikantikki, durchgeführt worden waren (mit Finanzierung durch die US-amerikanische National Fish and Wildlife Foundation; AEK/Pemasky 2003). Die dort erarbeiteten Managementvorschläge für eine weitere Regulierung der marinen Ressourcen beinhalten unter anderem folgende Punkte: Anwendung der gesetzlichen Vorschriften der Kuna-eigenen Gesetze und Umsetzung in kommunalen Regelungen, Stärkung des Umweltbewusstseins, angepasste Lösungen für Wasser- und Müllmanagement, Allianzen zwischen Organisationen auf nationalstaatlicher, lokaler und NRO-Ebene sowie weitere Forschungsprojekte. Während diese Forderungen in der Region nicht neu sind, bisher aber nicht oder kaum umgesetzt wurden, stellen die vorgeschlagenen Schutzzonen mit einem System von *guardarecursos marinos* und die Formulierung von Nutzungsregeln für Fischereizonen auf kommunaler Ebene für Kuna Yala innovative Ansätze dar.

Auch auf der Ebene der Ressourcenproduktion enthält der Plan Vorschläge dafür, wie an verschiedenen Punkten in der ökonomischen Entwicklung angesetzt werden soll, um den Druck auf Meeresressourcen zu vermindern. Dabei sind z. B. Studien zur Vermarktung von Meeresressourcen vorgesehen, die alternative Produkte aufzeigen sollen, sowie Ansätze zur Diversifizierung der Produktion, zur Organisation der lokalen Langustenproduzenten (Taucher) sowie zur Formulierung von Auflagen für Zwischenhändler. Ein Teil der Ansätze, die aus den partizipativen Workshops von AEK/Pemasky hervorgegangen sind, werden in anderen Regionen bereits erfolgreich im Ressourcenmanagement umgesetzt, z. B. im Südpazifik (H. GOVAN, elektron. Mitteilung 2003). Ob die erforderlichen finanziellen Mittel eingeworben werden können, die für die sechs Dörfer mit 1 Mio. US$ für einen Fünfjahreszeitraum veranschlagten werden, und ob die anspruchsvollen Ziele letztlich in die Realität umgesetzt werden, bleibt abzuwarten. Bemerkenswert ist hier, dass durch eine Organisation auf regionaler Ebene (Kuna Yala) gestützt durch eine lokale, in sechs Dörfern verankerte Organisation namens FUSPU ein eigener Management-Ansatz entwickelt wird, der zwar von externen Geldgebern finanziert werden soll und Berater des STRI (Smithsonian Institute of Tropical Research) für die wissenschaftliche Begleitung einbindet, in der Entwicklung und Umsetzung aber vollständig in den Händen von Kuna-Akteuren liegt. Bei gängigen Ansätzen sind es meist externe Organisationen und Akteure (NRO, Forschungsinstitute oder Behörden), die die Federführung in solchen Planungen und Projekten übernehmen, z. B. in Co-Management-Ansätzen (JENTOFT & WILSON 1998).

Auch maßgeblich von externen, nationalen bzw. ausländischen Organisationen in Kooperation mit der lokalen Bevölkerung und den Autoritäten durchgeführte Projekte existieren inzwischen in zunehmender Zahl. Dabei ist z. B. ein Projekt der Global Coral Reef Alliance (GOREAU ARANGO et al. 2005) bereits in einzelnen *comunidades* in der Umsetzung, das neben Umweltbildung auch an der Errichtung künstlicher Riffe sowie von Küstenschutzanlagen und Langustenhabitate bei Playon Chico arbeitet (La Prensa vom 23.9.2002). Auch die in Kiel ansässige Lighthouse Foundation, die sich neben der Umweltbildung zu marinen Ökosystemen einem Fischerei-Monitoring-Programm widmen will, ist in der Comarca aktiv geworden (Lighthouse Foundation 2004).

Auf wissenschaftlicher Seite sind hier zwei besonders relevante und in ihrer Art in der Region einmalige Projekte zu nennen, die sich mit der Kartierung des Gebietes befassen. So gab es in den Jahren zwischen 2001 und 2004 ein Projekt zur gesamten Kartierung der Comarca, von der es zuvor keine exakten Karten gegeben hatte, in Kooperation zwischen nationalen Behörden, dem Congreso General Kuna und der US-amerikanischen NRO Native Lands (mit dem Anthropologen Mac Chapin). Dabei wurde in einem gemeinschaftlichen Prozess an der Erstellung von Karten gearbeitet, die auch die landwirtschaftlich genutzten Flächen sowie die heiligen Zonen der *kalu* des Festlandes und der *birya* des Meeres zeigen sollten (CHAPIN 2006). Letztere wurden jedoch von der Kartierung ausgeschlossen, nachdem die in Panama-Stadt aufgewachsenen Kuna-Projektmitarbeiter erklärt hatten, solche Gebiete gäbe es nicht mehr. Wichtig ist dieses Projekt vor allem deshalb, weil es den Kuna für zukünftige Planungen, z. B. für Management-Ansätze natürlicher Ressourcen, eine geeignete Grundlage gibt. Die Kuna selbst erhoffen sich daneben auch eine Stärkung in den Landkonflikten der westlichen Comarca-Grenzen und setzen die Karten zugleich zur Stärkung der Identität in Schulen ein.

Parallel dazu führten Biologen und Kartographen ein erstmalig speziell auf marine Ökosysteme zugeschnittenes Forschungsprojekt zur Dokumentation von Riffstrukturen und Zustand der Korallenriffe mit modernsten Methoden in Kuna Yala durch (u. a. Satellitenbildauswertung, GIS-gestützte Kartierung). Diese Erhebung wurde 2001 durch Biologen des STRI in Kooperation mit der Kuna-Organisation AEK/Pemasky durchgeführt (mündl. Mitteilung Guzmán 2001; GUZMÁN et al. 2002; vgl. ANDRÉFOUËT & GUZMÁN 2005). Die in diesem Projekt gewonnenen Daten und Erkenntnisse liefern den Kuna wichtige Informationen über den Zustand der Korallenriffe und unterstreichen die Dringlichkeit eines angepassten Managements. Dabei machen die Autoren auch konkrete Vorschläge zur Lösung im Rahmen eines integrierten Managementplans. Wichtigster Bestandteil ist die Schaffung von acht Schutzzonen in den verschiedenen Abschnitten der Küste Kuna Yalas, in denen über ein Zonierungskonzept verschiedene Nutzungs- und Schutzkategorien definiert werden sollen. Auch die Verstärkung der Bemühungen in der Umweltbildung, vor allem mit Erwachsenen, sowie ein generelles Verbot der Extraktion von Korallen und Sand aus dem Meer und die Umsiedlung einiger *comunidades* auf das Festland (ohne genaue Nennung) werden vorgeschlagen. In Folge dieser Studie begann die Kuna-Organisation AEK/Pemasky mit der Umsetzung der Empfehlungen, zunächst durch die Erarbeitung des oben beschriebenen marinen Umweltplanes.

Zwei Trends lassen sich bei Betrachtung der wachsenden Zahl an Projekten ausmachen. Zum einen existieren im Vergleich zu 1994 heute vermehrt Projekte zu marinen Ressourcen, während es damals nur sehr wenige, lokal operierende Kleinprojekte gab, die zum Beispiel Fischereikooperativen oder Umweltbildung zum Ziel hatten und mit wenigen Ausnahmen kaum Wirkung zeigten. Hier scheint sich also ein allmählicher Wandel zu vollziehen, der Meeresressourcen inzwischen stärker in den Fokus rückt, nachdem sich die Aktivitäten zuvor vorwiegend auf den Schutz des Waldes und die Landwirtschaft konzentriert hatten. Zum anderen lässt sich feststellen, dass im Vergleich zu 1994 eine allmähliche Öffnung gegenüber der Beteiligung externer Akteure und Organisationen in Projekten eingetreten ist. Diese hat sich bis heute fortgesetzt, wie die im Internet dokumentierten, hier beispielhaft vorgestellten Projektansätze zeigen. Dies ist deshalb bemerkenswert, weil sich Kuna Yala lange Zeit der externen Beteiligung von Experten und Organisationen verschlossen hat und diese nur in Ausnahmen zuließ. Mitte der 1990er Jahre wurde die Kooperation mit externen Akteuren noch beschränkt und erheblich restriktiver gehandhabt als zuvor, was unter anderem dazu führte, dass das STRI seine Forschungsstation im Gebiet aufgeben musste.

Dieses Institut hatte über 20 Jahre hinweg meeresbiologische Grundlagenforschung in einer Forschungsstation im Westen Kuna Yalas betrieben, für die der Congreso General eine Monatspacht von 3.000,- US$ erhielt. Begründet wurde die Entscheidung seitens der Kuna mit der unzureichenden Einbindung von Kuna-Forschern bzw. Studierenden, der Extraktion von Meeresorganismen sowie der fehlenden Anwendungsorientierung für das Management mariner Ressourcen (Interview mit dem *secretario* des Congreso General). Auch Gerüchte über militärische Projekte oder kommerzielle Korallenentnahme spielten eine Rolle für diese Entscheidung (ALPER 1998; CHAPIN & JUTRO 1998). Obwohl das STRI-Institut die Kuna bereits seit 1925 während der Revolution unterstützte und später wichtige Projekte in Kooperation mit Kuna-Wissenschaftlern betreute, wuchs in den 1990er Jahren eine wachsende Front gegen das Institut, die sich auf dem Generalkongress im Juni 1994 in kritischen Diskussionen äußerte (eigene Teilnahme). Für das STRI war die Konsequenz des Entzugs der Forschungsgenehmigung, dass Langzeitbeobachtungen, die vor über 20 Jahren in den Riffen begonnen wurden und als wichtige Referenzbasis für die gesamte Karibik dienten, beendet werden mussten (ALPER 1998; vgl. SHULMAN & ROBERTSON 1996).

Der erzwungene Rückzug des STRI stellt jedoch auch aus der Perspektive mancher Kuna einen Verlust für die Region dar, wenn der entgangene Nutzen für die Kuna berücksichtigt wird. Trotz einiger vielleicht zutreffender Kritikpunkte, wie z. B. der mangelnden Anwendungsorientierung, hatte die Präsenz des Instituts in der Comarca einige positive Effekte, u. a. die Beschäftigung einzelner Kuna-Wissenschaftler wie A. Castillo, der zugleich Umweltbildungsseminare über Langusten durchführte. Die exzellenten wissenschaftlichen Möglichkeiten der Forschungsstation mit ihrem qualifizierten Personal hätten, nach der Aushandlung von Auflagen zur verstärkten Kooperation, Information und Anwendungsorientierung, zu einem hohen Nutzen für die Kuna führen können, z. B. bei der Erarbeitung von Managementplänen oder der Dokumentation von Umweltschäden in marinen Ökosystemen. Umfangreiche Bestandsanalysen oder permanentes Monitoring von Ökosystemen sind mangels finanzieller, technischer und personeller Kapazitäten in Kuna Yala bisher nicht durchführbar. Zumindest auf einer Projektebene hat sich aber inzwischen eine neue Form der Zusammenarbeit zwischen STRI und den Kuna ergeben, die sich in dem oben erwähnte Kartierungsprojekt zeigt.

Auch wenn bisher einige gesetzliche Vorschriften zur Regelung mariner Ressourcennutzung in Kuna Yala vorliegen und sich auf NRO-Ebene verschiedene Projekte mit Meeresschutz beschäftigen, bleiben doch Lücken in der institutionellen Gestaltung. So können z. B. neue Nutzungsmuster auftreten, die durch die Nachfrage seitens externer Aufkäufer angestoßen werden. Um 1999 war dies beispielsweise bei den Inseln um Cartí der Fall, als ein Aufkäufer große Mengen Seegurken ankaufen konnte, was von den lokalen *sailas* gebilligt worden war (eigene Interviews). Innerhalb eines halben Jahres sollen große Mengen dieser Organismen, die für den ostasiatischen Markt bestimmt waren, von den Kuna eingesammelt und verkauft worden sein, mit dem Effekt, dass lokal nach einigen Monaten kaum noch Seegurken existierten. Da die Ressource zuvor nicht genutzt wurde und sich ohne viel Aufwand einsammeln ließ, stellte diese Beschäftigung für manche Kuna eine attraktive Alternative zur Fischerei dar. Angeblich sollen auch die Generalcaciquen nach Bestechung den Handel toleriert haben. An dem Beispiel wird deutlich, dass die formellen Strukturen des Congreso General zu dem Zeitpunkt keine rasche Reaktion auf solche neue Nutzungen erlaubten, da erst auf einer Generalversammlung aller Dörfer über die Notwendigkeit neuer Regelungen debattiert werden konnte. Da diese jedoch nur zweimal jährlich stattfindet und das Congreso General-Büro in Panama-Stadt ansässig ist, verzögern sich Entscheidungsfindung und die Neuschaffung von institutionellen Regelungen bei akuten Problemen, obwohl die ständigen Kommissionen des Kongresses für eine Lösung von zwischenzeitlich auftretenden Fragen zuständig sind. Eine im Statut verankerte Vorschrift soll Vorkommnissen wie im Fall der Seegurken in Zukunft verhindern, da Aufkäufer, die neu in den Handel mit Ressourcen in Kuna Yala einsteigen wollen, nun zwingend eine schriftliche Genehmigung durch den Congreso General vorweisen müssen.

Bei anderen, sehr viel gravierenderen und umfangreicheren Ressourcenproblemen wie z.B. dem Langustenfang, musste erst eine Situation der perzipierten Knappheit eintreten, bevor zusätzliche Regelungen zur Begrenzung der Nutzung erlassen worden waren. Erst nachdem sich der bereits seit Jahrzehnten intensivierte Langustenfang in abnehmenden Beständen äußerte und dies allgemein in der Gesellschaft wahrgenommen wurde, fand der Congreso General mit der Langustenschonzeit ein angepasstes Instrument des Ressourcenmanagements. Hier erfolgte soziales Lernen also tatsächlich im Zusammenhang mit der perzipierten Knappheit einer Ressource, wenngleich die Bestände nicht soweit reduziert worden waren, dass von einer Krise gesprochen werden kann (vgl. Kap. 2.2).

Wieder andere Ressourcen und Nutzungsmuster erfahren bis heute keine angemessene Regelung, obwohl auch dort die Knappheit der Ressourcen von der Bevölkerung und insbesondere von Fischern und Autoritäten wahrgenommen wird. So gibt es bisher außer punktuellen Studien zur experimentellen Fischzucht und kommunalen Einschränkungen der Netzfischerei in Inselnähe keinerlei neue Regulierungen, die den Fischfang betreffen. Denkbar wären hier z.B. Mindestgrößen, Schonzeiten oder Schutzzonen; eine Kontrolle der Fangmengen hingegen erscheint unter den Rahmenbedingungen eher ungeeignet. Es existieren jedoch bisher weder eine Kommission des Congreso General zum Fischfang, noch detaillierte gesetzliche Vorschriften oder Erlasse dazu. Angesichts der in Kap. 4.3 geschilderten Abhängigkeit der Nahrungsmittelversorgung speziell in Bezug auf Proteine ist dies überraschend, vor allem angesichts der bereits seit Jahren von den Kuna perzipierten abnehmenden Bestände. Auch die Kontamination der marinen Ökosysteme durch Müll und Fäkalien, die an den Ufern der Inseln offensichtlich wird, ist zwar dem Gesetz nach verboten, doch gibt es bisher weder auf der Ebene des Congreso General noch in NRO oder in den Kommunen nennenswerte Ansätze zur Lösung dieser Probleme. Ein von der NRO Napguana in den 1990er Jahren entworfenes Projekt wurde nie umgesetzt

(Napguana 1993; eigene Interviews), und FORICHON (2002) beschreibt das Scheitern der Versuche, die auf Ustupu zur gezielten Müllbehandlung unternommen wurden (Sammeln, Verbrennen bzw. Vergraben und Kompostierung). Außer kleinen Projekten, die sich der Umweltbildung widmen und dabei für die Aufstellung von Mülleimern sorgen, gibt es bisher keine effektiven Ansätze. Vor allem fehlt es an einem umfassenden Konzept, das für die gesamte Region Alternativen zur Entsorgung von Hausmüll sowie von schädlichen Stoffen, wie Lacken, Säuren, Batterien usw. beinhaltet. Auch wenn inzwischen vielen Kuna das Problem der Müllentsorgung durch die wachsenden Mengen an sichtbarem Unrat in unmittelbarer Umgebung der Inseln bewusst ist, scheint dieses Problem doch keinen wichtigen Platz auf der Agenda der Kuna-Gremien und NRO einzunehmen.

Mindestens ebenso gravierend ist bisher der Mangel an institutionellen Regelungen und Strukturen zur Problematik der Riffzerstörung. Im Gesetz findet sich kein Niederschlag dieser Problematik, es existiert bisher keine Kommission des Congreso General und insgesamt rangierte auch dieser Aspekt lange nicht unter den wichtigsten von den Kuna-Gremien zu lösenden Problemen. Zwar haben die Kuna und der Congreso General nach Angaben von GUZMÁN et al. (2003) die Resultate dieser am STRI angesiedelten Forschergruppe zu den Ausmaßen der Korallenzerstörung in Kuna Yala akzeptiert und den Autoren zufolge einen Prozess des Bewusstseinswandel in Bezug auf den marinen Ressourcenschutz eingeleitet. Jedoch zeigt die Entwicklung seit 1994, dass auf Ebene des Congreso General und einiger NRO das Thema Riffschutz zwar inzwischen diskutiert wird, es aber noch immer in den Veröffentlichungen des Generalkongresses kaum eine Rolle spielt. Andere Themen, wie z.B. die Invasion der *colonos* im Festlandregenwald, die bilinguale Bildung, kulturelle und soziale Themen, Landwirtschaft sowie in jüngster Zeit auch die Drogenproblematik sind die in den elektronischen Newslettern des Congreso General in den letzten sechs Jahren mit großem Übergewicht vorherrschenden Themen (Jahrgänge 2000 bis Oktober 2006 der Reihen Kuna Yarki, Kuna Yala por Dentro, Boletín Kika).

Im Vergleich zu Problembewusstsein sowie institutionellen und organisativen Strukturen mit Bezug zu den terrestrischen Ressourcen ist festzustellen, dass die Entwicklung solcher nicht-traditionellen Institutionen für marine Ressourcen erst sehr viel später eingesetzt und noch immer keinen vergleichbaren Stellenwert in der Comarca erlangt hat, was zum Beispiel angesichts der umfangreichen Projektansätze, NRO und Kommissionen bis hin zum eigenen Naturschutzgebiet der Kuna in den letzten drei Jahrzehnten deutlich wird. Zu bemerken ist dabei, dass die Kuna-Autoritäten bereits seit Jahrzehnten von externen Wissenschaftlern auf die Problematik der Riffzerstörung und die möglichen gravierenden Folgen für das Leben auf den Koralleninseln hingewiesen wurden, diese Warnungen aber ungehört verhallten und somit nicht an der Entwicklung von adäquaten Lösungsansätzen gearbeitet wurde (vgl. GUZMÁN et al. 2002). Einzelne traditionelle lokale Autoritäten waren sich dabei der Problematik durchaus seit längerem bewusst. So versuchte z. B. der 1994 befragte Generalcacique Leonidas Valdez, das Konzept eines Meeresschutzgebietes in der Comarca vorzuschlagen, womit er allerdings kein Gehör fand. Er sah vor allem auch die Problematik der Riffzerstörung als dringliches Problem an, für das es Lösungen zu finden gelte, konnte sich jedoch gegenüber den anderen *caciques* und der Generalversammlung nicht durchsetzen. Auch ein integrierter Gesamtplan des Ressourcenmanagements für die Comarca wird zwar bereits seit 20 Jahren diskutiert, ist bisher aber noch nicht umgesetzt worden (BMU 2003).

Erst in jüngster Zeit scheint sich eine vermehrte Beschäftigung mit dem Thema des Riffschutzes abzuzeichnen, was sich beispielsweise in der Genehmigung verschiedener Projekte ausländischer Organisationen sowie auch des STRI äußert. Diese Projekte haben bisher allerdings vorwiegend Umweltbildungs- und Forschungscharakter, während es nach wie vor an umfassenden regionalen Plänen zur praktischen Lösung der Probleme mangelt. Vor allem die Umsiedlung der Inseldörfer auf das Festland, die für einige schon heute häufiger von Überschwemmungen betroffene *comunidades* besonders dringlich ist, stellt ein Problem dar, das bisher nicht durch die Kuna-Gremien in Angriff genommen worden ist, obwohl Zeitungsberichten zufolge nach Angaben von Klimatologen zahlreiche Inseln Kuna Yalas in den nächsten 50 Jahren unbewohnbar werden sollen (Crítica Libre vom 20.3.2001). Einzelne Gemeinden haben in eigenen Projekten Umsiedlungsversuche unternommen, wie beispielsweise Playon Chico (Ukupseni), das allerdings bereits in den 1990er Jahren mit dem Versuch einer Neugründung auf dem Festland scheiterte, obwohl die neue Siedlung sogar mit einer Brücke mit der Heimatinsel verbunden werden sollte (eigene Beobachtung, eigene Interviews).

In einem Zwischenfazit lässt sich festhalten, dass sich insbesondere in den letzten ca. zehn Jahren eine Fülle neuer institutioneller Strukturen in Kuna Yala entwickelt hat, die sich einerseits in Form neuer, schriftlich fixierter Normen niederschlagen, sowie andererseits in Organisationsformen wie Nichtregierungsorganisationen, lokalen oder regionalen Projekten. Dabei finden sich in vielen der neuen Institutionen organisative Strukturen nach externem, westlichem Vorbild (NRO, Projekte), und bei den gesetzlichen Regelungen ist ebenfalls festzustellen, dass sie in Form, Inhalt und Sanktionsmöglichkeiten einem nichttraditionellen, externen Muster folgen. Als Beispiele wären hier die Langustenschonzeit oder die Umweltverträglichkeitsprüfung zu nennen. Die Evolution dieser neo-traditionellen Regelungen ist dabei im Zusammenhang mit einem sich generell im Gebiet bereits seit Jahrzehnten vollziehenden Prozess zu sehen, der von Howe (1974) als zunehmende Institutionalisierung und Expansion beschrieben wurde. Demnach erfuhren die traditionellen administrativen und politischen Strukturen innerhalb der *comunidades* wie auch auf Ebene der gesamten Comarca eine stetige Ausdehnung der Ämtervielfalt, eine zunehmend formalisierte Organisation kommunaler Aufgaben sowie eine Verschriftlichung von Regelungen. Auch die Informationsübermittlung, Festlegung von Sanktionen und andere Aspekte des gesellschaftlichen Lebens sind demnach bereits seit vielen Jahrzehnten von diesem Prozess gekennzeichnet. Im Zuge dessen vollzieht sich auch in Bezug auf die Regulierung der Meeresnutzung eine analoge Entwicklung, die sich in den relativ neuen, verschriftlichten Handlungsnormen in Kuna Yala manifestiert.

Bei der Neuschaffung der Institutionen werden neue, nicht-traditionelle Paradigmen der Nutzung und des Schutzes von Natur und Ressourcen eingewoben. So finden sich nicht nur in Programmen, Projekten und Statements der NRO sowie des Congreso General zunehmend Begriffe wie Nachhaltigkeit, Biodiversität, Ressourcen- oder Naturschutz. Auch in den Comarca-eigenen Gesetzen sind diese Konzepte zum Teil als Leitlinien der Entwicklung, zum Teil als konkrete Aufgaben der Congreso General-Vertreter, aufgeführt (Ley Fundamental; Estatuto). Diese Konzepte werden in Kuna Yala bereits seit den 1970er Jahren diskutiert, als Organisationen wie Pemasky begannen, sich dem Naturschutz zu widmen, und so ist es heute nicht ungewöhnlich, wenn ältere *sailas* von Biodiversität oder nachhaltiger Entwicklung sprechen. Diese Konzepte haben sich dabei ausgehend von einigen wenigen Projektmitarbeitern mit universitärem Hintergrund, die als *cultural brokers* agierten, als Innovation inzwischen verbreitet, zumindest in den NRO, auf Ebene des Congreso General, aber auch zum Teil in den *comunidades* und bei den lokalen Führern.

Dabei werden diese neueren Begriffe verwoben mit traditionellen Konzepten, wenn z. B. das Konzept von Naturschutzgebieten mit dem *kalu*-Konzept der Kuna verglichen wird. Nach Ansicht von *sailas* und anderen älteren Personen sowie zum Teil auch von NRO-Mitarbeitern handelt es sich also nur um einen neuen Begriff, der von außen eingeführt wird, aber dem Prinzip nach einem *kalu* vergleichbar ist (eigene Interviews). Zugleich begründen die lokalen Autoritäten die Offenheit der Gesellschaft gegenüber neuen Konzepten wie der nachhaltigen Entwicklung mit einem traditionellen Prinzip der Offenheit der Kultur, die bei aller Verschlossenheit nach außen doch aufgrund der mythologischen Lehren des *Tad Ibe* offen für neue Ideen zu sein habe (eigene Interviews; CHAPIN 1991). Auch die transnationalen indigenen Netzwerke und Identitäten spielen hier eine Rolle. Einzelne Kuna-Akteure sind in diesen Netzwerken der indigenen Organisationen auf lateinamerikanischer, kontinentaler und auch globaler Ebene aktiv und beteiligen sich an Diskursen nicht nur über indigene Identität, sondern auch über das indigene Mensch-Umwelt-Verhältnis unter sich wandelnden Rahmenbedingungen. So finden seit den 1990er Jahren regelmäßige lateinamerikaweite indigene Naturschutzkongresse statt, nachdem ein erster derartiger Kongress im Jahr 1989 durch die Kuna-Organisation AEK/Pemasky organisiert worden war (BASTIDAS LÓPEZ & SANTOS BAKER 1994). Diese bieten eine wichtige Plattform für die Diskussion über den Umgang der Indigenen mit ihrer natürlichen Umwelt und über die aktuellen Ressourcenprobleme.

Aus diesen Diskursen werden wiederum Konzepte und Ideen, z. B. zum Thema Nachhaltigkeit und Biodiversität, zurück in die Gemeinschaft transportiert und dort verbreitet.

Auch die transnationale indigene Identität spielt dabei eine Rolle, da ein wichtiger Bestandteil dieser Identität das spezifisch indigene Mensch-Umwelt-Verhältnis ist, das als eines der wesentlichen Identifikationsmerkmale gilt. Zwar sind manche der Teilnehmer an indigenen Naturschutzkongressen in der Stadt aufgewachsen und kennen sich selbst wenig mit der Praxis der Landwirtschaft und der Mythologie aus, doch tragen sie durch ihre Arbeit zu einer Stärkung des nach innen wie nach außen gespiegelten Bildes eines harmonischen Lebens der Indigenen mit der Natur bei und festigen dies. Wie sich angesichts der aktuellen Ressourcenproblematik zeigt, kann dieses Bild durchaus im Widerspruch zum konkreten Umwelthandeln der Menschen stehen.

Was angesichts der von vielen Kuna betonten großen Bedeutung der traditionellen Kultur eher überrascht, ist das Fehlen jeglicher Ansätze zur Reaktivierung der traditionellen Ressourcenregelungen. Wie Kapitel 4.4.1 gezeigt hat, existieren noch immer eine Fülle von Regelungen, die sich zwar einer schwindenden Akzeptanz gegenüber sehen, aber der Bevölkerung noch immer bekannt sind. Bisher gibt es jedoch keinerlei Versuche, diese traditionellen Institutionen bewusst zu stärken oder zu fördern, mit Ausnahme der Umweltbildungsprojekte, in denen diese Regeln zum Teil thematisiert werden. In anderen regionalen Zusammenhängen existieren bereits solche Versuche der Verbindung traditioneller und moderner Institutionen und der Reaktivierung von traditionellen Schutzzonen (TIRAA 2006; vgl. CAILLAUD et al. 2004). Insbesondere in Kuna Yala mit der noch vorhandenen sozio-kulturellen Struktur und dem institutionellen Rahmen könnte dies ebenfalls ein geeigneter Ansatz sein. So schlägt der Kuna-Autor und Theologe Aiban Wagua, der sich als einziger Befragter bisher mit dieser Idee beschäftigt hatte, vor, das Konzept der *birya*-Schutzzonen zu revitalisieren (eigene Interviews). Solche Ansätze könnten trotz der schwindenden Bedeutung und Kenntnis spiritueller Inhalte greifen, da die Struktur und die Begrifflichkeiten solcher Regelungen der Bevölkerung eher bekannt sind und sich daher möglicherweise größerer Akzeptanz erfreuen als von außen übernommene Konzepte. Beispielsweise spielte die sprachliche Form eine bedeutende Rolle bei der zunächst erfolgten Ablehnung des Corredor Biológico, da vor allem ältere Kuna mit dem Begriff *corredor* eine neu gebaute Autobahntrasse in Panama-Stadt assoziierten und ablehnend reagierten. Ein interessanter Ansatz wäre es, die beschriebenen traditionellen Institutionen mit nutzungsbegrenzendem Effekt daraufhin zu untersuchen, wie sie unter den sich verändernden Rahmenbedingungen und in der sich wandelnden Gesellschaft sinnvoll gestärkt oder revitalisiert werden könnten, um somit die Akzeptanz und Wirksamkeit dieser Regelungen zu erhöhen.

5 Die nördliche Moskitia-Küste Nicaraguas

5.1 Der Untersuchungsraum

5.1.1 Naturräumliche Grundlagen

Die Moskitia-Küste, auch Mosquitia oder Mosquito-Küste genannt, erstreckt sich nach einer weit gefassten Definition über die gesamte Küstenebene zwischen Nicaraguas südöstlicher Grenze zu Costa Rica am Río San Juan bis an den Río Tinto in Honduras (vgl. NIETSCHMANN 1973). Sie lässt sich im engeren Sinne aber auch als das Siedlungsgebiet des Volkes der Miskito begreifen, dessen südliche Ausdehnung durch die nördlich von Bluefields gelegene Pearl Lagoon begrenzt ist (vgl. DODDS 2001). Innerhalb Nicaraguas und in Publikationen hat sich der Begriff der „Costa Atlántica" durchgesetzt, der sich auch in der Bezeichnung der beiden administrativen Einheiten RAAN und RAAS (Región Autónoma del Atlántico Norte bzw. Sur) widerspiegelt. Der Ausschnitt der Moskitia, der für die vorliegende Arbeit als Untersuchungsraum ausgewählt wurde, erstreckt sich auf den nördlichen Teil der Küste der RAAN, also ein Gebiet, das durch den Río Coco und die Grenze zu Honduras im Norden bei ca. 15° nördlicher Breite sowie durch die Regionalhauptstadt Bilwi (ehemals Puerto Cabezas) im Süden (14° Nord) begrenzt wird und nahe des 83. Längengrades liegt (Abb. 22). Auf die südlicheren Küstenabschnitte und die gesamte RAAS wird nur am Rande eingegangen.

Der Naturraum des Untersuchungsgebietes stellt sich als eine ausgedehnte Küstenebene dar, die kaum Erhebungen aufweist und sich zum Teil bis zu 140 km landeinwärts erstreckt (INCER 2000). Klimatisch liegt die gesamte nördliche Atlantikregion RAAN in der Zone des ganzjährig heißen, tropischen Regenklimas mit einer kurzen Trockenzeit, wobei die Durchschnittstemperaturen um 28° C betragen (bei Höchstwerten bis zu 39,5° C, vgl. INETER 2005). Die Niederschläge erreichen hier nicht die hohen Werte der südlichen Atlantikregion RAAS von über 5.000 mm jährlich, sind jedoch mit ca. 3.000 mm bei Bilwi (Puerto Cabezas) auch in der RAAN vergleichsweise hoch (INETER 2006). Die Region ist durch ihre Lage in der Zugbahn von Hurrikanen besonders gefährdet, wobei die Häufigkeit von Hurrikanen im Nordosten der RAAN, also im Gebiet um Bismuna und das Cabo Gracias a Dios, wo die Feldforschung für die vorliegende Studie durchgeführt wurde, am höchsten ist. RODRÍGUEZ (2000) gibt die statistische Wahrscheinlichkeit eines Hurrikans nach Daten der letzten ca. 100 Jahre mit einem Hurrikan pro Dreijahreszeitraum für Cabo Gracias an. Besonders Hurrikan Mitch, der im Oktober 1998 mit Windgeschwindigkeiten von über 285 km/h auf die Küste von Honduras traf, bewirkte durch die Niederschläge von 250 bis 300 mm innerhalb einer Woche (bzw. 780 mm im Monat Oktober) großflächige Überschwemmungen an der gesamten Küste der RAAN (INETER 1998), obwohl die größten Zerstörungen und Opferzahlen aus dem Westen des Landes gemeldet wurden (vgl. MINKNER-BÜNJER 1999; SANDNER 1999a). Die Gefährdung der Bevölkerung durch Starkwinde liegt dabei meist weniger in der unmittelbaren Zerstörung

Die nördliche Moskitia-Küste Nicaraguas 221

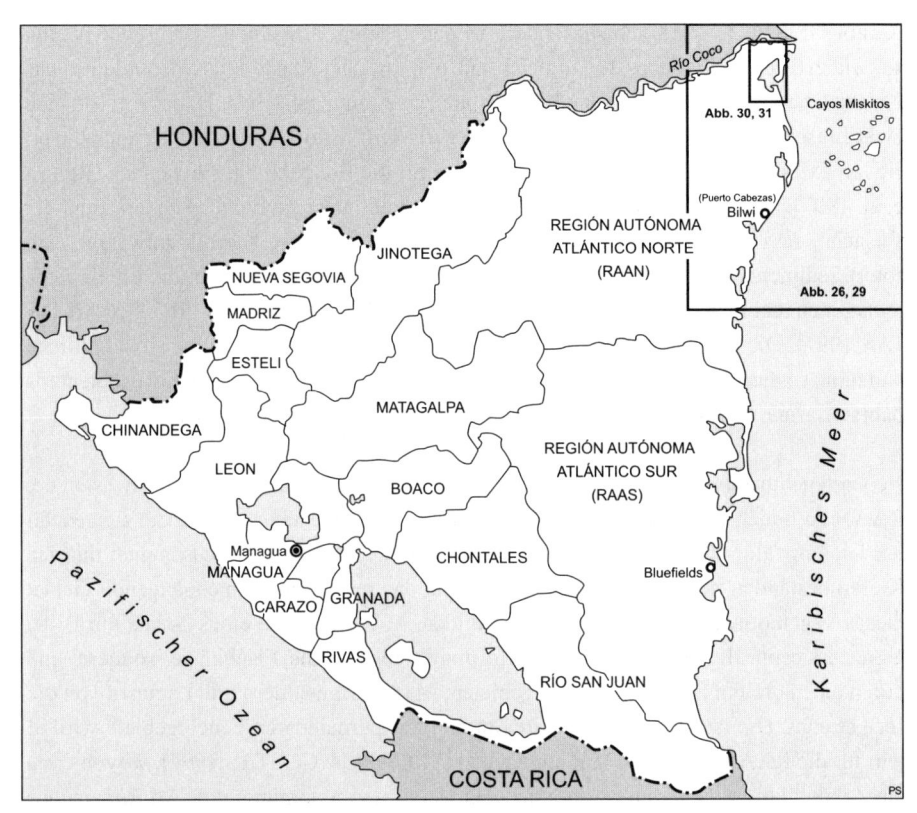

Abb. 22: Übersichtskarte von Nicaragua mit den autonomen Atlantikregionen RAAN und RAAS
Quelle: Eigener Entwurf

von Gebäuden als in den großflächigen Überschwemmungen des Tieflandes, der darauf folgenden Bodenerosion und dem Verlust von landwirtschaftlichen Pflanzungen sowie der Zerstörung der Verkehrsinfrastruktur (vgl. INCER et al. 2000). Allerdings können auch Hurrikanereignisse eintreten, die Siedlungen und Infrastruktur unmittelbar zerstören, wie z. B. Hurrikan Joan, dem 1988 in der Region um Bluefields und die Corn Islands in der südlichen Atlantikregion 95 % sämtlicher Gebäude zum Opfer fielen (NIETSCHMANN 1989).

Daneben sind manche Küstensiedlungen von starken Küstenerosionsprozessen betroffen, was insbesondere auf solche Dorfgemeinschaften zutrifft, die auf den schmalen Festlandstreifen zwischen Meer und lagunären Wasserkörpern angesiedelt sind und zum Teil bereits umsiedeln mussten (ETP 1993). Saisonale Überschwemmungen stellen ein häufiges Ereignis in der Region dar, das aufgrund der hohen Niederschlagsmengen und der geringen Geländeneigung vor allem in der von Mai bis Januar dauernden Regenzeit häufig eintritt, in den letzten Jahrzehnten noch verstärkt durch die Abholzung von Waldflächen

(CARDENAL SEVILLA 2000). Insbesondere in der näheren Umgebung der größeren Flüsse, wie z. B. des Río Coco, der zugleich mit 680 km der längste Fluss Zentralamerikas ist, entstehen saisonal bis zu 8 km breite Überschwemmungsflächen. Dabei ergeben sich zwar Einschränkungen für Verkehr und Landwirtschaft, jedoch sind zugleich auch die positiven Effekte der Nährstofffrachten der Flüsse für die Bodenbildung zu nennen (RIVERA et al. 1997). Allerdings sind die hydrologischen Verhältnisse problematisch aufgrund der Tatsache, dass das nicaraguanische Territorium zu 90% in die Karibik entwässert und somit Sediment- und Schadstoffeinträge aus entfernten Regionen bis in die Flüsse, Küstenlagunen und Feuchtgebiete der Moskitia erfolgen (INETER 1995 in PROARCA/COSTAS 1997). Die Böden der Region eignen sich nur zum Teil für die landwirtschaftliche Nutzung, so die alluvialen Böden in Flussnähe (FADCANIC 2001), während größtenteils nährstoffarme, kaum landwirtschaftlich nutzbare Lateritböden vorherrschen.

Neben feuchttropischem Regenwald, der entlang des Río Wawa und im Nordwesten der RAAN zu finden ist, sind weite Teile der nördlichen Küstenebene durch die ausgedehnten Kiefernwälder bestimmt (*Sábana Miskita*, vgl. INCER 2000), die zusammen mit den Kiefernbeständen der honduranischen Moskitia das größte zusammenhängende Gebiet dieses Vegetationstyps in Zentralamerika bilden. Mit Ausnahme eines Areals um Bilwi grenzen sie im allgemeinen jedoch nicht unmittelbar an die Flachküste, sondern sind durch einen breiten Saum von Feuchtgebieten, Mangrovenwäldern und Lagunen von dieser getrennt. Die Ausdehnung der temporären bzw. permanenten Feuchtgebiete wird allein für die RAAN mit 3.400 km² angegeben (PROARCA/COSTAS 1997), wovon circa ein Zehntel von Mangrovenwäldern bedeckt ist, als deren dominierende Art *Rhizophora mangle* neben vier weiteren Arten auftritt (MARENA o. J.). Die Anzahl der Küstenlagunen differiert in den Literaturangaben zwischen 10 (RYAN et al. 1993) und 29 (INETER 2006). Insgesamt erstrecken sich diese Lagunen über eine Fläche von ca. 500 km², wobei die mit Abstand größte Lagune der RAAN die Laguna de Bismuna mit einer Ausdehnung von 156 km² ist; nur in der RAAS existiert mit Pearl Lagoon eine größere Lagune an der Karibikküste Nicaraguas. Durch die zahlreichen Verbindungen zwischen den einzelnen Lagunen und Flüssen ergibt sich ein ausgedehntes System von Wasserflächen, in denen sich terrestrische, fluviale und marine Einflüsse überlagern, da die Lagunen einerseits durch Flüsse und den Abfluss von terrestrischen Flächen gespeist werden, andererseits aber durch die Verbindung zum Meer unter dem Einfluss von Seewasser, von marinen Organismen sowie von Meeresströmungen stehen.

Dieses komplexe System prägt Siedlungsmuster und Wirtschaftsweise der Miskito-Bevölkerung in entscheidender Weise, erfüllt daneben aber auch verschiedene bedeutsame ökologische Aufgaben. So sind neben der Funktion als Sedimentfalle, die Feucht- und Mangrovengebiete sowie Lagunen ausüben, und der hohen ökologischen Produktivität auch die Funktion als Habitat für zahlreiche Tierarten bzw. deren juvenile Stadien zu nennen (PROARCA/COSTAS 1997). Auch für die von der IUCN (The World Conservation

Die nördliche Moskitia-Küste Nicaraguas

Union) als gefährdet eingestuften Populationen der Seekuhart *Trichechus manatus* (Manati, vgl. Sirenia Specialist Group 1996) stellen die Lagunen zum Teil noch einen wichtigen Lebensraum dar, insbesondere die Lagune von Bismuna (eigene Befragungen und Beobachtungen, vgl. ESPINOZA 2004). Dabei variieren nicht nur die Tiefe der Lagunen in der Region, sondern auch die jeweiligen Salinitäts- und Turbiditätsverhältnisse, zum Teil mit jahreszeitlichen Schwankungen, was wiederum Auswirkungen auf die Tierpopulationen und deren Nutzung hat. Die Lagunen entwässern in das Karibische Meer – meist durch einen Zugang mit vorgelagerten Sandbarren, die zum Teil die Erreichbarkeit aufgrund der mangelnden Wassertiefe erheblich erschweren.

An die Sandstrandzone der kaum Buchten aufweisenden Flachküste, die sich in der RAAN über 250 km Länge in Nord-Süd-Richtung erstreckt, schließt sich das offene Meer mit einer Schelfzone an, die als die größte ihrer Art in Zentralamerika gelten kann (RYAN et al. 1993). Dieses flache Schelfmeer mit einer durchschnittlichen Tiefe von 30 m verfügt zugleich über die umfangreichste Ausdehnung von Seegraswiesen in der westlichen Hemisphäre, die wiederum einen wichtigen Lebensraum für verschiedene Arten der gefährdeten Meeresschildkröten darstellen. Auch ausgedehnte Korallenriffe erstrecken sich an der Küste, größtenteils in Entfernungen von mehr als 15 km, wobei die höchste Konzentration von Riffen um die Cayos Miskitos festzustellen ist, eine Gruppe von 80 bis 100 Korallenbänken und -inseln (PROARCA/COSTAS 1997). Diese in ca. 50 km Entfernung von Bilwi (Puerto Cabezas) und ca. 30 km vor der Küste bei Sandy Bay liegenden Inseln und Bänke weisen ausgedehnte Barriereriffe und zahlreiche kleinere Riffkomplexe (vgl. JAMESON 1998), sowie auch Seegraswiesen und Mangrovenbestände auf. Somit ist das Gebiet um die Cayos Miskitos aufgrund der naturräumlichen Ausstattung zum einen ein wichtiger Wirtschaftsraum für Fischerei, Langusten- und Schildkrötenfang für die Miskito, zugleich steht es aber auch als „Area Protegida Costa Miskita", die sich bis in den Küstensaum hinein erstreckt (vgl. 5.3.3), durch die nationale Gesetzgebung unter Schutz. Aus ökologischer Sicht wird der Wert dieses Gebietes aufgrund der hohen Biodiversität und der Größe der zusammenhängenden Ökosystemkomplexe als sehr hoch eingestuft, was in ähnlicher Weise auch für die gesamte Küstenregion der beiden Atlantikregionen gilt (MARENA/UNEP 1999). Diese erfüllt trotz der zum Teil zu beobachtenden Ressourcendegradation noch immer wichtige ökologische Funktionen, unter anderem als Rückzugsraum und Landbrücke für bedrohte Tierarten der terrestrischen Systeme einerseits, wie den Jaguar, sowie andererseits aufgrund der ausgedehnten marinen Ökosystemkomplexe für bedrohte Tierarten der marinen Systeme.

5.1.2 Abriss der historischen Entwicklung: Das Volk der Miskito im Spannungsfeld wechselnder Interessen und Einflüsse

Die Moskitia-Küste stand seit dem Beginn der europäischen Kolonisierung der Neuen Welt im Spannungsfeld verschiedener Interessen und Machtkonstellationen. Dabei geriet sie aufgrund der natürlichen Ressourcen in verschiedenen Phasen in das Blickfeld europäischer sowie nordamerikanischer Interessen und Akteure. Zugleich war sie aber auch Ausgangspunkt der Entstehung einer neuen ethnischen Gruppe, der Miskito, die sich erst im Kontakt mit den kolonialen Gesellschaften aus der Vermischung zwischen Indigenen und Zugewanderten vollzog. Dieses Volk entging dem Schicksal vieler anderer indigener Völker Zentralamerikas, indem es nie kolonisiert und unterworfen wurde, sondern im Gegenteil seinen Einflussbereich zeitweilig auf andere Völker und Regionen ausdehnen konnte. Während in englischsprachigen wissenschaftlichen Veröffentlichungen der jüngeren Zeit meist der Begriff „Miskitu" verwendet wird, der am ehesten der indigenen Ausspracheweise entspricht (vgl. HOWARD 1993; DENNIS 2004), wird hier die Bezeichnung „Miskito" gewählt, da diese der gängigen Diktion innerhalb der Region entspricht und in den wissenschaftlichen wie auch populären Publikationen vor Ort bevorzugt wird (z. B. in der vom Centro de Investigaciones y Documentación de la Costa Atlántica in Kooperation mit der Universität UCA herausgegebenen Zeitschrift Wani).

Als mit Christoph Kolumbus im Jahr 1502 die ersten Europäer an der Moskitia landeten, benannten sie den Ort, an dem sie ihre Schiffe vor einem Sturm in Sicherheit bringen konnten, Cabo Gracias a Dios. Kolumbus hielt sich auf seiner vierten Reise jedoch nicht weiter an der scheinbar unbesiedelten Küste auf und setzte seine Reise nach Süden bis in das heutige Costa Rica fort (vgl. POTTHAST 1988). Tatsächlich war der Küstenstreifen zwar von indigener Bevölkerung besiedelt, doch war die Bevölkerungsdichte vermutlich sehr gering. Eine Schätzung von ROMERO (in DE ORO SOLÓRZANO 1992) geht von ca. 5.000 Einwohnern auf einer Fläche von 80.000 km² aus, während historischen Reisebeschreibungen zufolge die gesamte Bevölkerungszahl der Küste noch bis ins 18. Jahrhundert hinein bei maximal 2.000 Menschen gelegen haben soll (verschiedene Quellen in CONZEMIUS 1932). Die indigene Bevölkerung, die zur Familie der Makro-Chibcha-Völker zählt, lebte zur Zeit des ersten Kontaktes mit Europäern in kleineren Stammes- bzw. Großfamilienverbänden und ernährte sich von der Jagd, der Fischerei und dem Sammeln von Nahrungsmitteln sowie extensiver Landwirtschaft (HALE 1987). OFFEN (1999) zufolge deuten die Erkenntnisse der Forschung über die mesoamerikanischen Völker darauf hin, dass kulturelle Austauschbeziehungen wie auch soziale Organisationsstrukturen auf der karibischen Seite Zentralamerikas komplexer waren, als über lange Zeit hinweg angenommen wurde. Allerdings müssen die Völker bereits einige Hundert Jahre vor 1500 in relativer Isolation voneinander gelebt haben, wie die linguistischen Differenzen zeigen. Diese Isolation bewirkte daneben auch abweichende Siedlungs- und Wirtschaftsweisen.

Die nördliche Moskitia-Küste Nicaraguas 225

Den spanischen Kolonisatoren erschien die klimatisch und für die Besiedlung ungünstig erscheinende, heiße Küstenregion mit den ausgedehnten Feuchtgebieten und einer dispersen, feindlichen indigenen Bevölkerung jedoch zunächst von wenig Wert. Daher entzog sich die Moskitia-Küste des heutigen Nicaraguas der effektiven territorialen Kontrolle durch die spanische Kolonialmacht, obwohl sie offiziell von dieser beansprucht wurde (HELMS 1983). Durch diesen Mangel an Kontrolle konnte sich der Raum ab 1612 – und verstärkt ab den 1640er Jahren – für Piraten und Flibustier als Rückzugsraum und Unterschlupf sowie für den Handel mit der lokalen Bevölkerung etablieren (ESQUEMELING 1684/1992). Bereits kurz zuvor, ab 1629, war auf der vor der Küste der Moskitia gelegenen Insel Providencia (Providence Island) eine Siedlung englischer Puritaner gegründet worden, die mit den Indigenen Handelsbeziehungen aufnahmen und ab 1631 einen ersten englischen Handelsposten in Cabo Gracias aufbauten (G. SANDNER 1985). Dieser Zeitpunkt markiert den Beginn sich intensivierender Handelsbeziehungen, die sich nach Aufgabe der Kolonie von Providencia mit anderen englischen Stützpunkten der westlichen Karibik, vor allem Jamaika, entwickelten.

Zugleich beginnt um diese Zeit die Entstehung des heute als Miskito bezeichneten Volkes, das aus einer Vermischung der ansässigen indigenen Bevölkerung mit afrikanischen und europäischen Zuwanderern hervorging. Der Beginn dieser Entwicklung wird in der Literatur ungefähr auf das Jahr 1641 datiert, in dem ein portugiesisches Schiff, das afrikanische Sklaven aus Gambia transportierte, Schiffbruch vor Cabo Gracias a Dios erlitt (SMUTKO 1996; POTTHAST 1988). Die geretteten Afrikaner wurden von der indigenen Bevölkerung aufgenommen, die sich in der weiteren Entwicklung mit anderen Zuwanderern, zum Beispiel entflohenen Sklaven (HALE & GORDON 1987), aber auch mit europäischen Händlern, Siedlern und Piraten vermischte. Zunächst entstand daraus die Gruppe der so genannten *zambos* (oder *sambos*), also einer indianisch-schwarzen Mischbevölkerung, die von den nicht mit Afrikanern vermischten Indigenen *(tawira)* unterschieden wurde. Beide behielten jedoch die indigene Sprache und Kultur bei und vereinten sich gegen Ende des 18. Jahrhunderts zu einem Volk, den heutigen Miskito.

Nachdem die Ursprungsbevölkerung der Miskito zunächst nur in einem sich zwischen der Lagune von Caratasca in Honduras und dem Río Wawa in Nicaragua erstreckenden Küstenstreifen mit circa 10 bis 15 Dörfern gesiedelt hatte, dehnte sich ihr Siedlungs- und Einflussraum im Gegensatz zu den meisten anderen indigenen Völkern nach dem Beginn der Conquista stetig aus (OFFEN 1999). Dabei spielte nicht nur die Zuwanderung – z. B. von ehemaligen Piraten, die sich nach Ende des 17. Jahrhunderts als Siedler niederließen – eine Rolle, sondern auch die aktive Verdrängung anderer indigener Gruppen. Diese mussten entweder vor der Ausdehnung des Territoriums der Miskito nach Westen ausweichen oder sich mit ihnen vereinen. In der Konkurrenz mit den durch die florierenden Handelsbeziehungen mit Werkzeugen und Waffen ausgestatteten Miskito, denen HELMS (1983, S. 4) eine „mentalidad expansionista" zuschreibt, konnten andere indigene Völker nicht bestehen. Die Expansion der Miskito ging dabei soweit, dass sie zeitweise ihre Einflusssphäre auf die gesamte Küste zwischen Yucatán und Bocas del Toro in Panamá ausdehnen konnten, indem sie sich zwar nicht dauerhaft niederließen, jedoch Raubzüge dorthin unternahmen, nicht nur um Sklaven für den Weiterverkauf zu rauben. Zugleich begleiteten sie Piraten bei Überfällen auf spanische Siedlungen, z. B. auf Granada (ROMERO VARGAS 1996).

Diese Ausdehnung und Konsolidierung ihres Territoriums wurde NIETSCHMANN (1995a) zufolge durch vier Faktoren möglich: Zum Ersten verfügten die Miskito über exzellente Boote, mit denen schnell Personen und Lasten transportiert werden konnten. Zum Zweiten lag ihr Siedlungsraum strategisch günstig in der Nähe der Route, die von den spanischen Gold- und Silbertransporten zwischen Portobelo und Havanna zurückgelegt werden musste und die zugleich Piraten und Freibeuter verschiedener Nationalitäten anlockte, die wiederum ihre indigenen Alliierten mit Waffen versorgten. Dies hatte zur Folge, dass die Miskito zum einzigen indigenen Volk Zentralamerikas mit einem ständigen Nachschub an modernsten Waffen wurden. Drittens wurden die Miskito nie von der spanischen Kolonialmacht unterworfen und verloren keinen der Kriege und Kämpfe, die sie mit den Spaniern ausfochten. Als vierten Grund nennt NIETSCHMANN (1995a) die Einflussnahme der Engländer, die zur Sicherung ihrer territorialen Ansprüche auf den karibischen Randsaum Zentralamerikas ein Miskito-Königreich errichteten, indem sie einen auf Jamaika gekrönten Miskito als König einsetzten (vgl. NUHN 1983). Dieses von 1670 bis 1894 bestehende Königreich wurde ab 1740 zum Protektorat des britischen Reiches (vgl. POTTHAST 1988) und durchlebte eine Reihe von friedlichen Phasen neben wiederkehrenden Konflikten.

Großbritannien musste den Anspruch auf die Moskitia im Vertrag von Managua 1860 formell an das unabhängige Nicaragua abtreten, wobei die US-amerikanischen Interessen an der Freihaltung der Verkehrsroute des Río San Juan an der Südgrenze eine entscheidende Rolle gespielt hatten (vgl. G. SANDNER 1985). In der Folge wurde die Moskitia zum Reservat innerhalb Nicaraguas, das allerdings erst ab 1894 als Departamento de Zelaya offiziell eingegliedert und durch Nicaragua kontrolliert wurde (HELMS 1983). Parallel setzte im 19. Jahrhundert eine weitere, für die Region und das Volk der Miskito bedeutsame Entwicklung mit der intensiven Missionierung der Küstenregion durch die mährische Herrnhuter Brüdergemeinde *(iglesia morava)* ein (siehe unten). Darüber hinaus markiert das 19. Jahrhundert den Beginn einer Entwicklung, die durch ein verstärktes ausländisches Interesse an den Ressourcen der Region sowie durch die zyklisch ablaufenden Phasen der *boom-and-bust-economy* gekennzeichnet ist, also eine ökonomische Entwicklung der sich abwechselnden Boom- und Depressionsphasen in Bezug auf einzelne Rohstoffe.

Bereits zuvor hatten sich die Miskito wechselnden Nachfragemustern angepasst, indem sie von Beginn des europäischen Kontaktes an ihre Wirtschaftsweise auf die Produktion von handelbaren Gütern ausrichteten. Hatten sie sich zunächst auf die Nachfrage der Piraten nach Fisch und Schildkrötenfleisch eingestellt, indem sie die Fischerei intensivierten und so einen ersten ökonomischen Aufschwung erlebten, folgte anschließend der marktorientierte Raub von Sklaven für die jamaiquinischen Zuckerrohrplantagen (HELMS 1983), sowie später die phasenweise Vermarktung von Kakao, Edelhölzern, Tierhäuten und Anderem (ROMERO VARGAS 1996). Ab dem 19. Jahrhundert begann sich jedoch diese Entwicklung in zuvor ungekannten Dimensionen zu vollziehen, nachdem zunächst die exportorientierte Extraktion von Kautschuk (ab 1850) einsetzte, gefolgt von der in den 1880er Jahren im Rahmen des Bananenbooms in Mittelamerika erfolgten Anlage von Bananenplantagen. Zugleich begann der systematische und großflächige Einschlag von Edelhölzern, die zwar zuvor bereits für den englischen Markt genutzt worden waren, nun jedoch in Massen exportiert wurden. Zunächst war es Mahagoni, das in Mengen von durchschnittlich 1.000 Stämmen monatlich in die USA ausgeführt wurde, bis sich ab 1925 die Nutzung auch auf die Kiefernwälder ausdehnte (NUHN 1983). Die großflächige Abholzung der Bestände hatte die Degradation der Wälder zur Folge, zum Teil mit Savannenbildung und Bodenverarmung. Ebenfalls gegen Ende des 19. Jahrhunderts setzte die Anlage von Minen für den Gold-, Silber- und Erzbergbau ein, so dass Nicaragua zwischenzeitlich zum drittgrößten Goldproduzenten Lateinamerikas wurde (DOZIER 1985). Mit der Anlage der Minen in den Gebieten um Siuna, Rosita und Bonanza ging allerdings ebenfalls eine erhebliche ökologische Belastung durch Zyanidverseuchung einher. Auf die ab den 1960er Jahren einsetzende, gleichfalls exportorientierte Ausbeutung von Meeresressourcen wird unter 5.3 gesondert eingegangen.

Die verschiedenen ökonomischen Aktivitäten in der Region boten den Miskito zwar zeitweise Beschäftigung und geringfügiges Einkommen, waren jedoch alle von ihrer Phasenhaftigkeit gekennzeichnet, indem auf Boomphasen Zeiten des Verfalls und des Rückzugs der ausländischen Firmen folgten–oftmals hervorgerufen durch die Erschöpfung von Rohstoffbeständen. Zugleich brachten die Phasen des ökonomischen Aufschwungs kaum positive Effekte für die Region und die Bevölkerung, die unter größtenteils schlechten Arbeitsbedingungen beschäftigt wurde (DOZIER 1985). Die Erträge aus der Ressourcennutzung flossen zu überwiegenden Teilen ins Ausland; in die Infrastruktur der Region wurde nur minimal investiert, und die Kontrolle sämtlicher wichtiger ökonomischer Aktivitäten blieb in englischen bzw. US-amerikanischen Händen. Gleichzeitig hatten die im Laufe der Jahrhunderte durch Ausländer betriebenen ökonomischen Aktivitäten, vor allem des 19. und 20. Jahrhunderts, einen erheblichen Einfluss auf die indigenen Kulturen der Moskitia, die sich kulturell und ökonomisch an die sich ständig verändernden Bedingungen anzupassen versuchten.

Im weiteren Verlauf des 20. Jahrhunderts erfolgte zunächst der Verfall und der Rückzug der meisten ausländischen ökonomischen Unternehmen, was zugleich eine stärkere Rückbesinnung der Miskito auf traditionelle Subsistenzaktivitäten zur Folge hatte. Der pazifisch-nicaraguanische Einfluss blieb dabei an der Moskitia auch zu Zeiten der Diktatur der Somoza-Familie gering. Zwar gab es Versuche, den bisher weitgehend isolierten östlichen Teil des Landes stärker zu integrieren und seine Ressourcen für den Nationalstaat nutzbar zu machen, diese blieben jedoch bis auf wenige Ausnahmen wie z.B. im Straßenbau und durch die Einrichtung der Fischindustrie weitgehend wirkungslos für die Bevölkerung (NUHN 1983). Zwischenzeitlich gerieten die Miskito in den territorialstaatlichen Konflikt zwischen Nicaragua und Honduras, da ihr Siedlungsgebiet sich über die Staatengrenze hinweg nach Honduras hinein erstreckte. Diese Grenze war zwar bereits 1906 durch den spanischen König Alfons III. auf den Río Coco festgelegt worden, wurde aber erst 1962 durch die Entscheidung des Internationalen Gerichtshofes von Den Haag wirksam, in dessen Folge die Bevölkerung an der Grenzregion nach Nicaragua hinein umgesiedelt wurde. Die Miskito kehrten jedoch kurz darauf in ihre vorherigen Siedlungen nach Honduras zurück, und der Grenzverlauf blieb unter anderem aufgrund der sich rasch wandelnden topographischen Verhältnisse durch die geomorphologische Dynamik problematisch (G. SANDNER 1985).

Eine für die Miskito einschneidende Phase setzte mit dem Sturz Somozas 1979 und der Übernahme der Regierung durch die Sandinisten ein. Die sandinistische Regierung erlangte aus verschiedenen Gründen, unter anderem aufgrund des mangelnden Verständnisses für die indigenen Kulturen, aber auch aufgrund historischer Zusammenhänge und der Ablehnung der Miskito gegenüber allen „Spaniern", nie die Kontrolle und die Unterstützung der Bevölkerung der Moskitia, und die geplante Erschließung zur Nutzung der Küstenressourcen scheiterte (DOZIER 1985). Nachdem zu Beginn zumindest einige positive Einflüsse für die Bevölkerung spürbar wurden, wie z.B. die Verbesserung der Bildungs- und Gesundheitsinfrastruktur, wuchs der Widerstand der Miskito, wobei der Konflikt um Landrechte und die politische indigene Organisation ALPROMISU eine zentrale Rolle spielten. In der Folge entstanden bewaffnete Konfrontationen zwischen Miskito und Sandinisten, vor allem im nördlichen Küstenstreifen und am Río Coco (NIETSCHMANN 1989). Die Miskito unterstützten dabei zum Teil aktiv die Contra-Kräfte, die von Honduras aus in den Ostteil Nicaraguas eindrangen, oder integrierten sich in die Contra-Gruppen, wobei sie durch die US-amerikanische CIA mit Waffen versorgt wurden.

Der Konflikt zwischen Miskito und Sandinisten erreichte 1982 einen vorläufigen Höhepunkt, als die sandinistische Regierung Tausende von Miskito und Sumo der nördlichen heutigen RAAN umsiedelten, nachdem Gerüchte über die gewaltsame Errichtung eines Miskito-Staates kursierten. Im Gebiet des späteren Munizips Waspám waren 85 *comunidades* von Umsiedlung oder Evakuierung betroffen (GRAAN 1997); die Zahl der umgesiedelten Miskito wird dabei auf 8.500 (HOWARD 1993) bzw. 40.000 (HELMS 1983) oder sogar 70.000 (NIETSCHMANN 1989) beziffert – zusätzlich waren zahlreiche Todesfälle zu beklagen. Betroffen war auch die im Rahmen dieser Studie untersuchte Gemeinde Bismuna (vgl. 5.3.2). Neben der erzwungenen Umsiedlung führte der Konflikt in der Region zu Flüchtlingsströmen (HOWARD 1993 zufolge 78.300 Personen in der RAAN bis 1989), aber auch zur Zerstörung von Landwirtschaftsflächen, dem Verlust von Vieh, das teils von den Sandinisten vernichtet wurde, sowie zum Verlust von Siedlungen, wobei 65 Dörfer durch sandinistische Kräfte niedergebrannt wurden. Die als Ersatz von den Sandinisten aufgebauten Camps wie z. B. das in Regierungspublikationen positiv dargestellte Tasba Pri (INNICA 1982) wurden von der Bevölkerung kaum akzeptiert und später aufgegeben (Arbeitsgruppe der CIDCA 1987). Zugleich ging aus der sandinistischen Zeit aber auch nach langwierigen Verhandlungen mit den Miskito die Etablierung der gesetzlich verankerten Autonomie-Rechte hervor (vgl. 5.2).

5.1.3 Bevölkerungsstruktur

Die karibische Seite Nicaraguas mit den Regionen RAAN und RAAS nimmt zwar mit 43 % fast die Hälfte des gesamten nationalen Territoriums ein, ist jedoch mit nur 12,1 % der Gesamtbevölkerung, die nach dem Zensus von 2005 mit 5.142.098 angegeben wird, vergleichsweise dünn besiedelt (INEC 2005). Das Instituto Nacional de Estadísticas y Censos (INEC) beziffert dabei für 2005 die Bevölkerung der beiden Autonomen Atlantikregionen auf 620.640, wovon ca. die Hälfte auf die RAAN entfällt (314.130 Einwohner). In der RAAN leben demnach heute 6,1 % der Gesamtbevölkerung Nicaraguas. Nachdem die Bevölkerung der Moskitia-Küste über Jahrhunderte hinweg nur langsam gewachsen war, setzte ab Mitte des 19. Jahrhunderts im Zuge der wirtschaftlichen Entwicklungen der Region ein vor allem durch Zuwanderung verstärktes Wachstum ein. Die durch die Tätigkeit der internationalen Unternehmen mit Beginn des Kautschukbooms angezogenen Mestizen aus dem Westteil des Landes ließen sich in der RAAN nieder, mit einer Konzentration in den Minenstädten sowie in Bilwi (Puerto Cabezas), gründeten aber auch 130 eigene Dörfer (RIVERA et al. 1997). Ihr Anteil an der Bevölkerung wuchs ebenso wie ihr Einfluss auf Politik und Wirtschaft in den beiden Regionen.

Der jüngste Zensus von 2005 (INEC 2005) gibt Bevölkerungszahlen in der Kategorie „pueblos indígenas o comunidades étnicas" an. Berechnet man deren Anteil an der Gesamtbevölkerung der RAAN, so ergibt sich zunächst ein Anteil von 57 % bezogen auf die gesamte Einwohnerzahl von 314.130 (siehe Tab. 8). Allerdings enthält diese Kategorie noch die als „mestizo de la Costa Caribe" aufgeführte Gruppe, über deren Definition keine Informationen vorliegen. Es ist anzunehmen, dass es sich um die bereits seit Generationen ansässigen *comunidades* von Mestizen an der Costa handelt. Subtrahiert man deren Bevölkerungszahl von der gemeinsamen Kategorie mit den Indigenen und Creolen (afrokaribischer Bevölkerung), ergibt sich nur noch ein Anteil von knapp 37 % dieser beiden Gruppen in der nördlichen Atlantikregion. Diese Zahl illustriert die Mehrheitsverhältnisse deutlicher als die gemeinsame Kategorie mit den Mestizen und deutet auf die ethnisch-demographischen Veränderungen in der Region durch die Zuwanderung hin. In der südlichen Region RAAS liegt der Anteil der Nicht-Indigenen mit 76 % noch erheblich höher und wächst auf knapp 94%, wenn man auch hier die „mestizos de la Costa Caribe" einbezieht.

Die wichtigste Bevölkerungsgruppe der nördlichen Atlantikregion sind nach der Mehrheitsbevölkerung der Mestizen noch immer die Miskito, die sich vor allem in der Hafenstadt Bilwi sowie der Küstenebene und dem nördlichen Teil konzentrieren und in der RAAN einen Anteil von 32,7% an der Bevölkerung ausmachen. Mit 102.806 Personen lebt außerdem der Großteil der gesamten Miskito-Bevölkerung Nicaraguas (85%) bzw. der Atlantikregionen (93%) in der RAAN. Auch für die indigene Bevölkerung insgesamt ist festzustellen, dass sich der Großteil der Indigenen Nicaraguas in dieser Region konzentriert. In der RAAS ergab die Zählung von 2005 hingegen eine kleinere, 7.398

Tab. 8: Ethnische Zugehörigkeit in Nicaragua und in den Atlantikregionen nach dem Zensus von 2005

	RAAN (nördliche Atlantikregion)	Anteil an der Bevölkerung der RAAN	RAAS (südliche Atlantikregion)	Anteil an der Bevölkerung der RAAS	Nicaragua	Anteil an der Gesamtbevölkerung Nicaraguas
Gesamt	314.130	100%	306.510	100%	5.142.098	100%
Indigene Bevölkerung und „comunidades étnicas"	179.376	57,00%	74.213	24,20%	443.847	8,60%
Indigene Bevölkerung und „comunidades étnicas" ohne „mestizos de la Costa Caribe"	115.377	36,70%	29.623	9,70%	331.594	6,50%
Übrige Bevölkerung	134.754	42,90%	232.297	75,80%	4.698.251	91,40%
Übrige Bevölkerung (Nicht-Indigene) inkl. „mestizos de la Costa Caribe"	198.753	63,30%	276.887	90,30%	4.810.504	93,60%
Miskito	**102.806**	**32,70%**	**7.398**	**2,40%**	**120.817**	**2,35%**
Creole (Kriol)	1.711	0,50%	16.607	5,40%	19.890	0,39%
Mayangna-Sumu	6.786	2,20%	89	0,03%	9.756	0,19%
Rama	208	0,07%	1.239	0,40%	4.185	0,08%
Ulwa	49	0,01%	68	0,02%	698	0,01%
Garífuna	89	0,03%	1.095	0,36%	3.271	0,06%
Andere Indigene	909	0,29%	821	0,27%	106.044	2,06%
„Mestizo de la Costa Caribe"	63.999	20,40%	44.590	14,50%	112.253	2,20%
Keine Angabe	2.819	0,90%	2.306	0,75%	66.933	1,30%

Quelle: Eigene Zusammenstellung aus Daten des INEC (2005), Bezeichnungen der Bevölkerungsgruppen laut INEC

Personen umfassende Miskito-Bevölkerung; daneben lebt eine weitere Gruppe von ca. 20.000 Miskito an der honduranischen Moskitia sowie daneben eine kleine Anzahl in Küstendörfern Costa Ricas. Die Sprache, die bis heute von den Miskito gesprochen wird, gehört zur Familie der indigenen Chibcha-Sprachen, wurde jedoch durch den Kontakt zu englischen Händlern und Siedlern erheblich modifiziert (HALE & GORDON 1987), so dass viele Wörter der Sprache englische Wurzeln aufweisen.

Daneben gibt es in Bilwi eine afrokaribische Bevölkerungsgruppe der Creole (bzw. Kriol), die zum Teil aus ehemaligen Sklaven der englischen Kolonisten (Equipo 2004), sowie zum Teil aus Einwanderern von Jamaika und anderen karibischen Inseln entstand und in Sprache und Kultur starke karibische Bezüge aufweist. Ihr Anteil von nur 0,5 % der Bevölkerung der Region macht sie jedoch in der RAAN nur zu einer kleinen Gruppe, während ihr Hauptsiedlungsgebiet traditionell in der südlichen Atlantikregion RAAS liegt, wo der Großteil der knapp 20.000 Creole Gesamt-Nicaraguas mit einer hohen Konzentration in Bluefields lebt. In der Nordregion existieren im westlichen Teil außerdem Siedlungen der indigenen Sumo-Mayangna, einem Sammelbegriff, unter dem heute die Gruppen der Panamahka, Ulwa und Twahka zusammengefasst werden, die von den Miskito nach Westen abgedrängt wurden (vgl. OFFEN 1999). Ihr Anteil von 2,2 % an der Gesamtbevölkerung der RAAN ist ebenfalls relativ gering. Daneben sind auch andere indigene Völker mit Zahlen von jeweils unter 300 Personen in der nördlichen Atlantikregion vertreten, z. B. die Rama, einer stark in Folge der Conquista dezimierten indigenen Bevölkerung, und der Garífuna (einer Mischbevölkerung aus Nachfahren der Kariben und schwarzen Sklaven), deren Hauptsiedlungsgebiete, allerdings nur noch mit relativ kleinen Siedlungszellen, in der RAAS liegen.

Weitere Daten der Behörde INEC aus dem Jahr 2002 zeigen, dass die Gesamtbevölkerung der beiden Atlantikregionen verhältnismäßig jung ist. So ergibt sich für die RAAN ein Anteil von über 50 % der unter 15-Jährigen, bei 2,3 % der über 65-Jährigen (INEC 2005). Das Bevölkerungswachstum ist laut Zensus von 2005 in der RAAN mit 4,9 % jährlichem Wachstum mit Abstand am höchsten in der Republik, in der die durchschnittliche Wachstumsrate bei 1,7 % liegt. Diese Entwicklung lässt sich mit der starken Zuwanderung aus anderen Regionen erklären. So stammen nach den Zensusdaten 18 % der Bevölkerung der RAAN der Geburt nach aus einem anderen *departamento*. Zugleich spielt auch die Abwanderung aus ökonomischen Gründen eine Rolle in der Region, z. B. von Miskito, die auf der Suche nach Beschäftigung in den Westteil des Landes oder ins Ausland migrieren. Besonders im Norden der Küstenebene spielt dabei die (vorwiegend illegale) Migration nach Honduras und in die USA eine große Rolle, in südlicheren Regionen auch die Abwanderung nach Costa Rica. Über die internationale Migration von Miskito liegen jedoch keine Zahlen vor, und die Daten des INEC (2005) geben für 2000 lediglich eine Gesamtzahl der im Ausland lebenden RAAN-Bewohner von 386 an, was sehr niedrig erscheint, insbesondere auch angesichts der hohen Rimessen (siehe unten). Die Migration in andere Landesteile gleicht den Daten der Behörde für 2005 zufolge die Zuwanderung bei weitem nicht aus, so dass eine Netto-Zuwanderung von 34.706 von INEC angegeben wird (bezogen auf den Geburtsort der Bevölkerung).

5.1.4 Die Región Autónoma Atlántico Norte (RAAN) als Wirtschaftsraum

Wie die historische Entwicklung der Region erkennen lässt, weist die RAAN ebenso wie die gesamte Moskitia-Küste Nicaraguas einen Reichtum an natürlichen Ressourcen auf, der zu verschiedenen Zeiten das Interesse unterschiedlicher Akteure an der Ausbeutung dieser Ressourcen weckte. Die Maßnahmen, die im Rahmen der Strukturanpassungspolitik und der Marktöffnung seit den 1990er Jahren in Nicaragua durchgeführt wurden, trugen nach Ansicht von Wissenschaftlern aus der Region (z. B. GONZÁLEZ et al. 2002; eigene Interviews) nicht zur Stärkung der regionalen und kommunalen Ökonomien bei. Im Gegenteil verstärkten sie die historisch gewachsene, dominierende Form der Enklavenwirtschaft, also einer Wirtschaftsform, bei der nationale und ausländische Investoren eine in bestimmten Räumen konzentrierte, intensive Ressourcenextraktion betreiben, die auf die regionale Ökonomie und Bevölkerung kaum positive Effekte ausübt, sondern einen überwiegenden Abfluss der Gewinne ins Ausland oder in andere Landesregionen bewirkt. Diese auf den Export ausgerichtete Wirtschaftsform, die sich in der Region heute auf die Sektoren Bodenschätze, Holzwirtschaft und Fischerei konzentriert, wurde seit den 1990er Jahren durch die amtierenden Regierungen gefördert. Die Holzwirtschaft lässt sich dabei unterscheiden in die exportorientierte bzw. auf den nationalen Markt ausgerichtete Produktion mit 23 Sägewerken allein in der nördlichen Region RAAN (GRAAN 1999), sowie daneben einer auf den regionalen Bedarf der urbanen Zentren ausgerichteten Produktion. Neben der legalen Nutzung durch Firmen mit Konzessionen gibt es darüber hinaus einen illegalen Holzeinschlag, dessen Mengen als weit höher als die legalen Einschlagsvolumen geschätzt werden (GONZÁLEZ et al. 2002).

Die Extraktion von Bodenschätzen konzentriert sich nach wie vor in den historisch gewachsenen Minenstädten Bonanza, Siuna und Rosita, wo vor allem Gold und Silber abgebaut werden. In diesem *triángulo minero* sind neben den 400 von Unternehmen angestellten Minenarbeiten auch noch über 3.000 unabhängige *mineros* beschäftigt (GRAAN 1999). Auf den dritten, exportorientierten Wirtschaftssektor, die Fischerei, die heute einen der wichtigsten Wirtschaftszweige in der RAAN darstellt, wird unter 5.3 genauer eingegangen. Neben den drei genannten Sektoren sowie der an den Fischfang angeschlossenen Verarbeitungsindustrie existieren nur unbedeutende andere Wirtschaftszweige, so vor allem eine in den urbanen Räumen konzentrierte geringe Anzahl von Unternehmen des tertiären Sektors. Tourismus spielt zwar in geringem Ausmaß in der Südregion RAAS eine Rolle (z. B. auf Corn Island), ist in der nördlichen Autonomieregion jedoch quasi inexistent, unter anderem, da touristische Infrastruktur nur rudimentär vorhanden ist. So weisen Bilwi und Waspám einige kleine Hotels auf, doch dienen diese vor allem Gästen mit speziellen Reisezwecken als Unterkunft (Geschäftsreisen, Kooperation in technischer Zusammenarbeit bzw. zwischen kirchlichen Organisationen, Forschung usw.), wenngleich in verschiedenen Projekten in der Region eine Verstärkung der Bemühungen zur Förderung des Tourismussektors angestrebt wird (eigene Interviews).

Betrachtet man die wirtschaftlichen Beschäftigungen der Miskito-Bevölkerung, so zeigt sich, dass diese an den genannten ökonomischen Aktivitäten vor allem in der Fischerei partizipiert, sei es als Beschäftigte oder als Zulieferer von Fisch, Schildkröten und Langusten, sowie in geringem Ausmaß auch in den Minen. Zum anderen werden natürliche Ressourcen in der Region für den Eigenbedarf der Bevölkerung genutzt, entweder in Subsistenzwirtschaft oder für den begrenzten lokalen Markt in *comunidades* oder Städten. Die Nutzung natürlicher Ressourcen an der Moskitia lässt sich dabei insgesamt einerseits im Zusammenhang mit der naturräumlichen Umgebung der Siedlungen sehen, die entscheidend die jeweiligen Nutzungsmuster prägt, zum anderen aber auch im Kontext der ethnischen Zugehörigkeit. So lassen sich unterschiedliche Ressourcennutzungsstrategien bei indigener Bevölkerung und Mestizen feststellen. Während die mestizische Bevölkerung, die außerhalb urbaner Räume lebt, vorwiegend Viehwirtschaft betreibt sowie verschiedene Produkte auf gerodeten Waldflächen für die lokale Vermarktung anbaut (vgl. ERIKSSON 2000), stellt sich indigene Landnutzung eher als Mosaik verschiedener Nutzungsformen in regional unterschiedlicher Ausprägung dar. Da diese Untersuchung sich auf die Miskito-Bevölkerung der Küstenebene fokussiert, soll nur die Landnutzung dieser Gruppe hier näher beleuchtet werden.

Während in der Literatur lange Zeit die Ansicht vorherrschte, die Miskito seien traditionell kaum landwirtschaftlich aktiv gewesen, sondern hätten sich auf Jagd, Fischerei und Sammelwirtschaft konzentriert, hält OFFEN (2002) die Bedeutung der Landwirtschaft für weit unterschätzt, unter anderem aufgrund der mangelnden Wahrnehmung durch frühe europäische Beobachter. Demnach waren die Miskito zwar kein Agrarvolk, da Jagd und Fischerei die zentralen Beschäftigungen der Männer darstellten, doch nahm der Anbau zahlreicher Pflanzen traditionell als Beschäftigung der Frauen und zur Nahrungsmittelversorgung durchaus einen wichtigen Stellenwert ein. OFFEN (2002) zufolge handelt es sich dabei keineswegs um das „Sammeln" von Waldprodukten, sondern um die gezielte Nutzung von Waldökosystemen, die durch Aussaat, Schnitt oder Düngung für die Ernte vorbereitet und letztlich ökologisch erheblich modifiziert wurden. Dabei legten die Miskito-Frauen jeweils mehrere kleine Flächen an Standorten mit unterschiedlicher ökologischer Ausstattung an, die sich in einiger Entfernung von den Siedlungen befanden. Dies garantierte nicht nur den Schutz vor Raubtieren, wie z.B. Jaguaren, die von den Pflanzungen angelockt wurden, sondern reduzierte auch das Verlustrisiko durch die Streuung auf mehrere Standorte. Zugleich boten die auf verhältnismäßig trockeneren Standorten gelegenen Landwirtschaftsflächen eine Möglichkeit zur Flucht vor Überflutung der Siedlungen, die aufgrund der Nähe zu Flüssen und Wasserflächen häufig eintrat.

Bis heute bestehen diese Muster kleiner Pflanzungsflächen fort, die von den Miskito periodisch, zum Teil für längere Aufenthalte zur Bewirtschaftung aufgesucht werden und vorübergehend als Wohnort dienen (eigene Beobachtungen). Angebaut werden neben Reis (in Trockenkultur), Bohnen, Maniok, Gemüse- und Obstbananen eine Reihe weiterer Knollenfrüchte und Obstsorten (Ananas, Melonen u. a.). Zugleich weisen die Siedlungen Obstbäume und -stauden sowie Palmen auf, die der Versorgung mit Kokosnüssen, Mangos, Brotfrucht, Bananen und anderen Früchten dienen und entweder in Gemeindebesitz oder aber in Privatbesitz sind. Neben diesen Obstsorten und einigen Zierpflanzen existieren jedoch in den Dörfern der Küstenebene meist kaum Nutzgärten und -flächen. Einige der Nutzpflanzen sind dabei erst seit der Ankunft europäischer Siedler in der Region verbreitet (z.B. Brotfrucht, Mango, Zuckerrohr). Traditionell lassen sich Unterschiede in der Intensität der landwirtschaftlichen Nutzung feststellen, da aufgrund der hydrologischen und edaphischen Verhältnisse manche Nutzpflanzen wie Mais in den Küstendörfern kaum angebaut werden können und diese daher aus den westlicheren Siedlungen, vor allem am Río Coco zugekauft werden müssen, wobei wiederum manche Dörfer wie Cabo Viejo und Sandy Bay stärker benachteiligt sind als andere. Daneben existiert in den Miskito-Dörfern auch die Haltung von Vieh, Schweinen und Geflügel, sowie zum Teil Pferden, allerdings in begrenztem Ausmaß. Auch die Jagd auf Waldtiere für die Eigenversorgung sowie die vereinzelte Jagd auf Tiere wie Alligatoren zum Verkauf der Häute spielt noch immer eine gewisse Rolle in den Küstengemeinden der Miskito, ebenso wie der Holzeinschlag für den kommunalen Verbrauch.

Neben der größtenteils auf Subsistenzwirtschaft ausgerichteten Produktion in den *comunidades* der Küstenebene spielt die Geldwirtschaft und der Kauf von Gütern jedoch heute eine wichtige und an Bedeutung gewinnende Rolle auch in den entlegenen Gemeinden. Wie aus der Darstellung der historischen Entwicklung der RAAN ersichtlich wurde, gewannen Tausch und Handel mit externen und zugewanderten Händlern seit Beginn der europäischen Präsenz in der Region einen wichtigen Stellenwert für das Wirtschaften der Miskito, das sich phasenweise der Nachfrage nach bestimmten Gütern anpasste. Zugleich entstand eine Nachfrage nach bestimmten Gütern, die von außerhalb eingeführt wurden, wie Werkzeuge oder Kleidung, so dass in den *comunidades* heute kleine Geschäfte mit Waren unterschiedlicher Art existieren, wo zugleich Lebensmittel wie Reis und Bohnen angeboten werden, die von den Miskito mangels ausreichender eigener Produktion gekauft werden müssen (eigene Beobachtungen, siehe 5.3). Eine entscheidende Rolle für die ökonomische Situation mancher Familien spielen die Rimessen aus dem Ausland, die für die RAAN für das Jahr 2001 auf 2,4 Mio. US$ allein über die Überweisung durch Agenturen geschätzt werden, wobei die häufigen anderen Wege des Geldtransfers (über Besucher) nicht eingerechnet sind (GONZÁLEZ et al. 2002).

Diese Zahl darf jedoch nicht über die generell vorherrschende Situation der Armut in der Region hinweg täuschen. So findet sich in der Literatur über die nicaraguanische Moskitia häufig der Hinweis, dies sei die ärmste Region in einem der ärmsten Länder Lateinamerikas (vgl. MOLINA MARCIA 2000). Im Jahr 2004 listet die Weltbank (World Bank 2006) Nicaragua als zweitärmstes Land Lateinamerikas nach Haiti, wobei ein Trend zur Verringerung des Armutsniveaus festzustellen ist im Vergleich zu den Vorjahren. Für 2001 werden in Nicaragua 46% der Bevölkerung als arm bzw. 15% als extrem arm eingestuft, wobei laut Daten des UNDP (PNUD 2005) ein monatliches Pro-Kopf-Einkommen von 16,6 US$ für extreme Armut bzw. 31,7 US$ für allgemeine Armut zugrunde gelegt wird. Daten der Behörde INIFOM zeigen, dass die Bevölkerung des Munizips Waspám im Norden der RAAN besonders betroffen ist, da die dortige Bevölkerung zu über 80% als extrem arm eingestuft wird, während nur 3,4% als nicht arm gelten (INIFOM 2006, ohne Nennung der Einstufungskategorien). Die Armut in dieser Region lässt sich dabei nur schwer mit ökonomischen Kennwerten messen, denn die Bevölkerung versorgt sich zum Teil über die Subsistenzwirtschaft, und die ökonomischen Einkünfte sowie Zahlen zur Beschäftigung sagen wenig über die konkreten Lebensbedingungen aus. Doch sind nach aktuellen Zeitungsberichten (La Prensa vom 23.2.2005) insbesondere im Nordteil der RAAN große Teile der Bevölkerung von akutem Lebensmittelmangel und zum Teil Hunger betroffen; eine ähnliche Situation herrscht auch in Bismuna (eigene Befragungen, siehe 5.3). Insgesamt zeigen sich an der gesamten Moskitia zunehmende räumliche Disparitäten zwischen der urbanen Bevölkerung der Zentren Bilwi und Bluefields einerseits, die am ehesten von der sozio-ökonomischen Entwicklung sowie auch von der sich dort konzentrierenden infrastrukturellen Ausstattung profitieren, sowie andererseits den Kleinstädten wie Waspám und dem ländlichen Raum mit den *comunidades*.

Ein weiterer Problemkomplex, der in der Region wirksam wird und aufgrund der Verquickung mit der marinen Ressourcennutzung in Kap. 5.3 diskutiert wird, ist der wachsende Drogenhandel und -konsum, der vielfältige ökonomische und soziale Auswirkungen hat (vgl. DENNIS 2003). Im Zusammenhang mit dem Drogenhandel sowie der sozialen und ökonomischen Problematik der Atlantikküste bezeichnet PICADO (1995, S. 49) die Region als „multi-destruida", in Anlehnung an die häufig gebrauchten Attribute „multiétnica, multilingüe y multi cultural". Dieser Begriff der multiplen Zerstörung lässt sich auch erweitern, indem die Schäden mit einbezogen werden, die durch klimatische Phänomene, die massive Ressourcennutzung für den Export ebenso wie durch die Bürgerkriegsjahre der 1980er Jahre in der Region entstanden sind. Auch die im Folgenden beschriebene infrastrukturelle Ausstattung verdeutlicht die schwierigen, durch verschiedene Faktoren erschwerten Lebensbedingungen der lokalen Bevölkerung.

5.1.5 Infrastrukturelle Ausstattung und Lebensbedingungen der Bevölkerung

PARSONS (1955 in NIETSCHMANN 1973, S. 12) beschrieb die Ostküste Nicaraguas als „[one of the] least known, least visited, and most forgotten parts of the entire Caribbean area". Obgleich die Region nicht mehr als gänzlich unerforscht gelten kann, wie an den Publikationen insbesondere seit den 1980er Jahren ersichtlich wird, spiegelt das Zitat doch die Isolation dieses peripheren Raumes wider, die bis heute Bestand hat. So ist die Verkehrsinfrastruktur an der Karibikküste Nicaraguas noch immer äußerst schwach ausgeprägt. Die Verbindungen in die Landeshauptstadt Managua und die pazifischen Provinzen sind dabei zum einen per Flugzeug über den Flughafen der Regionalhauptstadt Bilwi (Puerto Cabezas) und die Flugpisten der Muniziphauptstadt Waspám sowie der Minenstädte Bonanza und Siuna gegeben. Weitere Pisten existieren zwar, sind jedoch nicht in Betrieb (GRAAN 1999). Zum anderen ist Managua über eine nur teilweise befestigte Straße zu erreichen, auf der Busse in 18-stündiger Fahrt zwischen der Hauptstadt und Bilwi verkehren, die in der Regenzeit aber nicht durchgängig befahrbar ist. Ohnehin sind ca. 50% der Straßen und Wege nur außerhalb der starken Regenzeit, also max. über vier Monate hinweg, nutzbar (KRYTZ o. J.), wobei in der gesamten RAAN nach Angaben von RIVERA et al. (1997) nicht ein Kilometer asphaltierte Straßen existiert (inzwischen allerdings mit Ausnahme einiger Straßenkilometer in Bilwi). Auch die Straßenverbindung zwischen Waspám und Bilwi ist für Busse, LKW und Privat-PKW zum Teil nicht oder nur eingeschränkt befahrbar. Noch schwieriger gestaltet sich der Transport auf den weiteren unbefestigten Pisten, die sogar in der Trockenzeit geländegängige Fahrzeuge erfordern und in der Regenzeit häufig nicht passierbar sind. Besonders die fehlenden oder in äußerst schlechtem Zustand befindlichen Brücken sind dabei ein Hindernis für den Transport.

Für die Bevölkerung hat die mangelnde Verkehrsinfrastruktur zum Teil erhebliche Konsequenzen: So ist der Personenverkehr, beispielsweise für Arztbesuche, zeitweilig nur eingeschränkt oder nicht möglich, so dass Schwerkranke ohne ausreichende medizinische Versorgung in den Dörfern bleiben. Zugleich erschweren die Straßenverhältnisse die selbständige Vermarktung von Produkten aus Landwirtschaft und Fischerei. Andererseits stellen die Transportbedingungen jedoch für Unternehmen, die z. B. forstwirtschaftlich oder im Aufkauf von Fischereiprodukten tätig sind, kaum ein Hindernis dar, denn die großen LKW der Firmen, die zum Teil auch eigene Wege für den Abtransport von Holz anlegen, können die Pisten vergleichsweise problemlos überwinden. Für die Ausfuhr von Produkten ins Ausland kann außerdem die Mole von Bilwi genutzt werden. Hingegen sind viele Dörfer nicht an das Straßennetz angeschlossen. Viele *comunidades* der Küstenebene wie Sandy Bay und Cabo Viejo (früher Cabo Gracias) sind nur in mehrstündigen bis ganztägigen Fahrten per Boot von Bilwi aus erreichbar, bzw. über mehrstündige Fahrten von den Nachbardörfern aus (je nach vorhandenem Bootsantrieb). Die am schwierigsten zu erreichende Gemeinde der nördlichen Küstenebene ist dabei Cabo Viejo, das aufgrund der geringen Wassertiefe der verlandenden Lagune und vor allem auch durch die geringe Tiefe vor der Einfahrt zur Lagune von größeren Segelbooten nur zu bestimmten Tageszeiten erreicht werden kann, wobei zum Teil die Boote zu Fuß geschoben werden müssen (eigene Beobachtungen und Befragungen). Diese Situation erschwert nicht nur die medizinische Versorgung, sondern auch die Vermarktung der Produktion von Garnelen in erheblichem Maße. Insgesamt hat die mangelnde Infrastruktur eine schlechte Versorgung mit Lebensmitteln, die zum Teil aus Managua bezogen werden müssen, sowie hohe Preise dieser Güter aufgrund der hohen Transportkosten zur Folge.

Die Infrastruktur der Gesundheitsversorgung und Bildung ist äußerst mangelhaft in der gesamten nördlichen Autonomieregion, mit Ausnahme einiger zentraler Orte wie Waspám oder Bilwi. Insgesamt existierten im Jahr 2002 neben dem Krankenhaus in Bilwi weitere 108 Gesundheitsposten in der gesamten Nordregion (INEC 2005), deren Ausstattung zum Teil jedoch so minimal ist, dass in manchen Fällen weder Schmerzmittel noch Antibiotika oder andere grundlegende Medikamente vorhanden sind (eigene Beobachtungen und Befragungen). Auch in den Küstendörfern ist eine medizinische Versorgung gar nicht bzw. nur episodisch gegeben, wenn sie nicht durch die Initiative von ausländischen NRO gewährleistet wird oder z. B. durch die nach Hurrikan Mitch tätigen kubanischen Ärztebrigaden. Zwar ist laut PNUD (2005) das Netz der Gesundheitsversorgung in den letzten Jahren stetig gewachsen, doch leben noch immer über 50 % der Bevölkerung in RAAN und RAAS in mehr als zwei Stunden Entfernung von einem Gesundheitszentrum. Insbesondere die Versorgung durch Ärzte ist mit 17 pro 100.000 Einwohnern gering, wobei oft unerfahrene Universitäts-Absolventen in ihrem praktischen Jahr in entlegene *comunidades* entsandt werden, wo sie in Eigenverantwortung große Gebiete versorgen müssen (z. B. in Bismuna; vgl. PNUD 2005).

Die gesundheitliche Situation der Bevölkerung ist insgesamt in der RAAN problematisch, was sich zum Beispiel auch in der Müttersterblichkeit äußert, die hier 3,5mal höher liegt als in anderen Landesteilen. Neben der mangelnden ärztlichen Versorgung und klimatischen Faktoren spielen auch die Mangelernährung und die hygienischen Verhältnisse eine wichtige Rolle für die Gesundheitssituation. So ist nur in den zentralen Orten (Regional- bzw. Munizihauptstädten) eine zentrale Wasserversorgung vorhanden, während in der restlichen Region Wasser aus Brunnen oder Flüssen entnommen werden muss, so dass 60 % der Bevölkerung nicht über Trinkwasser von ausreichender Qualität verfügt (PNUD 2005). Ein Abwassersystem existiert auch in den urbanen Zentren von RAAN und RAAS nicht, und zugleich haben in den Städten nur 60 % der Bevölkerung Zugang zu Latrinen, in ländlichen Gebieten vermutlich sehr viel weniger. Insgesamt stellen also Wasser- und Gesundheitsversorgung an der Atlantikküste Problembereiche der staatlichen Versorgung dar, wobei zu bemerken ist, dass in jüngster Zeit Anstrengungen zu Dezentralisierung und Verbesserung des Systems unternommen werden, wobei auch der Stellenwert der traditionellen indigenen Medizin zunehmend einbezogen und gestärkt werden soll. Diese ist noch immer in den *comunidades* verbreitet und wird dort von traditionellen Heilern *(sukias)* ausgeübt, jedoch von Vertretern der modernen Medizin in der Region meist abgelehnt (URACCAN 2005 in PNUD 2005).

Auch die Ausstattung von Schulen mit Gebäuden, Materialien und Personal ist nicht flächendeckend gegeben, wobei unter anderem die schlechte Transport- und Kommunikationsinfrastruktur dazu führt, dass Lehrer nicht bereit sind, in den entlegenen Dörfern zu arbeiten (eigene Interviews; vgl. PNUD 2005). Weiterführende Schulen existieren nur in den städtischen Räumen. Allerdings leisten die beiden in den 1990er Jahren gegründeten regionalen Universitäten URACCAN (Universidad de las Regiones Autónomas de la Costa Caribe Nicaragüense) und BICU (Bluefields Indian & Caribbean University) in Bilwi bzw. Bluefields einen wichtigen Beitrag zur Bildungsinfrastruktur, indem sie zum Teil bilinguale Studiengänge anbieten, die 2004 von knapp 8.700 Studierenden besucht wurden (PNUD 2005). Neben Studiengängen wie Agroforstwirtschaft, Meeresbiologie, Administration, Jura und Soziologie gibt es dabei zum Beispiel an der URACCAN auch einen Studiengang in indigenem Recht, sowie Forschungsprojekte über indigene Kultur, traditionelles Wissen, Ethnomedizin usw. (URACCAN 2007). Insgesamt sollen die regionalen Universitäten zur Stärkung der Autonomie insbesondere durch die Qualifizierung von indigenen bzw. afrokaribischen Experten, die später in der Region eingesetzt werden können, beitragen.

Eine Kommunikations- und Elektrizitätsinfrastruktur ist in der nördlichen Atlantikküstenregion nur rudimentär vorhanden, und eine Kommunikation ist außerhalb von Bilwi und Waspám meist nur mittels Funkgeräten in einzelnen *comunidades* möglich, was für die Bevölkerung problematisch ist, wenn in Notfällen externe Hilfe erforderlich wird. Deutlich wird dieser Mangel vor allem auch bei Naturkatastrophen, wie dem Hurrikan Mitch im Jahr 1998. In den stark durch Überschwemmungen betroffenen ländlichen Gebieten der RAAN hatte es damals nicht nur vor dem Hurrikan an der Vorwarnung und Information der Bevölkerung gemangelt, sondern es fehlte auch anschließend zunächst an Informationen über die betroffenen Dörfer, zum Beispiel über Schadensausmaß und Todesfälle (eigene Interviews mit Personal von Hilfsorganisationen in Waspám). Für die Stromversorgung verfügen einzelne Dörfer über Generatoren, die einen Teil der Bevölkerung oder zumindest die Gesundheitszentren episodisch mit Strom versorgen, der Großteil der Küstendörfer ist jedoch nicht an eine Stromversorgung angeschlossen.

Insgesamt trägt die äußerst geringe Versorgung mit sämtlicher Infrastruktur zu erschwerten Lebensbedingungen für die Bevölkerung und zu einer als niedrig eingestuften humanen Entwicklung bei (PNUD 2005). Zwar sind in der Region zahlreiche ausländische Organisationen der Entwicklungszusammenarbeit tätig, die an wichtigen Infrastrukturprojekten arbeiten, wie an der Reparatur von Brücken, Schulen und Gesundheitsposten, da diese aufgrund der klimatischen Verhältnisse einer häufigen Instandsetzung bedürfen. Trotz dieser Bemühungen, die zweifelsohne wichtige Beiträge zur infrastrukturellen Ausstattung leisten, bleibt die Situation vieler Dörfer und vor allem der abgelegenen Gebiete jedoch von der mangelnden Infrastruktur beeinträchtigt. Dabei kommt vor allem der Staat aus der Sicht von Bewohnern der Region seinen Pflichten nicht nach (eigene Interviews in verschiedenen Dörfern und mit dem zentralen Altenrat der RAAN; ähnliche Ergebnisse in Befragungen des PNUD 2005). Die eingangs zitierte Vergessenheit der Region

Die nördliche Moskitia-Küste Nicaraguas 239

im karibischen Zusammenhang lässt sich demnach auf die Versorgung der Bevölkerung durch den nicaraguanischen Staat übertragen, wie ein Zitat aus Bismuna illustriert:

> „Somos sometidos a vivir en el olvido aqui."
> („Wir sind hier verdammt dazu, im Vergessen zu leben." Dorfbewohner während eines Workshops des „Proyecto Waspám", Übers. der Verf.).

5.2 Institutionelle und kulturelle Rahmenbedingungen der Nutzung von Territorium und Ressourcen in der Nord-Atlantikregion

5.2.1 Die kommunale Ebene: Institutionelle Strukturen und das mythologisch-spirituelle Weltbild der Miskito

Auch in den *comunidades* der Miskito existieren noch traditionelle kommunale Institutionen, allerdings im Vergleich zu Kuna Yala in geringerem Ausmaß (vgl. Kap. 4.2). So gibt es generell in den Dörfern zwei Ämter: das des *wihta tara* oder *wista* – heute meist als *juez* (Richter) bezeichnet – sowie das des *síndico*. Während der *wihta tara* als höchster Repräsentant der *comunidad* und als Richter fungiert, also die Einhaltung der allgemeinen Regeln des sozialen Zusammenlebens überwacht, übt der *síndico* eine speziell auf die Fragen der natürlichen Ressourcen und des Landbesitzes bezogene Funktion aus. Er verwaltet die Ressourcen der *comunidad*, schlichtet Konflikte speziell um Ressourcen und Land, und verfügt über die kommunalen Dokumente wie z. B. Landtitel. Beide Ämter werden mit angesehenen Persönlichkeiten, die über ausreichend Erfahrung verfügen, nach einer Wahl durch die Dorfversammlung *(consejo comunitario)* gewählt. Diese tritt bei Bedarf in loser Form zusammen, nicht jedoch in regelmäßiger oder fest definierter Form. Für aktuelle Fragen ist daher der allgemeine soziale Kontakt zum Austausch und zur Meinungsbildung von zentraler Bedeutung, zum Teil werden auch Entscheidungen auf diese Weise gefällt (eigene Interviews in Bismuna). Die angesehensten Dorfangehörigen bilden den *consejo de ancianos*, der noch in manchen *comunidades* existiert, wenngleich in wenig formalisierter Art. Er besteht aus denjenigen älteren Bewohnern, die aufgrund ihrer Erfahrung in der Lage sind, Orientierung zu geben und auch für spirituelle Fragen als Führer fungieren sollen. Eine weitere Person, die eine wichtige Funktion in den Gemeinden ausübt, ist der mährische Pastor, der erheblichen Einfluss hat und nicht nur als spiritueller Führer fungiert, sondern auch in sämtlichen Lebensfragen zu Rate gezogen werden kann.

In der Gesellschaft der Miskito ist das Prinzip der Einheit und Gemeinschaft auf der Ebene der *comunidades* ein zentraler Bestandteil der Kultur. Das Konzept der Gemeinschaft durchzieht dabei alle Ebenen sozialen Handelns, so dass JACK (2004 in PNUD

2005, o. S.) die Rolle der Gemeinschaft als fundamentalen Grundstein der *comunidades* umschreibt:

„[...] juntos tienen, juntos hacen, juntos comparten."
(sinngemäß „gemeinsam besitzen sie, gemeinsam handeln sie, gemeinsam teilen sie", Übers. der Verf.).

Eine zentrale Rolle in den kommunalen Strukturen und den sozialen Beziehungen kommt dem Land zu (GARCÍA 1996). Es gilt das Grundprinzip des kommunalen Landbesitzes, wobei Individuen allerdings das Recht zur Nutzung und Vererbung einzelner Parzellen haben, solange diese genutzt werden und sie im Dorf ansässig sind. Konflikte um Landfragen auf kommunaler Ebene werden traditionell durch die Ältesten des Dorfes, die im Altenrat vereinten *dama*, geregelt.

In der Kosmogonie der Miskito existiert eine gegliederte Götter- und Geisterwelt, die zum einen – ähnlich wie bei den Kuna – ein weibliches und ein männliches Prinzip als Einheit beinhaltet, und zum anderen durch eine enge Verzahnung von Natur und Spiritualität geprägt ist. An der Spitze der Gottheiten steht der Schöpfergott *Wan Aisa* oder *Dawan* (ROSSBACH 1987), der nach der Kosmogonie an den heiligen Bergen *Kahwamna Apia* (COX 1998, S. 26) zusammen mit der weiblichen Schöpfergottheit, der Mutter Skorpion *Yapti Misri*, den Menschen erschuf. Diese ist zugleich Vorsteherin des Totenreiches. Neben weiteren Gottheiten, die mit der Sonne, den Sternen und vor allem dem Mond *(Kati)* assoziiert sind, existieren zahlreiche Geister, Dämonen, Tiergeister und Totenseelen, die auf das menschliche Schicksal einwirken und sich zum Teil in Naturerscheinungen bzw. an spezifischen Orten in der Natur äußern (FAGOTH et al. 1998). Diese Geister mit ihrer jeweiligen mythologischen Bedeutung nehmen wiederum Einfluss auf die menschliche Gesundheit und spielen daher in der Heilung von Krankheiten eine wichtige Rolle. Unter den Geistern, die als böse kategorisiert werden *(lasas)*, sind die drei wichtigsten *Liwa* (Herrin des Wassers) sowie *Aubya* (Herr der Berge) und *Prahaki* (Herr des Windes). ROSSBACH (1987) zufolge zeigt sich dabei an der Figur des Berggeistes *Aubya* die Aufnahme fremder Einflüsse in die Kultur, da dieser Geist afroamerikanische Züge aufweist. Diese in der Natur manifestierten spirituell-mythologischen Wesen haben konkrete Auswirkungen auf das Handeln der Menschen in der Natur, da sie untrennbar mit der materiellen Welt verknüpft sind und handlungsstrukturierend wirken, z. B. in der Ressourcennutzung, die durch die spirituelle Geographie beeinflusst wird. Ähnlich wie bei den Kuna nimmt also auch in der Kultur der Miskito die Beziehung zum Land und zur Natur traditionell einen wichtigen Stellenwert ein, indem sich mythologische Bedeutungen in der Landschaft manifestieren und untrennbar damit verbunden sind, so dass Land einen integralen Bestandteil der Kultur und der indigenen Identität darstellt (vgl. OFFEN 1999).

Als Vermittler zwischen dem Übernatürlichen und der materiellen Welt fungiert traditionell der *sukia*, der Schamane, dem zugleich die Aufgabe zukommt, die Menschen vor bösen Geistern zu schützen (FAGOTH et al. 1998). Zum Heilen von Krankheiten nimmt der *sukia* in rituellen Handlungen Kontakt zu den Geistern auf und vertreibt die Tiergeister *(ulassa)* bzw. Totengeister *(isingni)*. Der *sukia* war früher neben der Funktion als Heiler und Schamane zugleich eine wichtige Orientierungsfigur in den *comunidades,* seine Funktion wurde jedoch zum Teil durch das Amt des demokratisch gewählten *juez (wihta)* ersetzt (LÓPEZ 1998). Neben dem *sukia* gab es ursprünglich unterschiedliche Arten von Heilern, wie Kräuterkundige und *okuli,* die fähig waren, Schadenszauber zu wirken, u. a. mit Giften. Auch die *okuli* zeigen Einflüsse aus dem afrokaribischen Raum an; vereinzelt wird heute noch von der Existenz solcher Zauberer berichtet (eigene Interviews; vgl. ROSSBACH 1987).

Allerdings ist es im Vergleich zu den Kuna schwieriger, die aktuelle Existenz und Rolle der traditionellen Schamanen und Heiler sowie auch den generellen Stellenwert der traditionellen Glaubensvorstellungen und die mythologisch-spirituelle Bedeutung der Natur festzustellen. Der in Kuna Yala vorhandene offene und selbstreflektierende Umgang mit diesen Themen, die auch nach außen hin – mit gewissen Einschränkungen z. B. in Fragen der traditionellen Medizin – dokumentiert und in zahlreichen Publikationen von innen wie von außen beschrieben werden, ist an der Moskitia kaum vorhanden. In der eigenen Feldarbeit zeigte sich dies zum Beispiel daran, dass die Befragten in Interviews die Existenz von Schamanen und Heilern, oder auch die Rolle der Kosmogonie und Mythen negierten. Auch wurde einzelnen Personen, die in Bismuna von Befragten als *sukia* genannt worden waren, von anderen ihre Legitimation und Befähigung als echter *sukia* abgesprochen (eigene Interviews). Dabei spielt zweifellos auch das Verhältnis zwischen ausländischer Interviewerin und lokalem Befragten, das nie frei von Erwartungen ist, eine Rolle, und zudem eine über Jahrhunderte gewachsene kollektive Erfahrung der Missbilligung indigener Kultur und Spiritualität von außen, die möglicherweise in einem Rückzug in das Verborgene und zugleich in einer Vermischung traditionellen Glaubens mit christlichen Elementen und Ritualen mündete. GARCÍA (1993) beschreibt die Religiosität der Miskito als duale Struktur, in der Individuen über christliche wie auch traditionelle Glaubensvorstellungen verfügen, die sich nicht ausschließen, sondern sich zum Teil vermischen. HAWLEY (2003) zufolge kann dabei der mährische Glaube als so tief in der Kultur der Miskito verankert angesehen werden, dass der *moravinismo,* also das „Mährischsein" (nach der protestantischen Bruderschaft der mährischen Kirche), einen integralen Bestandteil indigener Identität und Kultur darstellt. Zugleich berichtet HAWLEY (2003) aber auch von mährischen Pastoren, die selbst *sukia* aufsuchen und traditionelle Amulette verwenden.

Der von Außen auf die Miskito-Kultur gerichtete Blick interpretiert dabei den kulturellen Wandel in jeweils unterschiedlichen Facetten. So beschreiben zum Beispiel anthropologische Veröffentlichungen aus den 1970er Jahren wie die von HELMS (1970) die Miskito als typische, rezente *contact culture,* also als eine erst durch den Kontakt mit kolonialen Mächten evolvierte Gesellschaft, die sich in Aspekten des kulturellen Lebens, aber auch der Ressourcennutzung sowie der ethnischen Zugehörigkeit erst nach dem Beginn der Conquista entwickelte und entscheidende Einflüsse und Impulse von außen integrierte, z. B. in Wirtschaftsweise und Religion, die erheblich durch Faktoren wie externe Nachfrage bzw. Missionierung modifiziert wurden. Hingegen betont eine andere Reihe von Veröffentlichungen stärker den genuinen Charakter der Miskito-Kultur, die trotz der Fremdeinflüsse wesentliche Elemente der Kultur und indigenen Identität erhalten konnte. Demnach wurden viele Elemente dieser Kultur in frühen Berichten europäischer Beobachter nur unzureichend dargestellt oder fehlinterpretiert, und zum anderen existieren viele Aspekte von Kultur und Religion auch heute noch in einer eher verdeckten, für externe Beobachter schwer wahrnehmbaren Form. Dabei muss der sich über Jahrhunderte hinweg entwickelnde Kontakt zu europäischen Kulturen nicht notwendigerweise im Verlust der indigenen Kultur münden. So sieht NIETSCHMANN die Reaktion der Miskito auf den Kontakt zu Europäern eher als pragmatisch an:

> „When Europeans came, the Miskito's collective response was straigthforward: defend against those who tried military occupation and forced taxation, and trade with the rest." (Nietschmann 1989, S. 19).

Demnach war die Kultur der Miskito offen für neue Wirtschaftsformen und Fremdeinflüsse, ohne jedoch ihren eigenen Charakter dabei einzubüßen, und diese Offenheit kann – ähnlich wie bei den Kuna – gerade auch als Charakteristikum der Kultur interpretiert werden:

> „La esencia cultural miskita radica en que su pueblo ha sabido extraer elementos diversos de estas culturas exógenas, y apropiárselos. Sólo un pueblo abierto, como su geografía, puede lograrlo."
> („Die kulturelle Essenz der Miskito basiert darauf, dass ihr Volk es vermochte, verschiedene Elemente aus diesen fremden Kulturen heraus zu nehmen und sich zu eigen zu machen. Nur ein offenes Volk, wie seine Geographie, kann dies erreichen", SILVA & KORTEN 1997, S. 11, Übers. der Verf.).

5.2.2 Die Autonomie der Regiones Autónomas del Atlántico und ihre gesetzlichen Grundlagen: Territorium, ethnisch-kulturelle Identitäten und politische Kontrolle

Zum Verständnis der institutionellen Rahmenbedingungen, die Ressourcennutzung sowie Konflikte um Territorium und Ressourcen an der Moskitia in entscheidender Weise beeinflussen, diskutiert dieses Kapitel zunächst die Strukturen und Institutionen auf der Ebene der Autonomieregionen im nationalstaatlichen Kontext, sowie anschließend die Probleme in der Umsetzung der Autonomie. Die Karibikküstenregionen Nicaraguas werden – bis auf das abgetrennte südliche Departamento San Juan – in Form dieser beiden separaten Autonomieregionen, der RAAN und der RAAS (Región Autónoma del Atlántico Norte bzw. Sur), verwaltet und regiert.

Die 1987 zur Zeit der sandinistischen Regierung in Kraft getretene Verfassung setzt in Artikel 181 den Rahmen für die Autonomie innerhalb des nationalstaatlichen Kontextes, indem dort festgelegt wird, dass der Staat für die indigenen Völker und die ethnischen Gemeinschaften (gemeint sind diejenigen der Bevölkerung afrokaribischen Ursprungs) per Gesetz eine Form der Autonomie zu schaffen habe (República de Nicaragua 2000). Damit war diese Verfassung die erste in der Geschichte des Landes und auch eine der ersten in Lateinamerika, die das nicaraguanische Volk als multiethnisch ansah und explizit die Existenz der indigenen Völker und afrokaribischen Gemeinschaften anerkannte (ACOSTA 2004). Daraus leiten sich wiederum einige kollektive Rechte für diese Bevölkerungsgruppen ab, wie der Schutz vor Diskriminierung, der Schutz der indigenen Sprache und Kultur oder die Anerkennung der Form kollektiven Eigentums.

Die gesetzliche Festlegung der Autonomieregionen erfolgte ebenfalls im Jahr 1987 nach langwierigen Verhandlungen zwischen indigenen Vertretern der Küstenregionen und der Regierung, letztlich jedoch ohne aktive Partizipation der Indigenen (ACOSTA 2004) durch das so genannte Autonomiegesetz (Estatuto de Autonomía de las dos Regiones de la Costa Atlántica de Nicaragua Ley No. 28; Asamblea Nacional 1987). Die administrative Struktur, die für die Autonomieregionen in diesem Gesetz festgelegt wird, umfasst jeweils einen *consejo regional*, der aus 45 gewählten Mitgliedern besteht und über eine *junta directiva* verfügt, in der alle ethnischen Gruppen der jeweiligen Regionen vertreten sein müssen, sowie einen obersten Repräsentanten der Region, den *coordinador regional* (auch als *gobernador* bezeichnet, GRAAN 1997). Die ersten Wahlen zum *consejo regional* fanden nach dem Machtverlust der sandinistischen Regierung im Jahr 1990 in der RAAN statt (GRAAN 1997). Die Autonomieregionen sind dabei, analog zu den übrigen *departamentos* des Nationalstaates, nochmals untergliedert in Munizipe mit ihrer jeweiligen munizipalen Verwaltung; die unterste administrative Einheit bilden die *comunidades*, denen das Recht auf ihre eigene, traditionelle Administration und auf ihre Institutionen per Gesetz garantiert wird. Festgeschrieben sind im Autonomiestatut auch die Freiheit der Bevölkerung, die eigene ethnische Identität zu wählen, an den politischen Organen zu partizipieren sowie die Nutzung von Ressourcen zu kontrollieren.

Einerseits mögen die im Autonomiestatut verankerten Rechte umfangreich erscheinen, indem sie ein hohes Maß an Selbstbestimmung durch die Bevölkerung ermöglichen, das besonders im historischen Kontext als Fortschritt erscheint, so dass HOWARD (1993, S. 146) das Statut als „milestone against ethnic oppression and economic exploitation" bezeichnet. Angesichts der vorherigen Situation der Völker der Atlantikküstenregionen stellte die Autonomie zweifelsohne einen ersten Schritt zu mehr Selbstbestimmung dar. Doch andererseits finden sich in zahlreichen Veröffentlichungen externer sowie lokaler

Experten Diskussionen über die Unzulänglichkeiten und Lücken dieses Statuts. Auch die politische, ökonomische und gesamtgesellschaftliche Situation in den beiden Atlantikregionen zeigt, dass weder eine echte Selbstbestimmung noch eine allgemeine effektive Steuerung der Entwicklung der beiden Regionen bisher umgesetzt werden konnte. Inzwischen wurden neue Gesetze erlassen, die zur Stärkung der Autonomie beitragen könnten, so eine Verfassungsreform von 1995 und vor allem die 2003 erlassenen Gesetze zur Regelung der Autonomie bzw. zu Landrechten (letzteres siehe unten). Das Gesetz zur Reglementierung des Autonomiestatuts (Ley No. 28) von 1987 reguliert zahlreiche Aspekte der Autonomie im Detail. Interessant ist dabei zum Beispiel das Recht der Autonomieregionen, ein eigenes Modell der sozio-ökonomischen Entwicklung zu definieren, sowie auch die in Artikel 3 festgelegte Definition der Autonomie. Insgesamt bleibt dieses Gesetz jedoch hinter den Erwartungen zurück, was ACOSTA (2004) zufolge auf die Mängel im ursprünglichen Statut sowie auf die fehlende Genauigkeit der Regelungen zurückzuführen ist.

Im Vergleich zu der in Kapitel 4 dargestellten Autonomieregion der Kuna in Panama fällt auf, dass sich nicht nur der Grad der Selbstbestimmung, sondern auch die gesamte institutionelle Gestaltung und die Implementierung der Autonomieregelungen in Nicaragua erheblich von ersterer unterscheidet. Die Autonomie der Comarca Kuna Yala zeichnet sich dadurch aus, dass sie einen klar definierten Rahmen für die Kontrolle des Territoriums durch ein indigenes Volk innerhalb des nationalstaatlichen Gefüges setzt, so dass die Autonomie weitgehend durch die Kuna in Selbstbestimmung mit den eigenen internen Institutionen, Strukturen und Gesetzen ausgeübt werden kann, wenngleich sich auch dort immer wieder – in bisher begrenztem Ausmaße – Konflikte um Land, Ressourcen und Kontrolle andeuten. Der Vergleich zu Nicaragua erlaubt dabei die Feststellung, dass sich im Gegensatz zu dem monoethnischen Territorium der Kuna und einer sich über 100 Jahre erstreckenden Entwicklung der Selbstbestimmung dessen Autonomieregionen unter komplexeren und stärker wechselnden politisch-historischen, ökonomischen, ethnischen und demographischen Bedingungen entwickelt haben, wobei externe Interessen und Mächte von Beginn der Conquista an eine starke Rolle spielten. In keinem anderen Land Zentralamerikas führten die Fragen der Kontrolle des Territoriums und der kommunalen Landrechte zu einem solch dauerhaften, von Gewalt geprägten Konflikt wie in Nicaragua (GRÜNBERG 2003), und auch nach Inkrafttreten der Autonomieregelung 1987 brechen in den atlantischen Küstenregionen immer wieder akute Konflikte um Ressourcen, Territorium und politische Kontrolle auf.

Um die komplexe Problematik der Autonomie an der Moskitia zu diskutieren, können drei Dimensionen identifiziert werden, anhand derer sich die Zusammenhänge aufzeigen lassen:
- räumliche Ausdehnung des Territoriums,
- ethnisch-kulturelle Struktur und Identitäten sowie
- institutionelle Strukturen und Probleme.

Diese drei Ebenen weisen jeweils Differenzen in Definition und Gültigkeitsanspruch auf und harmonieren zugleich im Zusammenspiel nicht miteinander, obwohl sie eng miteinander verknüpft sind. Während die drei Dimensionen in der Autonomieregion der Kuna weitgehend kongruent zueinander liegen, zeigen sich in Nicaragua Widersprüche und Überschneidungen, die sich im historischen Kontext entwickelt haben und bis heute bestehen. Dabei unterlagen die Festlegung der territorialen Ausdehnung der Regionen, ebenso wie die Definition ethnischer Zugehörigkeit sowie auch die Modelle der politischen Kontrolle und Repräsentation im jeweiligen historischen Kontext unterschiedlichen Definitions- und Deutungsmustern, die in Abhängigkeit von beteiligten Akteursgruppen und Interessen wechselten, im Ergebnis jedoch nie zu einer übereinstimmenden und tragfähigen Form der Selbstverwaltung und Selbstbestimmung durch die Bevölkerung der Regionen geführt haben. Im Folgenden sollen zunächst entlang dieser drei genannten Aspekte Territorium, Identität und politische Kontrolle einige Probleme aufgezeigt werden.

Zunächst einmal ist festzustellen, dass das Territorium in seinen räumlichen Grenzen über die Jahrhunderte hinweg eine veränderliche Größe darstellte, wobei die Definition dieser Grenzen eine der zentralen politischen Fragen der Administration und Kontrolle dieses Territoriums war, mit zum Teil bis heute andauernden Auswirkungen und Diskussionen. Dabei orientierte sich die Festlegung von Grenzen, wie auch in anderen Ländern Lateinamerikas, stets an nationalstaatlichen Erfordernissen und nicht am Siedlungsraum indigener Völker. So wurde das Volk der Miskito bereits durch die Abtrennung des nördlichen Teils der Moskitia, der an Honduras fiel, geteilt, so dass nun durch das Siedlungsgebiet der Miskito eine Staatsgrenze (der Río Coco) verlief. Später bezog die 1860 gegründete Reserva Mosquitia den Kernsiedlungsraum der Miskito am Río Coco und dem nördlichen Küstenstreifen nicht in ihre räumliche Ausdehnung mit ein, so dass diese Gebiete direkt der Kontrolle durch die Nationalregierung zufielen, während sich der Schwerpunkt der Reserva nach Süden verschob, in dem die Creolen von Bluefields aus das Gebiet kontrollierten (VON OERTZEN 1987).

Auch die Schaffung der Autonomie durch die sandinistische Regierung 1987 folgte hinsichtlich des territorialen Zuschnitts der Regionen nicht den Forderungen der verhandelnden Vertreter der indigenen und afrokaribischen Bevölkerung der Küstenregionen. Diese hatten eine Festlegung der Autonomieregion entlang der Siedlungsgrenzen dieser Bevölkerungsgruppen gefordert, einem Gebiet, das als *yapti tasba* (Mutterland) bezeichnet wird und sich im Norden weit in das heutige Departamento Jinotega nach Westen hinein erstreckt, sich aber nach Süden hin bis auf einen schmalen Küstenstreifen hin verjüngt.. Doch im Ergebnis wurde dieses so genannte Mutterland erstens in zwei separate administrative Einheiten getrennt, und zweitens in seiner Ausdehnung ohne Berücksichtigung der Siedlungsgebiete im Nordwesten beschnitten, im Übrigen jedoch weit nach Westen hin ausgedehnt. Die Folge dieser – nach Ansicht mancher Autoren wie NIETSCHMANN (1989) politisch gezielt vorgenommenen – territorialen Festlegung legte den Grundstein für einige der heutigen Probleme in den beiden Regionen, da der Einschluss weiter mestizischer Siedelgebiete im Westen die Administration des Gebietes erschwerte und zugleich die Mehrheitsverhältnisse in den Regionen zuungunsten der indigenen und afrokaribischen Bevölkerungsgruppen verschob.

Zugleich sind auch die internationalen Grenzen der Autonomieregionen immer wieder Gegenstand von Konflikten. Neben dem Disput mit Honduras um den Grenzverlauf am Río Coco, der für die Miskito bereits in den 1960er Jahren die Zerstörung von Dörfern und als Reaktion die Bewaffnung der Bevölkerung zur Folge hatte, besteht Nicaragua bis heute auf den Rechten auf die vor der karibischen Küste gelegenen kolumbianischen Inseln des Archipels San Andrés und Providencia mit einigen dazugehörigen Korallenbänken und -inseln. Nicaragua erkennt die territoriale Hoheit Kolumbiens nicht an, obwohl diese 1928 per Vertrag festgelegt worden war. Die Inselgruppe ist aufgrund ihrer Ressourcen (Fischerei, Tourismus, sowie in jüngster Zeit Ölprospektion, vgl. ERIKSSON 2000) von wirtschaftlicher Bedeutung und hat darüber hinaus vor allem aber wegen der Implikationen für die seerechtlichen Grenzen eine hohe Bedeutung. Presseartikel (z. B. La Prensa vom 11.8.2002) illustrieren ebenso wie die Homepage des staatlichen Instituts INETER (2006), dass Nicaragua den Archipel bis heute als eigenes Territorium betrachtet. Zudem bereitet das Land seit 2001 eine Klage vor dem Internationalen Gerichtshof in Den Haag vor, die mit der geographischen Zugehörigkeit der Inselgruppe zur Kontinentalplattform und der Lage in einer Entfernung von nur ca. 180 km vor der Küste begründet wird, wobei jedoch ein Blick auf eine bathymetrische Karte erkennen lässt, dass die Inseln durch einen submarinen Graben von 500 bis 1.000 m Tiefe und mehr von der Schelfzone getrennt sind.

Der territoriale Konflikt der beiden Länder hat bisher wenig konkrete Auswirkungen auf die Bevölkerung der Moskitia, mit Ausnahme der Verhaftungen von Miskito-Fischern, die in kolumbianischen Gewässern fischen. Interessanterweise schließen sich auch die Vertreter des zentralen Altenrates den territorialen Forderungen in ihrer eigenen Interpretation an, da sie in einem eigenen Autonomiedokument den Archipel als integralen Bestandteil des Territoriums der Moskitia ansehen (Asamblea General de Naciones Indígenas 2004). Verwunderlich ist dies nicht nur aufgrund der geographischen Gegebenheiten, sondern vor allem auch aufgrund der Tatsache, dass mit Ausnahme gelegentlicher Besuche zum Fischen auf den Inseln und von Verwandschafts- und Handelsbeziehungen nie eine engere kulturelle oder gesellschaftliche Einheit des Archipels und der Moskitia bestanden hat.

Der zweite Aspekt, der hier behandelt werden soll und eng mit den Fragen des Territoriums und der politischen Kontrolle verknüpft ist, umfasst die Frage der ethnisch-kulturellen Zugehörigkeit und Identitäten der verschiedenen Bevölkerungsgruppen der Region. Dieser Aspekt lässt sich seit dem Beginn des Einflusses externer Kräfte an der Moskitia als fluider Prozess der Selbst- bzw. Fremdidentifikation charakterisieren, mit wechselnden von außen vorgenommenen Kategorisierungen der Bevölkerung ebenso wie mit veränderlichen Abgrenzungen zwischen einzelnen Gruppen von innen heraus. Nachdem in frühen Beschreibungen unterschiedliche indigene Völker unter dem Sammelbegriff *Mosco* zusammengefasst worden waren, entstand später tatsächlich eine gemeinsame indigene Identität als Miskito. Dabei verloren die ehemaligen innerhalb der Miskito vorhandenen Differenzierungen der Identität, so z.B. zwischen den mit schwarzen Zuwanderern „vermischten" *zambos* (oder auch *zambos-moscos*) und den übrigen *tawira*, an Bedeutung. Diese Unterscheidungen hatten zu Konflikten um die Kontrolle des Territoriums bis hin zu blutigen Zusammenstößen geführt, bis sich beide Gruppen vereinten (siehe 5.1). Außerdem wurde der eigenen Geschichte der Miskito zufolge zwischen den Gruppen der *auhya uplika (beach people)* und *awala uplika (river people*; NIETSCHMANN 1989, S. 3), also den Miskito des Litorals um Sandy Bay bzw. denen des Río Coco und den Nebenflüssen unterschieden, die vor mehreren Jahrhunderten durch den mächtigen Miskito-Häuptling Miskut vereint worden waren, bevor sie als vereintes Volk der Miskito ihren Expansionszug nach Westen, Norden und Süden begannen.

Die schließlich entstandene und in einem fortlaufenden sozialen Prozess konstruierte Identität als Miskito, die *miskitidad* (SILVA & KORTEN 1997, S. 12), definiert sich vor allem über eine gemeinsame Sprache, eine kollektive historische Vergangenheit, sowie soziale, ökonomische und politische Institutionen, die einzelne *comunidades* miteinander verbinden (NIETSCHMANN 1989), sowie über kulturelle Aspekte. Dabei spielt die ethnisch-rassische Herkunft, die häufig von außen als Kriterium der Indigenität herangezogen wurde, indem die Miskito als „Mischbevölkerung" und somit nicht mehr als ursprünglich angesehen wurden, in der alltäglichen Definition und Interpretation von Identität kaum eine Rolle (vgl. SILVA & KORTEN 1997). In der Praxis zeigt sich dies zum Beispiel daran, dass sich Kinder von Nicht-Miskito-Eltern, die in Miskito-Gemeinden geboren werden und dort aufwachsen, ohne weiteres als Miskito identifizieren und von der Gemeinschaft als solche anerkannt werden (eigene Interviews). Umgekehrt existieren aber auch Tendenzen der Aufgabe der Miskito-Identität, so in der südlichen Atlantikregion RAAS, wo die Miskito-Bevölkerung mancher Dörfer schrittweise die Identität und Sprache der Creole annimmt, was von YIH & HALE (1987) mit der historisch gewachsenen ethnischen Hierarchie begründet wird, in der die Miskito unter den Creole und Mestizen stehen. Eine rein auf verwandtschaftliche Beziehungen reduzierte Sichtweise der Indigenität als Abstammung von präkolonialen Vorfahren greift demnach zu kurz; vielmehr zeigt sich, dass die Grenzen der Identifikation als indigen nicht statisch, sondern als fließend zu begreifen sind (GARCÍA 1997).

Zugleich vollzieht sich auch ein bis heute andauernder Prozess der Stärkung indigener Identität. Dieser gewann bereits in der Zeit bis 1979 an Dynamik durch die im Zuge des Rückzugs großer Wirtschaftsunternehmen bedingte Rückbesinnung der Miskito auf die

Subsistenzwirtschaft, die mit Einkommensverlust und Frustration einherging und zur Bildung erster indigener Organisationen führte. Bereits unter der Somoza-Diktatur gründete sich 1972 die „Alianza para el Progreso de los Miskitos y los Sumos" ALPROMISU, die erste Impulse zur Stärkung der ethnischen Identität setzte, wenngleich mit begrenztem Erfolg (vgl. HALE 1987). Erst nach dem Regimewechsel 1979 boten sich neue Möglichkeiten einer wachsenden ethnischen Solidarität und einer Bewegung, die nicht nur zur Stärkung der indigenen Identität führte, sondern zu deren „reformulation" (GARCÍA 1996, S. 14). Dieser Prozess der Reflektion und Konstruktion einer sozialen Realität des „wir" gegenüber den „anderen" vollzog sich erst in der Zeit der sandinistischen Regierung mit der starken Interaktion zwischen pazifischer und karibischer Seite Nicaraguas, als die Miskito-Frage zu einem international diskutierten Prüfstein der Sandinisten wurde. GARCÍA (1996) weist dabei darauf hin, dass auch externe Akteure, wie ausländische Sozialwissenschaftler und indigene Aktivisten, durch ihre Außensicht aktiv am Prozess der Identitätsbildung beteiligt waren, und dass sich zugleich auch die eigene historische Perspektive der Miskito erst im Zuge der spezifischen sozialen Situation und der starken Umbrüche der 1980er Jahre entwickelte. Im Zuge dieser Stärkung der Identität entwickelte sich auch eine Wiederbelebung des Respekts der Bevölkerung vor den traditionellen Institutionen des *sukias* (HAWLEY 2003).

Die Anerkennung der indigenen Identität innerhalb des Nationalstaates stellte einen der schwierigsten Verhandlungspunkte in den Autonomieverhandlungen zwischen Sandinisten und indigenen Vertretern der aus der Organisation ALPROMISU hervorgegangenen Misurasata („Miskito Sumu Rama Sandinista Aslatakanka" also „Miskito Sumu Rama Sandinisten gemeinsam") dar (vgl. MESCHKAT et al. 1987). Dabei ging es unter anderem um die Frage, ob die Indigenen als Völker, Nationen oder als ethnische Gruppe anzusehen seien. Die indigenen Vertreter beharrten auf ihrer Anerkennung als Völker, mit der Begründung, ethnische Gruppen seien diejenigen, die Restaurants an der Atlantikküste führen, wie die Chinesen. Die Indigenen hingegen seien aufgrund ihrer Tradition und Geschichte als Völker anzuerkennen (RIVERA in MESCHKAT et al. 1987). Die Forderungen blieben jedoch im 1987 erlassenen Autonomiegesetz unberücksichtigt, in dem nur noch die Termini *poblaciones indígenas* (indigene Bevölkerung bzw. Dörfer) und *comunidades étnicas* (ethnische Gemeinden) auftauchen, wobei letzteres sich auf die afrokaribischen Gemeinschaften bezieht. Entscheidend ist bei dieser Diskussion um Begriffe die Ableitung von Rechten, die sich nach völkerrechtlichen Kriterien aus dem Terminus „Volk" ergeben (vgl. Kap. 2.2), nicht jedoch für das Konzept der *poblaciones* oder *comunidades* gelten, die sich eher auf einer Dorfebene begreifen lassen und in ihrer Gültigkeit diffuser bleiben (vgl. MESCHKAT et al. 1987).

Zugleich stellt die Frage der Anerkennung indigener und afrokaribischer Identitäten jenseits der rechtlichen Aspekte auch eine gesamtgesellschaftliche Frage dar, denn die tiefe Spaltung des Landes in einen mestizischen, katholischen Pazifikteil Nicaraguas (zu dem

Die nördliche Moskitia-Küste Nicaraguas 249

sich im weitesten Sinne auch die zentralen Bergländer zählen lassen) und den indigen-afrokaribischen, mährisch-protestantischen Karibikteil besteht bis heute fort. Diese historisch gewachsene Spaltung reflektiert sich zum einen in der Perzeption, die nach Befragungen des IDH (PNUD 2005) von Unkenntnis und Ängsten des jeweils anderen und vor einer von Gewalt und Kriminalität geprägten anderen Seite gekennzeichnet ist. Zum anderen schlägt sich die Spaltung des Landes in Pazifik und Atlantikteil aber auch in der konkreten Politik der wechselnden Nationalregierungen nieder, die der lokalen Bevölkerung bis in die 1980er Jahre hinein kaum oder keine Gestaltungs- und Partizipationsmöglichkeiten in der Bestimmung der Entwicklung ließen und die Region vorwiegend als Rohstoffreservoir nutzten.

Immer wieder spielen dabei auch kulturelle Differenzen und unterschiedliche Visionen der Entwicklung zwischen pazifischer und atlantischer Seite eine Rolle, sowie ein Konzept des Nationalstaates und einer kollektiven nicaraguanischen Identität als homogenes, mestizisches Volk. In dieser Vision wurde indigenen Kulturen über lange Zeit hinweg kein Platz eingeräumt, und GOULD (1998) zufolge waren Miskito und Sumo bis in die 1990er Jahre hinein die einzigen indigenen Völker Nicaraguas, deren Existenz innerhalb des Nationalstaates überhaupt zur Kenntnis genommen wurde. Die Völker der Pazifikküste hingegen wurden spätestens um 1880 mit der offiziellen Erklärung des Sieges der Ladinisierung über die indigenen Kulturen und den indianischen „barbarism" (GOULD 1998, S. 6) unsichtbar. Dem „myth of mestizaje" (GOULD 1998, S. 3), also dem Negieren des Vorhandenseins indigener Völker mit einer spezifischen Identität und Kultur innerhalb des Nationalstaates, setzte erst in den 1990er Jahren die Renaissance der Indigenen der Pazifikküste ein Gegengewicht entgegen.

Insofern kann die Anerkenntnis indigener und afrokaribischer Identitäten in den Gesetzen der 1980er Jahre als ein Schritt zu einer veränderten Rolle der Bevölkerung in der eigenen Region gesehen werden und als Grundstein zur Schaffung gleichwertiger Lebensbedingungen, die bisher allerdings nicht umgesetzt wurden, da die Indigenen noch immer die ärmsten Bevölkerungsgruppen des Landes stellen. Dementsprechend fühlen sich die Befragten in den vom IDH (PNUD 2005) durchgeführten Befragungen von der Entwicklung der Pazifikseite ausgeschlossen und von der Regierung vergessen, was auch in den Interviews, vor allem in Bismuna, von den Bewohnern geäußert worden war und zum Teil mit der eigenen Indigenität und der Andersartigkeit vom Rest der Bevölkerung begründet wurde.

In jüngerer Zeit (verstärkt ab den 1990er Jahren) ist allerdings auch ein Trend der zunehmenden Repräsentation und Organisation der indigenen Gemeinschaften an der Karibikküste festzustellen. Eine wichtige Rolle nehmen dabei neben verschiedenen NRO die beiden indianisch-afrokaribischen Universitäten ein, die mit gezielten Veranstaltungen die Stärkung der Identität fördern, sich aktiv für die Anerkennung der Rechte indigener und afrokaribischer Gemeinschaften einsetzen und sich in internationale Netzwerke integrieren, aus denen sie wiederum Einflüsse, Konzepte und Unterstützung beziehen. Auch zu den Kuna in Panama bestehen Kontakte, z. B. über gegenseitige Besuche und Beratungen zu Fragen indigener Rechte (eigene Interviews, siehe auch CCNIS 1999). Innerhalb der Autonomieregionen tragen zunehmend lokale indigene und afrokaribische Experten, wie Juristen, Biologen oder Soziologen zu Forschung, politischen Debatten und Entwicklungskonzepten sowie zur Stärkung indigener Belange und Identitäten bei. Die Anerkennung der Indigenen als gleichberechtigte Akteure in einem nach der Verfassung multiethnischen und multikulturellen Nationalstaat kann jedoch noch nicht als gesellschaftlich verankert angesehen werden.

Neben der Frage der Identität wirkt auch der Aspekt der multiethnischen Zusammensetzung der Bevölkerung mit teils sich überlagernden Siedlungsräumen der einzelnen indigenen bzw. afrokaribischen Gruppen als Quelle für Konflikte und eine erschwerte Umsetzung der Autonomie. Dabei ist neben den sich teils überschneidenden Landansprüchen einzelner *comunidades*, die durch gemeinsame Landtitel gelöst werden können, vor allem die bis heute andauernde Gewichtsverschiebung zugunsten der durch Zuwanderung aus dem Westen Nicaraguas wachsenden mestizischen Bevölkerung zu nennen (GRÜNBERG 2003). So werden die im Zuge der Festlegung der territorialen Grenzen geschaffenen Verhältnisse der Anteile einzelner Gruppen an der Regionalbevölkerung durch die mestizische Migration verstärkt. Die Folge der nur noch knapp 37 % betragenden Anteile indigener bzw. Creole-Bevölkerung in der RAAN äußert sich nach Ansicht von Miskito-Vertretern darüber hinaus auch in einem tendenziell schwächer werdenden politischen Einfluss der Indigenen in der Region (eigene Interviews).

Die dritte der oben aufgeführten Dimensionen umfasst den Komplex politische Kontrolle und Institutionen der Autonomie. Diese Ebene weist im historischen Kontext wie auch bis heute einige Aspekte auf, die eine effektive Administration der Region und die Selbstbestimmung durch die indigene und afrokaribische Bevölkerung erschweren und zum Teil zu Konflikten führen. Bereits in historischer Zeit wurde das Königreich der Moskitia zwar von einem Miskito-König regiert, der jedoch vielfach als Marionette der britischen Regierung angesehen wird (vgl. CADDY 1998), so dass die Kontrolle der Region letztlich fremdbestimmt blieb. Andererseits verweisen Autoren wie NIETSCHMANN (1989) darauf, dass die Institution des Königs nicht allein als von externen Kräften aufgesetzt interpretiert werden kann, sondern vielmehr als neue Form der bereits vorhandenen traditionellen Institution des *jefe* oder *headman*, eines regionalen Häuptlings. Aufgrund der sich verändernden politischen Verhältnisse mit der Kontrolle durch den nicaraguanischen Nationalstaat mussten sich allerdings die traditionellen indigenen Institutionen auf die kommunale Ebene zurückziehen, so dass spätestens ab der so genannten *reincorporación* (Wiedereingliederung) im Jahr 1894, als zugleich die erste Moskitia-weite Versammlung der Miskito-Vertreter *(convención)* stattfand, auf regionaler Ebene keine traditionellen Institutionen mehr vorhanden waren (eigene Interviews mit dem zentralen Altenrat; CADDY 1998).

Die Schaffung institutioneller und administrativer Strukturen durch den Nationalstaat fand in der Folgezeit ohne Beteiligung indigener Vertreter und weitgehend ohne Berücksichtigung traditioneller institutioneller Strukturen statt, die im Autonomiestatut lediglich auf kommunaler Ebene vorgesehen sind. Erst seit den 1990er Jahren begann sich erneut ein zentraler Altenrat der gesamten Autonomieregion zu formieren, der zunehmend an Gewicht gewinnt, jedoch in der institutionellen Struktur der Autonomie nicht verankert ist. Problematisch ist außerdem, dass über den *comunidades* noch drei weitere hierarchische Ebenen vorhanden sind (Munizipe, Regionen und der Nationalstaat), ohne dass eine institutionelle Einbettung gegeben wäre und ohne dass Vertreter der *comunidades* in den anderen Ebenen beteiligt wären, was jedoch zu einer unnötigen Bürokratisierung führt (ACOSTA 2004). Vor allem das Verhältnis zwischen der Munizip-Ebene und den *comunidades* wird als in vielen Fällen konfliktiv beschrieben, wobei die Regierbarkeit der Munizipe vor allem durch die mangelnde Partizipation der kommunalen Vertreter stark eingeschränkt ist (MATTERN 2003).

Trotz des Anspruchs der Autonomieregelung, einen Beitrag zur Dezentralisierung zu leisten, ist aus der Sicht befragter lokaler Akteure noch immer eine stark zentralisierte Administration vorherrschend, in der Ziele und Konzepte aus der Hauptstadt in der regionalen Politik umzusetzen sind, die zu wenig die Interessen der *comunidades* berücksichtigen. Diese Problematik ist bereits in den unklaren Regelungen des Autonomiestatuts angelegt, indem die nationalen Ministerien wie z.B. die Naturschutzbehörde MARENA für bestimmte Aspekte in den Autonomieregionen zuständig sind und für diese spezifische, regional angepasste Ansätze zu entwickeln haben, was meist jedoch nicht geschieht. Zugleich ist aber auch innerhalb der Regionen ein Zentralismus festzustellen, in dem in der Regionalhauptstadt Bilwi politische Entscheidungen getroffen werden, die wenig mit lokalen Interessen übereinstimmen bzw. mit diesen abgestimmt werden (eigene Interviews). Dabei vermischen sich verschiedene institutionelle Ebenen zum Teil in der Perzeption der Bevölkerung, indem sämtliche Aspekte staatlichen Handelns auf das *gobierno*, also die zentrale Regierung, bezogen werden (eigene Interviews in Bismuna, ebenso in CURRLE et al. 1999 für die Region des mittleren Río Coco).

Ein weiterer Problemkomplex betrifft die Frage der politischen Repräsentation und Organisationen. So nennt ein Vertreter der indigenen Partei Yatama, zugleich Dozent an der Universität Cium-BICU, neben der Korruption, die auch die im Regionalparlament vertretenen indigenen Vertreter seiner Ansicht nach betrifft, die Uneinigkeit der politischen Repräsentation als eines der zentralen Probleme: „No hay unidad en el liderazgo" (eigene Interviews). Demnach herrscht kaum Einigkeit zwischen den indigenen Akteuren und Politikern über Ziele, Konzepte und anzustrebende Entwicklungen. Dies wurde in den Interviews mit verschiedenen indigenen Vertretern der Partei Yatama sehr deutlich, die dem zentralen Altenrat allenfalls eine traditionell-spirituelle Funktion auf kommunaler Ebene zugestehen, nicht jedoch eine politische, und darüber hinaus seine Handlungsfähigkeit und Unabhängigkeit von der Regierung anzweifeln. Der Consejo de Ancianos selbst beansprucht jedoch eine gewichtige Rolle für sich, indem er sich als legitimen Vertreter der Völker der Moskitia ausweist (eigene Interviews; Consejo de Ancianos 1998).

Interessant ist dabei, dass sich der Altenrat auf die Traditionalität dieser Institution beruft, obwohl diese in der jetzigen Form keineswegs traditionell ist, sondern erst in den 1980er Jahren in honduranischen Exilcamps unter dem Miskito-Führer Steadman Fagoth gegründet wurde (CADDY 1998). Trotzdem scheint der Einfluss und der Organisationsgrad des Altenrates in jüngster Zeit zu wachsen, wenngleich in den Interviews vor allem auch mit Behördenvertretern deutlich wurde, dass die Institution des zentralen Altenrates bisher noch kaum in der Region als legitime Vertretung indigener Interessen wahrgenommen zu werden scheint, sondern allenfalls als eine Organisation unter anderen. Andererseits bezeichneten Vertreter des zentralen Altenrates in den Interviews die indigene Yatama-Partei als *vendepatria* (Vaterlandsverkäufer, Übers. der Verf.), die im Gegensatz zum Altenrat Geld von der Regierung bekomme (eigene Interviews). Generell werden die politischen Parteien vom Altenrat als „Feinde" angesehen, da dieser sich als apolitisch begreift. Aufgrund der Einbindung in parteipolitische Strukturen ist die Frage der Repräsentation indigener Akteure und Anliegen durch politische Parteien, selbst wenn ihre Vertreter Indigene sind, ohnehin fragwürdig (vgl. MATTERN 2003; MOLINA MARCIA 2000). Die tiefe Spaltung in verschiedene politische Lager, die zum Teil noch in der Bürgerkriegszeit wurzelt, zieht sich dabei bis hinein in die *comunidades* (vgl. 5.3) und erschwert die Handlungsfähigkeit der regionalen Organe.

Insgesamt problematisch ist auch, dass sich die Aufgaben und gesetzlichen Grundlagen auf verschiedenen Ebenen zum Teil widersprechen oder zuviel Spielraum für divergierende Interpretationen lassen. Wie Abbildung 23 zeigt, ist die Gesetzgebung zur Kontrolle der Ressourcennutzung unklar, indem einerseits in der Verfassung die natürlichen Ressourcen als *patrimonio nacional* direkt der staatlichen Kontrolle zufallen, und andererseits im Autonomiestatut den indigenen und afrokaribischen Gemeinschaften das Recht auf die volle Nutzung und Kontrolle ihrer Ressourcen zugesprochen wird (vgl. HOWARD 1993). Untrennbar verbunden mit dieser Frage der Ressourcen ist die Landrechtsfrage, die bis heute immer wieder Anlass für Konflikte ist. Generell liegt der weitaus größte Teil des Landes der Autonomieregionen in staatlichem Besitz, und die Anteile des kommunalen Landes und Privatlandes sind sehr viel geringer (CURRLE et al. 1999). Nach der bis 2003 bestehenden Gesetzeslage erhielten dabei die *comunidades* erst durch die Eintragung von Landtiteln gesicherte Rechte auf ihre traditionell genutzten und besiedelten Flächen, was allerdings mit dem neuen Gesetz 445 nicht mehr gültig ist. Zu Konflikten kommt es beispielsweise mit mestizischen *colonos*, die im Zuge der von Westen vorrückenden Sied-

Artikel 102 der Verfassung:
„Los recursos naturales son patrimonio nacional. La preservación del ambiente y la conservación, desarrollo y explotación racional de los recursos naturales corresponden al Estado; éste podrá celebrar contratos de explotación racional de estos recursos, cuando el interés nacional lo requiera."

(„Die natürlichen Ressourcen sind Staatsbesitz. Der Schutz der Umwelt sowie der Schutz, die Entwicklung und rationale Nutzung der natürlichen Ressourcen sind Aufgabe des Staates, dieser kann Konzessionen zur rationellen Nutzung dieser Ressourcen vergeben, wenn das nationale Interesse es erfordert.")

Autonomiestatut Artikel 8:
„[Las Regiones Autónomas] Tienen, a través de sus órganos administrativos, las siguientes atribuciones generales: [...] promover el racional uso, goce y disfrute de las aguas, bosques, tierras comunales y la defensa de su sistema ecológico."

(„[Die Autonomen Regionen] haben durch ihre administrativen Organe die folgenden generellen Aufgaben: [...] die rationelle Nutzung der Gewässer, Wälder und des kommunalen Landes zu fördern und das ökologische System zu schützen.")

Autonomiestatut Artikel 9:
„En la explotación racional de los recursos mineros, forestales, pesqueros y otros recursos naturales de las Regiones Autónomas, se reconocerán los derechos de propiedad sobre las tierras comunales, y se deberá beneficiar en justa proporción a sus habitantes mediante acuerdos entre el Gobierno Regional y el Gobierno Central."

(„In der rationellen Nutzung der Bodenschätze, der Forst- und Fischereiressourcen und anderer natürlicher Ressourcen der Autonomen Regionen werden die Eigentumsrechte an kommunalem Land anerkannt und ihre Bewohner sind zu gerechten Anteilen durch Vereinbarungen zwischen regionaler und zentraler Regierung zu beteiligen.")

Autonomiestatut Artikel 35:
„La Región Autónoma tiene plena capacidad de adquirir, administrar y disponer de los bienes que integran su patrimonio, de conformidad con este Estatuto y las leyes."

(„Die Autonome Region hat die volle Befugnis ihre Güter zu nutzen, zu verwalten und über sie zu verfügen in Übereinstimmung mit diesem Statut und den Gesetzen.")

(alle Auszüge übersetzt von der Verfasserin)

Abb. 23: Widersprüche in den gesetzlich festgelegten Zuständigkeiten der Kontrolle von Ressourcen und Umwelt in der Verfassung vs. Autonomiestatut
Quelle: Eigene Zusammenstellung nach CURRLE *et al. 1999; Asamblea Nacional de la República de Nicaragua 1987*

lungsfront Land nutzbar machen, aber auch mit ausländischen Firmen, die mit staatlichen Konzessionen, aber ohne Konsultation mit den *comunidades,* Ressourcen für den Export nutzen (siehe unten). Die Siedlungsfront der mestizischen Zuwanderer ist dabei inzwischen soweit nach Osten vorgerückt, dass sie die karibische Küste erreicht hat.

Insgesamt zeigt sich, dass sich durch das mangelnde Zusammenspiel der drei genannten Dimensionen Territorium, Identitäten und Institutionen eine Fülle von einzelnen Problemen und Konflikten in der Region ergeben. Kennzeichnend ist dabei generell ein Mangel an politischer Kontrollierbarkeit und Steuerbarkeit der Entwicklungen. Unsicherheit und fehlendes Vertrauen der Bevölkerung in staatliches Handeln stellen eine Folge dieser Situation dar (vgl. CURRLE et al. 1999), und sind zugleich Faktoren, die für die Erklärung der mangelnden Umsetzung neuerer Ansätze, z.B. im Ressourcenmanagement, zu berücksichtigen sind (siehe 5.3). Die Handlungsfähigkeit staatlicher Institutionen wird dabei auch durch die desolate finanzielle Lage erschwert, da der Haushalt der Autonomieregionen im Verhältnis zur Bevölkerungszahl und dem generierten wirtschaftlichen Beitrag zur Volkswirtschaft als gering eingeschätzt wird (La Prensa 15.9.2006). Die gesamte Situation der Küstenregionen wird durch Armut, Arbeitslosigkeit und die schwierigen Lebensbedingungen der Bevölkerung verschärft, während tragfähige Ansätze zur Verbesserung dieser Bedingungen und zur verstärkten Partizipation der Bevölkerung bisher auf regionaler Ebene nicht vorhanden sind. Lediglich auf der Ebene von NRO existiert seit 2001 eine regionale Agenda für die Karibikküste, nicht jedoch auf der Ebene der *consejos regionales*, auf der es keine klaren Zielformulierungen für die Entwicklung gibt (MATTERN 2003).

Die Unzufriedenheit verschiedener Akteursgruppen führt dabei immer wieder dazu, dass mit Eskalation gedroht wird, um Druck auf die Regierung auszuüben. So wurde im zentralen Altenrat im Jahr 2000 diskutiert, die noch aus dem Bürgerkrieg vorhandenen Waffendepots auszugraben, um Forderungen nach verbesserter Partizipation der Indigenen in der RAAN durchzusetzen (eigene Interviews; ähnlich CADDY 1998). Auch der Ausschluss der indigenen Organisation Yatama von den Regionalwahlen im Jahr 2000 führte zu massiven Protesten und Androhungen von Gewalt. Bereits zuvor hatte die Wiederbewaffnung von Yatama-Angehörigen zu Konfrontationen im Grenzgebiet um Cabo Viejo geführt (El Nuevo Diario vom 16.12.1998). Andererseits stimmte aber eine Gruppe wiederbewaffneter ehemaliger Yatama-Kämpfer *(rearmados)* später im Rahmen eines Programms zur sozialen Reintegration zu, die Waffen abzugeben (GRAAN 2002). Erst nachdem sich Yatama als politische Partei neu formiert hat, kann diese Organisation nun bei Wahlen antreten (MATTERN 2003) und vereint heute hohe Stimmenanteile in der nördlichen Atlantikregion auf sich. Jenseits der politisch motivierten Proteste entstehen aber auch aus anderen Gründen nicht kontrollierbare Räume, die von bewaffneten Banden, die zum Teil im Drogenhandel aktiv sind, dominiert werden und sich mangels Infrastruktur (z.B.

Die nördliche Moskitia-Küste Nicaraguas 255

Verkehrswege, Überwachungsfahrzeuge) der Kontrolle und Intervention entziehen (La Prensa vom 3.5.2001).

5.2.3 Neuere gesetzliche Regelungen und Beispiele aktueller Konflikte um Land und Ressourcen

Aufgrund der vielen Unzulänglichkeiten der Autonomieregelung forderte die Partei Yatama wiederholt ein neues Autonomiestatut (Acosta 2004), bisher allerdings ohne Erfolg. Auch der zentrale Altenrat entwickelt immer wieder Vorschläge für ein neues Autonomiegesetz, wobei die Stärkung der Autonomierechte auf kommunaler Ebene eine der zentralen Forderungen darstellt (Asamblea General de Naciones Indígenas 2004). Wenngleich diese Forderungen bisher in der Gesetzgebung unberücksichtigt blieben, gibt es einige gesetzliche Vorschriften, die in den letzten Jahren erlassen wurden und einen Beitrag zur Verbesserung der Autonomie und der Situation der indigenen und afrokaribischen Gruppen in den Regionen der Atlantikküste leisten könnten, allerdings mit Einschränkungen aufgrund konzeptioneller Probleme.

Zu nennen ist dabei in erster Linie das im Jahr 2003 erlassene Gesetz über Kommunalbesitz an der Atlantikküste (Ley 445), das zur Lösung der Landrechtsfrage beitragen sollte, die seit dem 1905 zwischen Nicaragua und Großbritannien geschlossenen Harrison-Altamirano-Vertrag offen geblieben war (Ley 445: Ley del Régimen de Propiedad Comunal de los Pueblos Indígenas y Comunidades Étnicas de las Regiones Autónomas de la Costa Atlántica y de los Ríos Bocay, Coco, Indio y Maíz; Asamblea Nacional 2003). Bereits zuvor hatten indigene und afrokaribische Gemeinden die Möglichkeit, ihre Ansprüche entweder als einzelne *comunidades* oder gemeinsam anzumelden und einen Prozess der Demarkation einzufordern, der letztlich zur Landtitelvergabe und somit zur Sicherung der Rechte führen konnte. Das neue Gesetz 445 garantiert den Gemeinschaften jedoch sehr viel umfangreichere, nicht an Landtitel gebunden Landrechte, indem es ausdrücklich die Rechte der indigenen Völker und *comunidades étnicas* auf Nutzung, Verwaltung und Management ihres traditionellen Landes und ihrer Ressourcen anerkennt (vgl. Jarquín 2003):

„Garantizar a los pueblos indígenas y comunidades étnicas el pleno reconocimiento de los derechos de propiedad comunal, uso, administración, manejo de las tierras tradicionales y sus recursos naturales, mediante la demarcación y titulación de las mismas." (Asamblea Nacional 2003: Artikel 2).

(„Den indigenen Völkern und ethnischen Gemeinschaften soll die volle Anerkennung der Rechte kommunalen Eigentums, der Nutzung, Verwaltung, des Managements ihres traditionellen Landes und ihrer natürlichen Ressourcen mittels Demarkation und Landtitelvergabe garantiert werden", Übers. der Verf.).

Es wird das Prinzip des Kommunalbesitzes verankert und die Demarkation sowie Landtitelvergabe garantiert (vgl. MUELLER RIVERSTONE 2003). Kommunales Land ist demnach nicht veräußerbar und vor Zugriff durch den Staat, auch bei Nicht-Nutzung, geschützt. Außerdem werden die traditionellen Institutionen der Indigenen anerkannt, sowie neue Kommissionen zur Demarkation vorgesehen. MUELLER RIVERSTONE (2003) zufolge wird dieses Gesetz tief greifende Implikationen auf sozialer, ökonomischer und politischer Ebene in der Region haben, doch zugleich wirft es zahlreiche Fragen zur Umsetzung auf. So wird beispielsweise als *comunidad indígena* eine Gemeinschaft von Familien *de ascendencia amerindia establecida en un espacio territorial* definiert, die neben der Identität eine gemeinsame historische Vergangenheit, spezifische Werte und eine traditionelle Kultur miteinander teilen, sowie über kommunale Landnutzungsstrukturen und eine eigene soziale Organisation verfügen. Wie bereits in Kapitel 2.2 diskutiert, sind jedoch Konzepte von Kultur ebenso wie die Interpretation dessen, was als „traditionell" zu begreifen ist, dynamisch und wandelbar, so dass eine klare Abgrenzung sich hier möglicherweise schwierig gestalten könnte – insbesondere auch angesichts des enthaltenen Begriffes der „Werte". MUELLER RIVERSTONE (2003) weist zudem darauf hin, dass die Definition des Terminus *comunidad* Umsetzungsprobleme bereitet, wenn geklärt werden muss, welche Mindestzahl von Familien eine Gemeinschaft bilden oder welchen Höchstabstand die Wohnstandorte haben dürfen. Zugleich wird im Gesetz der Terminus des indigenen Volkes – wiederum anders als der Begriff der *comunidad indígena* – über eine historische Kontinuität aus präkolonialer Zeit sowie die Distinktion von anderen Teilen der Gesellschaft definiert (Abb. 24).

Problematisch ist auch die Frage, in welchem Ausmaß einer *comunidad* Land zuzugestehen ist, denn als *tierra comunal* (kommunales Land) wird das geographische Areal in Besitz einer indigenen oder ethnischen *comunidad* mit oder ohne Besitztitel begriffen (vgl. Artikel 3, Abb. 24). Demnach ist ein Landbesitztitel nach dem neuen Gesetz also nicht mehr Voraussetzung für die Anerkennung der Landrechte, vielmehr gelten diese Rechte nach Artikel 3 in Bezug auf die von einer *comunidad* bewohnten und traditionell genutzten Flächen, wobei auch heilige Gebiete sowie Zonen der Regeneration von Flora und Fauna eingeschlossen sind. Trotz dieser flexiblen Definition bietet der Artikel mögliche Konfliktpunkte, da nicht klar spezifiziert wird, auf welche Zeiträume sich die Nutzung des Landes bezieht. Da jedoch die traditionelle Landnutzung der Miskito in Zyklen abläuft, die lange Ruhezeiten der landwirtschaftlich genutzten Flächen einschließen, und darüber hinaus auch extensiv, z. B. für die Jagd genutzte Gebiete umfassen (vgl. NIETSCHMANN 1973), kann diese Differenzierung zwischen traditioneller und aktueller Nutzung einen erheblichen Unterschied in der Ausdehnung der Landrechte ausmachen.

Ein weiterer Konfliktpunkt betrifft die mestizischen Gemeinden, die sich zum Teil als benachteiligt gegenüber indigenen und afrokaribischen Gemeinschaften sehen, da sie Land, das von ihnen seit Jahren besetzt und genutzt wird, an diese abtreten müssen, sofern

> **Artikel 3, Ley 445 (Gesetz zum Kommunalbesitz von 2003)**
>
> **Pueblo Indígena:** „Es la colectividad humana que mantiene una continuidad histórica con las sociedades anteriores a la Colonia cuyas condiciones sociales, culturales y económicas les distingue de otros sectores de la sociedad nacional y que están regidos total o parcialmente por sus propios costumbres y tradiciones."
>
> („Es ist die menschliche Gemeinschaft, die eine historische Kontinuität zu den vor der Kolonisierung bestehenden Gesellschaften aufweist, deren soziale, kulturelle und ökonomische Bedingungen sie von anderen Sektoren der nationalen Gesellschaft unterscheiden und die teilweise oder vollständig durch ihre eigenen Bräuche und Traditionen bestimmt wird.")
>
> **Tierra Comunal:** „Es el área geográfica en posesión de una comunidad indígena o étnica, ya sea bajo título real de dominio o sin él. Comprende las tierras habitadas por la comunidad y aquellas que constituyen el ámbito tradicional de sus actividades sociales, económicas, culturales, lugares sagrados, áreas boscosas para reproducción y multiplicación de flora y fauna, construcción de embarcaciones, así como actividades de subsistencia, incluyendo la caza, pesca y agricultura."
>
> („Es ist der geographische Raum im Besitz einer indigenen oder ethnischen *comunidad*, sei es mit oder ohne Landtitel. Es umfasst das von der *comunidad* bewohnte Land sowie das Land, das den traditionellen Raum darstellt für soziale, ökonomische, kulturelle Aktivitäten, der heiligen Orte, des Waldes für die Reproduktion und Vermehrung von Flora und Fauna, für den Bootsbau sowie auch für Aktivitäten der Subsistenzwirtschaft, inklusive der Jagd, Fischerei und Landwirtschaft.")
>
> **Propiedad Comunal:** „Es la propiedad colectiva, constituida por las tierras, agua, bosques y otros recursos naturales contenidos en ellas, que han pertenecido tradicionalmente a la comunidad, conocimientos tradicionales, propiedad intelectual y cultural, recursos de biodiversidad y otros bienes, derechos y acciones que pertenezcan a una o más comunidades indígenas o étnicas."
>
> („Es ist kommunale Besitz, der mit den Gewässern, dem Wald und anderen natürlichen Ressourcen aus dem Land gebildet wird, das traditionell der *comunidad* gehört hat, sowie traditionelles Wissen, geistiges und kulturelles Eigentum, Ressourcen der Biodiversität und andere Güter, Rechte und Handlungen, die einer oder mehrerer indigener oder ethnischen *comunidades* gehört".)
>
> **Territorio Indígena y único**: „Es el espacio geográfico que cubre la totalidad del hábitat de un grupo de comunidades indígenas o étnicas que conforman una unidad territorial donde se desarrollan, de acuerdo a sus costumbres y tradiciones."
>
> („Es ist der geographische Raum, der die Gesamtheit des Lebensraumes einer Gruppe von indigenen oder ethnischen [afrokaribischen, die Verf.] *comunidades* einschließt, die eine territoriale Einheit bilden, in der sie sich entwickeln mit ihren Bräuchen und Traditionen.")

Abb. 24: Im Gesetz 445 zum Kommunalbesitz verankerte territoriale und gesellschaftliche Konzepte
Quelle: Zusammenstellung aus dem Gesetz Ley 445 (Asamblea Nacional 2003)

sie nicht selbst über Landtitel verfügen. Die Unzufriedenheit der mestizischen *colonos* über diese Situation wächst und bietet weiteres Konfliktpotenzial (El Confidencial 14.-20.09.2003).

Es bleibt abzuwarten, welche Konsequenzen sich für die indigenen und afrokaribischen Gemeinschaften durch die neueren Gesetze ergeben und ob diese tatsächlich zu einer Stärkung der Autonomie und Landrechte beitragen können. Dass die Umsetzung von Gesetzen und eine verbesserte Implementierung der Autonomie häufig durch fehlenden politischen Willen verursacht werden, zeigen die beiden im Folgenden vorgestellten Beispiele: Der international rezipierte Fall des Sumu-Mayangna-Dorfes Awastingni in der RAAN illustriert – ebenso wie der Fall der Cayos Perlas in der RAAS – das Problem der Wirkungslosigkeit vorhandener Gesetze aufgrund unzureichender Umsetzung durch den Nationalstaat. Die am Río Wawa in der nördlichen Atlantikregion gelegene *comunidad* Awastingni hatte protestiert, nachdem die nationale Regierung in den 1990er Jahren einem Unternehmen eine Konzession für den Holzeinschlag im tropischen Regenwald erteilt hatte – auf dem kommunalen Land (ausführlich dazu WIGGINS 2002; CADDY 1996; MCLEAN 2005). Nach langwierigen Auseinandersetzungen zwischen der *comunidad* und der nicaraguanischen Regierung gelang es den indigenen Vertretern schließlich mit internationaler Unterstützung verschiedener NRO wie dem WWF (World Wildlife Fund), einen Kompromiss zu erreichen, der jedoch von der Regierungsseite nicht eingehalten wurde. Erneut war eine Konzession an eine andere Holzfirma vergeben worden – ohne vorherige Konsultation oder Partizipation der *comunidad*. Schließlich bestätigte ein Schiedsspruch des Interamerikanischen Gerichtshofes (Corte CIDH) die indigenen Ansprüche auf das kommunale Land und stellte fest, dass der Nationalstaat die Rechte der *comunidad* durch die Erteilung von Konzessionen verletzt habe. Dieses Urteil wurde international zur Kenntnis genommen und stellt nicht nur für Nicaragua einen Präzedenzfall dar, denn durch das Urteil des Corte IDH wurden erstmalig die kollektiven Rechte indigener Völker anerkannt. Jedoch ist der Schiedsspruch des Gerichts von 2001 nach MCLEAN (2005) bis in das Jahr 2005 noch nicht umgesetzt worden, was diese Autorin unter anderem auf die starke Beeinflussung der Regionalregierung durch die Regierung zurückführt.

Ein weiteres Beispiel für die mangelnde Durchsetzung vorhandener Gesetze in staatliches Handeln, das zu Lasten der lokalen *comunidades* geht, ist der Fall der Cayos Perlas, einer kleinen Inselgruppe vor der Küste der südlichen Atlantikregion RAAS. Mehrere der Inseln wurden seit 1999 von dem US-Amerikaner Tsokos aufgekauft, der diese seitdem wiederum über das Internet zum Verkauf an internationale Kunden anbietet (unter *www.oceanfrontproperties.com* und *www.tropical-islands.com,* Stand Juni 2007). Der Erwerb der Inseln durch den Investor ebenso wie der Weiterverkauf widersprechen den gesetzlichen Vorschriften Nicaraguas, unter anderem der Verfassung, dem Autonomiestatut sowie dem Umweltgesetz (Ley General de Medio Ambiente y Recursos Naturales; ACOSTA 2002). Obwohl die nicaraguanischen Gesetze den Verkauf von Inseln generell verbieten, konnte der Spekulant seine Geschäfte fortsetzen und hatte im Jahr 2002 bereits fünf Inseln verkauft – wobei ACOSTA (2002) einen Gesamtkaufpreis von 20.500 US$ bei einem Wiederverkaufspreis von 1,6 Mio. US$ nennt. Auch die Umweltbehörde MARENA, die für die Errichtung von Bauten Genehmigungen hätte erteilen müssen, blieb untätig, obwohl den Inseln als Brutplatz für gefährdete Meeresschildkröten eine hohe ökologische Funktion zukommt und in der Presse wiederholt auf konkrete Zerstörungen der Ökosysteme hingewiesen worden war (La Prensa vom 17.7.2003).

Noch gravierender für die lokale Bevölkerung ist die Außerkraftsetzung ihrer gewohnheitsmäßigen Nutzungsrechte der Cayos, die sie nachweislich schon seit Jahrhunderten aufsuchten, um dort Süßwasser zu gewinnen, Kokosnüsse zu ernten und in der Umgebung zu fischen. Diese Tätigkeiten werden durch den Investor mit Hilfe von bewaffneten Wachmännern und zum Teil mit Unterstützung der Polizei unterbunden (vgl. JENTOFT 2004; ACOSTA 2002), wobei es immer wieder zu Konfrontationen kommt, unter anderem mit den inzwischen zugezogenen ausländischen Käufern. Für die Küstenbewohner hat dies gravierende Auswirkungen, da sie nunmehr weiter entfernte Fanggründe für den Fischfang aufsuchen müssen, was wiederum mit höheren Kosten und höherem Zeitaufwand verbunden ist. Trotz Protestaktionen, zahlreicher Presseartikel und trotz des Einsatzes der lokalen Organisation CALPI (Centro de Asistencia Legal a Pueblos Indígenas), die indigene und afrokaribische Bevölkerungsgruppen durch juristischen Beistand unterstützt, blieben nationale und regionale Behörden bisher untätig, und der Verkauf weiterer Inseln schreitet voran. Der Fall eskalierte im Jahr 2002 sogar soweit, dass der Ehemann der Juristin Acosta, F. García Valle, von Angestellten des amerikanischen Investors ermordet wurde (La Prensa vom 4.10.2002). Aus Sicht Acostas und der CALPI handelt es sich eindeutig um politischen Mord, der zum Ziel hatte, die Aktivitäten der Anwältin und ihrer Organisation zu bremsen (CALPI 2003), was jedoch im Gerichtsverfahren gegen die schließlich verurteilten Mörder nicht nachgewiesen werden konnte.

Der Fall Cayos Perlas zeigt beispielhaft die Folgen der widersprüchlichen Gesetzeslage, auf die oben hingewiesen wurde. So sind einerseits die Rechte der indigenen und afrokaribischen *comunidades* an den Cayos, die durch die Verfassung als traditionell seit Jahrhunderten genutztes Land geschützt sind, auch im Autonomiegesetz von 1987 festgeschrieben (JENTOFT 2004). Andererseits liegen Inseln laut dem älteren Código Civil (Art. 642) grundsätzlich in Staatsbesitz (ACOSTA 2002). Daneben zeigen zahlreiche Details und Unregelmäßigkeiten des Falles nicht nur die Untätigkeit der Behörden, sondern auch die Unzulänglichkeiten des nicaraguanischen Justizsystems auf (vgl. El Nuevo Diario vom 4.10.2000; La Prensa vom 3.6.2003). Vor allem aber spiegelt sich hier der fehlende politische Wille, die vorhandenen Schutzinstrumente indigener Rechte und Landansprüche auf nationalstaatlicher, wie auch auf regionaler Ebene, in die Realität umzusetzen. Die Folge ist, dass es den lokalen *comunidades* trotz vorhandener Gesetze ohne die Unterstützung durch internationale oder auch lokale NRO kaum möglich ist, ihre Ansprüche geltend zu machen und sich ihre gesetzlich garantierten Ansprüche zu sichern. Es fällt auf, dass dabei noch immer die historisch gewachsene Dominierung durch externe wirtschaftliche Interessen, die vom Nationalstaat geduldet wird, fortbesteht, denn bei der Kollision zwischen Nutzungsabsichten ausländischer bzw. nationaler Wirtschaftsunternehmen oder Investoren kommt den lokalen *comunidades* trotz der gesetzlich verankerten Rechte die schwierige Aufgabe zu, die Abwehr dieser Ansprüche durch den Nationalstaat einzufordern.

Der Konflikt um die Cayos Perlas trägt insgesamt zur Verunsicherung der indigenen und afrokaribischen Bevölkerung an der karibischen Küste Nicaraguas bei und strahlt bis in die nördliche RAAN aus, indem durch diesen Fall das ohnehin schwache Vertrauen in den Staat als Garant für die Umsetzung der gesetzlich garantierten Autonomierechte weiter beschädigt wird. Während der Feldforschungsphase für die vorliegende Untersuchung wurde im Jahr 2000 auch in Bilwi über den Fall der Cayos Perlas gesprochen, und es entstand das Gerücht, die für die Miskito noch bedeutenderen Cayos Miskitos in der RAAN sollten von der Regierung ebenfalls an Ausländer verkauft werden. Mehrere Befragte äußerten, dass es in diesem Falle mit Sicherheit „Krieg" geben würde, also einen bewaffneten Aufstand der Miskito gegen den Nationalstaat zur Verteidigung ihrer traditionellen Ansprüche auf die Inseln (eigene Interviews). Es konnten keine Hinweise auf den Wahrheitsgehalt dieses Gerüchtes gefunden werden, jedoch spiegelt die Entstehung der Diskussionen und Reaktionen auf den vermuteten Verkauf die Verunsicherung der Bevölkerung in Bezug auf die Autonomierechte und deren mangelnde Umsetzung durch den Staat wider.

5.3 Marine Ressourcennutzung an der Moskitia-Küste Nicaraguas: Nutzungsmuster, institutionelle Steuerung und Konflikte

Im Folgenden soll zunächst eine allgemeine Charakterisierung der Nutzung von Meeresressourcen in der nördlichen Autonomieregion RAAN erfolgen, bevor anschließend am Beispiel der Gemeinde Bismuna (Kap. 5.3.2) die Transformation von der Subsistenzfischerei zur marktorientierten Nutzung mit den Problemen der institutionellen Steuerung diskutiert wird. In Kapitel 5.3.3 werden die Erkenntnisse in einen regionalen Kontext und in Bezug zu den Unterschieden und Gemeinsamkeiten mit anderen *comunidades* gestellt, bevor generelle Schlussfolgerungen zur Problematik der institutionellen Steuerung in der Küstenregion gezogen werden.

5.3.1 Der Stellenwert der Meeresressourcen im *litoral norte* der Región Autónoma Atlántico Norte und lokale Spezialisierungen

Wie die Beschreibung der naturräumlichen Ausstattung erkennen lässt, ist der Küstenstreifen der Moskitia-Küste von einem Mosaik ausgedehnter Lagunen, Flüsse, Mangrovenwälder und Sumpfgebiete geprägt, also von dauerhaft aquatischen Ökosystemen, die wiederum das Leben und Wirtschaften der Miskito in entscheidender Weise bestimmen. Die Bevölkerung der küstennahen *comunidades* konzentriert sich daher vor allem auf die Nutzung mariner und lagunärer Ressourcen wie Fische, Seekühe, Langusten und Schildkröten. Da die Lagunen der Küstenregion in einem Übergangsbereich zwischen den Ökosystemen des Meeres und den Süßwassersystemen des Festlandes liegen, werden im Folgenden die genutzten Tierarten der Lagunen und des Meeres als marine Ressourcen zusammengefasst, sofern nicht näher zwischen beiden differenziert wird. Zwar schwankt die Zusammensetzung des Wasserkörpers der Lagunen aufgrund des in jahreszeitlichen Zyklen wechselnden Salinitätsgrades durch den Zufluss von Süßwasser, und ihre Lage hinter ausgedehnten Nehrungen unterstreicht ihren Charakter eines Übergangssystems zwischen den fluviatilen und marinen Systemen. Jedoch sind die Tierarten, die von den lokalen Fischern in der Lagune genutzt werden, zu überwiegenden Teilen marine Arten, die phasenweise die Lagunen verlassen.

Bereits seit Hunderten von Jahren sind die Miskito als exzellente Seefahrer, Schildkrötenjäger und Fischer bekannt, wie frühe Reiseberichte aus dem 17. Jahrhundert schildern. So beschreiben die auf Piratenschiffen mitsegelnden Autoren WILLIAM DAMPIER (1697/1998) und JOHN ESQUEMELING (1684/1992) die Lebensweise der Miskito in der Umgebung von Cabo Gracias a Dios und weisen dabei – nicht ohne Bewunderung – auf deren besondere Geschicklichkeit im Umgang mit Harpune und Lanze in Fischerei und Jagd hin (vgl. BELL 1862). Beide Autoren berichten, dass die Miskito aufgrund dieser Fähigkeiten hohes Ansehen bei allen *privateers* genossen und kaum ein Schiff dieser Zeit in der Region ohne ein bis zwei Miskito-Männer reiste, die mit Leichtigkeit für die Versorgung einer Schiffsmannschaft von 100 Männern sorgten, indem sie Fisch, Schildkröten oder Seekühe für diese fingen. NIETSCHMANN (1979a) zufolge waren die Miskito noch in den 1960er Jahren als weltbeste Schildkrötenjäger bekannt. Während sich küstenfernere Dörfer wie die am Rio Coco gelegenen *comunidades* traditionell eher auf die Subsistenzlandwirtschaft konzentrierten, spielte die Landwirtschaft für die Küstendörfer traditionell nur eine untergeordnete Rolle. Die Nutzung mariner Ressourcen stellt dabei nicht nur einen zentralen Aspekt des Wirtschaftens der Miskito dar (Abb. 25), sondern auch der Kultur und Identität sowie der sozialen Beziehungen innerhalb der *comunidad*, in denen traditionell der Austausch von marinen Ressourcen auf der Basis des Systems der Reziprozität von Bedeutung ist.

Betrachtet man die heutige Produktion von Fisch und Meeresfrüchten in ihrer ökonomischen Bedeutung für die Autonomieregionen, so zeigt sich, dass dieser Wirtschaftszweig den wichtigsten Stellenwert in beiden Regionen einnimmt (PROARCA/COSTAS 1997). Dabei hat sich die Bedeutung der Fischerei für Ökonomie und Beschäftigung in der Kultur der Miskito über die Jahrhunderte hinweg verändert. Zwei unterschiedliche Entwicklungslinien lassen sich feststellen: Während zum einen die Subsistenzfischerei

Abb. 25: Fischer in Bismuna
Quelle: Eigene Aufnahme

in Phasen des wirtschaftlichen Booms an Bedeutung verlor, während die Miskito ihre Aktivitäten vorwiegend auf Lohnarbeit oder die Vermarktung anderer Ressourcen konzentrierten, erfolgte nach dem Zusammenbruch der jeweiligen Beschäftigung stets eine Rückkehr zur Fischerei für die Nahrungsmittelversorgung. Die Fischerei stellte somit einen Puffer dar, mit dessen Hilfe in Phasen des ökonomischen Niedergangs in den Küstendörfern das Überleben gesichert werden konnte. Eine zweite Entwicklungslinie veränderte jedoch diese Pufferkapazität der Meeresressourcen, indem diese nun selbst zum Objekt einer intensivierten kommerziellen Nutzung wurden, wie NIETSCHMANN (1979a) und CATTLE (1976) am Beispiel der Meeresschildkröten zeigen konnten. Zwar stellten Schildkröten eine Ressource dar, die bereits seit Jahrhunderten kommerziell für den Handel mit externen Nachfragern genutzt wurde, doch setzte erst im 20. Jahrhundert ein Intensivierungsprozess ein, der zur Dezimierung und dem drohenden Kollaps der Bestände führte. Diese Intensivierung vollzog sich durch die Errichtung von Vermarktungs- und Verarbeitungsstrukturen in der Region und fand erst mit dem Verbot der Schildkrötenjagd und der Aufgabe der industriellen Verarbeitung ein Ende (NIETSCHMANN 1995b). Zeitversetzt begannen die kommerzielle Garnelen- und Langustenfischerei sowie der Fang verschiedener Fischarten an Bedeutung zu gewinnen, so dass auch andere ehemalige Subsistenzressourcen zu Marktgütern für den Export wurden. Zur Nahrungsmittelversorgung in Phasen des ökonomischen Niedergangs konnte nun kein Rückgriff auf diese Ressourcen mehr erfolgen.

Zugleich setzten ab 1964 die industrielle Garnelenfischerei *(Penaeus spec.)* sowie die 1958 in der RAAS (Región Autónoma Atlántico Sur) und ab den 1970er Jahren auch in der RAAN (nördliche Atlantikregion) begonnene industrielle Langustenfischerei von *Langosta espinosa* und anderen Arten ein (PERALTA 1991). Industrielle Fischerei definiert sich nach dem Fischereigesetz von 2004 durch eine Mindestschiffslänge von 15 m (Asamblea Nacional de la República de Nicaragua 2004), allerdings kann auch anhand der Beschäftigungsstrukturen, des Kapitaleinsatzes sowie nach verwendeten Methoden und räumlichem Einsatz eine Unterscheidung zwischen industrieller Fischerei und *pesca artesanal* (Kleinfischerei) getroffen werden. Die industrielle Fischerei wurde zunächst vor allem durch transnationale Unternehmen mit US-Kapital sowie durch einige nationale Firmen vorangetrieben, die zeitweilig mit jeweils über 100 Schiffen mit Schleppnetzen bzw. im Langustenfang mit den so genannten *nasas* (Fallen) arbeiteten. Räumlich sollen sich dabei die Nutzungszonen der industriellen Fischerei nicht mit der lokalen Kleinfischerei überschneiden, da die *comunidades* der Küste das ausschließliche Recht zur Nutzung von Lagunen sowie einer Zone von drei Seemeilen vor der Küste bzw. 10 Seemeilen um die Cayos Miskitos innehaben (vgl. 5.3.3).

Miskito-Fischer finden aber auch in der Industriefischerei Beschäftigung, an erster Stelle im Langustenfang. Ungefähr die Hälfte der Produktion in der industriellen Langustenfischerei erfolgt über *nasas*, während die andere Hälfte von Tauchern erbracht wird, die von den Unternehmen angeheuert werden (ADPESCA 2005). Nach Angaben einer Unterabteilung des Wirtschaftsministeriums, der CIPA (2005), sollen im Jahr 2000 in der industriellen Fischerei der Karibikküste 1.400 Taucher beschäftigt worden sein. Deren Einsatz ist vor allem aufgrund der Gesundheitsgefährdung und den häufigen Todesfällen problematisch (vgl. Kap. 5.3.3). Neben der industriellen Langustenfischerei sind Miskito-Fischer auch in der *pesca artesanal* tätig, entweder mit *nasas* oder als Langustentaucher, deren Zahl für das Jahr 2000 mit 450 Personen angegeben wird (CIPA 2005). Allerdings ist anzunehmen, dass die Zahlen der insgesamt tätigen Langustentaucher erheblich höher liegen, denn eine Studie der panamerikanischen Gesundheitsorganisation OPS geht von 9.000 Tauchern in Nicaragua aus, von denen wiederum 98% Miskito sein sollen (CARNEVALI 2005).

Da die von der Kleinfischerei erbrachten Anteile an der gesamten Langustenproduktion im Jahr 2000 über 50% lagen, kommt der *pesca artesanal* für diesen Sektor eine hohe Bedeutung zu. Die Produktionsmengen, die insgesamt von industrieller Fischerei und den Miskito-Kleinfischern im Langustenfang erzielt werden, erreichten im Jahr 2000 mit über 1.800 t ihr Maximum, nachdem sie nach den Einbrüchen während des Bürgerkrieges erst gegen Ende der 1990er Jahre das Vorkriegsniveau der 1970er Jahre überstiegen hatten. In jüngster Zeit sind die Fangmengen für Langusten rückläufig, so gibt ADPESCA für 2004 ca. 1.700 t an, während EHRHARDT (2006) die Produktionsmenge mit 1.200 und 1.300 t jährlich noch geringer ansetzt. Daten zum Langustenfang sind nach Angaben von

PROARCA/COSTAS (1997) allerdings generell sehr unzuverlässig, weil geschätzt wird, dass die Gesamt-Fangmengen die Zahlen der Fischerei-Behörden aufgrund der Produktion für den illegalen Handel noch um ca. 30% übersteigen.

Im Garnelenfang wurde der Höhepunkt der jährlichen Produktion im Jahr 1977 mit über 2.700 t erreicht (PERALTA 1991), während die Gesamtfangmenge 2004 bei 2.362 t lag (ADPESCA 2005). Dabei sind allerdings die Fänge der unter ausländischer Flagge arbeitenden Flotten nicht berücksichtigt, an die noch immer Lizenzen vergeben werden, zuletzt für 54 Fangboote (MIFIC 2006). Die Garnelenproduktion der *pesca artesanal* liegt heute mengenmäßig bei knapp 30% an der Gesamtfangmenge, gewinnt aber zunehmend an Bedeutung. Der Fischfang hingegen, der im Jahr 2005 eine Gesamtfangmenge von rund 1.900 t erreichte, basiert noch immer zu großen Teilen auf der Produktion durch die Kleinfischerei, deren Anteil bei über 80% liegt (ADPESCA 2005). Allerdings ist der industrielle Fischfang, der noch in den 1990er Jahren fast bedeutungslos war, durch steigende Anlandungen und eine wachsende Flotte gekennzeichnet, die zwischenzeitlich bereits bis zu 35 Schiffe im Jahr 2003 umfasste (CIPA 2005). In den Statistiken manifestieren sich deutliche Unterschiede in der Konzentration auf die gefangenen Arten: Die *pesca artesanal* ist laut ADPESCA (2005) zu 43% auf die Art *róbalo* (Snook, *Centropomus undecimalis*) konzentriert, gefolgt von Schnapper mit einem Anteil von 15% *(pargo cola amarilla, Lutjanus argentiventris)* sowie rund 70 weiteren Arten mit kleinen Prozentanteilen. Da bei diesen Zahlen allerdings nur die Ankaufszahlen für die industrielle Verarbeitung berücksichtigt sind, erscheinen die im Rahmen der Subsistenzfischerei genutzten Arten nicht. In der industriellen Fischerei spielt der *róbalo* der Lagunenhabitate keine Rolle; vielmehr liegen die Anteile von Schnapper-Arten bei insgesamt knapp 35%, neben über 31% verschiedenen anderen Arten sowie einem Anteil der Haiarten von ca. 12%.

Im nationalen Kontext zeigt sich die Fischerei insgesamt als bedeutender, dynamisch wachsender Wirtschaftszweig, der vor allem für die Exportwirtschaft von Bedeutung ist. Diese Dynamik äußert sich in den Exporten von Fischprodukten, die sich zwischen 1990 und 2004 verzehnfachten und bereits 2003 den ersten Platz in der Exportstatistik erreichten (CIPA 2005), allerdings durch die Steigerung der Kaffee- bzw. Fleisch-Exporte im Jahr 2004 auf den dritten Platz zurückfielen. Die Produkte aus Fischerei und Aquakultur erreichten mit 96,7 Mio. US$ einen Anteil von ca. 13% der Exporte, wobei das ökonomisch wichtigste Produkt die Langusten sind, die dem Wert nach 44% der gesamten Exporte aus Fischerei und Aquakultur des Jahres 2004 ausmachten (CIPA 2005) und nach EHRHARDT (2006) auf ca. 38 Mio. US$ geschätzt werden können. Vor allem die Langustenfischerei ist dabei fast ausnahmslos auf die Karibikküste mit den beiden Autonomieregionen RAAN und RAAS konzentriert, was sich daran zeigt, dass die Fischerei der Pazifikküste mengenmäßig nur 3% zur gesamten Langustenproduktion des Landes beiträgt (nach Daten aus ADPESCA 2005). Auch in der Garnelenfischerei (ohne Produktion aus Zuchtanlagen) stammt ein hoher Anteil, der z. T. bei über 90% der gesamten Produktion

Die nördliche Moskitia-Küste Nicaraguas

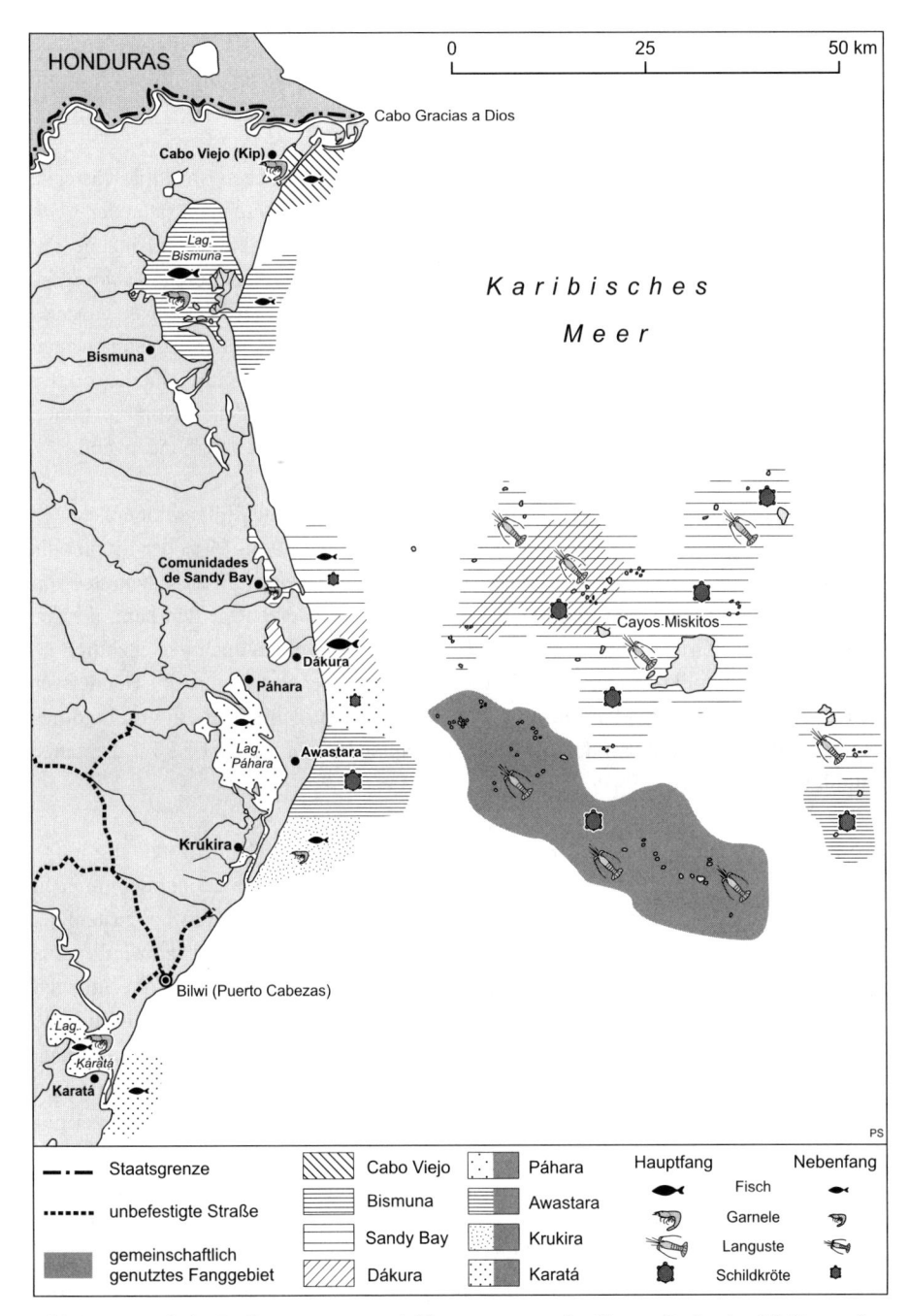

Abb. 26: Räumliche Differenzierung nach Nutzungszonen der Küstendörfer der Miskito und lokale Spezialisierungen
Quelle: Eigener Entwurf nach Interviews und verschiedenen Literaturangaben

des Landes liegt, von der Karibikküste (nach Mengen für 2004, CIPA 2005). Demnach produzieren die Küstenregionen und vor allem auch die *pescadores artesanales* einen bedeutenden Ressourcenfluss für den Export im nationalen Kontext.

Betrachtet man die Kleinfischerei der Küstenzone an der nördlichen Moskitia-Küste, so ergibt sich eine klare räumliche Differenzierung zwischen den Nutzungszonen der *comunidades*, wie Abb. 26 zeigt. Es wird ersichtlich, dass sich die kommunalen Nutzungsräume größtenteils nicht überschneiden, mit Ausnahme zweier von mehreren *comunidades* gemeinsam genutzter Fanggebiete um die Cayos Miskitos. Ausführlich hat NIETSCHMANN (1995a) die Zonierung beschrieben, die auf traditionellen territorialen Zugangsrechten der *comunidades* beruht (vgl. 5.3.3). Zugleich konzentrieren diese ihre Nutzungsaktivitäten jeweils auf eine oder zwei Ressourcengruppen in verschiedenen Kombinationen, die jeweils mit spezifischen Methoden und Vermarktungsstrukturen verbunden sind.

Die in Bezug auf das Ressourcennutzungsmuster verhältnismäßig traditionellste Gemeinde des *litoral norte* ist Awastara, wo noch immer über 90 bis 99 % der Fischer als Schildkrötenfänger beschäftigt sind (eigene Interviews mit Vertretern des Altenrates von Awastara). Diese verwenden traditionelle Segelboote mit Netzen für den Fang der Art *Chelonia mydas* (Grüne Seeschilkröte, Abb. 27); aber es werden auch versehentlich gefangene Karettschildkröten *(Eretmochyles imbricata)* trotz des generellen Handelsverbotes vereinzelt verkauft. Die Vermarktung erfolgt hauptsächlich in Bilwi, allerdings beklagen die Dorfautoritäten den niedrigen Verkaufspreis von ca. 12 US$ für die ganze Schildkröte (bzw. 0,16 US$/lb.).

Die Fischer der zehn *comunidades* von Sandy Bay üben den Schildkrötenfang hingegen – obwohl in früheren Zeiten als Schildkrötenjäger bekannt – nicht mehr oder nur noch selten aus, da sie sich inzwischen fast vollständig auf den lukrativeren Langustenfang an den Cayos Miskitos spezialisiert haben. Dazu verwenden die Fischer *nasa*-Fallen aus eigener Herstellung oder arbeiten in kleinen Gruppen als Taucher (eigene Beobachtungen und Befragungen in Sandy Bay), wobei die jeweiligen Nutzungsarten sich auf bestimmte Gebiete konzentrieren. So findet auf den Cayos Denniston ausschließlich Langustenfang mittels Pressluftauchen, um Cayo Muerto Freitauchen ohne Pressluftausrüstung und im Gebiet um Cayo Miskito nur der Fang mittels *nasa*-Fallen statt. Für alle Nutzer gilt, dass sie zunächst mit Motorbooten die ca. drei- oder mehrstündige Strecke zu den Cayos Miskitos zurücklegen müssen, wo sie sich über mehrere Tage hinweg aufhalten; die Übernachtung erfolgt in offenen Unterständen auf Stelzen über dem Meer. Vor Ort sind auch Pressluftstationen und kleine Geschäfte vorhanden; die Vermarktung der Ressourcen erfolgt ebenfalls direkt an Aufkäufer, die wiederum die Fänge lagern und per Boot nach Bilwi bzw. bei illegalem Verkauf direkt nach Kolumbien, die USA oder Honduras transportieren. Die Taucher arbeiten meist mit kleinen Einbäumen zu zweit, wobei eine Person im Boot bleibt, um den Taucher mit neuen Pressluftflaschen zu versorgen und

Abb. 27: Grüne Seeschildkröten (Chelonia mydas) aus Awastara vor dem Weiterverkauf in Sandy Bay
Quelle: Eigene Aufnahme

die Langusten anzunehmen; getaucht wird in Tiefen zwischen 10 bis 20 m (eigene Interviews auf den Cayos Miskitos). Andere Ressourcen wie größere Fische, Schildkröten oder Fechterschnecken *(Strombus gigas)* spielen allenfalls als Beifänge eine Rolle. Die Lagune des Festlandes, in deren Nähe die zehn *comunidades* von Sandy Bay liegen, wird heute kaum noch oder nur zum gelegentlichen Fischen für den Eigenbedarf genutzt.

Andere Dörfer wiederum nehmen ebenfalls am Langustenfang auf ihren Anteilen der Cayos Miskitos teil oder konzentrieren sich auf den Garnelen- und Fischfang der Lagunen, wie z. B. Bismuna (vgl. Kap. 5.3.2), bzw. auf eine Kombination aus lagunärem Garnelenfang und der Langustentaucherei auf den Cayos Miskitos. Letzteres gilt für Cabo Viejo (Kip, Abb. 28), wo allerdings die Subsistenzfischerei in der Lagune noch eine erheblich wichtigere Rolle spielt als in den anderen *comunidades*. Es zeigen sich also deutliche lokale Spezialisierungen auf bestimmte Ressourcen und räumlich definierte Nutzungszonen. Dabei hängt die jeweilige Spezialisierung von verschiedenen Faktoren ab, z. B. dem Zugang zu Vermarktungsmöglichkeiten und der Verkehrsanbindung. So erfolgt in Cabo Viejo eine Vermarktung von Garnelen lediglich über einen einzelnen Händler, der von Honduras aus per Boot die *comunidad* anfährt, um dort die Produktion aufzukaufen (eigene Interviews in Cabo). Aufgrund der fehlenden Straßenverbindung, der hohen Transportkosten für Treibstoff und der in Verlandung begriffenen Lagune, die den Verkehr erheblich behindert, ist für die lokale Bevölkerung eine eigenständige Vermarktung

Abb. 28: Händler in Cabo Viejo (Kip) beim Ankauf von Garnelen für die Direktausfuhr nach Honduras
Quelle: Eigene Aufnahme

ihrer Ressourcen bisher unmöglich. In anderen *comunidades*, wie Bismuna, kann die Produktion aufgrund der vorhandenen Straßenverbindung direkt von Aufkäufern aus Bilwi abtransportiert werden. Die Vermarktungswege von vier ausgewählten *comunidades* und der Regionalhauptstadt Bilwi mit den jeweils wichtigsten Ressourcen zeigt Abbildung 29. Daneben bestimmt auch die lokale Verfügbarkeit von Booten und technischer Ausstattung die Spezialisierung in entscheidender Weise. Während in manchen Dörfern über die Fischfirmen entsprechende Netze eingeführt wurden, verfügen *comunidades* wie Awastara beispielsweise bisher weder über Netze zum Fisch- oder Garnelenfang, noch über geeignete Boote, so dass den Fischern keine Alternative zum Schildkrötenfang bleibt. Zugleich spielt hier die naturräumliche Ausstattung eine entscheidende Rolle, da Awastara nicht wie die anderen *comunidades* über einen Zugang zu einer nahe gelegenen Lagune verfügt.

Für alle Ressourcen des Meeres und der Lagunen zeigen sich – in unterschiedlichem Maße – Anzeichen der Überfischung, zum Teil räumlich beschränkt auf die jeweiligen Nutzungszonen. Verursacht wird diese Übernutzung zum einen von der industriellen Fischerei, aber zum anderen auch durch die *pesca artesanal* der Miskito-Bevölkerung. Dabei ist zu bemerken, dass die Subsistenzfischerei heute eine kaum noch bedeutende Rolle spielt, da sich alle *comunidades* – zumindest teilweise – auf die marktorientierte Produktion umgestellt haben. Nach einer vor dem Bürgerkrieg der 1980er Jahre zunehmenden Intensivierung der gesamten Ressourcennutzung vor allem durch ausländische

Die nördliche Moskitia-Küste Nicaraguas 269

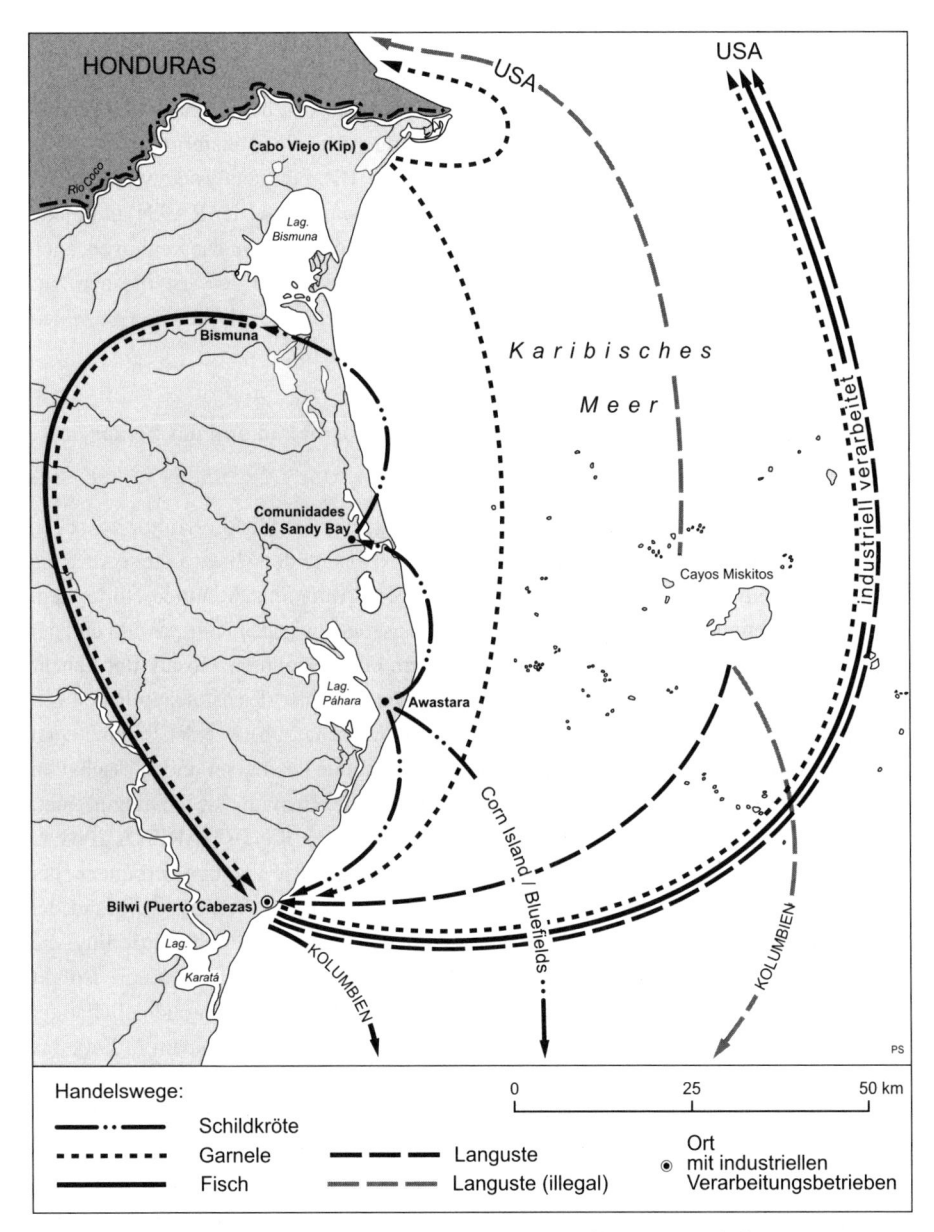

Abb. 29: Handelswege mariner Ressourcen in vier ausgewählten comunidades sowie von Bilwi aus
Quelle: Eigener Entwurf nach Interviews und Angaben in NIETSCHMANN (1995a)

Unternehmen war zunächst zwar durch die Kriegsjahre eine Erholung der natürlichen Systeme vor allem in der nördlichen Region der RAAN eingetreten, wobei nicht nur die Evakuierung der Bevölkerung, sondern der Rückzug der ausländischen Firmen der

Holz- und Fischereiwirtschaft den entscheidenden Einfluss ausübte (NIETSCHMANN 1990). Jedoch stiegen seit dem Regierungswechsel 1990 die Nutzungsintensität und die Präsenz externer und nationaler Unternehmen erneut erheblich an. Um beispielhaft die Entwicklung der jüngsten Zeit nachzuzeichnen, soll im Folgenden die Transformation von der Subsistenzfischerei zur marktorientierten Nutzung in Bismuna analysiert werden. Bismuna vollzog diese Umstellung als eine der letzten *comunidades* der RAAN und bietet sich daher als empirisches Beispiel für eine generelle Entwicklung in der Region an, auch wenn sich aufgrund der unterschiedlichen Spezialisierungen mit den spezifischen Nutzungs- und Vermarktungsstrukturen in der Region Unterschiede zwischen den einzelnen *comunidades* ergeben, auf die in Kap. 5.3.3 eingegangen wird.

5.3.2 Die Lagunenfischerei von Bismuna: Die Transformation und das Versagen der Allmende-Institutionen

Die *comunidad* Bismuna liegt im historischen Kerngebiet der Miskito-Kultur zwischen Cabo Viejo (Kip) und Sandy Bay, von wo aus die Expansion der Miskito ihren Ausgang nahm. In diesem nördlichen Küstengebiet der Región Autónoma Atlántico Norte, dem *litoral norte*, befindet sich Bismuna in der Übergangszone zwischen Kiefernwald und der küstennahen Zone. Seine Umgebung ist von einem eng verzahnten Mosaik der Feuchtgebiete, Mangrovenwälder und Lagunen geprägt, wie die Karte der naturräumlichen Einbettung zeigt (Abb. 30). Obwohl das Dorf weder unmittelbar am Ufer der Lagune noch direkt am karibischen Meer liegt, prägen Meer und Lagune das Leben und Wirtschaften der Menschen in der *comunidad* in entscheidender Weise. Bismuna ist die einzige Siedlung in der Nähe der ca. 174 km² großen Laguna Bismuna Raya (MARENA 2004 in MIFIC o. J.) und mit dieser und dem offenen Meer über den Río Ibantara verbunden, der in der *comunidad* an mehreren Stellen zugänglich ist (Abb. 32, S. 275). Aufgrund der relativ großen Entfernung zu den nächsten Siedlungen Cabo Viejo und Sandy Bay, die mehrstündige Fahrten im motorisierten Boot bedeutet, kann Bismuna als relativ isoliert bezeichnet werden. Das Dorf war ursprünglich einige Kilometer weiter südöstlich unter dem Namen „Karapapia" oder „Wani" angelegt worden (Proyecto Waspám o. J./a), das vermutlich identisch mit dem bereits 1849 erwähnten Ort „Baymonna", ebenso wie dem in einer Karte von 1885 verzeichneten Ort „Bimuna" ist (Public Record Office 1849 bzw. Missionsblatt 1885 in VON OERTZEN el al. 1990). Dieser scheint jedoch im Gegensatz zu den bedeutenderen Siedlungen Sandy Bay und vor allem Cabo Viejo, die in Berichten aus dem 17. und 19. Jahrhundert häufige Erwähnung finden, kaum von Bedeutung gewesen zu sein.

Später siedelten die Bewohner nach einem Hurrikan im Jahre 1935 an den ursprünglich von den Sumu gegründeten Ort „Bihmuna Tara" oder „Bihmona Viejo" um (eigene Interviews; Proyecto Waspám o. J./a). Das heutige Bismuna (auch Bihmona oder Bihmuna) entstand, als die Bewohner Bihmuna Taras sich in geringer Entfernung nordwestlich von

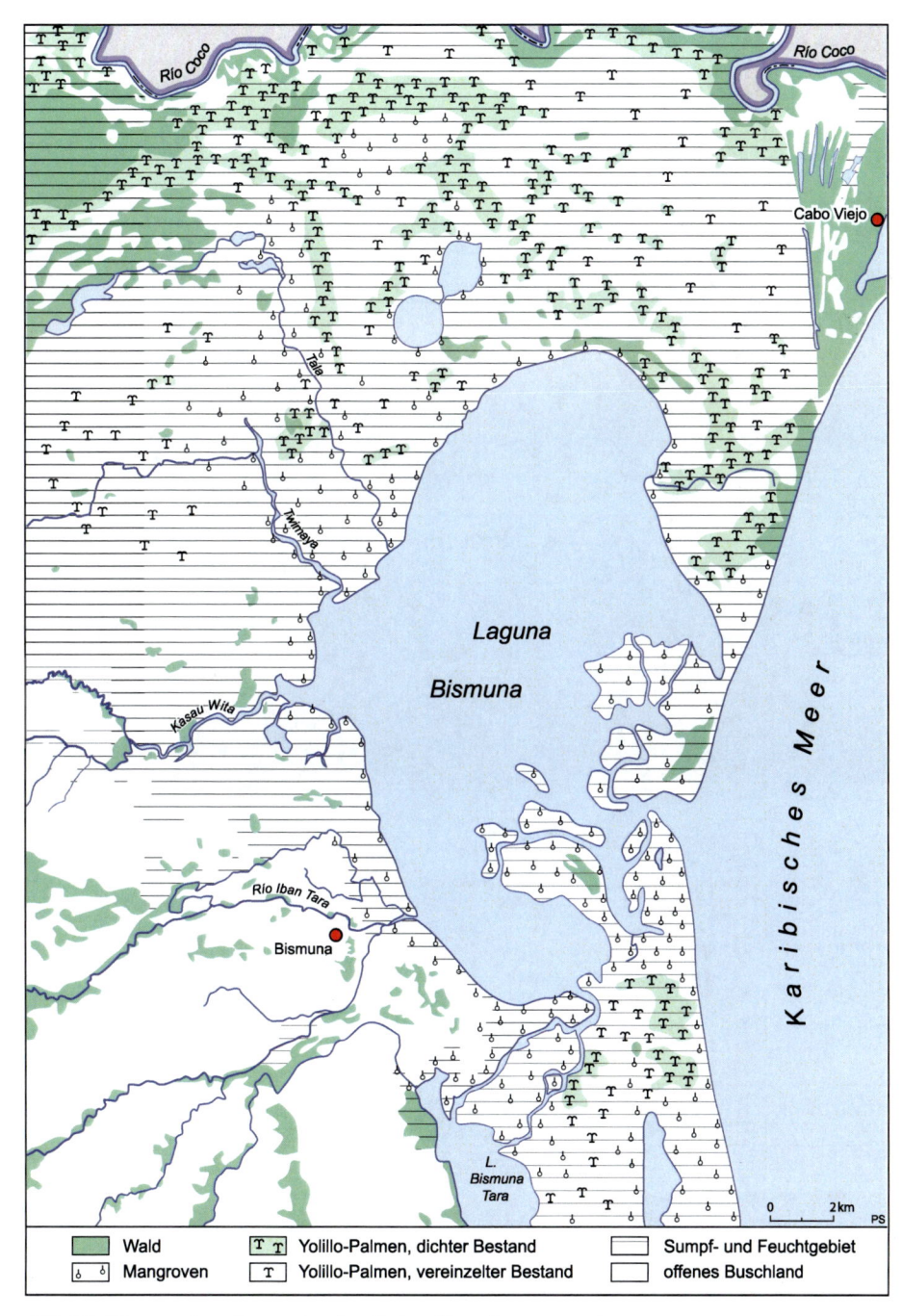

Abb. 30: Bismuna in seiner naturräumlichen Umgebung
Quelle: Eigener Entwurf auf Grundlage der Topographischen Karte 1:50 000 (INETER 1989)

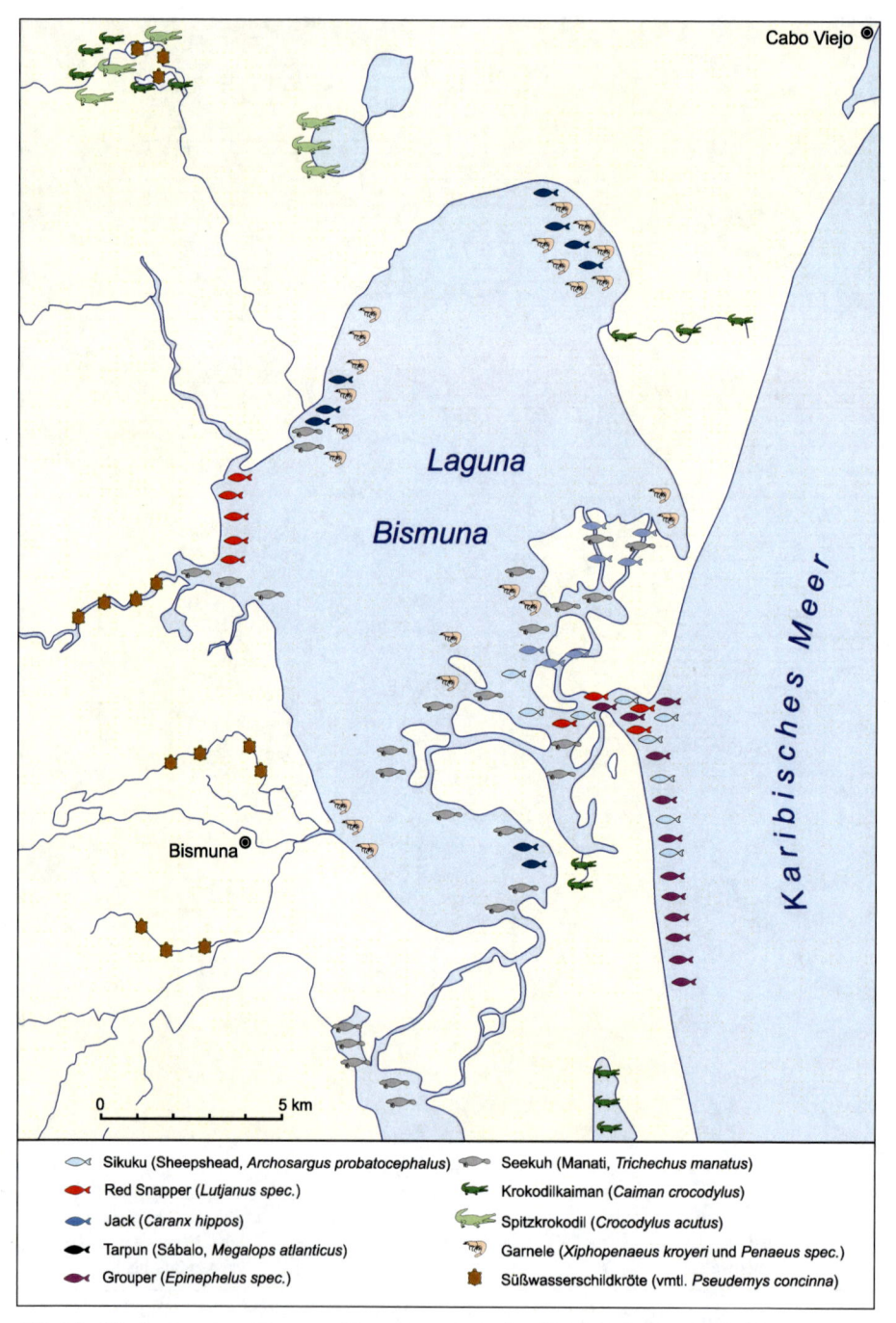

Abb. 31: Die Lagune von Bismuna: Nutzung aquatischer Ressourcen in räumlichen Konzentrationen. Nicht erfasst sind Arten mit homogener Verteilung
Quelle: Eigener Entwurf nach Angaben von Fischern

Die nördliche Moskitia-Küste Nicaraguas 273

ihrer Siedlung niederließen, um einen günstigeren Zugang zur Lagune zu erhalten. Nach dem Hurrikan Joan von 1971 zogen außerdem 60 Familien aus dem zerstörten Cabo Viejo in das neu entstandene Bismuna, von denen einige später nach Cabo zurückkehrten. Während des Bürgerkrieges der 1980er Jahre musste das Dorf allerdings erneut aufgegeben werden, da es sich im Kampfgebiet zwischen Contra und sandinistischen Kräften befand. Im Zuge der Zwangsumsiedlung durch die sandinistische Regierung unter Daniel Ortega musste daher die gesamte Bevölkerung in die Neugründung Columbus umsiedeln, wenn sie nicht nach Honduras floh (eigene Interviews; vgl. Proyecto Waspám o. J./a). Erst 1985 konnte die Bevölkerung Bismunas zurückkehren; allerdings hat die Umsiedlung bis heute Auswirkungen auf das Leben und Wirtschaften in der *comunidad*. Zum einen macht sich die Vernichtung der Nutztierbestände durch die Regierungskräfte noch immer dadurch bemerkbar, dass auch nach fast 20 Jahren die Zahl der Tiere einiger Familien den Vorkriegsstand noch nicht wieder erreicht hat, da die Miskito unter den wirtschaftlichen Bedingungen nicht in der Lage waren, die Verluste von Kühen, Schweinen und Geflügel zu ersetzen. Zum anderen sind bis heute noch nicht sämtliche Minen in der Region geräumt worden, die zu Zeiten des Bürgerkrieges eingesetzt wurden, wobei Nicaragua ohnehin als eines der am stärksten verminten Länder Lateinamerikas gilt (Programa de Asistencia al Desminado en CentroAmerica 2006). Von Minenunfällen, wie sie bis heute gelegentlich in anderen Dörfern auftreten, war Bismuna zwar nicht betroffen, doch bleiben einige Flächen in der Gemeinde aufgrund der dort vermuteten Minenbestände gefährdet und von der Nutzung ausgeschlossen (eigene Interviews). Noch gravierender erscheinen jedoch die sozialen Verwerfungen, die durch den Bürgerkrieg innerhalb der Dorfgemeinschaft entstanden.

Tab. 9: Bevölkerungszahlen für Bismuna

Jahr	Bevölkerungszahl	Quelle
1991-92	884	BUVOLLEN & ALMQUIST BUVOLLEN (1994): Zählung der Médicos sin Fronteras
ca. 1995-1996	908	Proyecto Waspám (o. J./a)
1999	1.062	Centro de Salud Bismuna (Zählung), Quelle: eigene Interviews
2000	816	Gesundheitsministerium (MINSA) 2000, Quelle: eigene Interviews
2000	1.306	eigene Fortrechnung der von BUVOLLEN & ALMQUIST BUVOLLEN (1994) genannten Zahl bei der Annahme von 5 % jährlichem Wachstum
2000	1.500	Aussagen von Einwohnern, Quelle: eigene Interviews
2002	1.200	Von Küste zu Küste (2002)
2002	2.340	MIFIC (2002)

Quelle: Eigene Zusammenstellung nach den angegebenen Quellen

Da im Zensus von Nicaragua keine Bevölkerungszahlen einzelner *comunidades*, sondern lediglich die Daten auf Munizip-Ebene angegeben werden, muss hier auf verschiedene lokale Zählungen und Schätzungen zurückgegriffen werden, die erhebliche Abweichungen aufweisen. Wie Tabelle 9 zeigt, schwanken dabei die Zahlen für die Jahre 2000 und 2002 zwischen 816 und 2.340 Einwohnern. Als realistischste Angabe erscheint eine Zählung des lokalen *centro de salud* des Jahres 1999 (eigene Befragungen), bei der 1.062 Einwohner gezählt wurden. Die von dem in Bismuna ansässigen Verein Von Küste zu Küste (2002) für 2002 geschätzte Bevölkerungszahl von 1.200 Einwohnern könnte demnach bei einem jährlichen Wachstum von 5 %, das für die Region anzunehmen ist, zutreffend sein, während die übrigen Zahlen so weit auseinander liegen, dass sie eher unwahrscheinlich sind. Daher wird im Folgenden eine Gesamtbevölkerung ca. 1.120 Einwohnern für das Jahr 2000 angenommen. Auch zur Altersstruktur sind lediglich Daten auf Munizip-Ebene vorhanden, die einen Anteil von 53,2 unter-14-Jähriger bei 3,8 % über-60-Jähriger angeben, der in ähnlicher Form auch für Bismuna angenommen werden kann. Bis auf wenige Ausnahmen sind alle Bewohner Bismunas Miskito.

Wirtschaftlich ist Bismuna heute fast vollständig auf den Lagunenfischfang konzentriert, andere Beschäftigungen existieren kaum. So spielt die Jagd nur eine untergeordnete Rolle für die Vermarktung von Fleisch vor Ort oder den Verkauf an externe Händler. Eine nennenswerte landwirtschaftliche Produktion gibt es nicht, da diese durch die schlechten Böden und häufigen Überschwemmungen sowie durch die Entfernung zu den Anbauflächen (bis zu zwei Stunden Wegstrecke per Boot oder zu Fuß) erschwert wird. Zugleich verliert sie durch die Konzentration auf den Fischfang an Bedeutung. Weitere Beschäftigungsmöglichkeiten gibt es nur sehr vereinzelt, z. B. als Ladenbesitzer. Das Dorf verfügt zwar über eine Schule und eine von der deutschen Organisation Von Küste zu Küste erbaute Gesundheitsstation (Abb. 32), doch treten häufige Probleme aufgrund mangelnden Personals auf. Über eine Stromversorgung verfügt das Dorf mit Ausnahme weniger privater Generatoren nicht, die Kommunikation ist nur per Radio möglich. Zwar hat Bismuna den Vorteil, über eine unbefestigte Straße mit Waspám und der Regionalhauptstadt Bilwi verbunden zu sein, die nicht nur für den Personenverkehr, sondern auch für den Transport der in Bismuna produzierten Güter (Fisch und Garnelen) sowie zur Versorgung der Gemeinde mit Lebensmitteln und weiteren Bedarfsgütern von großer Bedeutung ist (Abb. 33). Aufgrund mangelnder Instandhaltung ist die Straße allerdings in der Regenzeit – also der überwiegenden Zeit des Jahres – häufig nicht befahrbar, so dass die *comunidad* dann vom Lebensmittelnachschub abgeschnitten ist und die produzierten Meeresressourcen nicht von den Fischfirmen abtransportiert werden können.

Das Leben des überwiegenden Teils der Bevölkerung ist von Armut geprägt, was eine in den letzten Jahren zunehmende Unsicherheit in Bezug auf das Einkommen, aber auch auf die Grundversorgung mit Nahrungsmitteln einschließt. Allerdings entsteht im Zuge der Transformation des Nutzungssystems und der damit verbundenen Einkommensun-

Die nördliche Moskitia-Küste Nicaraguas 275

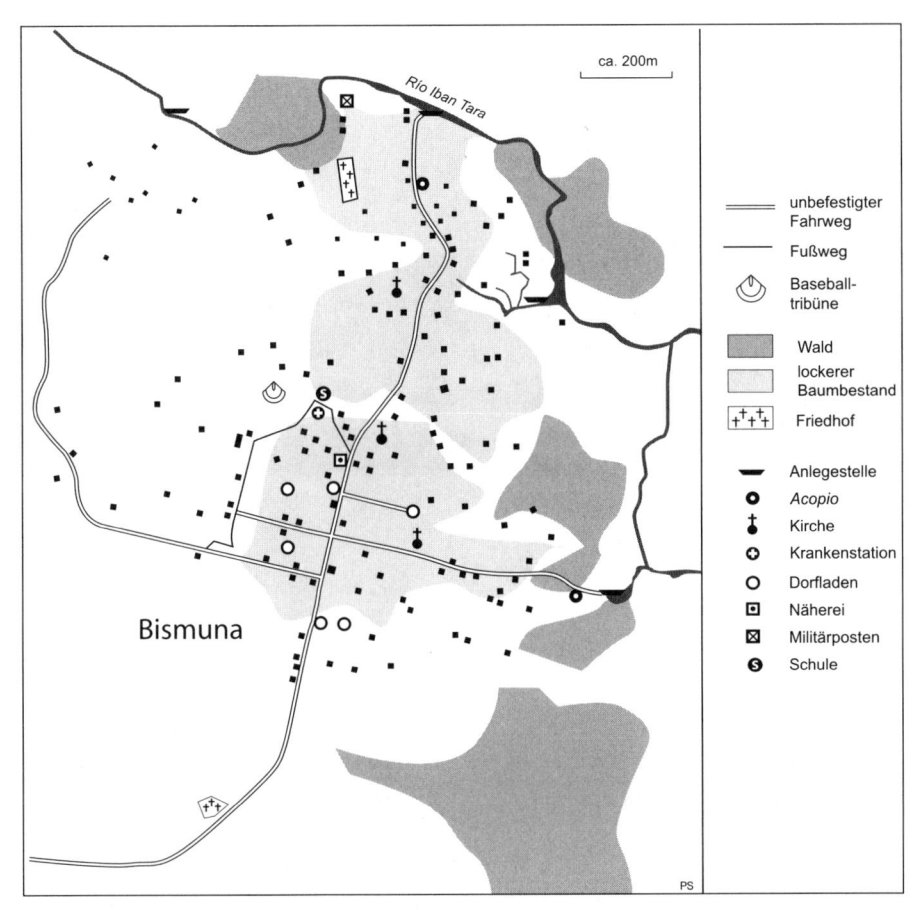

Abb. 32: Lageskizze von Bismuna
Quelle: Eigener Entwurf

terschiede eine stärkere soziale Schichtung, die früher nicht vorhanden war. Diese äußert sich nicht nur in materiellem Besitz einiger weniger Individuen, sondern vor allem auch bei der Befriedigung von Grundbedürfnissen. Das zeigte sich in den Beobachtungen vor Ort fast täglich, indem es zum Beispiel Familien gab, die nicht über ausreichend Nahrungsmittel für ihre Kinder verfügten. Auch an Material zur Reparatur der Häuser bzw. zur Anfertigung von Särgen fehlte es, so dass manche Familien auf die Hilfe der ausländischen NRO angewiesen waren. Der Transport einer Schwerstkranken nach Bilwi erfolgte nur aufgrund der Intervention und Finanzierung durch die Organisation, nachdem die Dorfgemeinschaft und die Kirchen sich geweigert hatten, die Kosten des Transports für die mittellose Familie zu übernehmen.

Diese Beispiele illustrieren eine Entwicklung, die von vielen Befragten als Verlust an Solidarität innerhalb der Gemeinschaft und zugleich als eine relativ rezente Entwicklung

Abb. 33: Ortsrand der comunidad Bismuna und Straße nach Waspám
Quelle: Eigene Aufnahme

beschrieben wurde und dem von den Miskito als traditionell charakterisierten Leben in einer auf Kooperation aufbauenden Gemeinschaft widerspricht. Der Wandel kann als Ausdruck eines sich bereits seit Jahrzehnten und verstärkt seit den 1990er Jahren vollziehenden Entwicklungsprozesses interpretiert werden, der dadurch gekennzeichnet ist, dass ökonomische und individuelle Werte an Bedeutung gewinnen, während Gemeinschaftlichkeit und Kooperation an Bedeutung verlieren. Rückkehrer aus den USA, die neue Werte transportieren, spielen dabei möglicherweise eine Schlüsselrolle, obwohl es sich nur um wenige Personen handelt und ihre Rolle aus den Befragungen nicht klar hervorging. Vor allem spielen aber in Bismuna zwei Aspekte eine gewichtige Rolle für den Wandel der kommunalen sozialen Strukturen, die im Folgenden beschrieben werden: die soziale Spaltung der Dorfgemeinschaft und der Drogenhandel.

Die soziale Spaltung kann zu einem Teil als Folge des Bürgerkrieges der 1980er Jahre interpretiert werden. Noch heute verläuft in Bismuna eine Spaltungslinie zwischen den politischen Lagern aus Bürgerkriegszeiten, also zwischen einzelnen Akteuren oder gesamten Familien, die mit Regierung bzw. Konterrevolutionären sympathisierten oder aktiv kooperierten. In der kollektiven Vergangenheit existiert eine lebendige Erinnerung an die jeweilige Beteiligung Einzelner, und Feindschaften zwischen den jeweiligen Großfamilien bestehen bis heute fort, zum Teil mit Erinnerungen an Verrat durch Dorfmitglieder und folgende Inhaftierung. Durch die in der Zeit des Bürgerkrieges entstandenen Lager in der Gemeinschaft ist die soziale Interaktion und Kooperation bis heute gestört und konfliktiv. In den Interviews wurde dies auch bei Fragen der Ressourcennutzung und deren Steuerung deutlich, indem Schuldzuweisungen und Verdächtigungen, z. B. auf Korruption einzelner Dorfangehöriger durch die Fischereiunternehmen, wiederholt geäußert wurden.

Die Spaltung der Dorfgemeinschaft in verschiedene Lager ist hier deshalb von Relevanz, weil sie sämtliche Prozesse der Kommunikation und des kollektiven Handelns, auch zur gemeinsamen Lösung von Ressourcennutzungsproblemen, beeinflusst und zum Teil stört. Dabei ist eine Spaltung in Gruppierungen ehemaliger Contra- bzw. Prosandinisten vermutlich in anderen Dörfern der Region – insbesondere den von Zwangsumsiedlungen betroffenen *comunidades* – in ähnlicher Form zu finden. In Bismuna erstreckt sich jedoch noch eine zweite Spaltungslinie durch die Dorfgemeinschaft, die zwischen den Zuwanderern aus Cabo Viejo und der Bevölkerung des ehemaligen Bihmuna Viejo verläuft. Sozialräumlich zeigt sich diese Spaltung durch ein separiertes Wohngebiet dieser Zuwanderer, das deren Ansicht nach über Nachteile gegenüber der übrigen Siedlung verfügt, z. B. durch die Lage im Kiefernwald, die durch schlechtere Böden und eine größere Entfernung zum Fluss gekennzeichnet ist (eigene Interviews). Zugleich erlebt diese Gruppe der eigenen Perzeption nach innerhalb der Dorfgemeinschaft eine soziale Benachteiligung, die sich durch fehlende Anerkennung als gleichberechtigte Akteure innerhalb der Gemeinschaft sowie in Form einer mangelnden Beteiligung an Entscheidungen und Ämtern äußert. Von der traditionellen, auf Solidarität aufbauenden Dorfgemeinschaft bleiben die Zuwanderer aus ihrer Sicht somit bis heute ausgeschlossen.

Der zweite genannte Faktor, der den Wandel der Dorfgemeinschaft vorantreibt, ist der Drogenhandel. Dieser ist in Bismuna bislang zwar nicht von vergleichbarer Bedeutung wie in anderen *comunidades* der RAAN, z. B. in Sandy Bay (vgl. Kap. 5.3.3), doch hat er in der zweiten Hälfte der 1990er Jahre erheblich an Bedeutung gewonnen. Den Ausgangspunkt dieser Entwicklung nahmen Funde von Kokainpaketen am Strand, die von Schmugglern auf See abgeworfen worden waren. Diese Pakete umfassen nach DENNIS (2003) meist 24 bis 48 kg reinen Kokains, zum Teil gehen aber auch Ladungen von mehreren Tonnen Gewicht über Bord, die anschließend von den Küstenbewohnern am Strand aufgelesen werden (La Prensa vom 7.4.2002). Der Grund für die Drogenfunde liegt in der Lage der Region begründet, die – ähnlich wie Kuna Yala – an einer der Hauptrouten des Kokainschmuggels zwischen Kolumbien und den USA liegt. Auf dieser Route, die von der Atlantikküste Kolumbiens ausgehend an der Ostküste Zentralamerikas entlang verläuft, wird Kokain mit Schnellbooten in die USA oder zumindest an die Küste von Honduras bzw. Mexiko transportiert, von wo aus dann der Schmuggel auf dem Landweg fortgesetzt wird. Eine der wichtigsten Zwischenstationen des transamerikanischen Handels ist dabei – neben der kolumbianischen Insel San Andrés – das Gebiet der Cayos Miskitos, dessen Bedeutung für den Schmuggel in Verbindung mit dem illegalen Langustenhandel NIETSCHMANN (1995a) beschreibt (vgl. dazu Kap. 5.3.3 und Abb. 34).

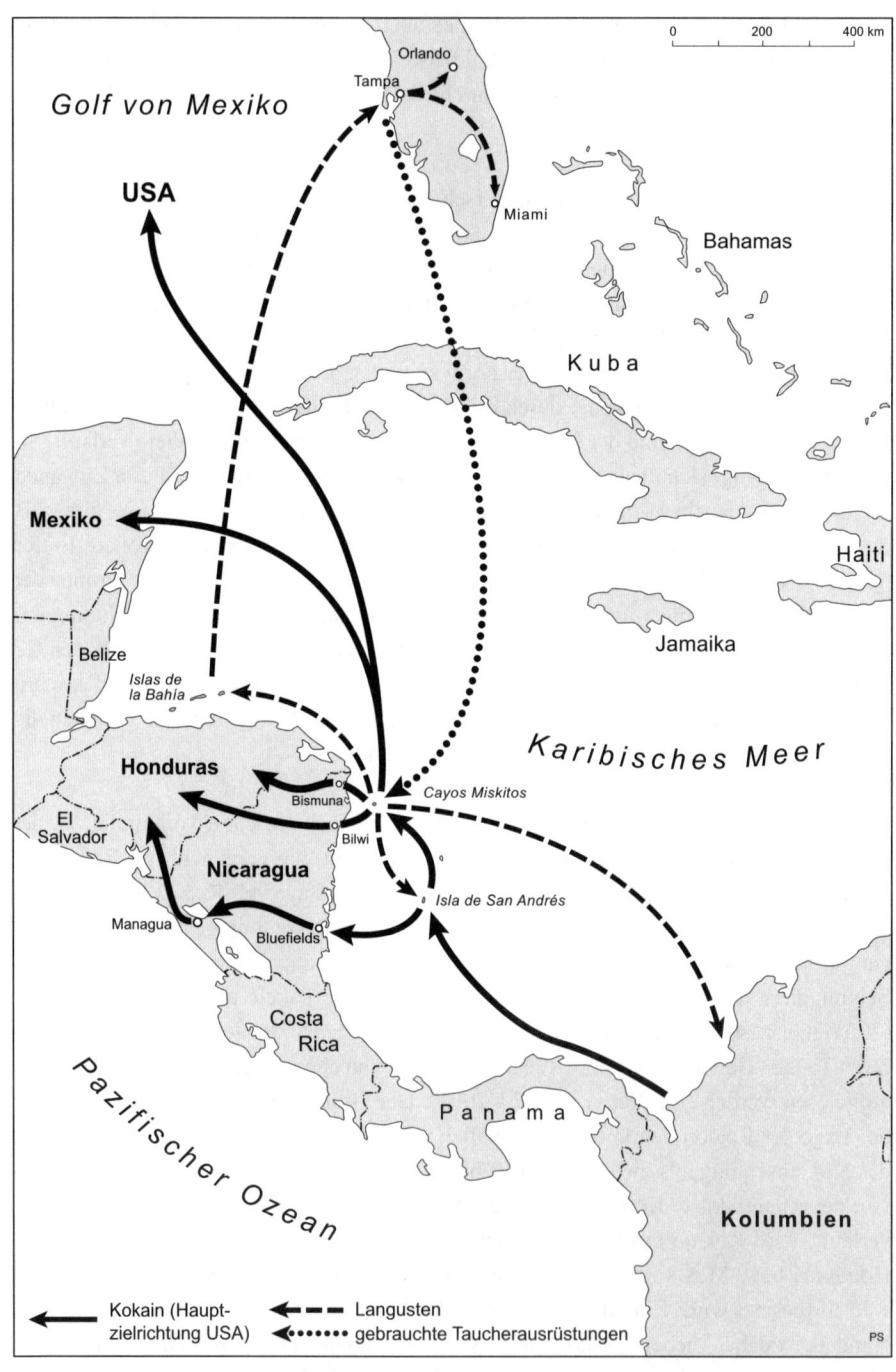

Abb. 34: Transportrouten des Drogen- und Langustenschmuggels: Die conexión droga-langosta
Quelle: NIETSCHMANN (1995a), verändert

Die nördliche Moskitia-Küste Nicaraguas 279

Nach Zeitungsberichten des Jahres 2003 hat sich die Situation seit dem Feldforschungsaufenthalt erneut verändert: Weil die US-amerikanische Drug Enforcement Authority verstärkt auf dem karibischen Meer patrouilliert, um den Drogenhandel einzudämmen, verlagerten sich die Handelswege landwärts. Es erfolgt demnach zunächst der maritime Transport bis an die nördliche Küste der RAAN und das Gebiet der Cayos Miskitos; anschließend verläuft die Route nunmehr jedoch nicht mehr vorwiegend auf dem Seeweg in Richtung Honduras, Mexiko oder die USA, sondern auf dem Landweg über Bismuna und den Grenzfluss zu Honduras, den Río Coco (Abb. 34). Bismuna fungiert aufgrund seiner Lage auf dieser Route somit inzwischen als Umschlag- und Transitplatz, was unter anderem bereits zu bewaffneten Auseinandersetzungen zwischen verschiedenen Drogenbanden im Ort führte (La Prensa vom 20.5.2003). Somit sind die Bewohner Bismunas durch die Lage ihrer *comunidad* nunmehr unmittelbar in die transamerikanischen Schmuggelwege eingebunden. Ihre Rolle scheint sich durch diesen Wandel zu verändern: Zunächst waren die in Bismuna am Drogengeschäft beteiligten Personen keine spezialisierten Drogenhändler oder Schmuggler, sondern Dorfbewohner mit einer Beschäftigung als Fischer oder Ladeninhaber, die nur bei entsprechenden Gelegenheiten (Strandfunden) zu *traficantes* wurden. Allerdings gab es im Jahr 2000 bereits einzelne Großfamilien, die überwiegend vom Drogenhandel lebten, was sich zum Beispiel an den deutlich nach außen demonstrierten Verbesserungen des Lebensstandards ablesen lässt. Der Vergleich traditioneller, einfacher Holzhäuser mit einem Koch- und Wohnraum bilden einen deutlichen Kontrast zu den neueren klimatisierten Steinhäusern mit eigenem Stromgenerator,

Abb. 35: Traditionelles Haus in Bismuna
Quelle: Eigene Aufnahme

Abb. 36: Differenzierung des Lebensstandards: Neuer Baustil in Bismuna
Quelle: Eigene Aufnahme

Fernseher und kostspieliger Innenausstattung (Abb. 35 und Abb. 36). In jüngster Zeit lassen die Presseberichte jedoch vermuten, dass die aktive Beteiligung der Dorfbewohner als Drogenschmuggler und als Mitglieder von Drogenbanden wächst. Problematisch ist dabei nicht nur die Zunahme der illegalen Aktivitäten und der Gewalt, die mit dem Drogenschmuggel einhergeht, sondern auch die weitere Verstärkung der sozialen Unterschiede zwischen Familien mit hohen Einkünften aus dem Kokainhandel und den übrigen Bewohnern, die zu einem fortschreitenden Verlust an Solidarität beiträgt.

Bereits im Jahr 2000 hatten Dorfbewohner von zunehmenden Diebstählen berichtet, sei es aus Fischernetzen oder von den landwirtschaftlichen Nutzflächen bis hin zu einzelnen Kokosnüssen, die von der Palme gestohlen werden. Mehrere Befragte brachten diese Entwicklung unmittelbar mit dem Drogenhandel in Zusammenhang, ähnliche Berichte finden sich in Veröffentlichungen über die gesamte Atlantikküsten-Region (La Prensa vom 1.7. 2005; Dennis 2003). Die Einbindung in den Kokainschmuggel führt demnach zu mangelndem Interesse der Beteiligten an landwirtschaftlicher Arbeit, zu geringeren Skrupeln vor Diebstahl und zu einer allgemein schwindenden sozialen Kontrolle. Zudem ist mit dem Handel der zunehmende Konsum assoziiert, da die ansässigen Drogenhändler vor Ort Kokain und Crack verkaufen. Konsumenten sind vor allem Jugendliche; berichtet wurde aber auch von Eltern, die ihren Kindern Drogen nach Hause bringen. Als Resultat des Kokainkonsums wurde in den Interviews die mangelnde Arbeitsbereitschaft der Jugendlichen vor allem in Landwirtschaft und Fischerei genannt, sowie daneben die

Vernachlässigung von Kindern durch die Verwendung vorhandenen Einkommens für Drogen anstelle von Nahrungsmitteln. Es ist anzunehmen, dass die ohnehin schwache soziale Kohäsion der Dorfgemeinschaft durch den Drogenkonsum weiter geschwächt wird, da mit diesem ein schwindendes Interesse der Betroffenen an der Gemeinschaft und an kommunalen Belangen verbunden wird.

Vor dem Hintergrund der dargestellten sozio-ökonomischen und naturräumlichen Situation Bismunas soll nun die Nutzung mariner Ressourcen in dieser *comunidad* analysiert werden. Der Fisch- und Garnelenfang konzentriert sich räumlich auf die Lagunen Bismuna und Bismuna Tara, während der Fischfang vor der Küste, der von einer kleinen Gruppe von Fischern zeitweilig ausgeübt wird, bisher eher eine geringe Rolle spielt. Auch die Schildkrötenjagd und der Langustenfang vor der Küste, der nur von einer Gruppe von sechs bis acht Tauchern betrieben wird, sind kaum von Gewicht, so dass diese hier nicht diskutiert werden. Die Bedeutung der Lagune, von der Leben und Wirtschaften der *comunidad* abhängt, wurde hingegen in den Interviews von vielen Befragten herausgestellt, wie die folgenden Zitate illustrieren:

„De ahí solo comen de la laguna."
(„Die Leute von hier leben (wörtlich: essen) nur von der Lagune."
Befragte in Bismuna, Übers. der Verf.).

„La vida de esa comunidad es la laguna."
(„Das Leben dieser comunidad ist die Lagune". Fischer in Bismuna,
Übers. der Verf.).

Im Wesentlichen lassen sich zwei Hauptnutzungsmuster identifizieren: der Garnelenfang in der Saison von April bis Juni sowie der Fischfang in den übrigen Jahreszeiten. Während zum Teil unterschiedliche Fangmethoden für diese Ressourcen zum Einsatz kommen, sind die Vermarktungsstrukturen, die anschließend beschrieben werden, für beide Ressourcen identisch. Weitere, weniger bedeutende Nutzungsformen der Lagunen und der angrenzenden Flussmündungen sind die Jagd auf Seekühe und das Sammeln von Muscheln und Krebsen sowie die Jagd auf Krokodile und Kaimane.

Die Fischerei fand in den Lagunen um Bismuna bis vor wenigen Jahren mit traditionellen Methoden statt, das heißt mit einer einfachen Holzharpune für größere Fische sowie mittels Leine und Haken. Letztere Methode wird heute noch in gewissem Umfang praktiziert. Zugleich war die Fischerei bis in die 1990er Jahre hinein – mit kurzen Ausnahmephasen – eine reine Subsistenzaktivität, während eine Vermarktung von Fisch weder innerhalb der Gemeinschaft noch an externe Abnehmer stattfand; eine in den 1970er Jahren kurzzeitig aufgebaute Kooperative scheiterte bereits nach kurzer Zeit (Proyecto Waspám o. J./a). So vollzog sich der Übergang zur marktwirtschaftlichen Produktion in Bismuna erst verhältnismäßig spät, nämlich in den 1990er Jahren, während in anderen

Küstendörfern bereits in früheren Perioden die Vermarktung verschiedener mariner Ressourcen einsetzte. Ob der Fang von Meeresschildkröten, für den die Miskito berühmt waren, in früheren Zeiten auch von den Fischern Bismunas ausgeübt wurde, ließ sich nicht ermitteln, da weder Hinweise aus der Literatur vorliegen, noch sich die Befragten an diese Aktivität erinnern konnten; es ist jedoch anzunehmen. Mit der Transformation zur kommerziellen Fischerei setzten in Bismuna tief greifende und sehr rasch ablaufende Veränderungsprozesse in der Wirtschaftsweise in Bezug auf Methoden, Distribution und Verfügbarkeit der Ressourcen ein. Zugleich waren mit diesen Prozessen erhebliche soziale und ökonomische Auswirkungen auf die Gemeinschaft verbunden.

Heute kommen in Bismuna vor allem Stellnetze *(trasmallos)* aus mehreren Lagen zum Einsatz. Unter diesen Netzen wird in Bismuna hauptsächlich ein spezieller Typ, das so genannte *gillnet* (Kiemennetz) von mehreren Hundert Metern Länge, verwendet. Die Anzahl dieses Netztyps wird von ADPESCA (2002) für Bismuna im Jahr 2002 mit 420 Stück angegeben. Daneben werden auch kleine, kreisförmige Wurfnetze *(atarraya)* für den Fang kleiner Fische und Garnelen benutzt, die sich an der Moskitia bereits vor den 1930er Jahren zu verbreiten begannen (CONZEMIUS 1932) und deren Anzahl nach ADPESCA (2002) in Bismuna 199 Stück beträgt. Für den Einsatz der größeren Netze arbeiten die Fischer gemeinsam, also in kleinen Gruppen des Großfamilienverbands oder mit anderen Personen; Arbeitsbeginn ist meist nachts, also ca. um zwei Uhr morgens, wenn die Netze in der Lagune ausgebracht werden. Manche Fischer berichten, dass sie

Abb. 37: Róbalo (Centropomus spec., Snook), Bismuna
Quelle: Eigene Aufnahme

wiederholte Fahrten zum Fangplatz unternehmen, um die Netze zu kontrollieren und Diebstahl zu verhindern, bevor das Einholen nach einem Tag stattfindet. Die Ausfahrten erfolgen größtenteils in kleinen Einbäumen *(dori)* mit Ruder bzw. Segel oder – soweit vorhanden – auch mit Außenbordmotoren, deren Anzahl in der *comunidad* im Jahr 2000 bei 10 lag. Größere Boote sind nur vereinzelt im Dorf vorhanden, so zum Beispiel einige von Organisationen der Entwicklungszusammenarbeit gespendete Boote (insgesamt unter 10 nach MIFIC 2006). Während traditionell eine hohe Diversität der genutzten Arten vorherrschte, konzentriert sich heute der Fischfang auf wenige, kommerziell bedeutsame Arten, deren Anzahl zwischen 10 (Händler und Fischer) und 21 (MIFIC 2006) angegeben wird. Dabei sind an erster Stelle Snook-Arten zu nennen (span. *róbalo, Centropomus spec.*, v. a. *Centropomus undecimalis*), die aufgrund der hohen Abundanz in der Lagune sowie der hohen Verkaufspreise von besonderem Interesse sind (Abb. 37), sowie daneben auch *corvina (Cynoscion spec.)*. Einen hohen Einfluss auf die Verfügbarkeit und die Nutzung der Fischarten üben die jahreszeitlichen Schwankungen der hydrologischen Verhältnisse und die Wanderungsbewegungen einiger Arten aus, die nicht ihren gesamten Lebenszyklus in den Lagunen durchleben.

Neben den verschiedenen Fischarten ist in Bismuna saisonal der Fang von Garnelen von hoher Bedeutung, auf den die Fischer ihre Beschäftigung aufgrund der höheren Erträge während bestimmter Phasen (meist April bis Juni) konzentrieren. Der Fischfang wird während dieser Zeit zwar nicht aufgegeben, tritt aber in den Hintergrund. Die Zyklen des Garnelenfanges hängen ebenfalls unmittelbar mit dem Wanderungsverhalten der genutzten Arten zusammen, die im postlarvalen Stadium für einige Zeit vom offenen Meer (den Seegraswiesen) in die Lagunen migrieren, bis sie nach Erreichen des adulten Stadiums wieder ins offene Meer zurückkehren (PROARCA/COSTAS 1997). In Bismuna sind dabei vor allem die Weiße Garnele *(Penaeus schmitti)* sowie der *chacalín (Xiphopenaeus kroyeri)* von Bedeutung, neben weiteren Spezies der Gattung *Penaeus*. Aufgrund der hohen Produktivität, die unter anderem durch die Nährstoffzuflüsse aus den großen Einzugsgebieten bedingt wird, gelten die Lagunen der Karibikküste Nicaraguas generell als ideale Habitate für Garnelen (PERALTA WILLIAMS 1991).

Im Rahmen eines Gruppeninterviews wurde gemeinsam mit Fischern die Grundlage für die Karte in Abbildung 31 (S. 272) angefertigt. Diese zeigt die räumliche Verteilung der von den Miskito genutzten aquatischen Ressourcen mit den bevorzugten Fangplätzen in der Lagune von Bismuna und Umgebung. Dabei sind solche Arten nicht verzeichnet, die in weitgehend homogener Verteilung vorkommen (wie z.B. *róbalo* und *corvina*), sondern lediglich solche, die starke räumliche Konzentrationsmuster zeigen und daher an bestimmten Orten bevorzugt gefangen werden, zum Teil wiederum in jahreszeitlichen Zyklen. In der Karte sind auch Arten verzeichnet, die nicht für die Vermarktung über die Fischfirmen gefangen werden, nämlich die Süßwasserschildkröten für die Eigenversorgung sowie Seekühe für die Vermarktung im Dorf. Kaimane und Krokodile hingegen, für deren Auffinden mehrstündige Wegstrecken per Boot und zu Fuß zurückgelegt werden müssen, werden für den Verkauf der Häute an externe Händler gejagt (siehe unten).

Die Vermarktung von Fisch und Garnelen erfolgt am Flussufer an Ankaufsstellen (*acopios*, Lage siehe Abb. 32), die für die großen Fischfirmen Atlanor und Promarnic mit Basis in Bilwi tätig sind bzw. diese beliefern. Die *acopiadores* verwenden in Bilwi hergestellte Eisblöcke, die das Lagern der angekauften Ware in Kühlbehältern erlauben oder zum Teil an Fischer für längere Ausfahrten abgegeben werden. Da die *comunidad* weder über eine allgemeine Stromversorgung noch über Eismaschinen verfügt, können Fischprodukte, die für den Verkauf bestimmt sind, von den Fischern nicht selbst gelagert werden, sondern müssen unmittelbar nach dem Anlanden abgesetzt werden. Die traditionellen Methoden des Trocknens spielen dabei für den Handel heute keine Rolle. Über wie viele Tage hinweg Ware angekauft wird, richtet sich nach der Verfügbarkeit von Eis und den Lagerkapazitäten der Ankäufer, die bei einem der Händler nach seinen Angaben bei knapp 1,6 t lagen. Die Aufkäufer transportieren die angekauften Fänge per LKW nach Bilwi, wo sie zu kleinen Teilen auf dem lokalen Markt verkauft werden. Der überwiegende Teil geht allerdings in die industrielle Verarbeitung vor Ort, die von den vier in Bilwi ansässigen Unternehmen vorgenommen wird. Diese Firmen wiederum produzieren einerseits Filet für den US-amerikanischen Markt, sowie daneben auch verpackten Fisch für den Export in lateinamerikanische Länder, vor allem Kolumbien (Befragungen des Geschäftsführers von Atlanor sowie des Inspektors der Fischereibehörde ADPESCA in Bilwi; vgl. ADPESCA 2005). Allerdings soll nach Angaben von Atlanor dabei üblicherweise ein mengenmäßiger Verlust von 40 % entstehen.

Das Verhältnis zwischen Ankäufer und Fischern auf kommunaler Ebene gestaltet sich nach ähnlichen Prinzipien, wie sie auch für den Langustenfang in Kuna Yala (vgl. Kap. 3) beschrieben wurden:
- Die Ankäufer setzen Preise und Abnahmemengen fest, ohne den Fischern Abnahmegarantien zu geben. So kann es vorkommen, dass bei erschöpfter Lagerkapazität keine weitere Ware angenommen wird. Dies kam den Befragungen zufolge in früheren Jahren vor gelegentlich vor, ist heute jedoch aufgrund der reduzierten Bestände seltener der Fall. Auf die Preise haben die Fischer keinen Einfluss, da diese von den *acopios* bzw. durch die Unternehmen in Bilwi festgelegt werden und nicht verhandelbar sind, wie zwei der befragten Aufkäufer bestätigten (eigene Interviews; vgl. Proyecto Waspám o. J./a).
- Unzureichende Individuengröße der Fische führt zur Ablehnung durch die Aufkäufer und zum Entstehen großer Abfallmengen. Nach Aussagen von Vertretern der Umweltbehörde in Bilwi sollen auf diese Weise in Bismuna allein im Jahr 1996 insgesamt 3.000 lb. an Abfall produziert worden sein, sowie weitere 1.300 lb. aufgrund von Eismangel, was jedoch den Interviews in Bismuna zufolge nicht alljährlich vorkommt. Die Ursache für diese Fehlproduktion liegt in der mangelnden

Kenntnis der Fischer, die von den Firmen nicht ausreichend über die Mindestanforderungen der Produktion informiert werden.
- Die Existenz einer Verpflichtung zur exklusiven Belieferung bestimmter Händler wurde zwar von den Aufkäufern negiert, scheint jedoch nach den Interviews mit Fischern durchaus üblich zu sein.
- Zweifelsfrei lässt sich feststellen, dass zwischen Fischern und Aufkäufern Verschuldungen entstehen, indem letztere den Fischern technische Ausrüstung verkaufen. Diese müssen Außenbordmotoren, Netze oder sonstiges Material in Raten abbezahlen. Bei den für die Miskito hohen Anschaffungspreisen der Netze, die um die 2.000 bis 3.500 Córdoba liegen (166,- bis knapp 300,- US$ im Jahr 2000), entstehen Verpflichtungen nicht nur zur Belieferung eines einzelnen Aufkäufers, sondern auch in Bezug auf die Preise, da die Fischer aufgrund der Verschuldung über keinen Verhandlungsspielraum verfügen.

Tab. 10: Ankaufspreise für verschiedene Fischarten in Bismuna (ortsübliche Namen im Handel, Umrechnung 1 Córdoba = ca. 0,09 € zum Erhebungszeitpunkt)

Fischart	Ankaufspreise in Bismuna in Córdoba/lb. (Fischer an Zwischenhändler)	Ankaufspreise Atlanor (Bilwi) in Córdoba/lb. (Zwischenhändler an Verarbeitungsbetrieb)
Róbalo (Snook, *Centropomus undecimalis*)	ab 1,50 – 7	7,50 – 9
Pargo (Schnapper, *Lutjanus spec.*)	1,50 – 4,5	3,50
Roncador (nicht identifizierte Art)	1,50 – 2	k. A.
Mero (Grouper, *Epinephelus spec.*)	2 – 2,50	2,75
Macarela (nicht identifizierte Art)	1,50	3,50
Corvina (vermutl. *Cynoscion spec.*)	1,50	3,50
Sábalo Real (Tarpun, *Megalops atlanticus*)	1	2
Tiburón (versch. Haiarten)	0,50	1 – 1,50
Jack (*Caranx hippos*)	0,50 – 1	0,50
Sikuku (Schafskopf, *Archosargus probatocephalus*)	0,50	0,50

Quelle: Eigene Erhebung

- Vorschusszahlungen scheinen im allgemeinen von den Aufkäufern nicht gegeben zu werden (wie es in Kuna Yala im Langustenfang der Fall ist). Die Fischer müssen hingegen den Interviews zufolge häufig auf ihre Auszahlung warten, bis der Aufkäufer nach dem Verkauf der Ware in Bilwi in das Dorf zurückkehrt, was unter Umständen Wochen dauern kann.

Insgesamt zeigt sich an der Gestaltung der Handelsbeziehung zwischen Fischern und Aufkäufern also ein Ungleichgewicht, in dem die Produzenten die Bedingungen einseitig von den Abnehmern vorgegeben bekommen, ohne darauf einen nennenswerten Einfluss nehmen zu können. Am deutlichsten wird dieses Ungleichgewicht angesichts der Preise, die von den Aufkäufern gezahlt werden. Tabelle 10 gibt einen Überblick über die für die jeweilige Fischarten zu erzielenden Ankaufspreise pro Pfund in Córdoba, die in den Interviews aufgenommen wurden (Wechselkurs ca. 12:1 Córdoba zu US$ bzw. 1 Córdoba = 0,09 € zum Befragungszeitpunkt).

Tab. 11: Verkaufspreise für Grundnahrungsmittel in Bismuna (Umrechnung 1 Córdoba = ca. 0,09 € zum Erhebungszeitpunkt)

Produkt	Verkaufspreise in Bismuna in Córdoba/lb.
Reis	4–5
Zucker	4–5
Mehl	3,50
Zwiebeln	7
Bohnen (*frijoles*)	5–6

Quelle: Eigene Erhebungen

Anhand der Tabellen 10 bis 12 wird das Missverhältnis deutlich, das zwischen dem Verkaufswert der produzierten Ressourcen und den lokalen Preisen für Grundnahrungsmittel entsteht. So ergibt sich für manche Fischarten ein Preisverhältnis, das pro Pfund verkauftem Fisch nur einem Gegenwert von wenigen Gramm Lebensmitteln zu den im Dorf üblichen Lebensmittelpreisen entspricht.

Tab. 12: Gegenwert von Fisch im Verhältnis zu Lebensmitteln in Bismuna und im *litoral sur* (für ein Pfund Fisch erhältliche Menge an Lebensmitteln)

Jahr	1997 Litoral sur	2000 Bismuna	2000 Bismuna	2000 Bismuna
Fischart	Róbalo (Snook)	Róbalo (Snook) bester Größe	Mero (Grouper), Roncador	Kleinere Arten, z. B. Jack
Reis	1 ½ lb.	1 ½ lb.	0,3 lb. - ½ lb.	0,1 lb.
Mehl	1 ½ lb.	2 lb.	0,6 lb.	0,1 lb.
Zucker	1 ½ lb.	1,5 lb.	max. ½ lb.	0,1 lb.
Bohnen	k. A.	1,4 lb.	0,3 lb.	0,08 lb.
Zwiebeln	k. A.	1 lb.	0,28 lb.	0,07 lb.

Quelle: Eigene Erhebungen, Daten für das litoral sur aus PROARCA/COSTAS 1997

Beispielsweise kann ein Fischer für den Verkaufswert eines Pfundes Snook *(róbalo)* maximaler Größe nur zwei Pfund Mehl bzw. 1,5 Pfund Reis erwerben, bei kleineren Exemplaren sogar nur ein halbes Pfund Lebensmittel oder weniger. Bei kleineren Fischarten wie z.B. Jack *(Caranx hippos)* ergibt sich eine ungünstigere Preisrelation von 10:1 bis 14:1, so dass ein Fischer 10 bis 14 lb. Fisch verkaufen muss, um davon ein Pfund Reis erwerben zu können (was bei einem Verhältnis von 14:1 ca. 6,4 kg Fisch zu 0,454 kg Reis entspricht). Bei Bohnen und Zwiebeln liegen die Preisverhältnisse noch ungünstiger. Umgekehrt lässt sich der Gegenwert eines Kilogramms Jack berechnen, der nach dieser Preisrelation weniger als 100 g Reis oder Mehl beträgt. Die Exportpreise, die nach Verarbeitung von den Fischfirmen erzielt werden können, konnten nicht ermittelt werden, jedoch stellte ein Aufkäufer in Bismuna die offizielle Liste der Ankaufspreise der Firma Atlanor in Bilwi zur Verfügung (siehe Tabelle 10). Aus diesen Zahlen wird deutlich, dass bereits der *acopiador* die Ware zu teilweise zweifachen Pfundpreisen in Bilwi absetzen kann, wobei die Transportkosten abzuziehen sind (1.800 C. pro Fahrt, ca. 150,- US$). An die *comunidad* sind dabei von den Aufkäufern nur verhältnismäßig geringe Beträge zu zahlen, die für 1.000 lb. Fisch bei 60-70 C. liegen (ca. 5,40 – 6,30 € pro 454 kg Fisch im Jahr 2000). Die Frage der Preise ist deshalb von Bedeutung, weil sie für das Handeln der Akteure in der Dorfgemeinschaft ebenso wie für die Ressourcennutzungsstrategien eine wichtige Rolle spielt, auf die unten einzugehen sein wird. Neben dem Verkauf an die *acopios* existiert innerhalb der *comunidad* praktisch keine Vermarktung von Ressourcen aus dem Fisch- und Garnelenfang; die *acopiadores* selbst weigern sich, Fisch vor Ort zu verkaufen.

In geringem Ausmaß hatten bereits vor 1993 zwei Fischer aus Bismuna Fischprodukte im Segelboot nach Bilwi transportiert, um sie dort zu vermarkten, und daneben suchten Händler aus Waspám das Dorf phasenweise zum Ankauf von getrockneten Garnelen auf. Die Subsistenzfischerei blieb jedoch dominierend, bis ein Vertreter der Firma Atlanor im Jahr 1993 begann, in Bismuna zunächst sporadisch Fisch aufzukaufen (dokumentiert durch Von Küste zu Küste 1997; eigene Interviews). Ab 1994 wurden – nachdem die Dorfbewohner auf einer Versammlung mit dem Geschäftsführer des Unternehmens der Zusammenarbeit zugestimmt hatten – durch die Firma zunächst 80 Netze des Typs *gillnet* ausgegeben, die später von den Fischern zu bezahlen waren; weitere folgten in späteren Jahren. In der Folge setzte eine sprunghafte Erhöhung der Anlandungen ein, die nicht allein aufgrund der technischen Neuerungen der Methoden erfolgen konnte, sondern auch aufgrund der Lagerkapazitäten, die nun die Produktion von Überschüssen ermöglichte (vgl. ESPINOZA 2004). Somit lässt sich ab 1994 ein verhältnismäßig rascher und abrupter Wandel von der traditionell auf die Eigenversorgung orientierten Fischerei zur marktorientierten Produktion beobachten, der durch den Impuls des Unternehmens Atlanor ausgelöst wurde.

Nicht nur die Distributionsstrukturen sondern auch das Vorgehen im Fischfang änderte sich: Während früher tagsüber gefischt werden konnte, mussten die Netze nun nachts ausgeworfen werden. Vor allem aber wurden phasenweise sehr viel größere Fangmengen angelandet als zuvor. Da mit Ausnahme einer Zählung und Befragung durch den Verein Von Küste zu Küste keinerlei Daten über die Produktion auf kommunaler Ebene vorliegen, weil die Fischfirmen in Bilwi keine nach Herkunft der Ware differenzierten Statistiken herausgeben, konnte nur über Befragungen versucht werden, die Entwicklung der Fangmengen nachzuvollziehen. In den Interviews gaben die Fischer an, dass in der ersten Zeit nach Einführung der Netzfischerei pro Nacht und Netz von zwei bis drei Fischern mehrere Hundert Pfund Fisch angelandet werden konnten, zum Teil sogar innerhalb weniger Stunden. Auch mit einfachen Methoden der Haken und Leinen war es in dieser Zeit noch möglich, bis zu 400 lb. Fisch pro Nacht und Person zu fangen. Ähnlich verhielt es sich bei Garnelen, da auch diese von den Firmen aufgekauft wurden und sich die Fangmengen aufgrund der neu entstandenen Absatzmöglichkeiten steigerten. Dabei sollen in den 1990er Jahren pro Ankäufer zeitweilig Mengen von bis zu 7.000 lb. oder sogar 10.000 lb. Fisch pro Woche aufgekauft worden sein (ca. 3,2 t bis 4,5 t), so dass wöchentliche Gesamtfangmengen von 6 bis 9 t im Dorf zumindest phasenweise denkbar sind. Die durch den Verein Von Küste zu Küste dokumentierten Daten für 1996 stützen die Aussagen und weisen sogar noch höhere Fangzahlen auf: So sollen im Juli 1996 über 30,3 t Fisch sowie daneben knapp 58 t Garnelen in Bismuna produziert worden sein. Für diesen Monat kann der Verdienst pro Fischer also bei über 700,- US$ gelegen haben; ein Interviewpartner erinnerte sich daran, dass einer der Fischer in einem Monat über 1.000 US$ verdient haben soll. Schon fünf Jahre nach Ankunft der Aufkäufer im Dorf hatten sich die Fangmengen jedoch erheblich reduziert, wie die Befragungen von 1999 sowie 2000 zeigen:

„Ese tiempo, la laguna está vacía."
(„In diesen Zeiten ist die Lagune leer", der *juez*).

„La pesca está mal, mal, mal. Antes era pescado grandote, pero ahora, son chiquitos." („Die Fischerei geht schlecht, schlecht, schlecht. Früher waren die Fische sehr groß, aber jetzt sind sie ganz klein", Frauen im Gruppeninterview).

„No hay ni pescado chiquito." („Es gibt nicht einmal kleine Fische", Fischer).

„La pesca está mal, no da ni para comer."
(„Die Fischerei läuft schlecht, sie ergibt nicht einmal genug zum Essen", Fischer).

(alle Befragten aus Bismuna, Übers. der Verf.)

Die nördliche Moskitia-Küste Nicaraguas 289

Die Erfassung von Fangmengen vergangener Jahre gestaltet sich über retrospektive Fragen in Interviews zwar generell schwierig, da Befragte aus der heutigen Sicht frühere, als besser empfundene Situationen möglicherweise durch höhere Fangmengen charakterisieren und somit überhöhen, um den von ihnen bemerkten Wandel darzustellen. Trotzdem können die Interviews einen Eindruck von den Dimensionen des Wandels aus der Sicht der Befragten geben. Tabelle 13 zeigt die Diskrepanzen zwischen den Angaben ausgewählter Fischer zu früher üblichen Fangmengen pro Nacht und Fischer gegenüber den fünf Jahre später zu erzielenden Mengen. So gaben die Befragten übereinstimmend an, dass auch in der für die Fischerei günstigen Jahreszeit des Frühjahrs keine Fangmengen über 50 lb. pro Nacht mehr erreicht würden. Besonders dramatisch war aus der Sicht der Befragten, dass sie zum Teil weniger als 10 lb. pro Tag oder sogar gelegentlich keinerlei Fang erzielen konnten. Zu bedenken ist dabei, dass eine Ausbeute von 10 lb. nur einen Ertrag von 30 Córdoba, also ca. 2,70 € bedeutet, womit nach den lokalen Preisen lediglich 6 lb. Reis oder Mehl erworben werden können. Die Schwierigkeit, mit diesem Tagesverdienst die Versorgung einer vielköpfigen Familie sicherzustellen, ist offensichtlich. Zugleich zeigten die eigenen Beobachtungen, dass die Gesamtmenge, die einer der beiden Händler an einem Beobachtungstag ankaufte, bei nur 200 lb. lag. Diese Menge erscheint besonders gering angesichts der Tatsache, dass an diesem Tag neben den Lagunenfischern auch eine Kleingruppe nach einer dreitägigen Ausfahrt aufs offene Meer ihren Fang verkaufte, der wiederum aus deutlichen größeren Exemplaren und z. B. auch aus kleinen Haien bestand. Der Händler bestätigte die Beobachtungen der zurückgehenden Fänge und gab an, ein bis zwei der Transportbehälter regelmäßig leer zurückzutransportieren, während der andere Händler die geringen Fangmengen lediglich auf saisonale Schwankungen zurückführte.

Neben dem Rückgang der zu erzielenden Mengen im Fisch- und in etwas weniger dramatischer Form auch im Garnelenfang beobachten die Fischer gravierende Veränderungen in der Individuengröße der gefangenen Fische sowie Verschiebungen in der Artenzusammensetzung. So gab es in den Interviews kaum einen Fischer, der nicht auf darauf hinwies, wie groß die Fische früher gewesen seien und dies am Beispiel von Haien oder Sägefischen darstellte. Um das Ausmaß der Veränderungen zu illustrieren, berichteten einige Fischer zum Beispiel davon, dass man früher (also bis zu Beginn der 1990er Jahre) in der Lagune nicht baden konnte, da dies aufgrund der großen Raubfische sowie der Krokodile zu gefährlich gewesen sei, „salieron cada rato, siempre mucho" („sie kamen jeden Moment heraus, immer viel", Übers. der Verf.). Auch von Unfällen mit Verletzungen durch Sägefische wird berichtet; heute sind diese hingegen nicht mehr zu sehen. Viele Befragte waren dabei der Ansicht, die größeren Fische seien auf das offene Meer geflohen, da sie Angst vor den Netzen hätten.

Ein möglicher wissenschaftlicher Erklärungsansatz wäre das Ausbleiben dieser Arten aufgrund der Reduzierung der in der Nahrungskette unter ihnen stehenden Fischarten, was

Tab. 13: Ausgewählte Aussagen von Fischern zu durchschnittlichen Fangmengen pro Person und Tag, Bismuna (erhoben 1999 und 2000)

	bis 1994/1995	1999/2000
Aussagen jeweils eines Fischers zu den jeweiligen Jahren (in lb. Fangmenge pro Tag)	200	0-20-50
	700-800	30-40, maximal 60
	280	50
	300-1.000 vor 10 J.	10-20
	200-400	12-20
	400-500	20-30
	80-100	3-4 oder 10-20
	500-600 in 2 h	20-30
	200	10-15
	k. A.	5-20
	k. A.	6

Quelle: Eigene Interviews

als ein typisches Zeichen für Überfischung angesehen wird (GOÑI 1998). Zugleich können insbesondere die von den Fischern beobachteten reduzierten Individuengrößen der kleineren Fischarten sowie die abnehmenden Fangmengen als Indiz für Überfischungsprozesse gewertet werden, was für die Lagunenfischerei an der Karibikküste Nicaraguas insgesamt seit 1992 angenommen wird (vgl. PROARCA/COSTAS 1997). Die Verfasser der Projektstudie PROARCA/COSTAS (1997) stellen daher die kritische Frage, ob die Fischbestände der Lagunen sich generell für eine kommerzielle Nutzung und zugleich zur Versorgung der Bevölkerung mit Nahrungsmitteln eignen, jedoch existieren bisher zu dieser Frage keine detaillierten Untersuchungen. Nach Interviews mit Vertretern der Naturschutzbehörde sowie verschiedener Forschungsinstitute in der Region sind die *gillnets* nicht als geeignete Fangmethode anzusehen, weil sie zum einen mit zu kleinen Maschenweiten eingesetzt werden und nicht selektiv sind, also Jungfische und sämtliche kleineren Arten aufnehmen. Zum anderen ist die Mortalität der über einen Tag lang im Netz verbleibenden Fische hoch, so dass laufend Abfall durch verdorbene Fische entsteht.

Insgesamt zeigte sich in den Interviews, dass nicht nur die Fischer, sondern auch die übrige Bevölkerung Bismunas in übereinstimmender Weise die Veränderungen der Bestände beobachtet. Obwohl die Interviews mit den befragten Miskito sich generell weniger einfach als in Kuna Yala gestalteten, da die Befragten größere Schwierigkeiten hatten, Probleme in der *comunidad* zu benennen und zu erklären, galt dies nicht für die Dezimierung der Fischbestände, die mit großer Einheitlichkeit von den Befragten beschrieben wurden. Zugleich benannten diese auch die Ursachen für die Veränderungen in sehr ähnlicher Weise, indem die *gillnets* als Grund für den Rückgang der Fänge und

Die nördliche Moskitia-Küste Nicaraguas 291

die dezimierten Bestände genannt wurden. Angesichts der Dimensionen des Rückgangs und des kurzen Beobachtungszeitraumes von fünf Jahren, in dem sich die Veränderungen vollzogen, ist dies wenig überraschend, da von den Befragten ein unmittelbarer Zusammenhang zwischen der technischen Neuerung der Netze, dem Agieren der Fischfirmen sowie dem Zustand der Ressource hergestellt wird. Außerdem waren viele Befragte der Meinung, die Praxis, Netze vor den Mündungen der Lagune auszubringen, wo besonders gute Fänge gemacht werden können, sei schädlich und als eine der Ursachen für die Erschöpfung der Bestände anzusehen.

Einen gewissen Einfluss auf die Perzeption der Problematik in der Bevölkerung kann der Tätigkeit der Organisation Von Küste zu Küste zugeschrieben werden (siehe unten). Zu bemerken ist, dass auch solche Befragte, die unter den ersten gewesen sein sollen, die

- erhöhter Arbeitseinsatz (Zeit, Distanz, Kapital)
- Verstärkung sozio-ökonomischer Unterschiede durch Vorteile finanzstärkerer Akteure (technische Ausstattung)
- insgesamt geringere Einkünfte aus der Fischerei
- tageweise bzw. phasenweise Mangelzeiten
- erhöhtes Risiko geringer oder ausfallender Fänge
- generelle Mangelversorgung mit Proteinen
- Aufgabe des Systems der Reziprozität im Dorf
- keine Vermarktung und Distribution auf kommunaler Ebene
- Verschuldung und Abhängigkeiten der Fischer von Aufkäufern, somit erhöhter Druck zur Fortsetzung der Fischerei nach Konditionen des Unternehmens
- Reduzierung des Arbeitseinsatzes in der Landwirtschaft durch Konzentration auf Fischfang, verschärfte Nahrungsmittelknappheit
- Bedeutungsanstieg monetärer Einkünfte durch neue soziale Werte und Konsumvorstellungen, Bedeutungsabnahme der Subsistenzwirtschaft
- Substitution der Fischerei durch andere ökonomische Nutzungsmuster wie Drogenhandel, Jagd auf Alligatoren, Seekühe, Jaguare und andere bedrohte Tierarten
- mögliche Auswirkung: Verstärkung der Abwanderung aufgrund zunehmender Unsicherheit

Abb. 38: Soziale und ökonomische Folgen der mit der Fischerei assoziierten Veränderungsprozesse in Bismuna
Quelle: Eigene Zusammenstellung

Netze verwendeten, heute die negativen Folgen der Netzfischerei beklagen, zum Beispiel Mitglieder des Altenrates. In den Befragungen wurde die aktuelle Situation als dramatisch dargestellt, wobei vor allem die ökonomischen Konsequenzen geschildert wurden. Zugleich verwiesen viele Befragte auch auf die drohende Gefahr für die Zukunft, indem sie sich ein Szenario vorstellten, indem die Überlebensmöglichkeiten für die Menschen im Dorf ohne die Ressourcen der Lagune kaum noch gegeben seien. Ein Vertreter des Altenrates drückte seine Befürchtungen in fast wortgleicher Formulierung wie ein Kuna-Ältester in Panama (vgl. 3.4) aus:

„El mundo está viejo, todo va cambiando."
(„Die Welt ist alt, alles verändert sich", Altenratsmitglied, Übers. der Verf.).

Die sozialen und ökonomischen Folgen durch Veränderungsprozesse in der Fischerei betreffen eine Vielzahl von Aspekten des Lebens und Wirtschaftens der Bevölkerung und sind zum Teil miteinander verknüpft. Einige der wichtigsten Aspekte sind in Abbildung 38 zusammengestellt und sollen im Folgenden diskutiert werden. Zunächst einmal zeigt sich, dass Arbeits- und Kapitaleinsatz insgesamt steigen, da der Fischfang nicht mehr in wenigen Stunden erledigt werden kann, so dass heute keine Zeit mehr für andere Aktivitäten, wie z.B. die Jagd und Landwirtschaft, bleibt. Zugleich setzen die Fischer eine wachsende Zahl an Netzen ein. Dabei sind die ohnehin finanzstärkeren Akteure im Vorteil, die sich mehrere Netze, stärkere Außenbordmotoren und einen höheren Kraftstoffeinsatz leisten können, was wiederum zu verbesserten Chancen auf gute Erträge führt und zur weiteren Vertiefung dieser Unterschiede beiträgt. Insgesamt stehen in der Gemeinschaft weniger Fischprodukte für den Konsum zur Verfügung, obwohl diese bis vor wenigen Jahren einen wichtigen Bestandteil der Ernährung ausmachten. Zum Teil liegt die Begründung für die vollständige Abgabe der Fänge in den Abhängigkeiten von den Aufkäufern durch Verschuldungsbeziehungen, möglicherweise aber auch in verändertem Verhalten und sich wandelnden Werten, nach denen der Erzielung monetärer Einkünfte ein hoher Wert beigemessen wird.

Zugleich haben die Subsistenzaktivitäten außerhalb der Lagune erheblich an Bedeutung verloren und werden von vielen Familien kaum noch bzw. nur noch sporadisch ausgeübt, was unter anderem mit den ohnehin schwierigen Rahmenbedingungen (naturräumliche Ausstattung, lange Fußwege zu den Parzellen, Verluste nach Bürgerkrieg u. a.) zu begründen ist und zugleich durch den allgemeinen sozialen Wandel mit der Veränderung von Werten sowie wie den steigenden Drogenkonsum verstärkt wird. Grundnahrungsmittel wie Reis und Bohnen müssen zugekauft werden und werden kaum noch durch Produkte aus eigener Produktion ergänzt. Auch Jagd und Tierhaltung spielen keine nennenswerte Rolle zur Versorgung, sondern allenfalls für die Vermarktung an externe Aufkäufer, so dass vor allem die Proteinversorgung der Bevölkerung, die in entscheidender Weise vom Fischfang abhängt, durch die abnehmende Verfügbarkeit gefährdet ist. Aber auch der Gesamtmenge an Nahrungsmitteln nach ergeben sich häufigere Situationen des Mangels, also Tage, an denen weder ausreichend Reis noch andere Grundnahrungsmittel zur Verfügung stehen. Viele Befragte gaben an, dass es Menschen im Dorf gebe, die nur ein oder zweimal am Tag statt der üblichen drei Mahlzeiten essen könnten, womit der quantitative Mangel beschrieben wird:

„A veces solo comen una vez."
(„Manchmal essen sie nur einmal am Tag",
Frauen aus Bismuna im Gruppengespräch, Übers. der Verf.).

Das Risiko schlechter Fänge oder Ausfälle in der Fischerei und somit des Verdienstausfalls steht dabei in unmittelbarem Zusammenhang mit der Ernährungssicherung der eigenen Familien der Fischer, wie sich am Beispiel eines Befragten äußerte. Dieser konnte aufgrund einer Erkrankung über zwei Tage nicht fischen, was dazu führte, dass die achtköpfige Familie weder Reis noch Bohnen kaufen konnte und versuchen musste, gesammelte Früchte im Dorf zu verkaufen, allerdings mit geringem Erfolg. Als eine Folge steigenden Risikos und der Unsicherheit ist als eine Reaktion der Gemeinschaft die Abwanderung zu nennen, wie von NIETSCHMANN (1979b) für andere *comunidades* mit ähnlicher Ressourcenproblematik (in Bezug auf Schildkröten) festgestellt wurde. Auch ESPINOZA (2004) nimmt für Bismuna die Verstärkung der Migration in urbane Räume oder das Ausland an, allerdings fanden sich nur wenige empirische Belege für das Ausmaß der Migration, so dass deren Rolle nicht geklärt werden konnte.

Nur wenige Einwohner Bismunas üben andere Beschäftigungen als den Fischfang aus (entweder periodisch außerhalb bzw. vor Ort) oder können phasenweise ihre Tätigkeit zur Erzielung von Einkommen variieren. Für den Großteil der Bevölkerung scheitert hingegen eine Umstellung auf andere Beschäftigungen mangels Möglichkeiten. Dabei konnten sich zwar einige Befragte Alternativen zum Fischfang vorstellen, was wiederum unmittelbar in Zusammenhang mit dem EU-finanzierten Projekt Proyecto Waspám stand (siehe unten), jedoch machten sie deutlich, dass sie dafür technische und finanzielle Unterstützung benötigten. Die Ausweitung der räumlich auf die Lagune konzentrierten Fischerei auf das offene Meer ist bisher ebenfalls nur einzelnen Fischern möglich, die über eine entsprechende technische Ausstattung und größere Boote verfügen, da die Anfahrtszeiten zu lang sind und die Gefahren in kleinen Booten ohne Motoren als zu hoch eingeschätzt werden.

Aufgrund der beschränkten Beschäftigungsalternativen wird der Fischfang zum Teil durch illegale Aktivitäten substituiert, wobei zum einen der hohe Einkünfte versprechende Drogenhandel zu nennen ist sowie zum anderen die illegale Jagd auf Seekühe, Krokodile und weitere bedrohte Tierarten wie z.B. Jaguare. Der Fang von Seekühen (Manati, *Trichechus manatus*) stellt an der Moskitia eine traditionelle Subsistenzaktivität dar, über die sich schon in historischen Beschreibungen Hinweise finden (vgl. ESQUEMELING 1684/1992) und die noch heute in einigen *comunidades* ausgeübt wird (vgl. JIMÉNEZ

2002). In Bismuna erfolgt die Jagd auf Seekühe vorwiegend in der Nebenlagune Bismuna Tara für die lokale Vermarktung des hoch geschätzten Fleisches der *palpa*, wobei jedoch die jährlichen Fangmengen gering waren, bis sie im Zuge der knapperen Fischbestände der letzten Jahre vor der Befragung wieder anstiegen (nach eigenen Interviews). Über die Zahl der jährlich erlegten Tiere liegen unterschiedliche Zahlen vor: Während JIMÉNEZ (2002) für 1999 bis 2000 eine Menge von acht bis zehn erlegten Tieren für Bismuna angibt, wie auch die eigenen Befragungen für diesen Zeitraum ergaben, setzt ESPINOZA (2004) die Zahl bei nur ein bis zwei Tieren für das Folgejahr an. Dabei ist es denkbar, dass die Fangzahlen aufgrund der Zunahme des Drogenhandels – und somit der Substitution der Seekuhjagd durch Drogenverkauf – tatsächlich abnahmen, oder aber sich die Befragten bereits durch die Präsenz ausländischer Projektgeber über die Schutzwürdigkeit der Art im Klaren waren und daher möglicherweise geringere Fangzahlen angaben. Die Jäger waren ESPINOZA (2004) zufolge aber nicht über das Totalverbot der Jagd informiert (vgl. MARENA 2002).

Aus ökologischer Sicht kommt den Beständen in Bismuna ein hoher Wert für den Erhalt der Art in der Region zu, da zum einen die Seekuh nach der Rote-Liste-Klassifizierung der World Conservation Union (IUCN 2006) als gefährdet gilt, und zum anderen Autoren wie JIMÉNEZ (2002) annehmen, dass die größten zusammenhängenden Populationen der Karibik an Nicaraguas Ostküste zu finden sind, wo sie ideale Lebensbedingungen vorfinden. Eine der höchsten Konzentrationen mit Gruppen von bis zu 20 Tieren wurde dabei in der Umgebung von Bismuna beobachtet, die daher als hoch bedeutsam für die gesamte Art gelten kann. Auch das ebenfalls mit einem Jagd- und Handelsverbot belegte Spitzkrokodil *Crocodylus acutus*, das nach der Roten Liste der IUCN (2006) als gefährdet gilt, steht in Bismuna unter erhöhtem Druck, seit die Fischbestände zurückgegangen sind, und wird verstärkt bejagt.

In Abbildung 39 sind die wichtigsten Entwicklungslinien, die sich mit Beginn der Netzfischerei im Jahr 1993 ergaben, zusammengefasst. Der erste Impuls für die Transformation des Systems entstand durch die Etablierung der Fischfirmen und die Verteilung von Netzen im Jahr 1993, nach deren Einführung zunächst ein steiles Anwachsen von Fangmengen und Einkommen erfolgte. Dieses führte zu einer Art „Goldrausch" aufgrund der sprunghaft gestiegenen Einkommen und dem plötzlich zunehmenden Wohlstand, wie einige Befragte angaben. Das Resultat war wiederum die weitere Verbreitung und Intensivierung der Nutzung in der Gemeinde. Jedoch waren bereits nach zwei bis drei Jahren bereits sinkende Fangmengen und Einkommen festzustellen. Dabei entstanden verschiedene Rückkoppelungen zwischen einzelnen Entwicklungen: Die abnehmenden Erträge führten zu weiterer Intensivierung bezogen auf Arbeitszeit sowie Kapitaleinsatz (Netzkauf); zugleich verstärkte die steigende Verschuldung wiederum die Intensivierung. Eine Rücklage in den Zeiten besseren Einkommens war nicht erfolgt, so dass später nicht von früheren guten Verdiensten gezehrt werden konnte. Zugleich schwächte die zunehmende

Die nördliche Moskitia-Küste Nicaraguas 295

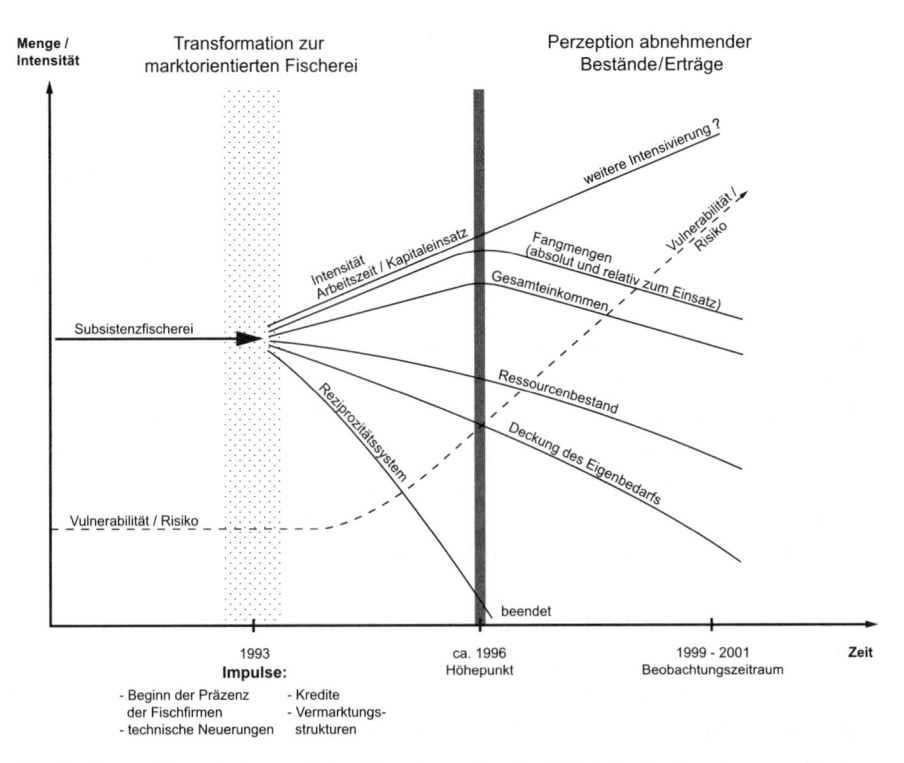

Abb. 39: Entwicklungslinien nach der Transformation der Subsistenzfischerei zur marktorientierten Lagunennutzung in Bismuna
Quelle: Eigener Entwurf

Konzentration auf die Fischerei die Subsistenzaktivitäten zur Produktion von Nahrungsmitteln mit der Folge wachsender Abhängigkeiten vom Fischfang. Das soziale System der Reziprozität, nach dem Produkte in der Gemeinschaft verschenkt worden waren (siehe unten), fand in den 1990er Jahren ein Ende, was wiederum zu einer Verstärkung der entstehenden sozialen Ungleichheiten führte. Als Folge der sinkenden Erträgen fand eine zunehmende Substitution durch illegale Aktivitäten statt. Letztlich scheint der Kollaps der Bestände, der lokalen Fischereiwirtschaft und im Resultat auch das Ende der Präsenz der Fischfirmen im Ort ein denkbarer, wenn nicht wahrscheinlicher Entwicklungspfad.

Für die früheren Nutzungsmuster der Lagune kann hingegen die Hypothese aufgestellt werden, dass diese nachhaltig waren, solange keine Vermarktung der Ressourcen einsetzte. Diese Annahme wird gestützt durch das Fehlen von Hinweisen auf frühere Prozesse der Ressourcendegradation, so dass aus der Kombination der Faktoren niedrige Bevölkerungsdichte, fehlende Vermarktung, geringe Technisierung und geringe Anreize zur Produktion von Überschüssen ein dauerhaft tragfähiges Nutzungsniveau resultierte. Es stellt sich daher die Frage, wie das Versagen dieses Allmende-Systems im Sinne von

OSTROM (1999) eintreten konnte, welche Rolle dabei institutionelle Regelungen und Instrumente spielen und aus welchen Gründen diese nicht effektiv die Übernutzung der Ressourcen zu verhindern erlaubten. Daher werden im Folgenden zunächst die traditionellen Institutionen auf lokaler Ebene sowie die Versuche zur Regelung der Nutzung in Bismuna beschrieben und anschließend die Regelungen auf nationalstaatlicher Ebene und die Konzepte verschiedener Organisationen und Behörden behandelt.

Ähnlich wie bei anderen indigenen Völkern, z.B. bei den Kuna, sind Kultur und Natur in der Kosmogonie, in Religion und Medizin sowie im alltäglichen Leben der Miskito eng miteinander verknüpft. Diese enge Verflechtung zeigt sich unter anderem in den in verschiedenen Publikationen dokumentierten Mythen, z.B. bei COX (1998) und ist heute noch lebendig. Auch die Angst vor bösen Geistern spielt noch immer eine Rolle im Leben in den Miskito-*comunidades*, wobei das Erscheinen und Handeln dieser Geister sich in bestimmten Naturerscheinungen oder an spezifischen Orten in der Umwelt manifestiert. So existiert auch bei der Bevölkerung Bismunas eine spirituelle Geographie, in der Orte mit speziellen Bedeutungen übernatürlicher oder mythologischer Art aufgeladen sind. Geschichten von Begegnungen mit Wesen aus der übernatürlichen Welt, wie z.B. mit Riesen, werden mündlich weitergegeben und stellen noch heute einen lebendigen Teil der Kultur und Identität der Miskito dar. Beispielsweise berichteten die Fischer im bereits erwähnten Gruppengespräch zur Anfertigung der Lagunenkarte von zahlreichen solcher Begebenheiten und verorteten diese zum Teil auf der Karte.

Auf Nutzungstabus fanden sich hingegen in Bismuna nur wenige Hinweise. Zwar existieren gewisse Nahrungsmittelpräferenzen, z.B. für bestimmte Fischarten, die als besonders schmackhaft angesehen werden, doch fehlen spirituell oder anderweitig begründete soziale Verbote zur Nutzung bestimmter Tierarten fast vollständig. Inwieweit früher solche spirituellen Regelungen gab und diese heute nicht mehr bekannt sind, konnte nicht festgestellt werden. NIETSCHMANN (1973) berichtet von umfangreichen Nahrungsmitteltabus für die in der heutigen RAAS gelegene *comunidad* Tasbapauni, wo vor allem terrestrische Tierarten mit solchen Speiseverboten belegt waren. Einige der von ihm beschriebenen Tabus haben einen spirituellen Hintergrund, indem sie mit dem individuellen Schutzgeist, dem *kangbaiya* verknüpft sind. Nach den Erkenntnissen von NIETSCHMANN (1973) haben die Nahrungsmitteltabus einen steuernden Einfluss auf die Ressourcennutzung, indem sie vor allem solche Tierarten betreffen, die kleine Körpergrößen und geringe Populationsdichten aufweisen, während größere Tiere mit ehemals hohen Populationszahlen, wie Grüne Meeresschildkröten, nicht mit Tabus belegt sind. Demnach können die Tabus durchaus als adaptive Mechanismen zur effektiven Steuerung der Nutzung und zugleich zur Erhaltung eines nachhaltigen Nutzungsniveaus begriffen werden.

Allerdings waren auch in Tasbapauni bereits in den 1960er Jahren Veränderungen in den Tabus festzustellen, so z.B. indem die ehemals vom Verzehr ausgenommenen Seekühe,

Garnelen und Tapire nun als Nahrungsmittel genutzt wurden. Die Übertragbarkeit dieser Erkenntnisse auf andere *comunidades* konnte nicht geklärt werden; in der Untersuchung von ESPINOZA (2004), die speziell die Seekuhjagd in drei Gemeinden, unter anderem in Bismuna, zum Thema hat, finden sich keinerlei Hinweise darauf. In den eigenen Interviews gab lediglich ein älterer Befragter zu Protokoll, dass Seekühe früher, also vor den 1970er Jahren, nicht oder nur äußerst selten gefangen worden seien. Das Seekuh-Tabu scheint außerdem an der Moskitia nicht überall gleichermaßen verbreitet gewesen zu sein, da bereits ESQUEMELING (1684/1992) von den Miskito als exzellenten Seekuhjägern berichtet. Noch heute feststellbare Tabus konnten in Bismuna lediglich in Form von Speiseverboten für schwangere Frauen festgestellt werden, denen der Verzehr von Fisch und Fleisch verboten ist. Dieses Tabu soll nach Auskunft des lokal tätigen Arztes noch befolgt werden und führt zu gravierenden Problemen der Mangelernährung bei Schwangeren; die spirituelle Begründung dafür konnte allerdings nicht geklärt werden.

Die zweite Ausnahme betrifft den Mythos der Sirene, ein Wesen, das in der Mythologie und Kosmogonie der Miskito insgesamt eine wichtige Rolle spielt. Diese *Liwa* ist die Herrscherin über Lagunen, Flüsse und das Meer. Meist ist sie weiblichen Geschlechts, gelegentlich aber auch männlich, halb Mensch, halb Tier, und eine direkte Begegnung mit *Liwa* des jeweils anderen Geschlechts führt zu Krankheit (vgl. DODDS 2001; FAGOTH et al. 1998) bzw. Tod (nach eigenen Interviews). Die Miskito fürchten dieses gefährliche Wesen, das seine Opfer in Unterwasserhöhlen zieht und verschiedene andere Schäden anrichtet (COX o. J., 1998; CONZEMIUS 1932). Von Bedeutung in Zusammenhang mit der Ressourcennutzung ist diese Figur vor allem deshalb, weil sie dem Mythos zufolge Fischer bestraft, die Überschüsse produzieren, also mehr Fisch fangen, als für die Versorgung der Familie erforderlich ist. Der Miskito-Autor und Politiker Avelino Cox formuliert wie folgt:

„El que mataba demasiado pescado y no lo usaba, era castigado por la sirena del mar […]. Entonces es una forma de meter un poco de miedo a la gente para que respetaran la vida en diferentes partes del ambiente. […] Los mitos han servido realmente porque así han podido repetar los animales, las bestias del campo, la vida en el mar y las montañas."

(„Derjenige, der zuviel Fisch tötete und ihn nicht verwendete, wurde von der Sirene des Meeres bestraft. […] Also ist dies eine Form, der Bevölkerung etwas Angst zu machen, damit sie das Leben in verschiedenen Teilen der Umwelt respektiert. […] Die Mythen haben wirklich funktioniert, weil man so die Tiere, Arbeitstiere, das Leben des Meeres und der Berge respektierte", Übers. der Verf.).

Der Mythos der *Liwa* kann demnach ursprünglich eine Funktion zur Begrenzung der Ressourcennutzung der verschiedenen aquatischen Systeme ausgeübt haben, indem er die Überproduktion und die Entstehung von Abfall verhinderte. Die Sanktionierung erfolgte durch eine übernatürliche Bestrafung im Form von Krankheit oder Tod. In Bismuna existiert der Mythos noch immer, wenngleich nur wenige Befragte Auskunft dazu gaben. Zwei Interviewpartner wiesen dabei auf die physischen Ähnlichkeiten der Sirenen zu Seekühen hin. Ein konkretes Erlebnis, in das eine Sirene verwickelt war, wurde von einem ehemaligen Langustentaucher geschildert, der nach mehreren Tauchunfällen gelähmt ist: Während eines Tauchgangs zum Langustenfang erblickten einige der beteiligten neun Taucher eine *Liwa mairin* (weibliche Sirene). Außer dem Befragten selbst und einem weiteren Taucher, die das Wesen nicht erblickt hatten, starben alle Beteiligten nach dem Unfall, und für den Taucher stand außer Zweifel, dass nur diejenigen überleben konnten, die keinen direkten Blickkontakt mit der Sirene gehabt hatten. Auch in anderen Veröffentlichungen über die Langustentaucherei finden sich Hinweise auf diesen Mythos (z. B. ACOSTA 2003).

In Bismuna hat jedoch die mythische Figur der Sirene kaum noch praktische Relevanz für das Handeln der einzelnen Akteure, insbesondere nicht in Bezug auf die Lagunenfischerei, denn die Vermarktung großer Mengen an Ressourcen widerspricht der traditionellen, mit dem Sirenenmythos assoziierten Handlungsnorm, wird jedoch trotzdem praktiziert. Es liegt also hier der Schluss nahe, dass der frühere Effekt dieser spirituell basierten Handlungsvorschrift außer Funktion geraten ist. Bereits NIETSCHMANN (1973) fand in Tasbapauni in der südlichen Autonomieregion keinen Nutzung begrenzenden Effekt der mit den Naturgeistwesen assoziierten Glaubensvorstellungen, die seinen Ergebnissen zufolge lediglich der Begründung nach unerklärlichen Unglücksfällen dienten, mit der Folge, dass bestimmte Orte für die folgende Zeit gemieden wurden. Geht man von einem Bedeutungswandel des Mythos aus, bieten sich als Erklärungsansätze die Umstellung auf die marktorientierte Produktion sowie der allgemeinen kulturelle Wandel an, der zu einem Bedeutungsgewinn ökonomischer Einkünfte bei abnehmender Bedeutung spiritueller und sozialer Werte führt. Die traditionelle Institution einer übernatürlichen Sanktionierung bei Übernutzung wurde demnach nicht an neue Nutzungsformen und -intensitäten sowie neue gesellschaftliche Werte angepasst, sondern verlor an Bedeutung.

Ein weiterer Bereich der traditionellen Institutionen ist das in der Gesellschaft der Miskito verankerte System der Reziprozität, des *pana-pana* (vgl. LÓPEZ 1998; NIETSCHMANN 1973). Dieses umfasst gegenseitige Hilfe bei Aktivitäten wie dem Hausbau oder der Subsistenz-Landwirtschaft, beinhaltet aber auch Solidarität in Notsituationen sowie eine soziale Handlungsnorm, nach der Ressourcen in der Gemeinschaft zu teilen und abzugeben sind (ESPINOZA 2004). Auch diese Institution verhinderte Übernutzung, da sich die Produktion von Überschüssen nicht lohnte. Zugleich wirkte das System Risiko reduzierend im Sinne einer informellen Versicherung, indem es bei Ausfällen bei schlechten Erträgen oder Krankheit die Versorgung durch andere Mitglieder der Gemeinschaft garantierte. Auch diese Institution ist heute in Bismuna – zumindest für den Fischfang, zum Teil auch in anderen Bereichen – nicht mehr wirksam, wobei der Wandel den Befragungen zufolge mit dem Beginn der Vermarktung der Lagunenressourcen einsetzte. Ressourcen waren zwar in der Gesellschaft der Miskito schon seit Hunderten von Jahren vermarktet worden, doch hatte sich das Reziprozitätssystem in Bismuna in der Fischerei noch erhalten, solange die Ressourcen keinen kommerziellen Wert hatten. So erinnerten sich die Befragten an Zeiten des Überflusses von Fisch und Garnelen, als innerhalb der Dorfgemeinschaft Fisch – im Gegensatz zu heute – noch verschenkt wurde.

Ein weiterer Aspekt der traditionellen Institutionen betrifft die Entscheidungs- und Autoritätsstrukturen auf der kommunalen Ebene. Den Interviews zufolge sprachen die Dorfältesten in Bismuna in früheren Zeiten temporäre räumliche oder artenspezifische Beschränkungen aus. Einige Befragte erinnerten sich daran, dass bestimmte Bereiche der Lagune, z.B. die Flussmündungen, phasenweise vom Fischfang ausgenommen waren. Allerdings gab die überwiegende Zahl der Interviewten an, solche Begrenzungen gebe es generell nicht, die Lagune sei uneingeschränkt nutzbar. Aufgrund dieser Widersprüche konnte nicht geklärt werden, welche Rolle den Einschränkungen ehemals zukam und seit wann sie nicht mehr existieren, deutlich wurde in jedem Fall, dass diese Institution heute nicht mehr wirksam ist. Daneben wurde von vielen Befragten angemerkt, dass der Altenrat nicht adäquat auf die Etablierung der kommerziellen Fischerei reagiert habe, also auch die traditionelle Institution Altenrat zu versagen scheint. Denn den erheblich veränderten Bedingungen der Lagunennutzung konnte der Altenrat nicht effektiv durch neue institutionelle Regelungen, z.B. durch saisonale, räumliche bzw. artenspezifische Einschränkungen begegnen oder die Nutzung durch Absprachen mit den Fischfirmen regeln (siehe unten). Diese Institution erwies sich demnach nicht als flexibel genug, um mit den neuen Nutzungsmustern umzugehen, so dass ein institutionelles Vakuum, also die Nicht-Regelung der Lagunenfischerei entstehen konnte. Das Nicht-Handeln des Altenrates sowie von *juez* und *síndico* wurde von zahlreichen Befragten offen kritisiert und als einer der wichtigsten Gründe für die Degradation der Lagune und den drohenden Zusammenbruch der Fischerei gewertet, indem den lokalen Autoritäten vorgeworfen wurde, keine Schritte gegen die Überfischung unternommen zu haben:

„No hay nadie que ponga vista en esas cosas."
(„Es gibt niemanden, der auf diese Dinge achtet", Fischer, Übers. der Verf.).

Andererseits betonten die befragten Vertreter des Altenrates sowie auch *juez* und *síndico* den Verfall des Respekts vor den traditionellen Autoritäten im Dorf, der mit der Einschränkung der Handlungsspielräume einhergeht. So bleiben Entscheidungen des Altenrates oder des *juez* ohne Wirkung. Dies sei früher – wobei keine exakten Angaben über den Zeitpunkt der Veränderungen gemacht werden konnten – anders gewesen, als das Wort der Autoritäten noch in der *comunidad* Gewicht hatte. Seit fünf Jahren versuche man, den Lagunenschutz voranzubringen, bisher ohne Erfolg, obwohl die Bedeutung der Lagune von Mitgliedern des Altenrates als zentral für das Überleben des Dorfes angesehen wird:

„La laguna es nuestra laguna madre."
(„Die Lagune ist unsere Mutterlagune", Mitglied des lokalen Altenrates,
Übers. der Verf.).

In den Interviews äußerte sich eine gewisse Hilflosigkeit der Dorfältesten angesichts der zu lösenden Probleme des Ressourcenmanagements. So lassen sich zwar einige Beispiele für Versuche zur Neuschaffung institutioneller Regelungen finden, die von den lokalen Autoritäten gezielt für bestimmte Ressourcenprobleme erlassen wurden, die jedoch quasi ohne Wirkung blieben.

Neue institutionelle Regelungen auf kommunaler Ebene waren beispielsweise das Verbot des Ausbringens an den Verbindungskanälen zwischen Meer und Lagune, das wiederholt erlassen wurde, ohne jemals für längere Zeit respektiert worden zu sein. Ein zweites Beispiel, das zugleich den Impuls reflektiert, den externe Projekte und Initiativen ausüben können, betrifft das Verbot der Jagd auf Seekühe. Dieses war noch zu Beginn der eigenen Feldforschungsphase im Jahr 2000 auf der Dorfversammlung abgelehnt worden, blieb jedoch nach den Seminaren und Versammlungen, die im Rahmen des Proyecto Waspám in den folgenden Wochen durchgeführt wurden, in der Diskussion und wurde schließlich, am letzten Tag der fünfwöchigen eigenen Feldarbeiten vom *juez* des Dorfes als *ley* (Gesetz) beschlossen. Verbunden mit dem Totalverbot der Jagd auf Seekühe war eine Sanktionierung durch eine 2.000 Córdoba hohe Geldstrafe (ca. 180,- €), wie der *juez* nicht ohne Stolz auf die Lernfähigkeit der *comunidad* erklärte. Allerdings hatten zuvor die Projektmitarbeiter deutlich gemacht, dass eine Finanzierung von Mikroprojekten im Dorf in Fischerei und Tourismus nur unter der Bedingung des Seekuhschutzes möglich werden würde. Dass auch diese Regelung wirkungslos blieb, zeigt die Studie von ESPINOZA (2004), nach der 2002 in Bismuna noch einzelne Tiere gejagt wurden, u. a. von der Familie des zu der Zeit amtierenden neuen *juez*.

Es bleibt also festzustellen, dass die Neuschaffung effektiver Instrumente zur Regelung der Lagunennutzung bisher gescheitert ist. Aus einer externen Perspektive erscheinen dabei die Faktoren, die zu dem tief greifenden Wandel in Bismuna geführt haben, relativ eindeutig: Der Zeitpunkt des beginnenden Wandels und somit der erste Impuls lässt sich klar auf die Etablierung des ersten kommerziellen Unternehmens im Dorf in den Jahren 1993-94 datieren, später gefolgt von einer zweiten Firma. Es wäre also nahe liegend zu fragen, weshalb die Dorfgemeinschaft keine weiteren Übereinkünfte über Bedingungen der Nutzung mit den Fischfirmen traf, bzw. die Einhaltung der getroffenen Absprachen einforderte. So wären zum Beispiel die Fixierung höherer Ankaufspreise, maximaler Nutzungsmengen oder Schonzeiten mögliche Absprachen gewesen. Auch die Maschenweite, die Größe sowie die Gesamtzahl der Netze wurde durch die Fischfirmen vorgegeben, da diese als einzige Anbieter Netze im Dorf verkauften. Demnach stand aufgrund der geringen Zahl der Ankäufer, von außen betrachtet, durchaus ein Hebel zur Verfügung, mit dem steuernd auf die Ressourcennutzung auf kommunaler Ebene hätte eingewirkt werden können, lässt man die regionalen Zusammenhänge hier außer Acht. Auch auf der intrakommunalen Ebene wäre eine Absprache der Fischer untereinander bzw. Regeln zur Begrenzung der Nutzung unter den sich verändernden Bedingungen neben anderen Möglichkeiten, z. B. der Selbstorganisation der Fischer zur eigenen Vermarktung der Ressourcen, eine mögliche Lösung des neu entstandenen Allmende-Dilemmas.

Aus der internen Perspektive zeigte sich in den Interviews jedoch, dass die Bevölkerung Bismunas diese Handlungsoptionen für sich entweder nicht wahrnahm oder als nicht umsetzbar bzw. gescheitert erklärte. Weder die Fischer, noch die Amtsinhaber, also *síndico*, *juez* und die Vertreter des Ältestenrates oder die übrige Bevölkerung hielten zum Befragungszeitpunkt weitere Absprachen mit den Fischfirmen für möglich. Viele Befragte wiesen darauf hin, dass die Unternehmen in der Vergangenheit die gemachten Zusagen nicht eingehalten hätten (z. B. Bau einer Eismaschine zur Verwendung durch die Fischer, Straßenbau usw.). Auch bei der Frage der Preise habe die Firma nach wiederholten Verhandlungen mit der *comunidad* die angehobenen Preise erneut gesenkt, was wiederum zur Intensivierung der Nutzung führte, da bei den sinkenden Erträgen pro Fischer mehr Menge produziert werden muss, um ein ausreichendes Einkommen zu erzielen.

„Con las empresas no se puede hablar."
(„Mit den Firmen kann man nicht sprechen", Fischer, Bismuna, Übers. der Verf.).

Konkret nach der Möglichkeit befragt, auf kommunaler Ebene, also als gesamte *comunidad* Druck auf die Firmen auszuüben, z. B. durch Verweigerung des Verkaufs zu den aktuellen Bedingungen, waren die Befragten übereinstimmend der Meinung, dass die Unternehmen dann in anderen Dörfern aufkaufen würden und das Dorf somit die einzige Beschäftigungsmöglichkeit verlöre. Dies erscheint angesichts der wenigen Dörfer, in denen bisher durch die Firmen Fisch aufgekauft wird, sowie bei dem extrem niedrigen Ankaufspreisniveau und den hohen Gewinnspannen für den Export eher unwahrscheinlich, da die Firmen nicht ohne weiteres den Ausfall einer Ankaufsstelle durch eine andere substituieren können, unter anderem aufgrund der fehlenden Straßenverbindungen sowie aufgrund der unterschiedlichen Beschäftigungsstrukturen in anderen *comunidades*. So ist es zum Beispiel wenig wahrscheinlich, dass sich in Sandy Bay, in dem die Fischer vom lukrativeren Langusten- und Schildkrötenfang leben und keine Lagunenfischerei betreiben, eine Umstellung auf den Fischfang erreichen ließe, was unter anderem auch deshalb von den Unternehmen nicht anzustreben ist, da sie es sind, die zum überwiegenden Teil die Langustenfänge aufkaufen. Eine gemeinschaftlich organisierte Lösung auf ökonomischer Ebene, z. B. durch den Aufbau gemeinsamer Lagerungs-, Transport- und Vermarktungsstrukturen, die eine höhere Unabhängigkeit von den Unternehmen und eine indirekte Steuerung der Nutzung bewirken könnten, scheiterte bisher. Dabei spielten nicht nur die fehlenden finanziellen Mittel, die hohen Transportkosten und die mangelnden Kompetenzen auf lokaler Ebene eine Rolle, sondern vor allem auch die Dominanz der zum Teil aktiv solche Ansätze verhindernden Fischverarbeitungsunternehmen (Interview mit dem Leiter des Projektes Proyecto Waspám, Dr. Gasbarra).

Betrachtet man die Handlungsebene des Individuums, so zeigte sich in den Interviews, dass sich aus der Sicht der Fischer keine Alternative zur Fortführung der Fischerei, auch zu den schlechten Bedingungen der Aufkäufer, bot. Dabei hielten die Befragten zwar ausnahmslos die Verwendung der *gillnets* für schädlich, indem sie auf Dauer die Fisch- und Garnelenbestände sowie ihr individuelles und das Überleben der gesamten *comunidad* gefährde. Trotz dieses Bewusstseins sahen sie für sich selbst zur Erzielung von Einkommen weder Beschäftigungsalternativen noch die Möglichkeit zur Umstellung auf andere Fangmethoden, zu individuellen Verhandlungen mit der Fischfirma oder sonstigen Optionen. Die Ablehnung der Bedingungen der Aufkäufer stellte dabei für die Fischer der eigenen Perzeption nach keine sinnvolle Alternative dar, denn der einzelne Akteur verlöre dabei an Einkommen, während andere Nutzer weiterhin Ressourcen aus dem System entnehmen. Diese Ressourcen werden also von einer gegebenen Ressourcenmenge subtrahiert, die dem einzelnen Fischer somit entgeht, während andere Individuen Einkommen damit erzielen. Der einzelne Akteur handelt demnach rational, wenn er die Ressourcen maximal nutzt, auch wenn ihm bewusst ist, dass er die Ressourcenbasis damit auf Dauer schädigen wird. Deutlich wurde auch, dass von den meisten Befragten das eigene Handeln nur wenig reflektiert wird, so dass sie zwar insgesamt die Verwendung von Netzen als Ursache für die Degradation ansehen, eigenes Handeln aber nicht als Beitrag zu dieser Entwicklung wahrnehmen. Einige wenige sahen zwar diesen Zusammenhang, machten aber auch deutlich, dass sie angesichts fehlender Alternativen ohne die Fischerei keine Überlebensmöglichkeit sehen und somit der Druck zur weiteren, intensiven Nutzung der Lagune zu hoch sei. Am Beispiel der Seekühe, deren abnehmende Bestände von vielen Dorfbewohnern wahrgenommen werden, beschrieb ein Teilnehmer eines Projektworkshops in Bismuna sehr deutlich das Dilemma:

> „Si mi hijo se me está muriendo de hambre quien no iba a matar un manati para vender 200 pesos, pero yo no voy a permitir que mi hijo se muere de hambre! Si es la única alternativa [...] tengo que meter el trasmallo, tiene que ser. Nosotros los Miskitos somos grandes conservadores, somos los conservadores más grandes de este continente [...]. Pero desgraciadamente somos los más pobres, más ricos en recursos, y los más pobres económicamente y los más explotados."

(„Wenn mein Sohn mir verhungert, wer würde nicht eine Seekuh töten, um sie zu 200 Pesos (Córdoba, d. Verf.) zu verkaufen, doch werde ich nicht zulassen, dass mein Sohn an Hunger stirbt! Wenn das die einzige Alternative ist [...], muss ich das Netz auswerfen, es muss sein. Wir Miskitos sind die größten Naturschützer, wir sind die größten Naturschützer dieses Kontinents [...]. Aber leider sind wir

Die nördliche Moskitia-Küste Nicaraguas 303

die Ärmsten, die Reichsten an Ressourcen, und die ökonomisch Ärmsten und die am stärksten Ausgebeuteten", Teilnehmer eines Workshops mit Vertretern des Proyecto Waspám und der Naturschutzbehörde, Übers. der Verf.).

Doch nicht nur die Perzeption der fehlenden individuellen Handlungsoptionen führt zum Fehlen kooperativen Handelns durch Absprachen zwischen den Fischern. Auch die bereits beschriebene Problematik der mangelnden sozialen Kohäsion in der *comunidad* durch die sozialen Spaltungslinien sowie den Drogenhandel und -konsum, die Umorientierung auf neue Werte und der Verlust des Gemeinschaftssinns mit dem System der Reziprozität führen insgesamt zu einem Vakuum. Dieses zeichnet sich auch durch das fast vollständige Fehlen der Neuschaffung von Institutionen aus (Abb. 40). Soziales Lernen, das in einer Anpassung an sich verändernde Bedingungen und in kreativen, lokalen Lösungen zur Allmende-Problematik resultieren würde, findet demnach nicht statt. Dabei spielen neben dem Autoritätsverlust der traditionellen Führungspersonen auch die fehlenden Kompetenzen auf lokaler Ebene eine Rolle. Während z. B. in Kuna Yala auch auf lokaler Ebene einzelne Akteure mit zum Teil universitärer oder technischer Ausbildung oder spezifischen Kenntnissen zum Ressourcenschutz vorhanden sind, die Prozesse des sozialen Lernens als Schlüsselpersonen anstoßen können und neue Konzepte und Paradigmen auf die lokale Ebene tragen, fehlen solche Personen in Bismuna.

Auch die Kompetenzen in organisatorischer, administrativer und kommunikativer Hinsicht sind begrenzt, vor allem in Bezug auf den Kontakt mit externen Organisationen

- Funktionsverlust traditioneller Institutionen spiritueller, sozialer und organisatorischer Art
- fehlende Perzeption von Handlungsoptionen
- mangelnde soziale Kohäsion aufgrund der mehrfachen Spaltung der Dorfgemeinschaft
- neue Werte, Verlust der Kooperation und Reziprozität
- externe Einflüsse: Korruption
- fehlende Akteure mit Funktion als lokale Anker für NRO
- fehlende Kompetenzen (ökologisches, technisches, administratives Wissen)
- gestörte oder fehlende Prozesse der Kommunikation und Interaktion der Gemeinschaft

Abb.40: Faktoren zur Erklärung des fehlenden Ressourcenmanagements innerhalb der comunidad Bismuna
Quelle: Eigene Zusammenstellung

und Behörden. Es fehlen also Verbindungspersonen, die als lokale Anker für die Arbeit von regionalen NRO oder Forschungsinstituten fungieren könnten. Dabei erschweren insgesamt die relativ schwach institutionalisierten Formen der intrakommunalen Kommunikation interne Absprachen und die Entscheidungsfindung, so dass kaum Einigkeit in der *comunidad* erzielt werden kann. Eine ständige Reflektion und Diskussion aktueller Probleme und Perspektiven, wie sie in Kuna Yala üblich ist, existiert hier praktisch nicht. Auch fehlendes Vertrauen spielt eine zentrale Rolle, einerseits zwischen den Akteuren, z.B. zur Einhaltung von Absprachen, und andererseits auch zwischen Dorfbewohnern und den lokalen Autoritäten. Die Korruption verstärkt den Vertrauensverlust, da nicht nur Fischer, sondern zum Teil auch Vertreter des Altenrates von externen Akteuren bestochen werden. Die Fischfirmen setzten dabei gezielt die Bestechung einzelner Personen ein, um die Beschlüsse der Dorfgemeinschaft zur Einschränkung der Fischerei zu verhindern (eigene Interviews; Von Küste zu Küste 1997). In ähnlicher Form wird dieses Vorgehen der Unternehmen auch für Pearl Lagoon in der südlichen Autonomieregion beschrieben (CHRISTIE et al. 2000). Somit spielen externe Einflüsse in Form des Agierens der Unternehmen eine direkte Rolle als Blockade der Neugestaltung von Institutionen zum Ressourcenschutz in der Gemeinschaft. Die externen ökonomischen Kräfte und Einflüsse sind dabei so stark, dass die *comunidad* nicht aus eigener Kraft die Übernutzung und Degradation ihrer Ressourcen zu verhindern vermag. Von externer Seite erfährt Bismuna zwar verschiedene Impulse zur Unterstützung in diesem Prozess, die unten diskutiert werden, bisher jedoch ohne Erfolg blieben.

Zusammenfassend bleibt also festzuhalten, dass die in begrenztem Umfang noch existierenden traditionellen Institutionen heute, bei veränderten Nutzungsbedingungen, keine steuernde und begrenzende Wirkung auf die Nutzung der Lagunenressourcen mehr haben. Die Neuschaffung von Institutionen auf der Basis sozialen Lernens hingegen gelingt nicht.

Bei der Untersuchung neuerer interner bzw. staatlicher Regelungen sowie den Auswirkungen des Handelns von Organisationen staatlicher oder nicht-staatlicher Art in Bismuna fallen vor allem die großen institutionellen Lücken auf, die hinsichtlich der Lagunennutzung bestehen, sowie die mangelnde Wirksamkeit bestehender Regelungen. Gesetzliche Regelungen auf staatlicher Ebene haben praktisch keine Relevanz für die Ressourcennutzung in Bismuna, ähnlich wie auch in den anderen *comunidades* der nördlichen Atlantikregion. Zur Fischerei und dem Garnelenfang existieren einige gesetzliche Vorschriften, die jedoch hauptsächlich für die industrielle Fischerei gelten. Für die Kleinfischerei sind lediglich Erlasse relevant, die sämtliche Lagunen sowie eine Zone von drei Seemeilen vor der Küste für die *pesca artesanal*, also die Fischerei mit Booten bis zu 15 m Länge reservieren und die industrielle Fischerei ausschließen (CIPA 2005). Für die weitere Regelung von Garnelen- oder Fischfang in den Lagunen existieren jedoch keine Regelungen auf staatlicher Ebene (PROARCA/COSTAS 1997), mit Ausnahme einer Regelung, die den Firmen den Ankauf von Garnelen unter einer Mindestgrößen phasenweise verbietet, was wiederum indirekt auf die Fischerei der Lagune zurückwirkt.

Gesetzliche Verbote und Regelungen der Jagd von Seekühen und Krokodilen existieren zwar, sind jedoch nicht von Relevanz, da sie weder bekannt sind noch eingehalten werden (eigene Beobachtungen; vgl. ESPINOZA 2004). Generell ist im Umweltgesetz Ley 217 (Ley General del Medio Ambiente y los Recursos Naturales; Asamblea Nacional De La República 1996) festgeschrieben, dass sämtliche aquatischen Ökosysteme sowie die der Küsten mit den jeweiligen hydrobiologischen Ressourcen in einer nachhaltigen Form zu nutzen und zu schützen sind. Jedoch findet diese Vorgabe keine Umsetzung in der Praxis, denn Ansätze des Küsten- und Ressourcenmanagements auf staatlicher bzw. regionaler Ebene haben für Bismuna keinerlei Auswirkungen. Eine Kontrolle und Sanktionierung erfolgt in der Region allenfalls auf der Ebene der industriellen Fischerei und der Verarbeitungsindustrie, nicht jedoch auf lokaler Ebene in den *comunidades*. Angesichts der personellen Ausstattung der Fischereibehörde ADPESCA, die im Jahr 2000 über einen einzigen Inspektor für die gesamte RAAN verfügte, werden die mangelnden Kontrollmöglichkeit in den *comunidades* deutlich. Die Naturschutzbehörde MARENA führt keine Kontrollen z.B. zum Handel mit Seekühen und Krokodilen durch, so dass insgesamt gesetzliche Regelungen ohne Auswirkungen auf der kommunalen Ebene bleiben.

Eine Besonderheit im Vergleich zu den anderen *comunidades* der nördlichen Küstenzone, in denen keine ausländischen Organisationen dauerhaft vor Ort etabliert sind, ergibt sich in Bismuna durch die Präsenz zweier deutscher Sozialpädagogen des erwähnten Kieler Vereins Von Küste zu Küste. Diese waren seit 1990 dort permanent ansässig und verwirklichten einige Projekte der sozialen Infrastruktur (Schule, *centro de salud*, Nähereikooperative). Darüber hinaus nahmen sie auf verschiedene Themen und Diskussionen im Dorf aktiven Einfluss, unter anderem zu Themen der Ressourcenproblematik. Ihnen kam somit eine Rolle als Impulsgeber für neue Ansätze und Konzepte, sowie als Berater bei konkreten Entscheidungen einzelner Akteure zu, z.B. des Altenrates. Sie erfüllten außerdem eine Funktion als in der *comunidad* verankerte Beobachter, die über Jahre hinweg die Lösung der Fischereiproblematik auf lokaler wie auch auf regionaler Ebene (z.B. durch Briefwechsel und Gespräche mit Politikern) anmahnten. Eigene Projektversuche des Vereins zur Fischerei schlugen allerdings aus verschiedenen Gründen fehl. Für die Koordination und Kommunikation der Dorfgemeinschaft mit externen Behörden und Organisationen wie z.B. dem Proyecto Waspám sowie mit der Naturschutzbehörde konnten diese ausländischen, doch lokal ansässigen Akteure eine Schlüsselfunktion ausüben. Vor allem angesichts der ansonsten fehlenden Kompetenzen in der *comunidad* in dieser Hinsicht erleichterten sie somit zum Teil die Aktivitäten der verschiedenen externen Stellen im Dorf.

Trotz der vielfältigen Bemühungen blieb jedoch die Bilanz des Vereins in Bezug auf das Ressourcenmanagement über einen fast 10-jährigen Zeitraum hinweg unbefriedigend, mit Ausnahme der oben erwähnten Einschränkung der Seekuhjagd. Die Ursachen für den geringen Erfolg liegen aus der Sicht der Vereinsmitarbeiter in den tiefen sozialen Problemen und Spaltungen des Dorfes. Über die beschriebene Spaltung hinaus sind diese Probleme zum Teil mit externen politischen Zusammenhängen verflochten, indem Akteure der indigenen Partei Yatama von außerhalb versuchen, ihren Einfluss in Bismuna zu sichern und das Handeln ausländischer Organisationen zu stören. Dies manifestierte sich unter anderem über eine Gruppe von sechs bis zehn ehemaligen Contra-Kämpfern, die gezielt gegen den Verein agierte, wie die Vereinsmitarbeiter berichteten und wie auch während der Feldforschungsphase auf einer Dorfversammlung beobachtet werden konnte. Allerdings rief die Präsenz des Vereins in Bismuna trotz der umgesetzten sozialen Hilfsprojekte insgesamt nicht nur positive Reaktionen hervor. Externe Beobachter, wie z. B. ein Universitätsmitarbeiter in Bilwi, sahen als Ursache für diese Konflikte vor allem die Hauptaktivität des Vereins, der drogenabhängige Jugendliche aus Deutschland zur Rehabilitation und pädagogischen Betreuung in Bismuna aufnahm. Diese Tätigkeit wurde nicht von allen Dorfbewohnern gleichermaßen toleriert und führte zum Teil zu Spannungen in der Gemeinschaft. Inzwischen hat der Verein seinen Standort für dieses Projekt in das westlich gelegene Kururia verlegt und sich aus Bismuna zurückgezogen (Von Küste zu Küste 2003).

Auf regionaler Ebene gibt es Bemühungen verschiedener Behörden, die Ökosysteme der Küstenregion zu schützen, wobei vor allem das 1991 gesetzlich ausgewiesene Schutzgebiet Area Protegida Cayos Miskitos zu nennen ist, das auch Bismuna einschließt und von der Naturschutzbehörde MARENA verwaltet wird (vgl. Kap. 5.3.3). Jedoch zeigten die eigenen Befragungen, dass auch neun Jahre nach der Ausweisung keinem der Befragten in Bismuna bekannt war, dass die *comunidad* Teil eines Naturschutzgebietes ist. Lediglich an den Namen des verantwortlichen MARENA-Mitarbeiters, der zu Informationsveranstaltungen Jahre zuvor im Dorf aufgetreten war, konnten sich manche Befragte erinnern. Zu einem ähnlichen Ergebnis der Unkenntnis des Schutzgebietes kam auch ESPINOZA (2004) im Jahr 2002 in seinen Befragungen in Bismuna. Maßnahmen des Ressourcen- oder Naturschutzes waren den eigenen Befragungen zufolge in der *comunidad* nie konkretisiert oder umgesetzt worden.

Ein weiteres, ebenfalls von der Naturschutzbehörde MARENA administriertes Konzept betrifft das Dorf und sein Umland, befand sich aber zur Zeit der Feldforschung noch in einer Planungsphase, zumindest für das Gebiet um Bismuna: das von der Global Environmental Facility finanzierte Projekt des Corredor Biológico Mesoaméricano (MARENA 1997, siehe 5.3.3). Unter den vier Gebieten, die von MARENA (1997) in Nicaragua als Zonen höchster Biodiversität verzeichnet sind, befindet sich auch die Zone zwischen der Laguna de Bismuna und Cabo Viejo. Im Rahmen dieses Projektes war unter anderem ein Zonierungskonzept zum Lagunenschutz vorgesehen sowie daneben Beschäftigungsalternativen zur Entlastung der lagunären Ressourcen im Dorf, z. B. durch kleine ökotouristische Projekte. Auch der Schutz der Seekühe und anderer bedrohter Tierarten gehörte zu den erklärten Zielen (Interviews mit mehreren Projektmitarbeitern). Ähnliche Ansätze wurden im Rahmen des EU-finanzierten Proyecto Waspám (o. J./b) vorgeschlagen, das zwar nicht den Ressourcenschutz als vordringliches Ziel hatte, sondern die Verbesserung der allgemeinen Lebensbedingungen im Munizip Waspám, jedoch ebenfalls den Lagunenschutz unterstützte (Interviews mit Projektleiter und -mitarbeitern; Proyecto Waspám o. J./b). Tatsächlich wäre die Umorientierung zumindest eines Teils der Dorfbevölkerung auf andere Beschäftigungen eine sinnvolle Möglichkeit, die Übernutzung der Lagune zu bremsen und somit die Regeneration der Fisch-, Garnelen- und Seekuhbestände zu fördern.

Während der eigenen Feldforschungsphase in Bismuna konnten mehrere Dorfversammlungen mit Vertretern der MARENA-Abteilung des Corredor Biológico sowie des Proyecto Waspám beobachtet werden. An einem mehrtägigen Workshop des letzteren konnte die Verfasserin teilnehmen. Dieser hatte zum Ziel, die Perzeption der drängendsten Probleme des Dorfes zu schärfen und Ideen für Kleinstprojekte auf kommunaler Ebene zu generieren, die anschließend mit Mikrokrediten umgesetzt werden sollten. Während einer der Feldarbeitsphasen in Bismuna von fünf Wochen Dauer konnte im Verlauf der wiederholten Versammlungen und während der Interviews ein Prozess beobachtet werden, während dessen die beteiligten Dorfbewohner verstärkt begannen, über die Probleme der *comunidad* und mögliche Lösungsansätze zu diskutieren. Diese Entwicklung wirkte zunächst viel versprechend angesichts der zuvor selten auf kommunaler Ebene stattfindenden Diskurse dieser Art und der gemeinschaftlichen Dynamik, die sich entwickelte.

Andererseits erschienen viele Akteure überfordert damit, die Ziele des Projektes und mögliche Projekte realistisch einzuschätzen. So waren ihnen die Unterschiede zum Konzept des Corredor Biológico zum Teil nicht bewusst, es wurden überdimensionierte Projektentwürfe zum Ökotourismus entwickelt, und es kam zu eher unrealistisch erscheinenden Hoffnungen der möglichen Auswirkungen des Projektes, obwohl der Projektleiter die erforderliche Eigeninitiative wiederholt betonte. Auch die Überforderung mit der Aufgabe, ein eigenes Projekt schriftlich zu formulieren, wurde deutlich, während zugleich von Seiten des Projektes wenig adäquate Lehrfilme über hoch technisierte Rinderbesamung in den USA gezeigt wurden, deren Beispielhaftigkeit für die *comunidad* im Dunkeln blieb. Letztlich ergaben sich nur minimale Auswirkungen des Projektes für Bismuna, nachdem Konflikte um die gemeinschaftliche Arbeit im Straßenbau und die Lebensmittellieferungen im Dorf zum Rückzug des gesamten Projektes aus Bismuna geführt hatten (eigene Interviews 2001). Es ist anzunehmen, dass dieses Scheitern die Wahrnehmung des Vergessenseins und Ausgeschlossenseins von den Hilfsprojekten, die nach Meinung der Dorfbewohner zu sehr auf das Gebiet des Río Coco konzentriert seien, noch verstärkt;

ob sich echte Lösungsansätze in Eigeninitiative auf kommunaler Ebene daraus entwickelten, bleibt fraglich.

Es ist also festzuhalten, dass Bismuna in drei unterschiedliche, sich nicht nur räumlich, sondern zum Teil auch thematisch überlagernde Schutz- bzw. Entwicklungskonzepte eingeschlossen ist, die alle mit hohem finanziellen und organisatorischen Aufwand sowie ausländischer Unterstützung arbeiten (EU, USAID, Weltbank, GEF u. a.). Ihre Ziele überschneiden sich dabei zum Teil – zumindest für diese *comunidad* – ebenfalls, doch konnten trotz dieser Überschneidungen auch nach mehreren Jahren der Laufzeit erstaunlich wenig nennenswerte Erfolge und Auswirkungen in Bismuna festgestellt werden.

Zusammenfassend zeigt das Beispiel Bismuna, wie sich innerhalb einer Zeitspanne von sechs bis sieben Jahren ein tief greifender Wandel der Subsistenzfischerei zur marktorientierten Fischerei vollzog, der nicht nur zur Umstellung der ökonomischen Aktivitäten, sondern bereits nach kurzer Zeit zur Degradation der Bestände und dem Niedergang der Fischereiwirtschaft führte. Trotz der von der Bevölkerung perzipierten ökologischen, ökonomischen und sozialen Konsequenzen konnte die lokale Gemeinschaft die Ressourcendegradation nicht verhindern, denn die traditionellen Institutionen verloren unter den veränderten Bedingungen an Wirksamkeit, während Prozesse des sozialen Lernens aufgrund verschiedener hemmender Faktoren nicht in angepasste, tragfähige Regelungen der Nutzung mündeten. Externe Bemühungen und institutionelle Regelungen blieben ebenfalls ineffektiv, scheiterten nach kurzer Zeit oder standen zum Beobachtungszeitpunkt noch am Beginn der Planungen. Die Folge dieser Entwicklung ist ein insgesamt erhöhtes Risiko, dem sich der einzelne Nutzer in der marinen Ressourcennutzung ausgesetzt sieht. Zugleich wächst die gesamte Vulnerabilität der *comunidad*, in der das physische Überleben durch die Spezialisierung auf einzelne Ressourcen bei sinkender Verfügbarkeit und geschwächter Ressourcenbasis zunehmend gefährdet ist, da alternative Beschäftigungen fehlen.

5.3.3 Die Problematik des Langustenfangs und generelle Schwächen der Institutionen im Ressourcenmanagement

Das Beispiel der Lagunenfischerei in Bismuna lässt, trotz einiger lokaler Besonderheiten, einige allgemeine Schlussfolgerungen für die Problematik der Ressourcennutzung und der institutionellen Steuerung an der Moskitia-Küste Nicaraguas zu, denn ähnliche Entwicklungen sind auch in anderen *comunidades* zu beobachten. In besonderem Maße trifft dies für die ebenfalls auf die Lagunenfischerei spezialisierten Gemeinden zu. So zeigt HOSTETLER (1998) am Beispiel von Miskito- und Garífuna-*comunidades* um Pearl Lagoon in der südlichen Autonomieregion die Veränderungen auf, die seit der Einführung der *gillnets* und der kommerziellen Fischerei bereits einige Jahre früher als in Bismuna eingetreten sind und sich weitgehend mit der dortigen Entwicklung decken: Neben abnehmenden Beständen und Fangmengen ist die gestiegene Notwendigkeit zu erhöhtem Einsatz von Kapital, Arbeitszeit und Distanz zur Erzielung ausreichender Fänge zu nennen. Auch die Bedeutungsabnahme der Landwirtschaft, der Verlust des Reziprozitätssystems und eine zunehmenden soziale Differenzierung sind dort zu beobachten (vgl. dazu CHRISTIE et al. 2000; JAMIESON 2002).

Andere *comunidades* sind bisher weniger in die kommerzielle Produktion eingebunden, wie z. B. Awastara, wo Schildkröten nur für die Vermarktung in Bilwi gefangen werden, ohne dass externe Akteure beteiligt werden, oder wie Cabo Viejo, wo die Subsistenzfischerei noch eine größere Rolle spielt. Wieder andere Dörfer haben die Transformation zur marktorientierten Produktion schon früher, das heißt mit Beginn der 1970er Jahre, vollzogen, so z. B. Sandy Bay mit dem Langustenfang. Wie am Beispiel Bismunas gezeigt wurde, hat dieser Übergang dabei tief greifende sozio-ökonomische, kulturelle und ökologische Konsequenzen, was auch für andere *comunidades* in der Region gilt. NIETSCHMANN (1979b) hatte den Miskito-Gemeinschaften noch 1979 eine adaptive Flexibilität attestiert, die sozialen Wandel und ständige Anpassung an sich verändernde Bedingungen einschloss und zum langfristigen Erhalt von Kultur und Ökosystemen beitrug:

> „Miskito society and culture are much more resistant to deep erosion from outside economic waves than I believed at first. The Miskito system has made recurrent adaptations to cyclical economic boom-and-bust periods over more than 350 years of contact." (NIETSCHMANN 1979b, S. 22).

Durch die Entwicklungen, die sich seit ca. den 1960er Jahren an der Moskitia zeigen, scheint diese Flexibilität jedoch nachhaltig gestört zu sein, da zum einen die ehemaligen Subsistenzressourcen nun im Fokus der marktwirtschaftlich orientierten, intensivierten Nutzung stehen und der Puffer für das Überleben der Gemeinschaften in ökonomischen *bust*-Phasen somit schwindet. JENTOFT (2004, S. 18) bezeichnet die Situation, in der sich die *comunidades* der Moskitia heute befinden, als „poverty trap": In dieser Falle bleiben dem individuellen Akteur keinerlei Handlungsoptionen zu umweltschädigendem Wirtschaften, sondern es bleibt nur die Möglichkeit der Übernutzung, auch wenn diese wissentlich zu Degradation führt. Der Nutzer steht – quasi im Umkehrschluss zu HARDINS (1968) Allmendetragödie – in diesem Fall also nicht vor einer bewussten, auf Erhöhung des persönlichen Profits ausgerichteten Entscheidung für oder gegen ressourcenschädigendes Verhalten. Demnach ist die fehlende Perzeption der Problematik nicht das entscheidende Problem, sondern die fehlenden Optionen. Auch die kollektive historische Erfahrung der *boom*-und-*bust*-Zyklen der Ökonomie spielt dabei eine Rolle, weil sich auf ihrer Basis eine Handlungsstrategie entwickeln konnte, nach der ein individueller Nutzer bei Einsetzen der Nachfrage möglichst rasch eine maximale Menge an Ressourcen nutzt, bevor der Zusammenbruch des Marktes eintritt, der aus der Sicht der Bevölkerung als gegeben gilt (vgl. NIETSCHMANN 1973).

Zugleich vollziehen sich derart tief greifende Prozesse des sozialen Wandels und des steigenden Risikos in der Überlebenssicherung, dass die lokalen Kapazitäten zur Lösung von Ressourcenproblemen nicht ausreichen. Es zeigt sich auch, dass der Einfluss, den externes ökonomisches und politisches Handeln sowie Entscheidungen auf verschiedenen Maßstabsebenen für die lokale Ebene ausüben, in an Gewicht zunimmt, während die Handlungs- und Partizipationsoptionen der lokalen Bevölkerung gering bleiben. Sehr deutlich wird die Verknüpfung von externen Einflüssen und lokalem Wirtschaften am Beispiel des Langustenfanges und der Konflikte um Piraterie und Drogenhandel; daher soll im Folgenden am Beispiel des Langustenfanges auf einige zusätzliche Problemdimensionen eingegangen werden.

Die Ausführungen stützen sich dabei neben der Literatur auf die eigenen empirischen Erhebungen während einer kurzen Feldforschungsphase in Sandy Bay und auf den Cayos Miskitos, wo eines der beiden zentralen Langustenfanggebiete Nicaraguas liegt (neben den Corn Islands in der südlichen Autonomieregion RAAS). Die Langustenfischerei wird dort in Form der *pesca artesanal* von Miskito-Fischern ausgeübt, die ihre Fänge vor Ort an *acopios* verkaufen (Abb. 41 zeigt einen Handelsposten, der die Fischer mit notwendigen Gütern versorgt). Die Ankäufer beliefern wiederum die Verarbeitungsindustrie in Bilwi, von wo aus die Produktion (v. a. tiefgekühlte, verpackte Langustenschwänze) per Schiff in die USA transportiert wird. Als spezifische Merkmale und Probleme dieses Nutzungsmusters sind dabei folgende Aspekte zu nennen:

Abb. 41: Handelsposten auf den Cayos Miskitos
Quelle: Eigene Aufnahme

- Der Langustenfang ist in einem territorialen Kontext zu sehen, wobei zum einen interkommunale Fischereiterritorien mit Nutzungsrechten für einzelne *comunidades* existieren. Zum anderen gibt es innerhalb des kommunalen Nutzungsgebietes von Sandy Bay wiederum eine räumliche Differenzierung nach Nutzungsmustern (vgl. Kap. 5.3.1). In den eigenen Befragungen konnten keine Hinweise auf interkommunale Konflikte gefunden werden, doch ergeben sich Konflikte mit externen Nutzern. Dabei sind vor allem illegale industrielle Fangboote zu nennen, die teilweise ohne Lizenz oder innerhalb der gesetzlich der Kleinfischerei vorbehaltenen Zone um die Cayos fischen, was wiederum zu teils gewaltsamen Konflikten mit den Miskitofischern bis hin zu Schusswechseln führt (eigene Interviews mit Behördenvertretern).
- Seit spätestens Mitte der 1990er Jahre zeigen sich deutliche Anzeichen der Überfischung, wie die Aussagen der befragten Fischer, Zwischenhändler sowie der lokalen Autoritäten in Sandy Bay ergaben. So berichten die Taucher, dass sie nur noch mit intensiviertem Arbeitsaufwand ausreichend Fänge machen könnten, das heißt in zunehmenden Tiefen und mit wachsendem Zeitaufwand. Die Größe der gefangenen Tiere wie auch die Fangmengen pro Tag und Taucher gehen dabei seit Jahren zurück (ca. 2003 15-18 lbs./Tag gegenüber mehr als 50 lbs./Tag in den 1980er Jahren, MARENA o. J.). Die stichprobenartigen eigenen Beobachtungen an einer Ankaufsstelle auf den Cayos zeigten, dass der überwiegende Teil der dort angekauften Tiere der untersten Größenklasse angehörte, was von Händlern vor Ort bestätigt wurde. Auch unterklassige Individuen, also unter der legalen Größe liegende Jungtiere, sowie laichtragende Langusten gelangen in den Handel (Abb. 42 und 43). Der Rückgang der Langustenpopulationen an der Karibikküste findet sich in zahlreichen Publikationen bestätigt (z. B. GUNNARTZ o. J.; PROARCA/COSTAS 1997; INCER 2000), und es wird bereits seit Jahren der Zusammenbruch der Populationen und somit auch der Fischerei befürchtet.
- Der Verkauf der Langustenproduktion aus der *pesca artesanal* erfolgt zum Teil illegal an nicht autorisierte Aufkäufer aus dem Ausland, v. a. Honduras. Ein Monitoring der Fangmengen durch die in Bilwi ansässige Behörde ADPESCA kann mangels Präsenz auf den Cayos nicht erfolgen, so dass keine Daten über diese Vermarktungswege und die tatsächlichen Produktionsmengen vorliegen.
- Ähnlich wie im Fisch- und Garnelenfang gestaltet sich das Verhältnis zwischen *acopiadores* und Langustenfischern zum Teil über Verschuldungsbeziehungen und ein Abhängigkeitsverhältnis, das die Fischer an die Zwischenhändler bindet.
- Aufgrund der zunehmenden Tiefen steigen die gesundheitlichen Gefahren für die Presslufttaucher, die pro Tag zahlreiche Tauchgänge in Tiefen bis zu 20 m und mehr unternehmen. Zwar sind nach der Perzeption der Taucher vor allem diejenigen betroffen, die auf den industriellen Schiffen beschäftigt sind und in größere Tiefen hinabtauchen müssen, doch bestehen auch bei den in der *pesca artesanal* arbeitenden Tauchern trotz geringerer Tauchtiefe sehr hohe körperliche Belastungen.

- Die zehn *comunidades* von Sandy Bay verfügen heute aufgrund der Spezialisierung auf den Langustenfang nicht mehr über Beschäftigungsalternativen; ähnlich wie in Bismuna ist die Nahrungsmittelproduktion der Landwirtschaft fast nicht mehr von Bedeutung.
- Dem Drogenhandel kommt für Sandy Bay eine im Vergleich zu Bismuna schon früher einsetzende und vermutlich noch höhere Bedeutung zu. Die Lage der Küstenregion an einer der Hauptschmuggelrouten zwischen Kolumbien und den USA wurde bereits unter 5.3.2 beschrieben (Abb. 34 in Kap. 5.3.2). Ähnlich wie in Bismuna erlangen die Langustenfischer von Sandy Bay nicht nur als Finder von Kokainpaketen plötzliche Einkünfte, sondern sie partizipieren zum Teil aktiv in der *conexión droga-langosta*, die von NIETSCHMANN (1995a) ausführlich beschrieben wird. Demnach stellen die Cayos Miskito nicht nur einen zentralen Dreh- und Angelpunkt für den transamerikanischen Transport von Kokain dar, der von Kolumbien aus über San Andrés y Providencia und die Cayos Miskitos nach Norden erfolgt. Vielmehr besteht auch eine Verknüpfung zwischen Kokainhandel und Langustenschmuggel, indem Drogen gegen Langusten getauscht werden, die wiederum für die illegale Einfuhr nach Kolumbien oder die USA bestimmt sind. Auch Geldwäsche spielt dabei eine Rolle (DENNIS 2003; PICADO 1995). Das Kokain gelangt zugleich in den Handel vor Ort, indem es entweder unmittelbar vor den Cayos Miskitos an Langustentaucher verkauft wird, bei denen der Konsum besonders weit verbreitet ist, oder es geht in den Weiterverkauf in der Region. Außerdem sind die schwer bewaffneten Drogenschmuggler auf den Cayos Miskitos häufig präsent, um sich mit Treibstoff und Vorräten zu versorgen, was zu einer Zunahme der Unsicherheit in dem Gebiet führt. Welches Ausmaß der Drogenschmuggel inzwischen erreicht hat, zeigt sich an der Tatsache, dass allein im Jahr 2004 in den beiden Autonomieregionen insgesamt 6 t Kokain beschlagnahmt wurden (PNUD 2005). Ein weiterer Aspekt der Drogen-Langusten-Verbindung ist die Einfuhr von gebrauchter Tauchausrüstung, die nach Angaben von NIETSCHMANN (1995a) aus den USA an die Moskitia-Küste erfolgt.
- Aufgrund der durch den Langusten- und Drogenhandel zeitweilig stark angestiegenen Einkommen wird in Sandy Bay in besonderem Maße eine Entwicklung verstärkt, die durch die Bedeutungsabnahme von Subsistenzfischerei und -landwirtschaft sowie durch die Zunahme der sozio-ökonomischen Differenzierung und der sozialen Spannungen bis hin zu wachsender Gewalt gekennzeichnet ist. Auch lokale Vertreter des Altenrates sind in den Drogenhandel verwickelt, was nicht nur bereits zu einem Mord an einem *juez* führte, sondern auch in der Vertrauensabnahme in der *comunidad* resultierte (vgl. El Nuevo Diario vom 1.6.1999). Zum Teil manifestieren sich die neuen sozialen Unterschiede dabei bereits räumlich. So entstehen in den zehn *comunidades*, die weder über eine Versorgung mit Trinkwasser, noch über eine minimale Gesundheitsinfrastruktur und nur zum Teil über Strom verfügen, zweistöckige Häuser mit allem Komfort wie z.B. Klimaanlagen, Videorecorder usw., die sich mit modernen Zäunen von der Umgebung abgrenzen.

Abb. 42: Im Rahmen der pesca artesanal arbeitende Taucher mit unterklassigen Langustenschwänzen, Cayos Miskitos
Quelle: Eigene Aufnahme

Insgesamt stellt der illegale, industrielle Fang von Langusten und Garnelen nicht nur aus der Sicht der lokalen Bevölkerung eine Bedrohung für die Ressourcen dar, sondern auch aufgrund seiner großen Ausmaße, wie die Angabe der Naturschutzbehörde MARENA (o. J.) andeutet, die allein für Langusten einen illegalen Fang im Wert von 15 Mio. US$ pro Jahr angibt. Auch wiederholte Presseberichte über gestoppte ausländische „Piratenschiffe" aus Honduras bzw. Kolumbien zeigen diese Problematik (vgl. La Prensa vom 15.1.2004; El Nuevo Diario vom 2.2.2004). Für den Garnelenfang wird aus verschiedenen *comunidades* der RAAN und RAAS berichtet, dass Schiffe illegal innerhalb der für die Industriefischerei verbotenen 3-Seemeilen-Zone fischen (z. B. JENTOFT 2004). Aber auch die industrielle Fischerei mit Lizenzen, die keine illegalen Aktivitäten verfolgt, wird aufgrund der hohen Fangmengen und der verwendeten Schleppnetze mit ihren negativen Effekten auf benthische Lebensgemeinschaften als nicht nachhaltig angesehen (PROARCA/COSTAS 1997). Von den befragten Einwohnern der RAAN wurde dabei vor allem kritisiert, dass diese Schiffe größtenteils unter ausländischer Flagge fahren. Tatsächlich zeigt das Register für die Saison 2006, dass nur ein Sechstel der Lizenzen für den Garnelenfang an inländische Unternehmen vergeben wurde (MIFIC 2006), und JENTOFT (2004) zufolge verbergen sich auch hinter diesen wiederum meist ausländische Besitzer.

Ein weiteres, besonders gravierendes Problem der semi-industriellen Fischerei ist der Einsatz von Tauchern, da dieser mit hohen Gesundheitsgefahren verbunden ist. Seit Beginn der Presslufttaucherei 1990 werden über 8 bis 12 Stunden am Tag Tauchgänge mit Pressluftflaschen in Tiefen von 40 m und mehr unternommen (eigene Interviews; vgl. ACOSTA 2003). Ohne Gesundheitsgefahren wäre hingegen innerhalb eines 12-Stunden-Zeitraums nur ein Aufenthalt von 25 min. auf 36 m Tiefe durchführbar (EHRHARDT 2006). Über Kenntnisse zur Verhinderung der Dekompressionskrankheit verfügen die Taucher nicht, außerdem stehen ihnen weder Tiefenmesser noch Finimeter (Druckanzeige der Pressluftflaschen) zur Verfügung. Daher wissen die Taucher weder, in welche Tiefen sie abtauchen, noch können sie vor Entleerung der Flasche rechtzeitig auftauchen, so dass sehr schnelle Aufstiege die Regel sind, was wiederum die Gesundheitsgefahren erheblich erhöht (Interviews mit Tauchern, dem für Tauchunfälle zuständigen Mediziner in Bilwi sowie mit Behördenvertretern). Erhöht wird die Gefahr eines Dekompressionsunfalls außerdem durch den unter Tauchern verbreiteten Alkohol- und Kokainkonsum, der die für die Taucherkrankheit ursächliche hohe Stickstoffsättigung im Gewebe verstärkt.

Abb. 43: *Langustenschwanz im Ankauf für die industrielle Weiterverarbeitung und den Export, Cayos Miskitos*
Quelle: *Eigene Aufnahme*

Die durch die Dekompressionskrankheit hervorgerufenen Schäden umfassen dabei unter anderem Schädigungen der Gelenke, des zentralen Nervensystems sowie des Gehirns und können in schweren Fällen zum Tod führen. Exakte Daten über die Unfälle an der nicaraguanischen Moskitia existieren kaum. ACOSTA (2003) gibt 150 bis 200 Tauchunfälle jährlich allein für das Krankenhaus in Bilwi an; Presseberichten zufolge sollen 40 Taucher an der gesamten Küste jährlich tödlich verunglücken (El Nuevo Diario vom 16.6.2003). EHRHARDT (2006) stellte fest, dass 32 % der aktiven Taucher allein 2005 von einem Dekompressionsunfall betroffen waren, so dass er das individuelle Risiko eines Unfalls bei einer drei- und mehrjährigen Berufstätigkeit auf fast 100 % schätzt. 600 Personen sollen laut der Angaben der Wirtschaftsbehörde MIFIC (2006) dauerhaft geschädigt sein, während eine Studie der Panamerikanischen Gesundheitsorganisation OPS die Zahl der geschädigten Taucher auf 50 % der insgesamt 9.000 aktiven Taucher beziffert (CARNEVALI 2005). Angesichts der Tatsache, dass diese zu 98 % Miskito sind, nennt CARNEVALI (2005, S. 1) die aktuelle Praxis des Langustenfangs eine „inexorable extinción étnica" („unvermeidliche ethnische Auslöschung", Übers. der Verf.).

Die betroffenen Taucher bleiben dabei häufig dauerhaft gelähmt und können keiner Beschäftigung mehr nachgehen, was wiederum gravierende Konsequenzen für die Ernährung ihrer Familien hat, insbesondere da die Unternehmen keine oder nur minimale Entschädigungen zahlen (Befragungen mit Tauchern). Obwohl in Bilwi eine Druckkammer zur Notfallbehandlung vorhanden ist, bleiben die Schiffe (Abb. 44) nach Tauchunfällen weitere acht bis zehn Tage auf See, ohne den Tauchern eine Behandlung zukommen zu lassen, so dass nach Auskunft des zuständigen Tauchmediziners in Bilwi danach kaum noch eine adäquate Behandlung möglich ist. Trotz dieser Gefahren partizipieren die Miskito als Taucher am industriellen Langustenfang, da sich dort ein relativ gutes Einkommen erzielen lässt, das EHRHARDT (2006) zufolge heute bis zu doppelt so hoch wie das Durchschnittseinkommen eines nicaraguanischen Fischers liegt. Allerdings bleibt ihnen von den Ankaufspreisen von 3,50 US$/lb. nach Abzug der Kosten für den Hilfsarbeiter, die Miete einer Hängematte auf dem Schiff und durch die hohen Lebensmittelkosten an Bord nur ein Teil dieser Summe. Die Unternehmer können hingegen das Produkt zu 12 US$ an die Exportfirmen verkaufen, die wiederum Preise bis zu 18 US$ im Export erzielen sollen (ACOSTA 2003), so dass die Gewinnspannen für die Unternehmer außerordentlich hoch sind, während im Verhältnis dazu nur ein geringes Einkommen bei den Tauchern verbleibt. Diese sind sich zwar der hohen Gefahren des Tauchens bewusst, doch dient als Erklärung die mythologische Figur der Sirene *Liwa mairin* (vgl. 5.2.2), wie die Bezeichnung der Taucherkrankheit als *mal de la sirena* („Krankheit der Sirene") illustriert. Zum Schutz vor dieser Krankheit arbeiten die Taucher nach Angaben von ACOSTA (2003) zum Teil in Frauenunterwäsche, um die Sirene zu täuschen. Ein großes Problem der Langustentaucherei ist die hohe Abhängigkeit von den Einkünften aufgrund des mit der Beschäftigung assoziierten Kokainkonsums, sowie der Einsatz von Minderjährigen als Hilfsarbeiter. Dies kann nicht nur als eine der nach den Normen der Internationalen

Arbeitsorganisation ILO gravierendsten Formen der Kinderarbeit gelten (ACOSTA 2002), sondern führt zugleich junge Männer an den Kokainkonsum heran (DENNIS 2003).

Es lässt sich also zusammenfassend feststellen, dass an der nördlichen nicaraguanischen Moskitia-Küste eine Reihe von Problemen der Nutzung von Meeresressourcen auftreten, die mit erheblich ökologischen, ökonomischen und sozialen Konsequenzen für die Gemeinschaften der lokalen Bevölkerung verbunden sind. Zugleich nimmt die Produktion von Meeresressourcen der beiden Autonomieregionen aber einen hohen Stellenwert für die Wirtschaft Nicaraguas mit einem Exportwert von knapp 50 Mio. US$ im Jahr 2005 ein. Dieser reflektiert sich weder im Haushalt der regionalen Regierungen – indem zum Beispiel die RAAS für 2005 nur über einen Haushalt von 3,8 Mio. US$ verfügte, wie Politiker kritisieren (La Prensa vom 15.09.2005), – noch in dem Einkommen, das bei den lokalen Miskito-Fischern verbleibt. Wie am Beispiel von Bismuna bereits gezeigt wurde, gelingt es dabei nicht, auf lokaler Ebene effektive Regelungen der Ressourcennutzung zu schaffen, während staatliche Gesetze sowie Konzepte von Behörden und Organisationen bisher ebenfalls keine Wirkung zeigen. Im Folgenden soll versucht werden, vor dem Hintergrund der Erkenntnisse aus Bismuna allgemeine Probleme der institutionellen Steuerung und des Managements der Meeresressourcen im regionalen Kontext zu beschreiben.

Abb. 44: Das semi-industrielle Langustenfangboot Ana Cristina (mit Pressluftkompressor u. cayucos der Taucher). Es sank kurz nach der Aufnahme (fünf Tote, vgl. El Nuevo Diario 24.3.2007)
Quelle: Eigene Aufnahme

Traditionelle Institutionen der Nutzungsbegrenzung existieren kaum noch und verlieren an Wirksamkeit. Die Frage, inwiefern der Umgang der Miskito mit den marinen Ressourcen generell als traditionelles Management interpretiert werden kann, also als ein *traditional ecological knowledge system* (TEK; vgl. Kap. 2.6), wird in der Literatur durchaus unterschiedlich beantwortet. Während z. B. ESPINOZA (2004) den Miskito ein traditionelles marines Ressourcenmanagement generell abspricht, legen NIETSCHMANN (1995a) und ROE HULSE (2005) ein breiteres Konzept des Managements zugrunde und weisen verschiedene Bestandteile eines tief in der Kultur verankerten Komplexes des Naturschutzes nach. Dabei spielen indigenes Umweltwissen, das spirituelle Konzept von Natur und darauf basierende Rituale sowie eine generelle Ethik des Lebens in Harmonie mit der Umwelt eine zentrale Rolle. Aber auch die traditionellen Nutzungsstrategien mit der diversifizierten, und saisonal variablen Nutzung einer Vielzahl unterschiedlicher Habitate sowie das soziale System der Reziprozität lassen den eigenen Untersuchungen nach vermuten, dass die Subsistenzfischerei der Miskito ein ehemals nachhaltiges System darstellt, das nicht nur aufgrund der geringen Bevölkerungsdichte tragfähig bleiben konnte.

Festzuhalten bleibt hier zweifelsohne, dass die traditionellen institutionellen Strukturen und Regelungen, die eine Begrenzung und Steuerung der Nutzung ehemals zumindest ermöglichten oder zum Teil bewirkten, heute nicht mehr oder kaum noch wirksam sind. Auch die der Bevölkerung zum Teil noch bekannten Mythen und Tabus werden unter den neuen Rahmenbedingungen meist ignoriert, und vor allem die auf sozialen Beziehungen und der Diversifikation der Nutzung beruhenden Begrenzungen der Nutzung spielen keine Rolle mehr. Die am Beispiel Bismuna aufgezeigten Veränderungen wirken dabei in ähnlicher Form auch in anderen *comunidades*. Eine Anpassung der traditionellen Institutionen an sich verändernde Bedingungen fehlt weitgehend, unter anderem dadurch, dass die lokalen Autoritäten keine Instanzen mehr darstellen, die zur Lösung der Ressourcenprobleme beitragen können.

Die Schaffung neuer institutioneller Regelungen auf lokaler Ebene scheitert größtenteils auch in anderen *comunidades* (z. B. Awastara und Sandy Bay), wenngleich es Beispiele für *comunidades* gibt, die erfolgreich einzelne Absprachen mit externen Akteuren treffen konnten, wie HOSTETLER (1998) am Beispiel Pearl Lagoon zeigt. Der Autor führt dabei den Erfolg unter anderem auf die Perzeptionen und gemeinsamen Interessen sowie die nach dem Autonomiegesetz garantierten Rechte der lokalen *comunidad* zurück. Diese Faktoren wären allerdings auch in anderen *comunidades* – z. B. in Bismuna – gegeben, so dass hier der von HOSTETLER (1998) angeführte dritte Aspekt zentral erscheint: die langjährige Präsenz verschiedener NRO wie DIPAL und CAMP-Lab (siehe unten). Diese Organisationen trugen über ihre Tätigkeit zur Erhöhung der organisatorischen Kapazitäten sowie des lokalen Wissens bei, und hierin könnte ein wichtiger Hinweis auf eine zentrale Bedingung für soziales Lernen und die kreative Neugestaltung institutioneller Regelungen zur Ressourcennutzung auf kommunaler Ebene liegen: Lokale Kompetenzen, Wissen sowie die soziale Organisation und Kohäsion der *comunidades* sind dabei grundlegende Aspekte, von deren Ausprägung die Kapazitäten zur Institutionengestaltung abhängen.

Insbesondere Bismuna zeigt dabei aufgrund der sozialen Verwerfungen, mangelnden sozialen Zusammenhalts, fehlendem Vertrauen in lokale Autoritäten sowie der spezifischen Kommunikationsstrukturen ein eher geringes Potenzial für einen solchen sozialen Lernprozess. Aber auch für Sandy Bay mit der schon länger andauernden hohen Bedeutung des Langusten- und Drogenhandels gelten ähnliche Bedingungen, da hier Kommunikation, Kooperation und Vertrauen in lokale Autoritäten ebenfalls geschwächt sind. Zu unterscheiden sind allerdings zwei unterschiedliche Handlungsebenen, auf denen die Gestaltung neuer institutioneller Regelungen stattfinden kann: zum einen auf intrakommunaler Ebene zwischen den Ressourcennutzern, die sich also gemeinsam Regeln zur Nutzung geben könnten. Eine effektive Regelung z. B. der Lagunenfischerei setzt dabei aber die durch die Gemeinschaft zu etablierende Überwachung und Sanktionierung bei Übertretung der Regeln voraus (vgl. OSTROM 1999). Zum anderen sind die *comunidades* in regionale Wirtschaftsbeziehungen und -zusammenhänge eingebunden, sowie zum Teil in Konflikte mit externen und zum Teil ausländischen Nutzern. Vor allem angesichts der Problematik der industriellen Fischerei, der Ressourcenpiraterie und dem mit dem Langustenhandel assoziierten Drogengeschäft erscheint eine Regulierung und Kontrolle nur auf einer regionalen oder nationalen Maßstabsebene realistisch. Zugleich fordern die Fischer und lokalen Autoritäten auch für die Aktivitäten der Fischfirmen innerhalb der *comunidades* Lösungen auf einer regionalen oder nationalen Ebene, wobei der Regierung die Hauptschuld an der Degradation der Ressourcen gegeben wird. Auch die Frage der territorialen Rechte der Indigenen spielt dabei zum Teil eine Rolle für die Ressourcennutzung, wenn z. B. Konflikte mit ausländischen Landspekulanten auftreten (vgl. 5.2).

Ein weiteres Hemmnis für die Neuschaffung von Regelungen ist die fehlende Kompetenz auf lokaler Ebene, da bisher nur wenig Fachleute verschiedener Disziplinen an der Moskitia existieren und diese mit wenigen Ausnahmen kaum auf lokaler Ebene arbeiten. Auch indigene Organisationen spielen nur eine schwache Rolle in der Region und verfügen nicht über lokale Anker, so dass z. B. auch Konzepte aus globalen Diskursen über nachhaltige Entwicklung, indigene Rechte im Zusammenhang mit Ressourcenschutz, Landrechte usw. bisher kaum auf die lokale Ebene dringen.

Auf nationalstaatlicher Ebene existieren in der Praxis zwar einige gesetzliche Regulierungen der marinen Ressourcennutzung, doch bleiben diese größtenteils unwirksam oder ihre Einhaltung wird nicht kontrolliert. Die Vorschriften betreffen dabei zum Beispiel die technische Ausstattung der Fischerboote und Schiffsgrößen, die Vergabe von Lizenzen sowie Mindestgrößen für bestimmte Arten, Totalverbote oder temporäre Schonzeiten. Auch einige räumlich definierte Regelungen existieren, z. B. die bereits erwähnte exklusive 3-Seemeilenzone für die *pesca artesanal* (PROARCA/COSTAS 1997). Während einige dieser meist als ministerielle Dekrete erlassenen Regelungen wirksam sind, wie beispielsweise das Verbot des Einsatzes von Schleppnetzen in den Lagunen sowie das Totalverbot der kommerziellen Nutzung von Meeresschildkröten, bleiben andere ohne Anwendung, so die Regelungen zum Langustenfang mit einem Handelsverbot für laichende Tiere und kleine Individuen (unter einer Mindestgröße von 23 cm Körperlänge). Auch die Festlegung einer maximalen Zahl an *nasa*-Fallen pro Schiff (1.600 Stück) ist in der Praxis kaum von Relevanz, so berichtet z.B. GUNNARTZ (o. J., ca. 2003) nach eigenen Befragungen in der RAAS von bis zu 6.000 Fallen pro Schiff. In jüngster Zeit erfolgten neue Regelungen, unter anderem eine Schonzeit für Langusten, die seit dem Jahr 2002 gilt (La Prensa vom 3.5.2002). Allerdings kritisieren Miskito-Autoritäten den Nebeneffekt dieser Schonzeit, die es der ausländischen Ressourcenpiraterie aufgrund der fehlenden Kontrolle durch einheimische Fischer noch leichter mache, große Mengen Langusten zu fangen (El Nuevo Diario vom 1.3.2004). Auch bei der Fixierung von maximalen Gesamtfangmengen für die Karibikküste (MIFIC 2006) stellt sich die Frage nach der Umsetzung und Kontrolle.

Für die Langustenfischerei gibt es im neuen Fischereigesetz von 2004 (Asamblea Nacional de la República de Nicaragua 2004) allerdings einige grundlegende Änderungen. Zu nennen ist dabei vor allem die Substitution der gesamten industriellen Langustentaucherei durch die Methode der Fallen, die das Gesetz vorschreibt, wobei die bisherige Praxis als inhuman deklariert wird. Neue Lizenzen für Tauchschiffe dürfen nicht erteilt werden, und ein Fonds soll die medizinische Notfallversorgung bei Unfällen verbessern. Allerdings stellt EHRHARDT (2006) in einer Studie für das Wirtschaftsministerium MIFIC fest, dass die Umstellung nicht ohne erhebliche Kosten aufgrund der geringeren Produktivität der alternativen Methode und vor allem nicht ohne Umsiedlung oder Arbeitsplatzverlust der bislang als Taucher beschäftigten Miskito umsetzbar ist, so dass die tatsächlichen Auswirkungen auf die Praxis abzuwarten bleiben. Zumindest stellt dieses Gesetz aber den ersten umfassenden Versuch staatlicherseits dar, der gravierenden Gefährdung der Miskito-Taucher ein Ende zu bereiten.

Andererseits hatte es zuvor zwar noch kein spezifisches Gesetz, doch zahlreiche Einzelvorschriften zum Schutz der Langustentaucher gegeben, die nicht umgesetzt wurden (ACOSTA 2005, 2003). Nicht nur die mangelnde Information der jeweiligen Beteiligten (Taucher, Händler, Fischereiunternehmen), sondern auch das fehlende Monitoring ist als eines der zentralen Probleme anzusehen. Dies konstatiert auch der Inspektor der Fischereibehörde ADPESCA in Bilwi, der allein für die gesamte RAAN zuständig ist (eigene Interviews). Diesem Inspektor bleiben außer der Möglichkeit zu Stichproben auf Schiffen oder in der Verarbeitungsindustrie kaum Möglichkeiten der Kontrolle, z.B. von Mindestgrößen im Langustenfang, was auf die mangelnde finanzielle Ausstattung der Behörde zurückzuführen ist. In dieser spiegelt sich wiederum auch der fehlende politische Wille zur Lösung der Problematik wider.

Neben den Vorschriften zum Langustenfang ist im neuen Fischereigesetz außerdem eine Regelung enthalten, nach der sämtliche Kleinfischer über eine kostenfreie Genehmigung durch die Behörden verfügen müssen, was eher als zusätzliche Bürokratisierung denn als sinnvolles Management-Instrument erscheint. Ob das neue Gesetz insgesamt die Übernutzung der Bestände verhindern kann, bleibt unter den bisherigen Bedingungen fraglich. Als ein generelles Problem bleibt die Frage der Zuständigkeit für die Definition von Regelungen zur Ressourcennutzung bestehen. Bisher erfolgt der Erlass von Gesetzen und anderen Vorschriften auf nationaler Ebene, obwohl laut Autonomiestatut den indigenen und ethnischen *comunidades* das volle Recht auf Nutzung und Kontrolle ihrer Ressourcen zukäme (vgl. Kap. 5.2). Die Unklarheit der Zuständigkeiten für die Regelung konkreter Ressourcenprobleme, z.B. zur Festlegung von Fangquoten, ist dabei einer der Gründe für die Schwäche der Institutionen auf den verschiedenen Maßstabsebenen (ESPINOZA 2004).

Auf regionaler Ebene der Autonomieregion gibt es seitens der Regionalregierung bisher kaum effektive Bemühungen zur Etablierung eines effektiven Managements der Meeres- und Küstenressourcen. Dabei wirkt die starke Konzentration auf parteipolitische Fragen auf der Ebene des *consejo regional* als Hemmschuh, und auch die indigene Partei Yatama konnte bisher im Bereich des Ressourcenschutzes kaum Erfolge vorweisen, obwohl einzelne Mitglieder der Partei in Projekte z.B. der Universitäten eingebunden sind. Die Mitglieder des indigenen regionalen Gremiums des Zentralen Altenrats sehen die heutigen, nicht-nachhaltigen Nutzungsformen der marinen Ressourcen als problematisch an, nicht nur angesichts der geringen Vorteile für die Miskito-Bevölkerung, sondern auch aufgrund des drohenden Zusammenbruchs der wirtschaftlichen Basis der Küstengemeinden. Ohne die natürlichen Ressourcen ist nach Ansicht des Altenrates jedoch kein Überleben der Miskito möglich. Die konkreten Möglichkeiten der Organisation, Impulse für Veränderungen zu setzen, wurden allerdings eher skeptisch beurteilt (eigene Interviews), so dass es außer einer losen Zusammenarbeit mit der indigenen Universität URACCAN seitens des Altenrates zum Zeitpunkt der empirischen Erhebung keine konkreten Ansätze zur Lösung der Problematik gab.

Die indigenen Universitäten URACCAN und Cium-BICU stellen auf regionaler Ebene vielleicht die stärksten Kräfte dar, die auf eine Neuformulierung des Ressourcenmanagements hinarbeiten. Beide sind nicht nur in verschiedene Projekte und Konzepte auf lokaler oder regionaler Ebene eingebunden, sondern auch in internationale Diskurse über indigene Rechte und Naturschutz (vgl. z.B. CCNIS 1999). Vor allem erfüllen sie eine wichtige Funktion für die Aus- und Fortbildung, unter anderem im Ressourcenmanagement und verwandten Themen, so dass sie langfristig zu einer Stärkung der lokalen und regionalen Kompetenzen beitragen können (siehe unten). Sie sind zum Teil auch an den verschiedenen Ansätzen des Co-Managements oder des *community-based management* mariner Ressourcen und des Naturschutzes beteiligt, die in der Literatur dokumentiert sind.

Die nördliche Moskitia-Küste Nicaraguas 321

Bereits in den 1970er Jahren waren erste Verhandlungen zwischen Wissenschaftlern (den Geographen Bernard Nietschmann und Jaime Incer sowie dem Biologen Archie Carr) und der Regierung zur Einrichtung eines Schutzgebietes um die Cayos Miskitos aufgenommen worden. In diesem Gebiet waren Ressourcenpiraterie und Übernutzung der Schildkrötenbestände bereits zum Problem geworden, so dass ein Schutzkonzept notwendig erschien. Allerdings konnte die Ausweisung des Schutzgebietes erst in nachsandinistischer Zeit erreicht werden, als die bereits im Zusammenhang mit Bismuna erwähnten Reserva Biológica Marina Cayos Miskitos y Franja Costera Inmediata formell per Dekret festgeschrieben wurde (JUKOFSKY 1993). Besonderes Gewicht in diesem Schutzgebiet, das sich 40 km um die Cayos sowie über einen 20 km breiten Küstenstreifen zwischen Cabo Viejo und Wounta erstreckt, sollte dabei auf dem Management der Ressourcen und der Selbstbestimmung durch die indigene Bevölkerung liegen (JUKOFSKY 1993). Beteiligt waren neben der University of Berkeley, USAID, dem World Wildlife Fund und verschiedenen internationalen Organisationen des Naturschutzes und der indigenen Rechte auch die regionale Regierung sowie die verschiedenen zentralen Behörden.

Trotz des hohen finanziellen Aufwandes und einiger viel versprechender Ansätze wie z. B. dem GIS-basierten *community-based mapping* sowie der Beteiligung der Miskito-Naturschutzorganisation Mikupia konnte die Beteiligung der lokalen Gemeinschaften kaum umgesetzt werden. NIETSCHMANN (1997) nennt als einen der Gründe für das Scheitern den Ansatz der *colonialist conservation*, der durch die beteiligte Organisation Caribbean Conservation Corporation (CCC) vertreten worden sei. Ausländische Naturschutzinteressen werden demnach aufgrund der Erfahrungen der Miskito-*comunidades* der nördlichen RAAN von diesen inzwischen als zusätzliche Bedrohung ihrer Selbstbestimmung angesehen, nachdem Naturschutzorganisationen wie die CCC ihnen trotz des ursprünglich vorgesehenen Konzepts keine Partizipationsmöglichkeiten eingeräumt hatten. Die geplante *bottom-up*-Strategie wurde somit zu einer *top-down*-Strategie. Doch neben dem Handeln einer einzelnen Organisation traten auch insgesamt Probleme der mangelnden Koordination zwischen den verschiedenen Beteiligten auf. So blieb der Großteil der hohen Summen, die für Studien und Managementpläne ausgegeben wurden, in den Händen der ausländischen Organisationen (nach NIETSCHMANN 1997 fast 2 Mio. US$ in drei Jahren), mündeten dabei aber letztlich in wenig konkreten Auswirkungen für die Region.

Wie bereits am Beispiel Bismuna gezeigt wurde, tendiert der Bekanntheitsgrad des Schutzgebietes in manchen *comunidades* gen Null. Auch auf Sandy Bay trifft dies zu, wie die eigenen Befragungen ansässiger Fischer und lokaler Oberhäupter zeigte. Auch diesen ist das Schutzgebetskonzept nicht bekannt, obwohl die Fischereiterritorien dieser Gemeinde im Gebiet um die Cayos Miskitos – und somit im Zentrum des Schutzgebiete – liegen und hier folglich ein höherer Bekanntheitsgrad der Area Protegida vermutet werden könnte. Verwunderlich erscheint es auch, dass Vertreter der Naturschutzbehörde MARENA, die nicht mit den Cayos Miskitos befasst sind, das Konzept lediglich als Studie bezeichneten und ihm – trotz der bereits Jahre zurückliegenden Ausweisung – keine praktische Relevanz attestierten. Trotzdem arbeitet diese Behörde noch immer an der weiteren Planung, z.B. mit Vorschlägen zur Zonierung (MARENA o. J.), sowie einem Geographischen Informationssystem mit Beteiligung der Universität URACCAN (eigene Interviews). Bisher konnte den drängendsten Problemen wie der Langustenpiraterie, den Konflikten zwischen bewaffneten Drogenhändlern und Miskito-Fischern und vor allem der Übernutzung der Bestände mit den ökonomischen und gesundheitlichen Gefährdungen für die Beteiligten nicht oder nur ansatzweise im Rahmen dieses Schutzkonzeptes begegnet werden, das also letztlich ein *paper park* bleibt.

Ein weiteres Programm, das von der Naturschutzbehörde MARENA umgesetzt wird, ist das in den mesoamerikanischen biologischen Korridor eingebundene nationale System des Corredor Biológico, das unter anderem von der GEF (Global Environmental Facility), der Comisión Centroamericana de Ambiente y Desarrollo (CCAD) und der deutschen Gesellschaft für Technische Zusammenarbeit (GTZ) unterstützt wird (MARENA 1997). Da dieses Programm trotz des offiziellen Beginns 1998 zwei Jahre später während der Feldforschungsphase noch im Aufbau war und sich für die besuchten *comunidades* bisher keine konkrete Auswirkungen ergeben hatten, kann dessen Wirkung nicht abgeschätzt werden. Neben dem Ziel der Schaffung eines Biotopverbunds zwischen Naturschutzgebieten, der in das mesoamerikanische Verbundsystem eingebunden ist, hat dieses Konzept auch eine generelle Verbesserung des Ressourcenmanagements zum Ziel. Dabei sollen unter anderem auch die indigenen *comunidades* in Landrechtsfragen und bei der Schaffung von nachhaltigen Mikroprojekten der Produktion unterstützt werden, um insgesamt das Armuts- und Vulnerabilitätsniveau der indigenen Gemeinschaften zu senken und letztlich zum Erhalt von Biodiversität und natürlichen Systemen beizutragen. Vertreter des zentralen Altenrates äußerten im Jahr 2000 allerdings Befürchtungen einer Aushebelung der territorialen Rechte der *comunidades* durch die Zuständigkeit der Naturschutzbehörde. Außerdem ist mit dem Corredor Biológico eine zweite Abteilung innerhalb der Naturschutzbehörde befasst, die erneut Studien und Konzepte für einen sich zum Teil mit dem Schutzgebiet Cayos Miskitos überschneidenden räumlichen Ausschnitt der RAAN erstellt, wobei sich bereits im Jahr 2000 Dopplungen und Widersprüche zwischen den jeweiligen Zielen und Programmen der Stellen ergaben (eigene Interviews mit Vertretern der jeweiligen Arbeitsgruppen und anderen).

Die Verschachtelung verschiedener Maßstabsebenen mit den jeweiligen Zuständigkeiten und den Überschneidungen ist dabei ein generelles Problem in der Region, das den Zielen eines integrierten Managements der gesamten Küstenzone zuwider läuft, wobei neben der Naturschutzbehörde auch die Zuständigkeiten der Regionalregierung, der Fischereibehörde ADPESCA sowie der Munizip-Ebene zu nennen sind. Dabei ist letztere vor allem im Munizip Waspám, das die Küstengemeinden Bismuna und Cabo Viejo einschließt, in keiner Weise mit spezifischen Themen der Küste befasst, da die Küstendörfer periphere Ausnahmen in dem ansonsten vom Río Coco dominierten Munizip darstellen. Die fehlende Koordination zwischen staatlichen Stellen wird von JAMESON et al. (2000) generell als einer der Haupthinderungsgründe für die Umsetzung des in der nationalen Umweltstrategie von 1993 (PAA-NIC) festgelegten Zieles des integrierten Küstenzonenmanagements gesehen. Auch die insgesamt vorhandenen Kapazitäten für einen solchen Ansatz werden als schwach eingestuft, und es wird auf den fehlenden institutionellen und gesetzlichen Rahmen hingewiesen. Für das Konzept des Co-Managements hingegen existiert dieser Rahmen in Form des Ley del Medio Ambiente, das dem Staat erlaubt, die Zuständigkeit für das Ressourcenmanagement an zivile Organisationen abzugeben. Trotzdem wird die Umsetzung von STOCKS et al. (2000) als äußerst mangelhaft in den Atlantikregionen angesehen. Am Beispiel des Biosphärenreservats BOSAWAS im westlichen Teil der RAAN zeigen die Autoren, dass das Konzept nicht funktionieren kann, solange staatliche Institutionen wie die Naturschutzbehörde MARENA an konventionellen Schutzkonzepten festhalten und weiterhin „von oben" Strategien und Maßnahmen entwickeln, ohne eine echte Einbettung auf lokaler Ebene umzusetzen.

Ein Problem, das dabei generell für die Arbeit der regionalen Behördenvertretungen wie ADPESCA und MARENA in der Region gilt, ist die mangelnde Verankerung und Kooperation mit der lokalen Ebene und somit eine fehlende institutionelle Einbettung in sozio-ökonomische, politische und kulturelle Zusammenhänge. Die Problematik der mangelnden institutionellen Verankerung wird seitens MARENA daher als eine der zentralen zu lösenden Aufgaben des Ressourcenmanagements angesehen, indem die *brechas*, also die großen Lücken zwischen Behörden und lokaler Ebene, zu überwinden seien (Interview mit dem Leiter des regionalen MARENA-Büros der Cayos Miskitos, Balbo Muller). Erschwert wird die Umsetzung dieses Ziels allerdings zum Teil durch die kulturellen Unterschiede und mangelnden Kenntnisse der sozio-kulturellen Charakteristika einer im nationalen Kontext sehr spezifischen Situation der Atlantikküste, vor allem bei Konzepten und Entscheidungen, die in den Behörden in Managua getroffen werden.

Auch differierende Kommunikationsformen und eine mangelnde Offenheit gegenüber der spezifischen indigenen Kultur spielt eine Rolle, wie das Beispiel einiger Behördenvertreter von MARENA aus der Hauptstadt zeigt, die sich zu einer Vorstudie im Rahmen des Projektes Corredor Biológico in Cabo Viejo aufhielten. Dort scheiterte die Kommunikation mit lokalen Autoritäten am Verhalten der Behördenvertreter, wie die eigenen Beobachtungen ergaben, denn die Vertreter demonstrierten nicht nur generell ein geringes Interesse an den Schilderungen lokaler Probleme, sondern wandten den Miskito-Ältesten während der Vorstellung in der Miskito-Sprache den Rücken zu. Der betroffene Dorfvertreter konnte anschließend nicht befragt werden, doch ist zu vermuten, dass das Verhalten der MARENA-Vertreter für den Kommunikationsprozess zwischen Behörde und lokaler Bevölkerung nicht förderlich ist. Neben diesem Einzelbeispiel zeigten die Befragungen, dass die Erwartungen der lokalen Bevölkerung an eine Lösung der Ressourcenprobleme durch behördliches Handeln ohnehin gering ausgeprägt sind. Es ist anzunehmen, dass Kommunikationsprobleme der beschriebenen Art diese Tendenz noch verstärken. So ist es nicht verwunderlich, dass die Behördenmitarbeiter, die als Vertreter der Regierung wahrgenommen werden, nicht unbedingt auf eine offen Atmosphäre des Vertrauens und der Kooperation in den lokalen *comunidades* stoßen (eigene Interviews).

Die Schwächen, die sich insgesamt in der Konzipierung und Umsetzung nachhaltiger Management-Ansätze zeigen, haben dabei zum Teil ihren Ursprung im bereits erwähnten fehlendem politischem Willen, der sich JENTOFT (2004) zufolge bei keiner der bisherigen Regierungen Nicaraguas besonders auf die Erhaltung natürlicher Ressourcen konzentrierte (vgl. JAMESON et al. 2000; STOCKS et al. 2000). Es kann sogar die These aufgestellt werden, dass sich das Interesse der verschiedenen Regierungen seit 1990 aufgrund der großen Bedeutung der marinen Ressourcen an der Karibikküste vor allem an deren Beitrag für die nationale Ökonomie, insbesondere für den Export, bemisst, während der Schutz der Ressourcen nur ein sekundäres Ziel ist (vgl. ESPINOZA 2004). Auch in der Perzeption der Bevölkerung der Pazifikküste und speziell bei Schlüsselpersonen und Entscheidern wie z.B. Politikern, Medienvertretern und Lehrern herrscht nach empirischen Untersuchungen des PNUD (2005) noch immer eine Sichtweise der Atlantikküste als Quelle von unerschöpflichen Naturreichtümern vor, auf der die Konzepte der unbegrenzten Nutzung dieser Ressourcen basieren und die letztlich dazu führen, dass auf der Ebene des Nationalstaates keine Notwendigkeit zur einer Verbesserung des Ressourcenmanagements und einer nachhaltigen Entwicklung der karibischen Regionen gesehen wird.

Wie bereits für Bismuna beschrieben, existieren auf regionaler Ebene einige Ansätze, die von Organisationen der Entwicklungszusammenarbeit (z. B. Proyecto Waspám) betrieben werden. Daneben gibt es auch Projekte auf lokaler Ebene, die von internationalen Organisationen des Naturschutzes oder auch Forschungsinstituten begleitet und finanziert werden. Diese haben entweder explizit ein verbessertes Ressourcenmanagement zum Ziel oder schließen es zumindest als Teilziel mit ein. Auf lokaler Ebene ist ein Projekt zu nennen, das in Kooperation zwischen dem World Wildlife Fund, der lokalen Miskito-Frauenorganisation AMICA und der *comunidad* Awastara im Jahr 2000 begonnen wurde und in das Schutzgebiet der Cayos Miskitos eingebunden ist. In diesem Küstendorf sollte über einen indirekten Ansatz der Schaffung von Beschäftigungsalternativen im Tourismus und der Fischerei der Druck von den Populationen der Grünen Meeresschildkröten genommen werden, von deren Fang die Gemeinde abhängt. Allerdings kritisierten die Vertreter des Altenrates von Awastara die aus ihrer Sicht zu hohen Kosten von 30.000 US$, die zunächst in eine Studie geflossen waren und für konkrete Hilfe in der *comunidad*, z.B. für Fischerboote und -netze besser hätten eingesetzt werden sollen. Zugleich fürchteten sie durch die anstehende Unterzeichnung eines trilateralen Abkommens zum Schutz von Schildkröten durch Nicaragua (die im Jahr 2003 erfolgte; vgl. Lewis & Clark College 2005) eine Einschränkung ihrer Selbstbestimmung und den Zusammenbruch der ökonomischen Basis, ohne dass sie echte Hoffnungen in die Beschäftigungsalternativen setzten. Dennoch erscheint der Ansatz, auf lokaler Ebene ökonomische Alternativen zur Schildkrötenjagd zu schaffen, generell ein denkbarer Ansatz zum Schutz der bedrohten Populationen.

Ein Konzept des partizipativen, integrierten Managements von Küstenressourcen mit einer starken lokalen Komponente existiert seit 1993 an der in der RAAS gelegenen Pearl Lagoon mit dem Projekt CAMP-Lab (CHRISTIE et al. 2000). Dort wurden unter Beteiligung der University of Rhode Island Studien zum Ressourcenmanagement durchgeführt und ein Konzept des *participatory management* der aquatischen und terrestrischen Ressourcen implementiert. Auch dort zeigten sich als Hemmnisse vor allem die mangelnde Koordination sowie Konflikte zwischen lokaler Ebene und staatlichem Handeln, während unter den Erfolgen nach einer von der beteiligten Universität herausgegebenen Dokumentation vor allem eine Stärkung der lokalen Kompetenzen zur Durchsetzung kommunaler Ziele zu verzeichnen ist (BRADFORD et al. 2000).

An der Stärkung dieser Kompetenzen setzt auch ein von der Universität Tromsö und dem Co-Management-Spezialisten Svein Jentoft initiiertes Projekt in Kooperation mit der indigenen Universität URACCAN an, das seit 1998 vor allem die Finanzierung von Ausbildung und Forschung im Zusammenhang mit dem Management von Küstenressourcen zum Ziel hat (JENTOFT 2004 und mündl. Mitteilung 2000). Mit Fokus auf der südlichen Autonomieregion RAAS und den *comunidades* der Rama werden unter anderem Dissertationen und Masterarbeiten zu Themen des Ressourcenmanagements unterstützt (vgl. z.B. ROE HULSE 2005). Das Konzept baut auf der Erkenntnis auf, dass die politischen und gesellschaftlichen Hemmnisse, die bisher ein adäquates Management verhindern, sowie die kulturellen und ökonomischen Rahmenbedingungen einen integrierten Ansatz erfordern, der sich nicht in erster Linie auf die Lenkung der Ressourcennutzung, sondern vor allem auf die Schaffung gesellschaftlicher Grundbedingungen für einen möglichen Wandel konzentriert. Die sozialen Realitäten mit der hohen Abhängigkeit der *comunidades* von den marinen Ressourcen und den fehlenden Handlungsoptionen sind dabei als zentrale Bestandteile der „management equation" zu sehen (JENTOFT 2004, S. 18).

Angesichts der gravierenden Problematik der Meeresressourcen an der nicaraguanischen Moskitia und der wenigen effektiven Ansätze des Managements bleibt die Frage offen, wie geeignete Management-Ansatz konzipiert sein müssten. Es ist deutlich geworden, dass den *comunidades* ebenso wie dem individuellen Akteur unter den aktuellen ökonomischen, gesellschaftlichen und politischen Bedingungen wenig Spielräume zur Schaffung von Lösungen bleiben. Zwar sind weitere Instrumente des Ressourcenschutzes auf lokaler Ebene denkbar, wie z.B. Zonierungskonzepte für Lagunen, die Regulierung von Fangmethoden oder spezifische Schonzeiten für bestimmte Fischarten. Doch bleiben diese Instrumente aufgrund der ökonomischen Situation und der Preispolitik der Unternehmen nicht umsetzbar, solange die Fischer nicht über ausreichend Einkommen durch höhere Ankaufspreise oder alternative Beschäftigungen verfügen, um eine zeitweilige oder dauerhafte Umstellung des Wirtschaftens realisieren zu können. Ein Ansatz zu einer nachhaltigeren Nutzung könnte die Diversifizierung der Nutzung sein, da die meisten der an der Moskitia vorhandenen Ressourcen noch immer wenig oder nicht genutzt werden, während sich die Fischerei bisher auf wenige Arten konzentriert (RYAN et al. 1993).

Von zentraler Bedeutung erscheinen aber vor allem die Forderungen der lokalen Akteure nach einer veränderten Politik auf nationalstaatlicher und regionaler Ebene, die dem Leitbild einer neoliberalen Wirtschaftspolitik und maximaler Exportzahlen eine Strategie zur dauerhaft tragfähigen Nutzung der Ressourcen entgegensetzen würde. Dabei fehlt es vielleicht weniger an neuen Gesetzen, als an politischem Willen sowie finanziellen, personellen und organisatorischen Ressourcen zur Umsetzung bereits bestehender Regelungen. Die Probleme der Piraterie und der industriellen, teils illegalen Fischerei können ohnehin nur auf nationalstaatlicher bzw. internationaler Ebene gelöst werden. Ansätze des Co-Managements könnten, wenn sie im Sinne eines echten *community-based-management* auf kommunaler Ebene verankert sind und sich nicht in einer konsultativen Beteiligung lokaler Akteure erschöpfen, ein hohes Potenzial für eine fruchtbare Verbindung zwischen traditionellen Nutzungsstrategien und Umweltwissen, wissenschaftlichem Wissen und technischer Kooperation auf der Ebene von NRO bieten (STOCKS et al. 2000). Allerdings setzt ein solcher Ansatz voraus, dass den lokalen *comunidades* ein Recht zur stärkeren eigenen Bestimmung der angestrebten Entwicklung zugestanden wird.

Trotz der Degradation der Ressourcen bleibt festzuhalten, dass die Karibikküste Nicaraguas noch immer ausgedehnte, sehr diverse und größtenteils kaum gestörte Ökosysteme von hohem ökologischen Wert aufweist, deren Bedeutung auch im überregionalen Zusammenhang für die Karibik als hoch eingeschätzt wird (JAMESON et al. 2000). Zugleich birgt dieser Reichtum an Ressourcen das Potenzial, bei nachhaltiger Nutzung nicht nur zur Überlebenssicherung, sondern auch zu einem unter den lokalen Bedingungen verbesserten Lebensstandard der lokalen Bevölkerung beizutragen. Ohne ein angepasstes Management der Ressourcen, das vor allem auf politischer Ebene ansetzen müsste, droht jedoch langfristig die weitere Degradation und Gefährdung des Überlebens der indigenen und afrokaribischen *comunidades*.

6 Vergleichende Schlussbetrachtung

6.1 Marine Nutzungsmuster und das Ressourcenmanagement der Kuna und Miskito im Wandel: Ein Vergleich

Im Folgenden sollen die Ergebnisse aus den beiden Untersuchungsgebieten im Vergleich diskutiert werden, um zentrale Faktoren und Prozesse des Wandels der Ressourcennutzungssysteme herausarbeiten zu können. Zugleich erfolgt eine Betrachtung der Institutionen des Managements mariner Ressourcen unter den Gesichtspunkten des Wirkungsverlustes sowie der dynamischen Neugestaltung.

Zunächst lässt sich feststellen, dass in beiden Gebieten Probleme der Übernutzung der marinen Ressourcenbasis auftreten. Die Nutzungssysteme haben dabei zum Teil eine Transformation von der Subsistenzfischerei zur marktorientierten Nutzung vollzogen, die wiederum mit grundlegenden Veränderungen in Nutzungsmustern und Distribution sowie mit sozio-ökonomischen und ökologischen Konsequenzen verbunden ist. Aber auch unabhängig von solchen ökonomischen Transformationsprozessen treten Anzeichen der Überfischung sowie der ökologischen Degradation mariner Ökosysteme durch lokale anthropogene Eingriffe auf, insbesondere in Kuna Yala.

In beiden Gebieten ist bzw. war die traditionelle Form der Subsistenzfischerei von einigen typischen Merkmalen gekennzeichnet, die trotz der unterschiedlichen soziokulturellen Gegebenheiten und der zum Teil differierenden naturräumlichen Ausstattung große Ähnlichkeiten aufweisen. Die Nutzung der marinen Ressourcen spielt dabei in Kuna Yala wie auch in den *comunidades* der Miskito schon lange eine zentrale Rolle für die Überlebenssicherung der in Küstennähe bzw. auf korallinen Inseln siedelnden Indigenen. Der Fang verschiedener Fischarten, sowie – je nach räumlicher Lage und naturräumlicher Ausstattung – von Meeresschildkröten, Langusten, Seekühen und anderen aquatischen Arten stellt für die Kuna und Miskito der Küstengebiete bis heute die Hauptquelle tierischer Nahrungsmittel dar, ergänzt durch die in unterschiedlicher Intensität ausgeübte Landwirtschaft.

Die traditionelle Subsistenzfischerei ist dabei in beiden Gebieten durch eine sehr einfache technische Ausstattung geprägt, und technische Innovationen fanden zunächst nur in begrenztem Maße Eingang. Außerdem ist den Völkern der Kuna und Miskito eine ursprünglich stark diversifizierte Nutzung gemein, das heißt eine hohe Variabilität hinsichtlich der genutzten Arten im jeweiligen räumlichen Zusammenhang sowie in jahreszeitlichen Zyklen. Neben der fehlenden Spezialisierung innerhalb der Fischerei ist ein allgemeiner Beschäftigungspluralismus festzustellen, der sich durch multiple Beschäftigungen des Einzelnen – z. B. als Landwirt, Fischer und Handwerker – ergibt. Dieser Pluralismus gilt, ebenso wie die jahreszeitliche und räumliche Variabilität mit einer hohen Anzahl genutzter Arten, generell als Charakteristikum der tropischen Subsistenzfischerei (vgl. KU-

RIEN 2002; McGOODWIN 1990), bzw. auch der gesamten Subsistenzwirtschaft in Lateinamerika (KLEE 1980). Diese Aspekte des Wirtschaftens sind demnach weniger spezifisch indigen als vielmehr typisch für eine auf Selbstversorgung ausgerichtete, mit niedrigem technologischem und finanziellem Einsatz arbeitende Subsistenzwirtschaft, die aufgrund ihrer spezifischen Eigenschaften, vor allem der hohen Artendiversität, zugleich besondere Anforderungen an moderne Ansätze des Ressourcenmanagements stellt.

Auch bei der Betrachtung der traditionellen Distributionsmuster von Ressourcen wird eine große Ähnlichkeit zwischen beiden Gebieten deutlich: Neben der Fischerei zur Deckung des eigenen Bedarfs auf Haushaltsebene erfolgen gelegentliche Beiträge des Einzelnen für die Gemeinschaft, z. B. bei anstehenden Festen (Kuna Yala) oder zur Versorgung des Dorfes mit Seekuhfleisch (Moskitia). Außerdem findet die Produktion von Überschüssen nicht oder nur in geringem Ausmaß statt, denn diese werden über das Reziprozitätssystem an andere Haushalte verteilt, so dass Bedürftige versorgt werden und das System zugleich als Versicherung des Individuums gegen Ausfälle, vor allem bei schlechten Fängen oder Krankheit, wirkt. Die beschriebenen generellen Aspekte der Nutzung und der Distribution sind jedoch heute nur noch zum Teil, in modifizierter Form oder gar nicht mehr gültig, wobei sich der Wandel nach unterschiedlichen Ressourcen differenzieren lässt. Bevor diese Transformationsprozesse beschrieben werden, sollen zunächst die in den beiden traditionellen Systemen enthaltenen Institutionen behandelt werden.

Von besonderem Interesse sind hier die institutionellen Regelungen und allgemeinen sozialen Normen, die direkt oder indirekt einen begrenzenden Effekt auf die Ressourcennutzung ausüben. Insgesamt ließ sich in der empirischen Untersuchung feststellen, dass sowohl in der Gesellschaft der Miskito als auch in Kuna Yala durchaus ein Komplex solcher Normen existiert. In der Literatur über beide Gebiete sind diese traditionellen Aspekte des Managements zwar bisher kaum in spezifischen Untersuchungen betrachtet worden (mit wenigen Ausnahmen), und es werden in den meisten Publikationen entweder nur einzelne Aspekte behandelt, wie z. B. die Reziprozitätsbeziehungen (KINDBLAD 2003), oder es wird das Fehlen eines Management-Systems angenommen (ESPINOZA 2004; HASBROUCK 1985). Angesichts der heutigen Nutzungsmuster und Ressourcenprobleme ist dies nachvollziehbar. Doch aus der Summe der Institutionen mit steuernder und begrenzender Wirkung auf die Ressourcennutzung, die sich in den beiden Untersuchungsgebieten dokumentieren ließen, lässt sich ableiten, dass in beiden Fällen von einem zumindest früher existierenden traditionellen Management-System im Sinne eines *traditional ecological knowledge system* (TEK, vgl. Kap. 2.6) ausgegangen werden kann.

Die Frage, ob Institutionen zielgerichtet als Instrumente des Managements von Ressourcen evolviert sein müssen, um ein solches TEK-System zu bilden, wurde anhand der theoretischen Literatur in Kapitel 2.6 diskutiert. Dabei wird der Entstehungszusammenhang institutioneller Regelungen in der Literatur im Zusammenhang mit der Frage behandelt, in wiefern eine generelle Ethik des Naturschutzes oder des schonenden Umgangs mit der Natur und den Ressourcen in der Kultur verankert ist und nachhaltige Nutzungsformen begründet. Ein zweiter Aspekt in Zusammenhang mit der Genese von TEK-Systemen ist die Rolle von Krisen und Situationen der Knappheit als notwendige Bedingung für das Entstehen von Institutionen, wie sie z. B. JOHANNES (2002a) annimmt. In der eigenen empirischen Untersuchung konnte der Entstehungszusammenhang institutioneller Regelungen nur am Rande behandelt werden, was sich insbesondere bei den in der Spiritualität wurzelnden Institutionen wie Tabus ohnehin schwierig gestaltet. So erweist sich der von NIETSCHMANN (1973) postulierte Zusammenhang zwischen Speiseverboten und der Abundanz bzw. Körpergröße der von den Miskito genutzten Tierarten in der Übertragbarkeit für Kuna Yala als begrenzt. Dort sind zwar ebenfalls große Fischarten mit geringeren Individuenzahlen, wie Haie und Sägefische, mit Tabus belegt. Für andere Tierarten scheint hingegen eher die Theorie von DOUGLAS (1966) als Erklärungsansatz plausibel, indem vor allem Tiere mit abweichenden morphologischen Charakteristika oder besonderem Verhalten als Tabu eingestuft werden.

Auch die Rolle von Krisen für das Entstehen der institutionellen Regelungen lässt sich retrospektiv kaum klären. Die historischen Quellen sowie auch die Befragungen selbst deuten allerdings auf eine bis vor wenigen Jahren bzw. Jahrzehnten vorherrschende Situation des Überflusses an marinen Ressourcen in beiden Gebieten hin, und es konnten keine Hinweise für frühere Krisen des Nutzungssystems gefunden werden, mit Ausnahme der Tarpun-Fischerei in Kuna Yala. Demnach bleibt es fraglich, ob sich in diesen Gebieten die institutionellen Regelungen und Strukturen erst in Folge von Krisen oder eher als Teil einer spezifisch indigenen Mensch-Umwelt-Beziehung entwickelt haben. Der wichtige Stellenwert, den die Natur insgesamt in den beiden Kulturen einnimmt, zeigt sich in den kosmogonischen Mythen, in den Handlungsnormen, aber auch in einer spirituellen Geographie, die sich durch die spirituell-mythologische Bedeutung bestimmter Orte im geographischen Raum manifestiert. Zu bemerken ist, dass die Kultur der Kuna aufgrund der erst 150 Jahre währenden Besiedlung des heutigen, marin geprägten Lebensraumes stärker auf dem Festland verankert ist, doch existieren trotzdem einige traditionelle Regelungen und Konzepte, die sich für die Meeresnutzung entwickelten oder auf diese übertragen wurden.

Die traditionellen Institutionen, die sich in den beiden Forschungsgebieten mit der eigenen empirischen Untersuchung erfassen ließen, sind analog zu dem in Kapitel 2.6 aufgestellten Schema in Tabelle 14 dargestellt. Dabei sind nicht nur solche institutionellen Regeln und Strukturen festzustellen, die einen direkten Zusammenhang zu den Ressourcen oder einen räumlichen Aspekt erkennen lassen, sondern es werden auch Nutzungsprinzipien aufgeführt, die eine indirekte Auswirkung auf die Nutzung ausüben, indem sie diese als soziale Normen oder Praktiken begrenzen. Die Behandlung solcher Praktiken und Normen als Institutionen des traditionellen Ressourcenmanagements folgt dabei der

Tab. 14: Traditionelle Institutionen und Nutzungsprinzipien mit begrenzender Funktion für marine Ressourcen: heutige Wirksamkeit. In dunkelgrau: noch gültig, mittelgrau: noch eingeschränkt wirksam, weiß: nicht mehr wirksam

Art der Institution nach Bezug zur Ressource	Nicaragua (nördliche Región Autónoma Atlántico Norte)	Panama (Kuna Yala)
A: unmittelbar auf Ressource bezogen oder mit räumlichem Bezug	kommunale Fischereiterritorien	kommunale Fischereiterritorien
	Nahrungstabus für spezifische Personengruppen	Nahrungstabus (z. T. für spezifische Personengruppen)
		Delphin, Muräne, Detritusfresser, Sägefische, Rochen
	andere Tierarten (Literaturangaben)	Haie, Tintenfisch
	Schildkröte: Tötungstabu (Literaturangaben)	Karettschildkröte: Tötungstabu Gelege: maximal 50 % erlaubt
	kleinräumige Schutzzonen	kleinräumige Schutzzonen *(birya)*
	saisonale Schutzzonen durch Verordnung der Autoritäten	---
B: auf Distribution bezogen	spirituell-mythologisch begründetes Übernutzungsverbot (Sirene *Liwa*)	spirituell begründetes Übernutzungs- und Vermarktungsverbot (Gottheit *Paba*)
	Reziprozitätsprinzip	Reziprozitätsprinzip
C: indirekt mit Auswirkungen auf Ressourcennutzung	Beschäftigungspluralismus	Beschäftigungspluralismus
	ohne Verordnung: variable Nutzungen in jahreszeitlichen Zyklen	mit Verordnung durch Autoritäten: Arbeitseinsätze in alternativen Beschäftigungen
D: generelle Prinzipien des Wirtschaftens	genereller Respekt vor Mutter Erde und Ressourcen	genereller Respekt vor Mutter Erde und Ressourcen
	spirituelle Geographie: Verknüpfung Raum/Mythologie	spirituelle Geographie: kaum auf das Meer bezogen
	Vermeidung der Überschussproduktion	Vermeidung der Überschussproduktion

Quelle: Eigene Zusammenstellung auf der Grundlage der empirischen Erhebungen, kursiv: nicht empirisch überprüfbare Regelungen nach NIETSCHMANN (1973)

in der Literatur über TEK-Systeme vorherrschenden Tendenz, sich nicht auf unmittelbar mit der Nutzung assoziierte Vorschriften zu beschränken (vgl. KLEE 1980). Daher sind auch Praktiken der jahreszeitlich variablen Konzentration auf alternative Ressourcen aufgeführt. Diese sind zum Teil in einer formalisierten Form zu finden, z. B. in Verordnungen zu Arbeitseinsätzen durch lokale Oberhäupter bei den Kuna. Darüber hinaus wurde das in Kapitel 2.6 vorgestellte Schema um den Punkt D erweitert, indem auch generelle Prinzipien des Wirtschaftens, die in den beiden untersuchten indigenen Gemeinschaften die Ressourcennutzung früher leiteten, aufgeführt sind. Für die unter A und B aufgeführten institutionellen Regelungen, die sich direkt auf die Ressourcen beziehen oder im Zusammenhang mit der Distribution stehen, ergeben sich jeweils verschiedene Formen der Sanktionen. Diese können spiritueller Art sein, also durch Bestrafung seitens übernatürlicher Wesen oder Kräfte erfolgen, oder in Form sozialer Sanktionen existieren, mit denen abweichendes Verhalten von der Gemeinschaft bestraft wird.

Insgesamt fallen auch hier Ähnlichkeiten in beiden Systemen auf, vor allem in Bezug auf die generellen Prinzipien des Wirtschaftens und das Verbot der Übernutzung von Ressourcen. Dabei enthält die Auflistung nur solche Institutionen, die sich heute noch rekonstruieren lassen; die Existenz weiterer, früher existenter Regelungen, die nicht erfasst werden konnten, ist durchaus anzunehmen. Es lässt sich angesichts der Summe der in der vorliegenden Untersuchung beschriebenen Nutzungsinstitutionen somit durchaus für beide Untersuchungsgebiete von einem traditionellen System des Ressourcenmanagements ausgehen. Dabei sei jedoch noch keine Aussage über die Effektivität der jeweiligen Nutzungsinstitutionen zur Verhinderung ökologischer Degradation getroffen, die es im einzelnen zu untersuchen gilt. Es ließ sich aber in der empirischen Arbeit dokumentieren, dass die Bevölkerung sich in beiden Untersuchungsgebieten an Zeiten des Überflusses der Ressourcen erinnert, als die Fischer ohne größeren Zeit- und Arbeitsaufwand in kürzester Zeit in der Nähe der Siedlungen bereits ausreichend Fänge zur Deckung des eigenen Haushaltsbedarfs erzielen konnten:

> „Antes, agarrábamos el chacalín con los manos en la época, así era." („Früher fingen wir die Garnelen in der Saison mit der Hand, so war es", Fischer in Bismuna, Übers. der Verf.).

> „En mi tiempo, uno caminaba ahí, sobre las piedras para agarrar langosta grande con la mano, dos, tres." („Zu meiner Zeit ging man dort auf die Steine [Korallenriff], um große Langusten mit den Händen zu fangen, zwei, drei", *saila* in Kuna Yala, Übers. der Verf.).

Ein Mangel an Fisch oder anderen marinen Ressourcen war in früheren Zeiten weitgehend unbekannt, so dass diese einen wichtigen Bestandteil der täglichen Ernährung darstellten. Diese Erinnerung steht in deutlichem Gegensatz zur heute perzipierten Situation in den indigenen Küstengemeinschaften, die von der wachsenden Knappheit bestimmter Ressourcen für die Eigenversorgung geprägt ist. Dabei liegt die Zeit, die in diesem Zusammenhang als „früher" wahrgenommen und als Zeit des Überflusses an Ressourcen aufgefasst wird, unterschiedlich lange zurück (mehrere Jahrzehnte bis wenige Jahre).

Die Nachhaltigkeit der Nutzung und die Rolle, die institutionelle Regelungen dabei spielen, lassen sich in beiden untersuchten Systemen rückwirkend nur schwer beurteilen. Es kann jedoch festgehalten werden, dass in den Untersuchungsgebieten im Zusammenwirken der Aspekte Bevölkerungsdichte und institutionelle Steuerung eine Nutzungsform entstanden war, die das Überleben der Bevölkerung auf der Basis der marinen Ressourcen langfristig gewährleistete und nicht zu einer Übernutzung der Bestände führte. Zwei Ausnahmen lassen sich dabei allerdings diagnostizieren: Die Kuna führten im 20. Jahrhundert mit dem Abbruch der Korallen als Baumaterial eine nicht nachhaltige und mit negativen ökologischen Konsequenzen verbundene Nutzungsform ein. Diese wurde vom traditionellen Institutionensystem nicht berührt, indem sie nicht mit dem kulturell verankerten schonenden Umgang mit der Natur kollidierte, da Korallen von den Kuna als leblose Materie klassifiziert werden. Zugleich betrieben die Kuna die Tarpunfischerei in so intensivem Ausmaße, dass die Fischart lokal quasi ausgerottet wurde und diese spezielle Nutzungsform zusammenbrach, ohne dass externe Einflüsse oder eine Transformation zur Marktwirtschaft hier eine Rolle gespielt hätten. Somit lassen sich hier zwei nicht nachhaltige Nutzungsmuster unabhängig von externen Faktoren identifizieren. Es zeigen sich dabei Lücken im Institutionensystem, denn die Regulierung dieser Nutzungsformen unterblieb, und die bestehenden generellen Prinzipien des Wirtschaftens fanden keine Anwendung. Wie bereits in Kapitel 2.6 ausgeführt wurde, können traditionelle Subsistenzfischer generell durchaus ohne das Einwirken externer Kräfte ökologische Veränderungen in marinen Systemen durch Überfischung bewirken, wie Forschungsergebnisse von JACKSON et al. (2001) belegen. Das Beispiel der Kuna zeigt, dass auch innerhalb eines Systems einzelne Nutzungsformen *unsustainable* sein können, während andere Nutzungen nachhaltig erscheinen. Die Nachhaltigkeit von TEK-Systemen muss demnach unter den jeweils gültigen Rahmenbedingungen auf spezifische Ressourcen bezogen werden. Zugleich zeigt sich am Beispiel der Kuna auch die Schwierigkeit der Definition von „Traditionalität" aufgrund der relativ kurzen Siedlungsgeschichte.

Trotz der Lücken im institutionellen System und der zum Teil nicht nachhaltigen Nutzungsformen erscheint die Anerkenntnis eines traditionellen Management-Systems in beiden Untersuchungsgebieten aus zweierlei Gründen von Bedeutung: Zum einen kann eine Analyse traditioneller Institutionen zum Verständnis aktueller Prozesse des Wandels auf sozio-ökonomischer sowie ökologischer Ebene beitragen und die institutionellen Lücken zum Teil erklären helfen. Zum anderen bergen die indigenen, in der Kultur verankerten traditionellen Institutionen ein Potenzial für künftige Management-Ansätze, die auf solchen Normen aufbauen oder sie im Einzelfall wiederbeleben könnten. Die bewusste Reaktivierung solcher traditionellen Regelungen wäre dabei ein möglicher Weg, um das lokale Bewusstsein der vorhandenen Kapazitäten zur stärken.

Die traditionellen Systeme der Nutzungssteuerung sind in beiden Untersuchungsgebieten in der beschriebenen Form nur noch zum Teil wirksam. Dabei zeigte sich, dass Institutionen mit territorialem Aspekt, also interkommunale Regelungen des Zugangs zu bestimmten Nutzungsgebieten heute noch effektiv sind. Solche aus anderen Gebieten auch als *fishing territories* bekannten räumlichen Gebilde ließen sich in den Untersuchungsgebieten zum einen in Form von Fischereizonen in unmittelbarer Umgebung der Siedlungen finden, zum anderen existieren sie in Form einer Aufteilung von Fischereizonen um die Koralleninseln der Cayos Miskitos bzw. Cayos Mauki in beiden Gebieten. Weitere Regelungen mit räumlicher Dimension sind heilige Zonen oder Orte, die in der spirituellen Geographie der jeweiligen *comunidades* eine spezifische mythologisch-spirituelle Bedeutung haben. Für Kuna Yala ließen sich die *birya*-Zonen im Meer dokumentieren, deren tiefe Bedeutung in den kosmogonischen Mythen und der Spiritualität, z. B. für Geistreisen, allerdings heute nur noch wenigen Eingeweihten bekannt ist. Daher haben diese Orte ihre spezifische Bedeutung für viele Kuna inzwischen verloren und werden nicht mehr respektiert. Es setzte hier sogar ein umgekehrter Prozess des sozialen Lernens oder des *social unlearning* ein, indem einerseits junge Fischer den Wahrheitsgehalt der Institution in Frage stellten und diesen bewusst testeten. Nachdem keine übernatürlichen Sanktionen festgestellt werden konnten, wurde die Institution als Mythos ohne konkrete Handlungsrelevanz betrachtet und nicht mehr beachtet. Es erfolgte darüber hinaus aber auch eine Umkehrung der Regelung in ihr Gegenteil, indem Fischer die *birya*-Zonen als unerschöpfliche Quelle für Ressourcen umdeuteten und eigenes Handeln damit begründeten. In Bismuna hingegen waren die Schutzzonen, die früher in der Lagune existiert haben sollen, nur schwer zu dokumentieren und scheinen im Zuge der jüngeren Entwicklung der Fischerei zunehmend ignoriert worden zu sein, so dass die meisten befragten Fischer nichts von ihrer Existenz wussten.

Artenspezifische Nutzungs- oder Speisetabus existieren in beiden Gebieten noch heute, wenngleich ihre Wirksamkeit für manche Ressourcen abnimmt, indem einzelne Fischer diese Tierarten bereits nutzen. Dies trifft auch auf manche spezifischen Nutzungsregeln zu, wie das Gebot, Schildkrötengelege nur zur Hälfte zu verwenden oder Karettschildkröten nicht zu töten (in Kuna Yala). Die dritte Gruppe von Regeln zur Distribution und Vermarktung, die auf einer mythologisch-spirituellen Basis die Übernutzung mariner Ressourcen verbietet und zugleich über die Reziprozität das Teilen in der Gemeinschaft vorschreibt, ist in beiden Gebieten noch bekannt. Allerdings erwiesen sich diese sozialen Normen an der Moskitia-Küste als wirkungslos; in Kuna Yala gelten sie nur in Bezug auf Fischarten. Für Langusten gilt dieses Prinzip hingegen nicht mehr, obgleich viele Befragte dies als negative Entwicklung werteten. Die generellen Prinzipien umweltschonenden Wirtschaftens, die in Tabelle 14 unter D aufgeführt sind, gelten kaum noch, auch wenn sie der Bevölkerung zum Teil bekannt sind. In Kuna Yala ist der Respekt vor der Natur („Mutter Erde") noch immer im Bewusstsein der Bevölkerung verankert, was sich jedoch in der Praxis vor allem auf die terrestrischen Ressourcen bezieht und sich nicht in ressourcenschonendem Umgang, beispielsweise mit Korallenriffen, niederschlägt.

Bei der Suche nach den Ursachen für den Wirkungsverlust der traditionellen Ressourceninstitutionen lassen sich als ein zentraler Impuls, der zu einem Wandel der Systeme geführt hat, die Transformation von der Subsistenz- zur marktorientierten Fischerei identifizieren, sowie daneben der allgemeine soziokulturelle Wandel. Dieser umfasst nicht nur eine generelle Veränderung der Werte und Ansprüche, die mit einer Bedeutungszunahme materieller Einkünfte verbunden ist, sondern auch eine in den letzten Jahren beschleunigte Tendenz des kulturellen Wandels, der mit dem Verlust an traditionellem Wissen und einer zunehmenden Säkularisierung einher geht. Dabei spielen auch soziale Transformationen eine Rolle, indem sich eine in beiden Untersuchungsgebieten noch vor wenigen Jahrzehnten relativ homogene Gesellschaft zunehmend stratifiziert.

In beiden Gebieten wird auch von einem Autoritätsverlust der traditionellen Oberhäupter auf kommunaler Ebene berichtet, allerdings erscheinen im Vergleich die lokalen Institutionen der *sailas* in Kuna Yala noch verhältnismäßig durchsetzungskräftiger als die Vertreter des *consejo de ancianos* der Miskito-Dörfer. Diese üben in der untersuchten *comunidad* Bismuna kaum noch lenkende Einflüsse auf die Gemeinschaft aus, und von ihnen verordnete Schonzeiten existieren nicht mehr. Auch die Regelung neuer Ressourcennutzungsmuster, die durch diese Institution erfolgen sollte, bleibt ineffektiv oder fehlt. Die *sailas* in Kuna Yala haben zwar eine vergleichsweise stärkere Position, indem sie in bestimmte Aspekte des Gemeinschaftslebens durchaus noch regelnd eingreifen, vor allem was kulturelle und soziale Aspekte angeht, doch gilt dies insbesondere hinsichtlich der marinen Ressourcen kaum.

Allerdings zeigt sich im Vergleich, dass die soziale Kohäsion der Gemeinschaft in Kuna Yala generell noch immer stärker ausgeprägt ist als an der Moskitia, auch wenn Befragte, vor allem Mitarbeiter von Nichtregierungsorganisationen oder lokale Autoritäten, den Verfall der Gemeinschaft beobachten und als problematisch ansehen. Doch sind die sozialen Verwerfungen, die sich in der Miskito-Gemeinde Bismuna zeigten, ungleich gravierender, da die Dorfgemeinschaft mehrfach gespalten ist, vor allem durch die Nachwirkungen der Bürgerkriegszeit. Verstärkt werden diese Verwerfungen, wie auch in anderen *comunidades* der Moskitia-Küste durch den in den letzten Jahren rapide zunehmenden Drogenhandel und -konsum. Dieses Problem ist auch in Kuna Yala zu beobachten, da das Autonomiegebiet auf derselben Handelsroute liegt, die von Kolumbien aus bis in die USA reicht. An der Moskitia macht sich jedoch der Effekt des Drogenhandels auf lokaler Ebene schon sehr viel stärker bemerkbar, indem die Partizipation der lokalen Bevölkerung im Schmuggel, ebenso wie Gewalt, Drogenabhängigkeit und die Auswirkungen auf das Wirtschaften der *comunidades* ein höheres Niveau erreicht haben als in Kuna Yala.

Neben diesen soziokulturellen Veränderungsprozessen, die einen Einfluss auf das traditionellen Institutionensystem ausüben und schwächend auf dieses einwirken, spielt auch die Transformation des früheren Subsistenzsystems zur marktorientierten Produktion eine

Vergleichende Schlussbetrachtung 335

bedeutsame Rolle. Dabei kann zwischen den verschiedenen Maßstabsebenen, auf denen dieser Übergang stattfindet, unterschieden werden: Zum einen setzte eine externe Nachfrage ein, indem Händler Ankaufsstrukturen auf lokaler Ebene aufbauten, so genannte *acopios*. Diese Ankaufsstellen werden entweder von auswärtigen Zwischenhändlern bzw. Vertretungen der regional operierenden Fischfirmen in lokalen *comunidades* betrieben (Moskitia-Küste), oder von lokalen, indigenen Ankäufern (Kuna Yala). In beiden Fällen dient der Ankauf auf lokaler Ebene der Belieferung eines externen Marktes, wobei gewisse Unterschiede in der Breite der vermarkteten Produkte sowie den Handelsstrukturen und -wegen zu verzeichnen sind. Übereinstimmend lässt sich aber festhalten, dass in beiden Gebieten keine oder kaum alternative Vermarktungsstrukturen existieren, sei es in Form von Kooperativen oder eigenen gemeinschaftlichen Ankaufsstellen.

Die zweite Maßstabsebene, auf der eine Transformation der Distributionsstrukturen erfolgt, ist die Ebene der *comunidad*, in der ein lokaler Markt entsteht. Dessen Entwicklung setzte in beiden Gebieten und je nach betrachteten Ressourcen zu unterschiedlichen Zeitpunkten ein, allerdings ist mit diesem Übergang in beiden Fällen die Aufgabe der traditionellen Reziprozitätsbeziehungen in Bezug auf marine Ressourcen verbunden. Somit fehlt dem individuellen Akteur die Versicherung gegen das Risiko schlechter Erträge oder des Ausfalls aufgrund von Krankheit. Zugleich kann die lokale Vermarktung, die den traditionellen sozialen Normen widerspricht, als Ausdruck einer sich insgesamt verändernden Beziehung zwischen Mensch und Umwelt sowie eines tief greifenden Wandels des sozialen Gefüges der Gemeinschaft interpretiert werden, was von vielen Befragten in beiden Gebieten negativ gewertet wurde.

Die Vermarktung von marinen Ressourcen ist zwar keineswegs so neu, wie manche Befragte angaben, sondern bestand in geringerem Umfang schon in früheren Jahrhunderten, als Miskito und Kuna (letztere bereits vor der Umsiedlung auf die Inseln) mit Piraten oder Händlern Waren gegen Schildkröten, Seekühe oder Fisch tauschten. Doch blieben diese Tauschbeziehungen in ihrer Auswirkung auf die jeweiligen Nutzungssysteme vermutlich begrenzt, obwohl demnach ein reines Subsistenzsystem ohne jeglichen Geldhandel in beiden Gesellschaften bereits seit mehreren Jahrhunderten nicht mehr besteht. Die Intensivierung des Schildkrötenfangs für den Export im 20. Jahrhundert markierte den ersten entscheidenden Wendepunkt an der Moskitia-Küste, indem die zuvor überwiegend auf die Subsistenz konzentrierte Ressourcennutzung nun in manchen *comunidades* für den Export intensiviert wurde. Eine Ausweitung auf andere Ressourcen folgte auch für Langusten, sowie später für Fische und Garnelen mit den jeweiligen lokalen Spezialisierungen auf eine oder zwei dieser Ressourcen. In Kuna Yala entwickelte sich die Schildkrötenfischerei nicht in vergleichbarem Maße als kommerzielle Aktivität, sondern es setzte erst mit der Langustenfischerei ab den 1960er Jahren die Intensivierung für die Exportproduktion ein.

Es begann demnach erst mit der Entstehung der externen Nachfrage und dem Aufbau der entsprechenden Strukturen in beiden Gebieten eine Intensivierung der Nutzung, die mit der Einführung technischer Innovationen verbunden war. Diese gestaltete sich allerdings ebenso wie die Rolle, die externe Akteure in dem gesamten Transformationsprozess spielten, in den Gebieten unterschiedlich. Zwar arbeiten die Zwischenhändler in beiden Gebieten mit der Praxis, Material gegen Kredite zu vergeben, wodurch eine Abhängigkeit der Nutzer von den Aufkäufern erzeugt wird. Doch erfolgt in Kuna Yala eine stärkere Begrenzung und Steuerung der Nutzung durch die Kuna, während sich in den Miskito-*comunidades* die kommerzielle Fischerei weitgehend unbegrenzt nach den Vorgaben der Unternehmen auf kommunaler Ebene entwickeln konnte.

Hier überlagern sich zwei Handlungsebenen und zugleich zwei Maßstabsebenen, auf denen institutionelle Regelungen wirksam werden: die lokale und die regionale Ebene. Zum einen steht das Handeln der lokalen Akteure, also der Ressourcennutzer, dem Handeln der Händler und Unternehmen als externe Akteure gegenüber, die regional tätig sind und auf lokaler Ebene Ressourcen ankaufen. Diese haben jedoch kaum ein Interesse an der Erhaltung der Ressourcen und zahlen – insbesondere in Nicaragua – äußerst geringe Ankaufspreise für Exportrohstoffe von hohem Wert, wobei die lokalen Produzenten keinen Einfluss auf die Preisgestaltung haben. Zum anderen sind hier auch zwei Maßstabsebenen der institutionellen Steuerung von Ressourcennutzung miteinander verflochten. Ehemals waren die traditionellen Systeme mit Ausnahme der interkommunalen territorialen Fischereizonen jeweils ein auf kommunaler Ebene geschlossenes Allmende-System, in dem externe Nutzer ausgeschlossen waren und sämtliche institutionellen Regelungen auf kommunaler Ebene wirksam wurden. Somit war auch die Überwachung und Sanktionierung der Nutzer auf kommunaler Ebene möglich, wobei ursprünglich wahrscheinlich die soziale Kohäsion und soziale Kontrolle eine wichtige Rolle spielten und dazu führten, dass Übernutzung unter den gegebenen Rahmenbedingungen nicht stattfand. Durch die Integration in Handelszusammenhänge auf anderen Maßstabsebenen veränderte sich dieses Allmende-System zunächst zwar nicht auf der Ebene der Nutzer, deren Anzahl gleich blieb (mit Ausnahme der illegalen Fischerei, auf die gesondert eingegangen wird), doch durch die Einrichtung der Ankaufsstrukturen wurde nun ein externer Markt und somit eine höhere, nur durch die Transportkapazitäten der Unternehmen begrenzte Nachfrage bedient. An der Moskitia findet daneben eine direkte Vermarktung an Händler losgelöst von der Ebene der *comunidad* statt, indem zum Beispiel auf See in der Umgebung der Cayos Miskitos ausländische Händler Ressourcen ankaufen und so die Gemeinschaft der Nutzer kaum eine Möglichkeit zur Einflussnahme auf den Handel hat.

Die Nutzer selbst partizipieren aufgrund der vergleichsweise guten Verdienstmöglichkeiten, die sich zunächst bieten und angesichts der vor allem an der Moskitia-Küste mangelnden alternativen Beschäftigung attraktiv erscheinen. Jedoch führt die Verschuldung der Fischer, die zunehmende Abhängigkeit von ökonomischen Einkünften sowie die

Vergleichende Schlussbetrachtung 337

Aufgabe der ehemaligen Subsistenzproduktion zu einer Situation, in der die Nutzer sich gezwungen sehen, weiter Ressourcen für die Vermarktung zu produzieren, da sich keine alternativen Beschäftigungsmöglichkeiten bieten. Diese Entwicklung hat sich in Kuna Yala bisher nur im Langustenfang und in einer im Vergleich zur Moskitia-Küste abgeschwächten Ausprägung vollzogen, da nur ein Teil der Nutzer, die Langustentaucher, in diese Vermarktungsbeziehungen eingebunden sind, während ein großer Teil der Fischer noch immer für die Eigenversorgung oder in geringem Umfang für den lokalen Markt wirtschaftet.

Auch die Versorgungssituation mit dem Grundnahrungsmittel Fisch stellt sich an der Moskitia-Küste im Vergleich sehr viel dramatischer dar, vor allem in den *comunidades*, die sich auf die Vermarktung von Fisch spezialisieren. Denn die Rückkoppelungen zwischen Vermarktung und Fischerei, die in Kapitel 5 beschrieben wurden, führen dazu, dass diese Ressource für die lokale Versorgung nicht mehr zur Verfügung steht, wobei zugleich die gravierende Überfischung der Bestände bereits wenige Jahre nach dem Beginn der Vermarktung zu zunehmender Knappheit führt. Das Risiko schlechter Fänge erhöht sich parallel zu den abnehmenden Beständen und wird zugleich nicht mehr durch das Reziprozitätssystem abgepuffert, so dass sich insgesamt die Vulnerabilität der *comunidades* erhöht und Hungerkrisen auf Haushaltsebene zunehmend auftreten. In den Gemeinschaften, die sich auf Langusten spezialisieren, sind zwar noch ausreichend Fischressourcen für die Ernährung vorhanden, doch treten dort ebenfalls Mangelsituationen aufgrund der Konzentration auf die Langustentaucherei und die erhöhte Abhängigkeit von ökonomischen Einkommen auf. Zugleich wird dort die in Kapitel 5 beschriebene hohe Gesundheitsbelastung der Taucher wirksam, die dazu führt, dass Todesfälle oder langfristige Arbeitsunfähigkeit aufgrund von Tauchunfällen häufiger werden und somit die Anzahl der Haushalte ohne Versorger zunimmt. Dieses Problem besteht in Kuna Yala nicht, da dort die Presslufttaucherei aufgrund eines Verbotes des Kuna-Generalkongresses nie flächendeckend eingeführt wurde und sich der Langustenfang somit auf das weniger gefährliche Apnoe-Tauchen in geringeren Tiefen beschränkt.

Zusammenfassend lassen sich die Entwicklungen, die im Zuge der Transformation von der Subsistenzfischerei zur marktorientierten Nutzung an der Moskitia-Küste eingetreten sind, im Vergleich zu Kuna Yala in Stichworten wie folgt charakterisieren:

- höhere Ausstattung mit technischen Innovationen, vor allem durch die Initiative externer Händler/Unternehmen (Netze, Außenbordmotoren, gebrauchte Pressluftausrüstung),
- höhere Intensität der kommerziellen Ressourcennutzung (Zahl der beteiligten Fischer, Fangmengen),
- kaum noch Eigenversorgung mit marinen Ressourcen in den *comunidades,* die in den Handel involviert sind (Ausnahme z. B. Cabo Viejo),

- Risiko schlechter Fänge höher als in Kuna Yala (häufig kein Fang trotz Arbeitseinsatz),
- Gesundheitsgefährdung im Langustenfang extrem hoch.

In den Miskito-Gemeinden spielen diese Zusammenhänge mit der Transformation zur marktorientierten Fischerei die wichtigste Rolle in der Problematik der Ressourcennutzung, neben der illegalen und legalen industriellen Fischerei. Diese entnimmt dem Ressourcensystem hohe Mengen an Langusten und Garnelen für den Export oder illegalen Handel. Sie ist zwar zum Teil durch Konzessionen und verschiedene gesetzliche Regelungen reglementiert, doch ist aufgrund der hohen illegalen Fangmengen insgesamt eher eine Situation des *open access* zu konstatieren, also ein offenes Ressourcensystem, in dem quasi keine effektive Beschränkung des Zugangs von Nutzern und der Fangmengen erfolgt. In Kuna Yala wird zwar gelegentlich auch von illegaler Fischerei berichtet, doch vollzieht sich diese nicht in vergleichbaren Dimensionen wie an der Moskitia-Küste. Die Ursachen dafür können in der naturräumlichen Ausstattung liegen, da der Kontinentalschelf vor Kuna Yala nur ein schmales Band bildet, während er sich vor Cabo Gracias a Dios bis zu 250 km weit nach Osten erstreckt und somit reiche Fischereigründe bietet. Zugleich kann auch die räumliche Lage des Gebiets der nördlichen Moskitia-Küste zum kolumbianischen Archipel San Andrés y Providencia sowie zu Honduras und Jamaica eine Rolle spielen, da der illegale Langustenhandel und die Piraterie zum Teil mit den Drogenhandelswegen verknüpft ist.

In Kuna Yala hingegen nimmt die Subsistenzfischerei noch immer einen hohen Stellenwert ein, so dass die beschriebenen Transformationsprozesse hier nur für die Langustenfischerei gelten, nicht jedoch für den Fischfang. Trotzdem zeigen sich auch hier Anzeichen der Überfischung und Degradation der Bestände mit den beschriebenen Folgen für Ernährungssicherung, Einsatz von Arbeitszeit und anderen Konsequenzen. Auch hat sich der Prozess der abnehmenden Bestände hier nicht so sprunghaft nach dem Einsetzen der Vermarktung vollzogen, wie es in Bismuna nach 1993 der Fall war oder wie es für die Langustenbestände in beiden Gebieten in Folge der intensivierten Nutzung zu beobachten war. Vielmehr sind die graduellen Veränderungen bereits seit den 1930er Jahren eingetreten, wobei die Annahme naheliegt, dass diese Entwicklung eine Folge der Überfischung in Zusammenhang mit dem bis in die 1990er Jahre anhaltenden Bevölkerungswachstum zu sehen ist, sowie vor allem als Konsequenz des massiven Abbaus von Korallenriffen durch die Kuna. Demnach haben hier nicht externe Faktoren eine Übernutzung der Bestände bewirkt, sondern die interne Entwicklung im Zusammenspiel mit der anthropogenen Zerstörung der Ökosysteme.

Auf die mangelnde Wirksamkeit der traditionellen Institutionensysteme auf kommunaler Ebene unter den sich verändernden Bedingungen (beispielsweise Aufbau von Vermarktungsstrukturen, Bevölkerungswachstum oder kultureller Wandel) wurde bereits hingewiesen. Dabei erwiesen sich die traditionellen Regelungen größtenteils nicht als flexibel genug, um sich im Sinne eines häufig für TEK-Systeme angenommenen *adaptive management* an die veränderten Rahmenbedingungen anzupassen (vgl. HOLLING et al. 1998). Andererseits lässt sich am Beispiel Kuna Yala ein dynamischer, fortlaufender Prozess der institutionellen Neugestaltung feststellen, in dessen Zuge eine ganze Reihe „neo-traditioneller" Regelungen und Strukturen entstanden sind. Die Palette reicht dabei von Vorschriften, die in Reaktion auf technische Innovationen erlassen wurden (z. B. das Verbot des Pressluftauchens) bis zu den auf der Ebene der Kuna-Gesetze festgeschriebenen Normen zum Umgang mit natürlichen Ressourcen (wie beispielsweise der Langustenschonzeit und der Umweltverträglichkeitsprüfung). Manche der neuen institutionellen Regelungen blieben bisher aufgrund von Schwächen und Unschärfen der regionalen Gesetze ineffektiv, doch können die Beispiele zeigen, dass hier durchaus soziales Lernen und ein kreativer Prozess der Schaffung neuer Umweltinstitutionen stattfindet, der durch den Generalkongress gesteuert wird und anschließend in formellen Vorschriften mündet.

Es stellt sich im Vergleich zur Moskitia-Küste die Frage, weshalb ein solcher Prozess dort nicht in vergleichbarer Weise stattfindet. Dabei ist der Aspekt der Maßstabsebene wiederum zentral, denn in Kuna Yala konnten auf kommunaler Ebene – ebenso wie an der Moskitia – kaum Ansätze zur Lösung der Ressourcenprobleme gefunden werden. Erlasse der lokalen Ältesten oder *sailas* blieben von der Bevölkerung in beiden Gebieten fast ohne Beachtung. Die Neuschaffung von Institutionen in Kuna Yala spielt sich hingegen vor allem auf der regionalen Ebene ab, wobei die Kuna mit dem Generalkongress, auf dem sich halbjährlich die Autoritäten sämtlicher *comunidades* versammeln, über ein wichtiges Instrument zur Lösung regionaler Probleme verfügen. Dabei vollzieht sich in den letzten Jahren ein Prozess, der diese Ebene immer stärker werden lässt. Trotz aller Einschränkungen und Schwächen (vgl. Kapitel 4) existiert hier zum einen ein Forum für die Diskussion aktueller Probleme auf regionaler Ebene. Zum anderen sind Entscheidungsstrukturen und eine Form der Gesetzgebungskompetenz für das Autonomiegebiet vorhanden, so dass für das gesamte Autonomiegebiet gültige Regelungen definiert werden können. Somit werden die nach OSTROMS (1999) Institutionenkonzept als operative Regeln definierten konkreten Nutzungsregeln eines Ressourcensystems hier nicht auf kommunaler Ebene, sondern auf regionaler Ebene festgelegt.

An der Moskitia-Küste hingegen ist die regionale Ebene nur sehr schwach ausgeprägt. Eine dem Congreso General der Kuna ähnliche Institution gibt es zwar ansatzweise in Form des regionalen Consejo de Ancianos, dieser trifft jedoch bisher in den seltenen Zusammenkünften eher politische Entscheidungen und ist dem Generalkongress der Kuna nicht vergleichbar, vor allem was die Regelungskapazitäten für Ressourcenfragen betrifft. Die Ebene der regionalen Regierung der Autonomieregionen ist eher schwach und bisher im Hinblick auf Ressourcennutzung untätig. Die *comunidades* selbst sind jedoch kaum in der Lage, auf kommunaler Ebene eigene Lösungen für die aktuellen Ressourcenprobleme zu schaffen, zum Beispiel zur quantitativen Begrenzung des Fischfanges in den Lagunen oder zu Mindestpreisen, da die lokalen institutionellen Kapazitäten und die Kooperation in der Gemeinschaft nicht ausreichend stark sind. Vor allem die Problematik des Langustenfanges mit der Gefährdung der Taucher und die Ressourcenpiraterie sind Probleme, die sich nicht auf kommunaler Ebene lösen lassen.

Die lokale Bevölkerung ist dabei nicht nur in internationale Handelszusammenhänge eingebunden, sondern auch in zum Teil gewaltsame Nutzungskonflikte mit den externen Nutzern und erwartet von der Nationalregierung die Kontrolle und Begrenzung der Aktivitäten, bisher allerdings mit geringem Erfolg. Aber auch in *comunidades* wie Bismuna, wo diese Konflikte keine Rolle spielen, gelingt der Dorfgemeinschaft aufgrund der sozialen Spaltung, der mangelnden ökonomischen Aktivitäten, der fehlenden Kompetenzen und auch der fehlenden Wahrnehmung eigener Handlungsoptionen keine Lösung des Allmende-Dilemmas. In der Lagunenfischerei ist zwar keine *open-access*-Situation eingetreten, da externe Nutzer fehlen, doch kooperieren die Nutzer nicht in der Erhaltung der Ressourcen, sondern versuchen, vor dem drohenden Zusammenbruch an deren Nutzung zu partizipieren, da ihnen andere Alternativen zur Überlebenssicherung fehlen. Einen ähnlichen Verfall eines traditionellen Fischereisystems mit den darin ehemals verankerten Aspekten des Respekts und der Kooperation zwischen den Nutzern beschreibt MCGOODWIN (1994) für Mexiko. Dort wurde durch den Impuls technologischer Innovation (Außenbordmotoren) eine Entwicklung in Gang gesetzt, die in einer von Gewalt geprägten Beziehung zwischen einzelnen Nutzergruppen mündete.

Die Nähe zu den Ressourcen, die ein ständiges Monitoring durch die Nutzer erlaubt und es ihnen in traditionellen Allmende-Systemen erleichtert, nicht-nachhaltige Nutzungsformen und pathologische Entwicklungen des Ressourcensystems schneller zu diagnostizieren und zu modifizieren, wird in der Literatur als der Institutionenschaffung förderliche Bedingung angesehen (vgl. YOUNG et al. 1999). In beiden untersuchten Gebieten findet ein solches Monitoring durch die Nutzer statt, mit dem Ergebnis, dass Fischer Bestandsabnahmen wahrnehmen und sich zum Teil über die schädlichen Nutzungsmuster im Klaren sind. Trotz dieser Beobachtungen durch die beteiligten Akteure kann eine Lösung der Ressourcenprobleme auf lokaler Ebene jedoch nicht stattfinden.

Die neo-traditionellen Institutionen der Kuna hingegen erscheinen auf der regionalen Ebene des Autonomiegebietes als viel versprechender Ansatz zur Lösung von Problemen des Ressourcenmanagements. Dabei verfügen die Kuna über verschiedene Vorteile, die diesen kreativen Prozess des sozialen Lernens und die Verankerung in neuen Institutionen erst möglich machen:

- Verankerung der regionalen Ebene in den lokalen *comunidades*,
- Kommunikation und Kooperation zwischen verschiedenen Dörfern,

- regelmäßiges Diskussions- und Entscheidungsforum auf lokaler Ebene,
- kulturelle Verankerung einer lebendigen Diskurskultur,
- Offenheit gegenüber neuen Erkenntnissen (aus Wissenschaft u. a.) auf der Basis spirituell begründeter Konzepte,
- Vertrauen in eigene Problemlösungskapazitäten,
- indigene Fachleute (Biologen, Juristen, Soziologen usw.),
- rechtliche Rahmenbedingungen (Ausschluss externer Akteure sowie Selbstbestimmungsrechte durch Autonomie),
- hoher Stellenwert indigener Identität und kulturell verankertes ökologisches Bewusstsein (resultiert zum Teil in Ablehnung nicht nachhaltiger Nutzungsformen).

Im Vergleich zu den *comunidades* der Miskito zeigt sich, dass dort eine Verschränkung der lokalen Ebene mit der regionalen Ebene nur schwach gegeben ist, während diese über das Congreso-General-System der Kuna, in dem alle *comunidades* repräsentiert sind, stark ausgeprägt ist. Auch auf interkommunaler Ebene findet Kooperation sowie ein ständiger Austausch von Informationen statt. Ein wichtiger Aspekt betrifft die kommunale Organisation und Struktur, die in den *comunidades* der Kuna traditionell stark organisiert ist und über formalisierte Institutionen der Dorfversammlungen verfügt. Auch auf lokaler Ebene zeigt sich eine hohe Bedeutung der Kommunikation und des sozialen Zusammenhaltes, wenngleich diese Aspekte in den letzten Jahren an Gewicht zu verlieren scheinen. Auch wenn das hier angeführte Vertrauen in die eigenen Kapazitäten zum Teil über das Ziel hinausschießt, indem manche Ansätze von außerhalb des Autonomiegebietes über lange Zeit hinweg abgelehnt und somit wertvolle Möglichkeiten für Lösungsansätze vergeben wurden, spielt dieses doch eine Rolle, wie der Vergleich zur Moskitia-Küste zeigt. Dort ergab die Untersuchung in Bismuna eine hohe Erwartungshaltung gegenüber Lösungsansätzen von außen, während eine Vision zur Veränderung auf lokaler Ebene nicht existierte und eigene Handlungsoptionen der *comunidad* von Bevölkerung und lokalen Führern kaum in Erwägung gezogen wurden. Insofern zeigt sich, dass nicht eine fehlende Wahrnehmung von Ressourcenproblemen, sondern eher eine mangelnde Perzeption von Handlungsoptionen in Bismuna eines der Kernprobleme darstellt.

Die Zahl der eigenen Fachleute, die in Kuna Yala nicht nur auf der Ebene der NRO und des Congreso General an Problemlösungen arbeiten, sondern zudem auch in den *comunidades* verwurzelt sind, ist ein weiterer Faktor, der an der Moskitia-Küste bisher kaum zum Tragen kommt. Die regionalen indigenen Universitäten widmen sich dort deshalb, zum Teil mit internationaler Unterstützung, speziell der Ausbildung von Ressourcenmanagern und anderen Fachkräften, die in der Region arbeiten sollen. In Kuna Yala existieren diese Kapazitäten bereits seit den 1970er Jahren, als Kuna-Techniker und Biologen das erste indigene Naturschutzgebiet planten. Zwar gab es im Laufe der Zeit Misserfolge und gescheiterte Projekte, doch trägt die „intellektuelle Elite" der Kuna, die als wichtige Diffusionsagenten für Innovationen fungiert, wissenschaftliche Konzepte, Fragen der indigenen Rechte und des Naturschutzes von der globalen auf die regionale und lokale Ebene. Die Einbindung in transnationale indigene Netzwerke und Identitätslandschaften trägt dabei nicht nur zur Stärkung der indigenen Identität bei, sondern erlaubt auch den Fluss von Konzepten wie Nachhaltigkeit oder Biodiversität auf die regionale Ebene. Diese Konzepte schlagen sich bereits in Gesetzen und Diskursen der Kuna im Congreso General bis zur lokalen Ebene, z. B. in Diskursen mancher traditionellen Autoritäten nieder, die manche westlich-wissenschaftlichen Ansätze mit indigenen Konzepten gleichsetzen und auf ihre Weise interpretieren.

Die Miskito partizipieren zum Teil in denselben transnationalen Netzwerken wie die Kuna und kooperieren mit diesen. Auch sie erlebten eine Renaissance der indigenen Identität in den 1980er Jahren, die ihre Impulse aus der globalen indigenen Bewegung bezog und zur Stärkung ihrer Rechte führte. Zugleich war mit der Stärkung der Identität eine wachsende Identifikation als nachhaltige Naturschützer verbunden, in der sich die Zuschreibungen spiegeln, die von außen auf indigenes Wirtschaften gelegt werden und dieses als per se nachhaltig klassifizieren. Diese Zuschreibungen machten sich die Miskito ERIKSSON (2000) zufolge zu eigen, mit der Folge, dass Konflikte mit mestizischen *colonos*, die von den Miskito als Umweltzerstörer gesehen werden, zunahmen. Umgekehrt existiert durch die multiethnische Situation an der Atlantikküste aber ohnehin ein höheres Konfliktpotenzial als im monoethnischen Kuna Yala. An der Atlantikküste Nicaraguas spielen dabei bei Konflikten um Ressourcen und deren Steuerung immer auch Widersprüche in der Perzeption des umweltrelevanten Handelns der jeweiligen Bevölkerungsgruppe sowie die Widersprüche in der Definition von Entwicklungszielen eine Rolle. Zwar existieren auch in Panama die kulturellen Widersprüche und Probleme mangelnder Anerkennung der Indigenen als Teil der nationalen Bevölkerung mit ihren spezifischen Kulturen, doch prallen an der Atlantikküste Nicaraguas diese Widersprüche durch die Multiethnizität und insbesondere auch durch das Handeln nationalstaatlicher Behörden und die Ressourcenansprüche an das Territorium stärker aufeinander.

In Kuna Yala findet bei der Integration von globalen Konzepten des Naturschutzes und der kulturellen Identität ebenfalls ein Überspringen der nationalen Ebene statt, indem diese Konzepte unmittelbar auf der regionalen Ebene eingewoben werden. Auch hier spiegeln sich Reflektionen von Zuschreibungen der Indigenen als Naturschützer wider, die sich die Kuna zu eigen machen und quasi traditionalisieren, indem sie das Bild des „Öko-Indianers" mit den traditionellen Konzepten verknüpfen. Problematisch ist dabei, dass dieser kreative Prozess der Schaffung eines eigenen Bildes als Naturschützer gelegentlich den Blick für konkretes, umweltschädigendes Handeln auf der Ebene des einzelnen Akteurs verstellt. So entstehen Widersprüche zwischen dem nach außen manifestierten, tief in der Kultur verankerten Respekt vor der Natur und der lokalen Perzeption von Problemen wie dem Korallenriffabbau oder der Meeresverschmutzung.

Vergleichende Schlussbetrachtung 343

An dieser Stelle scheitern die Ansätze der Kuna bisher weitgehend, da sie zwar eine Fülle von gesetzlichen Regelungen erlassen, jedoch keine tragfähigen Ansätze zur Verhinderung der anthropogenen Zerstörung der marinen Umwelt durch Korallenabbau entwickelt haben. Es zeigt sich, dass die Stärke des Institutionensystems der Kuna darin liegt, mit Anpassung vor allem auf solche Probleme zu reagieren, die als eine von außen induzierte negative Entwicklung wahrgenommen werden. Als Beispiele seien hier das umfangreiche Tourismus-Statut, Regelungen zur Umweltverträglichkeitsprüfung von Projekten oder zur Genehmigung von Forschungsarbeiten zu nennen. Auch auf kulturellem Gebiet gibt es starke Bemühungen, den Erhalt der Kultur über Gesetze und organisatorische Strukturen bewusst zu institutionalisieren. Sobald es jedoch intern verursachte Probleme zu lösen gilt, verlaufen soziales Lernen und die Neuschaffung von Institutionen sehr viel schleppender oder fehlen.

Allerdings zeigen sich in jüngster Zeit einige neue Tendenzen der Öffnung gegenüber Projekten und Ansätzen externer Akteure und Organisationen, so dass die Zahl der Projekte auch zum Schutz mariner Ressourcen auf regionaler und lokaler Ebene zunimmt. Insbesondere Forschungen des Smithsonian Institute of Tropical Research zur Riffzerstörung und konkrete Vorschläge für ein Schutzgebietssystem zum Korallenschutz sind hier als viel versprechende Ansätze zu nennen. Auch an der Moskitia-Küste spielen Impulse durch externe Akteure eine wichtige Rolle, allerdings zeigte sich am Beispiel Bismuna, dass diese nur dann wirksam wurden, wenn sie mit konkreten Vorteilen für die Dorfgemeinschaft verbunden waren (Entwicklungsprojekt gegen Seekuhschutz). In anderen Gebieten wie in Pearl Lagoon in der südlichen Autonomieregion existieren hingegen längerfristig wirksame positive Beispiele für eine Stärkung lokaler Kompetenzen zur Lösung von Ressourcenproblemen, die auf der permanenten Präsenz eines Projektes mit internationaler Förderung beruhen.

Ein Aspekt bleibt abschließend zu nennen, der als zentral für die Problematik angesehen werden kann: die Rolle indigener Rechte an Territorium und Ressourcen. Wenngleich in beiden Gebieten eine Autonomieregelung vorhanden ist, unterscheidet sich die Umsetzung in der Praxis grundlegend. Während die Kuna mit ihren eigenen, teils traditionellen, teils neo-traditionellen Institutionen auf der regionalen Ebene ihr Territorium kontrollieren, externe Nutzer recht effektiv ausschließen und die Entwicklung im Gebiet selbst definieren können, ist dies in den Autonomieregionen Nicaraguas nicht der Fall. Die Miskito stellen eine Minderheit in einem Territorium dar, dessen Autonomieverwaltung kaum die Rechte und Interessen der verschiedenen indigenen und afrokaribischen Bevölkerungsgruppen umzusetzen vermag. Der Einfluss nationaler Politik und nationaler Behörden bleibt stark, indem diese vor allem die Fragen der Ressourcennutzung entscheiden oder durch die fehlende Kontrolle und die aktive Vergabe von Konzessionen die massive Ausbeutung und Übernutzung der Ressourcen gestatten. Trotz der umfassenden gesetzlichen Regelungen, die zur Stärkung der Rechte indigener Gemeinschaften beitrug, schlägt diese sich nicht in der Praxis nieder. So respektiert der Nationalstaat weder die eigenen Gesetze noch die Entscheidungen des Interamerikanischen Gerichtshofes, wie die Fälle der Cayos Perlas und der Gemeinde Awas Tingni illustrieren.

Die Kuna hingegen verfügen über eine weitgehende Selbstbestimmung, die zwar rechtliche Lücken aufweist und von der Tolerierung durch den Nationalstaat abhängt, der die neuen Kuna-Gesetze bisher nicht anerkannt hat. Doch zeigt sich in der Praxis, dass trotz auch hier auftretender Beispiele territorialer Konflikte um die Grenzen des Comarca-Gebietes der Staat den Kuna weitgehende Selbstbestimmung einräumt und die Konflikte um Territorium und Ressourcen im Vergleich zu Nicaragua geringer bleiben. Problematisch ist allerdings aus der Sicht von Kuna-Juristen, dass die Naturschutzbehörde durch die vor einigen Jahren aufgenommene Tätigkeit im Gebiet im Rahmen des Corredor Biológico-Projektes an Einfluss gewinnt. Bisher können die Kuna zwar die Entwicklungsrichtung maßgeblich bestimmen und ihre Beteiligung einfordern, doch das Naturschutzgesetz gesteht ihnen lediglich eine Partizipation im Sinne einer Konsultation zu, während die Entscheidungsbefugnisse in den Händen der Behörde bleiben. Hier treten also Widersprüche zwischen Autonomiegesetz und Naturschutzgesetz auf, die zwar noch nicht zu konkreten Problemen geführt haben, aber Konfliktpotenzial bergen.

Auch an der Moskitia-Küste gibt es Projektansätze im Rahmen des Corredor Biológico, sowie das bereits seit 1993 bestehende Schutzgebiet der Cayos Miskitos und andere Ansätze des Co-Managements. Doch auch hier zeigen sich die Probleme dieser Konzepte in der Praxis, wenn den betroffenen *comunidades* keine echte Gestaltungs- und Entscheidungsmöglichkeit, sondern nur eine konsultative Funktion zufällt. Bisher blieben aus diesen und anderen Gründen daher die Ansätze weitgehend wirkungslos, mit Ausnahme einiger auf lokaler Ebene arbeitender Projekte. An der Moskitia kommen dabei insbesondere der fehlende politische Wille zur Regulierung der Ressourcenprobleme zugunsten der lokalen *comunidades*, aber auch Abstimmungsprobleme zwischen Institutionen auf verschiedenen Maßstabsebenen zum Tragen, also Probleme des *vertical interplay* (YOUNG et al. 1999), neben den ohnehin bestehenden *problems of fit* der nicht an die Ökosysteme angepassten institutionellen Lösungen. Verstärkt werden diese Probleme durch die fehlenden finanziellen und personellen Mittel der Behörden, vor allem bei der Kontrolle der illegalen Fischerei und des Drogenhandels, sowie die divergierenden kulturellen Perzeptionen und Identitäten der beteiligten Akteure.

Zusammenfassend lässt sich feststellen, dass die Kuna zwar noch immer an der Lösung einiger gravierender und das Überleben im Naturraum gefährdender Mustern der Ressourcennutzung scheitern. Nicht nur die Ressourcenbasis der Fischerei, sondern auch die korallinen Inseln als Lebensraum der Bevölkerung sind dabei unmittelbar von nicht-nachhaltigen Praktiken der Nutzung gefährdet und lassen eine Zunahme der Vulnerabilität (bezogen auf Naturereignisse sowie auch auf Ressourcenerträge und Überlebenssicherung) in Zukunft befürchten. Trotzdem zeigt der Vergleich zur Moskitia-Küste, dass das Potenzial zur kreativen Schaffung neuer Institutionen und Lösungsansätze hier vergleichsweise hoch ist, und zwar vor allem innerhalb der indigenen Gemeinschaft auf der Ebene der Autonomieregion. Externen Akteuren und staatlichen Behörden kommt dabei lediglich eine Rolle als Impulsgeber, Berater und Finanzierer von Projekten zu, während die Kontrolle weitgehend in den Händen der Kuna bleibt. So ist zu hoffen, dass die Kuna in nächster Zukunft auch für die drängenden Probleme der marinen Ressourcen Lösungsansätze entwickeln, denn die entsprechenden Rahmenbedingungen sind durchaus gegeben. Eine Integration der verschiedenen Aspekte des Managements terrestrischer und mariner Ressourcen ist dabei in den organisatorischen Strukturen bereits angelegt, da sämtliche Entscheidungen zur Ressourcennutzung ebenso wie zu sämtlichen anderen gesellschaftlichen Themen von einer Institution, dem Congreso General getroffen werden (allerdings mit Tendenzen der Aufspaltung in sektorale Teilbereiche in jüngster Zeit).

An der Moskitia hingegen fehlen eben diese Rahmenbedingungen, so dass bisher weder auf lokaler, noch auf regionaler oder staatlicher Ebene tragfähige Ansätze zur Lösung der Ressourcenprobleme vorhanden sind. Insbesondere herrschen trotz einiger Versuche in Richtung eines Integrierten Küstenzonenmanagements noch immer sektorale Politikansätze vor. Ob Co-Management-Ansätze hier, wie GOVAN (2003, S. 1) formuliert „another empty discourse of the technical elite" bleiben oder tatsächlich zur Stärkung der lokalen *comunidades* beitragen können, ist offen.

Als wichtigster Unterschied zwischen den beiden Untersuchungsräumen lässt sich abschließend die Ausgestaltung und praktische Umsetzung der Autonomie der indigenen Bevölkerung identifizieren. Daher bleibt letztlich festzuhalten, dass die komplexen Probleme des Ressourcenmanagements in den indigenen Untersuchungsräumen nicht losgelöst von der Dimension der Kontrolle von Territorium und Ressourcen betrachtet werden können. Zugleich könnte eine stärkere Berücksichtigung des nur noch zum Teil existenten traditionellen Managements von Meeresressourcen durchaus fruchtbare Ansätze bei der Neugestaltung von institutionellen Regelungen liefern, insbesondere bei staatlichen oder von externen Organisationen geplanten Konzepten. Diese berücksichtigen die traditionellen Strukturen bisher zu wenig, insbesondere die konkreten traditionellen Regelungen und Praktiken des Ressourcenmanagements. Solche traditionellen Institutionen können jedoch eine wertvolle Basis für neue Ansätze bilden, wie HICKEY & JOHANNES (2002) zeigen, denn auf ihrer Grundlage könnte eine bessere Einbettung in soziale und kulturelle Zusammenhänge erreicht werden.

6.2 Fazit

„La laguna es nuestra laguna madre."
(„Die Lagune ist unsere Mutterlagune." Mitglied des lokalen Altenrates, Bismuna,
Nicaragua, Übers. der Verf.).

„El mar es Mubilli, la abuela, hay que cuidarla."
(„Das Meer ist Mubilli, die Großmutter, wir müssen sie schützen." *Saila*, Kuna
Yala, Panama, Übers. der Verf.).

Indigenen Völkern ist es ein zentrales Anliegen, nicht nur ihre Rechte auf Territorium und Selbstbestimmung einzufordern, sondern – als integralen Bestandteil dieser Rechte – die Kontrolle über die Ressourcen zu sichern. Diese Forderung wird aus zweierlei Gründen als zentral angesehen: Zum einen sind Territorium, Identität und Ressourcen aus indigener Perspektive nicht voneinander getrennt zu betrachten, sondern stellen ein integriertes Ganzes dar, das in der indigenen Kultur und Spiritualität verankert ist. Das Konzept der Ressourcen, die einem Naturraum entnommen werden, ist aus indigener Sicht demnach nicht losgelöst von Kultur und Gesellschaft zu betrachten. Insofern überschneiden sich die indigenen Sichtweisen mit den Forderungen moderner wissenschaftlicher Ansätze nach der Integration ökologischer Aspekte in gesamtgesellschaftliche Zusammenhänge. Diese Perspektive schlägt sich nicht nur in den globalen indigenen Diskursen und einer sich transnational entwickelnden indigenen Identität nieder, die das spezifische Mensch-Umwelt-Verhältnis einschließt, sondern auch auf der lokalen Ebene der indigenen Gemeinschaften.

Wie anhand der beiden Untersuchungsräume gezeigt werden konnte, sind traditionelle Managementsysteme dort zum Teil noch vorhanden, verlieren jedoch an Effektivität. In beiden autonomen Regionen zeigen sich dabei in unterschiedlichem Maße auftretende Erscheinungen der Überfischung und der Degradation von marinen Ökosystemen, die das Überleben der indigenen Gemeinschaften langfristig in Frage stellen, denn die natürlichen Ressourcen bilden die Grundlage des Wirtschaftens und der Nahrungsversorgung. Dabei führen zum einen die ökonomischen, sozialen und kulturellen Transformationsprozesse im Zusammenspiel zu einer Schwächung der traditionellen Institutionen, die zunehmend von den indigenen Nutzern ignoriert werden. Parallel dazu entstehen aber auch neue Nutzungsformen, die von den traditionellen Institutionen nicht erfasst werden. Dabei gelingt es den lokalen Akteuren nur teilweise, rasch genug auf sich wandelnde Nutzungsmuster durch die Schaffung eigener Regelungen zu reagieren. Zugleich ergibt sich aber auch eine zunehmende Integration in andere Maßstabsebenen über das Zusammenwirken regionaler und zum Teil auch internationaler Handelsbeziehungen, in die lokale Nutzer eingebunden sind. Auf diesen Maßstabsebenen lassen sich die Ressourcen-

Vergleichende Schlussbetrachtung 347

probleme jedoch insbesondere an der Moskitia-Küste Nicaraguas nicht von den *comunidades* aus steuern.

Die Kuna verfügen allerdings mit ihren organisatorischen Strukturen im Rahmen der gesetzlich verankerten, vergleichsweise starken Autonomie über Instrumente, um Ressourcenprobleme auf der regionalen Ebene des Autonomiegebietes zu lösen. Dies gelingt zwar nicht immer, und auch in den neo-traditionellen Institutionen bestehen noch Lücken in Bezug auf marine Ressourcen, doch sind die Rahmenbedingungen als vergleichsweise günstig anzusehen. So geht es in Kuna Yala heute vor allem um die immer wieder neu zu diskutierende und auszuhandelnde Definition von Entwicklungszielen, die nicht ohne Widersprüche verläuft. Ein zentraler Punkt ist dabei die Frage, für welche Art des Umgangs der Gesellschaft mit dem Naturraum sich die Gemeinschaft entscheidet und in welchem Maße sie technische Neuerungen, neue Nutzungsformen, aber auch neue Konzepte und Lösungsansätze von außen integriert. Allerdings ist es den Kuna möglich, innerhalb des Freiraums der Autonomieregelung in einem dynamischen und offenen Prozess ein immer wieder neu zu bestimmendes Amalgam aus zu bewahrenden Institutionen einerseits und einer Anpassung an veränderte Bedingungen andererseits zu gestalten.

Für die Miskito geht es hingegen zunächst um grundlegendere Probleme der Auseinandersetzung mit dem Nationalstaat, die trotz der Autonomierechte noch immer auftreten und sich vor allem auch im Umgang mit Territorium und Ressourcen manifestieren. Solange diese Konflikte und die divergierenden Zielvorstellungen fortbestehen, bleiben Ansätze des Co-Managements vermutlich zum Scheitern verurteilt, wenn keine grundlegende Neubestimmung der Ziele des Ressourcenmanagements und der Nutzung des Naturraums auf politischer Ebene erfolgt. Die bestehenden Gesetze allein können ebenso wie die lokalen Ansätze nur in vergleichsweise geringem Maße zur Lösung der Ressourcenprobleme beitragen. Jedoch ist die Lösung dieser Probleme angesichts der Situation der Armut, der zunehmenden sozialen Probleme sowie der wachsenden Unsicherheit der Nahrungsmittelversorgung besonders dringlich.

Insgesamt lässt sich festhalten, dass innerhalb der indigenen Gemeinschaften durchaus ein hohes Potenzial zur kreativen Gestaltung von Institutionen des Ressourcenmanagements unter sich wandelnden Rahmenbedingungen vorhanden sein kann. Ohne eine Sicherung der territorialen Rechte und der Selbstbestimmung über die Ressourcen kann sich dieses Potenzial jedoch nur begrenzt entfalten. Zugleich bleiben die Handlungsoptionen der lokalen Gemeinschaften je nach dem Ausmaß der Einbindung in andere Maßstabsebenen in wirtschaftlicher und vor allem in politischer Hinsicht begrenzt. Umgekehrt garantieren auch die Autonomierechte ein nachhaltiges Management der Ressourcen durch indigene Völker nicht per se, sondern können nur als eine notwendige Rahmenbedingung unter verschiedenen anderen Faktoren angesehen werden.

7 Resumen

La relación entre pueblos indígenas y el medio ambiente está en el foco de investigaciones científicas bajo diferentes perspectivas. Al mismo tiempo, esta relación específica figura entre los aspectos centrales para definiciones y construcciones de identidades indígenas. Sin embargo, existen muchas comunidades indígenas que están experimentando procesos de cambio en sus sistemas productivos que a su vez tienen repercusiones sobre las relaciones hombre-ambiente. Estos procesos no sólo incluyen una creciente importancia de la producción para mercados externos, sino también pueden llevar a una degradación ecológica que trae consecuencias negativas para las comunidades. No obstante, éstas muchas veces contaban con sistemas tradicionales del manejo de recursos, que contribuían al aprovechamiento sostenible y que han sido estudiados en varios contextos bajo el término traditional ecological knowledge systems. Tales sistemas incluyen regulaciones, normas sociales y valores que sirven para determinar las formas y los niveles del uso de recursos.

El presente trabajo se dedica a explorar las transformaciones que se pueden observar en los sistemas de manejo de recursos marinos de dos pueblos indígenas de la Costa Caribe de America Central: Los Kuna de Panamá y los Miskito de Nicaragua. Los dos grupos están participando en una creciente inserción a un mercado orientado hacia la exportación de recursos marinos y se ven confrontados con problemas crecientes de sobrepesca. Los estudios de caso se basan en una investigación empírica realizada con una metodología cualitativa (entrevistas con 172 personas, observación participante). La aproximación teórica se refiere a conceptos de la ecología política con un enfoque en la función y la creación de instituciones en el manejo de recursos.

Los resultados sugieren que todavía se pueden identificar elementos de un sistema tradicional de manejo en las dos regiones estudiadas. Éste se basaba en reglas con una dimensión espiritual, como tabúes que prohiben el uso de ciertos animales o normas que sancionan el sobreuso de recursos por seres sobrenaturales, y también incluían reglas sociales y valores generales que limitaban el aprovechamiento. Aún así, se observa una pérdida de efectividad de estas instituciones. Al mismo tiempo, existen problemas ecológicos graves – como la destrucción de arrecifes por los Kuna en Panamá – que no están ligados a la comercialización, sino que ocurren independientemente y que no están inhibidos por el sistema tradicional del manejo.

La comparación de los dos estudios de caso permite identificar factores que promueven, y otros que dificultan los procesos de crear soluciones a nivel de las comunidades y regiones indígenas. Se presenta una gran diferencia en estos procesos que se debe en parte a aspectos culturales y sociales. Aún más importante es el marco político-administrativo dentro del cual los actores indígenas pueden actuar además que el nivel de presión sobre los recursos desde afuera. Otro aspecto importante es el papel que juegan actores externos, los cuales actúan en varias escalas espaciales. Particularmente en Nicaragua, los conflictos sobre recursos y sobre las condiciones de la comercialización representan un problema que los actores indígenas no logran resolver bajo las condiciones de una autonomía debilitada en un marco político poco favorable. En comparación, el caso de la región autónoma de los Kuna representa un caso parcialmente exitoso: Dentro del marco de una autonomía fuerte los Kuna han logrado minimizar conflictos con actores externos, mientras que se muestra un proceso dinámico de creación de instituciones nuevas operando a nivel de la región autónoma. Sin embargo, problemas graves como la destrucción de arrecifes quedan sin solución y todavía existe un vacío institucional que se explica en parte con el imagen del indígena ecologista, que obstruye la vista hacia los problemas producidos localmente. Sin embargo, los Kuna disponen de una ventaja para solucionar los problemas en forma autodeterminada: Cuentan un grupo de personas preparadas y un sistema de organización fuerte lo que facilita los procesos de aprendizaje social.

Abstract

Many Indigenous communities have been experiencing profound transformations regarding their traditional resource use systems. These are often linked to a shift from a subsistence economy to a market-oriented production which may result in ecological degradation due to intensified resource use and a lack of regulation. At the same time, man-environment relationships play a central role in Indigenous peoples' dynamic constructions of identities. This study focuses on the transformations that marine resource use systems undergo in communities of two groups on Central America's Caribbean coast: the Kuna (Panama) and Miskito (Nicaragua), both of which are confronting processes of overfishing after a shift towards an export-oriented production. The results of the study reveal that the traditional institutional system regulating resource use on the basis of spiritual concepts and social norms within the communities is eroding, while external solutions to resource problems remain largely ineffective. However, the Kuna people – due to positive conditions such as a strong semi-autonomy, a high level of organization and a group of skilled actors – are constantly creating their own institutional solutions. But while some of these prove to be effective, there remain voids for some of the most pressing ecological problems produced locally such as coral reef destruction. The Miskito people, in contrast, are mainly confronting external resource use conflicts for the solution of which the current autonomy status does not provide adequate options for action on the scales involved.

8 Literaturverzeichnis

ACHESON, J. M. (1981): Anthropology of Fishing. In: Annual Review of Anthropology 10, S. 275-316.

ACOSTA, M. L. (2002): Análisis Jurídico Sobre la Compra-Venta de los Cayos Perlas. In: Wani–Revista del Caribe 29 (Managua), S. 38-49.

ACOSTA, M. L. (2003): Legislación y Papel Institucional del Estado en la Problemática de los Trabajadores del Buceo en la Costa. In: Wani–Revista del Caribe 34 (Managua), S. 53-75.

ACOSTA, M. L. (2004): El Derecho de los Pueblos Indígenas al Aprovechamiento Sostenible de sus Bosques. El Caso de la Comunidad Mayangna (Sumo) de Awas Tingni. Managua.

ACOSTA, M. L. (2005): Comentarios a la Iniciativa de la Ley de Buzos. In: Revista Visión Costeña vom 6.9.2005. URL: http://www.visioncostena.com.ni/revista/jun05/tema2.htm (Stand: 06.09.2005).

ADPESCA (Administración Nacional de Pesca y Acuicultura) (2002): Diagnóstico de la Actividad Pesquera y Acuícola 2002. Managua. URL: http://www.mific.gob.ni:81/docushare/dsweb/get/document-964/diagnostico+de+la+actividad+pesquera+artesanal.pdf (Stand: 14.11.2006).

ADPESCA (Administración Nacional de Pesca y Acuicultura) (2005): Anuario Pesquero y Acuícola 2005. Managua. URL: http://www.mific.gob.ni:81/docushare/dsweb/Get/Document-91/anuario+de+pesquero+y+acuicola%2c++2005.pdf (Stand: 14.11.2006).

AEK/PEMASKY (1990): Comarca de la Biósfera de Kuna Yala. Plan General de Manejo y Desarrollo. Resúmen Ejecutivo, Fase I, Corregimiento No. 1, San Blas Panamá. Panama (unveröffentlichter Bericht).

AEK/PEMASKY (2003): Plan Ambiental Marino-Costero. Kuna Yala, Panama (unveröffentlichtes Projektdokument).

AGRAWAL, A. (1995): Indigenous and scientific knowledge: some critical comments. In: Indigenous Knowledge Monitor 3 (3). URL: http://www.nuffic.nl/ciran/ikdm/3-3/articles/agrawal.html (Stand: 05.04.2002).

ALBA, F. (1987): Los „Kalu" de Kuna Yala, para la Conservación de Vida Silvestre. In: Sapi Garda, Revista Trimestral, 2 (1) (Panama), S. 23.

ALEMANCIA, J. Q. (2000): Die Autonomie der Kuna. In: ARROBO RODAS, N. & E. STEFFENS (Hrsg.): Abia Yala zwischen Befreiung und Fremdherrschaft. Der Kampf um Autonomie der indianischen Völker Lateinamerikas. Aachen/Mainz, S. 41-64.

ALONSO, M. M. (2005): Crises and Ruptures in the Indigenous Movement. IWGIA (International Work Group for Indigenous Affairs, Kopenhagen). URL: http://iwgia.inforce.dk/graphics/Synkron-Library/Documents/Noticeboard/Articles/Crisis-LAmovement.htm (Stand: 15.12.2005).

ALPER, J. (1998): Smithsonian Field Station Gets the Boot. In: Science 280, S. 1340.

ALVARADO, E. (1995): El valor del ambiente en los Kunas desde una perspectiva de género. San José (Costa Rica).
ANAM (Autoridad Nacional del Ambiente) (o. J.): Legislación. URL: http://www.anam.gob.pa/Legislacion/legislacion.htm (Stand: 1.9.2002).
ANDERSON, E. N. (1994): Fish as Gods and Kin. In: DYER, C. L. & J. R. MCGOODWIN (Hrsg.): Folk Management in the World's Fisheries: Lessons for Modern Fisheries Management. Colorado, S. 139-160.
ANDRÉFOUËT, S. & H. M. GUZMÁN (2005): Coral reef distribution, status and geomorphology-biodiversity relationship in Kuna Yala (San Blas) archipelago, Caribbean Panama. In: Coral Reefs 24, S. 31-42.
APPADURAI, A. (1996): Modernity at Large: Cultural Dimensions of Globalization. Minneapolis/London.
Arbeitsgruppe der CIDCA (1987): Vom Rio Coco nach Tasba Pri. Chronik einer gescheiterten Umsiedlung. In: MESCHKAT, K., E. VON OERTZEN, E. RICHTER, L. ROSSBACH & V. WÜNDERICH (Hrsg.): Mosquitia: Die andere Hälfte Nicaraguas. Über Geschichte und Gegenwart der Atlantikküste. Hamburg, S. 219-253.
ARCHIBOLD, G. (1992): Pemasky in Kuna Yala: Protecting Mother Earth...and her Children. In: BARZETTI, V. & Y. ROVINSKI (Hrsg.): Toward a Green Central America: Integrating Conservation and Development. West Hartford, S. 21-33.
ARCHIBOLD, G. & S. DAVEY (1993): Kuna Yala: Protecting the San Blas of Panama. In: KEMF, E. (Hrsg.): The Law of the Mother: Protecting Indigenous Peoples in Protected Areas. San Francisco, S. 92-57.
ARIAS, M. (2005): Bosques, Pueblos Indígenas y política forestal en Panamá: una evaluación de la implementación nacional de normas y compromisos internacionales sobre conocimiento tradicional relacionado con los bosques y asuntos conexos. International Alliance, URL: http://www.international_alliance.org/documents/panama_esp_full.doc (Stand: 23.09.2005).
AROSEMENA, D. & R. A. RUIZ (1986): Tortugas marinas en la Comarca de San Blas, Panama: observaciones de la reproducción, habitat, aspectos socio-económicos y culturales. In: Sapi Garda, Revista Trimestral 1 (1) (Panama), S. 7-14.
Asamblea General de Naciones Indígenas (2004): Preceptos esenciales de la Nación Comunitaria Moskitia para garantizar su existencia, la protección de la naturaleza y armonía con otras culturas. In: Wani – Revista del Caribe 36 (Managua), S. 82-85.
Asamblea Nacional de la República de Nicaragua (1987): Estatuto de la Autonomía de las Regiones de la Costa Atlántica de Nicaragua. URL: http://www.asamblea.gob.ni/ (Stand: 20.11.2006).
Asamblea Nacional de la República de Nicaragua (1996): Ley 217. Ley General del Medio Ambiente y los Recursos Naturales. URL: http://www.asamblea.gob.ni/ambien1.html (Stand: 08.01.1999).

Asamblea Nacional de la República de Nicaragua (2003): Ley 445. Ley del Régimen de Propiedad Comunal de los Pueblos Indígenas y Comunidades Étnicas de las Regiones Autónomas Atlánticos. URL: http://www.presidencia.gob.ni/buscador_gaceta/BD/LEYES/2003/Regimen%20de%20Propiedad%20Comunal%20de%20Pueblos%20Indigenas-LEY%20445.pdf (Stand: 01.10.2006).

Asamblea Nacional de la República de Nicaragua (2004): Ley No. 489. Ley de Pesca y Acuicultura. URL: http://www.mific.gob.ni:81/docushare/dsweb/View/Collection-175 (Stand: 10.11.2006).

ASWANI, S. (1998): Patterns of marine harvest effort in southwestern New Georgia, Solomon Islands: resource management or optimal foraging? In: Ocean & Coastal Management 40, S. 207-235.

ATTESLANDER, P. (1993): Methoden der empirischen Sozialforschung. Berlin/New York.

BACKHAUS, N. (1998): Meeresnutzung auf Bali: Optionen oder Entschränkungen für Unterpriveligierte durch Globalisierung? In: Die Erde 129, S. 273-284.

BARKER, M. L. & D. SOYEZ (1994): Think Locally–Act Globally?: The Transnationalization of Canadian Resource-Use Conflicts. In: Environment 36 (5), S. 12-20 u. 32-36.

BASTIDAS LÓPEZ, H. & A. SANTOS BAKER (1994): Impacto de la Acción Conservacionista de Pemasky en el Área Silvestre ubicada dentro de la Comarca y reserva indígena de San Blas. Panama (unveröffentlichte Abschlussarbeit, Universidad de Panamá).

BATZIN, C. (2006): El Desarrollo Humano y los Pueblos Indígenas. ECLAC (Economic Commission for Latin America and the Caribbean), URL: http://www.eclac.org/publicaciones/xml/5/23525/notas79-cap3.pdf (Stand: 01.12.2006).

BECKER, E., T. JAHN & I. STIESS (1999): Exploring Uncommon Ground: Sustainability and the Social Sciences. In: BECKER, E. & T. JAHN (Hrsg.): Sustainability and the Social Sciences: A cross-disciplinary aproach to integrating environmental considerations into theoretical reorientation. London/New York, S. 1-22.

BEGOSSI, A. & F. M. DE SOUZA BRAGA (1992): Food taboos and folk medicine among fishermen from the Tocantins River (Brazil). In: Amazoniana XII (1), S. 101-118.

BELL, C. N. (1862): Remarks on the Mosquito Territory, its Climate, People, Productions, &c., &c., with a Map. In: Journal of the Royal Geographic Society 32, S. 242-268.

BENDER, A., W. KÄGI & E. MOHR (1998): Sustainable Open Access: Fishing and Informal Insurance in Ha'apai, Tonga. St. Gallen (IWÖ-Discussion Papers 711).

BERKES, F. (1987): Common-Property Resource Management and Cree Indian Fisheries in Subarctic Canada. In: MCCAY, B. & J. M. ACHESON (Hrsg.): The Question of the Commons: The Culture and Ecology of Communal Resources. Tucson, S. 66-91.

BERKES, F. (Hrsg.) (1989): Common Property Resources: Ecology and Community-Based Sustainable Development. London.

BERKES, F. (1993): Traditional Ecolocial Knowledge in Perspective. In: INGLIS, J. T. (Hrsg.): Traditional Ecolocical Knowledge: Concepts and Cases. Ottawa, S. 1-9.

BERKES, F. (1999): Sacred Ecology: Traditional Ecological Knowledge and Resource Management. Philadelphia/London.
BERKES, F. & C. FOLKE (1994): Linking Social and Ecological Systems for Resilience and Sustainability. Background Paper and Framework for Subproject 9 of the Research Program on Property Rights and the Performance of Natural Resource Systems. Stockholm.
BERKES, F., C. FOLKE & M. GADGIL (1995): Traditional Ecological Knowledge, Biodiversity, Resilience and Sustainability. In: PERRINGS, C. A., K.-G. MÄLER, C. FOLKE, C. S. HOLLING & B.-O. JANSSON (Hrsg.): Biodiversity Conservation: Problems and Policies. Dordrecht, S. 281-300.
BERKES, F., R. MAHON, P. MCCONNEY, R. POLLNAC & R. POMEROY (2001): Managing Smallscale Fisheries: Alternative Directions and Methods. IDRC (International Development Research Center), URL: http://www.idrc.ca/books/focus/943/chap1.htm (Stand: 24.06.2003).
BIRKELAND, C. (1997): Life and Death of Coral Reefs. New York.
BLAIKIE, P. (1995): Understanding environmental Issues. In: MORSE, S. & M. STOCKING (Hrsg.): People and the Environment. London, S. 1-30.
BLAIKIE, P. (1999): A Review of Political Ecology. Issues, Epistemology and Analytical Narratives. In: Zeitschrift für Wirtschaftsgeographie 43 (3-4), S. 131-147.
BLAIKIE, P. & H. BROOKFIELD (1987): Land Degradation and Society. New York.
BMU (Bundesministerium für Umwelt, Naturschutz und Reaktorsicherheit) (2003): Biodiversity and Tourism. The Case for the Sustainable Use of the Marine Resources of Kuna Yala, Panama. Bonn.
BODLEY, J. H. (1983): Der Weg der Zerstörung. Stammesvölker und die industrielle Zivilisation. München.
BOGNER, A. & W. MENZ (2005): Das theoriegenerierende Experteninterview. Erkenntnisinteresse, Wissensformen, Interaktion. In: BOGNER, A., B. LITTIG & W. MENZ (Hrsg.): Das Experteninterview. Theorie, Methoden, Anwendung. 2. Auflage, Wiesbaden, S. 33-70.
BOHLE, H.-G. (2001): Neue Ansätze der geographischen Risikoforschung: Analyserahmen zur Bestimmung nachhaltiger Lebenssicherung von Armutsgruppen. In: Die Erde 132, S. 119-140.
BÖKEMEIER, R. & M. FRIEDEL (1984): Verlorene Menschen. Begegnungen mit Völkern, die es morgen nicht mehr gibt. Hamburg.
BORRINI-FEYERABEND, G., M. TAGHI FARVAR, J. C. NGUINGUIRI & V. A. NDANGANG (2000): Co-Management of Natural Resources: Organising, Negotiating and Learning-by-Doing. GTZ and IUCN, Heidelberg.
BRADFORD, D., R. VERNOOY, P. CHRISTIE, R. GARTH, B. GONZÁLEZ, M. HOSTETLER, O. MORALES, B. SIMMONS, E. TINKAM & N. WHITE (2000): Working with the People: Lessons Learned. In: CHRISTIE, P., D. BRADFORD, R. GARTH, B. GONZÁLEZ, M. HOSTETLER, O. MORALES, R. RIGBY, B. SIMMONS, E. TINKAM, G. VEGA, R. VERNOOY & N. WHITE

(Hrsg.): Taking Care of What We Have. Participatory Natural Resource Management on the Caribbean Coast of Nicaragua. Managua/Ottawa, S. 145-156.

BREIT, H., A. ENGELS, T. MOSS & M. TROJA (Hrsg.): How Institutions Change: Perspectives on Social Learning in Global and Local Environmental Contexts. Opladen.

BREIT, H. & M. TROJA (2003): Institutional Change and Social Learning in Environmental Contexts: An Introduction. In: BREIT, H., A. ENGELS, T. MOSS & M. TROJA (Hrsg.): How Institutions Change: Perspectives on Social Learning in Global and Local Environmental Contexts. Opladen, S. 13-30.

BRESLIN, P. & M. CHAPIN (1984): Conservation Kuna-Style. In: Grassroots Development 8 (2), S. 26-35.

BROMLEY, D. W. (1992): The Commons, Common Property, and Environmental Policy. In: Environmental and Resource Economics 2 (1), S. 1-17.

BROMLEY, D. W. & M. M. CERNEA (1992): The management of common property natural resources: some conceptual and operational fallacies. Washington D. C. (World bank discussion papers 57).

BRONSTEIN, A. (1998): Hacia el reconocimiento de la identidad y de los derechos de los pueblos indígenas en América Latina: Síntesis de una evolución y temas para reflexión. OIT (Organización Internacional del Trabajo, ILO), URL: http://www.oit.or.cr/mdtsanjo/indig/bronste.htm (Stand: 26.08.2005).

BROWN, B., R. P. DUNNE & T. P. SCOFFIN (1995): Coral rock extraction in the Maldives, Central Indian Ocean – limiting the damage. In: Coral Reefs 14 (4), S. 236.

BRYANT, R. L. (1997): Beyond the Impasse: The Power of Political Ecology in Third World Environmental Research. In: Area 29 (1), S. 5-19.

BRYANT, R. L. (1999): A Political Ecology for Developing Countries? Progress and Paradox in the Evolution of a Research Field. In: Zeitschrift für Wirtschaftsgeographie 43 (3-4), S. 148-157.

BRYANT, D., L. BURKE, J. MCMANUS & M. SPALDING (1998): Reefs at Risk: a Map-Based Indicator of Threats to the World's Coral Reefs. Washington D. C.

BRYSK, A. (2000): From Tribal Village to Global Village: Indian Rights and International Relations in Latin America. Stanford.

BUDKA, P. (2004): Indigene Widerstandsbewegungen im Kontext von Globalisierung und Informations- und Kommunikationstechnologien. Das Fallbeispiel der EZLN in Mexiko. In: Journal für Entwicklungspolitik 1, S. 33-44.

BUDKA, P. & M. KREMSER (2004): CyberAnthropology–Anthropology of CyberCulture. In: KHITTEL, S., B. PLANKENSTEINER & M. SIX-HOHENBALKEN (Hrsg.): Contemporary Issues in Socio-Cultural Anthropology: Perspectives and Research Activities from Austria.Wien, S. 213-226. URL: http://www.philbu.net/media-anthropology/Budka_Kremser_Cyberanthro.pdf (Stand: 30.08.2005).

BURGER, J. (1991): Die Wächter der Erde: Vom Leben sterbender Völker. Gaia Atlas. Reinbek bei Hamburg.

BURGER, J. (1994): Die Rechte indigener Völker. Der Deklarationsentwurf der Vereinten Nationen. In: CECH, D., E. MADER & S. REINBERG (Hrsg.): Tierra – Indigene Völker, Umwelt und Recht. Frankfurt a. M./Wien, S. 9-16.
BURKE, L. & J. MAIDENS (2004): Reefs at Risk in the Caribbean. World Resources Institute, Washington D. C.
BUVOLLEN, H. P. & H. ALMQUIST BUVOLLEN (1994): Demografía de la RAAN. In: Wani – Revista del Caribe Nicaragüense 15 (Managua), S. 5-19.
CADDY, E. (1998): Indigenous Environmental Perspectives and Resource Management Contexts: The Case of North-Eastern Nicaragua. Vancouver (unveröffentlichte Dissertation, University of British Columbia).
CAILLAUD, A., S. BOENGKIH, E. EVANS-ILLIDGE, J. GENOLAGANI, P. HAVEMANN, D. HENAO, E. KWA, D. LLEWELL, A. RIDEP-MORRIS, J. ROSE, R. NARI, P. SKELTON, R. SOUTH, R. SULU, A. TAWAKE, B. TOBIN, S. TUIVANUAVOU & C. WILKINSON (2004): Tabus or not Taboos? How to use traditional environmental knowledge to support sustainable development of marine reources in Melanesia. In: SPC Traditional Marine Resource Management and Knowledge Information Bulletin 17, S. 14-35.
CALPI (Centro de Asistencia Legal a Pueblos Indígenas) (2003): Caso Francisco Garcia Valle – un Crimen Político. Bluefields, Nicaragua (Informationsschrift der Organisation CALPI vom 15.12.2003). URL: http://www.calpi.nativeweb.org (Stand: 15.12.2003).
CALVO BUEZAS, T. (1990): Indios Cunas: La Lucha por la Tierra y la Identidad. Madrid.
CANO SCHÜTZ, A. (2005): Los Raizales Sanandresanos. Realidades Étnicas y Discurso Político. Centro de Medios Independientes de Colombia, URL: http://colombia.indymedia.org/print.php?id=25465 (Stand: 30.03.2006).
CARDENAL SEVILLA, L. (2000): La acción humana agravando el riesgo. In: INCER BARQUERO, J., J. WHEELOCK ROMÁN, L. CARDENAL SEVILLA & A. C. RODRÍGUEZ (Hrsg.): Desastres naturales de Nicaragua. Guia para conocerlos y prevenirlos. Managua, S. 171-211.
CARNEVALI, J. A. (2005): Noticias e Información Pública: Enfoque Américas. Organización Panamericana de Salud (OPS), URL: www.paho.org/Spanish/DD/PIN/especial_050818.htm (Stand: 28.11.2006).
CARPENTER, S. R., W. A. BROCK & D. LUDWIG (2002): Collapse, Learning, and Renewal. In: GUNDERSON, L. H. & C. S. HOLLING (Hrsg.): Panarchy: Understanding Transformations in Human and Natural Systems. Washington u. a., S. 173-193.
CASTILLO, A. & H. A. LESSIOS (2001): Lobster Fishery by the Kuna Indians in the San Blas Region of Panama (Kuna Yala). In: Crustaceana 74 (5), S. 459-475.
CASTILLO, G. (2001): La Agricultura de „nainu" entre los Kunas de Panamá: Una Alternativa para el Manejo de Bosques Naturales. In: Etnoecológica 6 (8), S. 84-99. URL: www.etnoecologica.org.mx (Stand: 10.06.2006).

CASTILLO, G. & J. W. BEER (1983): Utilización del Bosque y de Sistemas Agroforestales en la Región de Gardi, Kuna Yala (San Blas, Panamá). Centro Agronómico Tropical de Investigaciones y Enseñanza. Turrialba (Costa Rica).
CASTILLO DÍAZ, B. D. (1999): Abisua y la Identidad Kuna. In: Onmaked 5 (8) (Panama), S. 15-18.
CATTLE, D. J. (1976): Dietary Diversity and Nutritional Security in a Coastal Miskito Indian Village, Eastern Nicaragua. In: HELMS, M. W. & F. O. LOVELAND (Hrsg.): Frontier Adaptations in Lower Central America. Philadelphia, S. 117-130.
CCNIS (Consejo Coordinador Nacional Indígena Salvadoreño), Tierras Nativas & CONCULTURA (1999): Memoria. Segunda Jornada Indígena Centroamericana sobre Tierra, Medio Ambiente y Cultura. San Salvador.
CHAPIN, M. (1975): Comments and Addendum. In: HOWE, J.: Notes on the Environment and Subsistence Practices of the San Blas Cuna. O. Ort, S. 53-60 und 64-65 (Working Papers on Peoples and Cultures of Central America 1, unveröffentlichtes Manuskript).
CHAPIN, M. (1985): Udirbi: An Indigenous Project in Environmental Conservation. In: MACDONALD, T. (Hrsg.): Native Peoples and Economic Development: Six Case Studies from Latin America. Cultural Survival 16, S. 39-53.
CHAPIN, M. (1989): Pab Igala: Historias de la Tradición Kuna. Quito (Colección 500 Años, 5).
CHAPIN, M. (1991): Losing the Way of the Great Father. In: New Scientist 10, S. 40-44.
CHAPIN, M. (1993): Recuperación de las costumbres ancestrales: El saber tradicional y la ciencia occidental entre los Kunas de Panamá. In: KLEYMEYER, C. D. (Hrsg.): La expresión cultural y el desarrollo de base. Arlington/Quito, S. 133-160.
CHAPIN, M. (1995): Epilogue. In: VENTOCILLA, J., H. HERRERA & V. NUÑEZ (Hrsg.): Plants and Animals in the Life of the Kuna. Austin, S. 115-119.
CHAPIN, M. (2006): Mapping Indigenous Lands: Issues & Considerations. University of California, Berkeley. URL: http://globetrotter.berkeley.edu/EnvirPol/ColloqPapers/Chapin2006.pdf (Stand 1.12.2006).
CHAPIN, M. & P. R. JUTRO (1998): Native Coral. In: Science 281, S. 1808-1809.
CHAPIN, M. & B. THRELKELD (2001): Indigenous Landscapes: A Study in Ethnocartography. Arlington.
CHARNLEY, S. & C. DE LEÓN (o. J.): Uso de Recursos Sylvestres en Kuna Yala Occidental. Avance de Informe presentado al Proyecto PEMASKY. Panama (unveröffentlichtes Manuskript).
CHRISTIE, P., D. BRADFORD, R. GARTH, B. GONZÁLEZ, M. HOSTETLER, O. MORALES, R. RIGBY, B. SIMMONS, E. TINKAM, G. VEGA, R. VERNOOY & N. WHITE (Hrsg.) (2000): Taking Care of What We Have. Participatory Natural Resource Management on the Caribbean Coast of Nicaragua. Managua/Ottawa.
CICIN-SAIN, B. & R. W. KNECHT (1998): Integrated Coastal and Ocean Management: Concepts and Practices. Washington D. C.

CIPA (Centro de Investigaciones Pesqueras y Acuícolas) (2005): Guía Indicativa – Nicaragua y el sector pesquero. Managua. URL: http://www.mific.gob.ni:81/docushare/dsweb/Get/Document-97/GUIA+INDICATIVA%2C+NICARAGUA+Y+EL+SECTOR+PESQUERO+2004.pdf (Stand: 14.11.2006).

CIRIACY-WANTRUP, S. V. & R. C. BISHOP (1975): „Common property" as a concept in natural resources policy. In: Natural Resources Journal 15, S. 713–727.

CITES (Convention on International Trade in Endangered Species of Wild Fauna and Flora) (2001): Ohne Titel. URL: http://www.cites.org (Stand: 11.10.2006).

COATES, A. G. (Hrsg.) (1997): Central America: A Natural and Cultural History. New Haven/London.

COATES, K. S. (2004): A Global History of Indigenous Peoples: Struggle and Survival. New York.

COLCHESTER, M. (2003): Indigenous peoples and protected areas: rights, principles and practice. In: CHATTY, D. (Hrsg.): Nomadic Peoples NS 7 (1), S. 33-51.

COLDING, J. & C. FOLKE (1997): The Relations Among Threatened Species, Their Protection, and Taboos. In: Conservation Ecology [online] 1 (1), S. 6. URL: http://www.consecol.org/vol1/iss1/art6 (Stand: 12.07.2000).

COLDING, J. & C. FOLKE (2001): Social Taboos: „Invisible" systems of local resource management and biological conservation. In: Ecological Applications 11 (2), S. 584-600.

Comisión Del Atlas De Panamá (Hrsg.) (1975): Atlas Nacional de Panamá. Panama.

Congreso General Kuna (1994): Comunicado del Congreso General. 12. Juni 1994, Tuvualá, Kuna Yala. Panama (unveröffentlichtes Dokument).

Congreso General Kuna (1998): Informe Final: Proyecto de Desarrollo Sostenible en Kuna Yala. Panama (unveröffentlichtes Dokument).

Congreso General Kuna (2001): Anmar Igar – Normas Kunas. Kuna Yala, Panama.

Congreso General Kuna (2003): Llamamiento al Pueblo Kuna y al País. Panama (elektronisch verschickte Stellungnahme).

Congreso General Kuna (2006): Comarca Kuna Yala. URL: http://www.congresogeneralkuna.org (Stand: 01.12.2006).

CONKLIN, B. A. & L. R. GRAHAM (1995): The Shifting Middle Ground: Amazon Indians and Eco-Politics. In: American Anthropologist 97 (4), S. 695-710.

Consejo de Ancianos (1998): Consejo de Ancianos de la Nación Moskitia. URL: http://www.puebloindio.org/moskitia/consejo.htm (Stand: 31.08.1999).

Contraloría General de la República (1964): Población Indígena. Censos Nacionales de Población y Vivienda. Panama.

Contraloría General de la República (1998): Compendio Estadístico: Comarca de San Blas (Kuna Yala) Años 1992-1996. Dirección de Estadística y Censo. Panama.

Contraloría General de la República (2000): Censos Nacionales. X de Población y VI de Vivienda. Resultados Finales Básicos: Totales del País. Dirección de Estadística y Censo. Panama.

Contraloría General de la República (2001a): Censos Nacionales. X de Población y VI de Vivienda. Volumen I–Tomo 2: Lugares Poblados de la República. Dirección de Estadística y Censo. Panama.

Contraloría General de la República (2001b): Censos Nacionales. X de Población y VI de Vivienda. Volumen II–Población. Dirección de Estadística y Censo. Panama.

Contraloría General de la República (2005): Comercio Exterior. URL: http://www.contraloria.gob.pa/dec/ListaTemas04.aspx?ID2=40&N2=Sector%20Externo&ID4=4010 (Stand: 01.09.2006).

Conzemius, E. (1932): Ethnographical Survey of the Miskito and Sumu Indians of Honduras and Nicaragua. Washington (Smithsonian Institution Bulletin 106).

Cooke, R. (1997): The Native Peoples of Central America During Precolumbian and Colonial Times. In: Coates, A. G. (Hrsg.): Central America: A Natural and Cultural History. New Haven/London, S. 137-176.

Cooke, R. & L. A. Sánchez (2003): Panamá prehispanico: tiempo, ecología y geografía política (una brevísima síntesis). In: Revista Istmo 7. URL: http://www.denison.edu/collaborations/istmo/articulos/tiempo (Stand: 11.01.2004).

Corredor Biológico Mesoamericano (2003): Estado Actual del Co-Manejo en Mesoamérica. Serie Técnica 08, Managua, Nicaragua. URL: http://www.biomeso.net/GrafDocto/comanejo.pdf (Stand: 10.10.2006).

Costanza, R., B. S. Low, E. Ostrom & J. A. Wilson (2001): Ecosystems and human systems: a framework for exploring the linkages. In: Costanza, R., B. S. Low, E. Ostrom & J. A. Wilson (Hrsg.): Institutions, ecosystems, and sustainability. Boca Raton u. a., S. 3-20.

Costello, R. W. (1983): Congreso Politics in an Urban Setting: A Study of Cuna Political Process. In: Bort, J. R. & M. Helms (Hrsg.): Panama in Transition: Local Reactions to Development Policies. Columbia, S. 91-100 (Monographs in Anthropology, No. 6, University of Missouri).

Cox, A. (o. J.): Liwa. In: Fundación Wangki Luhpia (Hrsg.): La voz de los hijos del Wangki. Wangki Luhpia nini bila baikra. Waspám (Nicaragua), S. 60-61.

Cox, A. (1998): Cosmovisión de los Pueblos de Tulu Walpa–Según relatos de los sabios ancianos miskitos. Managua.

Coy, M. (2001): Institutionelle Regelungen im Konflikt um Land–Zum Stand der Diskussion. In: Geographica Helvetica 56 (1), S. 28-33.

Currle, J., B. Dixon, M. Potthast, R. Reinhardt, S. Schukat & A. Steinschen (1999): Posibilidades de protección sostenible de áreas protegidas con la participación de etnias indígenas: un estudio de caso de la Reserva de Biosfera BOSAWAS, Nicaragua. Puerto Cabezas/Berlin (Schriftenreihe des Seminars für Ländliche Entwicklung S 181).

Dampier, W. (1697/1998): A New Voyage Around the World–The Journal of an English Buccaneer. London (Neuausgabe des Originals von 1697).

DANDLER, J. (1994): Für eine juristische Grundlage ethnischer Vielfalt. In: DANDLER, J., J. R. HERNÁNDEZ PULIDO & L. SWEPSTON: Rechte indigener Völker: Zur Konvention 169 der OIT. Kassel, S. 1-14 (Entwicklungsperspektiven 50).

DAVIS, A. & S. JENTOFT (2001): The challenge and the promise of indigenous people's fishing rights – from dependency to agency. In: Marine Policy 25, S. 223-237.

DE GERDES, M. L. (1997): Kuna Migration into Urban Areas. In: SALVADOR, M. L. (Hrsg.): The Art of Being Kuna: Layers of Meaning among the Kuna of Panama. Los Angeles, S. 311-321.

DE ORO SOLORZANO, F. (1992): La colonización inglesa de la Costa Caribe de Nicaragua, 1633-1787. In: ROMERO, G., F. DE ORO SOLORZANO, M. RIZO ZELEDÓN, M.MEMBREÑO IDIÁQUEZ, A. CASTEGNARO DE FOLETTI, J. AVILÉS & B. MUÑOZ. (Hrsg.): Persistencia Indígena en Nicaragua. Managua, S. 31-58.

DE SMIDT, L. S. (1948): Among the San Blas Indians of Panama: Giving a Description of their Manners, Customs and Beliefs. New York.

Declaración de la Conferencia del Milenio de los Pueblos Indígenas (2001): Declaración de la Conferencia del Milenio de los Pueblos Indígenas. URL: http://www.analitica.com/va/internacionales/document/4349973.asp (Stand: 10.12.2005).

Declaración del Pueblo Kuna de Panamá (2003): Declaración. Panama (unveröffentlichtes Manuskript).

DEFRANCESCHI, P. (o. J.): ILO-169: Indigene Völker und ihr Menschenrechtsschutz zentriert auf die ILO-Konvention Nr. 169. Gesellschaft für bedrohte Völker, URL: http://www.gfbv.it/3dossier/diritto/ilo169-pd.html (Stand: 25.08.2005).

DENNIS, P. A. (2003): Cocaine in Miskitu Villages. In: Ethnology 42 (2), S. 161-72.

DENNIS, P. A. (2004): The Miskitu People of Awastara. Austin.

DIEKMANN, A. (2005): Empirische Sozialforschung: Grundlagen, Methoden, Anwendungen. Reinbek bei Hamburg.

DIETL, H. (1993): Institutionen und Zeit. Tübingen.

DIETZ, G. (2000): Comunidades Indígenas y Movimientos Étnicos en Mesoamérica: Una Revisión Bibliográfica. In: Boletín Americanista 50, S. 15-38.

DODDS, D. (2001): The Miskito of Honduras and Nicaragua. In: STONICH, S. (Hrsg.): Endangered Peoples of Latin America: Struggles to Survive and Thrive. Westport, S. 87-99.

DONOSO, S. T. (1993): Regimen de Propiedad de Pueblos Indígenas. Panama.

DOUGLAS, M. (1966): Purity and danger: An analysis of concepts of pollution and taboo. London.

DOUGLAS, M. (1991): Wie Institutionen denken. Frankfurt a. M.

DOZIER, C. (1985): Nicaragua's Mosquito Shore : the years of British and American presence. Alabama.

DREHER, K. (1995): Die Arbeitsgruppe indigener Völker bei der UNO: Partnerschaft oder Konfrontation? München.

DÜNCKMANN, F. (1999): Naturschutz und kleinbäuerliche Landnutzung im Rahmen Nachhaltiger Entwicklung: Untersuchungen zu regionalen und lokalen Auswirkungen von umweltpolitischen Maßnahmen im Vale do Ribeira, Brasilien. Kiel (Kieler Geographische Schriften 101).

DÜNCKMANN, F. & V. SANDNER (2003): Naturschutz und autochthone Bevölkerung: Betrachtungen aus der Sicht der Politischen Ökologie. In: Geographische Zeitschrift 91 (2), S. 75-94.

DURHAM, W. H. (1995): Political Ecology and Environmental Destruction in Latin America. In: PAINTER, M. & W. H. DURHAM (Hrsg.): The Social Causes of Environmental Destruction in Latin America. Ann Arbor, S. 249-264.

DÜRR, H. (2000): Editorial: Das Leitthema „Institutionelle Regelungen im Entwicklungsprozess". In: Geographischer Arbeitskreis Entwicklungstheorien (Hrsg.): Institutionelle Regelungen im Entwicklungsprozess. Texte zur Vorbereitung (Reader). Bochum/Zürich, S. 1-6 (unveröffentlichte Textsammlung).

DURRENBERGER, E. P. & G. PÁLSSON (1987): Ownership at sea: fishing territories and access to sea resources. In: American Ethnologist 14, S. 508-522.

DYER, C. L. & J. R. MCGOODWIN (Hrsg.) (1994): Folk Management in the World's Fisheries: Lessons for Modern Fisheries Management. Colorado.

EARLE, S. A. (1972): A Review of the Marine Plants of Panamá. In: JONES, M. L. (Hrsg.): The Panamic Biota: Some Observations prior to a Sea-level Canal. Bulletin of the Biological Society of Washington 2, S. 69-88.

ECOSOC (Department of Economic and Social Affairs) (2002): Indigenous Issues: Human rights and indigenous issues. URL: http://www.daccessdds.unorg/doc/UNDOC/GEN/GO2/106/29/PDF/G0210629.pdf (Stand: 18.01.2006).

ECOSOC (Department of Economic and Social Affairs) (2004): Workshop on Data Collection and Disaggregation for Indigenous Peoples, New York 2004. URL: http://www.un.org/esa/socdev/unpfii/pfii/Datacoll%20(World%20Bank)%20english.htm (Stand: 13.09.2005).

EHRHARDT, N. M. (2006): Estudio Integral sobre la Pesquería Langosta del Mar Caribe. Informe Final. SICA (Sistema de la Integración Centroamericana), URL: www.sica.int/busqueda/busqueda_archivo.aspx?Archivo=odoc_11368_1_08112006.pdf (Stand: 28.11.2006).

EIKELAND, S. (1998): Flexibility in the Fishing Commons. In: JENTOFT, S. (Hrsg.): Commons in a Cold Climate. Coastal Fisheries and Reindeer Pastoralism in North Norway: The Co-management Approach. Paris u. a., S. 97-114.

ELLEN, R. & H. HARRIS (2000): Introduction. In: ELLEN, R., P. PARKES & A. BICKER (Hrsg.): Indigenous Environmental Knowledge and its Transformation. Amsterdam, S. 1-29.

ENGELS, A. & T. MOSS (2003): Conclusions: Institutional Change in Environmental Contexts. In: BREIT, H., A. ENGELS, T. MOSS & M. TROJA (Hrsg.): How Institutions Change: Perspectives on Social Learning in Global and Local Environmental Contexts. Opladen, S. 355-375.

Equipo (Nicaribbean Black People Movement) (2004): Condiciones socioeconómicas de la etnia creole en Bilwi. In: Wani – Revista del Caribe 36 (Managua), S. 10- 17.

ERIKSSON, P. (2000): Territorial conflicts in the Northern Atlantic Coast of Nicaragua: indigenous people's struggles over resources and representations. In: Fennia 178 (2), S. 215-225.

ERNST, A. M. (1998): Umweltwandel und Allmende-Problematik: Ein Konzept leitet interdisziplinäre Umweltforschung. In: GAIA 7 (4), S. 251-254.

ERNST, A. M., R. EISENTRAUT, A. BENDER, W. KÄGI, E. MOHR & S. SEITZ (1998): Stabilisierung der Kooperation im Allmende-Dilemma durch institutionelle und kulturelle Rahmenbedingungen. In: GAIA 7 (4), S. 271-278.

ERNST, A. M., A. BENDER, R. EISENTRAUT & S. SEITZ (2001): Prozessmuster der Allmenderegulierung: Die Rolle von Strategien, Informationen und Institutionen – Abschlussbericht. Albert-Ludwigs-Universität Freiburg i. Br., Forschungsbericht Nr. 152, URL: www.psychologie.uni-freiburg.de/forschung/fobe-files/152.pdf (Stand: 01.12.2006).

ESCOBAR, A. (1999): After Nature: Steps to an Antiessentialist Political Ecology. In: Current Anthropology 40 (1), S. 1- 30.

ESPINOZA MARÍN, C. (2004): El Manatí Antillano (*Trichechus manatus, L.*) en el Territorio Misquito: Historia, Cultura y Economía en el Caribe Nicaragüense. (Abschlussarbeit an der Universidad Nacional de Costa Rica, Heredia). URL: http://www.fundacionmanati.org/home.php (Stand: 20.11.2006).

ESQUEMELING, J. (1684/1992): The Buccaneers of America. (Neuausgabe des Originals von 1684). Glorieta.

ETP (Equipo Técnico de Planificación Cayos Miskitos) (1993): Recopilación de Información del APCM (Area Protegida Cayos Miskitos). Managua (unveröffentlichte Projektstudie).

FADCANIC (2001): Investigación Abril 2000: Caracterización fisiogeográfica y demográfica de las regiones autónomas del Caribe de Nicaragua. FADCANIC (Fundación para la Autonomía y el Desarrollo de la Costa Atlántica de Nicaragua), URL: www.fadcanic.org/investigacion/investigacion1.doc (Stand: 20.10.2006).

FAGOTH, A. R., F. GIOANETTO & A. SILVA (1998): Wan Kaina Kulkaia: Armonizando con Nuestro Entorno. Managua.

FALLA, R. (o. J.): Historia Kuna, Historia Rebelde. La Articulación del Archipiélago Kuna a la Nación Panameña. Panamá.

FAO (Food and Agriculture Organization of the United Nations) (2002): Fishery Country Profile: The Republic of Panama. URL: http://www.fao.org/fi/fcp/en/PAN/profile.htm (Stand: 11.09.2006).

FEENY, D., F. BERKES, B. J. MCCAY & J. M. ACHESON (1990): The Tragedy of the Commons: Twenty-Two Years Later. In: Human Ecology 18 (1), S. 1-19.

FEENY, D., S. HANNA & A. F. MCEVOY (1996): Questioning the Assumptions of the „Tragedy of the Commons" Model of Fisheries. In: Land Economics 72 (2), S. 187-205.

FEIT, H. A. (1988): Self-Management and State-Management: Forms of Knowing and Managing Northern Wildlife. In: FREEMAN, M. M. R. & L. N. CARBYN (Hrsg.): Traditional Knowledge and Renewable Resource Management. Edmonton, S. 72-91.

FOLKE, C., F. BERKES & J. COLDING (1998a): Ecological practices and social mechanisms for building resilience and sustainability. In: BERKES, F. & C. FOLKE (Hrsg.): Linking Social and Ecological Systems: Management Practices and Social Mechanisms for Building Resilience. Cambridge/New York, S. 414-436.

FOLKE, C., L. PRITCHARD JR., F. BERKES, J. COLDING & U. SVEDIN (1998b): The Problem of Fit between Ecosystems and Institutions. IHDP Working Papers No. 2 (International Human Dimensions Programme on Gobal Environmental Change), Bonn. URL: http://www.uni-bonn.de/ihdp/wp02main.htm (Stand: 19.01.2001).

FONTANA, A. & J. H. FREY (1994): Interviewing: The Art of Science. In: DENZIN, N. K. & Y. S. LINCOLN (Hrsg.): Handbook of Qualitative Research. Thousand Oaks u. a., S. 361-376.

FORICHON, J. (2004): Nuevos bienes, nuevos riesgos: Una comunidad Kuna confrontada con sus desechos. Orléans (unveröffentlichte Abschlussarbeit an der Universität Orléans).

FROESE, R. & D. PAULY (Hrsg.) (2006): FishBase. World Wide Web electronic publication. Version (09/2006). URL: www.fishbase.org (Stand: 01.12.2006).

FROSCHAUER, U. & M. LUEGER (2003): Das qualitative Interview. Wien.

GARCÍA, C. (1996): The Making of the Miskitu People of Nicaragua: The Social Construction of Ethnic Identity. Acta Universitatis Upsaliensis, Studia Sociologica Upsaliensa 41, Uppsala.

GARCÍA, C. (1997): Diferentes niveles de identificación de la población Miskita de Asang, Rio Coco. In: Wani–Revista del Caribe 21 (Managua), S. 6-15.

GEIST, H. (1992): Die orthodoxe und politisch-ökologische Sichtweise von Umweltdegradierung. In: Die Erde 123, S. 283-295.

GEIST, H. (1999): Exploring the Entry Points for Political Ecology in the International Reserach Agenda on Global Environmental Change. In: Zeitschrift für Wirtschaftsgeographie 43 (3-4): 158-168.

GIDDENS, A. (1995): Die Konstitution der Gesellschaft : Grundzüge einer Theorie der Strukturierung. 2. Auflage, Frankfurt a. M.

GLAESER, B. (2005): Die Küstenproblematik zwischen Ethos und Management–zur Nachhaltigkeitsperspektive im IKZM. In: GLAESER, B. (Hrsg.): Küste, Ökologie und Mensch: Integriertes Küstenmanagement als Instrument nachhaltiger Entwicklung. München, S. 9-34 (Edition Humanökologie 2).

GLYNN, P. W. (1972): Observations on the Ecology of the Caribbean and Pacific Coasts of Panama. In: JONES, M. L. (Hrsg.): The Panamic Biota: Some Observations prior to a Sea-level Canal. In: Bulletin of the Biological Society of Washington 2, S. 13-30.

GLYNN, P. W. (1973): Aspects of the Ecology of Coral Reefs in the Western Atlantic Region. In: JONES, O. A. & R. ENDEAN (Hrsg.): Biology and Geology of Coral Reefs. Vol. II, Biology 1. New York/London, S. 271-324.

GOÑI, R. (1998): Ecosystem effects of marine fisheries: an overview. In: Ocean & Coastal Management 40, S. 37-64.

GONZÁLEZ, M., E. JACKSON & Y. ZAPATA (2002): Análisis de la Economía y los Sistemas Políticos de la Costa Caribe. In: Wani–Revista del Caribe 31 (Managua), S. 6-29.

GONZÁLEZ, O. (1998): Congreso General Kuna: Medio Siglo de Existencia. In: Revista Tad Ibe 1 (2) (Panama), S. 8-9.

GORDON, H. S. (1954/1972): The economic theory of a common-property resource: The Fishery. In: DORFMAN, R. & N. S. DORFMAN (Hrsg.): Economics of the Environment. Toronto, S. 88-99. (Nachdruck der Original-Publikation von 1954, in: Journal of Political Economy 62/2, S. 124-142).

GOREAU ARANGO, T. J., G. DESPAIGNE CEBALLOS, W. HILBERTZ, L. AROSOMENA, U. AVILA & R. SOLIS (2003): Coral Reef Restoration and Shore Protection Projects in Ukupseni, Kuna Yala, Panama: 2005 Progress Report. Global Coral Reef Alliance, URL: http://www.globalcoral.org (Stand: 13.09.2006).

GORREZ, M. P. (2005): Building Synergies in the Mesoamerican Reef Region: An Analysis of Conservation Investments to Strengthen Collaboration and Partnerships. URL: http://www.summitfdn.org/foundation/pdfs/MAR-SynergiesReport.pdf (Stand: 01.09.2006).

GOULD, J. L. (1998): To Die in This Way. Nicaraguan Indians and the Myth of Mestizaje 1880-1965. Durham/London.

GOVAN, H. (2003): Co-management of natural resources in Central America: The road to „equitable distribution of the benefits of biodiversity" or another empty discourse of the technical elite? URL: www.iucn.org/themes/ceesp/Publications/TILCEPA/CCA-Hgovan.pdf (Stand: 10.07.2003).

GOW, D. D. & J. RAPPAPORT (2002): The Indigenous Public Voice: The Multiple Idioms of Modernity in Native Cauca. In: WARREN, K. B. & J. E. JACKSON (Hrsg.): Indigenous Movements, Self-Representation, and the State in Latin America. Austin, S. 47-80.

GRAAN (Gobierno Regional Autónomo Región Autónoma del Atlántico Norte) (1997): Políticas, Directrices y Estrategias del Gobierno Regional Autónomo del Atlántico Norte. Período: 1997-1998. Bilwi (Puerto Cabezas) (unveröffentlichtes Manuskript).

GRAAN (Gobierno Regional Autónomo Región Autónoma del Atlántico Norte) (1999): Diagnóstico Global de la Situación Agrosocioeconómica y Líneas Estratégicas para el Desarrollo de la Región Autónoma del Atlántico Norte. Documento Borrador. Bilwi (Puerto Cabezas) (unveröffentlichtes Manuskript).

GRAAN (Gobierno Regional Autónomo Región Autónoma del Atlántico Norte) (2002): Memoria R.A.A.N. 1998-2002. Bilwi (Puerto Cabezas).
GRAHAM, L. R. (2002): How Should an Indian Speak? Amazonian Indians and the Symbolic Politics of Language in the Global Public Sphere. In: WARREN, K. B. & J. E. JACKSON (Hrsg.): Indigenous Movements, Self-Representation, and the State in Latin America. Austin, S. 181-228.
GRAY, L. C. & W. G. MOSELEY (2005): A geographical perspective on poverty-environment interactions. In: The Geographical Journal 171 (1), S. 9-23.
GRÜNBERG, G. (2003): Control y Gestión Ambiental de los Territorios Indígenas en Centroamérica. In: Wani–Revista del Caribe 35 (Managua), S. 6-42.
GUIONNEAU-SINCLAIR, F. (1991): Legislación Amerindia de Panamá. Centro de Investigaciones Antropológicos de la Universidad de Panamá. Panama.
GUNDERSON, L. H. & C. S. HOLLING (Hrsg.) (2002): Panarchy: Understanding Transformations in Human and Natural Systems. Washington u. a.
GUNNARTZ, U. (o. J.): Social structures and perceptions of artisanal fishers on The Corn Islands: Implications for co-management. Reefmap, URL: http://www.reefmap.org (Stand: 24.1.2006).
GUTIÉRREZ, A. & L. L. OVARES (2002): A Prospective Look at Management Issues in the Wider Caribbean. In: IDRC (International Development Research Center), IOI (International Ocean Institute), CFU (Caricom Fisheries Unit) & Université LAVAL (Hrsg.): Balance entre población y recursos: investigación interdisciplinaria y manejo de áreas costeras en el Gran Caribe. Heredia (Costa Rica), S. 501-525.
GUZMÁN, H. M. & C. E. JIMÉNEZ (1992): Contamination of Coral Reefs by Heavy Metals along the Caribbean Coast of Central America (Costa Rica and Panamá). In: Marine Pollution Bulletin 24 (11), S. 554-561.
GUZMÁN, H. M., S. ANDRÉFOUËT, C. A. GUEVARA & J. AKL (2002): Distribución, Estructura, y Estado de Conservación de los Arrecifes Coralinos de Kuna-Yala (San Blas), República de Panamá. Informe Final Presentado a Pemasky & Natura. URL: http://codesta.org/INFORM1.DOC (Stand: 26.09.2005).
GUZMÁN, H. M., C. GUEVARA & A. CASTILLO (2003): Natural Disturbances and Mining of Panamanian Coral Reefs by Indigenous People. In: Conservation Biology 17 (5), S. 1396-1401.
HABER, W. (1998): Nachhaltigkeit als Leitbild einer natur- und sozialwissenschaftlichen Umweltforschung. In: DASCHKEIT, A. & W. SCHRÖDER (Hrsg.): Umweltforschung quergedacht: Perspektiven integrativer Umweltforschung und -lehre. Berlin u. a., S. 127-146.
HALE, C. R. (1987): Der Konflikt der Miskito mit dem nicaraguanischen Staat 1979-1985. In: MESCHKAT, K., E. VON OERTZEN, E. RICHTER, L. ROSSBACH & V. WÜNDERICH (Hrsg.): Mosquitia: Die andere Hälfte Nicaraguas. Über Geschichte und Gegenwart der Atlantikküste. Hamburg, S. 255-275.

HALE, C. R. (1997): Cultural Politics of Identity in Latin America. In: Annual Review of Anthropology 26, S. 567-590.
HALE, C. R. & E. GORDON (1987): Costeño Demography: Historical and Contemporary Demography of Nicaragua's Atlantic Coast. In: CIDCA/Development Study Unit: Ethnic Groups and the Nation State: The Case of the Atlantic Coast of Nicaragua. Stockholm, S. 7-31.
HAMES, P. (1991): Wildlife Conservation in Tribal Societies. In: OLDFIELD, M. & J. ALCORN (Hrsg.): Biodiversity, Culture, Conservation and Ecodevelopment. Boulder, S. 172–199
HAMILTON, R. J. (2003): The Role of Indigenous Knowledge in Depleting a Limited Resource – A Case Study of the Bumphead Parrotfish *(Bolbometopon Muricatum)* Artisanal Fishery in Roviana Lagoon, Western Province, Solomon Islands. In: FCRR 11 (1) (Putting Fisher's Knowledge to Work: Conference Proceedings), S. 68-77.
HANNA, S. & S. JENTOFT (1996): Human Use of the Natural Environment: An Overview of Social and Economic Dimensions. In: HANNA, S., C. FOLKE & K.-G. MÄLER (Hrsg.): Rights to Nature: Ecological, Economic, Cultural, and Political Principles of Institutions for the Environment. Washington D. C./Covelo, S. 35-55.
HARDIN, G. (1968): The Tragedy of the Commons. In: Science 162, S. 1243-1248.
HARRIS, M. (1990): Wohlgeschmack und Widerwillen: die Rätsel der Nahrungstabus. 3. Auflage, Stuttgart.
HASBROUCK, G. (1985): Subsistence Fishing among the San Blas Kunas, Panamá. Berkeley (unveröffentlichte Dissertation, University of California).
HAUFF, V. (Hrsg.) (1987): Unsere Gemeinsame Zukunft: Der Brundtland-Bericht der Weltkommission für Umwelt und Entwicklung. Greven.
HAUGHTON, M. O. & D. N. BROWN (2002): An Overview of Present-Day Ecological and Social Issues. In: IDRC (International Development Research Center), IOI (International Ocean Institute), CFU (Caricom Fisheries Unit) & Université LAVAL (Hrsg.): Balance entre población y recursos: investigación interdisciplinaria y manejo de áreas costeras en el Gran Caribe. Heredia (Costa Rica), S. 27-60.
HÄUSLER, C. (2002): Moderne Oralität und Kulturwandel bei den Ngäbe West-Panamás. In: Förderverein Völkerkunde in Marburg (Hrsg.): Moderne Oralität: ethnologische Perspektiven auf die plurimediale Gegenwart. Marburg, S. 215-240 (CURUPIRA 13).
HAWLEY, S. (2003): La guerra santa: La Iglesia Morava y los Miskitos en la Decada de los Ochenta. In: Wani – Revista del Caribe 32 (Managua), S. 37-47
HECKADON MORENO, S. (1997): Spanish Rule, Independence, and the Modern Colonization Frontiers. In: Coates, A. G. (Hrsg.): Central America: A Natural and Cultural History. New Haven/London, S. 177-214.
HEINZ, W. S. (1991): Indigenous populations, ethnic minorities and human rights. Saarbrücken/Fort Lauderdale.

HELBIG, J. W. (1983): Religion und Medizinmannwesen bei den Cuna. Hohenschäftlarn (Münchener Beiträge zur Amerikanistik 5).
HELMS, M. W. (1970): Matrilocality, Social Solidarity and Culture Contact: Three Case Histories. In: Southwesetern Journal of Anthropology 26, S. 197-212.
HELMS, M. W. (1975): Middle America: A Culture History of Heartland and Frontiers. Eaglewood Cliffs.
HELMS, M. W. (1976): Domestic Organization in Eastern Central America: The San Blas Cuna, Miskito, and Black Carib compared. In: The Western Canadian Journal of Anthropology VI (3), S. 133-163.
HELMS, M. W. (1983): Los miskitos de Nicaragua oriental: aislamiento, integración o destrucción? In: Revista Occidental 1 (1) (Tijuana), S. 1-19.
HERNÁNDEZ PULIDO, J. R. (1994): Das Abkommen No. 169 der Internationalen Arbeitsorganisation Indigener und Stammesvölker. In: DANDLER, J., J. R. HERNÁNDEZ PULIDO & L. SWEPSTON: Rechte indigener Völker: Zur Konvention 169 der OIT. Kassel, S. 15-31 (Entwicklungsperspektiven 50).
HERRERA, F. (1972): Aspectos del desarrollo económico y social de los indios cunas de San Blas, Panamá. In: América Indígena, 32 (1), S. 113-138.
HERRERA, L. & M. CARDALE DE SCHRIMPFF (1974): Mitología Cuna: los Kalu. In: Revista colombiana de antropología: Organo del Instituto Colombiano de Antropología 17 (Bogotá), S. 201-247.
HICKEY, R. & R. JOHANNES (2002): Recent evolution of village-based marine resource management in Vanuatu. In: Traditional Marine Resource Management and Knowledge 14, S. 8-21.
HINRICHSEN, D. (1998): Coastal Waters of the World: Trends, Threats and Strategies. Washington D. C./Covelo.
HIRSCHBERG, W. (1988): Neues Wörterbuch der Ethnologie. Berlin.
HODGSON, G. (1997): Resource Use: Conflicts and Management Solutions. In: BIRKELAND, C. (Hrsg.): Life and Death of Coral Reefs. New York u. a., S. 386-410.
HOLDEN, L. (2000): Encylopedia of Taboos. Oxford u. a.
HOLLING, C. S. (1978): Adaptive Environmental Assessment and Management. London.
HOLLING, C. S., F. BERKES & C. FOLKE (1998): Science, sustainability and resource management. In: BERKES, F. & C. FOLKE (Hrsg.): Linking Social and Ecological Systems: Management practices and social mechanisms. Cambridge, S. 342-362.
HOSTETLER, M. (1998): Local Reactions to Capitalist Change in the Fisheries of Pearl Lagoon on the Atlantic Coast of Nicaragua. Vancouver (unveröffentlichte Abschlussarbeit, Simon Fraser University, Kanada).
HOWARD, S. M. (1993): Ethnicity, Autonomy, Land and Development: The Miskitu of Nicaragua's Northern Atlantic Coast. Oxford (unveröffentlichte Dissertation, University of Oxford).
HOWE, J. (1974): Village political organization among the San Blas Cuna. Philadelphia (unveröffentlichte Dissertation, University of Pennsylvania).

Howe, J. (1975): Notes on the Environment and Subsistence Practices of the San Blas Cuna. With Comments and an Addendum by M. Chapin. O. Ort (Working Papers on Peoples and Cultures of Central America 1, unveröffentlichtes Manuskript).
Howe, J. (1986): The Kuna gathering. Contemporary village politics in Panama. Austin (Latin American Monographs 67).
Howe, J. (1995): Foreword. In: Ventocilla, J., H. Herrera & V. Nuñez (Hrsg.): Plants and Animals in the Life of the Kuna. Austin, S. IX-XI.
Howe, J. (1997): The Kuna and the World: Five Centuries of Struggle. In: Salvador, M. L. (Hrsg.): The Art of Being Kuna: Layers of Meaning among the Kuna of Panama. Los Angeles, S. 85-101.
Howe, J. (1998): A People Who Would Not Kneel: Panama, the United States and the San Blas Kuna. Washington/London.
Howe, J. (2001): The Kuna of Panama. In: Stonich, S. C. (Hrsg.): Endangered Peoples of Latin America: Struggles to Survive and Thrive. Westport, S. 137-152.
Howe, J. & J. Sherzer (1975): Take and tell: a practical classification from the San Blas Cuna. In: American Ethnologist 2 (3), S. 435-460.
Hubbard, M. (1997): The „New Institutional Economics" in Agricultural Development: Insights and Challenges. In: Journal of Agricultural Economics 48 (2), S. 239-249.
Hviding, E. (1993): Guardians of Marovo Lagoon: The Sea as Cultural and Relational Focus in New Georgia, Solomon Islands. Bergen.
IADB (Inter-American Development Bank) (2003): Plan PUEBLA-Panamá. URL: http://www.iadb.org/ppp/ppp.asp (Stand: 06.09.2005).
ICRI (International Coral Reef Initiative) (o. J.): About the Coral Reef Inititative. URL: http://www.environnement.gouv.fr/icri/Site_ICRI/au%20sujet%20de%20l'icri/about.htm (Stand: 06.09.2002).
IDICA (Instituto para el Desarrollo Integral de la Comarca Kuna Yala) & GRET (Groupe de Recherche et d'Échanges Technologiques) (1995): Invasión de Terrenos Comarcales: La Percepción de las Comunidades Kunas del Sector Cartí (Kuna Yala, Panamá). Panama (unveröffentlichtes Manuskript).
ILO (International Labour Organisation) (2003): ILO Convention on Indigenous and Tribal Peoples 1989 (No. 169): A Manual. URL: http.//www.ilo.org/public/english/standards/norm/egalite/itpp/convention/introduction.pdf (Stand: 23.08.2005).
ILO (International Labour Organisation) (2004): Conventions and other relevant instruments. URL: http://www.ilo.org/public/ english/indigenous/standard/index.htm (Stand: 23.08.2005).
Incer Barquero, J., J. Wheelock Román, L. Cardenal Sevilla & A. C. Rodríguez (Hrsg.) (2000): Desastres naturales de Nicaragua. Guia para conocerlos y prevenirlos. Managua.
Incer, J. (2000): Geografia dinámica de Nicaragua. Managua.

INEC (Insituto Nacional de Estadísticas y Censo, República de Nicaragua) (1997): Población–Municipios. Volumen IV. VII Censo de Población y III de Vivienda, 1995. Managua.
INEC (Instituto Nacional de Estadística y Censo, República de Nicaragua) (2005): Estadísticas sociales. URL: http://www.inec.gob.ni/ (Stand: 18.10.2006).
INETER (Instituto Nicaragüense de Estudios Territoriales) (1998): Las Lluvias del Siglo en Nicaragua 1892-1998. Managua.
INETER (Instituto Nicaragüense de Estudios Territoriales) (2005): Características del Clima de Nicaragua. URL: http://www.ineter.gob.ni/Direcciones/meteorologia/clima%20nic/caracteristicasdelclima.html (Stand: 16.10.2006).
INETER (Instituto Nicaragüense de Estudios Territoriales) (2006): Características Geográficas del Territorio Nacional. URL: http://www.ineter.gob.ni (Stand: 16.10.2006).
INIFOM (Instituto Nicaragüense de Fomento Municipal) (2006): Municipios. URL: http://www.inifom.gob.ni/mun_norte.html (Stand: 18.10.2006).
INNICA (Insituto Nicaragüense de la Costa Atlántica) (1982): Tasba Pri a seis meses de Trabajo. O. O. (Nicaragua).
IUCN (The World Conservation Union) (2006): 2006 IUCN Red List of Threatened Species. URL: www.iucnredlist.org (Stand: 30.11.2006).
IWGIA (International Work Group for Indigenous Affairs) (2006): Indigenous peoples–who are they? URL: http://www.iwgia.org/sw155.asp (Stand: 23.01.2006).
JACKSON, J. B. C., M. X. KIRBY, W. H. BERGER, K. A. BJORNDAL, L. W. BOTSFORD, B. J. BOURQUE, R. H. BRADBURY, R. COOKE, J. ERLANDSON, J. A. ESTES, T. P. HUGHES, S. KIDWELL, C. B. LANGE, H. S. LENIHAN, J. M. PANDOLFI, C. H. PETERSON, R. S. STENECK, M. J. TEGNER & R. R. WARNER (2001): Historical Overfishing and the Recent Collapse of Coastal Ecosystems. In: Science 293, S. 629- 638.
JACKSON, P. (1983): Principles and Problems of Participant Observation. In: Geografiska Annaler 65B (1), S. 39-46.
JAÉN SUÁREZ, O. (1972): El Problema de la Migración Insular Cuna. In: Actas del III. Simposio Nacional de Antropología e Etnohistoria de Panamá, Dic. de 1972. Panama, S. 213-220.
JAÉN SUÁREZ, O. (1998): La Población del Istmo de Panamá: Estudio de Geohistoria. 3. Auflage, Madrid.
JAMESON, S. C. (1998): Rapid Ecological Assessment of the Cayos Miskitos Marine Reserve with notes on the Shallow-Water Stony Corals from Nicaragua. The Plains (USA) (unveröffentlichtes Manuskript, Coral Seas Inc.).
JAMESON, S. C., L. B. TROTT, M. J. MARSHALL & M. J. CHILDRESS (2000): Nicaragua: Caribbean Coast. In: SHEPPARD, C. (Hrsg.): Seas at the Millennium: an Environmental Evaluation. Amsterdam u. a., S. 517-530.
JARQUÍN, L. (2003): El nuevo marco jurídico de la propiedad comunal en la Costa Atlántica y los ríos Bocay, Coco, Indio y Maíz. In: Wani–Revista del Caribe 32 (Managua), S. 6-18.

JENTOFT, S. (1998): Introduction. In: JENTOFT, S. (Hrsg.): Commons in a Cold Climate. Coastal Fisheries and Reindeer Pastoralism in North Norway: The Co-management-Approach. Paris u. a., S. 1-14.

JENTOFT, S. (2004): The Poverty Trap: Defending Indigenous Peoples' Resource Rights in Nicaragua. Draft Paper, presented at the Coastfish Meeting in Merida, Mexico, 4.-8.10.2004. URL: http://www.sami.uit.no/uraccan/jentoft.html (Stand: 06.09.2005).

JENTOFT, S., B. J. MCCAY & D. C. WILSON (1998): Social theory and fisheries co-management. In: Marine Policy 22 (4-5), S. 423-436.

JIMÉNEZ PÉREZ, I. (2002): Heavy poaching in prime habitat: the conservation status of the West Indian manatee in Nicaragua. In: Oryx 36 (3), S. 1-7. URL: http://www.zifio.com/shared/manati/files/Conservation_status_west_indian_manatee.pdf (Stand: 10.11.2006).

JOHANNES, R. E. (1981): Words of the Lagoon: Fishing and Marine Lore in the Palau District of Melanesia. Berkeley u. a.

JOHANNES, R. E. (1982): Traditional Conservation Methods and Protected Marine Areas in Oceania. In: Ambio 11 (5), S. 258-261.

JOHANNES, R. E. (2002a): Did indigenous conservation ethics exist? In: SPC Traditional Marine Resource Management and Knowledge Information Bulletin 14, S. 3-7.

JOHANNES, R. E. (2002b): The Renaissance of Community-Based Marine Resource Management in Oceania. In: Annual Review Ecological Systematics 33 (3), S. 317-340.

JUKOFSKY, D. (1993): Heart of the Miskito. In: KEMF, E. (Hrsg.): The Law of the Mother: Protecting Indigenous Peoples in Protected Areas. San Francisco, S. 205-210.

KANNEN, A. (2005): Schlussfolgerungen aus dem Europäischen Demonstrationsprogramm zum Integrierten Küstenzonenmanagement für eine nachhaltige Entwicklung der deutschen Küsten. In: GLAESER, B. (Hrsg.): Küste, Ökologie und Mensch: Integriertes Küstenmanagement als Instrument nachhaltiger Entwicklung. München, S. 173-199 (Edition Humanökologie 2).

KECK, M. E. & K. SIKKINK (1998): Activists beyond borders: Advocacy Networks in International Politics. Ithaca.

KEELER, C. E. (1956): Land of the Moon-Children: The Primitive San Blas Culture in Flux. Athens.

KEMF, E. (Hrsg.) (1993): The Law of the Mother: Protecting Indigenous Peoples in Protected Areas. San Francisco.

KENRICK, J. & J. LEWIS (2004): Indigenous peoples' rights and the politics of the term „indigenous". In: Anthropology Today 20 (2), S. 4-9.

KINDBLAD, C. (2003): El impacto de la pesca comercial en la economía miskita: El caso de Tasbapauni. In: Wani–Revista del Caribe 35 (Managua), S. 55-61.

KISSLING-NÄF, I. & F. VARONE (1999): Institutionelle Mechanismen und ihre Bedeutung für ein nachhaltiges Ressourcenmanagement. In: GAIA 8 (2), S. 146-149.

KLEE, G. A. (1980): Oceania. In: KLEE, G. A. (Hrsg.): World Systems of Traditional Resource Management. London, S. 245-281.
KOHL, K.-H. (2000): Ethnologie–Die Wissenschaft vom kulturell Fremden. Eine Einführung. 2. Auflage, München.
KOPFMÜLLER, J. (1998): Das Leitbild einer global zukunftsfähigen Entwicklung. Perspektiven seiner Operationalisierung am Beispiel der Klimaproblematik. In: DASCHKEIT, A. & W. SCHRÖDER (Hrsg.): Umweltforschung quergedacht: Perspektiven integrativer Umweltforschung und -lehre. Berlin u. a., S. 147-169.
KOTTAK, C. P. (1999): The New Ecological Anthropology. In: American Anthropologist 101 (1), S. 23-35.
KRAAS, F. (2002): Zur Internationalen Dekade der Indigenen Völker (1995-2004). In: Petermanns Geographische Mitteilungen 146 (1), S. 8-15.
KRAAS, F. & COY, M. (2002): Editorial. In: Petermanns Geographische Mitteilungen 146 (1), S. 7.
KRINGS, T. (1999): Editorial: Ziele und Forschungsfragen der Politischen Ökologie. In: Zeitschrift für Wirtschaftsgeographie 45 (3-4), S. 129-130.
KRÖHNERT, S. (2003): Bevölkerungsentwicklung in Lateinamerika. Berlin Institut, URL: http://www.berlin-institut.org/pages/fs/fs_bev_entw_lateinamerika.html (Stand 30.4.2007).
KRYTZ, L. (o. J.): Caminos rurales en Nicaragua. Organisation Danida, URL: http://www.bancomundial.org/cuartoforo/text/B-CASO-AccesoInfraestructura.pdf (Stand: 17.10.06).
KUNGILER, I. (1994): Ologindibipilele: Caminante y Guerrero de 1925. Biografía de Simral Colman. Panamá.
KUPER, A. (2003): The Return of the Native. In: Current Anthropology 44 (3), S. 389-402.
KURIEN, J. (1998): Small-scale fisheries in the context of globalisation: Ingredients for a secure future. In: Proceedings of the 9th International Institute of Fisheries Economics & Trade. Tromsö, S. 248-259. URL: www.nfh.uit.no/dok/IIFET98proceedings/kurien.pdf (Stand: 10.10.2001).
KURIEN, J. (2002): People and the Sea: A "Tropical-Majority" World Perspective. In: MAST (Maritime Studies) 1 (1), S. 9-26.
LAMNEK, S. (2002): Qualitative Interviews. In: KÖNIG, E. & P. ZEDLER (Hrsg.): Qualitative Forschung–Grundlagen und Methoden. Weinheim/Basel, S. 157-193.
LAMNEK, S. (2005): Qualitative Sozialforschung. Lehrbuch. 4., überarb. Auflage, Weinheim/Basel.
LEACH, M., R. MEARNS & I. SCOONES (1999): Environmental Entitlements: Dynamics and Institutions in Community-Based Natural Resource Management. In: World Development 27 (2), S. 225-247.

LÉGER, M. (1994): L'autonomie gouvernementale des Kunas du Panamá. In: Collectif sous la direction de Marie Léger (Hrsg.): Des peuples enfin reconnus: La quête de l'autonomie dans les Amériques. Montréal, S. 163-207 und 303-306.

LEIS, R. (1992): La Casa de Ibeorgun: La Democracia de los Kunas. In: Convergence XXV (1), S. 41-49.

Lewis & Clark College (2005): International Environmental Law Project: Sea Turtle Agreement. URL: http://www.lclark.edu/org/ielp/turtle.html (Stand: 10.10.2006).

Lighthouse Foundation (2004): Leben vom Meer, Kuna Yala, Panama. URL: http://www.lighthouse-foundation.org/index.php?id=121 (Stand: 11.09.2006).

LIMNIO, I. (o. J.): Programa Sociales, medios para fortalecer la identidad de los Pueblos Indígenas. URL: wysiwyg://11http://www.geocities.com/TheTropics/Shores/4852/irik.html (Stand: 05.03.1999).

LITTLE, P. E. (1999): Environments and Environmentalists in Anthropological Research: Facing a New Millenium. In: Annual Review of Anthropology 28, S. 253-284.

LÓPEZ LÓPEZ, L. E. (1998): Derechos Consuetudinario en las Comunidades de Puerto Cabezas. O. O. (unveröffentlichtes Manuskript).

LÓPEZ MARTÍNEZ, A. (1996): Concesiones Mineras y los Pueblos Indígenas en Panamá. In: Abisua – Organo Informativo del Consultorio Jurídico de Pueblos Indígenas de Panamá. 2 (4), S. 2-7.

LÓPEZ MARTINEZ, A. (2003): La Autonomía del Pueblo Kuna en Panama. URL: www.unhchr.ch/indigenous/lopez-BP12.doc (Stand: 01.09.2006).

LUDWIG, D. (2002): Fishing down the Food Web. In: GUNDERSON, L. H. & C. S. HOLLING (Hrsg.): Panarchy: Understanding Transformations in Human and Natural Systems. Washington u. a., S. 4.

LUTZ, E. L. (2005): The Many Meanings of Technology. In: Cultural Survival Quarterly 29 (2). URL: http://209.200.101.189/publications/csq/csq-article.cfm?id=1819 (Stand: 16.08.2005).

MAIHOLD, G. (2001): Der Plan Puebla-Panama – Mexiko entdeckt seine Südgrenze und die Beziehungen zu Zentralamerika neu. In: Brennpunkt Lateinamerika (Institut für Iberoamerika-Kunde Hamburg) 22-01, S. 237-243. URL: www.rrz.uni-hamburg.de/IIK/brennpkt/bpk0122.pdf (Stand: 29.08.2005).

MARENA (Ministerio del Ambiente y los Recursos Naturales) (o. J.): Plan de Manejo de la Reserva Natural Cayos Miskitos. Managua (ca. 2003). URL: http://www.marena.gob.ni/documentacion/pdf/Plan%20de%20Manejo%20Cayos%20Miskitos.pdf (Stand: 15.11.2006).

MARENA (Ministerio del Ambiente y Recursos Naturales) (1997): Documento del Proyecto Corredor Biológico del Atlántico. Managua (unveröffentlichtes Projektdokument).

MARENA (Ministerio del Ambiente y los Recursos Naturales) (2002): Fauna Silvestre Protegida en Nicaragua. URL: http://www.marena.gob.ni/biodiversidad/enb/index.html (Stand: 19.11.2006).

MARENA/UNEP (1999) (Ministerio del Ambiente y los Recursos Naturales Nicaragua/United Nations Environmental Programme): Reporte del Estado de la Costa Caribe. CEP (Caribbean Envirnomental Programme), URL: http://www.cep.unep.org/nicaragua/CEPNET_BID/Website/pais/menu.html (Stand: 22.11.1999).

MATTERN, J. (2003): Las Regiones Autónomas: Un Desafío para el Proceso de Descentralización en Nicaragua. In: Wani – Revista del Caribe 32 (Managua), S. 19-35.

MAYNTZ, R. & F. W. SCHARPF (1995): Der Ansatz des akteurzentrierten Institutionalismus. In: MAYNTZ, R. & F. W. SCHARPF (Hrsg.): Gesellschaftliche Selbstregelung und politische Steuerung. Frankfurt a. M./New York, S. 39-72.

MAYRING, P. (2002): Einführung in die qualitative Sozialforschung: Eine Anleitung zu qualitativem Denken. Weinheim/Basel.

McGOODWIN, J. R. (1990): Crisis in the World's Fisheries: People, Problems, and Policies. Stanford.

McGOODWIN, J. R. (1994): „Nowadays, Nobody Has Any Respect": The Demise of Folk Management in a Rural Mexican Fishery. In: DYER, C. L. & J. R. McGOODWIN (Hrsg.): Folk Management in the World's Fisheries: Lessons for Modern Fisheries Management. Colorado, S. 43-54.

McGOODWIN, J. R. (Hrsg.) (2001): Understanding the Culture of Fishing Communities. Rom.

McGOODWIN, J. R. (2002): Better Yet, a Global Perspective? Reflections and Commentary on John Kurien's Essay. In: MAST (Maritime Studies) 1 (1), S. 31-41.

McKIM, F. (1947): San Blas: An Account of the Cuna Indians of Panama. Etnologiska Studier 15, Göteborg.

McLEAN CORNELIO, E. M. (2005): La Falta de Implementación de la Sentencia de la Corte Interamericana de Derechos Humanos en el Caso Awas Tingni. University of Arizona, Tucson, URL: http://www.law.arizona.edu/depts/iplp/newsletter/awastingni/assets/mclean.doc (Stand: 10.10.2006).

McNEELY, J. A. (1991): Common Property Resource Management or Government Ownership: Improving the conservation of Biological Resources. In: International Relations X (3), S. 211-225.

McSWEENEY, K. & S. ARPS (2005): A „Demographic Turnaround": The Rapid Growth of Indigenous Populations in Lowland Central America. In: Latin American Research Review 40 (1), S. 3-29.

MEDING, H. M. (2002): Panama. Staat und Nation im Wandel (1903-1941). Köln (Lateinamerikanische Forschungen 30).

MEIER KRUKER, V. & J. RAUH (2005): Arbeitsmethoden der Humangeographie. Darmstadt.

MERCADO SOUSA, E. (1959): El Hombre y la Tierra en Panamá. Madrid.

MERRY LÓPEZ, A. (1999): Nuchu: Desde la Raíz de la Madre Tierra. In: Onmaked – Revista Cultural del Instituto de Investigaciones Koskun Kalu del Congreso General de la Cultura Kuna 5 (8) (Panama), S. 13-14.

MEYLAN, A. (1987): Bocas del Toro: A Window on the Migration of Sea Turtles. In: Orion Nature Quarterly, 6 (3), S. 42-49.

MESCHKAT, K., E. VON OERTZEN, E. RICHTER, L. ROSSBACH & V. WÜNDERICH (1987): Mosquitia: Die andere Hälfte Nicaraguas. Über Geschichte und Gegenwart der Atlantikküste. Hamburg.

MIFIC (Ministerio de Fomento Industria y Comercio) (o. J.): Descripción de Lagunas Costeras en Nicaragua. URL: http://www.mific.gob.ni:81/docushare/dsweb/Get/Document-962/LAGUNAS+COSTERAS+NICARAGUA.pdf (Stand: 14.11.2006).

MIFIC (Ministerio de Fomento, Industria y Comercio) (2002): Diagnóstico de la Actividad Pesquera y Acuícola. URL: www.mific.gob.ni/docushare/dscgi/ds.py/GetRepr/ File-2705/html (Stand: 01.11.2006).

MIFIC (Ministerio de Fomento Industria y Comercio) (2006): Recursos Naturales. URL: http://www.mific.gob.ni/industria/recursosnaturales/index.html (Stand: 1.11.2006).

MINKNER-BÜNJER, M. (1999): Zentralamerika nach Hurrikan Mitch (I). In: Brennpunkt Lateinamerika 2, S. 9-16.

MIRES, F. (1991): El discurso de la indianidad: la cuestión indígena en América Latina. San José (Costa Rica).

MISCHUNG, R. (1988): Welchen „Wert" haben ethnographische Daten? Grundsätzliche Überlegungen und Erfahrungsbeispiele zu Ideal und Praxis völkerkundlicher Feldforschung. In: MÜLLER-BÖKER, U. & W. HAFFNER (Hrsg.): Forschungsansätze und Forschungsergebnisse aus Agrarökologie, Geographie und Völkerkunde. Giessen, S. 75-99 (Giessener Beiträge zur Entwicklungsforschung I, 16).

MITCHELL, R. (2003): Of Course International Institutions Matter: But When and How? In: BREIT, H., A. ENGELS, T. MOSS & M. TROJA (Hrsg.): How Institutions Change: Perspectives on Social Learning in Global and Local Environmental Contexts. Opladen, S. 35-52.

MOLINA MARCIA, C. (2000): De Cara al Tercer Milenio: La Visión Indígena y Multiétnica. URL: http://www.puebloindio.org/moskitia/DOCUMENGC.html (Stand: 04.01.2000).

MONTANER, C. A. (2001): Las raíces torcidas de América Latina. Barcelona.

MOORE, A. (1984): From Council to Legislature: Democracy, Parliamentarianism, and the San Blas Cuna. In: American Anthropologist 86 (1), S. 28-42.

MOSS, T. (2003): Solving Problems of „Fit" at the Expense of Problems of „Interplay"? The Spatial Reorganisation of Water Management Following the EU Water Framework Directive. In: BREIT, H., A. ENGELS, T. MOSS & M. TROJA (Hrsg.): How Institutions Change: Perspectives on Social Learning in Global and Local Environmental Contexts. Opladen, S. 85-121.

MULHOLLAND, D. (2005): Indigenous Peoples Present Demands at Fourth Summit of the Americas. In: Weekly Indigenous News, 10.11.2005. URL: http://209.200.101.189/publications/win/win-article.cfm?id=2783 (Stand: 07.12.2005).

MUELLER RIVERSTONE, G. (2003): Living in the land of our ancestors: Rama Indian and Creole Territory on Nicaragua's Caribbean Coast. Managua.

MÜLLER, F., M. LEUPELT, E.-W. REICHE & B. BRECKLING (1998): Targets, Goals and Orientors. In: MÜLLER, F. & M. LEUPELT (Hrsg.): Eco Targets, Goal Functions, and Orientors. Berlin u. a., S. 3-11.

MÜLLER-BÖKER, U. (1995): Ethnoökologie. In: Geographische Rundschau 47 (6), S. 375-379.

MÜLLER-BÖKER, U. (2001): Institutionelle Regelungen im Entwicklungsprozess: Einführung zum Themenheft. In: Geographica Helvetica 56 (1), S. 2-3.

MUMMERT, U. (1999): Wirtschaftliche Entwicklung und Institutionen: Die Perspektive der Neuen Institutionenökonomik. In: THIEL, R. E. (Hrsg.): Neue Ansätze zur Entwicklungstheorie. Bonn, S. 300-311.

Napguana (1993): Proyecto: Manejo de Basura para un Ambiente Sano. Panama (unveröffentlichtes Manuskript).

National Geographic (2003): Map Links Healthier Ecosystems, Indigenous Peoples. URL: http://news.nationalgeographic.com/news/2003/02/0227_030227_indigenousmap.html (Stand: 10.11.2006).

NIETSCHMANN, B. (1973): Between Land and Water: The Subsistence Ecology of the Miskito Indians, Eastern Nicaragua. New York/London.

NIETSCHMANN, B. (1979a): Caribbean Edge: The Coming of Modern Times to Isolated Peoples and Wildlife. Indianapolis/New York.

NIETSCHMANN, B. (1979b): Ecological Change, Inflation, and Migration in the Far Western Caribbean. In: The Geographical Review 69 (1), S. 1-24.

NIETSCHMANN, B. (1989): The Unknown War. the Miskito Nation, Nicaragua, and the United States. New York (Focus on Issues 8).

NIETSCHMANN, B. (1990): Conservation by Conflict in Nicaragua. In: Natural History 11, S. 42-48.

NIETSCHMANN, B. (1995a): Conservación, autodeterminación y el Area Protegida Costa Miskita, Nicaragua. In: Mesoamérica 16 (29), S. 1-55.

NIETSCHMANN, B. (1995b): The Cultural Context of Sea Turtle Subsistence Hunting in the Caribbean and Problems Caused by Commercial Exploitation. In: BJORNDAL, K. A. (Hrsg.): Biology and Conservation of Sea Turtles. Revised Edition. Washington D. C., S. 439-445.

NIETSCHMANN, B. (1997): Protecting Indigenous Coral Reefs and Sea Territories, Miskito Coast, RAAN, Nicaragua. In: STEVENS, S. (Hrsg.): Conservation through Cultural Survival. Indigenous Peoples and Protected Areas. Washington D. C., S. 193-224.

NORDENSKIÖLD, E. (1938): An historical and ethnological survey of the Cuna indians. Göteborg (Comparative Ethnographical Studies 10).

NORONHA, R. (1997): Common-Property Resource-Management in Traditional Societies. In: DASGUPTA, P. & K.-G. MÄLER (Hrsg.): The Environment and Development Issues. Oxford, S. 48-69.
NORTH, D. C. (1988): Theorie des institutionellen Wandels: Eine neue Sicht der Wirtschaftsgeschichte. Tübingen.
NORTH, D. C. (1990): Institutional change and economic performance. Cambridge u. a.
NUHN, H. (1983): Ostnicaragua – Probleme der Integration eines peripheren Landesteiles in den Nationalstaat. In: Colloquium Geographicum: Festschrift für Wilhelm Lauer zum 60. Geburtstag. Bonn, S. 289-317 (Studia Geographica 16).
OERTZEN, E. VON (1987): Indianer am Rande des Britischen Empire. In: MESCHKAT, K., E. VON OERTZEN, E. RICHTER, L. ROSSBACH & V. WÜNDERICH (Hrsg.): Mosquitia: Die andere Hälfte Nicaraguas. Über Geschichte und Gegenwart der Atlantikküste. Hamburg, S. 25-58.
OERTZEN, E. VON, L. ROSSBACH & V. WÜNDERICH (Hrsg.) (1990): The Nicaraguan Mosquitia in Historical Documents 1844-1927: The dynamics of ethnic and regional history. Berlin.
OFFEN, K. H. (1999): The Miskitu Kingdom: Landscape and the Emergence of a Miskitu Ethnic Identity, Northeastern Nicaragua and Honduras, 1600-1800. Austin (unveröffentlichte Dissertation, University of Texas).
OFFEN, K. H. (2002): Ecología cultural miskita en los años 1650-1850. In: Wani – Revista del Caribe 30 (Managua), S. 58-59.
OHCHR (Office of the United Nations High Commissioner for Human Rights) (o. D./a): Indigenous Peoples and the United Nations System. An Overview. Leaflet no. 1. http://www.unhchr.ch/html/racism/indileaflet1.doc (Stand: 10.03.2006).
OHCHR (Office of the United Nations High Commissioner for Human Rights) (o. D./b): Leaflet No. 5: The draft United Nations Declaration on the Rights of Indigenous Peoples. http://www.ochchr.org/english/about/publications/docs/indileaflet5.doc (Stand: 30.08.2005).
OHCHR (Office of the United Nations High Commissioner for Human Rights) (o. D./c): Working Group on Indigenous Populations. URL: http://www.unhchr.ch/indigenous/groups-01.htm (Stand: 10.08.2005).
OHCHR (Office of the United Nations High Commissioner for Human Rights) (2001): Office of the High Commissioner for Human Rights (UN): Fact Sheet No. 9 (Rev.1), The Rights of Indigenous Peoples. URL: www.unhchr.ch/html/menu6/2/annexii (Stand: 23.08.2005).
OLAIDI (1995): Submarine Deforestation. In: VENTOCILLA, J., H. HERRERA & V. NUÑEZ (Hrsg.): Plants and Animals in the Life of the Kuna. Austin, S. 54-67.
OSTROM, E. (1999): Die Verfassung der Allmende: jenseits von Staat und Markt. Tübingen (Übersetzung des Originalwerkes von 1990: Governing the commons. The evolution of institutions for collective action. Cambridge u. a.).

OSTROM, E. (2002): Common-Pool Resources and Institutions: Toward a Revised Theory. In: GARDNER, B. & G. RAUSSER (Hrsg.): Handbook of Agricultural Economics. Volume 2. Amsterdam u. a., S. 1315-1339.
PÁLSSON, G. (1995): Learning by Fishing: Practical Science and Scientific Practice. In: HANNA, S. & M. MUNASINGHE (Hrsg.): Property Rights in a Social and Ecological Context. Case Studies and Design applications. Washington D. C., S. 85-97.
PAREDES, R. & H. HERRERA (1997): Inaigar–Nusagandi, Kuna Yala: Guía Interpretativa de Plantas Medicinales. Panama.
PARSONS, E. A. & W. C. CLARK (2002): Sustainable Development as Social Learning: Theoretical Perspectives and Practical Challenges for the Design of a Research Program. In: GUNDERSON, L. H., C. S. HOLLING & S. S. LIGHT (Hrsg.): Barriers and Bridges to the Renewal of Ecosystems and Institutions. New York, S. 428-460.
PASCA, D. (2004): Ressourcennutzungskonflikte und Strategien zur Sicherung indigener Räume an der brasilianischen Peripherie. Tübingen.
PAULY, D., V. CHRISTENSEN, J. DALSGAARD, R. FROESE & F. TORRES JR. (1998): Fishing Down Marine Food Webs. In: Science 279, S. 860- 863.
PEET, R. & M. WATTS (1993): Introduction: Development Theory and Environment in an Age of Market Triumphalism. In: Economic Geography 69, S. 227-253.
PELUSO, N. L. (1992): Rich Forests, Poor People. Resource Control and Resistance in Java. Los Angeles/Oxford.
PERALTA WILLIAMS, L. (1991): Diagnóstico de los Recursos Pesqueros. Volúmen III. (Instituto Nicaragüense de Desarrollo de las Regiones Autónomas. Managua) (uveröffentlichtes Manuskript).
PICADO VALLE, F. (1996): La Costa Atlántica al Día Julio, Abril-Julio de 1995 In: Wani–Revista del Caribe 17 (Managua), S. 48-49.
PINKERTON, E. (Hrsg.) (1989): Co-operative Management of Local Fisheries. Vancouver.
PNUD (Programa de las Naciones Unidas para el Desarrollo/UNDP) (2003): Segundo Informe sobre Desarrollo Humano en Centroamérica y Panamá/Proyecto Estado de la Región. San José (Costa Rica).
PNUD (Programa de las Naciones Unidas para el Desarrollo/UNDP) (2005): Informe de Desarollo Humano: Las Regiones Autónomas de la Costa Caribe–¿Nicaragua asume su diversidad? URL: http://www.idhnicaribe.org/informes (Stand: 16.10.2006).
POHLENZ C., J., A. BENESSAIEH, C. E. CARIÑO & C. JIMÉNEZ REMIGIO (2000): El Convenio 169 de la OIT y los derechos de los pueblos indígenas en Chiapas. In: ORDÓÑEZ CIFUENTES, J. E. R. (Hrsg.): Análisis interdisciplinario del Convenio 169 de la OIT. IX Jornadas Lascasianas. México D. F. URL: www.bibliojuridica.org/libros/1/91/12.pdf (Stand: 25.08.2005).
PORTER, J. W. (1972): Ecology and Species Diversity of Coral Reefs on Opposite Sides of the Isthmus of Panama. In: JONES, M. L. (Hrsg.): the Panamic Biota: Some Observations prior to a Sea-level Canal. In: Bulletin of the Biological Society of Washington 2, S. 89-111.

POTTHAST, B. (1988): Die Mosquitoküste im Spannungsfeld britischer und spanischer Politik 1502-1821. Köln/Wien (Lateinamerikanische Forschungen 16).

PRESTÁN SIMÓN, A. (1991): Organización Social y Política de Kuna Yala. In: Hombre y Cultura. Revista del Centro de Investigaciones Antropológicas II–1 (2), S. 107-159.

PRITZL, R. (1997): „Property Rights", Rent-Seeking und „institutionelle Schwäche" in Lateinamerika. Zur Institutionenökonomischen Analyse der sozialen Anomie. In: Ibero-Amerikanisches Archiv 23 (3/4), S. 365-407.

PROARCA/COSTAS (Proyecto Ambiental Regional para Centroamerica, Bajo el Auspicio del CCAD) (1997): Perfil de los Asuntos de Manejo de las Lagunas de Karatá y Wouhta en la Zona Costera de la Región Autónoma del Atlántico Norte de Nicaragua. Bilwi (Nicaragua).

Programa de Asistencia al Desminado en CentroAmerica (2006): Accidentes por Minas o UXOs. URL: http://www.oeadesminado.org.ni/reportes/reporte_detalle_casos.pdf (Stand: 26.10.2006).

Proyecto Waspám (o. J./a): Diagnóstico Participativo y Perfil de 24 comunidades del sector llano del Municipio de Waspám. Unveröffentlichtes Projektdokument, Waspám (Nicaragua).

Proyecto Waspám (o. J./b): Proyecto Rehabilitación del Municipio de Waspám–RAAN. Plan Operativo Global. O. O. (unveröffentlichtes Projektdokument).

RAMOS, A. R. (2002): Cutting through State and Class: Sources and Strategies of Self-Representation in Latin America. In: WARREN, K. B. & J. E. JACKSON (Hrsg.): Indigenous Movements, Self-Representation, and the State in Latin America. Austin, S. 251-279.

RAPPAPORT, R. (2001): Ritual and religion in the making of humanity. Cambridge u. a.

RATHGEBER, T. (2000): Indígena-Bewegungen als Baustein zivilgesellschaftlicher Regelungsverfahren. Das Beispiel Kolumbien. In: HENGSTENBERG, P, K. KOHUT & G. MAIHOLD (Hrsg.): Zivilgesellschaft in Lateinamerika: Interessenvertretung und Regierbarkeit. Frankfurt a. M., S. 303-319.

RATHGEBER, T. (2003): Die heimliche Revolution Lateinamerikas. Indigene Identität im Wandel: Vom archaischen Schattendasein zum Sinnbild sozialer Gerechtigkeit. In: Bedrohte Völker–pogrom 34 (4), S. 16-17.

Red List Standards & Petitions Subcommittee (2006): Eretmochelys imbricata. In: IUCN 2006. 2006 IUCN Red List of Threatened Species. URL: www.iucnredlist.org (Stand: 04.10.2006).

REDFORD, K. (1991): The ecologically noble savage. In: Cultural Survival Quarterly 15.1 (31.01.1999). URL: http://www.culturalsurvival.org/publications/csq/print/article_print.cfm? (Stand: 22.04.2005).

República de Nicaragua (2000): Constitución Política de la República de Nicaragua. Managua.

REUBER, P. & C. PFAFFENBACH (2005): Methoden der empirischen Humangeographie. Bielefeld (Das Geographische Seminar).
RICHARDS, W. J. & J. A. BOHNSACK (1992): The Caribbean Sea: A Large Marine Ecosystem in Crisis. In: SHERMAN, K., L. M. ALEXANDER & B. D. GOLD (Hrsg.): Large Marine Ecosystems: Patterns, Processes and Yields. American Association for the Advancement of Science, Washington D. C., S. 44-53.
RIVERA, V., D. WILLIAMSON & M. RIZO (1997): Autonomía y Sociedad en la RAAN. CIDCA-UCA, Managua.
ROBINS, S. (2003): Comment. In: Current Anthropology 44 (3), S. 398-399.
RODRÍGUEZ, A. C. (2000): La vulnerabilidad de Nicaragua. In: INCER BARQUERO, J., J. WHEELOCK ROMÁN, L. CARDENAL SEVILLA & A. C. RODRÍGUEZ (Hrsg.): Desastres naturales de Nicaragua. Guia para conocerlos y prevenirlos. Managua, S. 223-248.
ROE HULSE, K. J. (2005): Indigenous Knowledge of Marine Ecosystems: Consumption, Commercialization and Management in the Miskito Community of Sandy Bay and the Rama Community of Punta Aguila, Caribbean Coast of Nicaragua. Norwegian College of Fishery Science, University of Tromsö (Master Thesis), URL: http://www.nfh.uit.no/dok/kirkman.pdf (Stand: 30.11.2006).
ROMERO VARGAS, G. (1996): Historia de la Costa Atlántica. Managua.
ROMOLI, K. (1987): Los de la lengua de Cueva. Los grupos indígenas del istmo oriental en la época de la conquista española. Bogotá.
ROSS, A. & K. PICKERING (2002): The Politics of Reintegrating Australian Aboriginal and Amercian Indian Indigenous Knowledge into Resource Management: The Dynamics of Resource Appropiation and Cultural Revival. In: Human Ecology 30 (2), S. 187-214.
ROSSBACH, L. (1987): „...die armen wilden Indianer mit dem Evangelium bekannt machen." Die Herrnhuter Brüdergemeinde an der Mosquito-Küste im 19. Jahrhundert. In: MESCHKAT, K., E. VON OERTZEN, E. RICHTER, L. ROSSBACH & V. WÜNDERICH (Hrsg.): Mosquitia: Die andere Hälfte Nicaraguas. Über Geschichte und Gegenwart der Atlantikküste. Hamburg, S. 65-97.
RUDDLE, K. (1991): A Research Framework for the Comparative Analysis of Traditional Sole Property Rights Fisheries Management Systems in the Pacific Basin. In: Resource Management and Optimization 8 (3-4), S. 143-154.
RUDDLE, K. (1994a): Local Knowledge in the Folk Management of Fisheries and Coastal Marine Environments. In: DYER, C. L. & J. R. MCGOODWIN (Hrsg.): Folk Management in the World's Fisheries: Lessons for Modern Fisheries Management. Colorado, S. 161-206.
RUDDLE, K. (1994b): Local knowledge in the future management of inshore tropical marine resources and environments. In: Nature & Resources 30 (1), S. 28-37.
RUDDLE, K. (1996): Boundary Definition as a Basic Design Principle of Traditional Fishery Management Systems in the Pacific Islands. In: Geographische Zeitschrift 84 (2), S. 94-113.

RUDEL, T. K., D. BATES & R. MACHINGUIASHI (2002): Ecologically Noble Amerindians? Cattle Ranching and Cash-Cropping among Shuar and Colonists in Ecuador. In: Latin American Research Review 31 (1), S. 144-164.
RUNGE, C. F. (1992): Common Property and Collective Action in Economic Development. In: BROMLEY, D. W. (Hrsg.): Making the Commons Work: Theory, Practice, and Policy. San Francisco, S. 17-39.
RUTTAN, L. M. (1998): Closing the Commons: Cooperation for Gain or Restraint? In: Human Ecology 26 (1), S. 43-66.
RYAN, J. (1992): Los arrecifes del Caribe Nicaragüense. In: Wani – Revista del Caribe 13 (Managua), S. 35-52.
RYAN, J., L. GONZÁLEZ & E. PARRALES (1993): Diagnóstico de los Recursos Acuáticos en Nicaragua. Managua (unveröffentlichtes Manuskript).
SABETIAN, A. (2002): The importance of ethnographic knowledge to fishery research design and management in the South Pacific: A case study from Kolombangara Island, Solomon Islands. In: SPC Traditional Marine Resource Management and Knowledge Information Bulletin 14, S. 22-34.
SAHLINS, M. (1981): Kultur und praktische Vernunft. Frankfurt a. M.
SAHLINS, M. (1994): Goodbye to Tristes Tropes: Ethnography in the Context of Modern World History. In: BOROFSKY, R. (Hrsg.): Assessing Cultural Anthropology. New York u. a., S. 377-394.
SALVADOR, M. L. (Hrsg.) (1997): The Art of Being Kuna: Layers of Meaning among the Kuna of Panama. Los Angeles.
SALVADOR, M. L & J. HOWE (1997): Artful Lives: The Kuna of Panama. In: SALVADOR, M. L. (Hrsg.): The Art of Being Kuna: Layers of Meaning among the Kuna of Panama. Los Angeles, S. 29-51.
SANDNER, G. (1985): Zentralamerika und der Ferne Karibische Westen. Konjunkturen, Krisen und Konflikte 1503-1984. Stuttgart.
SANDNER, V. (1997): Nutzung von Meeresressourcen und Problematik der Meeresverschmutzung auf den Inseln Kuna Yalas: Perzeption und Handeln der Kuna-Indianer in Panama. Kiel (unveröffentlichte Diplomarbeit).
SANDNER, V. (1999a): Auswirkungen des Hurrikans Mitch auf Zentralamerika. In: Geographische Rundschau 51 (7-8), S. 418-243.
SANDNER, V. (1999b): Uso de recursos marinos en Kuna Yala, Panamá: Problemas actuales y percepción de la población indígena. Kiel (unveröffentlichtes Manuskript).
SANDNER, V. (2003): Myths and Laws: Changing Institutions of Indigenous Marine Resource Management in Central America. In: BREIT, H., A. ENGELS, T. MOSS & M. TROJA (Hrsg.): How Institutions Change: Perspectives on Social Learning in Global and Local Environmental Contexts. Opladen, S. 269-300.
SARANGO MACAS, L. F. (2001): Organización Política del Abya Yala. Universidad Intercultural de Las Nacionalidades y Pueblos Indígenas UINPI, Quito. URL: http://uinpi.nativeweb.org/modulos/sarango/sarango.pdf (Stand: 01.08.2005).

SAUER, C. O. (1966): The Early Spanish Main. Berkeley/Los Angeles.
SCHLAGER, E. & E. OSTROM (1992): Property-Rights Regimes and Natural Resources: A Conceptual Analysis. In: Land Economics 68 (3), S. 249-62.
SCHMIDT, H. (1995): Die Bedeutung der Mangroven für tropische Küstengewässer. Beispiel Brasilien. In: Geographische Rundschau 47 (2), S. 128-132.
SCHRÖTER, S. (2002): Jesus als Yams-Heros – die Aneingnung des Katholizismus in einer indonesischen Lokalgesellschaft. In: Petermanns Geographische Mitteilungen 146 (1), S. 36-41.
SEDLACEK, P. (1989): Qualitative Sozialgeographie. Versuch einer Standortbestimmung. In: SEDLACEK, P. (Hrsg.): Programm und Praxis qualitativer Sozialgeographie. Oldenburg, S. 9-19 (Wahrnehmungsgeographische Studien zur Regionalentwicklung 6).
SEMINOFF, J. A. (2004): Chelonia mydas. In: IUCN 2006. 2006 IUCN Red List of Threatened Species. URL: www.iucnredlist.org (Stand: 30.11.2006).
SCHOLZ, F. (2004): Geographische Entwicklungsforschung: Methoden und Theorien. Berlin.
SHEPERD, S. & A. TERRY (2004): The Role of Indigenous Communities in Natural Resource Management: The Bajau of the Tukangbesi Archipelago, Indonesia. In: Geography 89 (3), S. 204-213.
SHERZER, J. (1992): Formas del Habla Kuna: Una perspective etnográfica. Quito (Colección 500 Años 54).
SHERZER, J. (1997): Kuna Language and Literature. In: SALVADOR, M. L. (Hrsg.): The Art of Being Kuna: Layers of Meaning among the Kuna of Panama. Los Angeles, S. 103-136.
SHULMAN, M. J. & D. R. ROBERTSON (1996): Changes in the coral reefs of San Blas, Caribbean Panama: 1983 to 1990. In: Coral Reefs 15, S. 231-236.
SIEFERLE, R. P. (1998): Allmenden und freie Güter. In: GAIA. Themenheft „Umweltwandel und Allmendeproblematik" 7 (4), S. 241-242.
SILVA MERCADO, A. & J. U. KORTEN (1997): Miskitu Tasbaia – La Tierra Miskita: prosa y poesía en miskito y español. Managua.
Sirenia Specialist Group (1996): *Trichechus manatus*. In: IUCN 2006. 2006 IUCN Red List of Threatened Species. URL: www.iucnredlist.org (Stand: 30.11.2006).
SIS (Sistema Integrado De Salud De San Blas, Departamento De Registro Medicos Y Estadística) (1996): Ohne Titel (Datos de un censo de población). Panama (unveröffentlichte Daten).
SMUTKO, F. G. (1996): La Presencia Capuchina entre los Miskitos 1915-1995. Cartago (Costa Rica).
SNOW, S. (2001): The Kuna General Congress and the Statute on Tourism. In: Cultural Survival Quarterly 24 (4). URL: http://www.cs.org/publications/CSQ/244/snow.htm (Stand: 30.01.2001).

SNOW, S. & C. L. WHEELER (2000): Pathways in the Periphery: Tourism to Indigenous Communities in Panama. In: Social Science Quarterly 81 (3), S. 732-749.
SOULÉ, M. E. (1995): The Social Siege of Nature. In: SOULÉ, M. E. & G. LEASE (Hrsg.): Reinventing Nature? Responses to Postmodern Deconstruction. Washington D. C., S. 137-170.
SPADAFORA, A. (1999): Pesquería de la Langosta *Panulirus argus* en el Archipiélago de San Blas, Kuna Yala, Panamá: Antecedentes Históricos y Diagnóstico General. Panama.
STAVENHAGEN, R. (2000): Indigenous Movements and Politics in Mexico and Latin America. In: COOK, C. & J. D. LINDAU (Hrsg.): Aboriginal Rights and Self-Government: The Canadian and Mexican Experience in North American Perspective. Montréal u. a., S. 72-97.
STEFFENS, E. (2000): Vorwort der deutschen Ausgabe. In: ARROBO RODAS, N. & E. STEFFENS (Hrsg.): Abia Yala zwischen Befreiung und Fremdherrschaft. Der Kampf um Autonomie der indianischen Völker Lateinamerikas. Aachen, S. 7-8 (Concordia Monographien 30).
STEVENS, S. (1997): Consultation, Co-managment, and Conflict in Sagarmatha (Mount Everest) National Park, Nepal. In: STEVENS, S. (Hrsg.): Conservation through Cultural Survival: Indigenous Peoples and Protectes Areas. Washington D. C., S. 63-97.
STEWARD, J. H. (Hrsg.) (1963): Handbook of South American Indians, Vol. 4: The Circum-Caribbean Tribes. New York.
STIER, F. R. (1979): The Effect of Demographic Change on Agriculture in San Blas, Panamá. Tucson (unveröffentlichte Dissertation, Department of Anthropology, University of Arizona).
STOCKS, A., L. JARQUÍN & J. BEAUVAIS (2000): El activismo ecológico indígena en Nicaragua: Demarcación y legalización de tierras indígenas en BOSAWAS. In: Wani – Revista del Caribe 25 (Managua), S. 6-21.
STOFFLE, B. W., D. B. HALMO, R. W. STOFFLE & C. G. BURPEE (1994): Folk Management and Conservation Ethics Among Small-Scale Fishers of Buen Hombre, Dominican Republic. In: DYER, C. L. & J. R. MCGOODWIN (Hrsg.): Folk Management in the World's Fisheries: Lessons for Modern Fisheries Management. Colorado, S. 115-138.
STONICH, S. (2001) (Hrsg.): Endangered Peoples of Latin America. Struggles to Survive and Thrive. Endangered Peoples of the World Series. Westport/London.
STOUT, D. B. (1947): San Blas Cuna Acculturation: An Introduction. New York (Viking Fund Publications in Anthropology 9).
STOUT, D. B. (1963): The Cuna. In: STEWARD, J. H. (Hrsg.): Handbook of South American Indians, Vol. 4: The Circum-Caribbean Tribes. New York, S. 257-268.
SYLVAIN, R. (2002): „Land, Water, and Truth": San Identity and Global Indigenism. In: American Anthropologist 104 (4), S. 1074-1085.
TICE, K. E. (1995): Kuna Crafts, Gender, and the Global Economy. Austin.

TIRAA, A. (2006): Ra'ui in the Cook Islands – today's context in Rarotonga. In: SPC Traditional Marine Resource Management and Knowledge Information Bulletin 19, S. 11-15.
TOLEDO, V. M. (2001): Indigenous Peoples and Biodiversity. In: LEVIN, S. A. (Hrsg.): Encyclopedia of Biodiversity. San Diego, S. 330-340.
TORRES DE ARAÚZ, R. (1970): Human Ecology of Route 17 (Sasardí-Mortí) Region, Darien, Panamá. Bioenvironmental and Radiological-Safety Studies, Atlantic-Pacific Interoceanic Canal. Ohio.
TORRES DE ARAÚZ, R. (1980): Panamá indígena. Panama.
TORRES DE IANELLO, R. (1957): La Mujer Cuna. In: América Indígena 17 (1), S. 9-38.
TURNER, T. (2002): Representation, Polyphony, and the Construction of Power in a Kayapó Video. In: WARREN, K. B. & J. E. JACKSON (Hrsg.): Indigenous Movements, Self-Representation, and the State in Latin America. Austin, S. 229-250.
TURPANA, A. (1994): The Dule Nation of the San Blas Comarca: Between the Government and Self-Government. In: ASSIES, W. J. & A. Y. HOEKEMA (Hrsg.): Indigenous Peoples' Experiences with Self-Government. Kopenhagen, S. 149-156 (IWGIA Document 76).
UNESCO (2005): International Day of the World's Indigenous People 2005. URL: http://portal.unesco.org/culture/en/ev.php-URL:_ID=28060&URL:_DO=DO_TOPIC&URL:_SECTION=201.html (Stand: 10.03.2006).
UNFPII (United Nations Permanent Forum on Indigenous Issues) (2006): United Nations Permanent Forum on Indigenous Issues. URL: http://www.un.org/esa/socdev/unpfii/ (Stand: 01.04.2006).
UPHOFF, N. & J. LANGHOLZ (1998): Incentives for avoiding the Tragedy of the Commons. In: Environmental Conservation 25 (3), S. 251-261.
URACCAN (Universidad de las Regiones Autónomas de la Costa Caribe Nicaragüense) (2007): Sobre Institutos. URL: http://www.uraccan.edu.ni/institutos.php (Stand: 01.09.2007).
VALENCIA CHAVES, E. (2002): Regionalisierung als Waffe im Pazifischen Tiefland Kolumbiens: Neue Dimensionen in der Aneignung eines tropischen Regenwaldgebietes unter dem Widerstand seiner schwarzen Bevölkerung. Hamburg (Dissertation, Universität Hamburg).
VALIENTE, A. (2002): Derechos de los Pueblos Indígenas de Panamá. Serie Normativa y Jurisprudencia Indígena. URL: http://www.oit.or/cr/unfip/publicaciones/panama.pdf (Stand: 23.08.2005).
VALLEGA, A. (2001): Sustainable Ocean Governance: A Geographical Perspective. London/New York.
VARESE, S. (1996): The New Environmentalist Movement of Latin American Indigenous Peoples. In: BRUSH, S. & D. STABINSKY (Hrsg.): Valuing local knowledge: indigenous people and intellectual property rights. Washington D. C., S. 102-142.

VAYDA, A. P. (1994): Actions, Variations, and Change: The Emerging Anti-Essentialist View in Anthropology In: BOROFSKY, R. (Hrsg.): Assessing Cultural Anthropology. New York u. a., S. 320-329.
VAYDA, A. P. & B. B. WALTERS (1999): Against Political Ecology. In: Human Ecology 27 (1), S. 167-179.
VENNE, S. H. (1998): Our Elders Understand Our Rights: Evolving International Law Regarding Indigenous Rights. Pentincton, Kanada.
VENTOCILLA, J. (1993): Cacería y Subsistencia en Cangandi, una comunidad de los indígenas kunas (Comarca Kuna Yala). Hombre y Ambiente 23, Quito.
VENTOCILLA, J. (1997): Baba's Creation: Flora and Fauna of Kuna Yala. In: SALVADOR, M. L. (Hrsg.): The Art of Being Kuna: Layers of Meaning among the Kuna of Panama. Los Angeles, S. 53-73.
VENTOCILLA, J. (2003): Devolviendo la información a las comunidades: experiencias con los Kunas. In: Lyonia 5 (2), S. 165-168. URL: http://www.lyonia.org/Archives/ (Stand: 23.09.2005).
VENTOCILLA, J., H. HERRERA & V. NUÑEZ (Hrsg.) (1995a): Plants and Animals in the Life of the Kuna. Austin.
VENTOCILLA, J., V. NUÑEZ, F. HERRERA, H. HERRERA & M. CHAPIN (1995b): Los Indígenas Kunas y la Conservación Ambiental. In: Mesoamérica 16 (29), S. 95-124.
VILES, H. & T. SPENCER (1995): Coastal Problems: Geomorphology, Ecology and Society at the Coast. London.
Von Küste zu Küste e. V. (1997): Censo de Bismuna. Bismuna (Nicaragua) (unveröffentlichtes Dokument).
Von Küste zu Küste e. V. (2002): 10 Jahre in Bismuna – ein Resumée des Vereins „Von Küste zu Küste". Kiel (unveröffentlichtes Informationsblatt).
Von Küste zu Küste e. V. (2003): Rundbrief. Kiel (unveröffentlichtes Informationsblatt).
WADE, P. (1997): Die Schwarzen, die Schwarzenbewegungen und der kolumbianische Staat. In: ALTMANN, W., T. FISCHER & K. ZIMMERMANN (Hrsg.): Kolumbien heute: Politik, Wirtschaft, Kultur. Frankfurt a. M., S. 84-107
WAFER, L. (1699/1960): Viajes de Lionel Wafer al Istmo del Darién (Cuatro meses entre los indios). Panama. Trad. y anotados por Vicente Restrepo. Panama (Publicaciones de la Revista „Loteria" 14). (Neuausgabe des Originalwerks von 1699: A New Voyage and Description of the Isthmus of America. London).
WAGUA, A. (1994): ¡Noticias de Sangre de nuestro Pueblo! (Nuestros padres nos lo relatan así). San José (Costa Rica).
WAGUA, A. (1997): Pab'igala, Anmar Danikid'igar – (Der Weg, den wir gekommen sind und gehen, der Weg von Paba und Nana). In: FORNET-BETANCOURT, R. (Hrsg.): Mystik der Erde – Elemente einer indianischen Theologie. Freiburg i. Br. u. a., S. 32-41.
WAGUA, A. (1999): Retos, Cultura e Interculturalidad. URL: http://onmaked.nativeweb. org/aiban.htm (Stand: 17.05.2004).

WAGUA, A. (2000): En Defensa de la Vida y su Armonía. Elementos de la Religión Kuna: Textos del Bab Igala. Kuna Yala, Panama.
WALKER, B. & D. SALT (2006): Resilience thinking: sustaining ecosystems and people in a changing world. Washington D. C.
WALKER, P. A. (2005): Political ecology: where ist the ecology? In: Progress in Human Geography 29 (1), S. 73-82.
WARREN, K. B. (1998): Indigenous Movements and their Critics: Pan-Maya Activism in Guatemala. Princeton.
WARREN, K. B. & J. E. JACKSON (Hrsg.) (2002): Indigenous Movements, Self-Representation, and the State in Latin America. Austin.
WASSÉN, H. (1934): Mitos y Cuentos de los Indios Cunas. In: Journal de la Société des Américanistes XXXVI, S. 1-35.
WASSÉN, H. (1937): Some Cuna Indian Animal Stories, with Original Texts. Reprint from: Ethnological Studies 4, S. 12-34. Göteborg.
WASSÉN, H. (1938): Original Documents from the Cuna Indians of San Blas, Panama. Göteborg (Etnologiska Studier 6).
WASSÉN, H. (1949): Contribution to Cuna Ethnography: Results of an Expedition to Panama and Colombia in 1947. Göteborg (Etnologiska Studier 16).
WEIANT, P. & S. ASWANI (2006): Early effects of a community-based marine protected area on the food security of participating households. In: SPC Traditional Marine Resource Management and Knowledge Information Bulletin 19, S. 16-31.
WELLS, S. (1995): Science and management of coral reefs: problems and prospects. In: Coral Reefs 14, S. 177-181.
WHITEHEAD, H. (2000): Food Rules: Hunting, sharing and tabooing game in Papua New Guinea. Ann Arbor.
WIGGINS, A. (2002): El Caso Awas Tingni o el Futuro de los Derechos Territoriales de los Pueblos Indígenas del Caribe Nicaragüense. In: Wani–Revista del Caribe 30 (Managua), S. 6-21.
WILSON, J. A. (2006): Matching social and ecological systems in complex ocean fisheries. In: Ecology and Society (Online-Journal) 11 (1), S. 9. URL: http://www.ecology-andsociety.org/vol11/iss1/art9/ (Stand: 25.04.2006).
WINDEVOXHEL LORA, N., J. J. RODRÍGUEZ & E. J. LAHMANN (2000): Situación del Manejo Integrado de Zonas Costeras en Centroamérica, Experiencias del Programa de Conservación Humedales y Zonas Costeras de UICN para la región. Documento de Trabajo No. 3. URL: www.uicnhumedales.org/enlinea/1.pdf (Stand: 10.10.2000).
WOODROM-LUNA, R. (2003): The merging of archaeological evidence and marine turtle ecology: A case study approach to the importance of including archaeological data in marine science. In: Traditional Marine Resource Management and Knowledge 15, S. 26-33.

World Bank (2003): The World Bank and Afro-Latins–Overview. URL: www. wbln0018.worldbank.org/LAC/LAC.nsf/ECADocByUnid2ndLanguage/ 843584309D866E80852560005FBEE7?Opendocument (Stand: 23.08.2005).
World Bank (2005): Operational Policies: Indigenous Peoples. OP 4.10. URL: http://wbln0018.worldbank.org/Institutional/Manuals/OpManual.nsf/0/ 0F7D6F3F04DD70398525672C007D08ED?OpenDocument (Stand: 10.12.2005).
World Bank (2006): Nicaragua Country Brief. URL: http://web.worldbank.org/WB-SITE/EXTERNAL/COUNTRIES/LACEXT/NICARAGUAEXTN/contentMD K:20214837~pagePK:141137~piPK:141127~theSitePK:258689,00.html (Stand: 10.10.2006).
WWF (World Wildlife Fund) (2000): Indigenous and Traditional Peoples of the World and Ecoregion Conservation. An Integrated Approach to Conserving the World's Biological and Cultural Diversity. Gland (Schweiz).
YÁÑEZ-ARANCIBIA, A. (2000): Coastal Management in Latin America. In: SHEPPARD, C. R. C. (Hrsg.): Seas at the Millennium: Environmental Evaluation. Volume I. Amsterdam u. a., S. 457-466.
YASHAR, D. J. (1998): Contesting Citizenship: Indigenous Movements and Democracy in Latin America. In: Comparative Politics 31 (1), S. 23-42.
YIH, K. & K. HALE (1987): Mestizen, Creoles und Indianer. Die ethnische Hierarchie in Zelaya Sur. In: MESCHKAT, K., E. VON OERTZEN, E. RICHTER, L. ROSSBACH & V. WÜNDERICH (Hrsg.): Mosquitia: Die andere Hälfte Nicaraguas. Über Geschichte und Gegenwart der Atlantikküste. Hamburg, S. 189-217.
YOUNG, O. R. (1999): Institutional Interplay: Exploring the Vertical Dimension. URL: http://www.dartmouth.edu/~idgec/html/publications/publications/pdf/OpenMeeting.pdf (Stand: 10.01.2000).
YOUNG, O. R. (2002): The Institutional Dimensions of Environmental Change: Fit, Interplay, and Scale. Cambridge/London.
YOUNG, O. R. (2003): Foreword. In: BREIT, H., A. ENGELS, T. MOSS & M. TROJA (Hrsg.): How Institutions Change: Perspectives on Social Learning in Global and Local Environmental Contexts. Opladen, S. 9-11.
YOUNG, O. R. (2005): Rights, Rules, and Common-Pools: The Perils of Studying Human/ Environment Relations. O. O. (unveröffentlichtes Manuskript).
YOUNG, O. R., A. AGRAWAL, L. A. KING, P. H. SAND, A. UNDERDAL & M. WASSON (1999): Institutional Dimensions of global environmental change, Science Plan, IHDP Report 9. Bonn. URL: http://www.uni-bonn.de/ihdp/IDGECSciencePlan/index.htm (Stand: 24.05.2000).
ZWAHLEN, R. (1996): Traditional methods: a guarantee for sustainability? In: Indigenous Knowledge Monitor 4 (3). URL: http://www.nuffic.nl/ciran/ikdm/4-3/articles/zwahlen.html (Stand: 10.10.2006).

Elektronische Nachrichteninformationen:
(abrufbar im Internet)

Kuna Yarki (Secretaría de Información y Comunicación del Congreso General Kuna)
URL: http://es.geocities.com/kunayarki/kika.htm

20.05.2003:	o. Titel
09.07.2004:	No más „hoteles flotantes" en Kuna Yala.
13.05.2006:	Niños y niñas en talleres de títeres.
30.06.2006:	Kuna Yala enfrenta nuevas invasiones.
25.08.2006:	El pueblo kuna reclama tierras ancestrales.

Boletín Kika (Congreso General Kuna)
URL: http://es.geocities.com/kunayarki/kika.htm

29.10.2002:	Proponen crear extensión universitaria en Kuna Yala.
28.03.2004:	Contamínan ríos de Kuna Yala.
18.07.2005:	Detienen a pescadores ilegales.
01.10.2005:	Tratan tema de área protegida de Kuna Yala.
03.03.2006:	Digir crea área marina protegida.

Elektronische Nachrichtendienste:
(per elektronischer Mitteilung erhalten)

Poonal (Deutsche Ausgabe des wöchentlichen Pressedienstes lateinamerikanischer Agenturen)
Nr. 557 vom 28.01.2003: Kolumbianische Paramilitärs ermorden vier Panamaer.
Nr. 681 vom 09.08.2005: Gewalt gegen Indígenas steigt.
Nr. 725 vom 11.07.2006: UNO: Allgemeine Erklärung über die Rechte indigener Völker angenommen.

Argenpress
28.08.2003: El Plan Puebla Panamá no protege a los indígenas.

Tageszeitungen in Panama:

La Prensa
Printversion bzw. URL: http://www.prensa.com/

28.10.2000:	Cuando las aguas avanzan.
24.03.2001:	La veda de la langosta dura cuatro meses.

26.04.2001: Kunas firman contrato con Cable & Wireless, Panamá.
23.06.2002: El narcotráfico, una forma de vida en Kuna Yala.
21.01.2003: Paramilitares asesinan y saquean.
22.02.2003 : Kunas integran la policía frontera.
18.03.2003: La idea de emigrar a la ciudad es mejorar las condiciones de vida. No siempre resulta así.
18.06.2003: La veda de langostas en Kuna Yala.
22.06.2003: El corredor biológico de Kuna Yala.
01.02.2005: Pobreza y desnutrición en Kuna Yala.
07.10.2005: Comunidad de Kuna Yala participa en tráfico de drogas.
26.06.2006: Proteger las tortugas es un reto de los niños Yauk Sabguedmala.
24.11.2006: Los moradores de Cartí Sugtupu claman por ayuda.
28.07.2007: Fronteras que marcan diferencias.

Crítica Libre
Printversion

20.03.2001: Mar cubrirá islas de Kuna Yala.

El Panamá América
URL: http://elpanamaamerica.terra.com.pa/diarios/

22.04.1995: Kuna protestan por acción de gobierno.
31.08.2005: Editorial.

Tageszeitungen in Nicaragua:

La Prensa
Printversion bzw. URL: http://www.laprensa.com.ni

03.05.2001: Ofensiva contra el FUAC.
07.04.2002: Continúa busqueda de cocaína en el Caribe.
03.05.2002: ¡Prohibido pescar langosta!
11.08.2002: Nicaragua rechaza pretensiones de Colombia.
04.10.2002: Pistola era del abogado del griego Peter Tsokos.
11.11.2002: El drama de los buceadores de la Costa Atlántica.
20.05.2003: Río Coco ahora es río de coca.
03.06.2003: Piden anular venta de los Cayos Perlas.
15.01.2004: Capturan a piratas pesqueros hondureños.
23.02.2005: En busca del dinero en Waspám.

01.07. 2005: Droga y frontera agrícola amenazan a la Costa.
15.09.2006: Lluvia de promesas en el Atlántico Sur.

El Nuevo Diario
Printversion bzw. URL: http://www.elnuevodiario.com.ni

16.12.1998: Yatamas roban, plagian y trafican con drogas.
01.06.1999: Andaba con narcotraficantes en RAAN y „muere en combate": Otro juez muerto.
04.10.2000: Recurren de ámparo contra las policías de un griego.
16.06.2003: 40 mueren al año en el Caribe.
17.07.2003: Peligran tortugas carey en Cayos Perlas:
02.02.2004: Fuerza Naval captura un barco colombiano.
01.03.2004: Panteón de langostas.
24.03.2007: Seis desparecidos tras hundimiento de buque.

El Confidencial Digital
URL: http://www.elconfidencialdigital.com

14.-20.09.2003: Ojo con elemento racial: El laberinto de la Ley 445.

Abkürzungsverzeichnis

ADPESCA:	Administración Nacional de Pesca y Acuicultura (Nationale Fischerei- und Aquakulturverwaltung), Nicaragua
ANAM:	Autoridad Nacional del Ambiente (Behörde für Umwelt und Ressourcenschutz), Panama
Corte IDH:	Interamerikanischer Gerichtshof (Corte de la Comisión Interamericana de Derechos Humanos) der Organización de Estados Americanos (OEA), mit Sitz in San José, Costa Rica
IDGEC:	Institutional Dimensions of Global Environmental Change (Forschungsprogramm im Rahmen des IHDP)
IHDP:	International Human Dimensions Programme (Forschungsprogramm)
IKZM:	Integriertes Küstenzonenmanagement
MARENA:	Ministerio del Ambiente y Recursos Naturales de Nicaragua (Behörde für Umwelt und natürliche Ressourcen), Nicaragua
NRO:	Nichtregierungsorganisation (spanisch ONG)
PNUD:	Programa de las Naciones Unidas para el Desarrollo (=UNDP, United Nations Development Program)
RAAN:	Región Autónoma Atlántico Norte (nördliche autonome Atlantikregion Nicaraguas)
RAAS:	Región Autónoma Atlántico Sur (südliche autonome Atlantikregion Nicaraguas)
STRI:	Smithsonian Tropical Research Institute, Panama
TEK:	*traditional-ecological-knowledge-system* (vgl. Kap. 2.6)

Glossar

acopio:	Ankaufsstelle für marine Ressourcen
birya:	Konzept mariner Schutzzonen mit spiritueller Bedeutung, Kuna
cacique:	einer der drei Oberhäupter des Autonomiegebietes der Kuna
comunidad:	lokale Dorfgemeinschaft, Kommune
congreso:	Versammlung der Dorfgemeinschaft mit politisch-kulturellen Funktionen, Kuna Yala
Congreso General Kuna:	Generalkongress der Oberhäupter und Vertreter aller Kuna-*comunidades* auf regionaler Ebene, der halbjährlich stattfindet, zugleich Begriff für die Regierung der Kuna, die von der *junta directiva* (Führungsgremium) gebildet wird
Consejo de Ancianos:	Zentraler Altenrat der Miskito
corregimiento:	administrative Einheit innerhalb der Provinzen Panamas
juez:	Richter, Autorität in Miskito-*comunidades* (auch *wihta*)
Liwa:	mythologische Figur der Sirene, Miskito
mola:	Bestandteil der Alltagskleidung der der Kuna-Frauen (mehrlagige Stickerei), zugleich Handelsgut (Tourismus, Export)
nasa:	Langustenfalle
Paba:	Gottheit (Vater), Kuna
pesca artesanal:	Kleinfischerei
saila:	lokales Oberhaupt, Kuna
sukia:	Heiler-Schamane, Miskito

Ältere Bände der
Schriften des Geographischen Instituts der Universität Kiel
(Band I, 1932 - Band 43, 1975)
sowie der
Kieler Geographischen Schriften
(Band 44, 1976 - Band 57, 1983)
sind teilweise noch auf Anfrage im Geographischen Institut der CAU erhältlich

Band 58
Bähr, Jürgen (Hrsg.): Kiel 1879 - 1979. Entwicklung von Stadt und Umland im Bild der Topographischen Karte 1:25 000. Zum 32. Deutschen Kartographentag vom 11. - 14. Mai 1983 in Kiel. 1983. III, 192 S., 21 Tab., 38 Abb. mit 2 Kartenblättern in Anlage. ISBN 3-923887-00-0. 14,30 €

Band 59
Gans, Paul: Raumzeitliche Eigenschaften und Verflechtungen innerstädtischer Wanderungen in Ludwigshafen/Rhein zwischen 1971 und 1978. Eine empirische Analyse mit Hilfe des Entropiekonzeptes und der Informationsstatistik. 1983. XII, 226 S., 45 Tab. und 41 Abb. ISBN 3-923887-01-9. 15,30 €

Band 60
*Paffen, Karlheinz und Kortum, Gerhard: Die Geographie des Meeres. Disziplingeschichtliche Entwicklung seit 1650 und heutiger methodischer Stand. 1984. XIV, 293 S., 25 Abb. ISBN 3-923887-02-7.

Band 61
*Bartels, Dietrich u. a.: Lebensraum Norddeutschland. 1984. IX, 139 S., 23 Tab. und 21 Karten. ISBN 3-923887-03-5.

Band 62
Klug, Heinz (Hrsg.): Küste und Meeresboden. Neue Ergebnisse geomorphologischer Feldforschungen. 1985. V, 214 S., 45 Fotos, 10 Tab.und 66 Abb. ISBN 3-923887-04-3. 19,90 €

Band 63
Kortum, Gerhard: Zuckerrübenanbau und Entwicklung ländlicher Wirtschaftsräume in der Türkei. Ausbreitung und Auswirkung einer Industriepflanze unter besonderer Berücksichtigung des Bezirks Beypazari (Provinz Ankara). 1986. XVI, 392 S., 36 Tab., 47 Abb. und 8 Fotos im Anhang. ISBN 3-923887-05-1. 23,00 €

Band 64
Fränzle, Otto (Hrsg.): Geoökologische Umweltbewertung. Wissenschaftstheoretische und methodische Beiträge zur Analyse und Planung. 1986. VI,130 S., 26 Tab. und 30 Abb. ISBN 3-923887-06-X. 12,30 €

Band 65
Stewig, Reinhard: Bursa, Nordwestanatolien. Auswirkungen der Industrialisierung auf die Bevölkerungs- und Sozialstruktur einer Industriegroßstadt im Orient. Teil 2. 1986. XVI, 222 S., 71 Tab., 7 Abb. und 20 Fotos. ISBN 3-923887-07-8
19,00 €

Band 66
Stewig, Reinhard (Hrsg.): Untersuchungen über die Kleinstadt in Schleswig-Holstein. 1987. VI, 370 S., 38 Tab., 11 Diagr. und 84 Karten
ISBN 3-923887-08-6. 24,50 €

Band 67
Achenbach, Hermann: Historische Wirtschaftskarte des östlichen Schleswig-Holstein um 1850. XII, 277 S., 38 Tab., 34 Abb., Textband und Kartenmappe.
ISBN 3-923887-09-4. 34,30 €

*= vergriffen

Band 68
Bähr, Jürgen (Hrsg.): Wohnen in lateinamerikanischen Städten - Housing in Latin American cities. 1988. IX, 299 S., 64 Tab., 71 Abb. und 21 Fotos.
ISBN 3-923887-10-8. 22,50 €

Band 69
Baudissin-Zinzendorf, Ute Gräfin von: Freizeitverkehr an der Lübecker Bucht. Eine gruppen- und regionsspezifische Analyse der Nachfrageseite. 1988. XII, 350 S., 50 Tab., 40 Abb. und 4 Abb. im Anhang. ISBN 3-923887-11-6. 16,40 €

Band 70
Härtling, Andrea: Regionalpolitische Maßnahmen in Schweden. Analyse und Bewertung ihrer Auswirkungen auf die strukturschwachen peripheren Landesteile. 1988. IV, 341 Seiten, 50 Tab., 8 Abb. und 16 Karten. ISBN 3-923887-12-4.
15,70 €

Band 71
Pez, Peter: Sonderkulturen im Umland von Hamburg. Eine standortanalytische Untersuchung. 1989. XII, 190 S., 27 Tab. und 35 Abb. ISBN 3-923887-13-2.
11,40 €

Band 72
Kruse, Elfriede: Die Holzveredelungsindustrie in Finnland. Struktur- und Standortmerkmale von 1850 bis zur Gegenwart. 1989. X, 123 S., 30 Tab., 26 Abb. und 9 Karten.
ISBN 3-923887-14-0. 12,60 €

Band 73
Bähr, Jürgen, Christoph Corves und Wolfram Noodt (Hrsg.): Die Bedrohung tropischer Wälder: Ursachen, Auswirkungen, Schutzkonzepte. 1989. IV, 149 S., 9 Tab. und 27 Abb. ISBN 3-923887-15-9 13,20 €

Band 74
Bruhn, Norbert: Substratgenese - Rumpfflächendynamik. Bodenbildung und Tiefenverwitterung in saprolitisch zersetzten granitischen Gneisen aus Südindien. 1990. IV, 191 S. 35 Tab., 31 Abb. und 28 Fotos.
ISBN 3-923887-16-7. 11,60 €

Band 75
Priebs, Axel: Dorfbezogene Politik und Planung in Dänemark unter sich wandelnden gesellschaftlichen Rahmenbedingungen. 1990. IX, 239 S., 5 Tab. und 28 Abb.
ISBN 3-923887-17-5. 17,30 €

Band 76
Stewig, Reinhard: Über das Verhältnis der Geographie zur Wirklichkeit und zu den Nachbarwissenschaften. Eine Einführung. 1990. IX, 131 S., 15 Abb.
IBSN 923887-18-3. 12,80 €

Band 77
Gans, Paul: Die Innenstädte von Buenos Aires und Montevideo. Dynamik der Nutzungsstruktur, Wohnbedingungen und informeller Sektor. 1990. XVIII, 252 S., & 64 Tab., 36 Abb. und 30 Karten in separatem Kartenband. ISBN 3-923887-19-1.
45,00 €

Band 78
Bähr, Jürgen & Paul Gans (eds): The Geographical Approach to Fertility. 1991. XII, 452 S., 84 Tab. und 167 Fig. ISBN 3-923887-20-5.
22,40 €

Band 79
Reiche, Ernst-Walter: Entwicklung, Validierung und Anwendung eines Modellsystems zur Beschreibung und flächenhaften Bilanzierung der Wasser- und Stickstoffdynamik in Böden. 1991. XIII, 150 S., 27 Tab. und 57 Abb.
ISBN 3-923887-21-3. 9,70 €

Band 80
Achenbach, Hermann (Hrsg.): Beiträge zur regionalen Geographie von Schleswig-Holstein. Festschrift Reinhard Stewig. 1991. X, 386 S., 54 Tab. und 73 Abb.
ISBN 3-923887-22-1. 19,10 €

Band 81
Stewig, Reinhard (Hrsg.): Endogener Tourismus. 1991. V, 193 S., 53 Tab. und 44 Abb.
ISBN 3-923887-23-X. 16,80 €

Band 82
Jürgens, Ulrich: Gemischtrassige Wohngebiete in südafrikanischen Städten. 1991. XVII, 299 S., 58 Tab. und 28 Abb. ISBN 3-923887-24-8. 13,80 €

Band 83
Eckert, Markus: Industrialisierung und Entindustrialisierung in Schleswig-Holstein. 1992. XVII, 350 S., 31 Tab. und 42 Abb
ISBN 3-923887-25-6. 12,70 €

Band 84
Neumeyer, Michael: Heimat. Zu Geschichte und Begriff eines Phänomens. 1992. V, 150 S. ISBN 3-923887-26-4. 9.00 €

Band 85
Kuhnt, Gerald und Zölitz-Möller, Reinhard (Hrsg): Beiträge zur Geoökologie aus Forschung, Praxis und Lehre. Otto Fränzle zum 60. Geburtstag. 1992. VIII, 376 S., 34 Tab. und 88 Abb. ISBN 3-923887-27-2. 19,00 €

Band 86
Reimers, Thomas: Bewirtschaftungsintensität und Extensivierung in der Landwirtschaft. Eine Untersuchung zum raum-, agrar- und betriebsstrukturellen Umfeld am Beispiel Schleswig-Holsteins. 1993. XII, 232 S., 44 Tab., 46 Abb. und 12 Klappkarten im Anhang.
ISBN 3-923887-28-0. 12,20 €

Band 87
Stewig, Reinhard (Hrsg.): Stadtteiluntersuchungen in Kiel, Baugeschichte, Sozialstruktur, Lebensqualität, Heimatgefühl. 1993. VIII, 337 S., 159 Tab., 10 Abb., 33 Karten und 77 Graphiken. ISBN 923887-29-9. 12.30 €

Band 88
Wichmann, Peter: Jungquartäre randtropische Verwitterung. Ein bodengeographischer Beitrag zur Landschaftsentwicklung von Südwest-Nepal. 1993. X, 125 S., 18 Tab. und 17 Abb. ISBN 3-923887-30-2. 10.10 €

Band 89
Wehrhahn, Rainer: Konflikte zwischen Naturschutz und Entwicklung im Bereich des Atlantischen Regenwaldes im Bundesstaat São Paulo, Brasilien. Untersuchungen zur Wahrnehmung von Umweltproblemen und zur Umsetzung von Schutzkonzepten. 1994. XIV, 293 S., 72 Tab., 41 Abb. und 20 Fotos. ISBN 3-923887-31-0. 17,50 €

Band 90
Stewig, Reinhard (Hrsg.): Entstehung und Entwicklung der Industriegesellschaft auf den Britischen Inseln. 1995. XII, 367 S., 20 Tab., 54 Abb. und 5 Graphiken.
ISBN 3-923887-32-9. 16,60 €

Band 91
Bock, Steffen: Ein Ansatz zur polygonbasierten Klassifikation von Luft- und Satellitenbildern mittels künstlicher neuronaler Netze. 1995. XI, 152 S., 4 Tab. und 48 Abb.
ISBN 3-923887-33-7. 8,60 €

Band 92
Matuschewski, Anke: Stadtentwicklung durch Public-Private-Partnership in Schweden. Kooperationsansätze der achtziger und neunziger Jahre im Vergleich. 1996. XI, 246 S., 16 Tab., 34 Abb., und 20 Fotos.
ISBN 3-923887-34-5. 12,20 €

Band 93
Ulrich, Johannes und Kortum, Gerhard.: Otto Krümmel (1854-1912): Geograph und Wegbereiter der modernen Ozeanographie. 1997. VIII, 340 S. ISBN 3-923887-35-3.
24,00 €

Band 94
Schenck, Freya S.: Strukturveränderungen spanisch-amerikanischer Mittelstädte untersucht am Beispiel der Stadt Cuenca, Ecuador. 1997. XVIII, 270 S.
ISBN 3-923887-36-1. 13,20 €

Band 95
Pez, Peter: Verkehrsmittelwahl im Stadtbereich und ihre Beeinflussbarkeit. Eine verkehrsgeographische Analyse am Beispiel Kiel und Lüneburg. 1998. XVII, 396 S., 52 Tab. und 86 Abb.
ISBN 3-923887-37-X. 17,30 €

Band 96
Stewig, Reinhard: Entstehung der Industriegesellschaft in der Türkei. Teil 1: Entwicklung bis 1950, 1998. XV, 349 S., 35 Abb., 4 Graph., 5 Tab. und 4 Listen.
ISBN 3-923887-38-8. 15,40 €

Band 97
Higelke, Bodo (Hrsg.): Beiträge zur Küsten- und Meeresgeographie. Heinz Klug zum 65. Geburtstag gewidmet von Schülern, Freunden und Kollegen. 1998. XXII, 338 S., 29 Tab., 3 Fotos und 2 Klappkarten. ISBN 3-923887-39-6. 18,40 €

Band 98
Jürgens, Ulrich: Einzelhandel in den Neuen Bundesländern - die Konkurrenzsituation zwischen Innenstadt und "Grüner Wiese", dargestellt anhand der Entwicklungen in Leipzig, Rostock und Cottbus. 1998. XVI. 395 S., 83 Tab. und 52 Abb.
ISBN 3-923887-40-X. 16,30 €

Band 99
Stewig, Reinhard: Entstehung der Industriegesellschaft in der Türkei. Teil 2: Entwicklung 1950-1980. 1999. XI, 289 S., 36 Abb., 8 Graph., 12 Tab. und 2 Listen.
ISBN 3-923887-41-8. 13,80 €

Band 100
Eglitis, Andri: Grundversorgung mit Gütern und Dienstleistungen in ländlichen Räumen der neuen Bundesländer. Persistenz und Wandel der dezentralen Versorgungsstrukturen seit der deutschen Einheit. 1999. XXI, 422 S., 90 Tab. und 35 Abb.
ISBN 3-923887-42-6. 20,60 €

Band 101
Dünckmann, Florian: Naturschutz und kleinbäuerliche Landnutzung im Rahmen Nachhaltiger Entwicklung. Untersuchungen zu regionalen und lokalen Auswirkungen von umweltpolitischen Maßnahmen im Vale do Ribeira, Brasilien. 1999. XII, 294 S., 10 Tab., 9 Karten und 1 Klappkarte.ISBN 3-923887-43-4. 23,40 €

Band 102
Stewig, Reinhard: Entstehung der Industriegesellschaft in der Türkei. Teil 3: Entwicklung seit 1980. 2000. XX, 360 S., 65 Tab., 12 Abb. und 5 Graphiken
ISBN 3-923887-44-2. 17,10 €

Band 103
Bähr, Jürgen & Widderich, Sönke: Vom Notstand zum Normalzustand - eine Bilanz des kubanischen Transformationsprozesses. La larga marcha desde el período especial habia la normalidad - un balance de la transformación cubana. 2000. XI, 222 S., 51 Tab. und 15 Abb. ISBN 3-923887-45-0. 11,40 €

Band 104
Bähr, Jürgen & Jürgens, Ulrich: Transformationsprozesse im Südlichen Afrika - Konsequenzen für Gesellschaft und Natur. Symposium in Kiel vom 29.10.-30.10.1999. 2000. 222 S., 40 Tab., 42 Abb. und 2 Fig.
ISBN 3-923887-46-9. 13,30 €

Band 105
Gnad, Martin: Desegregation und neue Segregation in Johannesburg nach dem Ende der Apartheid. 2002. 281 S., 28 Tab. und 55 Abb.
ISBN 3-923887-47-7. 14,80 €

Band 106
*Widderich, Sönke: Die sozialen Auswirkungen des kubanischen Transformationsprozesses. 2002. 210 S., 44 Tab. und 17 Abb. ISBN 3-923887-48-5. 12,55 €

Band 107
Stewig, Reinhard: Bursa, Nordwestanatolien: 30 Jahre danach. 2003. 163 S., 16 Tab., 20 Abb. und 20 Fotos.ISBN 3-923887-49-3. 13,00 €

Band 108
Stewig, Reinhard: Proposal for Including Bursa, the Cradle City of the Ottoman Empire, in the UNESCO Wolrd Heritage Inventory. 2004. X, 75 S., 21 Abb., 16 Farbfotos und 3 Pläne. ISBN 3-923887-50-7. 18,00 €

Band 109
Rathje, Frank: Umnutzungsvorgänge in der Gutslandschaft von Schleswig-Holstein und Mecklenburg-Vorpommern. Eine Bilanz unter der besonderen Berücksichtigung des Tourismus. 2004. VI, 330 S., 56 Abb. ISBN 3-923887-51-5. 18,20 €

Band 110
Matuschewski, Anke: Regionale Verankerung der Informationswirtschaft in Deutschland. Materielle und immaterielle Beziehungen von Unternehmen der Informationswirtschaft in Dresden-Ostsachsen, Hamburg und der TechnologieRegion Karlsruhe. 2004. II, 385 S., 71 Tab. und 30 Abb. ISBN 3-923887-52-3. 18,00 €

Band 111
*Gans, Paul, Axel Priebs und Rainer Wehrhahn (Hrsg.): Kulturgeographie der Stadt. 2006. VI, 646 S., 65 Tab. und 110 Abb.
ISBN 3-923887-53-1. 34,00 €

Band 112
Plöger, Jörg: Die nachträglich abgeschotteten Nachbarschaften in Lima (Peru). Eine Analyse sozialräumlicher Kontrollmaßnahmen im Kontext zunehmender Unsicherheiten. 2006. VI, 202 S., 1 Tab. und 22 Abb. ISBN 3-923887-54-X. 14,50 €

Band 113
Stewig, Reinhard: Proposal for Including the Bosphorus, a Singularly Integrated Natural, Cultural and Historical Sea- and Landscape, in the UNESCO World Heritage Inventory. 2006. VII, 102 S., 5 Abb. und 48 Farbfotos. ISBN 3-923887-55-8. 19,50 €

Band 114
Herzig, Alexander: Entwicklung eines GIS-basierten Entscheidungsunterstützungssystems als Werkzeug nachhaltiger Landnutzungsplanung. Konzeption und Aufbau des räumlichen Landnutzungsmanagementsystems LUMASS für die ökologische Optimierung von Landnutzungsprozessen und -mustern. 2007. VI, 146 S., 21 Tab. und 46 Abb.
ISBN 987-3-923887-56-9. 12,00 €

Band 115
Galleguillos Araya-Schübelin, Myriam Ximena: Möglichkeiten zum Abbau von Segregation in Armenvierteln. Die Frage nach der sozialen und ökonomischen Nachhaltigkeit urbaner Ballungsräume am Beispiel Santiago de Chile. 2007. VIII, 226 S., 6 Tab. und 19 Abb. ISBN 987-3-923887-57-6. 15,00 €

Band 116
Sandner Le Gall, Verena: Indigenes Management mariner Ressourcen in Zentralamerika: Der Wandel von Nutzungsmustern und Institutionen in den autonomen Regionen der Kuna (Panama) und Miskito (Nicaragua). 2007. VIII, 390 S., 14 Tab. und 44 Abb.
ISBN 987-3-923887-58-3. 18,00 €

*= vergriffen